涡阳年鉴

（2016）

涡 阳 县 人 民 政 府　主办
涡阳县地方志办公室　　编

方志出版社
Publishing House of Local Records

图书在版编目（CIP）数据

涡阳年鉴. 2016 / 涡阳县地方志办公室编. -- 北京：方志出版社，2016.10

ISBN 978-7-5144-2092-0

Ⅰ. ①涡… Ⅱ. ①涡… Ⅲ. ①涡阳县 -2016- 年鉴
Ⅳ. ① Z525.44

中国版本图书馆 CIP 数据核字（2016）第 233538 号

涡阳年鉴（2016）

编　　者：涡阳县地方志办公室
责任编辑：黄　彦　顾　洁

出 版 人：冀祥德
出 版 者：方志出版社
地址　北京市朝阳区潘家园东里 9 号（国家方志馆 4 层）
邮编　100021
网址　http://www.fzph.org
发　　行：方志出版社发行中心
电话　（010）67110500
经　　销：各地新华书店
排　　版：北京纺印图文设计制作有限公司
印　　刷：北京印刷集团有限责任公司印刷二厂

开　　本：889 × 1194　　1/16
印　　张：33.5
字　　数：722 千
版　　次：2016 年 10 月第 1 版　　2016 年 10 月第 1 次印刷

ISBN 978-7-5144-2092-0　　**定价**：218.00 元

一、新闻图片

省委书记（时任省长）李锦斌（右二）到涡调研徽酒集团

省委常委、省纪委书记王宾宜（左一）到涡走访慰问五保户

省委常委、合肥市委书记吴存荣（前右二）调研三星化工有限责任公司

省委常委、省委组织部长邓向阳（左二）到涡阳调研

市领导考察安徽黑娃食品科技有限公司

市委书记杨敬农（前右一）视察西阳镇葛楼村党员群众服务中心

市委书记杨敬农（前右三）参观涡阳老年大学

市长汪一光（右一）考察店集镇王相新村

市委副书记杜延安（中）考察涡阳县楚店中学

全市第二季度经济工作调度会会议现场

县委书记胡明文(前左二)调研省道S307连接线改道

县委书记胡明文（右一）在抗战胜利70周年前夕慰问老红军

县委书记胡明文（后右二）在新兴镇寺后村蹲点调研

县四大班子负责人调研新开学的一中新区

县领导调研涡阳县汽车站

县领导参观纪念抗战胜利70周年书画展

县四大班子领导带领社会各界在县无名烈士纪念碑前举行烈士纪念活动

党代会期间胡明文（前右二）书记带领党代表考察恒明新材料公司

县长杨学国（左二）调研县职业教育中心

党代会期间县领导考察经开区建设

二、文化涡阳之天静宫——国家AAAA级景区

中国华侨国际文化交流基地落户天静宫

国家级非物质文化遗产——老子故事

天静宫大殿

老君西行

紫气东来

众妙之门

道之源

天静宫正门

德之初

三清殿

迎仙桥

印象天静宫

文化涡阳之文化名城

县委书记、县人大常委会主任胡明文（左一）为“迎新春全民健身跑”活动发令起跑

红红火火过大年

央视乡约走进涡阳

迎春晚会舞起来

中国好声音涡阳海选

竹马舞

第二届武术大赛

五禽戏展演

道德模范、身边好人巡讲巡展活动

文化进万家

幸福生活

民生宣传常下乡

三、工业强县之工业企业

涡阳肥西合作签约

台资企业到涡考察

徽酒集团

徽酒集团

和谐窖龄系列酒生产包装

三星化工

源和堂二期新厂区

源和堂产品

正宇集团公司

华环烟草

安徽爱家食品

爱家产品

标准化厂房

贡菜苔干

苔干礼品盒

供电保障

工业强县之经开区企业

创酷手机

创酷手机生产车间

新诚达服饰车间内景

道源堂药业

盛丰鞋业

黑娃炒货

成骏家居

高公士杰糖醋蒜

国特农业食品

涡阳新华电

三志制动器

万安塑料

三鑫光电

三鑫光电生产车间

恒明新材料生产车间

建设中的修正药业健康饮品产业园

四、涡城新貌

南部新城

风光旖旎涡楚河

涡城风光

上善若水

紫光公园

葛沟公园

城市亮化

济祁高速永利段涡阳东出口

涡河三桥

城市道路建设

涡河之畔

向阳河畔风景好

渔光曲

暮色塔影

五、社会民生

安置小区

公租房小区乐行佳苑

福光花园小区鸟瞰

亳州市光荣二院涡阳福利中心

保障性住房

廉租房建设

陈大韩桥村

西阳镇解沟村

武楼新村

美好新村三里赵

西阳郭寨新村

王相新村

涡阳县中医院

校安工程实施后的新兴中心校

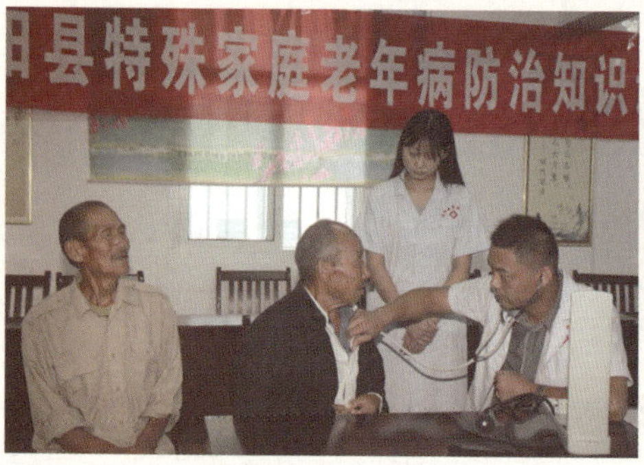

健康送给特殊家庭老人

民生工程惠万家

六、百年大计

涡阳县义务教育均衡发展工作通过国家验收

涡阳一中与合肥六中联盟办学签约仪式

合肥四十六中与涡阳五中联盟办学签约仪式

新一中开学了

涡阳一中

五中新区

五中南校

五小新校区

四小新区

童话世界新乐行幼儿园

体育广场

国学经典进校园

“传承国学，亲近母语”知识竞赛

全县中小学五禽戏比赛

七、道源国家湿地公园

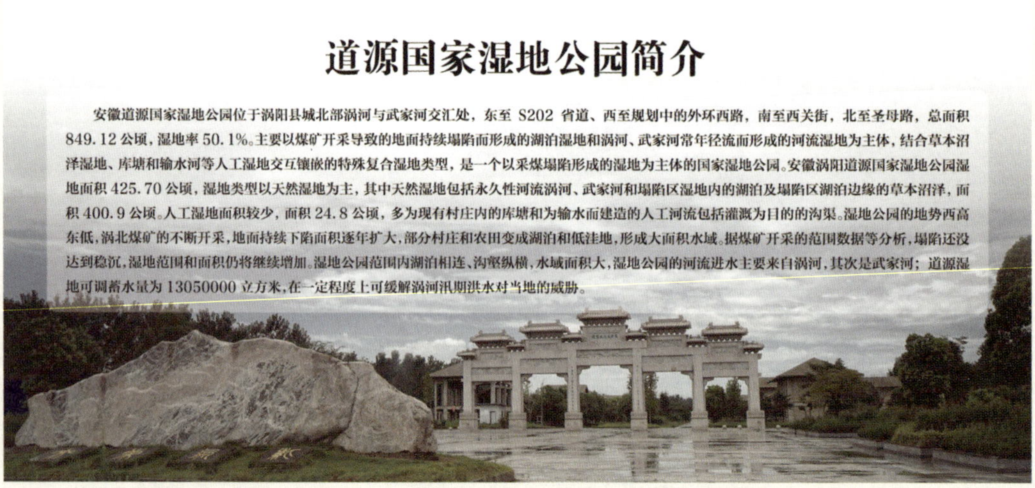

道源国家湿地公园简介

安徽道源国家湿地公园位于涡阳县城北部涡河与武家河交汇处，东至 S202 省道、西至规划中的外环西路，南至西关街，北至圣母路，总面积 849.12 公顷，湿地率 50.1%。主要以煤矿开采导致的地面持续塌陷而形成的湖泊湿地和涡河、武家河常年径流而形成的河流湿地为主体，结合草本沼泽湿地、库塘和输水河等人工湿地交互镶嵌的特殊复合湿地类型，是一个以采煤塌陷形成的湿地为主体的国家湿地公园。安徽涡阳道源国家湿地公园湿地面积 425.70 公顷，湿地类型以天然湿地为主，其中天然湿地包括永久性河流涡河、武家河和塌陷区湿地内的湖泊及塌陷区湖泊边缘的草本沼泽，面积 400.9 公顷。人工湿地面积较少，面积 24.8 公顷，多为现有村庄内的库塘和为输水而建造的人工河流包括灌溉为目的的沟渠。湿地公园的地势西高东低，涡北煤矿的不断开采，地面持续下陷面积逐年扩大，部分村庄和农田变成湖泊和低洼地，形成大面积水域。据煤矿开采的范围数据等分析，塌陷还没达到稳沉，湿地范围和面积仍将继续增加。湿地公园范围内湖泊相连、沟壑纵横，水域面积大，湿地公园的河流进水主要来自涡河，其次是武家河；道源湿地可调蓄水量为 13050000 立方米，在一定程度上可缓解涡河汛期洪水对当地的威胁。

道源国家湿地公园简介

规划

道源国家湿地公园功能分区图

DAO YUAN GUO JIA SHI DI GONG YUAN GONG NENG FEN QU TU

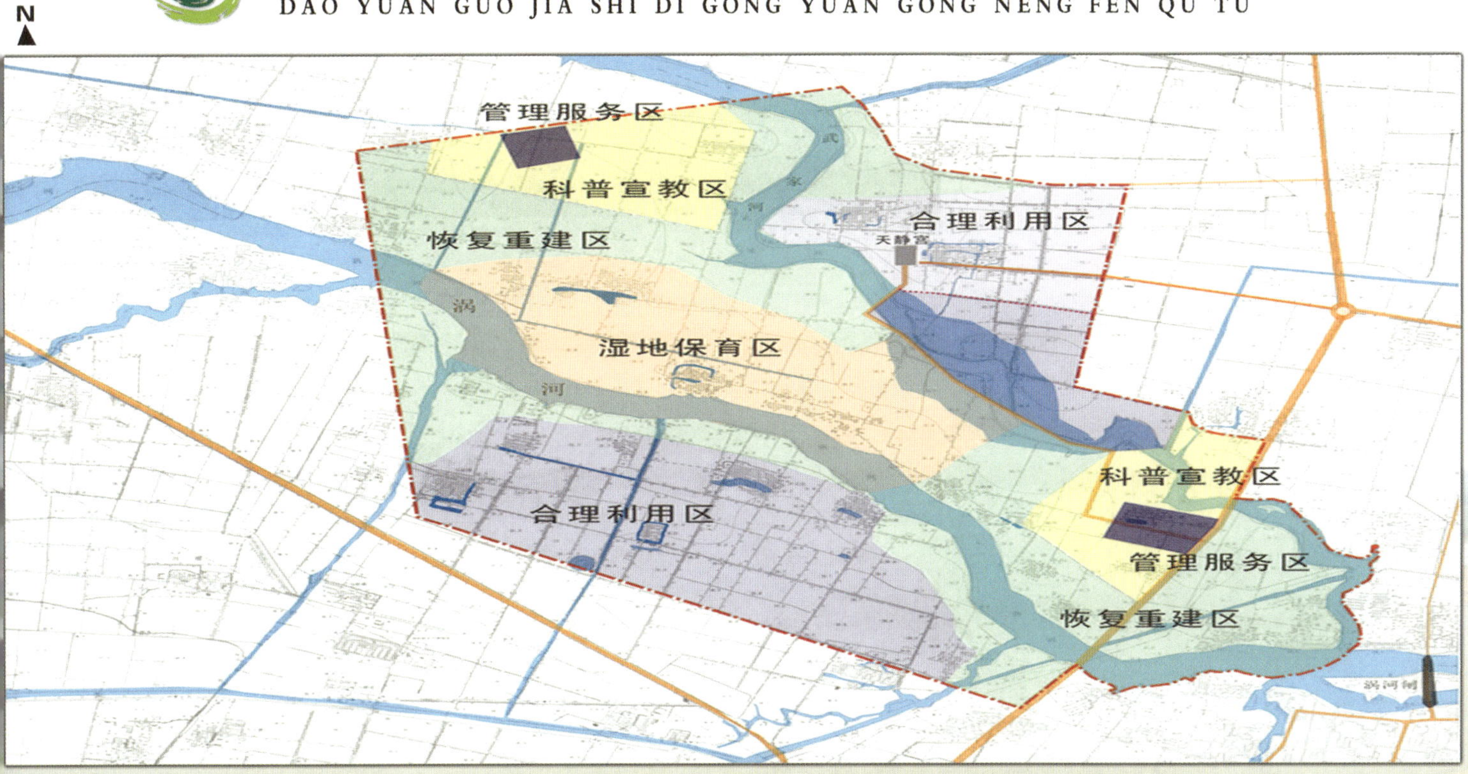

功能分区图

湿地东入口

谷水之晨

春到武家河

谷水湿地

远眺道源桥

湿地塌陷区航拍

桃花岛

湿地一角

湿地秋风

湿地秋阳

武家河秋雨

雪落武家河

编辑说明

一、《涡阳年鉴》于2012年开始编写，是涡阳县人民政府主办，县地方志办公室具体组织编纂，向国内外公开发行的大型资料性工具书和政府公报性资料汇编。

二、本期资料收录的时间节点为2015.1.1—2015.12.31，根据需要，个别资料延伸至2016年度。

三、《涡阳年鉴》采用分类编辑法，分为类目、分目、条目3个层次，部分分目下设副分目。分目、副分目一般设概述，简要记述一个行业、事业、单位的总体情况、单项工作和大事、要事。分目、副分目、条目的标题用不同字体区别，副分目标题加“·”，条目标题加【 】。

四、《涡阳年鉴（2016）》全面系统地记载了2015年涡阳县各行各业的基本情况和发展状况，设有特载、大事记、涡阳概况、党政社团、军事、政法、工业、农业、水利、商贸、服务业、旅游、城市建设、规划、环境保护、交通、信息化建设、财政、税务、审计、金融、综合管理、教育、科学、文化广播电视新闻出版、医疗卫生、体育、社会生活、辖区镇（场）、街道、经开区概况、统计资料、重要文件选编、附录等类目。

五、《涡阳年鉴（2016）》为增加信息量，提高可读性，真实形象地反映涡阳政治、经济、文化、社会及生态建设的新面貌、新成就，在刊文时，组织刊载了部分随文图片和专题彩页。

六、卷首设有目录要目，卷末编有分析索引，书眉标示类目名称。全书资料信息可由目录、书眉等检索渠道获得。

七、《涡阳年鉴（2016）》初稿资料由各部门、单位确定专人负责撰写或提供，经各部门、单位领导审核。县统计局提供了全县综合性统计数据，各单位提供的数据与县统计局数据不一致的以县统计局的数据为准。

八、《涡阳年鉴（2016）》编纂出版得到了全县各单位、各部门领导同志和撰稿人员的鼎力支持，采用图片由刘文华、潘子丰、刘斌、陈杰、李林、高亚男、王建、牛传亮等同志重点提供，县委办、政府办、经信委、重点局、交通局、房产局、湿地公园管委会等单位也作出很大贡献，在此谨表示真诚谢意。

九、由于编纂水平有限，内容有疏漏欠妥之处，恳请读者斧正。

涡阳县地方志编纂委员会办公室

2016年5月

涡阳县地方志编纂委员会

主　任：熊国洪　县委副书记、县长

副主任：万瑞年　县委副书记

陈长安　县委常委、县政府常务副县长

丰霄寒　县委常委、县委办公室主任

李　雷　县政府副县长

陈志刚　县政府副县长

委　员：县人大常委会办公室主任

县政府办公室主任

县政协办公室主任

县委办公室副主任

县委组织部副部长

县委宣传部副部长

县委政法委副书记

县人民法院副院长

县人民检察院副检察长

县发改委主任

县经信委主任

县卫计委主任

县住建委主任

县农委主任

县编办主任

县金融办主任

县招管办主任

县党史办主任

县文明办主任

县地方志办主任

县人社局局长

县房产局局长

县安监局局长

县民政局局长

县财政局局长

县国土局局长

县交通局局长

县林业局局长

县文旅局局长

县统计局局长

县国税局局长

县地税局局长

县城管执法局局长

县科技局局长

县司法局局长

县信访局局长

县教育局局长

县公安局政委

县水务局局长

县商务局局长

县环保局局长

县规划局局长

县重点局局长

县市场监督管理局局长

县气象局局长

县行管局局长

县审计局局长

县督查中心主任

县残联理事长

县直机关工委书记

县文联主席

县总工会副主席

县老子生态园管委会主任

《涡阳年鉴》（2016 年）供稿单位

（排名不分先后）

县委办、人大办、政府办、政协办、纪委办、人武部、组织部、宣传部、政法委、督查中心、信访局、机关工委、党校、老干局、关工委、文明办、县编办、发改委、农委、国土局、交通局、水务局、气象局、文旅局、统计局、民宗局、民政局、档案局、党史办、政务服务中心、机关事务局、总工会、团县委、妇联、科协、工商联、残联、文联、老子文化办、供电公司、住建委、公安局、检察院、法院、司法局、审计局、市场监督管理局、安监局、果菜办、农经办、农机局、畜牧局、林业局、经信委、公路分局、海事处、邮政局、电信公司、联通公司、移动公司、规划局、招管办、城管执法局、房产局、住房公积金管理办、环保局、重点局、商务局、供销社、烟草专卖局、盐业公司、石油公司、财政局、国税局、地税局、人民银行、金融办、工商银行、农业银行、农发行、建设银行、中国银行、农商行、邮政储蓄银行、湖商村镇银行、金阳建投公司、兴阳担保公司、中保财险、中保寿险、平安保险、华安证券、教育局、科技局、人防办、体育中心、广播电视台、卫生委、扶贫办、民生办、人社局、农调队、法制办、外事办（侨务）、新华书店、经开区、城关街道、城西街道、涡北街道、城东街道、义门镇、高炉镇、西阳镇、曹市镇、青疃镇、丹城镇、石弓镇、龙山镇、马店集镇、新兴镇、牌坊镇、店集镇、高公镇、标里镇、临湖镇、花沟镇、楚店镇、涡南镇、陈大镇、公吉寺镇、单集林场等

《涡阳年鉴》（2016）编辑部

主　　编：杨　健

编　　辑：程效明　侯清超　张军安
王丛山　宋　进

校　　稿：陈建民　张见伟　李锦均
王　诚　王善礼

彩图策划：李　涛

目录

MU LU

特 载

大事记

综 述

中共涡阳县委

涡阳县人民代表大会常务委员会

涡阳县人民政府

中国人民政治协商会议涡阳县委员会

人民团体

武　装

法 治

经济监督与管理

农 业

工　业

交通　邮电　通信

城建环保重点工程

贸易　旅游

财政　税收

金融担保保险

教育　科技

文化 传媒 体育 地方志

卫生　计划生育

社　会

经济开发区

镇场街道概况

人员名录

荣誉榜、新闻人物

附　录

特 载

TE ZAI

负重前行　稳中求进　奋力崛起　努力开创涡阳工作新局面

谋发展　优生态　实作风　努力开拓各项工作新局面

攻坚克难　负重前行　努力开创各项工作新局面

政府工作报告

全县“三严三实”专题教育综述

涡阳

G U O Y A N G

负重前行　稳中求进　奋力崛起
努力开创涡阳工作新局面

在县委十届六次全体会议上的报告

（2015 年 1 月 4 日）

胡明文

各位委员、同志们：

现在，我代表县委常委会向全委会报告工作。

这次全委会议是在全县上下深入贯彻落实党的十八届四中全会、中央经济工作会议、省经济工作会议和省、市委全会精神之际召开的一次重要的会议，主要任务是：回顾总结 2014 年工作，分析当前形势，研究部署今年工作任务，动员全县上下振奋精神，改革创新，攻坚克难，奋力开创经济社会发展新局面。

一、负重前行，全县大局总体平稳

（一）党的群众路线教育实践活动基本完成。第二批群众路线教育实践活动启动以来，我们认真贯彻落实中央和省委、市委的统一部署，践行“三严三实”要求，坚持领导带头，以上率下，压茬推进，教育实践活动取得积极成效。坚持以学为先，把学习教育贯穿始终，县委常委会坚持以党的最新理论成果武装头脑、指导实践、推动工作，始终在思想上、政治上、行动上与党中央和省委、市委保持高度一致。精心组织“五个一”“六个一”活动，全县广大党员干部在深学、细照、笃行中醒了脑、提了神、补了“钙”，受到了一次深刻的马克思主义群众观点和党的群众路线教育，理想信念进一步坚定，党性修养进一步提升。坚持问题导向，围绕“四风”突出问题，开展“四对照四查摆”“五必访五必问”活动，县委常委班子及成员共征求“四风”方面的意见建议 67 条。坚持从严从实，把召开高质量专题民主生活会和组织生活会作为关键举措，以整风精神开展批评和自我批评，达到了“红红脸、出出汗、鼓鼓劲、加加油”的目的。坚持立行立改，深入开展“五整五建”、17 项专项整治行动和 10 项载体活动，大力整治“四风”“小四风”顽疾和群众反映强烈的问题，党群干群关系进一步密切。坚持标本兼治，加强制度建设，活动以来，县委常委会重点抓的 46 项制度，已建立 39 项，7 项正在制定，作风建设长效机制初步形成。

（二）经济发展在多重因素影响下处于下行区间。在宏观经济下行压力和内部发展矛盾相互交织影响下，全县经济总体下行，主要经济指标持续下滑。预计全年地区生产总值 208 亿元，增长 6%，较上年回落 3.8 个百分点；全年完成财政收入 15.9 亿元，下降 20.5%，较上年回落 40.3

个百分点。工业经济雪上加霜，煤、酒双双大幅下跌。1—11 月份，完成工业增加值 54.4 亿元，增长 5.95%，较上年同期回落 9.4 个百分点；其中，煤炭业实现产值 30.9 亿元，下降 17.53%，税收 1.2 亿元，同比减收 1.9 亿元；酒业实现产值 6.1 亿元，下降 47.83%，税收 0.67 亿元，同比减收 0.9 亿元。招商引资成效不显，实体经济发展缺乏项目支撑，固定资产投资下滑。1—11 月份，新注册招商引资工业项目 32 个，实际落地园区在建项目仅 13 个，没有一家亿元项目；固定资产投资 114.7 亿元，增长 8.3%，较上年同期回落 11.8 个百分点，其中，工业投资 46.2 亿元，增长 7.9%，房地产投资 30.9 亿元，增长 0.3%，全年没有上市成交经营性地块；全县限上消费品零售额 25.7 亿元，增长 13%。农业经济基本保持稳定，粮食生产稳中有升，连续 12 年获得全国粮食生产先进县称号。1—11 月份，体现经济发展质量的固定资产投资、工业增加值、财政收入、消费品零售额四项主要指标增幅均居全市第 4 位，前两项指标在皖北 22 个县区中居第 22 位，后两项指标居第 21 位，经济发展面临前所未有的困境。

（三）民生事业和城乡基础设施建设得到改善。统筹推进民生改善、社会事业和城乡建设，努力促进和谐平安发展。加大民生投入，完成 32 项民生工程，着力解决征地、拆迁、企业改制等问题。完善社会保障体系，城乡低保标准、五保集中供养能力进一步提高，社会保险覆盖面不断拓展。努力发展社会事业，义务教育均衡发展通过国家级评估验收，《老子传说》被列入国家级非遗保护项目，天静宫通过国家 AAAA 级景区验收，获得省卫生应急管理示范县称号。加强城乡基础建设，省道 307 线升级改造基本完成，济祁高速加快建设，美好乡村建设逐步推进。深入推进城乡文明创建，开展“三治理、两提升”专项行动，治“五乱”、提素质、育新风、建机制，城乡环境明显改善。积极创新社会治理，认真落实信访维稳“三位一体”包保机制，积极推进“两站两中心”建设，着力化解社会矛盾、维护群众权益。深入推进平安涡阳建设，社会大局稳定。

（四）党建科学化水平进一步提高。积极开展中国特色社会主义和“中国梦”宣传教育，大力弘扬社会主义核心价值观，广泛开展“善行涡阳”道德实践活动，着力培育健康向上的舆论生态。严格干部选拔任用标准，强化“双考核、双排名”运用，调整使用干部 222 名，干部和班子的结构进一步优化。坚持抓基层、打基础，集中整顿 37 个软弱涣散村党组织，完成村“两委”换届，大力实施“农村老党员关爱工程”，基层党组织凝聚力、战斗力明显增强。认真落实中央八项规定和省、市三十条规定，截至 11 月，三公经费同比下降 21.4%。加强作风效能明察暗访，通报批评 73 人，问责处理 41 人。严格履行党风廉政建设“两个责任”，扎实开展党政干部违规建房、多占住房等专项整治，加大案件查处力度，纪检监察机关立案 267 件，党政纪处分 228 人，移交司法机关 8 人。民主法治建设扎实推进，人大依法监督、政协民主监督水平不断提高，统战、武装、群团、民族宗教等工作取得新的成效。

二、把握大势，抢抓机遇，积极应对困难和挑战

唯有认识上的清醒，才有行动上的自觉。谋划涡阳发展，我们必须准确把握宏观形势，正确认识涡阳县情，既要正视问题、找准症结，又要看到机遇、坚定信心。

要清醒认识存在问题。发展不足、发展不快、发展不优是当前涡阳最大的县情、最根本的问题。

突出表现在：一是结构性矛盾凸显。过去经济高速增长掩盖了一些问题和风险，在经济发展新常态下，长期积累的矛盾“水落石出”。工业结构不优，农业大而不强，三产发展滞后，经济发展整体质量不高。从工业发展来说，既有宏观经济背景下煤、酒等传统产业持续下滑的因素，又有缺乏新的增长点的客观事实。当年涡阳人民引以为傲的几十年来辛苦打下的工业基础逐步退化，有的甚至丧失殆尽，而又没有抓住上一轮经济发展周期中经济扩张的机遇，真实有效益的项目乏善可陈，既缺乏“顶天立地”，又没有“铺天盖地”，一批“假项目”“死项目”占用了宝贵的发展要素。从城镇化推进来说，违法用地、违法建设濒临失控，既败坏了党风政风和社风民风，又严重影响城乡规划实施，严重制约了城镇化的推进。公共服务配套设施等建设滞后，既不能疏散老城区的人口，又无法带动新城区的发展。老城区本来就不完善的基础设施愈加拥挤不堪，生活品质下降，新城区建设不成规模，缺乏吸纳人口的承载力。从农业现代化来说，涡阳作为全国粮食生产先进县，粮食实现“十二连增”，但从全国情况来看，主要农产品价格顶到了“天花板”，农业生产成本的“地板”刚性抬升，农业生产补贴和价格补贴逼近约束“黄线”。从我们自身来看，农民增收不快，尤其是经营性收入和财产性收入不高，还有12万农村贫困人口，成为困扰我们破解“三农”问题的难题。二是依法行政水平不高。去年我县被南京督察局和省国土厅列为违法用地挂牌督办重点。7月份以来，全县被省政府列入土地限批，至今未摘牌。几个月来，兄弟县区在竞相忙着发展，而我们全县上下围绕违法用地整改，成天忙着拆除、复垦、复绿，准备内业材料。一方面牵扯了大量时间、精力、财力，另一方面又造成了大量社会财富的损失，还出力不讨好，大会小会挨批，干部灰头土脸，有的甚至被追究法律责任，这个违法行政的代价实在是太大了。由于政府投资项目缺乏科学论证和有效调度、监督，盲目上项目、铺摊子，还有大量的工程建设欠款尚未支付，使得政府背上不讲诚信的骂名，沉重的债务负担成为严重影响政府正常运转的“定时炸弹”。在招商引资上，拍脑袋决策情况也屡见不鲜，未经规划选址和招拍挂等法定程序随意把土地和资源许给投资方，违规收取别人“保证金、定金”等名目的资金，加上诸如会议纪要等文件材料行文和内容的不规范，造成政府处处被动，受制于人，还常常成为被告，既带来不稳定的隐患，又给后续问题的处理带来极大的障碍。三是投资环境不优。硬环境和软环境建设滞后，工业园没有成为全县工业发展主战场，基础设施建设不完善、不配套，征迁工作不顺，项目落地难。在办事效率和为企业服务上，少数干部吃拿卡要，推诿扯皮，为企业服务意识不强，行政效率低下。个别地方还存在欺行霸市、强买强卖、强装强卸等不法行为。既存在少数涡阳人不说涡阳好的情况，也有胳膊肘往外拐，甚至吃里扒外的情况，极大地损害了涡阳的利益。四是少数干部作风不正，精神状态不佳。既有不作为，缺乏担当的勇气和魄力，也有乱作为，没有底线的胡作非为。有的精神萎靡，没有精气神。有的争先进位意识不强、干事创业精神不足。有的光琢磨人，不琢磨事，搞团团伙伙，闹无原则的纠纷。有的甚至损公肥私，丧失从政的底线。路线教育虽然取得了成果，但是干部的作风、政治生态环境建设依然有很多问题，明的问题少了，暗的问题还有，“四风”的问题、“小四风”现象依然在某些地方不同程度存在。

要科学预见困难挑战。一是宏观经济形势的挑战。在宏观经济下行压力下，我县煤、酒等主导产业短期内反弹乏力，土地市场、房地产市场总体低迷，投资信心不足，对于处在工业化、城镇化起步阶段的县域经济影响很大。二是宏观经济政策的挑战。国务院43号、45号等系列文件，严格限制地方政府举债，严格规范招商引资政策，不得违规制定优惠政策，对我们后发地区融资、引资带来极大的挑战。三是交通“洼地”的挑战。我县交通基础设施欠账太多，国省干道建设和县乡公路建设任务重，道路不畅，不能有效地互联互通，区位边缘化成为制约招商引资和进一步发展的一大瓶颈。四是历史遗留问题的挑战。近年来，征迁安置、企业改制、政府性债务、“两违”整治等遗留问题纷繁复杂，需要花大力气、大代价去化解，有的矛盾交织叠加，困难重重，难以在短时间内解决。在严峻的经济形势下，既有保民生保运转、理旧事还老账的双重压力，又有打基础谋长远、调结构保增长的双重任务，如何破难题、促发展，面临极大考验。五是区域竞争的挑战。县域经济竞争如逆水行舟，不进则退。放眼皖北，我们曾经是全省十强、皖北三甲、全市第一，但我们已在发展中掉队、在前进中落伍。不仅主要经济指标增幅在全市和皖北22个县区处于末尾，而且主要经济指标总量位次也大幅下滑。1—11月财政收入总量由2010年皖北22县区第4位下滑到第10位，由全市第1位下滑到第3位，比谯城低6.18亿元，比蒙城低2.78亿元，仅比利辛多3.15亿元，但利辛的增速全市第一，高出我县35.1个百分点。过去不如我们的兄弟县区陆续超越，前面的标兵渐行渐远，后面的追兵越来越近、越来越少。面对日趋激烈的竞争，如何以追赶者的姿态实现奋力崛起、跨越赶超，是我们必须面对的挑战。

要牢牢把握发展机遇。辩证法告诉我们，机遇与挑战并存，压力与动力同在。越是困难的时候，越要有定力，越要有信心，危中寻机，化危为机。面对经济发展的新常态，如何认识新常态、适应新常态、引领新常态是摆在我们面前的重要课题。在前不久召开的中央经济工作会议上，总书记以历史辩证的思维深入分析了新常态下的趋势性变化，指明了新常态下发展的前进方向。就涡阳来说，发展的外部环境和条件也在发生深刻变化，但处于大有作为的发展机遇期没有改变。归纳起来，有这么几个有利因素。从战略导向看，中央经济工作会议确定，稳增长仍是新常态下的首要任务，继续实施积极的财政政策和稳健的货币政策，强调要多管齐下，扩大有效投资，重点投向重大水利工程、农村饮水安全、粮食仓储物流和高标准农田等农业基础设施，保障性安居工程和农村危房改造，中西部城际铁路等基础设施建设等。这对我们公共服务欠账较多、基础设施薄弱的农业大县，无疑是重大利好，必将优先受益。从上级支持看，去年底，省委、省政府将支持皖北发展的“双十条一纪要”政策延长到2020年，同时又出台了10条新的倾斜政策，体现了省委、省政府支持皖北发展的坚定决心和一以贯之的态度，对我们争取更多的政策、资金、项目和人才支持提供了宝贵机遇。市委、市政府对涡阳的发展高度重视，对我县需要解决的困难和提出的请求，都明确表示大力支持。从发展潜力看，国家更加重视中西部地区城镇化发展，提出要引导1亿人在中西部地区就地城镇化，给予政策支持，安徽也被列入国家新型城镇化整省试点。我县城镇化率还低于全国、全省21个点、15个点，这是差距，也是发展的巨大空间，更是新常态下的巨大潜力，为我们扩大有效投入、促进消费需求、加快城镇化步伐带来重大机遇。高速公路年底通车，省道202线今年开工升级改造，商合杭高铁亳州站将开工建设，皖北机场和引淮济亳工程前期工作正紧锣密鼓地推进，困扰我们多年的交通束缚将得到逐步缓解。可以预见，未来几年将是涡阳推进城镇化进程的难得机遇期。从全面深化改革看，改革是推动发展的最大动力。我们后发地区缺要素、缺经验、缺环境，靠什么获取竞争优势？就是要靠改革创新，靠攻克体制机制障碍和作风顽疾来解放生产力、发展生产力。相对于先发地区，我们需要啃的硬骨头更硬，需要趟的水更深，必须以更大力度推进改革，抓住关键领域和关键环节，加快推进一批重大改革措施，释放更多的改革红利。目前，我们处于落后位置，已无路可退了，但只要我们真抓实干，每进一步都是看得见、摸得着、实实在在的进步。从人心所向看，人民群众期待着涡阳发展更快一些、更好一点，期待着早日实现经济发展、政治清明、文化繁荣、社会和谐、生态优美的“涡阳梦”。目前，全县上下人心思上、人心思变、人心思进，面对当前落后的残酷现实，大家心不甘，大家认账不认输，服气不服软，涡阳人民憋着一股劲，想干事，憋着一口气，想发展，加快发展、奋起赶超已是人心所向。民力可依，民心可恃，民智可用，这已成为解决当前涡阳的问题和发展中矛盾，实现追赶超越的最大公约数。我们一定要主动顺应人民群众的新期待、新要求，把全县上下改革创新、干事创业的热情和激情保护好、引导好、利用好，把170万涡阳人的民力，凝聚成加快发展的强大动力。

同志们，面对困难和挑战，信心比黄金更重要。面对稍纵即逝的机遇，迟疑不决，错失良机，就意味着落后被动。当前及今后一段时期涡阳将处于爬坡过坎的攻坚期、奋力赶超的机遇期。我们既要看清发展中的困难和问题，进一步增强危机意识、忧患意识、责任意识，积极应对各种风险挑战；更要看到发展中的诸多有利因素，进一步增强改革意识、担当意识、发展意识，坚定信心，抢抓机遇，顺势而为，努力实现各项工作争先进位。

三、艰难爬坡，攻坚克难，奋力开创涡阳发展的新局面

今年是全面深化改革的关键之年，推进依法治县的开局之年，也是实施“十二五”规划的收官之年。全年工作的总体要求是：全面贯彻党的十八大和十八届三中、四中全会精神，立足基本县情，坚持稳中求进的工作总基调。突出改革创新，实施工业立县发展战略，大力开展招商引资，发展民营经济。坚持依法治县，积极稳妥处理遗留问题，切实加强民生保障。全力推进工业化、城镇化、信息化和农业现代化统筹发展。

（一）坚持改革创新，充分激发发展的内生动力。改革是由问题倒逼而产生，又在不断解决问题中深化。解决涡阳问题的根本路径在于改革创新，加快涡阳发展的根本出路在于激发内生动力。对今年的改革工作，中央和省、市提出了明确要求，我们要结合实际，科学谋划推进，确保改革蹄疾步稳、卓有成效。

第一，认真抓好改革措施的落地生根。习近平总书记强调，要把抓改革举措落地作为重要政治责任，强化主责部门和一把手责任，敢于担当，主动作为。从督查反馈的情况看，去年我县216项改革任务，不少改革还没有完成序时进度要求。这里既有顶层设计、推进机制不完善等客观原因，也有抓落实不力等主观问题。各专项改革小组及牵头单位要深刻领会、认真落实中央要求，对省、市已经明确的改革任务要以踏石留印、抓铁有痕的精神，抓好贯彻执行。

第二，科学谋划今年全面深化改革任务。按

照中央和省、市委的要求和部署，初步考虑今年的改革工作：一要围绕激发经济活力，着眼于体制和机制改革创新。首先是行政管理体制改革，提高行政效率。抓好县级政府权力清单、责任清单和涉企收费清单制度运行，权力进清单，清单之外无权力；涉企收费进清单，清单之外无收费。要推进政务服务平台、网上办事大厅建设，全面实施为民服务全程代理。结合县乡财政结算体制的调整，全面实施目标管理考核，充分发挥目标管理指挥棒的作用。要加快大建设体制改革，实现规划、设计、立项、招标、投资、建设、审计全过程管理。要认真推进工业园区改革，增强开发区活力，努力让开发区成为全县工业发展的主战场、产城融合的示范区。要主动适应新变化，实施投融资改革和预算体制改革。其次是优化市场环境，探索政府和社会资本合作模式（PPP模式），加快推出一批面向社会资本开放的基础设施和公共服务项目，多渠道筹集建设发展的资金，激活社会资本“一池春水”。着力推进金融体制改革，开展征信体系和担保体系建设，不断提高金融服务“三农”和中小微企业的水平。二要围绕统筹城乡发展，加快城乡一体化改革创新。重点推进农村综合改革、户籍制度改革等专项改革。尤其要积极稳妥推进农村宅基地制度改革，严格加强土地管理，健全土地收储制度，严厉打击违法用地行为，保护土地这一宝贵的资源。针对基层土地、规划等工作现状，在全县各乡镇成立国土规划建设管理委员会，加强对基层国土、规划等工作的领导和服务。三要围绕规范权力运行，积极稳妥推进民主法制领域改革。重点推进依法治县、反腐败体制机制创新和严肃党内生活、从严治党、从严治吏等专项改革。四要围绕增进群众福祉，加快推进社会事业领域改革。重点推进医疗、教育、社保等专项改革。推进文化体制机制创新，加快生态文明建设。

（二）坚持依法治县，建设法治涡阳。当前，我县既处于发展的机遇期，也处于社会矛盾凸显期，改革发展稳定任务之重前所未有，全面推进依法治县意义更加重大深远，我们必须弘扬法治精神，运用法治思维和法治方式深化改革、推动发展、化解矛盾、维护稳定，促进公平正义，全面推进严格执法、公正司法、全民守法，形成良好的法治环境。

第一，坚持依法行政，加快建设法治政府。行政机关是实施法律法规的重要主体。要依法全面履行政府职能，加快建设职能科学、权责法定、执法严明、公正公开、廉洁高效、守法诚信的法治政府。实行政府权力清单、责任清单、负面清单、收费清单制度，构建权责明确、相互制约、相互监督的权力运行机制，推进依法行政，重点解决不作为、乱作为等问题。要全面推进政务公开，重点推进财政预算、公共资源、重大项目、惠民政策、公益事业等信息公开，强化对行政权力的监督，打造阳光政府。

第二，坚持公正司法，促进社会公平正义。公正是法治的生命线，司法公正对社会公正具有重要引领作用。要严格规范司法行为，完善司法权力运行机制，建立健全记录、通报和责任追究制度，加强对司法活动的监督，建立部门违法行政不良记录档案。要加强对办案人员的监督，绝不允许办关系案、人情案、金钱案，对司法领域的腐败零容忍。要积极推进审判公开、检务公开、警务公开，增强司法工作的透明度，努力让人民群众在每一个司法案件中都能感受到公平正义。

第三，坚持领导带头，推进法治社会建设。全面推进依法治县，各级领导干部起着“关键少数”的作用。要坚持领导干部带头学法、遵法、守法、用法，牢固树立法律红线不能触碰、法律底线不能逾越的意识，切实把依法依规办事作为一种自觉行动。全民守法是依法治县的长期基础性工作，要提高普法工作实效，推进诚信建设，强化道德内在约束，创新法制宣传教育方式和载体，推动全社会形成办事依法、遇事找法、解决问题用法、化解矛盾靠法的良好环境。

（三）坚持发展为上，统筹推进经济社会协调发展。实施工业立县战略，坚持发展第一要务、招商第一要事、稳定第一责任。

第一，突出工业立县，大力发展产业经济。一要加快产业转型升级。改变“煤酒独大”的产业结构，必须加快培育产业发展新支撑，形成新的经济增长点。要依托资源、产业优势，积极推动煤电煤化工、白酒、农产品深加工、机械装备制造等主导产业延伸产业链条，大力发展劳动密集型产业和依托涡阳资源禀赋的产业。对存量企业，要在充分调研的基础上，一企一策，加大帮扶力度，支持现有企业做大做强，重点对酒厂、三星化工等企业发展中存在的困难进行帮扶，稳住存量，寻找增量。要实施工业振兴计划，着力培育新增规模企业和“小巨人”企业，帮助解决融资、用工、用地问题，通过设立产业引导基金等方式，推动企业加快发展、加速成长。加快发展现代物流、电子商务、文化、旅游、健康、养老服务等新兴业态。大力开展全民创业，全面落实支持民营经济发展的政策措施，积极引导外出务工和创业成功人士回乡创业。二要大力推进招商引资。不抓招商引资，就没有项目，就没有发展。紧紧抓住东部沿海地区产业结构调整和梯度转移机遇，坚持领导招商、全民招商，开展精准招商、定点招商、以商招商、产业链招商等工作，争取更多企业来我县投资兴业。要着力解决“有没有”的问题，只要是没有污染问题，不是高耗能项目，真正把钱投在涡阳，不论大小，我们一律要服务好。既要有大项目支撑，更要有一大批有效益、有就业的中小微企业群。要完善招商机制，建立招商导则，强化招商考核激励措施，严把环保、安全、能耗、土地集约节约利用和优惠政策等5个关口，提升招商引资质量和效益。着力优化投资环境，围绕打造全市、皖北乃至全省“审批环节最少、审批速度最快、服务效率最高”目标，全力做好项目帮办服务工作，努力营造亲商、安商、便商、利商的良好环境，让涡阳成为服务的“高地”、招商的“洼地”，使各路人才和资金汇集涡阳。三要强力推进项目建设。坚持把项目作为经济发展的生命线，一切围绕项目转、一切围绕项目干，着力解决项目落地难问题。加强项目分类管理，完善重点项目推进机制，强化领导包保、挂图作战、督查调度等制度，确保项目按照时序节点加快推进。坚持谋划项目支撑，结合市十大产业规划、县“十三五”规划编制，重点谋划和储备一批带动力强的大项目、好项目。四要加快开发区建设。坚持工业向开发区集中，政策向开发区倾斜，资源向开发区汇聚，人才向开发区流动，努力把开发区打造成招商主战场、工业主阵地、经济增长极、产城一体化的示范区。开发区要突出抓好征地拆迁、招商引资、项目推进、企业服务和基础建设五大重点工作，完善规划和功能布局，不断提升承载能力。强化集约节约发展，加大低效闲置用地清理和盘活力度。强化合同双向约束，完善项目服务机制，切实提高项目履约率、开工率、竣工率、达产率，不断提升发展的质量和效益。

第二，以文明创建为突破口，加强城乡建设和管理。按照新型城镇化的要求，增强城市功能，提升文明素养，改善城乡环境，着力构建城乡一体化发展新格局。一要坚持规划引领。坚持全域统筹规划、统筹发展。要加强县域发展的顶层设计，加快完成全县主体功能区规划，统筹县域经济社会发展、城乡建设、发展要素及基础设施、项目布局、社会事业等规划，着力形成定位清晰、结构合理、功能互补、特色发展的新格局。要统筹城乡建设规划，高标准修编县城总体规划，系统性完善区域控规、详规和专项规划，完善中心村规划，将镇村规划纳入规划管理体系。完善土地利用规划，积极推进城乡建设规划、土地利用规划、基础设施建设规划、产业发展规划等“多规合一”，做到全县规划一张图，一张蓝图干到底。二要统筹城乡建设。坚持建管并重，完善功能，提升品位，精细管理，按照“老城焕新貌、新城展新姿”的要求，实施老城畅通、绿化、亮化工程，不断改善人居环境，着力建设功能完善、设施配套、道路畅通的城市集中区；确定新城区开发强度和投入力度，完善新城区教育、医疗、市场等服务设施，提升公共服务承载能力，吸引更多产业和人口集聚，着力建设产城融合、宜居宜业、充满活力的城市新中心。积极争取国家和省、市新型城镇化扶持项目，加快推进集镇道路、垃圾和污水处理配套设施建设。坚持量力而行，因地制宜，发挥农民主体作用，推进美好乡村建设。结合土地整治、土地流转、环境整治项目实施，把重点放在改善农村基础设施上。坚决防止和纠正打着美好乡村建设旗号，搞小产权房开发等错误做法。三要强化城乡管理。坚持以文明创建提振精神、凝聚人心、树立形象，按照市委、市政府“九城同创”总体要求，围绕争创全国文明县城目标，持续深入开展“三治理、两提升”专项行动，集中整治垃圾乱扔、车辆乱停、行人乱穿、摊点乱摆、房子乱建等“五乱”现象，落实网格化责任。以政府购买服务的方式推进城市管理市场化试点。广泛开展社会主义核心价值观教育，大力培育文明新风，摒弃陈规陋习，移风易俗，繁荣社会主义文化，加快“文明涡阳”“诚信涡阳”“法治涡阳”建设，打造全县人民共同的精神家园。

第三，以农民增收为核心，加快发展现代农业。坚持把“三农”工作摆在全县工作重要位置，围绕农民增收这一核心，加快转变农业发展方式，更加注重农业发展的质量和效益。一要继续稳定粮食生产。突出抓好农田水利建设和千万亩森林增长工程，大力推进粮食高产模式攻关，扩大“吨粮田”建设，着力发展优质、高效、特色和生态循环农业，夯实农业发展、农民增收的基础。二要加快培育新型农业经营主体。规范农村土地流转，积极培育扶持种养大户、家庭农场和各类专业合作社，努力增加农民家庭经营性收入。三要大力发展农业产业化。有针对性加强农业、林业、畜牧业等招商，大力引进培育扶持规模种植、养殖、农产品深加工等产业化龙头企业，加快推进现代农业示范区重点项目建设，积极抓好农民技术培训，促进农民就地就业创业和劳务输出，努力增加农民工资性收入。四要深化农村综合改革。做好农村土地承包经营权抵押、担保贷款试点，在加强农村“三资”清理和规范管理的基础上，推进农村集体资金、资产、资源“三资”市场化运营，努力增加农民财产性收入。五要认真落实强农惠农政策。加快农村道路、电网、信息等基础设施和公共服务设施建设，落实涉农资金补贴，加大扶贫解困力度，努力增加农民转移性收入。

第四，以民生改善为根本，着力发展社会事业。坚持保基本、兜底线、促公平，突出雪中送炭，集中财力解决群众最关心、最迫切的民生问题。一要大力实施民生工程。按照尽力而为、量力而行原则，实施好民生工程，确保工程质量和资金使用效益。二要加快发展民生事业。以促进充分就业、推动全民创业为重点，持续提高城乡居民收入。以促进基本公共服务均等化为核心，合理配置教育、文化、体育、卫生、养老等公共资源，不断完善低保、医保、五保、养老保险、社会救助等多层次的社会保障体系，更加关心关注弱势群体的生产生活。三要加强社会治安综合治理工作。以深化法治涡阳建设为统揽，加强社会治安综合治理平台规范化、信息化建设和镇村“两中心两站所”建设，健全社会稳定风险评估机制，坚持强化治理与依法打击并举，建立规范完善的信访维稳机制，及时化解矛盾纠纷，努力保持稳定和谐的社会环境。始终保持“严打”高压态势，对扰乱社会主义市场经济秩序行为和黑恶势力、“村霸”“恶人”等要坚持露头就打，绝不姑息养奸、养痈为患，让平安涡阳成为涡阳的名片。

（四）坚持从严治党，营造良好的政治生态。习近平总书记多次强调，抓好党建是最大的政绩。我们要按照中央要求和省委、市委部署，把管党治党作为重大政治责任，始终放在心上、抓在手上、落实在工作中，坚决以党风政风转变带动社风民风转变，营造风清气正、干事创业的良好政治生态。

第一，严守政治纪律和政治规矩。全县各级党组织和党员干部必须始终与党中央在思想上、政治上、行动上保持高度一致，切实担负起严明政治纪律的主体责任，把严明政治纪律放在首位，决不允许上有政策、下有对策，决不允许有令不行、有禁不止，决不允许在贯彻中央和省、市、县委的决策部署上阳奉阴违，打折扣、做选择、搞变通，确保政令畅通。各级党组织的主要负责同志作为履行党委主体责任的第一责任人，一级抓一级，要带头遵守党规党纪，遵守法律法规，严格依法办事、按程序办事、按制度办事，重大问题必须请示报告，重要情况必须及时反映，该履行的职责必须履行，该承担的责任必须承担，真正做到懂规矩、守规矩，真正使各项工作符合组织原则，符合政策要求。

第二，持之以恒加强作风建设。群众路线教育没有休止符，作风建设永远在路上。要进一步巩固和扩大教育实践活动成果，抓好各项整改任务的落实，既要注重解决存在的突出问题，又要建立健全长效机制，努力在抓常、抓细、抓长上下功夫，始终保持惩治“四风”“小四风”高压态势，防止问题反弹，真正形成作风建设新常态。要继续深化作风教育，按照“三严三实”要求，说老实话，办老实事，做老实人。要加强机关效能建设，强化干部执行力，坚决整治吃拿卡要、不作为、慢作为、乱作为问题，对损害投资环境的行为，一查到底，公开曝光。

第三，大力加强干部队伍建设。按照信念坚定、为民服务、勤政务实、敢于担当、清正廉洁的好干部标准，坚持正确的用人导向，注重在招商引资、文明创建、信访维稳、大建设一线等发现、培养、使用干部。大力实施干部能力素质提升工程，培养一大批经济型、管理型、数字型干部，通过教育培训、挂职锻炼、轮岗交流、实践培养等，着力解决党员干部老办法不顶用，新办法不会用的“本领恐慌”、能力不足问题，增强服务经济社会发展的真本领。坚持以实绩论英雄，凭实绩用干部，强化奖优罚劣、奖勤罚懒奖惩机制，决不让老实人吃亏，决不让投机钻营者得利，支持改革者，鼓励创业者，宽容失败者，用好的作风选人，选作风好的人。

第四，大力推进服务型基层组织建设。基层组织是党的全部工作和战斗力的基础。围绕服务型党组织建设，推进基层党组织把工作重心转到服务发展、服务民生、服务群众、服务党员上来，要通过开展进万家门、知万家情、解万家忧、办万家事等活动，打通贯穿群众路线的“末梢神经”，解决联系服务群众“最后一公里”问题。加强镇村干部教育培训，强化政策、法治和权力观教育，突出抓好基层党组织带头人队伍建设，适度提高村居干部报酬待遇，全面激发农村党员队伍的生机和活力。要更加重视基层、关心基层，对基层干部多一份理解和信任，多一份关心和爱护，让他们热爱基层、扎根基层、创业基层。

第五，坚定不移推进反腐倡廉。党风廉政建设和反腐败是党的生命线。要严格落实党风廉政建设党委主体责任和纪委监督责任，加强警示教育，强化权力运行制约监督，着力抓好对“一把手”的监督，抓好对政府投资项目和拆迁安置资金、社保基金、扶贫资金、惠民资金以及保障房安置等的审计监督，加强对管人、管财、管物、管土地等重点岗位的监督。深化廉政风险防控，抓好规划土地、资源开发、资金管理、工程招投标、行政审批、市场监管、政府采购、司法执法、纪委公安查案办案等重点领域和关键环节的制度建设，努力形成不敢腐、不能腐、不想腐的有效机制。要始终保持惩治腐败的高压态势，对不收敛、不收手的严惩不贷，对发生在群众身边的腐败严惩不贷。

同志们，新的一年机遇与挑战并存，希望与困难同在。我们不怨天、不尤人，从自身做起，从一件件事情抓起，权为民所用，利为民所谋。我们坚信，在市委、市政府的坚强领导下，在历任班子打下的好的基础上，在全县人民的共同努力下，进一步解放思想，改革创新，攻坚突破，一定能够开创涡阳统筹城乡、追赶跨越、奋力崛起的新局面！

谋发展　优生态　实作风
努力开拓各项工作新局面

县委十届七次全体会议工作报告

（2015 年 9 月 8 日）

——县委书记、县人大常委会主任　胡明文——

这次全会的主要任务是，深入贯彻省委九届十三次全会、市委三届八次全会精神，回顾总结今年以来的工作，安排部署当前和今后一段时间的工作和任务，进一步统一思想、振奋精神，一心一意谋发展，聚精会神抓党建，全面贯彻落实中央和省、市决策部署，谋发展，优生态，实作风，努力开创各项工作新局面。

一、关于今年以来的工作

今年以来，在市委、市政府坚强领导下，我们深入贯彻党的十八大、十八届三中、四中全会和习近平总书记系列讲话精神，牢牢把握稳中求进工作总基调，突出问题导向，攻坚克难，从群众关心的问题入手，积极稳妥处理遗留问题；坚持发展第一要务不动摇，理清思路，突出重点，以经开区建设为突破，统筹推进工业化、城镇化；坚持依法治县，从严治党，把党纪和规矩立起来，按规矩办事，把作风搞实，努力营造风清气正、干事创业的良好政治生态。

一是思想政治建设不断加强。坚持以党的最新理论成果武装头脑，在思想上、政治上、行动上与党中央保持高度一致。认真学习贯彻习近平总书记系列重要讲话精神。上半年，县委先后 15 次以常委会、中心组理论学习会等形式，及时组织传达学习。认真学习贯彻党的十八届四中全会精神。先后对 1810 名干部进行了轮训，组织政策理论宣讲团集中宣讲 40 场，努力让四中全会精神家喻户晓、深入人心。认真开展“三严三实”专题教育。坚持谋划在先、务求实效，以党课报告启动开局，赴兰考开展组织生活，举行“严以修身”专题研讨，推动“三严三实”内化于心、外化于行。

二是改革创新扎实推进。强化统的功能，克服分散主义，统筹推进重点领域和关键环节改革，以体制机制创新激发发展活力。理顺经开区管理体制。坚持把经开区作为工业化、城镇化的主战场，进一步理顺招商项目、土地规划、财政税收、干部管理等体制，举全县之力建设经开区。深化机构改革。统筹全县机构编制资源，整合正科级单位 6 个，着力解决部分单位职责交叉、关系不顺的问题。大力推进行政审批制度改革。县、镇两级权力清单、责任清单、行政收费清单和政府公共服务清单“四个清单”正式公布运行。政府权力清单由4555项减少到2739项，涉企收费由111项减少到76项。加强网上办事大厅建设，网上录入服务项目1348项，其中，行政审批项目687项。截至8月底，累计办件量27.6万件，居全市第一。加强项目和经济工作体制机制创新。实施大建设新体制，成立大建设指挥部和办公室，对政府投资项目实行规划、设计、立项、招标、投资、建设、审计等全过程管理，做到“专业人干专业事”。建立项目预审、用地预审和决策结果网上公开等制度，完善土地、规划、投融资决策机制，健全工作规则，实施大建设项目、招商项目和经济运行月调度机制，推动各项工作走向科学决策、高效落实的轨道。坚持“多予、少取、放活”，改革县镇财税管理体制，实施分类个性化考核办法，支持各镇街场特色化发展，激发内生动力。

三是扭转经济发展被动局面。面对宏观经济下行和自身结构性矛盾的双重压力，我们迎难而上，主动作为，经济发展止跌回升、稳步向好。上半年全县实现生产总值99亿元，增长7.7%；1—8月份，预计完成固定资产投资101亿元，增长22%；规模工业增加值40亿元，增长10%；实现财政收入11.15亿元，由于去年未能做到收入均衡有效入库，虽然仍下降9.6%，但从6月份开始逐月完成年度序时进度。大力实施工业立县战略。坚持一手抓存量，加大企业帮扶力度，徽酒集团、三星化工、华环烟草、源和堂药业等骨干企业企稳回升，盘活经开区企业6家；一手抓增量，加大招商力度，加快项目推进，先后3次组织项目集中签约和开工活动，修正健康饮品产业园、恒明新型包装材料、源和堂药业二期等一批亿元工业企业开工建设，信湖煤矿、矸石电厂等重大项目取得积极进展。1—8月份，实际利用内资183.45亿元，增长23.9%；预计完成工业投资39.6亿元，增长25%。积极推进农业产业化。实施小麦高产攻关、吨粮田创建和玉米振兴计划，小麦再获丰收，最高单产758.5公斤，成为全省小麦最高单产纪录，玉米面积扩大到120万亩以上，实现了历史性突破，新增市级以上龙头企业19家、专业合作社225家、家庭农场200家。加快发展第三产业。大力培育发展新型服务业，引进“淘实惠”电商平台，41家合作社、家庭农场开展网上农产品销售，糖醋蒜、苔干等特色农产品通过网络走进千家万户。上半年，实现社会消费品零售额49.75亿元，增长12.3%；1—8月份，预计外贸进出口总额6821万美元，增长112%。千方百计破解要素瓶颈。坚持把规划区内整村搬迁作为推动城市发展的重要突破口，统一规范征迁安置政策，整村搬迁5个村庄，拆迁房屋50万平方米，征地3260亩。盘活低效闲置土地720亩，有效缓解了项目用地难题。积极推进企业上市和股权融资工作，源和堂药业已获“新三板”股交中心批准，近期挂牌。加强与合肥高新区、肥西县合作共建，与肥西县合作建设5万平方米标准化厂房已开工。加快农商行清欠工作，清收不良贷款2822万元。积极寻求与政策性银行和市建投公司合作，落实贷款资金17.2亿元，为发展注入动力。

四是城乡建设管理水平有了提升。坚持以“九城同创”为统领，统筹推进城乡建设。着力提升规划水平。修编完善县城总体规划，开展土地利用规划中期评估，启动编制综合交通等7个专项规划，不断完善城乡功能与空间布局。加快推进城乡建设。围绕基础设施、社会事业、公共服务等，谋划实施政府投资类项目93个，启动建设南部新区“五纵五横一水系”，7个省级美好乡村示范点有序建设。把道路交通建设摆在突出位置来抓，济祁高速年底建成通车，涡河三桥明年上半年建成通车，S307绕城段、S202路面改善，曹淝路、涡新路等省道、县乡公路、村道网化工程陆续开工，今年新开工建设道路248公里。深入推进城乡创建。持续开展“三治理两提升”专项行动，集中整治垃圾乱扔、车辆乱停、行人乱穿、摊点乱摆、房子乱建等“五乱”现象。坚持依法拆违，成立乡镇国土规划建设管理委员会，组建了“两违”管理队伍，落实城乡一体拆违控违政策，拆除各类违建30万平方米以上，根本扭转了违建失控局面。集中整治交通秩序，依法取缔客运三轮车2334辆，依法查扣非法客运三轮车502辆，依法撤回公交车经营权，新上公交车80部，首批投放出租车60部，城区交通秩序明显改善。

五是民生社会事业实现进步。认真落实惠民政策，着力办民生实事、好事。民生工程扎实推进。31项民生工程计划投资26.59亿元，已到位24.82亿元；7项任务已完成年度任务，24项按计划推进。社会事业得到加快发展。调整城市中小学布局，经开区“五校一园”加快建设，一中新校区如期开学，全县129所改造薄弱学校、52所村小提升建设有序推进。实施卫生提升工程，计生工作荣获“全省人口和计划生育工作先进县”称号。农村低保、五保供养标准提高10%以上，五保集中供养能力达72%。加快生态文明建设，大力开展增绿增彩增果行动，统筹推进治水治污治尘，秸秆禁烧取得了突破。社会治理不断创新。认真落实“三位一体”责任包保机制，“两站两中心”建设得到加强，进京、赴省上访批次分别下降10%和57%。持续推进平安建设，加大安全生产监管力度，严厉打击各类违法犯罪活动，人民群众安全感、满意度稳步提高。

六是党的建设得到加强。始终把抓好党建作为重大政治责任，坚持党建工作项目化管理，强化问题调度。宣传思想工作深入推进。积极开展国学经典“六进”“书香涡阳”等群众性精神文明创建活动，进一步凝聚了改革创新、干事创业的正能量。干部队伍建设得到加强。坚持以好干部标准选人用人，推行干部“做事档案”，注重在招商引资、文明创建、信访维稳、大建设等基层一线发现、培养、使用干部，共调配县管干部6批69人，提拔重用8人。加强人才队伍建设，新招录引进各类人才784人。基层组织建设得到提升。全面提高村干部待遇，推进示范村创建和软弱涣散村治理，强化村室阵地建设。作风建设常抓不懈。严格执行中央八项规定，驰而不息纠正“四风”，查处违反八项规定问题14起，处理14人，党政纪处分5人。党风廉政建设深入推进。认真落实“两个责任”，全面规范从政行为，组织开展警示教育、“廉政家访”等活动，加强干部巡察、审计工作。保持查处腐败高压态势，纪检监察机关新立案278件，结案251件，党政纪处分251人，移交司法机关9人。以查处侵占农村危房改造资金窝案为突破口，严肃查处发生在群众身边的腐败案件24件，7人被移交司法机关。民主政治建设得到加强。深入推进依法治县，大力加强法治宣传教育，建立法律顾问制度、重大行政决策合法性审查和规范性文件合法性审查制度，大力营造尊法学法守法用法的浓厚氛围，荣获全国法治县创建活动先进单位称号。支持人大、政协开展工作，加强武装、统战、民族、宗教、群团工作，不断凝聚加快发展的强大合力。

今年以来，在外部环境复杂、区域竞争加剧、自身结构性矛盾突出的背景下，全县各级各部门积极主动作为，在应对挑战中抢抓机遇，在破解难题中干事创业，经济社会发展和党的建设等各方面工作有了新的变化和进步，在全市二季度经济工作督查调度会上，市委、市政府给予了充分肯定，认为“涡阳在经济发展、社会事业、城乡建设等方面，都有不小的进步，可圈可点的地方不少”。但是整个工作局面正如市委杨书记所说，尚处于负重前行、爬坡过坎的阶段。前进的道路上还有许多困难需要克服，遗留问题与发展面临的矛盾相互交织，基础很脆弱，稍不注意，就有可能功亏一篑。从客观形势看，认识新常态、适应新常态、引领新常态，是摆在我们当前和今后很长一段时间需要完成的任务。从主观上讲，县域治理能力不强，基层组织建设不优，为民服务水平不高，干部作风不实，党风廉政建设问题不少等等，问题亟待克服解决。从战略上看，对县域经济发展来说，当前正处在战略机遇期，2020年全面建成小康社会，“小康不小康，关键看老乡”，可以说尽快走上工业化、城镇化、农业现代化的正确道路和快车道上，是我们的当务之急。县域经济发展如逆水行舟，不进则退，机遇稍纵即逝，发展的非均衡性告诉我们已错过上一轮发展的机遇，再也不能错过这次机遇了，否则我们涡阳将彻底沦为资源输出县、粮食调出县、劳动力外流县的皖北小县城。那么怎么办？我们涡阳的各级党员干部只有凝心聚力、宵旰图治、抢抓机遇、乘势而上，在“四个全面”的指引下，在经济、政治、文化、社会、生态文明和党的建设上求突破，才能摆脱目前被动落后的局面，迎头赶上前进的队伍，进而实现“弯道超车”。

二、关于下半年和今后一段时期的重点任务

近期，中央和省、市先后召开会议，对当前及今后一个时期发展形势进行研判，对保持经济社会稳定发展、扶贫攻坚、“十三五”规划等重点任务进行安排部署。贯彻落实中央和省、市的新要求、新部署，保持和巩固好我县良好的发展势头，必须贯彻落实“四个全面”战略布局，围绕“建设崇尚创新、开放包容、经济繁荣、文化昌盛的活力亳州；建设功能完善、城乡秀美、政治清明、社会文明的美丽亳州；建设宜居宜业、社会公平、安定和谐、人民富足的幸福亳州”的奋斗目标，立足涡阳县情，凝心聚力、真抓实干。归纳起来，就是要做到“六个坚持、六个全力”。

（一）坚持发展第一要务，全力推进经济建设。发展是解决一切问题的关键。尤其是当前负重前行、爬坡过坎的关键阶段，必须牢固树立科学发展理念，始终坚持发展第一要务不动摇，全力推进工业化、信息化、城镇化、农业现代化统筹发展。现在到年底只有不到4个月时间，要切实增强紧迫感，对照年初目标，把握关键环节，加大工作力度，巩固止跌回升、平稳向好的发展态势，确保完成年度工作任务，确保“十二五”圆满收官。

第一，要大力实施工业立县战略。工业是县域发展的重要支撑。走新型工业化之路，实施工业立县战略，这既是立足于解决当前涡阳发展存在的突出矛盾和问题，又是着眼于创造涡阳未来可持续发展的强大动力，必须始终坚持把发展工业经济摆在全局工作的重中之重。一是认真谋划主导产业。抓工业就是抓产业，尤其是要抓立足于自身资源禀赋特点的主导产业，围绕产业，招商引资，谋划项目，服务企业，形成龙头企业—产业链—产业集群—产业基地。过去涡阳有着“酒肉化机”的辉煌，当前，我们要像前人那样，结合涡阳实际谋划好产业。要按照新型工业化的要求，把工业的总量做大，实施工业倍增计划，依照近、远期结合的方式，规划五百亿产值和千亿产值两个目标，要建立重点产业推进领导小组，重点谋划推进好食品及农副产品加工产业、煤及化工化肥产业、机械及新材料产业、服装及纺织产业等重点产业。二是打造工业发展平台。把经

开区作为工业发展的主引擎，举全县之力支持经开区建设，以经开区率先突破带动全局发展。要加强改革创新，实行扁平化管理，加快经开区政务服务窗口建设，各项涉企行政审批和服务项目都要进窗口，落实一站式服务，努力打造“审批环节最少、审批速度最快、服务效率最高”的先行区。统筹乡镇工业区发展，调整乡镇工业功能区布局,按照“一顶帽子大家戴”和“一区五园、统建统管、产业集聚、镇区共赢”的思路，由省级开发区涡阳经济技术开发区托管义门、高炉、西阳、楚店、龙山马店等五个乡镇工业园，统一规划建设管理，依托区位、资源优势，优化产业定位，盘活存量资源，培育壮大特色产业，不断提升发展活力。经开区自身要进一步完善产业发展规划,突出抓好征迁安置、基础配套、招商引资、项目推进、服务企业、管理创新等关键环节，年内完成整村拆迁80万平方米，落实7个安置小区建设，加快10万平方米标准化厂房建设，努力盘活停产半停产企业，持之以恒地清理闲置低效用地，不断提升园区的承载力和带动力。加快园区合作共建，积极推进与合肥高新区开展合作共建，加快园区基础设施、服务环境和产业项目建设，尽快做大做强园区产业规模。三是坚持招商第一要事不动摇。抓招商、实现有效投入是稳增长、促转型的最现实、最有效的手段。当前乃至今后相当长一段时间内，招商引资工作都是我们始终要抓在手中的重要工作。要集中力量、整合资源，持续开展招商引资、项目建设攻坚行动，围绕壮大农产品深加工、劳动力密集型等产业，突出领导招商、产业链招商、以商招商，聚集更多附加值高、带动作用强的大项目好项目。要制定好招商引资导则和工业项目建设导则，完善产业发展政策，优化项目服务机制，坚持招商引资和项目建设月调度制度，落实项目建设“六个一批”“四位一体”推进机制，及时发现解决项目推进中的问题,促进项目建设全面提速。下半年，要抽调百名干部投入到招商引资、项目建设第一线，重点盯住信湖煤矿、三星化工3052、修正健康饮品、恒明包装等一批续建、新建项目，确保完成年度投资任务。四是加大企业扶持培育。坚持三次产业一体推进，发展新兴产业与改造提升传统产业并行，推动民营经济发展。对存量企业开展摸底调研，开展百名干部进企业活动，帮扶企业解决困难，引导扶持企业走“品牌、质量、升级”之路，加大本地产品宣传推介力度，促进传统产业再造生机、焕发活力。要瞄准产业发展新趋势，大力发展新材料、生物医药等新兴产业。实施“接二连三”战略，加快发展仓储物流、电子商务、金融服务等生产性服务业，积极发展医疗、健康、养老等生活性服务业，促进服务业总量扩大、档次提升。积极推进大众创业、万众创新，鼓励全民创业，扶持中小微企业发展，发展工商户，支持个转企，培育规模企业，继续做好企业上市工作，让涡阳成为民营企业发展的“乐土”。五是持续优化发展环境。围绕建设公平的市场环境、安全的社会环境、高效的服务环境，加快简政放权，精简审批事项，推进效能建设，努力推进政府职能转变。规范从政行为，实行亮身份、报行踪、晒承诺“三公开”，推行马上就办、办就办好等制度，着力治理推诿扯皮、县委和县政府决策部署得不到有效落实等“中梗阻”现象，坚决查处不作为、乱作为、慢作为等官僚恶习，坚决查处吃拿卡要等违法违纪行为，坚决查处以权谋私、权力寻租等腐败现象，以涡阳干部良好的从政形象为涡阳的发展赢得宝贵的发展环境。强化要素支撑，抓好财税金融改革，积极引进金融机构，建好“我要贷款”融资平台，充分发挥财政资金杠杆作用，鼓励引导商业银行扩大贷款规模，切实缓解小微企业和“三农”融资难问题。加强农村土地整治，加大增减挂钩项目实施力度，持续开展土地清理工作，盘活土地资源。

第二，要统筹推进城乡建设管理。以建设宜居宜业的现代化中等城市为目标，统筹推进现代化中等城市、美丽集镇和美好乡村规划建设管理。一是坚持规划引领。完善城乡规划体系，加强城乡统筹规划编制，完成县城总体规划修编，编制美丽集镇规划，完善中心村规划，构建平衡适宜的城乡建设空间体系。突出南部新城规划，加强城市设计和控规编制，做到控规全覆盖；做细专项规划，重点抓好城市水系、绿化系统、地下空间等规划的编制工作；做美主要路段和重点区块城市设计，加强城市风貌研究，打造涡阳城市亮点。二是加强基础设施建设。坚持基础设施先行，继续实施大建设管理、调度制度，完善规划、发改、国土、建设、财政、招投标等部门和属地协调联动机制，全力做好服务保障，加快推进105个续建、新建大建设项目。三是主攻南部新区。坚定不移地把南部新区作为现代化新城中心区来打造，牢固树立精品意识，统筹抓好城市道路、建筑、绿化、美化、亮化、净化和文化建设，多给城市留遗产，不给城市留遗憾，努力塑造城市个性和文化特色。坚持一手抓征迁安置，一手抓规划建设，加快推进教育、卫生双提升工程，培育商贸、金融、餐饮、文化、休闲等服务业态，完善城市功能。抓好高炉和西阳两个美丽集镇规划建设，加快7个省级美好乡村示范点建设，确保城乡建设统筹推进。四是进一步提升管理水平。推进网格化、信息化、责任化管理。突出市容管理、市政管养、交通秩序规范，深入开展商业广告、市场经营、违法建设、环境污染等专项治理，始终保持对城乡违法用地、违法建设的高压态势，严格规范农民建房，深入推进“三线三边”整治、“三治三增三提升”、农村清洁工程和“增绿增彩增果”四项工作，努力打造一批示范镇、示范村、示范带，不断改善城乡人居环境。

第三，要加快推进农业现代化。紧紧围绕农民增收这一核心，坚持以工业的理念抓农业，大力实施农业规划、结构调整、培养领头雁和培育新型主体、农业产业化、农田水利、林业“三增”、路网畅通、美丽乡村、扶贫脱贫、涉农资金整合等十大行动，推进农业农村工作迈上新台阶。一是加快推进农业结构调整。坚持规划引领，以美好乡村和现代农业示范区为点，以307、202省道和济祁高速为线，以广大腹地为面，点线面结合，科学编制农业发展规划，完成全县现代农业产业布局及农田基础设施规划，加强畜牧业、林业等专项规划。继续深入推进高产创建，提高粮食生产能力。大力发展特色高效农业，乡镇要把农业产业化项目和特色经营项目招商放在招商引资工作的重中之重来抓，大力发展连片规模种植养殖，积极发展规模化蔬菜、苔干、药材、苗木、经果、畜牧生产。二是深化农村综合改革。大力扶持和培育新型农业经营主体，加快农业经营方式由分散经营向适度规模经营转变。大力实施农业产业化行动，加大对规模化标准化龙头企业的支持力度，依托义门、龙山马店等乡镇工业区建设，打造中药、食品和农产品深加工产业集聚区，加强“三品”认证，培育特色产业集群。支持源和堂、温氏、安欣牧业、正宇面粉、义门苔干、爱家调味品等品牌农业产业化企业做大做强，力争三年打造省级龙头企业50家、国家级龙头企业5家。积极培育农机、种植、养殖专业合作社以及家庭农场和种粮大户，引导他们通过土地股份合作、订单农业、“公司+合作社+农户”等方式，将分散的农民组织起来，不断提升农业组织化程度和规模化生产水平。依托各类专业合作社、种粮大户和家庭农场，大力培育一批从事土地托管、代耕、代种、代管等农业经营性服务组织。加强农民技能培训，提高农民生产管理水平，培育新型农民。三是加强农业基础设施建设。按照农业建设规划，整合集中各类涉农项目资金。以畅通行动为抓手，多方面筹集资金，用三年时间完成县乡道路改造提升和村道网化工程建设，解决群众行路难、行路远问题。按照“旱能浇、涝能排，沟相连、路相通，田成方、林成网”高标准农田建设标准，力争五年内实现全县农田治理全覆盖，年内要完成8000眼打井任务，三年实现河灌、井灌全覆盖。加强新型农机装备，加大农机专业合作示范社政策扶持、社员购机补贴力度，年底发展农机专业合作社130家以上，2016年5月底实现行政村全覆盖，确保完成机械化收种和秸秆禁烧任务。

第四，要积极推进信息化。充分发挥“互联网+”在社会资源配置中的优化和集成作用，为发展提供广阔的网络平台。加强信息化与工业化的深度融合，提升企业研发、生产、管理信息化水平。加强信息化与城镇化的良性互动，推进智慧城市建设，提升建管水平。加强信息化在农业现代化中的运用，扩大名特优产品网上销售渠道。加强信息化在行政管理和社会建设中的运用，完善网上办事大厅服务平台建设，加强网上政务信息公开，创新政府服务模式，提升公共服务水平，重点解决“零办件”村居问题，提升办件质量和效率。

第五，要科学谋划“十三五”发展。习近平总书记提出“十三五”要在保持经济增长、转变经济发展方式、调整优化产业结构、推动创新驱动发展、加快农业现代化步伐、改革体制机制、推动协调发展、加强生态文明建设、保障和改善民生、推进扶贫开发等十个方面取得明显突破。我们要按照总书记的要求，准确把握宏观经济发展的新趋势、新特点、新要求，统筹兼顾、着眼长远，紧密结合实际，把我县在“十三五”期间面临的机遇挑战分析透，把发展目标确定好，把战略重点谋划准，努力形成一个实事求是、凝聚人心、鼓舞斗志的规划文本。一是科学确定目标。紧紧围绕“四个全面”战略布局，聚焦全面建成小康社会这个既定目标，坚持用“跳起来摘桃子”的思维，谋划好全县发展总体规划，科学设定好指标体系。围绕建设现代化中等城市目标，按照每年增加1—2个百分点城镇化率的要求，认真谋划好产业发展、城乡建设、基础设施建设、民生建设等各项规划，努力使经济更有效率、社会更加公平、发展更可持续。二是坚持问题导向。清醒认识、充分估计面临的风险和挑战，深入研究影响和制约经济发展的资金短缺、征地拆迁难和工业规模小、服务业水平低等突出问题，深入研究人民群众反映强烈的看病难、上好学难、行路难等热点难点问题，深入研究事关改革发展稳定的错综复杂的问题和沉重债务负担等重点问题，找准破解之道。三是注重统筹兼顾。统筹经济社会发展、生态文明建设、保障改善民生、推进扶贫开发等各项工作，立足实际、因地制宜做好系统谋划、整体部署、协同推进。

（二）坚持依法治县，全力推进政治建设。推进依法治县，既是加强政治建设的重要内容，也是推进政治建设的根本途径。坚持建设“法治涡阳”，统筹推进民主政治建设、行政体制改革和基层群众自治，为经济社会发展提供保障。

第一，要全面推进依法治县。推进严格执法、公正司法、全民守法，推动全社会形成办事依法、遇事找法、解决问题用法、化解矛盾靠法的良好法治环境。加强普法宣传教育。认真谋划“七五”

普法工作，着力增强群众法治意识，培育群众法治思维。加快建设法治政府。深入推进依法行政，坚持用法治标尺规范行政行为，做到法定职责必须为、法无授权不可为。严格依法决策，确保决策科学、程序正当、过程公开、责任明确，防止越权违法决策。积极稳妥推进司法体制改革。推进诉讼服务中心和检务公开大厅建设，加快立案登记制和多元化纠纷解决机制改革，保证审判机关、检察机关依法独立公正行使审判权、检察权，努力让人民群众在每个司法案件中都能感受到公平正义。

第二，要深化行政体制改革。没有改革，注定平庸。持续深化行政审批制度改革。坚持问题导向，重点推进审批流程和工作流程再造，按照效率和服务的要求，精简再精简，提速再提速，用行政效能的提高，激发市场主体活力。完善并发挥县乡两级权力清单、责任清单、收费清单、服务清单等作用，在进一步强化网上办事大厅工作前提下，建设新的县级服务大厅，推进政务服务标准化，深化商事制度改革，着力打造审批项目最少、办事效率最高、行政成本最低的政务服务环境。深化政府机构改革。对接省市机构设置，根据职能划分，进一步优化政府组织结构，按照建设好现代化中等城市的要求配置好行政资源。健全权力运行制约和监督体系。阳光是最好的防腐剂。运用新技术手段大力推进党务公开、政务公开、村务公开、司法公开、办事公开，提高权力运行的透明度和公信力，让权力在阳光下运行。加强党内监督、民主监督、法律监督、舆论监督，努力构建服务高效、公开透明、全程监督的政府权力运行体系。

第三，要大力发展民主政治。认真执行民主集中制，健全集体领导下分工负责的工作机制，坚持重大问题集体讨论、集体决策，做到科学决策、民主决策、依法决策。坚持党委总揽全局、协调各方，认真落实中央、省、市加强县乡人大工作和建设的若干意见，充分发挥政协作为协商民主重要渠道作用，发挥工会、共青团、妇联等群团组织的职能作用，认真做好民族、宗教工作。加强基层民主建设，保障人民群众依法行使民主权利。坚持党管武装，加强国防后备力量建设，争创全国双拥模范县。

（三）坚持培育社会主义核心价值观，全力推进文化建设。培育和践行社会主义核心价值观，弘扬优秀传统文化，发挥好文化引领风尚、教育人民、服务社会、推动发展的作用。

第一，要加强核心价值观体系教育。在全社会加强理想信念、爱国主义、民族精神、法律法规的宣传教育，弘扬社会主义核心价值观，使之成为全县人民的共同追求。进一步在全县普及制定完善市民公约、村规民约等行为准则，深入开展国学经典“六进”、书香涡阳建设等活动，推动核心价值观落地生根。积极开展“道德模范”“中国好人”“美德少年”“星级文明户”等评选活动，努力形成崇德尚善、健康向上的社会风气。结合农商行清欠，深入开展诚信涡阳建设，构建政府、企业和个人信用体系，在全社会营造诚信光荣、失信可耻的氛围。

第二，要大力弘扬中国老子道家经典文化。围绕打造“老子涡阳·生态福地”城市品牌，积极开展道家经典文化宣传、推介活动，弘扬道家经典文化，传承本土文化基因。树立大文化旅游业发展观念，坚持以道家文化旅游为龙头，以道源国家湿地公园建设为突破，加大文化产业招商力度，全面开发道家文化旅游，整合红色旅游、生态旅游资源，打响老子牌，做大做强文化旅游业。坚持把城市景观规划建设与挖掘历史文化内涵紧密结合，增加城市个性与灵性。

第三，要坚持“九城同创”，创建“九城涡阳”。按照市委、市政府关于“九城同创”的决策部署要求，以争创“文明城、未成年人思想道德建设工作先进城、卫生城、环保模范城、平安城、双拥模范城、园林城、智慧城和新能源示范城”等为重点，科学规划，加大投入，加强管理，提升城市品位，提高全社会文明素质和科学素养，建设“九城涡阳”。按照“九城整体同创，单项逐年达标”的思路，认真制定我县创建实施方案，各牵头部门要对照建设“九城”的国家标准和条件，逐一查找“短板”，逐一制定措施，逐一抓好各项任务，逐一落实年度目标。

第四，要加强舆论引导。各级党委要把意识形态工作摆上重要议事日程，进一步压实工作责任，牢牢掌握意识形态工作的领导权主动权。持续推进“四个全面”、中国梦等宣传教育，精心做好重大主题宣传。充分发挥“两台一报”、政府网站、涡阳之窗和村村通广播等传播手段的作用，善于借助新媒体，提高宣传有效性，讲好涡阳故事。加大对招商引资、项目建设、征地拆迁、文明创建等重点工作和基层一线先进典型的宣传报道，弘扬主旋律，提振精气神，凝聚正能量。强化政治意识、阵地意识、责任意识，进一步提升网络舆情应对能力，加强舆情研判，完善应对处置机制，主动回应关切，营造良好的网络舆论生态。

（四）坚持完善县域治理能力，全力推进社会建设。加快发展社会事业，着力保障和改善民生，事关老百姓福祉，是提升县域治理能力现代化的重要体现。

第一，要切实保障改善民生。坚持保基本、兜底线，把有限的财力用到群众最期盼、最迫切的事情上，让改革发展成果惠及人民群众。加大民生工程实施力度。进一步加强资金和建设管理，加快民生工程项目实施进度，不断改善群众生活。加强社会保障体系建设。推进机关事业单位养老保险制度改革，完善城镇基本医疗、工伤、生育保险管理政策。加快养老机构建设，提高五保集中供养能力。努力解决企业改制关停等遗留的社保问题。大力发展社会事业。抓好教育改革，实施教育提升工程，全力推进南部新区“五校一园”建设，促进教育公平发展、均衡发展，“十三五”期间要针对人口流动的新特点，努力增加新区学位数，提高教育布局调整的针对性。加大文化硬件设施建设，积极谋划县规划馆、文化馆、图书馆、博物馆、体育馆、科技馆等一批文化基础设施建设。深化卫生体制改革，推进县、镇、村卫生信息化建设，整合基层卫生、计生资源。积极鼓励和引进社会资本发展民办医院、民办养老院、民办职业教育等社会事业，“十三五”期间预计增加4000张医疗床位，努力使人均床位比达到全省平均数。加强保障房建设，探索推进拆迁货币化安置和公共租赁住房货币化保障，精准调控土地供应，保持房地产市场健康平稳发展。

第二，要加大扶贫攻坚力度。目前，我县还有11.88万贫困人口，如期实现扶贫目标，任务艰巨。我们要按照习近平总书记“六个精准”“四个一批”和省委王学军书记“四个进一步”的要求，打好组合拳，确保在既定时间节点打赢扶贫开发攻坚战。要压实责任。各级党委（党组）要认真落实扶贫工作责任，实施百名干部联系贫困村、单位包村、干部保户帮扶制度，对年度扶贫开发任务未完成的镇街场实行“一票否决”。广泛调动社会各界参与扶贫攻坚的积极性，凝聚起推进扶贫攻坚的合力。要摸清家底。深入摸排贫困村、贫困户、贫困人口情况，对重新识别认定的贫困对象，实行镇、村主要负责人签字负责、终身追究制，确保扶贫对象精准。深入分析贫困人口结构和致贫原因，建档立卡，为精准扶贫、精准脱贫打下基础。坚持把产业扶贫作为扶贫开发的主要手段，加快发展特色农业、生态旅游，提高自我发展能力。深入开展教育扶贫，对贫困家庭儿童和青壮年劳动力，加强义务教育和职业技能培训，提升其受教育程度和就业能力。积极创新金融扶贫，着力解决贫困村、贫困户创业融资难问题。探索光伏扶贫试点，切实增加贫困户收入。对丧失劳动能力的，实施政策性兜底，保障其基本生活。

第三，要依法加强社会管理。进一步夯实平安涡阳建设基础，加快社会治安防控体系建设，推进社会治理创新，坚持重心下移、关口前移，加快构建网格化管理、社会化服务、信息化支撑、责任制保障“四位一体”的社会治理新模式。启动县综治维稳信访中心建设，加强镇村“两中心、两站”，特别是村级为民服务站建设，严格落实“三位一体”信访工作责任制和责任追究制，严格抑制问题增量，积极化解信访积案存量，依法规范信访秩序，推进信访工作法治化规范化。依法加强安全生产、食品药品安全监管，强化完善应急处置机制，严防重特大事故发生，切实提高人民群众的安全感和满意度。

（五）坚持转变发展方式，全力推进生态文明建设。绿水青山就是金山银山。以积极创建生态文明建设示范县为突破口，牢固树立绿色发展理念，坚持在发展中保护、在保护中发展，实行最严格的生态环境保护制度，以环境友好和资源节约来优化经济增长、促进发展转型、改善生态环境、优化人居环境，努力建设生态涡阳。

第一，要积极实施主体功能区战略。加强县域发展顶层设计，按照人口、经济、社会、资源、环境相协调的发展格局，加快编制县域主体功能区规划，健全空间规划体系，科学合理布局和整治生产空间、生活空间、生态空间。科学划定重点、限制和禁止开发区域，明确功能定位，厘清发展方向，统筹要素布局，形成经济社会发展、城乡总体规划、土地利用规划、基础设施建设规划、产业发展规划、生态环境保护规划等规划“多规合一”，实现县域内一本规划、一张蓝图。区域规划编制、重大项目布局必须符合主体功能定位，对不同主体功能区的产业项目实行差别化市场准入政策，明确禁止开发区域、限制开发区域准入事项。构建科学合理的城镇格局、工业发展格局、农业发展格局、生态安全格局，促进生产空间集约高效、生活空间宜居适度、生态空间水清地绿。

第二，要大力推进绿色城镇化。根据资源环境承载能力，构建科学合理的城镇化布局体系，增强城市承载能力，促进县城、中心集镇和美好乡村协调发展。尊重自然格局，保护自然景观，传承历史文化，合理布局各类城镇空间，保持特色风貌。加强对涡阳省级历史文化名城的保护和相关省、市、县文保单位的保护力度。科学确定城镇开发强度，提高城镇土地利用效率、建成区人口密度，划定城镇开发边界，推动城镇化发展由外延扩张式向内涵提升式转变。加快美丽集镇、美好乡村建设，加强农村基础设施建设，统筹省道、河道、城区、集镇和村庄的绿化美化，大力实施“三增”工程，建设林业生态网络体系和水生态体系，创建生态镇、生态村。

第三，要推进资源节约和高效利用。加快转变农业发展方式，加大种养业特别是规模化畜禽养殖污染防治力度，实施养殖业“三区”划定。科学施用化肥、农药，净化农产品产地和农村居民生活环境。强力推进节能减排，淘汰落后产能，狠抓燃煤锅炉整治和黄标车淘汰工作，实施扬尘治理专项行动。建立垃圾村收集，中心镇减量化、无害化处理，县集中处理的垃圾转运体系和以垃圾焚烧为主、卫生填埋为辅的处理体系。加强耕地特别是对基本农田的保护，严守耕地保护红线。

第四，要加大环境保护力度。坚持预防为主、综合治理，加大环境执法力度，建立环境风险防控和突发环境污染事件应急处置机制，健全县、镇街场环保工作网络，坚决防止危废品污染事件和环境重大事件的发生。完善环境监察、监测监督网格，提升环境监管能力，严格落实环评和“三同时”制度，从源头上控制新增污染负荷。加强水资源保护、水环境治理，加快污水处理项目建设，突出抓好城市水系规划建设，加强河道清理，建立并落实“河长制”，做好“水文章”。加强大气污染防治，突出抓好秸秆禁烧，推进秸秆全量还田和综合利用，确保实现零火点的目标。持续开展“四场”和搅拌站清理整顿，实施控煤、治车、降尘和综合治理工作，着力营造“天蓝、水清、地绿、居佳”的人居环境。

（六）坚持从严治党，全力推进党的建设。营造良好的政治生态必须从严治党，必须增强管党治党意识、落实管党治党责任，必须把抓好党建作为最大政绩。

第一，要大力加强思想建设。思想政治建设管方向、管根本，必须坚持不懈抓实抓好。持续深入学习习近平总书记系列重要讲话精神。总书记的系列重要讲话是党的最新理论成果，要原汁原味地学，全面系统地学，持久深入地学，联系实际地学，拧紧“总开关”，坚定“主心骨”，推动各项工作取得新成效。严守政治纪律和政治规矩。要把纪律和规矩挺在前面，牢固树立看齐意识、大局意识、规矩意识，坚决克服自由主义、分散主义、好人主义、个人主义，始终与党中央在思想上、政治上、行动上保持高度一致，决不允许上有政策、下有对策，决不允许有令不行、有禁不止，决不允许在贯彻中央和省、市、县的决策部署上阳奉阴违，打折扣、做选择、搞变通。严格遵守国家法律法规、党规党纪和党在长期实践中形成的优良传统及工作惯例，严格依法办事、按程序办事、按制度办事，重大问题必须请示报告，重要情况必须及时反映，每个党员干部特别是领导干部都要真正做到懂规矩、守规矩，真正使各项工作符合组织原则，符合政策要求。扎实推进“三严三实”专题教育。紧紧围绕“三聚焦、三查找、三确保”这条主线，按照严、实的要求，始终把作风建设放在首位，深入查摆和解决作风不严、不实问题，推进专题教育取得实效。聚焦对党忠诚，查找修身不严、做人不实的问题，坚定理想信念，加强党性修养，站稳政治立场，确保与党中央保持高度一致。聚焦个人干净，查找律己不严、用权不严的问题，清正廉洁，克己奉公，为民服务，确保依法秉公用权。聚焦勇于担当，查找谋事不实、创业不实的问题，脚踏实地，开拓创新，真抓实干，确保新常态下实现新发展。

第二，要大力加强基层组织建设。总书记指出：党的工作最坚实的力量支撑在基层，最突出的矛盾和问题也在基层，必须把抓基层、打基础作为长远之计和固本之举。全县各级各部门要牢固树立大抓基层的鲜明导向，全面落实基层党建工作责任，围绕“六有”目标，落实“三个清单”，搞好“五项服务”。强化战斗堡垒作用。强化各级党组织书记第一责任人的责任，要真正当好书记、会当书记，要坚守党的阵地，严明组织生活、严守组织纪律，自觉担负起爱党、忧党、兴党、护党的重要职责，任何时候都要把维护党的利益摆在最高位置，任何时候都要做好为党的事业冲锋在前的准备。着力做好“五项服务”。突出“服务”这个核心，把服务作为基层组织全部工作的出发点和落脚点，激活“末梢神经”，使服务成为基层党组织的鲜明主题。践行“为民”这个宗旨，保持与人民群众最经常最直接的联系，增进群众感情，尊重群众意愿，视群众为亲人，做群众的贴心人，真心实意为群众办实事，解决联系服务群众“最后一公里”问题。把握“落实”这个关键，认真执行直接联系服务群众的各项制度，全面落实党的惠民利民政策，更好地发挥基层组织推动发展、服务群众、凝聚人心、促进和谐的重要作用。夯实基层组织基础。重点加强村级党支部、老干部党支部和机关党支部“三个支部”建设，抓好城乡结合部、流动人口聚居区等社情复杂社区和非公有制经济组织、社会组织等工作薄弱领域的党建工作，实现党组织和党员教育管理服务的全覆盖。各镇街场书记要集中精力，亲力亲为，勇于破解难题，化解矛盾。要把持续推进软弱涣散村整顿放在加强基层组织建设的首位来抓，要下大力气抓实抓好，继续坚持乡镇党委书记担任软弱涣散村党组织书记或第一书记，配齐配强村级领导班子和致富带头人，要创新工作方法，限定时间，以不达目的决不收兵的决心，整治一个，带活一片。加强基层工作规范化建设。认真落实“一定三有”等政策，不断完善基层党建经费保障机制和稳定增长机制，着力抓好村室工作规范化建设。镇街场要完善早点名、晚讲评、周小结、月总结工作制度。要大力发展村集体经济。切实解决村居组织有人干事、有场所议事、有章理事、有钱办事问题。镇街场的书记镇长要走遍所有村民组，村居书记要走进辖区内所有居民户，察民情、解民忧、实举措。创新服务载体，建立党建论坛、党建微博微信等平台，镇、村（居）两级书记要带头上党课，开展不同形式的党员谈心活动，发现问题，解决问题。

第三，要大力加强领导班子和干部队伍建设。实现新常态下新发展，关键要强班子、建队伍。打造坚强有力的领导班子。各级领导班子要按照省委“六个坚持”“四个过硬”的要求，主动对标定位，推动班子建设全面进步、全面过硬。要坚定政治立场，切实提高政治敏锐性和政治鉴别力。要提高能力本领，大力加强学习，深入调查研究，努力增强改革创新能力、依法办事能力和行政领导能力，不断推动各项工作迈上新台阶。要奋力干事创业，大力发扬钉钉子精神，以踏石留印、抓铁有痕的劲头，矢志不移推进“四个全面”各项任务落到实处，努力创造实实在在的业绩。要保持清正廉洁，严格遵守廉洁从政各项规定，按照省委的要求，切实做到“九不要”：即不要有令不行、有禁不止，搞自由主义；不要拉拉扯扯、亲亲疏疏，搞“小圈子”；不要违反规定干预干部选拔任用；不要利用职权和职务影响为个人、亲属以及身边工作人员谋取不正当利益；不要违反规定参与、插手市场经济活动；不要违反规定干预司法活动和具体案件；不要讲排场、比阔气、铺张浪费；不要沽名钓誉、弄虚作假、脱离群众;不要因循守旧、故步自封、骄傲自满，不断增强思想上的免疫力、党纪国法的执行力、为官用权的约束力。坚持正确用人导向。按照习近平总书记“二十字”好干部标准和“四有”“四个人”要求，严格执行《党政领导干部选拔任用工作条例》，推行“做事档案”制度，注重在招商引资、文明创建、信访维稳、大建设和基层一线发现、使用干部，注重培养使用经济型、管理型、数字型干部，以好的作风选作风好的人，坚决把忠诚、干净、担当的干部选出来、用起来，让想干事的有机会、能干事的有舞台、干成事的有地位，决不让老实人吃亏，决不让投机钻营者得利。搭建干部成长平台。进一步加大后备干部、女干部、少数民族干部和党外干部的培养锻炼力度，创造条件让年轻干部“在复杂环境中经受锻炼、在基层实践中提升能力”。始终把培养选准村居书记作为重点，把基层党员中的优秀分子、致富能手等选出来。要坚持过去行之有效的好做法，创新手段，通过一定的方式把村居班子中的好书记、好干部选出来，充实到镇街场班子和事业单位中去。坚持党管人才的原则，进一步健全人才激励机制，不断加强专业人才队伍建设，着力引进一批工业、规划建设、科技金融、医疗教育等方面的专业技术人才。加强干部教育培训，通过党校培训、外出学习、挂职锻炼等各种形式，努力建设一支高素质干部队伍。加强干部监督管理。坚持严字当头，强化干部的日常管理，认真落实干部“三公开”、个人事项报告、工作日志制度和日常巡查制度，通过制定镇村两级书记工作规范和方法，切实解决干部管理失之于软、失之于宽的问题。重点加强对“一把手”监督管理，一旦发现苗头性、倾向性问题，早提醒、早纠正，绝不能哄着护着盖着，对干部真管、真带、真要求，才是真正地关心爱护干部。认真贯彻领导干部能上能下的若干规定，坚持人岗相宜、以事择人，通过激励、奖惩、问责等制度安排，保证能者上、庸者下、劣者汰。

第四，要大力加强作风建设和党风廉政建设。党风廉政建设和反腐败工作是党的生命线。切实抓好“两个责任”。牢牢抓住主体责任这个“牛鼻子”，突出用好问责这个“杀手锏”，健全责任分解、检查监督、倒查追究的完整链条，把“一案双查”作为强化责任追究的有力抓手，以动真碰硬的实际行动，倒逼主体责任落地生根。各级党委（党组）主要负责同志要认真按照“四个亲自”要求，确保主体责任落到实处。纪委特别是镇街场纪委和派出纪检组要突出主业主责，深化转职能、转方式、转作风，强化监督执纪问责。今后，一个地方一个单位出了问题，首先要查“两个责任”，查书记、纪委书记责任落实情况，重点解决责任不落实，不敢管、不会管、不愿管问题。驰而不息纠正“四风”。治县先治吏。始终保持惩治“四风”“小四风”高压态势，一以贯之执行中央八项规定和省市县30条规定，把党纪和规矩立起来，以铁的手腕抓落实，盯住一个个节点，瞄准一个个问题，抓住党员领导干部这一关键少数，持之以恒地抓下去，让人民群众不断感受到作风建设的新变化、新成效。保持惩治腐败高压态势。从不敢腐入手，为在涡阳实现不能腐、不想腐赢得时间。进一步加大纪律审查工作力度，坚持有腐必反、有贪必肃，形成强大震慑，抓住突出问题，坚决查处小官大贪、小官常贪问题。严肃查处发生在群众身边的腐败问题和社会反映强烈的行政审批、工程招投标、资金管理、执纪执法等重点领域和关键环节的腐败案件，深入推进镇、村两级经济责任审计全覆盖，对不收敛、不收手的严惩不贷，对发生在群众身边的腐败严惩不贷。全面强化制度保障。坚持标本兼治、综合治理、惩防并举、注重预防的方针，按照省市安排部署，制定重要岗位轮岗、审计监督、拟提拔干部重大事项审核、财政投资绩效评估、来信来访举报分析干部核查等具体办法，健全完善不敢腐、不能腐、不想腐的体制机制。

同志们，爬坡过坎，任重道远；加快发展，时不我待。让我们紧密团结在以习近平为总书记的党中央周围，在省、市委的坚强领导下，谋发展，优生态，实作风，推动新常态下的新发展，展现新形势下的新作为，努力开创涡阳各项工作新局面！

（县委办供稿）

攻坚克难　负重前行
努力开创各项工作新局面

县委十届八次全体会议工作报告

（2015 年 12 月 25 日）

——县委书记、县人大常委会主任　胡明文——

现在，我代表县委常委会，向全会作工作报告。

一、关于一年来的工作

一年来，县委团结带领全县上下，深入贯彻党的十八大，十八届三中、四中、五中全会和习近平总书记系列讲话精神，紧紧围绕协调推进“四个全面”战略布局，主动适应引领经济新常态，统筹推进经济、政治、文化、社会、生态文明建设和党的建设，谋发展，优生态，实作风，扭转了经济下行的艰难局面，经济发展企稳回升，在全面建成小康社会征程上迈出坚实步伐。

（一）深入调查研究，积极回应群众期待。坚持全心全意为人民服务的宗旨，顺应群众的所思所想、所盼所愿，不等不靠，主动回应，敢于担当，从群众关心的难点焦点问题入手，从群众意见最大、最不满意的事情改起，从群众最希望办、眼下最能够办好的事情做起，突出问题导向，依法办事，立足打基础、管长远，多办顺民意、解民忧、增民利的好事、实事，努力让群众感受到新变化。

一是从治理“五乱”现象入手，着力规范交通秩序。面对群众反映最强烈的垃圾乱扔、车辆乱行、行人乱穿、摊点乱摆、房子乱建等城市管理“五乱”现象，我们坚持依法行政，谋定而后动，在认真调研、全面摸底的基础上，精心制定整治方案，召开各层次座谈会征求意见，统一思想，整合力量，集中开展“三治理、两提升”专项行动，打出一套文明创建“组合拳”，逐片逐路整治城区和集镇，强力拆除沿街私搭乱建，有效规范演艺市场、农贸市场、夜市摊群等零散市场，努力实现还路于民。按照“上公交、打三轮、整出租”的思路，依法收回了公交车的经营权，新上公交车 100 部，依法取缔非法客运三轮车 2834 辆，陆续投放出租车 200 部，城区交通秩序明显改善，树立了涡阳新形象。

二是从整治“两违”破题，强力规范城乡建设管理。面对城乡违建失控、土地限批的严峻形势，我们坚持依法拆违、重拳出击，出台《涡阳县贯彻落实〈亳州市农村村民住宅建设管理办法〉实施细则》《涡阳县查处城镇规划区内违法建设管理办法》两个文件，落实城乡一体拆违控违政策，在各乡镇成立了国土规划建设管理委员会，组建城乡“两违”执法队伍，一次性集中拆除楚店镇违建4.3万平方米,全年共拆违47万平方米,其中依法集中开展拆除行动59次，拆除黏土窑厂17个,清理砂石料厂30个,立案查处5起16人,根本扭转了违建失控局面，农村建房由无序逐步转向有序，城区基本实现“零违建”，土地限批实现如期摘牌。

三是从解决“出行难”发力，全力破解交通瓶颈制约。面对交通区位边缘化、四周高速公路“环而不入”、县内道路通而不畅的尴尬局面，我们千方百计争取资金、项目和政策，努力打通涡阳内外路网,全力改善城乡交通环境。今年以来,国省干道和县乡村路网规划建设全面展开，S307一级公路改建全面完工，S307绕城段和S202路面改善工程启动建设，济祁高速12月19日建成通车，涡阳结束了不通高速的历史。群众关注的涡河三桥有序建设，明年上半年有望通车。完成曹淝路、涡新路等县乡公路改造51公里，村道建设150公里，城乡交通环境有了明显改观。曹淝路、西高路等5条道路挤入国省干道规划，涡河航道改造、城际铁路、亳州机场等重大交通项目列入省级规划。

四是从解决“入学难”着眼，持续加大教育投入。面对城镇化的发展，县城教育资源严重匮乏，老城区“蜗居校、大班额”问题十分突出。我们坚持教育优先、城乡统筹、调整布局、均衡发展，在县财力十分困难的情况下，投入巨资实施教育提升工程，改造农村薄弱学校129所，启动城区“四校一园”建设，预计新增学位8000多个，优化了城区中小学布局。

五是立足弘扬主旋律，提振干群精气神。面对近年来涡阳经济下行、各种矛盾和困难相互交织的被动局面，一些干部创业信心不足、精神状态不佳的现象比较突出。我们坚持团结稳定鼓劲、正面引导为主，在全县广大党员干部中开展“涡阳怎么看、干部怎么干”主题大讨论，更好地鼓舞士气、提振信心、凝聚共识。积极整合宣传资源力量，将过去各单位发放简报进行整合，开办《涡阳》，既解决简报过多过滥的问题，又开辟了新的阵地,展示交流涡阳各方面的工作。创办“涡阳之窗”等新媒体，主动引导互联网舆论，宣传推介“涡阳好人”。深入实施文化惠民工程，举办新年音乐会等丰富多彩的群众文化活动。加强对外宣传，央视《乡约》栏目首次走进涡阳，涡阳的知名度、美誉度不断提升，爱我涡阳、干事创业的正能量不断集聚，广大干群的认同感、荣誉感和责任感显著增强。

（二）理清工作思路，进一步明确发展目标。发展是第一要务，发展是解决涡阳一切问题和矛盾的根本出路。我们坚持立足县情，理清思路，以建设宜居宜业的现代化中等城市为目标，以经开区建设为突破，统筹推进新型工业化、新型城镇化、信息化和农业现代化同步建设。

一是坚持规划引领发展。坚持规划先行，着眼于县域全域统筹发展的目标，创新规划理念，高起点、高标准、高水平开展各类规划编制。今年以来，先后制定了全县主体功能区规划，编制“十三五”经济社会发展规划，修编完善县城总体规划，编制综合交通等专项规划，启动调整完善土地利用总体规划。积极推进城乡建设规划、基础设施建设规划、产业发展规划等“多规合一”,充分发挥规划引领和龙头作用。

二是大力实施工业立县战略。工业是县域发展的重要支撑，必须始终坚持把工业振兴摆在全局工作的重中之重来抓。一年来，大力实施工业立县战略，围绕资源、产业优势，重点谋划了农产品加工、煤炭煤化工、机械制造、新型建材、轻工纺织等五大产业，积极培育战略新兴产业，以“一园五区”平台建设为载体,突出招商引资,全力推进项目建设，加快传统产业改造升级，大力培育规模以上企业，扶持中小微企业，着力壮大工业经济。

三是统筹推进城乡建设管理。以建设宜居宜业的现代化中等城市为目标，坚持“九城同创”，严格城乡规划管理，主攻南部新区，牢固树立精品意识，统筹抓好城市基础设施和公共服务设施建设，统筹推进县城、美丽集镇和美好乡村规划建设，努力打造一批示范镇、示范村，不断改善城乡人居环境。

四是加快推进农业现代化。紧紧围绕农民增收这一核心，坚持以工业的理念抓农业，大力实施农业规划、结构调整、培养领头雁和培育新型主体、农业产业化、农田水利、林业“三增”、路网畅通、美丽乡村、扶贫脱贫、涉农资金整合等十大行动，推进农业农村工作迈上新台阶。

（三）全力攻坚克难，扭转经济下滑态势。面对宏观经济下行和自身结构性矛盾的双重挑战，我们主动作为，迎难而上，经济止跌回升，稳步向好。预计全年实现地区生产总值223亿元，增长9%；城镇常住居民人均可支配收入达20662元，增长9.9%；农村常住居民人均可支配收入达9239元，增长9.8%；全县财政收入16.7亿元，增长5%，增速比去年提高25.5个百分点。

一是千方百计破解要素制约。面对土地瓶颈，我们坚持把规划区内整村搬迁作为推动城市发展的重要突破，统一城市规划区征迁安置政策，南部新区整村征迁工作顺利推进，全年完成5个整庄搬迁，征地5000亩以上，拆迁房屋80万平方米以上，拆迁量是前8年的1.5倍，破解了制约多年的征迁难题。进一步理顺开发区管理体制，对现有城乡工业区平台进行科学规划整合，初步形成“一区五园”格局，既拓展载体扩大平台，又为下一步理顺关系、营造良好投资环境打下基础。加快推进盘活清理闲置低效用地，坚持“清收一批、盘活一批、清退一批、规范一批、提升一批”，清理盘活土地1020亩，清退僵尸企业6家，盘活企业8家，探索出了一条清理盘活企业低效用地的新路子；抓住增减挂和工矿废弃地整治难得机遇，新增建设用地8000亩以上，有效缓解发展用地保障问题。面对沉重的债务负担压力，我们坚持摸清底数，做实债务，调整债务结构，积极研究政策，抢抓机遇，争取低成本资金，争取了国家债务债券置换资金16.19亿元和农发行贷款12亿元；坚持做实财政，强化财政支出，税收占比同比增长8.6%，接近全市平均水平；加大融资力度，推进县平台公司按照现代企业法人的要求进行转型改制，积极与政策性银行、商业银行和市建安集团在新型城镇化、棚户区改造、基础设施建设等方面开展融资合作，有效缓解了建设投入和政府债务压力。面对人才短缺问题，我们加大公务员、教师及公益性岗位等招考招聘力度，大力引进涡阳籍在外优秀教师，全年共录聘人员及引进人才785名，有效破解了人才短缺的难题。

二是坚定不移做大总量、做优存量。围绕推进农产品深加工、机械制造、轻工纺织等重点产业扩量升级，培育绿色安全农产品、现代中药、新型材料三大新兴产业，大力推进精准招商。先后组织5批25个招商项目集中签约，累计签约48个，其中工业项目36个，通威新能源、修正健康饮品、创酷电子等14个亿元以上企业签约落地。加强与合肥市相关单位合作共建，与肥西县合作共建标准化厂房项目顺利推进。加大企业帮扶培育力度，推动民营经济发展，利用江汽集团供应商年会、合肥农展会等平台，不遗余力帮助企业进行产品推介，千方百计地帮助企业打开市场，扩大销路，徽酒集团、三星化工等骨干企业止跌回升，源和堂药业在“新三板”正式挂牌。积极推进大众创业、万众创新，扶持中小微企业发展，154个银政企对接项目落实贷款17.8亿元，预计全年新增规模企业44家、私营企业1988户、个体工商户6320户。我们坚持“六个一批”“四位一体”项目推进机制，着力开展项目攻坚，67个产业类项目、122个政府投资类项目有序推进。我们积极向上协调重大项目，信湖煤矿、三星化工“3052”项目、涡北低热值煤发电等重大项目实现突破性进展。

三是多措并举优化发展环境。致力于建设公平的市场环境、安全的社会环境、高效的服务环境。加快简政放权，重点推进审批流程再造，精简审批事项，县、镇两级权力清单、责任清单、行政收费清单和政府公共服务清单“四个清单”正式公布运行。努力规范从政行为，实行公职人员身份、行踪、承诺“三公开”，加大督查力度，着力整治推诿扯皮、县委和县政府决策部署得不到有效落实的“中梗阻”现象，坚决查处不作为、慢作为、乱作为，坚决查处吃拿卡要等违法违纪行为，优化发展环境，树立涡阳干部良好形象。设立经开区“一次性告知、一个窗口受理、一站式服务”大厅，出台兑现招商引资优惠政策，推动企业履责、政府诚信，努力打造“审批环节最少、审批速度最快、服务效率最高、投资环境最优”的先行区。加强诚信涡阳建设，加快建设征信系统，依法公布老赖名单，完成农商行清欠3923万元。

四是持续深化改革创新。着眼于进一步激发经济活力，不断推进体制和机制创新。强化机构整合，统筹全县机构编制资源，按照撤销一批、合并一批、转制一批“三个一批”的整体思路，整合正科级单位6个，着力解决部分单位职责交叉、关系不顺的问题。积极推进商事制度改革，“三证合一、一照一码”登记制度全面启动。深化农村综合改革，加快城乡一体化改革创新，土地确权登记颁证基本完成。针对基层土地、规划工作现状，发挥乡镇国土规划建设管理委员会职能，加强对基层国土规划等工作的领导和服务。改革县镇财税管理体制，坚持“多予、少取、放活”，试行分类化考核办法，支持各镇街场特色化发展，激发内生动力。

（四）突出改善民生，社会事业全面进步。发展越是向前越要体现到人民生活改善上，必须织密民生安全网，进一步增强人民群众的幸福感、获得感。

一是倾力改善民生。坚持尽力而为、量入为出的原则，突出共享发展，保基本、兜底线、促公平，努力把发展成果体现在人民生活改善上。民生项目支出占财政总支出88%，总投入26.59亿元的31项民生工程顺利完成年度任务。持续关注困难群体和弱势群体，以船为家329户渔民上岸安居工程安置率达100%，对已认定的11252名老村干、老民师等八类“老字号”人员问题已基本落实到位。实现城乡低保工作动态管理下的应保尽保，农村五保供养制度不断完善，五保集中供养能力达72%，全面落实孤儿救助政策，临时救助工作实现常态化。落实和完善创业就业政策，大力实施人才引进战略。城镇新增就业岗位11767人，完成全年任务的150.9%。棚户区改造4927套顺利实施，125.7万平米安置小区加快建设，完成廉租房和公租房并轨运行。坚持带着对群众的感情做好工作，启动实施为部分原国有企业职工生活困难统一办理职工基本养老保险，成立国有企业改革服务中心，坚持摸清情况，分清责任，分类指导，逐步推进，严格依法按政策办事，切实为群众排忧解难，努力推进遗留问题解决。

二是加强生态文明建设。保护生态环境就是保护生产力，改善生态环境就是发展生产力，采取有力措施推进生态文明建设。强化节能减排，加大黄标车治理力度，淘汰黄标车338辆。特别针对秸秆禁烧这个长期困扰的老大难问题，坚持标本兼治、多措并举，强力推进秸秆还田，夏秋两季秸秆禁烧工作取得历史性突破。开展城乡人居环境综合整治，强力推进农村清洁工程、“三线三边”环境治理。扎实推进千万亩森林增长工程，新造林3.5万余亩，完成“三线三边”绿化林带150公里，建设绿色长廊120公里，森林长廊示范路66公里。

三是统筹发展各项社会事业。深化医药卫生体制综合改革，全面推进公立医院综合改革工作，全面实施药品零差率销售及加大财政补助力度，全面执行新的医疗服务价格，全面开展分级诊疗工作。深化药品耗材采购供应制度改革，建立公立医疗机构药品带量采购遴选目录，带量采购让利比率达20%以上。扎实做好人口和计划生育工作，积极推进计生服务管理改革。

四是大力推进脱贫攻坚。认真贯彻中央扶贫开发会议精神，围绕“两个确保”总体目标，按照“六个精准”“五个一批”要求，以水、电、路、房等基础设施建设为重点，大力实施精准扶贫，一村一策、一户一策，分类制定精准扶贫方案和措施，着力提高脱贫成效。整合各类脱贫资金，大力实施光伏发电扶贫，扎实推进教育扶贫，创新金融扶贫，发展特色产业扶贫，全县贫困人口由2014年的11.88万人，下降到现在的7.46万人（包括新增贫困人口5665人），两年贫困人口减少近4.5万人。

五是积极推进社会治理创新。加快形成科学有效的社会治理体系。完善维稳工作机制，强化“两中心、两站”建设，加强矛盾纠纷排查化解，落实“六位一体”大调解机制，持续开展领导干部接访下访，进京、赴省上访批次明显下降，全县信访形势明显好转。加强平安涡阳建设，织好“六张安全网”，持续推进立体化社会治安防控体系建设。通过强化措施，重拳出击，加强安全生产监管，组织开展依法打击非法加油加气站（点）工作，共排查出非法加油站点272家（已全部拆除完毕），共拆除加油机425台、拆除罩棚192顶、吊出或注沙销毁油气罐428个，实现油机一律拆除、库存油一律处理、空油罐一律销毁、违法建筑一律拆除“四个一律”目标。

（五）践行三严三实，干部作风明显转变。始终把抓好党建作为最大政绩，认真落实从严治党主体责任，践行“三严三实”，做到真管真严，敢管敢严，长管长严，干部作风有了一定转变。

一是坚持不懈地抓好思想政治建设。持续深入学习贯彻党的十八届四中、五中全会精神和习总书记系列讲话精神，扎实开展“三严三实”专题教育，时刻把守纪律、讲规矩放在首位，在思想上、政治上、行动上与党中央和省委、市委保持高度一致。不断加强党风党纪教育，引导全县党员干部增强党的意识、纪律意识、规矩意识、法治意识，严格遵守党章、党纪和法律，继承和发扬党的优良传统。积极开展国学经典“六进”“书香涡阳”等群众性精神文明创建活动，进一步凝聚了改革创新、干事创业的正能量。

二是充分发挥县委常委会统揽全局、协调各方的领导核心作用。带头建制度立规矩，带头抓大事谋全局，带头贯彻民主集中制，带头狠抓工作落实，带头弘扬优良作风，着力加强自身建设，以实际行动为各级领导班子和党员干部作示范、做表率。不断加强干部队伍建设，坚持好干部标准和“四有”“四个人”要求，把忠诚干净担当作为座右铭，把“三严三实”作为行为准则，注重在招商引资、文明创建、信访维稳、大建设等基层一线选拔使用干部。

三是树立大抓基层的鲜明导向。不断强化基层首位度，先后召开12次常委会研究部署基层党建工作，制定了2015年基层党建工作问题清单、任务清单和责任清单。出台了《涡阳县加强农村基层党组织建设的实施意见》《涡阳县农村基层党建保障工程行动计划》，村两委正职年报酬平均达16800元，副职年报酬平均达12000元，较2014年翻一番。村级办公经费、服务群众专项经费分别按3万元、1万元的标准由财政足额拨付。2015年投入488万元对68个村室进行新建或扩建。撤并5个社区，顺利完成15个社区换届工作。深入推进37个“软弱涣散”村整治。建立健全大党建工作考核机制，基层党组织的战斗力和凝聚力明显提升。

四是驰而不息地抓好作风建设。在全县公职人员中开展以“亮身份、报行踪、晒承诺”为主要内容的“三个公开”工作，让每一名干部职工的岗位职责、工作动态、服务承诺，全部“晒”在阳光下，接受群众监督，增强工作透明度，提高服务效率。在县、镇、村三级干部中推行“做事档案”制度，通过平时记、月回顾、季度报、年终评，接受群众监督，考准干部实绩。同时结合镇村实际，创新提出了乡镇党委书记“十讲”工作法，村干部“十个一”工作法。

五是大力加强党风廉政建设。认真落实“两个责任”，切实履行“一岗双责”，认真开展“一案双查”，全面规范从政行为，今年以来因“两个责任”落实不力被问责3人次。认真学习贯彻《廉洁自律准则》和《纪律处分条例》，开展警示教育、“廉政家访”等活动，扎实推进干部巡察、审计监督、重要岗位干部交流轮岗、制度规范“四个全覆盖”。坚持有贪必肃，有腐必反，始终保持查处腐败地高压态势。前11个月，全县纪检监察机关立案查处408件，结案380件，给予党政纪处分376人，开除党籍26人，移送司法机关12人。

一年来，在市委、市政府的坚强领导下，在全县上下的共同努力下，年初制定的各项目标任务有望圆满完成。全县各级党组织和广大党员干部团结一心，真抓实干，爬坡过坎，负重前行，在应对挑战中抢抓机遇，在攻坚克难中奋发进取，经济社会发展和党的建设在艰难中取得了新进步，成绩实属来之不易。在此，我代表县委常委会，向全县各级党组织和广大党员干部表示衷心的感谢！

同时，我们也深切感受到工作中存在差距和不足。主要是：发展不足、发展不快、总量不大依然是我们面临的最大问题，新动力不足和旧动力减弱的结构性矛盾凸显；城乡建设欠账很多，城乡一体化管理体制机制亟待完善；改革攻坚触及深层次体制矛盾和利益调整；多样化社会思潮对加强意识形态领域，特别是互联网舆论环境引导管理提出更高要求；民生工作精准度和基本公共服务保障水平需要进一步提高；创新社会治理、维护社会稳定任务繁重；反腐败斗争形势依然严峻复杂，不敢腐、不能腐、不想腐的制度条件和土壤环境尚未完全形成，党风廉政建设任重道远。解决好这些问题，县委常委会将继续坚持问题导向，强化使命担当，勇于攻坚克难，以奋发有为的精神状态、“三严三实”的工作作风，不断开创各项事业新局面。

二、关于明年主要工作安排

2016年是全面实施“十三五”规划的开局之年，抓好全年工作，必须认真贯彻党的十八届五中全会和省、市委全会精神，坚持“四个全面”战略布局，全面落实创新、协调、绿色、开放、共享发展理念，在“六个坚持、六个全力”的总体部署下，一心一意谋发展，聚精会神抓党建，为夺取全面建成小康社会新胜利夯实基础。必须着力抓好以下四个方面工作。

（一）紧紧抓住调转促的机遇，加快全面建设小康社会新步伐。面对复杂多变的宏观经济形势，保持经济社会持续健康发展，关键是要振兴产业，尤其是培育特色鲜明的主导产业。要紧紧抓住调转促的机遇，大力推进招商引资和项目建设，全力做大产业，做优产业。

一要科学编制实施“十三五”规划，全面实施调转促。这次会议的重要任务就是审议通过《中共涡阳县委关于制定国民经济和社会发展第十三个五年规划的建议（审议稿）》，要按照建议要求，认真制定好我县“十三五”规划纲要，完善各项具体工作部署，科学设定好各项指标体系，进一步做好产业发展、城乡建设、基础设施建设、民生建设等各项规划，并抓好实施。要把实施“十三五”规划与推进“调转促”工作紧密结合，聚焦重点，精准发力，确保“十三五”各项工作在新的一年开好局、起好步。

二要进一步推进招商引资和项目建设。要尽快出台新的招商引资导则和产业扶持政策，优化项目服务机制，尽快建立招商引资项目流程信息化管理平台。坚持围绕主导产业招商，既招顶天立地项目，又紧抓铺天盖地不放松。要坚持招商引资和项目建设月调度制度，落实项目建设“六个一批”“四位一体”推进机制，促进项目建设全面提速。

三要进一步加强经开区建设，全力推进新型工业化和城镇化。围绕打造百亿园区的三年计划和五年实现双百亿工业产值的目标，突出壮大主导产业与改造传统产业齐头并进，加快发展食品工业和农产品深加工产业、劳动密集型产业和战略性新兴产业，争取形成一到两个产业的重大突破。要突出抓好拆迁安置、基础配套、招商引资、项目推进、服务企业、管理创新等关键环节，加快开发区体制和机制创新，持之以恒清理闲置低效用地，深化与合肥高新区合作共建，不断提升园区承载力和带动力。要加大企业帮扶力度，抓好干部联系服务企业活动，认真帮助企业解决困难。要加快完善城乡规划体系，主攻南部新区，坚持一手抓征迁安置，一手抓规划建设，启动规划馆、博物馆、科技馆、体育馆、图书馆、发展要素中心、文化艺术中心、全民健身中心等“五馆三中心”建设，完善公共服务功能。实施以育英河改造为先导的新城“活水工程”和以向阳大道拓宽改建为代表的“路网工程”。同时，要加强老城区特别是要按照省级历史文化名城保护的要求，完善相关基础设施，改善人居环境。要统筹推进美丽集镇和美好乡村建设，重点放在农村基础设施配套和公共服务提升上，加大对农村水、电、路、气等基础设施和教育、文化、卫生、体育等方面的公共服务投入力度，抓好高炉、西阳美丽集镇规划建设和 17 个省级美好乡村示范点建设。

四要大力实施农业农村工作十大行动。以涉农项目资金整合为突破口，以提高农村道路畅通率为先导，以农业农村工作“十大行动”为抓手，加大城乡统筹力度，着力推进农业经营方式由分散经营向适度规模经营转变，开辟农民增收新空间。加强农村法治建设，以法治思维和法治方式，推进农业农村工作整体提升。

五要持续发展民生事业。进一步加强资金保障和建设管理，加快民生工程实施进度。加强社会保障体系建设，推进机关事业单位养老保险制度改革，努力解决企业改制关停等遗留问题，落实被征地农民社会保障。加强与合肥市教育部门合作，确保南部新区新校区如期招生，努力提高新校办学质量。积极鼓励和引进社会资本发展民办医院、民办养老院、民办职业教育等社会事业。探索实施拆迁货币化安置、公共租赁住房货币化保障和农民有偿退出宅基地、进城落户工作。

六要全力推进脱贫攻坚。按照中央“六个精准”“四个一批”和省委“四个进一步”的要求，认真落实扶贫工作责任，实施百名干部联系贫困村、单位包村、干部包户帮扶制度，调动社会各界参与脱贫攻坚的积极性。建立贫困人口精准脱贫“四项清单”（扶贫对象和需求清单、扶贫措施清单、脱贫时限清单和帮扶责任清单），对贫困人口进行动态管理，做到扶真贫、真扶贫、真脱贫。坚持把产业扶贫作为主要手段，加快发展特色农业、生态旅游，提高自我发展能力。要深入开展教育扶贫，大力实施易地扶贫，积极创新金融扶贫，实施光伏扶贫和政策性兜底扶贫，做到精准施策、精准扶贫、精准脱贫。

（二）着力加强社会治理能力建设，开创全面依法治县新局面。加快建设法治政府，完善县域治理体系，促进治理能力现代化，是落实全面依法治县战略部署的必然要求。

一要深入开展“九城同创”。进一步压紧压实责任，建立“牵头领导＋牵头部门＋成员单位＋属地”四位一体责任制。要建立目标责任考评体系，制定年度重点任务清单，定期调度，量化考核，以严格的责任落实推进创建任务落实。进一步完善市民公约、村规民约等行为准则，深入开展国学经典“六进”“书香涡阳”建设等活动，推动核心价值观落地生根，努力推进全国文明县城创建工作。要统筹推进农村清洁工程、三线三边、三治三增三提升、增绿增彩增果行动，持续改善城乡人居环境。

二要依法加强社会管理创新。坚持重心下移、关口前移，加快构建网格化管理、社会化服务、信息化支撑、责任制保障的社会治理新模式。加强平安涡阳建设，坚持用法治思维和法治方式化解社会矛盾，加快县综治维稳信访中心建设，提升镇村“两中心、两站”功能，依法规范信访秩序，推进信访工作法治化规范化。依法加强安全生产和食品药品安全监管，强化完善应急处置机制，切实提高群众的安全感和满意度。

三要扎实推进依法治县。深化行政执法体制改革，深入推进依法行政。要健全依法决策机制，确保决策科学、程序正当、过程公开、责任明确。坚持司法建设规范化，推进公正司法，提高司法公信力。大力发展民主政治，认真落实中央、省、市关于加强县乡人大工作和建设的决定。加强社会主义协商民主建设，充分发挥政协作为协商民主的重要渠道作用。发挥工、青、妇等群团组织职能作用。加强国防后备力量建设，争创全国双拥模范县。

（三）深入推进体制机制创新，激发全面深化改革新活力。全面深化改革是推动发展的根本动力。要统筹推进，聚焦重点，以体制机制创新再造工作流程，进一步激发发展新活力。

一要深化行政体制改革。建立健全“四单”制度动态调整机制，推动职能转变和机构改革不断深化。要深化商事制度改革，让市场主体能够便利注册，证照合一，减税免费，为大众创业、万众创新创造良好环境。要积极运用互联网思维和信息化手段，务实推进智慧城市建设。要提升行政审批效率，再造流程，完善网上办事大厅、“我要贷款”“数字城管”等电子政务管理服务平台，简化办事程序，打通便民服务“最后一公里”。

二要深化财税金融改革。深化预算管理制度

改革，完善政府预算体系，加强预算执行管理。深化国、地税征管体制改革，落实“营改增”等便民办税改革措施。持续深化农村金融综合改革，积极发展村镇银行、民营银行等新型农村金融组织，加快征信体系建设。推进银政担合作新机制，构建“4321”比例责任体系。加快推进企业上市和在“新三板”、省股权托管交易中心挂牌融资。要大力推进普惠金融，延伸县域金融服务网点，做好农村“两权”抵押贷款试点工作。

三要深化农村综合改革。加快培育新型农业经营主体，加强农民合作社规范化建设，创新农业社会化服务机制。稳步推进农村集体产权制度及小型水利工程管理体制改革。按照资源资产化、资产资本化、资本股份化的思路，加快建立农村产权流转交易市场，创新集体“三资”管理方式，不断壮大集体经济实力。深化户籍制度改革，有序推进农业转移人口市民化。

四要全力推进生态文明创新。牢固树立绿水青山就是金山银山的思想，坚持绿色发展理念，落实好主体功能区总体规划。围绕打造“老子涡阳·生态福地”城市品牌，积极开展道家经典文化宣传、推介活动，传承本土文化基因。加强文化产业招商，开发道家文化旅游。严守资源环境生态红线，实行能源和水资源消耗、建设用地等总量和强度双控行动，推动形成绿色发展方式和生活方式，实现绿色富县、绿色富民。

（四）持之以恒抓好作风建设，形成全面从严治党新常态。作风建设永远在路上。要始终坚持党要管党、从严治党，积极营造政治清明、政府清廉、干部清正的良好政治生态。

一要大力加强党的思想政治建设。深入学习贯彻十八届五中全会、习近平总书记系列重要讲话精神和省市全委会精神，不断加强核心价值观体系教育，深化拓展“三严三实”专题教育成果。牢牢把握意识形态的领导话语权，自觉担负主体责任和第一责任人的责任，切实做好对意识形态工作的研究谋划和组织领导。加强网络文明建设，主动回应关切，积极营造良好的网络舆论生态。

二要大力加强基层组织和干部队伍建设。要坚持典型引路，大力开展乡镇党建示范点和农村经济社会发展示范点建设工作，着力打造一批党建标杆，选树一批党员模范，使广大基层党组织和党员学有目标、赶有方向。要加强服务型基层组织建设，认真落实“三级联述联评联考”制度，扎实开展“基层组织整顿年”活动，建立健全镇村工作运行机制。贯彻省委“六个坚持”“四个过硬”的要求，落实乡镇党委书记“十讲”工作法和村干部“十个一”工作法，抓好镇村两级书记队伍建设。要谋划好县乡换届工作，落实换届工作责任制和重大事件报告制度，确保换届工作圆满成功、风清气正。统筹抓好机关、城市、非公企业、社会组织等各领域党建工作，实现党组织和党员教育管理服务全覆盖。要坚持正确用人导向，注重培养使用经济型、建设型、管理型、数字型干部。继续引进培养一批工业、规划建设、科技金融、医疗教育等方面的专业技术人才。

三要大力加强作风建设和党风廉政建设。始终把党纪和规矩挺在前面，严格落实“两个责任”，坚持不懈纠正“四风”。加强干部监督管理，认真落实干部“三公开”、个人事项报告、工作日志制度和日常巡查制度，切实解决干部管理失之于软、失之于宽的问题。坚持惩治腐败零容忍，对踩“红线”、闯“雷区”的坚决处理，对发生在群众身边的不正之风和腐败问题严厉惩治。加强廉政教育和廉政制度建设，扎紧制度篱笆，实现县直部门和镇村两级审计全覆盖，努力使干部不敢腐、不能腐、不想腐。

四要大力加强督查考核工作。坚持从严从实，落细落小，完善目标责任考核体系，制定年度重点任务清单，做到可操作、可量化、可考核、可追责、可激励，以严格的责任落实推进工作任务落实。严格落实县委、县政府《关于进一步完善大督查工作机制的意见》，形成领导督查、条线督查、第三方测评督查、督查中心督查、“两代表一委员”监督、社会舆论监督的大督查格局，强化结果运用，确保县委、县政府的各项决策部署落实到位。

同志们，“十三五”发展目标催人奋进。让我们紧密团结在以习近平同志为总书记的党中央周围，在省委和市委的坚强领导下，解放思想，抢抓机遇，锐意改革，攻坚克难，不断开创涡阳全面建成小康社会新局面！

（县委办供稿）

政府工作报告

在涡阳县第十六届人民代表大会第五次会议上

（2016 年 1 月 6 日）

县长　杨学国

各位代表：

现在，我代表县人民政府，向大会报告工作，请予审议，并请县政协委员和其他列席人员提出意见。

一、2015 年及“十二五”工作回顾

刚刚过去的 2015 年，是极不平凡的一年，是我们面对重重困难、重点工作取得重大突破的一年。一年来，在县委的坚强领导和人大、政协的监督支持下，我们始终坚定发展信心，理清发展思路，找准目标定位，明确工作路径，按照“六个坚持、六个全力”总体部署，以重点难点问题的突破带动整体工作提升，较好地完成了县十六届人大四次会议确定的各项目标任务。预计全年实现地区生产总值 225 亿元，增长 8.6%；完成财政收入 16.7 亿元，增长 5%；规模工业增加值 62 亿元，增长 9.8%；固定资产投资 143.2 亿元，增长 18%；社会消费品零售总额 99.5 亿元，增长 12%；城乡居民人均可支配收入 12851 元，增长 10.6%。一年来，主要做了以下五个方面的工作。

（一）面对经济下行压力，我们坚持沉着应对、主动作为，扭转了发展被动局面。工业经济稳步回升。深入实施工业立县战略，全力推进工业发展。预计全年实现规模工业总产值 220 亿元，增长 12%；完成工业投资 58.3 亿元，增长 25%；战略性新兴产业实现产值 14.6 亿元，增长 30%。煤酒等骨干企业逐步企稳，信湖煤矿获国家发改委核准，涡北低热值矸石电厂列入省“十三五”能源发展规划，农产品加工、煤炭化工等五大主导产业实现产值 183 亿元，增长 12%，占全县规模工业比重的 83%。加强银企对接，积极推进大众创业、万众创新。170 个银企对接项目落实贷款 22 亿元，为 189 家中小微企业提供担保贷款 7.3 亿元；支持企业上市融资，源和堂药业成功挂牌“新三板”，盛丰鞋业、鸿森高科等 6 家企业在“新四板”挂牌；黑娃炒货、三志制动器、爱家食品等一批中小民营企业快速成长，全年新增规模工业企业 44 家、中小民营企业 1995 家。

“三农”工作实现新发展。强化农业基础地位，加大“三农”支持力度。编制了全县现代农业产业布局和农田基础设施专项规划，农业发展方向更加明晰。粮食生产稳步提升。成功

实现“吨粮县”创建目标，引进中科院“第二粮仓”项目，黄淮海小麦绿色增产模式、小麦产业体系高产攻关获农业部肯定。结构调整步伐加快。玉米种植面积占秋季作物比重64%以上，蔬菜、中药材种植面积分别达到44.5万亩、13万亩，新增“三品一标”产品认证13个、无公害产地认证5个，30万亩小麦标准化生产基地获全国绿色食品认证。发展方式加快转变。在全市率先完成农村集体土地确权颁证，成功获批国家农村“两权”抵押贷款试点县；正宇集团被农业部认定为全国主食工业化示范企业，市级以上产业化龙头企业发展到108家；农民专业合作社、家庭农场分别达到1686家、658家，规模养殖比重达到80%，被评为全国生猪调出大县。农业基础更加牢固。新建修复机井7787眼，治理河沟189条，新建加固中小涵闸24个，建成5个农业物联网示范点；完成造林3.5万亩，建设绿色长廊120公里、森林长廊示范段66公里。新增县级以上农机专业合作社131家，农机总动力超过210万千瓦。

第三产业繁荣活跃。积极推进服务业扩大规模、提档升级，促进城乡市场繁荣发展，全年新增限上商贸企业27家，总数达到167家。加大专业市场培育引进力度，投资6.6亿元的中农批皖北农特产品电商物流项目签约落地，北京四季大通集团注资盘活尚居都市场。组织农产品商超对接活动，帮助涡阳特色农产品走进合肥市场。电子商务开始兴起，引进淘实惠、聚农E购等电商平台，60家产业化龙头企业、专业合作社开展了农产品网上销售业务。外贸进出口高速增长，预计实现进出口总额1亿美元，增长54.9%，其中出口9000万美元，增长68.3%。房地产市场健康发展，完成房地产投资34.5亿元，增长10%，商品住宅销售面积同比增长22%。

（二）面对制约发展的诸多问题，我们坚持问题导向、改革创新，一些关键性工作取得突破。经开区建设步伐加快。围绕“一年打基础、两年上台阶、三年大变样”的目标，全力推进经开区建设，把经开区作为全县工业化主战场、城镇化突破口。通过理顺健全各项体制机制，充分释放开发区活力。全年新签约招商项目27个，签约金额30亿元以上，其中亿元以上项目7个；预计实现工业产值33亿元，增长43%；完成工业投资15亿元，增长36%；实现税收2.3亿元，增长35%；实现进出口总额5500万美元，增长103%。新诚达服饰、创维手机、恒明新材料等一批投资亿元以上的战略性新兴产业、劳动密集型产业项目先后落地建设，产业结构更加优化。与市建安集团、肥西县开展合作共建，3.5万平方米标准化厂房开工建设。按照“清收一批、盘活一批、清退一批、规范一批”的思路，加大低效闲置用地和僵尸企业盘活整顿力度，盘活企业8家，清退僵尸企业6家，收回闲置土地1020亩，占应收回闲置低效用地的86.4%，拆除各类存量违建8.5万平方米。托管义门、高炉等5个乡镇工业园，初步形成“一区五园”发展格局。

重点项目推进机制更加科学。实施大建设新体制，严格实行“六分开”制度，制定出台《关于进一步加强政府投资建设项目管理的通知》等7个规范性文件，覆盖项目建设从立项到验收交付全过程，项目管理更加规范，项目推进明显加快。全年实施省市重点项目48个、县产业类项目67个、大建设项目122个，分别完成投资70.1亿元、45.8亿元和34亿元。

重大交通项目建设取得突破。济祁高速永利段建成通车，结束了涡阳没有高速公路的历史。省道S307线完成一级公路改造，绕城段和S202线路面改善工程全面开工建设，曹淝路、涡新路等5条县乡公路纳入国省干道规划，涡河三桥加快建设。实施农村道路网化工程，新改建县乡公路51公里、村道150公里，多年来制约我县发展的交通问题取得重大突破。

招商引资取得明显成效。大力推进领导带头招商、精准招商，坚持招大商、招真商，预计实际利用内资增长19.9%。一年来，累计签约项目64个，其中工业项目45个，修正健康饮品、创维手机、恒明新材料等9个亿元以上项目当年签约、当年落地、当年开工建设。

发展瓶颈有效破解。着力破解用地难题。统一了全县城市规划区征迁安置政策,完成八里桥、何大、何小等5个自然庄征地拆迁，征地5200余亩，拆迁房屋80万平方米，拆迁量是前8年的1.5倍，征迁困局彻底打开。完善土地、规划决策机制，健全项目可行性论证、用地预审等制度，严格执行净地出让；实施6700亩工矿废弃地复垦、2000亩土地增减挂等综合整治项目，预计全年新增用地指标9000亩以上，相当于过去4年总和的2倍，为今后发展提供了充足用地保障。全力整治“两违”乱象。落实城乡一体化拆控违政策，依法集中开展拆除行动59次，共拆除各类违建49.6万平方米，其中一次性集中拆除楚店违建4.3万平方米，一年拆迁相当于过去3年拆迁量的2.5倍，“两违”顽疾得到有效遏制。积极筹措发展资金。完成县建投公司转型改制，努力争取政策性贷款融资，落实的新型城镇化、棚户区改造、县乡道路等项目融资贷款额度达到31亿元；坚持实事求是处理债务，争取国家债券置换资金17.99亿元，全部用于偿还过去拖欠的工程款和高息短期贷款，从根本上改变了过去我县以银行短期债务、拖欠工程款为主的债务结构；积极偿还旧账，在2014年偿还旧债14.7亿元的基础上，2015年又偿债10.6亿元，政府公信力明显提升；坚持财政收入不含水分的增长，收入结构更加合理，税收占比达到80%，虽然收入总量未达到历史高点,但质量明显提升。

（三）面对城镇化进程加快趋势，我们坚持科学谋划、重点突破，建设管理水平不断提高。城镇规划体系逐步完善。坚持规划引领城乡发展，按照“多规合一”要求，完成县域主体功能区规划编制、城市总规修编和县城控规通则编制，调整完善土地利用总体规划。编制了南部新区控制性详规以及综合交通等11个专项规划。完成西阳和高炉两个美丽集镇、7个美好乡村建设规划编制。严格落实规委会专家论证、规划公示等制度，规划的严肃性、连续性进一步增强。

城市建设力度不断加大。按照“征地拆迁先行、基础设施先行、社会事业先行、聚集人气先行”的原则，集中力量打造南部新区，统筹推进安置房、道路、管网、社会事业等项目建设。优先安置拆迁群众，投资25亿元，加快德铭、德顺、新城等还原安置小区建设，全县在建安置小区9个，建筑面积160万平方米，其中新开工面积100万平方米，是过去4年总和的3倍，全部建成后，可安置拆迁群众1.3万余户，政府兑现了安置承诺，维护了群众利益，赢得了群众信任。新区路网框架初步形成。启动“五纵五横一水系”建设，南外环、育英南路、八里西路、兴业南路等城市道路开工建设，总长26.5公里，接近过去4年建成城市道路的总和。城市功能配套逐步完善。涡北污水处理厂建成试用，三水厂、垃圾转运处理中心开工建设，全年铺设雨污管网17.7公里。社会事业布局得到优化。投资3.1亿元在南部新区建成教育“三校一园”,新一中顺利搬迁，为促进基础教育均衡发展、不断壮大优质教育资源奠定了坚实基础。

城乡管理水平明显提升。深入开展“三治理

两提升”专项行动，集中整治群众反映强烈的“五乱”现象。坚持还路于民，拆除沿街私搭乱建、违规户外广告牌，大力规范农贸市场、夜市摊点和演艺市场。着力整治交通秩序，依法收回公交车经营权，成立新公交公司和出租车公司，依法取缔客运三轮车2834辆，增加公交车100辆，投放出租车200辆。依法开展加油加气站点整治、“四场”专项整顿、砖瓦黏土窑场拆除行动，取缔非法加油加气站点272家、关闭砂石料场30家、拆除黏土窑厂17家。成立乡镇国土规划建设管理委员会，组建城乡“两违”执法队伍，制定完善管理制度，从机构、人员、机制上保证了城乡控违和农民建房管理的规范化、常态化。“三线三边”治理、农村清洁工程深入实施，投入资金5200多万元，清理农村垃圾10.5万吨、河道3822公里，农村环境明显改善。

（四）面对人民群众的新需求，我们坚持民生为先、加大投入，促进了社会事业发展。民生保障得到新提升。全年完成各项民生支出40.3亿元，31项民生工程完成年度任务。大力实施精准扶贫，减少贫困人口24388人。加快社会养老服务体系建设，农村低保、五保供养标准提高10%以上，五保集中供养能力达71.6%。新增城镇就业人数超额完成年度目标任务，329户以船为家上岸渔民得到妥善安置，7类“老字号”群体补助足额发放，临时救助工作实现常态化，孤儿救助政策全面落实。实施棚户区改造4927套，公租房实物配租3900户，完成廉租房和公租房并轨运行。新改建农村水厂15个，解决19万人安全饮水问题，完成农村危房改造3100户。

社会事业取得新进步。实施教育提升工程。推进教育资源布局优化和城乡教育均衡发展，南部新区新建学校全面建成，能够解决1万多名适龄青少年儿童入学问题，一中新区、乐行幼儿园正式招生；全县129所薄弱学校改造、52所村小提升建设扎实推进，义务教育均衡发展获国家评估认定。实施卫生提升工程。按照省市部署，积极推进医药卫生体制改革，推行药品带量采购；县医院、中医院分别与5家省内知名医院建立医疗联合体，县医院与解放军总医院建立对口支援关系，医疗卫生水平进一步提升；新农合参合率、报销比例逐年提高；落实国家人口计生政策，被评为全省计划生育先进县。实施人才引进战略，新招聘和引进各类人才785名。深入推进节能减排，加强大气污染防治，淘汰黄标车，关闭拆除黏土窑场，节能减排完成市控目标。央视《乡约》栏目走进涡阳，《涡阳县志（1984—2005）》正式出版，国学经典“六进”活动和书香涡阳建设成效显著。联合省非遗保护中心拍摄了《老子传说》宣传片，天静宫获批国家AAAA级景区。“广播村村通”实现自然村全覆盖，建成120个农民体育健身项目。

平安涡阳建设取得新成效。深入推进信访制度改革，坚持“三位一体”包保化解机制，依法处置遗留问题，信访形势持续好转。社会治安防控体系逐步完善，开展“守护平安”系列行动，综治维稳信访工作中心（站）实现镇村全覆盖。“六五”普法和法治建设成效斐然，荣获全国法治创建先进单位、全省社区矫正工作先进单位。高度重视安全生产，实现安全生产责任制“五级五覆盖”，开展了道路交通安全建设年等14项安全生产专项行动，涡北消防站建成使用，安全生产形势稳定。严格食品药品监管，构建网格化管理新机制。交通“治超”工作成效显著，被省政府评为全省治超工作先进县。推进户籍制度改革，全面实现“一元化”户口登记模式。审计、统计、广电、气象、人防、体育、旅游、武警、人民武装、外事侨务、民族宗教、工会、共青团、妇联、老龄、残疾人、关心下一代等工作都取得了新的成绩。

（五）面对自身建设的新要求，我们坚持依法行政、按规矩办事、按规律办事，推进了政府工作整体提升。深入推进作风建设。认真践行“三严三实”，坚决执行中央八项规定和省、市三十条规定，“三公”经费下降6.2%；加大行政监察和审计监督，推进党风廉政建设和反腐败斗争，严肃查处各类违纪违法案件；推行公职人员“三公开”制度，提升了工作效能。深入推进依法行政。公布县、镇两级权力清单、责任清单、行政收费清单和政府公共服务清单，取消行政审批项目12项、承接上级下放审批事项68项；加强制度建设，出台了《关于进一步规范政府系统重大事项决策行为的意见》，建立政府法律顾问制度，严格落实规范性文件和重大决策合法性审查机制；认真整改财政存量资金、保障性住房、土地出让等审计发现的问题，政府工作更加规范；自觉接受人大法律监督、政协民主监督和社会监督，办理人大代表议案建议62件、政协委员提案和社情民意162件。深化政府机构和事业单位分类改革，根据事业发展需要优化机构设置，调整部门职能，统筹编制管理，全年整合正科级机构6个，撤销事业单位6个，机构设置和职能界定更为科学。深化服务型政府建设。推行“互联网+政务服务”模式，建立县镇村三级网上办事平台，录入服务项目1402项，累计办理36万余件；推进商事制度改革，全面实现“先照后证”“三证合一”；实施不动产登记制度改革，完成公车改革；加强干部外出学习交流，先后选派18名县直单位负责同志到合肥市直单位、蜀山区挂职锻炼；全年受理市县长热线、人民网留言4662件，办结率95%以上。

各位代表！过去一年的发展，为“十二五”画上一个圆满的句号。回首“十二五”，我们始终坚持发展第一要务不动摇，积极应对各种挑战，抢抓政策机遇，激发内生动力，全县城乡各个领域、各行各业均发生了巨大变化。综合实力得到提升，经济结构不断优化。地区生产总值从2010年的128亿元提高到225亿元，三次产业结构调整为19.9∶42.4∶ 37.7；规模工业增加值从2010年的42.6亿元增加到62亿元；粮食生产实现十三连增，农林牧渔业增加值从2010年的31.8亿元增加到49.2亿元；社会消费品零售总额从2010年的54.5亿元增加到99.5亿元。改革开放深入推进，发展活力不断增强。农村综合改革、医药卫生体制改革等全面实施，机构编制、财税体制、行政审批等改革不断深化，教育、文化、科技、司法等领域改革成效显著。城乡面貌变化明显，基础设施不断完善。一大批基础配套、社会公益项目相继建成，南部新区框架基本形成，城镇化率提高到36%。集镇和美好乡村建设稳步推进，农村道路、饮水、供电、住房等基础设施明显改善。各项事业协调发展，人民生活水平不断提高。累计投入民生工程资金89.2亿元，人均受益5500元，建成了保障房、敬老院、标准化校舍、安全饮水、文化体育、“村村通”等一大批民生工程，4.42万人脱贫，城乡居民人均可支配收入达到12851元。五年来，先后荣获国家和省义务教育均衡发展先进县、国家生态示范区、全国法制宣传教育先进县、全国群众体育先进单位、全省文明县城、全省双拥模范县、全省科普示范县、省级卫生应急综合示范县、全省新型农村合作医疗工作先进县、省级妇女儿童发展两纲示范县、全省信访工作先进单位等荣誉称号。

“十二五”期间，在县委的坚强领导下，我们直面历史问题和现实矛盾，坚定发展信心，保持发展定力，坚持真抓实干，各项事业都有了长足发展。回顾五年的发展历程，我们经历了各种严峻考验，克服重重困难，取得了来之不易的发展成果。特别是去年以来，我们夯实了一批事关长远发展的基础性工作，实施了一批有重大带动作用的经济社会项目，办成了一批群众关心关注的民生实事，征迁安置、“两违”整治、招商引资、交通路网、土地资金、债务化解、教育发展等事关发展的重大关键性工作取得了历史性突破，各级干部在攻坚克难中增强了信心、提升了能力，为“十三五”期间抢抓机遇、加快发展奠定了坚实基础。回首过去，我们倍感自豪；展望未来，我们充满信心。我们有理由相信，涡阳已经走过了发展过程中最艰难的时期，我们的事业正呈现出越来越光明的前景。在此，我代表县政府，向所有参与、关心和支持涡阳发展的全县人民，向各位人大代表、政协委员，向全县广大干部职工，向老领导、离退休老同志和各界人士，向驻涡部队、武警官兵、政法干警，向所有关心支持涡阳发展的各界朋友，表示衷心的感谢和崇高的敬意！

在总结成绩的同时，我们也清醒认识到，当前我县仍然处在负重前行、爬坡过坎的关键阶段，前进的道路上还有不少困难和问题，主要表现在：经济总量不大，结构调整步伐不快，传统产业转型缓慢，新兴业态发展不足，农业产业化水平不高，第三产业发展滞后；城镇化发展水平不高，基础设施建设薄弱；社会公共服务欠账很多，财政收支矛盾十分突出；历史遗留的土地城建、企业改制、涉法涉诉等问题仍然不少，彻底解决还需大量精力和财力；少数单位和少数干部能力不强、作风不实、执行不力的问题比较突出，不作为、乱作为、慢作为的现象还时有发生。针对这些问题，我们将高度重视，列出清单，排出措施，明确责任，在今后的工作中全力加以解决。

二、“十三五”时期的基本工作要求

“十三五”期间，是我县推进调结构、转方式、促升级的攻坚期，是“四化”进程向更高水平迈进的加速期，也是全面建成小康社会的决战期。随着国家将提升中西部地区城镇化水平、加快供给侧结构改革扩大有效供给、全力实施扶贫攻坚等政策上升到更高层次，加上省委、省政府加快皖北发展、“4105行动计划”、全省列入国家新型城镇化试点等政策叠加，我县作为一个城镇化潜力巨大的人口大县、公共服务严重不足的欠发达县和省扶贫开发重点县，高度契合国家和省相关政策，必将迎来新一轮加快发展的黄金机遇期。与此同时，随着“十二五”期间发展基础的夯实和要素制约的破解，“十三五”期间，涡阳的区位优势、资源优势、产业优势、政策优势等将日益凸显，涡阳已经进入可以加快发展也应该加速发展的新阶段，对此我们满怀豪情，充满必胜的信心。

“十三五”时期，县政府将按照大会审议通过的《涡阳县国民经济和社会发展第十三个五年规划纲要》确立的指导思想和奋斗目标，牢牢把握三个方面的基本要求：

——持续攻坚，全面追赶。坚定不移地实施全面追赶战略，按照县委“123+X”总体方案，把深入推进“调转促”作为实现经济全面转型升级的主抓手，以长远目标指引当前工作，以现实发展推动长远目标实现，科学制定规划，明确发展路径，在经济社会发展各个领域对标赶超、争先进位，在新一轮的区域竞争中持续用力攻坚、赢得战略主动。

——奋力争先，领跑皖北。坚持目标引领发展，努力实现县域总量皖北领跑。强化工业立县战略，全力推进工业振兴，扩大总量，做优存量，推动五大主导产业扩量升级，培育战略性新兴产业加快发展；大力实施“农业农村十大行动”，加快农业现代化进程，实现从农业大县向农业强县转变；积极实施“接二连三”战略，全面推进现代服务业发展提速、比重提高、质量提升。通过一二三产融合发展，推进经济社会各领域发展达到全省平均水平。

——以人为本，同步小康。坚持和谐共享发展理念，加快建设宜居宜业、生态良好的现代化中等城市，统筹推进美丽集镇、美好乡村建设。更加注重社会建设，全面协调发展各项社会事业，完善公共服务，促进公平正义，全力实施脱贫攻坚，致力于提高人民生活水平，确保与全国同步全面建成小康社会。

三、2016 年工作安排

2016 年是“十三五”的开局之年，做好今年的工作，对于完成未来五年发展目标具有重要意义。今年全县经济社会发展的主要预期目标是：地区生产总值增长 8%；财政收入增长 6%；规模工业增加值增长 9%；固定资产投资增长 15%；社会消费品零售总额增长 11%；实际利用内资增长 15 %；城乡居民人均可支配收入增长 9.5 %；城镇失业率控制在 4.2% 以内；单位生产总值能耗比下降和主要污染物减排量达到市控目标。重点做好以下八个方面的工作：

（一）坚持工业立县，加快转型升级，推进工业振兴突破。大力实施工业振兴纲要，扩张总量，提升质量，促进转型升级。全年实现规模工业产值 240 亿元以上，新增规模工业企业 30 家。

全面加快经开区建设。围绕建设“百亿园区”的目标，大力实施“1234”工程。力争全年各项主要经济指标增长 30% 以上，新引进工业企业不少于 20 家，其中亿元以上企业 5 家、5 亿元以上 3 家、10 亿元以上 1 家。完善“一区五园”管理体制，突出特色、产业互补。设立经开区一站式服务大厅，实行并联审批和模拟代理服务制度，执行一次性受理、一次性告知、一个窗口承办、限时办结机制。加快新入园项目和三期标准化厂房建设，建立项目退出机制，通过企业重组、限期追加投资、强制核减低效用地等方式，抓好剩余 9 家闲置低效用地企业清理盘活工作。着力优化功能布局，加快水、电、路、通信、管网等基础设施建设，配套完善商业、教育、医疗、文化、便民服务等公共服务设施，不断提高经开区承载力。

壮大提升主导产业。科学规划产业布局，支持主导产业转型升级和骨干企业创新发展，力争五大主导产业产值增长 12% 以上。合理利用“一区五园”现有存量土地、闲置厂房等，为大众创业、万众创新提供发展空间，全年新增中小民营企业 1000 家。支持源和堂增资扩股、转板上市，力争新增 2 家企业挂牌“新三板”。深入推进“4321”担保风险分担机制。帮助企业通过债股权融资、商标专有权质押、林权抵押等多种途径拓宽融资渠道。

培育战略性新兴产业。实施创新和品牌双驱动工程，支持企业技改升级，引导中小企业围绕大企业搞好上下游产品配套生产，走品牌、质量、升级之路，打造一批“涡阳品牌”。力争全年新增战略性新兴企业 3 家、产值增长 30% 以上，申请专利 300 个。建设绿色食品产业集聚发展基地，加快发展地方名优特产品，培育一批绿色食品加工企业。依托亳州现代中药产业集聚发展基地，培育以源和堂药业为龙头的现代中药产业，支持源和堂中药材种植基地建设。整合全县风、光、农、水等资源，推进光伏、生物质等新能源产业。积极发展电子产品、新材料产业，加快创维手机、升晶半导体封装材料、恒明新材料等新产业项目建设。

（二）坚持以城带乡，促进统筹发展，提升新型城镇化水平。坚持高起点规划，高标准建设，高水平管理，加快推进以人为核心的新型城镇化进程。

主攻县城建设。以建设50万人口、50平方公里现代化中等城市为目标。加快南部新区建设，打造功能完善、配套齐全、宜居宜业的现代新城区。加强规划衔接，实现控规全覆盖。突出抓好征迁安置，实施6个村庄搬迁工作。加快安置还原房建设，完成德铭、华都等4个安置小区建设，加快德顺、新城、紫光等5个在建安置小区建设，新开工2个安置小区。加快完善路网等基础配套，完成德昌路、德和路、南外环、八里西路和育英路、谷水路、刘西路、文成路、雪枫路、西二环等“四横六纵”城市道路建设，全年新增城市道路45公里。启动城市出入口提升改造项目，加快地下综合管网、南部供电线路改造、园林绿化、水系景观等市政基础设施建设，按照城市防洪规划，治理改造现有城市河道，开工建设育英河等水利工程，加快经开区污水、供水设施建设。持续优化社会事业布局，启动“五馆三中心”建设。积极改善老城区人居环境，完成县汽车站迁建，尽快打通东环南路，实施西环路改造、城区停车场、公交停保场及首末站等项目建设，进一步方便群众生活。

推进镇村建设。坚持从实际出发、量力而行，科学规划和有序推进美丽集镇、美好乡村建设。重点打造高炉、西阳两个“美丽集镇”，加快各乡镇总规、控规和专项规划编制，集中开展集镇“卫生、交通、建筑、经营”四大秩序整治，努力打造一批示范镇。优化美好乡村布局，合理确定建设规模、建设内容、建设标准，完成丹城白果等7个第三批省级重点示范村建设任务。

加强城乡精细化管理。全面实施“九城同创”。积极争创第四届全省文明县城，启动智慧城市和数字城管建设，加快实现城市管理网格化、数字化。巩固提升“五乱”治理成果，突出抓好交通秩序、户外广告、集贸市场、渣土运输、建筑工地等专项整治。始终保持“两违”整治高压态势，加强农村建房规划管理，加大违法建设查处拆除力度。以“三治三增三提升”为突破口，深入推进城市规划建设管理“六项行动”。巩固“三线三边”治理和农村清洁工程成果，进一步改善城乡人居环境。

（三）坚持项目带动，扩大有效投入，不断注入发展新动力。牢固树立抓项目就是抓发展的理念，始终把上项目、增投资作为稳增长、促转型最现实、最有效的手段。

集中精力抓项目建设。健全完善项目建设“四督四保”“三查三单”推进机制，确保各类项目加快建设。年内实施产业类项目97个、大建设项目166个，年度计划投资48亿元、66亿元。加快信湖煤矿、三星“3052”、源和堂二期、迪盛喷水织物等重点工业项目建设，加快涡北低热值矸石电厂、光伏发电等项目前期工作，推进引淮济亳、农村电网改造、塌陷区治理、涡河船闸改建等重大项目。突出抓好中央、省、市重点项目建设，确保完成年度任务。围绕战略性新兴产业、传统产业升级改造、现代服务业和重大基础设施，谋划一批“大新专”“调转促”项目，抓好项目库滚动修编。

千方百计抓招商引资。坚持招商引资“第一要事”不动摇，力争引进亿元以上项目20个，其中工业项目不少于10个。突出产业招商，在现代中药、食品制造、机械加工、劳动密集型和战略性新兴产业招商上下功夫。突出精准招商，紧盯上市公司、知名民企、省属国企等目标，开展“一对一”“点对点”招商。突出引凤还巢，鼓励引导涡阳籍在外创业成功人士回乡投资兴业。突出亲商安商，用好扶持政策，优化投资环境，打造投资福地。

抓好重大交通项目建设。围绕“县城到高速一刻钟、镇到县半小时、镇到镇一小时以内到达”的目标，抓住省大力支持皖北道路交通建设的政策机遇，通过融资贷款和 PPP 模式，全面加快国省干线和县乡村道建设。实施国省干线畅通工程，加快实施完成 S307 绕城段及上跨立交桥、S202 路面改善及县城段一级公路改造，积极推进曹淝路、西高路、涡新路等 5 条县道升级为国省干道，争取 G344 一级公路提前开工建设，完成涡河三桥建设。全面实施农村公路畅通工程。利用 3 年时间，对全县县乡道进行全面改善，实施老村道路加宽改造、撤并建制村路面硬化、贫困自然村道路硬化工程，全年完成 150 公里县乡道路改建和 650 公里村道建设任务。到 2017 年 6 月底，使全县每个乡镇有 1 条连接国省干线或县城的三级以上公路；到 2017 年年底，使每个乡镇有 1 条与相邻乡镇连接的四级以上公路；到 2018 年年底，每个较大自然村硬化一条到既有农村公路的便捷道路，力争 3 年以内全面打通主动脉、畅通微循环、消除断头路，彻底解决束缚涡阳发展的对内对外交通问题。更加注重养护管理，保持交通“治超”高压态势，严厉打击违法超限超载行为。

强化项目保障。建立健全要素跟着项目走的机制，加强资金、土地等要素保障。强化用地管理，抓好土地综合整治，全年实施工矿废弃地复垦 3000 亩，城乡建设用地增减挂项目 1500 亩，补充耕地 1500 亩。加强经开区土地资源清理、整合，严格执行项目投资强度与亩均效益双控标准，让有限土地资源支撑更多项目。强化资金融通保障，保障项目建设资金需求。加强土地收储，确保净地出让，力争全年土地出让金不低于 12 亿元。优化项目工作环境，重点治理“中梗阻”、办事难等问题，严厉打击影响投资环境和工程建设的违法违纪行为，依法保护投资者合法权益。强化对政府投资类项目的管理监督，不断提升管理水平。

（四）转变发展方式，提升综合效益，加快农业现代化进程。大力实施“农业农村十大行动”，提升“三农”工作整体水平。

实施农业名牌战略。支持龙头企业创建名牌。全年争创驰名、著名商标 1-3 个，“三品一标”认证产品不少于 10 个、基地不少于 5 个。支持优势企业整合品牌。以优势企业为主体，加大农民专业合作社、家庭农场整合力度，发展特色高效经济作物规模连片种植，不断提高粮食、蔬果、畜产品、药材等规模化、标准化生产程度，新增以龙头企业为核心、专业大户和家庭农场为基础、专业合作社为纽带的农业产业联合体 8 家。大力发展标准化原料基地支撑品牌。打造涡麦系列品种良繁基地、10 个粮食绿色增产示范区、5 万亩优质专用粮食生产基地，积极申报“涡阳大豆”地理标志产品，全县设施蔬果、中药材种植面积分别达到 15 万亩、14 万亩。

培育新型经营主体。大力实施农业招商，着力引进一批龙头企业，依靠龙头企业带动结构调整、提升综合效益。以创建省级农民专业合作社示范县为抓手，引导农户带地入股、带机入社，培育一批产前、产中、产后全程土地托管的农业经营性服务组织，全年发展各类农民专业合作社 100 家以上，全程托管或主要生产环节托管的试点行政村不少于 6 个。发展多种形式的适度规模经营，积极推进龙山、高炉、楚店等八大畜牧业亮点工程，新增规模养殖场（户）300家、家庭农场100家以上，其中绿色健康养殖示范场100个。进一步壮大村集体经济实力，解决村级组织有钱办事、有钱服务的问题。

改善农业生产条件。强化规划引领，整合使用涉农资金，在规划框架内科学确定项目区，连片推进农业基础设施项目，确保干一片、成一片、见效一片。大力推进农田水利设施建设，全年疏浚治理沟河175条，完成治理片18万亩，新打修复机井5751眼。深入推进林业“三增”行动，植树造林3.97万亩，建设高速、省道等森林长廊示范段125公里，建设树莓、油牡丹等六大经果林基地，创建森林城镇2个、森林村庄9个，全面完成千万亩森林增长工程。推广农业物联网等新技术应用，建设人工增雨标准化作业点4个。

（五）推进扶贫开发，全力打好脱贫攻坚战。按照“三年集中攻坚、两年巩固提升”的要求，始终把脱贫攻坚作为头号民生工程，确保实现脱贫攻坚目标。

大力实施产业扶贫。按照“六个精准”要求，全面实施脱贫“八大工程”，统筹推进产业扶贫、易地扶贫搬迁、金融扶贫和社会扶贫。通过光伏扶贫、扶持生产和就业发展一批，通过贫困户易地搬迁安置一批，通过教育、科技、文化等智力扶贫脱贫一批，通过金融扶贫帮助一批，通过低保政策、医疗救助、社会保障等措施兜底一批，确保今年完成10个行政村、2万贫困人口脱贫出列任务。

大力实施基础设施扶贫。围绕2018年所有贫困村完成路面拓宽改造、危房改造和农村电网改造等目标，解决好农村路、水、电、网等问题。继续实施安全饮水工程，解决10.8万农村人口安全饮水问题；实施农村道路畅通工程，优先在贫困村实施农村公路建设；实施农村危房改造工程，完成危房改造1800户；实施农村电网改造升级工程，着力解决农村低电压问题；加快农村信息化建设，年底实现贫困村宽带网络全覆盖。

落实精准扶贫措施。精准实施扶贫开发项目，整合各类涉农资金向贫困村、贫困人口倾斜，强化扶贫资金监管，提高资金使用效率。精准识别扶贫对象，精准掌握贫困村户的基本信息，规范建档立卡，实施有进有出的动态管理。精准制定扶贫措施，因地制宜、一户一策。精准派驻扶贫力量，确保帮扶到村、到户、到人。

（六）推进服务业提档升级，满足新型消费需求。以增加供给、繁荣经济、提高群众生活质量为目标，促进服务业扩大规模、提升层次。

提升传统服务业。合理布局商业网点，依托七彩世界、旺角广场、万隆国际等商业综合体，推动新老城区形成规模商业板块、商业区。规范提升尚居都、金博商城、美的汽摩等专业市场，引导零散经营户撤摊进店。促进住宿餐饮、娱乐休闲、批零贸易服务业转型升级，年内新增限上商贸企业35家以上。加强城乡连锁超市、便利店、农产品直销店建设，推动县城商业网点、物流配送向农村延伸。

培育现代服务业。大力发展现代物流业，加快推进皖北农特产品电商物流项目建设。加快培育生产性服务业，发展生活性服务业。通过农商超对接和电商平台，推介涡阳农特产品走出“涡”门。鼓励更多农业龙头企业、新型经营主体参与电子商务，扶持发展一批“电商村”“淘宝村”，促进更多的农产品顺网进城。保持房地产业健康发展，促进供求基本平衡。

发展文化旅游业。围绕“老子涡阳·生态福地”的定位，充分挖掘我县历史文化资源，科学谋划文化旅游项目，抓好旅游产品开发和推介工作，提高涡阳知名度。依托道源国家湿地公园、老子生态园、新四军四师纪念馆、范蠡西施文化园等项目，推进道家文化旅游、红色旅游、生态旅游；依托徽酒集团、源和堂药业等企业，发展工业旅游；依托特色乡村，发展农业休闲旅游。

（七）推进改革创新，不断激发内生动力。坚持重点突破、有序推进重点领域改革，通过改革催生发展动力、释放发展活力。

深化行政体制改革。持续推动简政放权，实行政府部门内部流程再造，最大限度精简办事程序、减少审批环节、缩短办理时限，逐项编制办事指南并向社会公开，切实解决“办事难、办事慢”的问题。完善网上办事平台，做好“四项”清单动态调整工作。深化商事制度改革，清理规范中介服务。加强公共资源交易监管，组建公共资源交易中心。稳妥推进政府机构和事业单位分类改革，完善不动产统一登记，实施供销社综合改革。推进司法体制改革，加快立案登记和多元化纠纷解决机制改革。大力提升信息化水平，积极推广应用“互联网+”技术。

深化财税金融改革。强化审计、财政监管职能，进一步规范预算执行，健全完善乡镇国库集中支付制度，实现审计全覆盖。整合专项资金，盘活存量资金，提高财政支出效率和使用效益。规范税收征管，严厉打击偷漏税行为。认真做好政府债务债券置换工作，完善全口径政府债务管理，建立债务风险防控预警机制。全面清理国有资产，实现国有资产统一监管全覆盖。支持城投公司做大做强，加大政府购买社会服务力度，在公益事业等领域推广运用PPP模式，建立PPP项目库。积极引进商业银行在我县布点，搭建好“我要贷款”平台，引导金融机构加大信贷投放。加强社会信用体系建设，继续推进农商行不良贷款清收，坚决打击非法集资，持续优化金融生态环境。

深化农村综合改革。实施农村金融综合改革，加快构建以新型规模经营主体为重点的农村信用体系，探索农村房产、大型农机具等抵押贷款，不断拓宽“三农”融资渠道。开展农村土地承包经营权抵押贷款试点。结合建设用地增减挂、土地整治整村推进、易地扶贫搬迁等项目，探索农民宅基地退出机制。深化林权制度改革，开展林权抵押贷款业务，实施高速、省道等重点路段造林财政补助政策。以“两证一书”发放为抓手，推进小型水利工程管理体制改革，确保农村水利基础设施持续发挥效益。

（八）坚持共享发展，加强社会建设，提高人民生活水平。强化发展成果由人民共享理念，努力提高群众生活品质、增进人民福祉。

统筹发展社会事业。深入推进教育提升工程，围绕打造“全省教育强县”目标，继续推进教育资源布局调整，壮大优质教育资源，启动职教中心建设，南部新区新建学校全面投入使用；积极与合肥市优质中小学校开展联盟办学，实施名师名校长培育工程，推行校长、教师队伍交流轮岗制度；加快农村薄弱学校改造，完成92所农村学校“改薄”和50所“村小提升”任务。深入推进卫生提升工程，推进医药卫生体制改革，积极与省级医院合作，加强医疗联合体建设，鼓励社会资本举办医疗机构。提升出生人口素质，落实好放开二孩政策。扎实推进国学经典教育和书香涡阳建设，深入实施文化惠民工程，加强公共体育设施建设，不断丰富群众文体生活。做好第二次全国地名普查工作，加强人民武装、武警部队、双拥创建和人民防空建设，支持工会、共青团、妇联、残联、科协、工商联、关工委等群团组织开展工作，统筹抓好民族宗教、通信邮政、外事侨务、对台、气象、老龄、档案、广电、物价、统计、史志、消防等工作。

推进生态文明建设。坚持绿色发展理念，创建生态文明建设示范县。强化大气污染治理和城区扬尘污染防治，继续抓好秸秆禁烧，推行全量还田和综合利用。强化县域水系治理，建立落实“河长制”。落实最严格的水资源管理制度，严控深层地下水开采，促进水资源可持续利用。开展农村环境连片整治和农业面源污染治理。严格落实环评和“三同时”制度，扎实推进节能减排，确保年度达标。

完善社会保障体系。实施好32项民生工程，着力抓好建后管养。推进社会保障保险提标扩面，健全城乡居民养老保险、基本医疗保险制度。加强就业创业工作，抓好农村转移劳动力、城镇困难人员、企业下岗职工、退役军人等群体就业工作，确保失业人员再就业率80%以上，失业登记率控制在4.2%以内。依法治理拖欠农民工工资问题，保障农民工合法权益。加快保障住房建设，全年实施棚户区改造7925套。加强社会救助，提高低保标准和补助水平，保障困难群体基本生活。

维护社会和谐稳定。完善治安一体化防控体系，建成县城公共区域视频数据平台。深入推进依法治访，建设县综治维稳信访工作中心，规范镇村中心（站）管理，加强初信初访办理和信访积案化解工作。启动“七五”普法工作，不断增强全社会法治意识。牢固树立安全发展理念，实行安全生产网格化监管机制，深入开展“铸安”行动，强化隐患排查整改，遏制较大以上事故发生。强化食品药品安全监管，严厉打击涉食涉药违法行为，争创国家级食品安全示范县。完善应急管理机制，健全各类应急预案，提高应对突发事件能力。

四、全面加强政府自身建设

新的形势和任务，对政府工作提出了更高要求。我们将以建设人民满意政府为目标，不断加强自身建设，切实提高履行职责、服务发展、造福人民的能力和水平。

着力提高科学发展能力。政府各级干部要进一步强化责任使命意识，强化问题导向，围绕新常态下“干什么、怎么干”，着力优化知识结构、提升能力水平，加强对新理论、新政策、新知识的学习，加强对新产业、新业态、新模式的研究，主动对接上级政策，把上级决策部署和宏观政策转化为我县的具体实施措施，全面提升研判形势、驾驭全局、推动发展的能力。

着力提高执行落实能力。把提高执行力作为改进政府作风的核心，建立健全政府工作问题清单、交办督办、定期调度、跟踪问效推进机制，做到任务列清单、履职有痕迹、失职要追责。进一步完善绩效评估考核体系，以目标激励担当、以任务压实责任、以机制夯实保障。绝不允许打折扣、搞变通，绝不允许不作为、乱作为、慢作为，确保令行禁止、政令畅通。

着力提高依法行政能力。牢固树立法治观念，坚持“法无授权不可为、法定职责必须为”，确保政府工作在法律框架内运行。坚持公众参与、专家论证、风险评估、合法性审查、集体讨论决定，完善政府法律顾问制度，健全重大决策终身责任追究制和责任倒查机制。坚持重大事项报告、通报制度，自觉接受县委领导，主动接受人大法律监督、政协民主监督和社会舆论监督。加强政务公开工作，推进电子政务和信息公开平台建设，建立健全新闻发布制度，努力打造法治、阳光、透明政府。

着力提高拒腐防变能力。巩固“三严三实”

教育成果，持之以恒纠正“四风”，一以贯之执行中央“八项规定”和省市三十条规定。坚持“一岗双责”，强化政府及其部门党组主体责任，认真落实党风廉政建设责任制和廉洁从政各项规定。大力倡俭治奢、严管严控，确保“三公”经费“零增长”。加大政策措施落实、公共财政资金、政府投资项目、经济责任履行等行政监察和审计监督力度，规范政府采购、招投标、工程建设、土地征用等行为，以优良的政风凝聚民心、赢得信任。

各位代表！站在“十三五”的新起点，涡阳前景广阔、大有可为；面对群众的新期盼，政府责任重大、使命光荣。让我们在县委的坚强领导下，凝聚全县人民的智慧力量，牢记使命、坚定信心，抢抓机遇、开拓奋进，脚踏实地、埋头苦干，为完成全年各项目标任务、实现“十三五”良好开局而努力奋斗！

（县政办供稿）

全县“三严三实”专题教育综述

“三严三实”专题教育开展以来，县委坚持把开展专题教育作为重大政治任务，以严和实的作风，按照中央和省、市委要求，牢牢把握“三聚焦三查找三确保”主线，紧密结合实际，坚持科学谋划、周密部署、高点起步，开局良好，推进有序，取得明显成效。

一、坚持夯实基础，扎实开展专题教育

在中共中央、省、市委启动专题教育后，我县不等不靠，早启动、早谋划、早部署，坚持领悟精神先行、征求意见先行、制定方案先行，深谋细化，专题教育方案在常委会审议通过，明确专题教育要紧扣“一个主题”、抓住“两个关键”、把握“三个要求”、做好“四个动作”。参照上级做法，成立了专题教育协调小组和综合组、宣传组、联络组三个工作组，细化制定了《全县开展“三严三实”专题教育重点任务表》，明确了专题教育时间表、路线图、任务书。建立县处级领导干部一人一档，把习近平总书记系列讲话和十八届五中全会精神及相关评论、领导讲话分别编印成册，发到每一位县处级领导干部手中，确保专题教育不走样、不跑偏。以“三聚焦三查找三确保”为主线，以专题教育党课报告会开局，紧扣“严以修身、严以律己、严以用权”主题开展学习研讨，集体赴兰考焦裕禄纪念馆过组织生活，进一步锤炼“严”和“实”的工作作风。专题研讨发言真正做到“把自己摆进去、把职责摆进去，把实际思想和工作摆进去”，逐条梳理分析“不严不实”问题367条。

二、坚持责任到人，精准分解三个专项行动任务

县委把专项行动作为专题教育的重要内容，严明各级党委（党组）的主体责任，推动三个专项行动各项任务落实。县委召开常委会，进行认真分析，逐项研究，区分轻重缓急和难易程度，确定整治方向和重点任务，明确必须达到的目标要求和取得的实效。结合第二个专题学习研讨，县委对开展三个专项行动进行动员部署。专项行动实行“一把手”负责制，“一把手”要切实放在心上、抓在手上、落在实处，建立专项行动工作纪委、组织部门牵头，相关责任单位主抓，各级各部门配合的责任体系。明确人社、卫生计生、住建、民政、发改、政务服务中心、信访、扶贫和效能办9个责任单位，负责专项行动相关具体项目的组织实施，压实专项行动主体责任。下发“三个专项行动”方案和群众反映8个方面突出问题的子方案，对每个专项行动和突出问题，制定具体实在、务实管用、便于操作的措施办法，精准分解专项行动任务，逐项落实，做到不解决问题不松手、不取得成效不罢休、群众不满意不销号。

三、坚持务求实效，切实抓好专项行动

坚持问题导向，对群众反映的突出问题，明确牵头领导、责任单位、责任部门，持续推进，推动集中整治向常态治理转变。积极推进就业工作。落实就业创业担保贷款政策，共为470位有创业意愿的劳动者提供财政免息创业担保贷款5492万元，开展540人的创业培训。全面实施未就业高校毕业生就业促进计划，应届毕业生报到2378人，已有2160人就业，就业率达91%。开办4700人就业技能培训班。开发596个公益性岗位，安置就业困难人员261人并补贴资金81.8万元。深入推进医疗工作。我县2015—2017年拟规划建设县医院新区、县中医院二期工程及县妇幼保健院业务综合楼。重点发展中心卫生院：Ⅰ类中心卫生院3个，Ⅱ类中心卫生院4个。大力改善居住条件。今年分两批对2600户农村危房进行改造，第一批1000户农村危房已全部竣工验收完毕，第二批1600户任务也已基本竣工，正组织人员开展验收。500户农村抗震房改造任务，据了解已获得批准。我县共有符合安居条件的渔户330户。加快发展养老服务。加大资金投入，高规格建设公办社区养老服务机构，共投资190万元，新（扩）建社区养老机构5所，建设床位120张。建成民办社会、社区养老机构7家，建设床位520张，共引进社会资本累计达到3000万元。着力提升服务效能。积极推进“一条龙”“一站式”服务。据统计已进驻中心窗口办理的行政审批事项246项，公共服务项目41项，收费项目10项，行政审批和公共服务事项较去年增加298项。全县网上办事申请32万多件，办结27万多件，申办量始终居于全市领先，10月份考核全市排名第一。政务服务大厅已办理行政审批和公共服务事项16万件，其中“三证合一”营业执照720件，群众满意率99.9%。深入推进大众创业。我县在全省、全市率先进行了主体功能区规划编制工作，主体功能区规划的出台，将为我县企业发展、大众创业提供良好的导向作用。《涡阳县人民政府关于公布涡阳县县级涉企收费清单的通知》（涡政〔2014〕45号），明确县级涉企收费清单共涉及31个单位，所含项目总数为76项，比原来的111项减少了35项，总精简率31.5%。大力推进精准扶贫。开展金融扶贫，县扶贫办与县农商行配合，已经对全县1082户贫困户进行了评级授信，对已授信的395户贫困户投放贷款1019万元，贷款主要用于无劳动能力贫困户投资县内大型（其中包括国有股份）企业，签订投资经营协议，保底分红，确保第一批特困户有稳定的经济收入，率先脱贫。开展光伏扶贫。已建设村级电站4个，1个并网发电。着力化解信访积案。扎实开展信访积案化解工作，省交办18件积案，已化解17件，化解率94.4%。市交办33件，已化解27件，化解率81.8%。全县查摆出懒政怠政问题88起，涉及108人，制定102项整改措施，已整改问题79个，组织处理科级以下干部28人。查处发生在群众身边的“四风”和腐败问题线索367个，立案176人，党政纪处分176人，移交司法机关7人。

四、坚持正风肃纪，推进“四个排查”落实到位

根据中共中央组织部印发《关于深化县级“三严三实”专题教育着力解决基层干部不作为乱作为等损害群众利益问题的通知》（组通字〔2015〕41号）精神，结合我县实际，下发《中共涡阳

县委组织部关于进一步深化“三严三实”专题教育着力解决基层干部不作为乱作为等损害群众利益问题的通知》，全面深入排查存在的突出问题，深入分析问题产生的根源，集中开展专项整治。着力搞好“四个排查”，即排查不作为的问题，重点是对群众办事态度冷漠、对上级布置的任务敷衍应付、工作不在状态、不敢担当等；排查乱作为的问题，重点是不讲规矩不按程序办事、不善于听取群众意见决策、乱收费乱罚款乱摊派，办事不公、强占强拆等；排查贪腐谋私的问题，重点是贪占挪用挥霍集体财物、套取骗取国家补贴补助款、截留克扣冒领惠民资金、滥用权力中饱私囊等；排查执法不公的问题，重点是暴力执法、选择性执法、随意性执法、办“关系案”“人情案”“金钱案”等。共排查出不作为 113 个问题、乱作为 62 个问题、贪腐谋私 152 个问题。

五、严格程序要求，确保专题民主生活会取得实效

县委对召开县委常委会专题民主生活会高度重视，认真制定方案，精心组织实施，突出重点任务，明确责任分工。1. 深化学习成果，打牢思想基础。县“三严三实”协调小组办公室认真开展“回头看”活动。按照“回头看”要求和有关规定，在专题民主生活会召开之前，对参加专题党课、专题学习研讨、个人自学等情况进行回顾梳理，重点看是否掌握了“三严三实”的核心要义、认清了不严不实的严重危害、强化了从严从实的行为规范，查缺补漏、巩固成果，打牢开好专题民主生活会的思想基础。2. 广泛征求意见，找准存在问题。县委常委会召开专题民主生活会前，县委常委会在前期征求意见的基础上，进一步广泛征求意见建议。胡明文、杨学国、万瑞年等同志分别主持召开全县党外人士代表座谈会、“两代表一委员”座谈会、县直单位和乡镇干部座谈会，其他县委常委根据分管工作主持召开至少一次征求意见建议座谈会，认真找准自身存在问题，确保专题民主生活会取得实效。县委常委会征求意见建议 262 条，常委之间互提意见建议 177 条，常委通过走访、召开座谈会、人民网、市民论坛等形式征求意见建议 143 条。认真对意见建议进行汇总梳理，并分解到每位常委。3. 开展谈心谈话，加强思想沟通。认真落实“三必谈”要求，胡明文书记与每位县委常委谈心谈话，县委常委之间互相谈心谈话，每位县委常委和分管部门主要负责同志之间开展谈心谈话。谈心谈话做到出于公心、与人为善，谈透问题、沟通思想，为开好民主生活会营造良好氛围。4. 深刻自我剖析，写好检查材料。县委常委会及成员对照自身存在的修身做人、用权律己、干事创业等方面不严不实问题、遵守党的政治纪律、政治规矩和组织纪律等方面的问题，进行党性分析，深刻自我剖析，认清问题实质，提出整改的具体措施，自己动手形成深刻的发言提纲，报胡明文同志审阅。

六、坚持立规执纪，不断完善规章制度

一是建立镇村干部工作法。建立乡镇党委书记“十讲”工作法，着力解决乡镇干部走读，镇街场书记每周住镇不少于 4 晚，完善“早点名、晚讲评、周小结、月总结”工作制度，书记、镇长要走遍所有村民组，察民情、解民忧。建立“村干部十个一”和服务群众“136”工作法，提高村干部为民服务意识。二是制定干部“8+2”工作法。加大作风效能建设力度，把懒政怠政

问题纳入“不严不实”突出问题整改内容，以“钉钉子”精神抓好落实，认真做到“8+2”，每天8小时工作时间以外，领导干部带头再多干2个小时，永葆蓬勃朝气、坚持昂扬锐气、弘扬浩然正气，增强加快发展意识，抢抓机遇，奋力赶超。三是推行干部“做事档案”。在县、镇、村三级干部中推行“做事档案”制度，平时记、月回顾、季度报、年终评，接受群众监督，考准干部实绩，调动干部干事创业热情。四是全面落实“三公开”。在全县公职人员中开展以“亮身份、报行踪、晒承诺”为主要内容的“三个公开”工作，让每一名干部职工的岗位职责、工作动态、服务承诺，全部“晒”在阳光下，接受群众监督，切实增强工作的透明度，提高服务效率，促进勤政廉政。五是建立干部巡察制度。结合领导班子及领导干部年度考核，根据巡察情况进行综合分析，形成巡察报告，巡察结果作为领导班子调整配备、队伍管理监督、干部选拔任用的重要依据。

（县委组织部供稿）

大事记

DA SHI JI

2015 年涡阳大事记

涡阳

G U O Y A N G

2015 年涡阳大事记

1 月

1 日　由涡阳县政府主办，县体育事业发展中心、县教育局、县机关工委联合承办的“涡阳县新起点、新征程、新跨越迎新春全民健身跑活动”在县体育广场举行。县委常委、宣传部部长雅浩海致辞。县委书记胡明文宣布健身跑活动开始。杨学国、王贵民、崔巍、王玉红、刘梦汝、方振勇、纪侠玲、蒋玲玲、范吉用、赵太民等县领导及来自全县县直机关单位的 1600 余名干部职工参加健身跑活动。县领导雅浩海、纪侠玲、赵太民及有关部门负责人为获奖者颁奖。

4 日　中共涡阳县委十届六次全体（扩大）会议在县行政中心十一楼会议室召开。县委副书记、县长杨学国主持会议。县委书记胡明文作县委工作报告。县委副书记李锋，县委常委、组织部部长刘梦汝分别作党的群众路线教育实践活动整改情况和干部选拔任用工作专题报告。县委常委、副县长、政法委书记、公安局局长黄卫国作《关于全面推进依法治县的实施意见》起草情况说明，并经会议表决通过。会议对 2013 年以来干部选拔任用工作及新选拔任用领导干部进行民主评议。

5 日　涡阳县人大常委会第十六届三十一次会议召开。县人大常委会党组书记、副主任王贵民主持会议。会议听取《县政府关于 2014 年工作情况汇报》，听取审议《关于涡阳县 2014 年国民经济和社会发展计划执行情况及 2015 年计划草案的报告》等有关报告。会议依法确认补选胡明文、方振勇、梁德友、信清彬、岳祥金、段华宇 6 位同志县十六届人大代表资格有效。会议依法补选丰霄寒、张秀忠为涡阳县出席亳州市三届人代会代表并上报审查。会议接受巩中辞去涡阳县十六届人大常委会主任职务的请求；赵昊平辞去涡阳县人民检察院检察长职务的请求。县委副书记、县长杨学国，副县长刘红岩等有关部门负责人应邀列席会议。

同日　涡阳在线消息，涡阳天静宫景区被安徽省旅游景区质量等级评定委员会验收审核，晋级成为国家 AAAA 级旅游景区。

6 日　县委书记胡明文，县委副书记、县长杨学国带领涡阳县党政代表团赴河南省永城市、江苏省新沂市、泗洪县就有关招商引资、城市建设管理、农村环境整治等工作进行考察学习，并先后对河南永城亿丰广场商业综合体项目、江苏新沂经济开发区的江苏斯尔克集团及泗洪县新农村建设运行新模式等项目进行实地考察。李锋、王贵民、雅浩海、刘梦汝、方振勇、蒋玲玲等县领导及有关部门和镇（场、街道）负责人随同考察。

同日　涡阳网消息，涡阳县被授予“安徽省卫生应急综合示范县”称号。

7 日　涡阳网消息，涡阳县牌坊镇燕大行政村袁大中心村、丹城镇白果行政村白果中心村、青疃镇大袁行政村大袁中心村、石弓镇温庄行政村后寨中心村、曹市镇辉山行政村辉山中心村、西阳镇葛楼行政村葛楼中心村、陈大镇于楼行政村于楼中心村被授予“2014年度省级中心村”称号。

8日　淮南市原市长、市新四军研究会顾问顾长汉，市人大常委会原副主任、市新四军研究会会长魏跃民，市委老干部局副局长王雪玉等一行到涡阳新兴镇新四军四师纪念馆凭吊革命先烈彭雪枫并参观彭雪枫故居。县委副书记李锋，县人大常委会原副主任、县新四军研究会会长邹广义等陪同参观。

同日　涡阳县生猪屠宰市场管理工作会议在县行政中心十一楼会议室召开。县委副书记李锋主持会议。副县长李雷宣读《涡阳县生猪屠宰市场管理实施方案》及《关于进一步规范冷鲜肉经营行为的通知》。县委副书记、县长杨学国，县人大常委会副主任马明、县政协副主席蒋玲玲等有关部门负责人参加会议。

9日　政协涡阳县第九届委员会第四次大会在涡阳剧院开幕。县政协主席吴晋主持会议。县政协副主席李文飞作县政协工作报告。县政协副主席范吉用作县政协九届三次会议以来提案工作情况报告。会议于11日胜利闭幕。县四大班子领导胡明文、杨学国、吴晋、李锋、王贵民、许运河、雅浩海、崔巍、王玉红、刘梦汝、黄卫国、方振勇、蒋玲玲、范吉用、李文飞、赵太民等出席会议。县政协主席吴晋主持闭幕式。县政协副主席范吉用宣读本届大会提案审查情况报告。会议表决通过县政协九届四次会议政治决议、九届四次常委会工作报告及提案审查情况决议。县委书记胡明文出席闭幕式并讲话。县政协副主席蒋玲玲致闭幕词。

10日　涡阳县第十六届人民代表大会第四次大会在涡阳剧院开幕。县委书记胡明文主持会议。县委副书记、县长杨学国作县政府工作报告。会议听取《涡阳县2014年国民经济和社会发展计划执行情况与2015年计划（草案）报告》和《涡阳县2014年财政预算执行情况和2015年财政预算（草案）报告》。会议表决通过大会选举办法。会议于12日上午胜利闭幕。县委书记胡明文当选为县人大常委会主任，梁德友当选为县人民法院院长，信清彬当选为县人民检察院检察长。吴晋、李锋、王贵民、许运河、雅浩海、崔巍、刘梦汝、方振勇、马明、纪侠玲、刘传华、王玉红、黄卫国及人大代表参加会议。

14日　水利部审计室主任齐献忠率领督查组到涡阳对2014年农村饮水安全工程建管情况进行督查，副县长李雷等有关部门负责人陪同督查。

16日　涡阳政府网消息，涡阳县被评为第三届安徽省文明县城；曹市镇被评为第三届安徽省文明村镇；单集林场单集中心村、青疃镇被评为第三届文明村镇工作先进镇村。城关街道道源社区、新安社区被评为第四届安徽省“文明社区”；县地税局、国土资源局、汽车站、人民检察院、机关工委、移动公司、工商银行、公安局交警大队、四中被评为第十届安徽省文明单位。

19日　涡阳在线消息，涡阳县成为全国产粮大县、安徽省文明县城及《老子传说》入选安徽省非物质文化遗产被评选为亳州十大新闻（有关内容）。

23日　涡阳县2015年经营性用地推介会在合肥市国土资源局多功能厅举行。县委常委、常务副县长刘传华主持会议。县委副书记、县长杨学国致辞。县委书记、县人大常委会主任胡明文出席会议并介绍涡阳文化环境和地产市场情况。合肥市国土资源局党组书记、局长高国忠，党组成员、副局长陆勤标，涡阳县委常委、副县长王玉红以及来自全省40余名知名地产商参加会议。

26日　涡阳县书记抓基层党建工作专题工作述职述评会议在县行政中心十一楼会议室召开。县委书记、县人大常委会主任胡明文主持会议并讲话。各镇（场、街道）党（工）委、工业园区党工委、县直机关工委主要负责人分别就抓基层党建及履行党建工作第一责任人职责情况进行述职并进行民主测评。亳州市委组织部电教中心主任杜守龙出席会议并讲话。

同日　涡阳县组织编辑出版的英汉双语版《道德经》和《道德经名言》分获安徽省第七届对外传播奖一、二等奖。

29日　涡阳新公交试运行正式开始。拟新开通城区公交线路12条，近期试运行7条。试运行期间，免费3个月供市民乘坐。

30日　涡阳县2015年文化、科技、卫生“三下乡”暨“红红火火过大年”活动启动仪式在陈大镇举行。副县长刘红岩主持启动仪式。县委常委、宣传部部长雅浩海出席会议并讲话。县人大常委会副主任纪侠玲、县政协副主席蒋玲玲及有关部门负责人参加活动启动仪式。

2月

1日　涡阳县交通秩序治理工作小组（扩大）会议召开。会议议题集中整治三轮车工作。县委副书记李锋主持会议。县委书记、县人大常委会主任胡明文到会讲话。雅浩海、黄卫国、万洪超等县领导出席会议。

2日　涡阳县人武部开展春节前走访慰问活动。县委常委、县人武部政委许运河，县人武部部长张松龄等一行走访看望慰问南京军区涡阳籍连职以上服役的干部家属和优秀士兵及立功受奖的军人家属。

同日　省委常委、合肥市委书记吴存荣一行到涡阳调研，并先后到三星化工、贝龙美发饰品公司、财富康达制动元件公司及老子文化生态园进行调研。县委书记、县人大常委会主任胡明文等陪同调研。

3日　涡阳县委、县政府组织公安、城建、国土等部门人员对楚店镇“楚王新村”进行依法拆除，共投入20部大型机械对违法建筑进行强制性拆除。

同日　涡阳县春运工作正式启动。副县长万洪超主持召开春运启动工作会议。县委常委、副县长、政法委书记、公安局局长黄卫国出席会议并讲话。县交通局负责人宣读《涡阳县2015年春运工作方案》。

同日　涡阳县召开2015年扶贫信息采集培训工作会议。副县长张延明等出席会议。

同日　省委常委、纪委书记王宾宜一行到涡阳开展春节慰问送温暖活动，并到城西街道尹沟社区看望慰问困难群众。

4日　市委常委、宣传部部长杜爱玉赴涡阳联系点慰问困难群众，并先后到城东街道黄庄村和石弓镇温庄村进行春节前慰问送温暖活动。

同日　省委副书记李锦斌到涡阳调研经济和社会发展情况。李锦斌一行先后到田间地头、经济开发区、双轮酒业、温氏集团和美好乡村建设示范点进行实地调研。

6日　县委书记、县人大常委会主任胡明文，县委常委、县委办公室主任方振勇等看望慰问汪洋清、杜好农、李春萌、马品卿等老干部。

同日　市政协主席汤涌、副主席龚艳玲一行分别到涡南镇、龙山镇走访慰问困难群众及调研企业运营情况。

7日　涡阳县举办“情动涡阳、温暖2015”关爱留守儿童公益活动。副县长刘红岩出席活动并讲话。活动现场为留守儿童发放学习用品及慰问金。

8日 涡阳县举办2015年新春音乐会。合肥市民交响乐团应邀参加演出。县委书记、县人大常委会主任胡明文及县领导吴晋、王贵民、雅浩海、蒋玲玲等参加音乐会。

10日 涡阳县城区人力机动三轮车终止运营。1060辆登记在册的三轮车全部退出运营市场。

同日 涡阳县2014年度全年共发放各类资助资金796.15万元，帮助14700多名家庭贫困品学兼优的学生圆了求学梦。

11日 涡阳县人民政府发布关于县级人民政府权力清单和责任清单目录的公告。

同日 安徽科技学院副院长汪建飞一行到涡阳西阳镇王桥村开展扶贫送温暖活动。副县长张延明等陪同活动。

12日 亳州市道德模范和身边好人事迹基层巡讲团深入涡阳开展巡讲巡展活动。

13日 涡阳县人民法院副院长何允芝，在由安徽省委宣传部、省文明办、安徽日报报业集团、安徽广播电视台联合举办的“心动安徽最美人物”荣膺提名奖。

15日 经省政府批准，安徽涡阳工业园区更名为安徽涡阳经济开发区。

18日 县委副书记、县长杨学国，县委副书记李锋等有关部门负责人先后对县武警中队和县消防大队官兵进行慰问。

22日 涡阳县团委、县预防青少年犯罪办及县未成年人保护办联合开展2015年“青少年活动文化暨文明礼仪大讲堂”活动。

25日 涡阳县人口和计划生育工作会议在县行政中心十一楼会议室召开。县委副书记李锋宣读《关于2014年度全县人口和计划生育工作奖惩决定》。副县长李雷作计划生育报告。会议通报2015年第一季度计划生育考评情况并汇报市计生调度会议精神。县委书记、县人大常委会主任胡明文作总结讲话，县领导杨学国、蒋玲玲等出席会议。

同日 涡阳县首届民俗灯展在县紫光公园拉开帷幕。

26日 涡阳县举行2015年春季企业用工招聘会。

同日 团县委、县招商局共同开展涡阳籍优秀青年创业座谈会。

27日 县委常委、组织部部长刘梦汝等一行到团县委调研指导工作。

28日 涡阳县农村饮水安全民生工程通过百万群众验收。截至2014年年底，全县共建119处农村供水厂、保障90万农村群众的饮水安全。

3月

2日 县委书记、县人大常委会主任胡明文带领县农委、林业局及水利局等有关部门负责人对县植树造林工作进行观摩，并先后对城东街道油牡丹基地、西阳镇树莓基地、城西晚秋黄梨基地、楚店镇王桥千亩绿化点以及陈大镇大王窑厂绿化点进行实地观摩。县领导方振勇、李雷等陪同观摩。

4日 涡阳县龙山镇东山村发生杀人命案。被害人王某是龙山镇东山村人，其两孙子、一孙女也被残忍杀害。经公安部门侦破系家庭纠纷引起。犯罪嫌疑人陈某在其母亲坟墓前被抓获，并已服毒自杀(未果)。

同日 涡阳县妇联在县广电局四楼演播大厅举办“巾帼建新功、共筑中国梦”演讲比赛。县领导雅浩海、刘梦汝、纪侠玲、刘红岩、蒋玲玲等有关部门负责人亲临比赛现场。

5日　涡阳县“弘扬雷锋精神、建设美好涡阳”学雷锋志愿者服务系列活动启动仪式在县时代广场举行。县委常委、宣传部部长雅浩海，县委常委、组织部部长刘梦汝等有关部门负责人及来自各机关单位、学校等20余支党员志愿者、青年志愿者服务队参加活动启动仪式，仪式结束后，各志愿者服务队到社区、街道、广场等处开展义诊、敬老助残等志愿者活动。

同日　县委书记、县人大常委会主任胡明文，县委副书记、县长杨学国带领县领导班子成员及县机关干部职工到西阳镇王楼行政村向阳河坝植树造林点开展义务植树造林活动。

6日　涡阳县十六届人大常委会举行第三十二次会议。县人大常委会党组书记、副主任王贵民主持会议。会议听取中共涡阳县委审议通过的涡阳县人大常委会2015年工作要点。会议决定任命赵凯为经济开发区主任，赵书义为县科技局局长，马燕霖为县人大常委会城乡与环境资源保护工作委员会主任。会议依法接受黄卫国等7位同志的辞职请求。县委书记、县人大常委会主任胡明文出席会议并讲话。马明、纪侠玲、刘红岩等有关部门负责人出（列）席会议。

同日　涡阳县召开纪念“三八”国际妇女节105周年大会。县委常委、组织部部长刘梦汝主持会议。会议表彰妇女工作先进单位和先进个人。县领导胡明文、李锋、雅浩海、纪侠玲、刘红岩、蒋玲玲等出席会议。

同日　涡阳县委常委会议召开，会议听取信访、纪检、宣传等工作会议精神落实情况汇报及招商引资等工作汇报。县委书记、县人大常委会主任胡明文就党建工作进行强调。县领导杨学国、李锋、刘传华等县常委班子成员出席会议。

9日　全县党建工作暨县纪委十届五次会议暨组织宣传统战工作会议在县行政中心十一楼会议室召开。县委常委、宣传部部长雅浩海，县委常委、纪委书记崔巍，县委常委、组织部部长刘梦汝分别作宣传、纪检、组织工作报告。县委书记、县人大常委会主任胡明文就党建工作进行强调。县领导杨学国、李锋、刘传华、崔巍、王玉红、刘梦汝、黄卫国、方振勇出席会议，吴晋、王贵民、李雷列席会议。

14日　涡阳县召开春季安全生产大检查动员部署会议，县委副书记、县长杨学国主持会议。县委书记、县人大常委会主任胡明文出席会议并讲话。县领导刘传华、黄卫国、纪侠玲、刘红岩、蒋玲玲等出席会议。

同日　涡阳县东方老子书画研究院创作基地在县光荣二院养老服务示范中心挂牌成立。

16日　涡阳县老年大学新校区启用暨新学期开学典礼仪式在县规划展览馆二楼举行。县老年大学校长范新安介绍县老年大学新校区筹备情况。省委老干部局副局长邱茂叶、市老年大学校长雅中庆等出席仪式。

18日　涡阳新闻网消息，广东坚朗五金制品股份有限公司援建涡阳高公徐郢希望小学捐赠仪式在广东省莞市塘夏镇举行。广东坚朗公司总裁白宝鲲，以及安徽省青基会、涡阳团县委、县教育局、高公徐郢小学等有关部门负责人应邀出席仪式。高公徐郢希望小学是该公司在安徽省唯一援建的希望小学。

19日　全县经济工作会议暨招商引资项目建设春季动员会在县行政中心十一楼会议室召开。县委书记、县人大常委会主任胡明文主持会议并对招商引资、经济开发区建设、全民创业、“三农”及优化发展环境等工作进行强调。县委副书记、县长杨学国对全县经济、国土资源、教育、卫生计生等工作进行部署。县领导吴晋、李锋、王贵民、雅浩海、王玉红、刘梦汝、黄卫国、方振勇等出席会议。

22日　合肥高新区工委委员、管委会副主任胡宏同等一行到涡阳考察经济社会发展情况，并先后对县工业园区标准化厂房、财富康达集团公司、三星化工新区及天静宫等处进行实地考察。考察结束后，在县行政中心召开座谈会。县委书记、县人大常委会主任胡明文，县委常委、县委办公室主任、县经济开发区管委会主任方振勇分别介绍涡阳县基本概况及县经济开发区基本情况。县委常委、常务副县长刘传华，县委常委、副县长王玉红等出席会议。

25日　亳州市安全文化“六进”工作推进会议在涡阳召开。与会人员先后对康达财富集团公司、法治广场安全文化走廊、西阳中心校及西阳郭寨社区的安全文化建设情况进行实地考察。县委常委、政法委书记、公安局局长黄卫国介绍涡阳县关于安全文化“六进”活动工作经验。市安监局局长张学峰出席会议并讲话。

26日　涡阳县委常委（扩大）会议召开。县委书记、县人大常委会主任胡明文主持会议并讲话。会议听取1—2月份全县经济运行、招商引资、安全生产等工作情况汇报；听取关于表彰党管武装好书记及表彰武装工作先进单位、先进个人工作汇报；听取中共涡阳县委关于反腐败协调小组工作规则（试行）的汇报；听取关于对镇（场、街道）和县直单位领导班子进行综合考核方案的汇报。县领导杨学国、李锋、雅浩海、刘传华、崔巍、王玉红、刘梦汝、黄卫国、方振勇等出席会议。

同日　涡阳县大建设工作调度会在县行政中心四楼会议室召开。县委书记、县人大常委会主任胡明文主持会议并讲话。县委副书记、县长杨学国就调度工作进行强调。县委常委、常务副县长刘传华对2015年大建设项目进行安排。县领导李锋、王玉红、方振勇、马明、李雷、蒋玲玲等出席会议。

27日　涡阳在线消息，亳州市第二批市级文物保护单位公布：涡阳县城隍庙、董阁、黉宫、九龙井1号、马玉昆帅府、孙万林公馆、新四军四师游击队联络站旧址、英公祠八处文物入选。

28日　涡阳县招商引资项目集中签约仪式在县行政中心举行。县委常委、常务副县长刘传华致辞并介绍涡阳县投资优势和经济社会发展情况。江苏鸿典投资股份有限公司总裁马军涛代表项目签约单位讲话。仪式上共9个项目正式签署投资协议，协议引资总额11.7亿元。县委书记、县人大常委会主任胡明文，县委副书记、县长杨学国等县领导以及九家企业负责人出席签约仪式。

29日　常春藤医学高端人才联盟主席吴永波带领医学专家组到涡阳县中医院考察。考察结束后，就有关医疗技术合作及共同推进区域健康发展等工作进行座谈交流。副县长刘红岩作涡阳县医疗基本情况介绍。县委副书记、县长杨学国等出席会议并讲话。

30日　纪念道祖老子诞辰2586周年传统老子庙会在天静宫拉开帷幕。庙会期间举行曹市东太清宫祭拜仪式、天静宫老子诞辰祈福、海外朝圣团拜谒道祖朝圣典礼及撞钟迎吉祥等法事活动。

31日　涡阳县驻外招商引资工作汇报会在县行政中心举行。县政办副主任、招商局局长郅玉杰，县经济开发区党工委副书记、管委会副主任苏志杰及各招商分局负责人分别汇报招商引资情况。县领导胡明文、刘梦汝、方振勇、万洪超等出席会议。

4 月

1 日　深圳亳州商会会长、深圳七方电子有限公司董事长葛运祥，深圳市安徽商会执行会长姚敬美，深圳亳州商会秘书长、深圳市悦智文化传媒有限公司董事长丁丽等一行，到涡阳考察社会经济发展情况。县委常委、常务副县长刘传华，副县长万洪超等陪同考察。县委书记、县人大常委会主任胡明文，县委副书记、县长杨学国等县领导参加座谈交流活动。

同日　“2015 爱在千万家”全国社区文化大舞台系列活动“老区文化公益行”——21 站革命老区行活动团走进涡阳。活动团先后对革命老区新兴镇新四军四师纪念馆、天静宫、曹市东太清宫进行考察。中国文化义工委工会主席、老区文化公益活动总策划紫秋，涡阳县委副书记李锋，县委常委、宣传部部长雅浩海，县人大常委会原副主任、新四军研究会会长邹广义等陪同考察座谈。

2 日　2014 年度党风廉政建设落实“两个责任”暨市管领导班子和领导干部考核情况汇报会议在县行政中心十一楼会议室召开。县委书记、县人大常委会主任胡明文代表县委班子作工作报告；县委副书记、县长杨学国代表县政府班子作工作报告；县委常委、纪委书记崔巍代表纪委作工作报告。会议对 2014 年度涡阳县委、县政府、人大、政协班子及成员的履职及廉洁自律情况进行民主测评和民主调查。市委副书记、市长汪一光，市纪委副书记孙万华等出席会议并讲话。

3 日　涡阳县纪念老子诞辰 2586 周年祈福法会在天静宫举行。来自台湾、西安、宝鸡、合肥等地的高道大德、李氏后裔、尹氏后裔等社会各界文化人士参加祈福会。

8 日　深圳保利天国投资公司董事长陈朗一行到涡阳先后对县老子文化生态园、南部新区城市建设及县老城区情况进行实地考察。县委书记、县人大常委会主任胡明文在县行政中心四楼会议室主持召开座谈会。县委常委、宣传部部长雅浩海，广州汇得源投资公司董事长邓清桦等参加座谈会。

同日　涡阳新闻网消息，涡阳县被国务院教育督导委员会评定为 2014 年全国义务教育发展基本均衡县。

9 日　全省秸秆粉碎还田暨夏种机械演示会在涡阳县陈大镇举行。与会人员观摩秸秆粉碎灭茬掩埋还田机、打捆机等机械的现场操作演示。省农机局科教处处长赵渊、省农机推广站站长张健美、涡阳县副县长李雷及皖北片 5 市 22 县农机部门负责人参加会议。

10 日　涡阳网消息，涡阳县被评为第三批全国法治县创建活动先进单位。

11 日　全县文明委（扩大）会议在县行政中心十一楼会议室召开。县委副书记李锋主持会议。县委常委、宣传部部长雅浩海对涡阳县 2015 年度农村清洁工程考核奖励办法（试行）、考评办法进行解读。县委副书记、县长杨学国对全县文明创建工作进行部署。县委书记、县人大常委会主任胡明文出席会议并讲话。

同日　县委中心组理论学习扩大会议暨县政法信访工作会议召开。县委书记、县人大常委会主任胡明文主持会议并讲话。县委副书记、县长杨学国传达省委书记张宝顺关于依法治省的讲话精神和市委书记杨敬农关于依法治市的讲话精神。县委副书记李锋传达全国“两会”精神。吴晋、雅浩海、刘传华、王玉红、黄卫国、方振勇等县领导出席会议。

14 日　市人大常委会副主任程效先一行到涡阳对农村土地承包经营权确权登记颁证工作进

行调研。县人大常委会副主任王贵民，县委常委、副县长王玉红，县人大常委会副主任马明等陪同调研。

16日　涡阳县2014年度领导班子和领导干部暨党风廉政建设责任制考核会议在县行政中心十一楼会议室召开。会议对县委办、监察局、组织部、政法委、县督查中心等6个单位进行考核，并分别听取上述6个单位负责人的述职述廉报告情况。县委书记、县人大常委会主任、县委第一考核组组长胡明文出席会议并讲话。县领导雅浩海、刘梦汝、黄卫国等参加会议。

18日　中共中央委员、中国社会科学院院长、中国地方志指导小组组长王伟光一行到涡阳调研老子文化建设情况，并先后到天静宫老子文化博物馆进行实地考察。亳州市副市长王玉玺，县委书记、县人大常委会主任胡明文，县委常委、县委办公室主任、县经济开发区党工委书记方振勇等县领导陪同考察。

19日　涡阳县招商引资和项目建设工作调度会在县行政中心十一楼会议室召开。县委副书记、县长杨学国对相关工作进行部署。县委书记、县人大常委会主任胡明文出席会议并讲话。吴晋、李锋、王贵民、刘传华、王玉红、方振勇等县领导参加会议。

22日　涡阳县委常委会议召开。县委书记、县人大常委会主任胡明文主持会议并对乡镇部门考核、招商引资及经济工作进行强调。县委常委、常务副县长刘传华汇报全县第一季度经济运行工作情况。县委副书记、县长杨学国对一季度经济运行、财税及安全生产工作进行部署。吴晋、李锋、王贵民、雅浩海、崔巍、刘传华、方振勇等县领导出席会议。

23日　“涡阳县十大青年创业之星”入选公示人员:陈志云、关铁军、侯立建、姜维、木兰、史聪明、宋立书、袁学才、张洪敏、张全友。

“涡阳县优秀青年创业能手”入选公示人员：崔海洋、陈侠、何中华、李超、刘国锋、马志坚、张琪、张建、周立魁。

25日　第三届高炉和谐家年份酒杯·庆“五一”，十市县乒乓球友好邀请赛在涡阳县永民乒乓球俱乐部举行。合肥、蚌埠、阜阳、界首等十市（县）的128名运动员应邀参加比赛。亳州、阜阳荣获团体一、二名，合肥、蚌埠并列团体第三名。

26日　涡阳县老子文化志愿者服务队成立暨启动授旗仪式在县文化馆举行。副县长刘红岩参加启动仪式并讲话。

28日　涡阳县十六届人大常委会召开第三十三次会议。县人大常委会副主任王贵民主持会议。会议听取和审议县政府关于涡阳二中新区项目贷款及近年来融资情况的报告，并经会议表决通过。会议表决任命苏志杰任县政府办公室主任；刘化云任卫生和计划生育委员会主任；任命何昆为县人民检察院检察员、检察委员会委员、副检察长（挂职）；会议接受薛东辉辞去县人力资源和社会保障局局长职务的请求；免去张纯修县人民检察院副检察长、检察委员会委员、检察员职务。胡明文、马明、刘传华等领导出（列）席会议。

28日　涡阳三星化工职工顾朝立荣获全国劳动模范称号，并在北京庆祝“五一”国际劳动节暨表彰全国劳动模范和先进工作者大会上受到表彰。

29日　由涡阳县体育事业发展中心主办，涡阳合力门业专卖店冠名的“迎五一·合力门业杯”篮球赛在体育广场举行。于5月4日落下帷幕。涡阳合力门业、华顺粉丝厂、西苑中学分获一、二、三名。

同日　徽酒集团战略发布会暨更名揭牌仪式在高炉镇举行。双轮集团正式更名为徽酒集团。县委书记、县人大常委会主任胡明文致辞。盈信集团总裁、徽酒集团董事长林劲峰发布徽酒集团十年战略规划。吴晋、王贵民、方振勇等县领导及企业界人士参加会议。

30 日　涡阳县出租车有限责任公司正式挂牌成立。县委常委、政法委书记、公安局局长黄卫国等有关部门负责人为公司成立揭牌。

5 月

2 日　台湾考察团范水旺一行到涡阳对老子文化建设和文物保护及旅游规划发展情况进行考察，并先后到老子庙、圣母墓、尹喜墓、东太清宫及范蠡西施墓等处进行实地考察。县政协主席吴晋、副主席李文飞等陪同考察。

4 日　涡阳县纪念“五四”运动 96 周年暨青年网络文明志愿服务行动推进会在涡阳四中召开。县委常委、宣传部部长雅浩海主持会议。县委副书记李锋出席会议并讲话。县人大常委会副主任纪侠玲、县政协副主席蒋玲玲及有关部门负责人、大学生村干部和各界青年代表参加会议。

同日　涡阳县秸秆禁烧和综合利用工作动员大会在县行政中心十一楼会议室召开，并在各镇（场、街道）设立分会场进行实况转播。县委副书记李锋主持会议。县委书记、县人大常委会主任胡明文主持会议并作重要讲话，县委副书记、县长杨学国安排部署全县秸秆禁烧及综合利用工作。吴晋、王贵民、雅浩海、刘传华、崔巍、王玉红、刘梦汝、黄卫国、方振勇等县领导出席会议。

5 日　徐龙集团董事长徐利明、副总裁陈素英，修正健康饮品股份公司副总经理齐丽娟一行到涡阳考察。县委书记、县人大常委会主任胡明文在县行政中心主持召开座谈会。双方就有关修正饮品项目建设情况意见进行座谈交流。杨学国、王玉红、方振勇等县领导及有关部门负责人参加会议。

7 日　涡阳在线消息，中央电视台第七套《农广天地》栏目编导杨小华、范群文等一行到涡阳对县规模化畜禽养殖示范场及小麦育种等农业产业化项目进行采访报道。

同日　涡阳网消息，涡阳县成为安徽省县级首家获认证的政务微信平台——《涡阳之窗》。

9 日　涡阳县易道理事会成立暨揭牌仪式在县养老示范中心举行。

15 日　县委中心组理论学习（扩大）会议暨警示教育活动动员党课报告会在县行政中心十一楼会议室召开。县委书记、县人大常委会主任胡明文主持会议并对廉政建设和反腐败工作进行强调。县委副书记、县长杨学国对 1—4 月份经济运行情况进行分析部署。县委常委、常务副县长刘传华作 1—4 月份经济、招商引资等相关工作报告。县委副书记李锋传达习近平总书记在中央政治局第二十二次集体学习时的讲话精神。县委常委、宣传部部长雅浩海传达亳州市全民阅读工作启动仪式会议精神。吴晋、王贵民、刘梦汝、黄卫国、方振勇等县领导参加会议。

同日　涡阳县“全民阅读，建设书香涡阳”活动正式启动。

18 日　涡阳网消息，亳州市招商系统工作会议在涡阳县召开。市政府副秘书长、市招商局局长张洁传达全市第一季度经济工作调度会议精神。涡阳县委书记、县人大常委会主任胡明文，县委常委、常务副县长刘传华，县委常委、县委办公室主任、县经济开发区管委会主任方振勇等市县有关部门负责人出席会议。

同日　中国人民解放军总医院专家团大型义

诊活动开幕式在县文化广场举行。县委常委、宣传部部长雅浩海主持开幕式。副县长刘红岩致欢迎辞。总医院医务处处长助理吴琼，县委常委、县委办公室主任、县经济开发区管委会主任方振勇，县人武部部长张松龄等参加开幕式。

20日 省司法厅副厅长程瀚等一行到涡阳调研司法公证工作。市司法局局长王成，县委常委、政法委书记、公安局局长黄卫国等陪同调研。

26日 涡阳县十六届人大常委会三十四次会议召开。县人大常委会副主任王贵民主持会议。会议听取和审议县政府关于“三夏”生产及秸秆禁烧及综合利用工作准备情况报告；听取和审议县人大常委会调研组《关于县城交通拥堵治理情况的调研报告》。会议决定任命黄恺为涡阳县人民政府副县长，接受马明辞去县人大常委会副主任职务的请求，以及其他人事任免事宜。县人大常委会副主任纪侠玲，县委常委、常务副县长刘传华等出（列）席会议。

28日 省民政厅养老机构消防安全检查组组长张世连一行到涡阳检查指导养老机构消防安全工作，并对县养老示范中心、县社会儿童福利中心、市第二光荣院等处的消防安全工作进行实地查看。市民政局局长刘伟，县委常委、常务副县长刘传华，县委常委、政法委书记、公安局局长黄卫国等陪同检查。

6月

1日 涡阳县召开2015年招生委员会会议。县委副书记李锋，县人大常委会副主任纪侠玲、副县长刘红岩及有关部门负责人参加会议。会议安排2015年度全县高考中考工作任务。

2日 涡阳县秸秆禁烧工作会议在县行政中心十一楼会议室召开。县委副书记李锋对全县秸秆禁烧工作进行部署。县委书记、县人大常委会主任胡明文，县委副书记、县长杨学国出席会议并讲话。

5日 由团县委、县文明办、教育局、交通局、城管执法局、交警大队等单位联合举办的“2015年涡阳县志愿服务爱心送考”大型公益活动启动仪式在县体育广场举行。县委常委、组织部部长刘梦汝等有关部门负责人参加启动仪式。

7日 2015年度涡阳县普通高等院校招生考试分别在涡阳一中、二中、三中、四中及县城关中心学校开考。全县报名总人数6802人，文科考生2335人、理科考生4467人。副县长李雷及省、市、县高考巡视组分别对各考点进行巡视。

12日 省高级人民法院院长张坚，省社科联党组书记、常务副主席马雷及省卫计委、省政府发展研究中心、安徽科技学院、中信银行合肥分行等省直对口扶贫部门负责人到涡阳开展扶贫帮扶工作调研。市委常委、常务副市长刘辉，市中级人民法院院长王晓东等市、县领导陪同调研。

同日 涡阳县招商引资项目集中签约仪式在县行政中心举行。县委常委、副县长王玉红主持仪式。县委常委、县委办公室主任、县经济开发区管委会主任方振勇介绍签约项目有关情况。香港新成达国际贸易有限公司副总经理盛爱良代表项目签约单位到会讲话。胡明文、杨学国、王玉红、蒋玲玲等县领导及项目合作单位负责人参加仪式。

13日 市委副书记、市长汪一光带领市农委、市环保局及市农机局等市直部门负责人到涡阳调研“三夏”及秸秆禁烧工作情况。副市长马露，市政协副主席、市政府秘书长侯化，县委书记、县人大常委会主任胡明文，副县长黄恺等陪同调研。

14日 涡阳县作家协会诗词学会成立暨换

届大会在县锦江国际大酒店举行。会议选举古元淮为本届诗词学会会长、苏学斌为副会长兼秘书长。聘请杨光、张照人为顾问。聘请耿树人、牛淼、王化猛、李进德、李振贵为名誉会长。

16日　市人大常委会《中华人民共和国社会保险法》执法检查组到涡阳对贯彻实施《中华人民共和国社会保险法》及养老、医疗、工伤失业和生育保险费征缴、基金使用及管理情况进行检查，并先后到义门中心卫生院、财富康达制动元件公司、华都安置区等处进行实地查询。县人大常委会党组书记、常务副主任王贵民，县委常委、副县长王玉红等陪同检查。

18日　由团县委、教育局、体育事业发展中心、成大翡翠湾等单位联合举办的2015年“姚基金希望小学篮球赛”涡阳县联赛在县城关中心校举行。经选拔三支球队参加亳州市青少年篮球晋级赛，县城关中心校代表队获得30日结束的决赛第一名并晋级省级联赛。

19日　涡阳县“三证合一”(工商营业执照、组织机构代码和税务登记证)营业执照正式发放。

25日　涡阳在线消息，安徽省2015年度高考成绩公布：涡阳四中的李矫阳（总分660）获亳州市文科状元。

26日　“亳州市道德模范和身边好人事迹巡讲团走进涡阳”巡讲活动在联通公司四楼会议室举行。

同日　修正健康饮品产业园项目签约仪式在县行政中心举行。县委书记、县人大常委会主任胡明文，修正健康集团总裁、董事长、总经理夏东明，徐龙生物科技有限公司董事长陈素英等双方代表出席签约仪式。

28日　为纪念中国共产党成立94周年暨中国人民抗日战争胜利70周年，由涡阳县老年体育协会举办的大型文体节目展演大会在县城关中心校举行。

29日　涡阳在线消息，海南笃信休闲产业集团董事长冼笃信一行到涡阳对天静宫及老子文化生态园进行实地考察，并在县行政中心召开座谈会。县委书记、县人大常委会主任胡明文，县委常委、宣传部部长雅浩海，中投国际集团董事长刘耀中，广江得源投资公司董事长邓清桦，笃信集团旅游规划设计院常务副院长卢文功等企业界人士参加座谈。

同日　涡阳县民生工程网站正式开通运营。

7月

2日　涡阳县公安系统多警种在涡阳县火车站广场举行反恐防暴应急处突联合演练。

4日　涡阳县争创全国双拥模范县工作会议在县行政中心三楼会议室召开。副县长黄恺、县人武部政委汤向阳出席会议并讲话。

7日　涡阳县举行书香村居建设宣讲培训。来自全县各乡镇街道居委会的370余名宣讲人员参加培训学习。

同日　省委宣传部宣教处调研员郭高启及省文明办、省质量技术监督局负责人一行到涡阳对县“百城万店诚信建设”活动示范街创建情况进行检查验收。副县长刘红岩等陪同检查。

8日　涡阳县提前完成四项民生工程任务。截至6月底，有4项民生工程项目提前完成，分别是：计划生育家庭特别扶助、农村危房改造、重大传染病医疗救治、贫困残疾人救助与康复。

10日　亳州市青联委员交流座谈会在涡阳召开。团市委书记周宵、副县长万洪超等参加会议并讲话。

14日　省道S307涡阳绕城段正式开工建设。

同日　涡阳县招商引资和项目工作调度会议

在县行政中心十一楼会议室召开。县招商局局长郅玉洁作招商引资工作进展情况汇报。县委书记、县人大常委会主任胡明文，县委副书记、县长杨学国，县委常委、副县长王玉红分别就招商引资工作提出要求。县领导李锋、王贵民、刘传华等参加会议。

17日 华凯健身器材、第一医药有限公司、安徽百禾堂中药饮片有限公司、涡阳恒明新材料科技有限公司等四家企业项目建设开工仪式在县经济开发区举行。副县长汪俊峰致开工建设贺词。县委常委、县委办公室主任、县经济开发区管委会主任方振勇介绍四家企业项目情况。县委书记、县人大常委会主任胡明文宣布项目建设正式开工。县政协主席吴晋等参加开工仪式。

同日 涡阳县十六届人大常委会举行第三十五次会议。会议听取和审议县政府《关于涡阳县2014年财政决策情况报告》、县人大常委会财政工委《关于2014年县级财政决策和财政审计工作报告审查结果报告》，并表决通过以上两报告。会议听取县政府《关于〈涡阳县城总体规划（2014—2030）〉修编工作报告》。会议表决人事任免事项。县委书记、县人大常委会主任胡明文，县人大常委会副主任王贵民、纪侠玲，县委常委、常务副县长刘传华等出（列）席会议。

21日 涡阳县新建10个微型数字图书馆。涡阳县图书馆新增10个电子书借阅机服务，新增的电子书借阅机新装了社会法律、文学著作、科学技术等11个类目的电子书，移动图书馆是涡阳县图书馆举办的文化惠民项目。确定选址在县行政中心、县医院、中医院、工商银行等一些人流量大的场所，并可下载到手机上阅读。

20日 涡阳县团委组织县供电公司、县中医院、县法律援助中心、淘实惠等单位青年志愿者深入到店集镇王相村开展青年志愿者服务和电商服务站体验活动。

23日 市委副书记杜延安到涡阳调研计划生育工作，并先后到城东计生办、楚店镇三里赵行政村计生服务室和镇计生服务所进行实地查看。市卫计委主任胡秋雯、县委副书记李锋、副县长李雷等陪同调研。

24—25日 全市第二季度经济工作督查调度会议在涡阳金桂开元酒店会议室召开。与会人员对涡阳社会经济发展情况进行观摩。会上，涡阳、蒙城、利辛及谯城围绕九城同创、美丽集镇建设、征地拆迁等重点工作进行汇报。市直7家单位作会议交流发言，9家单位作书面发言。市委副书记杜延安，市委常委、常务副市长刘辉等市领导分别就下半年工作进行强调部署。市委副书记、市长汪一光对全市上半年经济工作进行总结，对下步工作作出部署。市委书记、市人大常委会主任杨敬农作经济工作总结讲话。

29日 涡阳县安委会第三次全体成员（扩大）会议召开。县委常委、常务副县长刘传华，县委常委、副县长王玉红，副县长黄恺、刘红岩、李雷分别部署分管工作。县委常委、政法委书记、公安局局长黄卫国通报全县2015年上半年安全生产情况，并对下步工作进行部署。县委副书记、县长杨学国出席会议并讲话。

31日 涡阳县十六届人大常委会举行第三十六次会议召开。会议听取《关于涡阳县人民政府与肥西县人民政府合作融资情况报告》。县委常委、常务副县长刘传华通报上半年全县经济运行情况。会议同意涡阳县金阳建投公司通过肥西县城投公司从光大银行贷款5000万元，用于经济开发区标准化厂房等项目建设，并将该贷款本息列入县财政预算。会议表决有关人事事项。

8月

4日　涡阳县召开20个居委会审计工作指导会议。监察局副局长许峰主持会议并讲话。县审计局局长马晓东及有关单位负责人参加会议。

5日　涡阳县公车改革工作会议召开。会议传达市车改工作会议精神及亳州市副市长刘辉在市车改会议上的讲话精神。会议传达县委常委、副县长王玉红对县车改工作的建议和要求。会议对全县车改工作进行全面部署。

7日　亳州市首家数字化预防接种门诊落户涡阳涡北卫生服务中心。

同日　由涡阳县全民健身工作委员会主办，县体育事业发展中心、县雄风文化传媒等单位联合承办的“全民健身日群体展演”活动在县体育广场举行。

10日　皖北农特产品电商物流商贸城项目签约仪式在县行政中心十一楼会议室举行。县委常委、副县长王玉红主持会议。县委副书记、县长杨学国介绍涡阳基本情况及农产品资源优势。中农批（北京）电子商务有限公司董事长洪宇代表项目投资方讲话。县委常委、常务副县长刘传华代表县政府与中农批（北京）电子商务有限公司董事长洪宇共同签约项目投资协议书。县委书记、县人大常委会主任胡明文及市县领导参加签约仪式。

13日　亳州市人大常委会副主任程效先带领亳州环保世纪行采访团到涡阳就水、大气污染防治等工作推进情况进行采访。县人大常委会副主任王贵民、纪侠玲等陪同采访。

14日　蚌埠医学院第一附属医院医联体成员单位签约揭牌仪式在县医院举行。副县长李雷，蚌埠医学院第一附属医院院长王洪巨等参加签约揭牌仪式。

同日　涡阳县财政税收民生工程暨农商行不良贷款清收工作调度会议在县行政中心十一楼会议室召开。县委常委、常务副县长刘传华出席会议并讲话。

17日　涡阳县全方位促进就业创业工作。截至7月底，全县共为289位劳动者提供创业担保贷款2052万元，其中，高校毕业生13个，130万元，创业担保贷款贴息223.51万元。稳定提供100个基层特定岗位，开发125个就业见习岗位。

21日　涡阳县荣获“亳州市卫生技术监督技能大赛”团体第一名。

22日　涡阳县委常委（扩大）会议在县行政中心十一楼会议室召开。县委常委、常务副县长刘传华汇报1—7月份经济工作运行情况。县委副书记、县长杨学国对全县重点项目工作进行部署。县委书记、县人大常委会主任胡明文主持会议并对全县经济运行、招商引资等重点工作进行强调。县领导吴晋、李锋、王贵民、雅浩海、崔巍、王玉红、刘梦汝、黄卫国、方振勇等参加会议。

同日　全县大建设调度会议召开。县委副书记、县长杨学国对全县大建设项目审批及施工进行部署。县委书记、县人大常委会主任胡明文对大建设项目提出要求。县领导吴晋、李锋、王贵民等参加会议。

23日　涡阳县举办提升干部素质大讲堂报告会。县委常委、组织部部长、统战部部长刘梦汝主持报告会。滁州市委党校副校长、滁州市行政学院副院长童子凡应邀授课。县领导胡明文、杨学国、李锋、王贵民等及各镇（场、街道）、经开区设分会场同步收听收看报告会。

24日　涡阳开启农民微阅读模式。

同日　县委书记、县人大常委会主任胡明文，县委副书记、县长杨学国率领涡阳县党政代表团赴山东考察学习。胡明文一行先后对临沂市书法广场、规划展览馆、金锣集团、万亩荷塘观光湿地项目及宁阳县复圣公园、宝胜电缆制造等企业和产业项目进行实地考察学习座谈。县领导刘传华、王玉红、刘梦汝、方振勇、纪侠玲、刘红岩、黄恺、汪俊峰、范吉用、李文飞、赵太民及县直单位负责人随同考察学习。

25日 涡阳县组织部分人大代表、政协委员、民生工程特邀监督员实地督查民生工程实施情况。督查组先后到涡阳县养老示范中心、保障房、农村饮水工程、农村危房改造、一事一议财政奖补、高公镇文化站等民生工程项目实地查看并在高公镇文化站进行座谈交流。

26日 涡阳县荣获“全省社区矫正示范县”称号。

27日 省考评组组长、省双拥工委副主任、民政厅副厅长叶如强一行到涡阳检查验收“全国双拥模范县”创建工作。县委书记、县人大常委会主任胡明文主持召开座谈会。县委副书记、县长杨学国作相关工作汇报。市民政局局长刘伟及县领导刘传华、黄卫国、张松龄等陪同检查。

28日 “涡阳县纪念中国人民抗日战争胜利70周年书画诗词作品展”在县文化馆老子文化艺苑开幕。县委常委、组织部部长、统战部部长刘梦汝主持开幕式。

31日 涡阳县城关街道组织包点干部、新当选的各社区党支部书记在县委组织部副部长杨洪发、城关街道党工委副书记刘顺的带领下赴合肥包河区观摩学习，并先后对包公街道航运南村新区、烟墩街道望湖社区、滨湖明珠社区及合肥市首个新型街道级“大社区”——滨湖世纪社区进行实地观摩。

同日 为庆祝中国人民抗日战争暨世界反法西斯战争胜利70周年，涡阳县老年体协艺术团大型演唱会在县老子文化广场举行。

9月

1日 涡阳县纪念抗战胜利70周年专题报告会在县行政中心十一楼会议室召开。会议邀请省委党校党史研究室副厅级巡视员施昌旺作报告。

同日 涡阳县落实民生工程提案座谈会在高公镇召开。

同日 涡阳县行政事业单位工作人员统一佩戴智能工作胸牌上岗。

4日 县委书记、县人大常委会主任胡明文，县委副书记、县长杨学国带领有关部门负责人对县工业企业进行调研。县领导王玉红、方振勇等陪同调研。

8日 中共涡阳县十届委员会七次全体（扩大）会议在涡阳剧院召开。县委书记、县人大常委会主任胡明文主持会议并作题为《谋发展，优生态，实作风，努力开展各项工作新局面》工作报告。县领导杨学国、吴晋、李锋、王贵民等及委员参加会议。

同日 由广东坚朗五金制品股份有限公司捐建的涡阳县坚朗希望小学举行竣工典礼仪式。副县长刘红岩、安徽省希望工程副主任章旻、坚朗集团副总裁张必启等参加仪式。

11日 修正健康饮品项目开工奠基仪式暨招商推介会在涡阳召开。县委书记、县人大常委会主任胡明文出席会议并介绍涡阳社会经济发展情况。县委副书记、县长杨学国及修正健康集团副总裁、总经理夏车明等企业代表参加会议。

14日 涡阳县开展城乡低保“拉网式”核查。

15日 涡阳县委、县政府在县行政中心十一楼会议室组织收听收看全国第二次地名普查工作交流促进视频会议。

16日 “药都银行杯”青少年国学经典知识竞赛县级复赛在涡阳县职教中心会议室举行。

同日 涡阳县十六届人大常委会三十八次会议召开。会议听取和审议县政府关于2015年上半年财政预算执行情况报告、上半年国民经济和社会发展计划执行情况报告等报告,并表决通过。会议表决人事任免事项。县委书记、县人大常委会主任胡明文出席会议并讲话。县委常委、常务副县长刘传华等应邀列席会议。

22日 由涡阳县体育事业发展中心、县总工会共同举办的“迎中秋、庆国庆涡阳第三届‘古井贡酒杯’乒乓球大奖赛”在县乒乓球训练基地举行。

23日 亳州市“2015年全国科普日”活动启动仪式在涡阳举行。

25日 全市教育“三项工程”推进现场会在涡阳召开。

26日 涡阳天静宫入选首批中国华侨国际文化交流基地。

28日 安徽源和堂药业挂牌庆典仪式在北京举行。标志首涡阳县第一家上市公司成功挂牌。

10月

1日 县委书记、县人大常委会主任胡明文到县委党校新校区、一中新区进行调研。县领导刘传华、刘梦汝、方振勇、李雷等及有关部门人员陪同调研。

8日 涡阳县公安局在体育广场举行警备实战汇报演练。

9日 省人大常委会副主任沈卫国一行到涡阳调研民生工程实施情况。沈卫国一行先后到陈大镇小型水利提升工程、城西养老服务中心、县养老示范中心等民生工程项目进行实地调研。县委书记、县人大常委会主任胡明文汇报了县民生工程实施情况。

12日 涡阳县秋种工作现场会在陈大镇召开。省小麦高产攻关组副组长、安农大教授胡承霖现场作技术培训指导。副县长黄恺出席会议并讲话。

13日 涡阳县“三证合一”登记制度改革正式全面启动。

同日 由涡阳县少工委、教育局、团县委共同在城关中心校举行中国少先队建队66周年“我是向上向善好队员”主题队日暨城关中心校新队员入队仪式。

15日 涡阳县开展精神卫生宣传活动。

16日 省财政厅副巡视员陈传文一行到涡阳县陈大镇调研财政重点工作开展情况。并先后到陈大财政所、禾景现代农业示范园、昭日农业科技公司等进行调研。县委副书记、县长杨学国及有关部门负责人陪同调研。

17日 涡阳县招商引资重大项目修正健康饮品产业园正式施工建设。

19日 涡阳县全民终身学习活动周在城关街道文化站正式启动。

21日 涡阳县47个土地增减挂项目通过市级验收。

22日 涡阳县涡河大桥发展有限公司资产移交暨终止收费签字仪式在县交通局举行。标志着涡河大桥发展有限公司所经营的S202省道10公里收费路段回归公益，提前一年终止收费，这也是亳州市除高速公路外的普通公路最后一个收费站。

23日 涡阳县民政局在县老子文化广场举行民政民生工程宣传月活动启动仪式。

24日 涡阳县召开全县依法打击非法加油

加气站(点)专项治理工作动员会议。县委常委、政法委书记、公安局局长黄卫国,副县长刘红岩、万洪超出席会议。

25日 书香涡阳首届文艺会演在县体育广场举行。来自全县各部门、各组织的舞蹈类、演唱类、器乐类及综合类108余个节目进行展演。

28日 涡阳县举行招商引资项目集中签约仪式。创维手机组装、成骏家居、世维安建材、阳光医院、浩泽汽配、谷神种业6个项目签署正式投资协议。县领导胡明文、杨学国、吴晋等出席会议。

同日 涡阳县召开县委常委会议。县委书记、县人大常委会主任胡明文主持会议并讲话。副县长黄恺就开展精准扶贫工作进行汇报。杨学国、李锋、刘传华、王玉红、刘梦汝、方振勇等县六大班子成员出席会议。

同日 全县政务服务及土地综合整治工作调度会在县行政中心十一楼会议室召开。县委常委、常务副县长刘传华出席会议。

30日 涡阳县召开安委会第四次全体成员(扩大)会议暨烟花爆竹"打非"工作会议,县委常委、政法委书记、公安局局长黄卫国主持会议。杨学国、刘传华、王玉红、刘红岩、黄恺、李雷等出席会议并讲话。

同日 涡阳县十六届人大常委会举行第三十九次会议。会议传达学习中共中央转发的《中共全国人大常委会党组关于加强县乡人大工作和建设的若干意见》和《中共安徽省委关于加强人大工作和建设的意见》。会议听取并审议县人大常委会调研组《关于小型农田水利工程改造提升与管理创新调研报告》。会议表决通过人事任免事项。县委书记、县人大常委会主任胡明文出席并为新任命人员颁发证书。副县长黄恺及有关部门负责人列席会议。

11月

3日 涡阳县完成五保供养及敬老院建设任务。2015年涡阳县新扩建敬老院2所,分别是涡南镇敬老院、店集镇敬老院。五保供养人员8334人。集中供养对象3305人。完成投资额201万元。

同日 "涡阳县首届医疗机构药师职业技能竞赛"在县医院三楼多功能厅举行。县医院刘鹏飞及中医院姬忠娟获得个人一等奖。县医院获得医疗机构奖。

5日 涡阳县农村道路交通安全工作现场会在马店集镇召开,与会人员参观该镇农村道路交通安全管理服务站软硬件设施现场。会议宣读《涡阳县农村道路交通安全管理实施方案》并对1—10月份全县农村道路交通安全事故进行分析并提出相应对策。

6日 县委书记、县人大常委会主任胡明文到县市场监督管理局调研工作,县委常委、县委办公室主任、县经开区管委会主任方振勇,副县长刘红岩等陪同调研。

同日 全市社区养老座谈会在涡阳召开。市民政局局长刘伟、副局长王新建,涡阳县政府副县长黄恺等市县领导及有关部门人员参加会议。

10日 "皖江地区城际铁路建设规划(2015—2020年)"已获国家发改委批复,涡阳县被纳入皖北城际铁路规划圈。

同日 亳州市农村基层党建暨第三季度基层党建督查调度会在涡阳召开。与会人员先后到县老年大学、县地税局、城东街道马寨居委会等处进行党建工作观摩。市委书记、市人大常委会主任杨敬农,市委副书记杜延安,市委常委、组织部部长、统战部部长陈平,市委常委、纪委书记杨长俊，市委常委、市委秘书长王玉玺，县委书记、县人大常委会主任胡明文，县委副书记、县长杨学国等市县领导及有关部门负责人参加会议。

12日　亳州市委常委、组织部部长、统战部部长陈平一行到涡阳调研统战工作开展情况。

13日　安徽首批千年古镇、千年古村公示：涡阳县曹市镇入围。

同日　全县政法综治暨危险品寄递物流清理整顿工作会议在县行政中心十一楼会议室召开。县委常委、政法委书记、公安局局长黄卫国，副县长万洪超出席会议。

16日　涡阳县民生工程业务培训会议在县财政局五楼会议室召开。会议传达11月13日全市民生工程调度会议精神，通报10月份全县民生工程考核结果及存在问题。

17日　亳州市三季度经济工作督查调度会政府工作问题清单涉涡重点工作任务交办会在县行政中心十一楼会议室召开。县委副书记、县长杨学国对市交办的10类63项工作清单进行分解、调度并提出要求。

同日　涡阳县举行全县领导干部宪法法律知识考试。

同日　截至10月底，涡阳县13项民生工程提前完成年度目标任务，分别是农村五保供养及敬老院建设、16处农村饮水安全工程、344个一事一议财政奖补、16座农村公路危桥改造、社会养老服务体系、14套公租房、6个工程类项目等。已到位资金25.73亿元，占投入计划的96.8%。

18日　涡阳县召开安全生产专项整治重点工作调度会。副县长万洪超对全县烟花爆竹“打非”、加油加气站点专项整治工作情况进行通报。县委常委、政法委书记、公安局局长黄卫国出席会议。

同日　涡阳县召开全县医疗公共卫生服务工作推进会议。会上，县卫计委负责人宣读全省医疗公共卫生服务工作有关文件，通报各乡镇4—10月份公共卫生工作开展情况。

20日　中央电视台大型互动相亲节目《乡约》摄制组在涡阳天静宫进行《乡约》栏目摄制。

24日　亳州市政协副主席陈强一行到涡阳调研民生工程工作开展情况，并先后到陈大镇于楼新村卫生室、城西敬老院及日间照料中心、涡阳县养老示范中心等民生工程项目点进行实地调研。县领导胡明文、杨学国、吴晋、万瑞年等陪同调研。

25日　“十二五”期间，涡阳县共投入9915.4万元用于实施农村危桥加固改造工程。共加固危桥148座。

26日　涡阳县召开重点项目调度会。县委常委、县委办公室主任方振勇主持会议并讲话。

同日　涡阳县十六届人大常委会举行第四十次会议。会议听取和审议并通过《县政府关于请示批准亳州涡阳徽银城镇化一号基金安排列入县级财政预算的议案》，会议听取和审议《县政府关于涡阳县城市总体规划（2014—2030年）编修工作的报告》；会议听取并审议通过《中华人民共和国体育法》《安徽省全民健身条例》执法检查报告和县经开区建设及项目运行情况调研报告；会议听取并审议通过《关于调整县第十六届人大常委会委员代表资格审查委员会部分委员的议案》及《补选县十六届人大代表实施方案》，决定补选12名县人大代表；会议表决通过人事任免事项。县委书记、县人大常委会主任胡明文出席会议并讲话，县人大常委会副主任王贵民、纪侠玲等出席会议。

27日　亳州市委宣讲团党的十八届五中全会精神报告会在涡阳县举行。县委书记、县人大常委会主任胡明文主持会议。市委宣讲团成员、县委副书记万瑞年作宣讲报告。

28日　涡阳县召开县委常委扩大会议暨全县“调促转”、工业振兴、经开区工作会议。县委副书记、县长杨学国传达有关文件精神，县委常委、县委办主任、经开区管委会方振勇通报相关工作情况，县委书记、县人大常委会主任胡明文出席会议并讲话。

12月

4日　涡阳县第十六届人大常委会举行第四十二次会议。县人大常委会党组书记、副主任王贵民主持会议。会议听取审议《关于涡阳县第十六届人民代表大会第五次会议召开的时间、地点及建议议程（草案）》，会议决定于2016年1月6日至8日在涡阳剧院召开。会议听取审议县政府工作报告，听取和审议2015年预算执行情况报告与2016年预算草案报告等有关报告及人事　事项。县人大常委会副主任纪侠玲等参加会议。

同日　涡阳县“裕园商城”被安徽省委宣传部、省精神文明建设指导委员会办公室等12家单位命名为“百城万店诚信建设示范单位。”

7日　涡阳县民生工程工作调度会在县行政中心十一楼会议室召开，县委常委、常务副县长方振勇主持会议并讲话。县财政局局长赵良通报全县民生工程进展情况。会上签订《涡阳县民生工程2015年度考核目标责任书》。

同日　涡阳县召开政府性投资项目完善建设手续调度会议。县委常委、常务副县长方振勇，县委常委、副县长刘仲远出席会议并讲话。

8日　全县农村土地综合整治、危房改造和不良贷款清理工作调度会在行政中心三楼会议室召开。县委副书记、县长杨学国主持会议并讲话。县委常委、常务副县长方振勇就有关工作进行部署，并代表政府签署年度目标责任书。副县长黄恺、汪俊峰分别安排各自分管工作。

9日　亳州市委常委、市委宣传部部长杜爱玉带领市委宣传部、广电局等有关部门负责人一行先后到西阳镇郭寨村、高炉镇陆杨村进行扶贫慰问，并对书香村居建设工作进行调研。县委常委、宣传部部长雅浩海等陪同调研。

11日　2015合肥农产品产销对接会在安徽国际会展中心开幕。涡阳县20家优质农产品生产加工企业参加会展。胡明文、杨学国、雅浩海、刘红岩等县领导参加对接会。

12日　江淮汽车“一家亲　心连心”全国巡演涡阳站在涡阳金博商城上演。

13日　涡阳县举行干部素质提升大讲堂学习培训会。县委常委、宣传部部长雅浩海主持会议并讲话。会议特邀浙江理工大学郭显理教授作关于国学智慧和领导艺术的讲座。吴晋、王贵民、刘传华、韩龙、刘梦汝、黄卫国等县领导参加会议。

14日　涡阳县启动2016年度城乡居民基本养老保险工作。

同日　市委常委、市委宣传部部长杜爱玉带领市委宣传部、市广播电视台、市扶贫办负责人一行到涡阳看望慰问贫困群众，并就扶贫、书香村居建设工作进行调研，县委常委、宣传部部长雅浩海陪同调研。

15日　2015年度省市目标任务考评工作会议在行政中心四楼会议室召开。会上，县统计局负责人对2015年省市对县区的考评体系进行解读。胡明文、万瑞年、王玉红等县领导出席会议。

17日　共青团涡阳县第十四届委员会述职测评及第十五届团委人选推荐会议在涡阳四中召开。

18日　涡阳县启动2016年度城乡居民基本

养老保险工作。

19日　济祁高速永利段涡阳东收费站举行通车仪式。标志着济祁高速永利段正式通车，涡阳从此告别无高速公路历史。

21日　涡阳县文旅局开展星级农家乐评比活动。

23日　涡阳县荣获全省科普县称号。涡阳县先后创立先进农技协1个、全国科普惠农示范基地1个、全国科普惠农服务站1个和全国科普示范社区1个等。

23日　涡阳县全面启动2016年“一事一议”财政奖补工作。

25日　中共涡阳县委十届八次全体（扩大）会议召开。县委书记、县人大常委会主任胡明文主持会议，作了大会报告并就《涡阳县委关于国民经济和社会发展第十三个五年规划建设（审议稿）》作说明。县委常委、组织部长、统战部长刘梦汝作专题工作报告。杨学国、吴晋、万瑞年、王贵民等县领导出席会议。

27日　涡阳县开展民生工程社情民意调查活动。

29日　涡阳县卫生与计划生育委员会召开全县卫生系统安全生产工作会议。

30日　涡阳县“十二五”解决近八十万人饮水不安全问题。共建农村集中式供水56处，解决计划内农村饮水不安全人口78.98万人，共计完成投资41766万元。地方配套资金4176万元。

31日　县委、县政府组织县金融办、市场局、审计局、人民银行等有关部门对全县范围内的各类非融资性担保、投融资中介、私募股权投资、网络借贷平台进行梳理排查整治。

（县地方志办供稿）

综　述

ZONG SHU

涡阳县简况

涡阳

GUOYANG

涡阳县简况

GUOYANGXIAN JIANKUANG

【历史沿革】 据《禹贡》记载：约公元前21世纪，大禹治水成功，分天下为九州。涡阳县境属豫州，与徐州毗邻。商朝，约公元前16世纪，县境为商南亳之畿辅。公元前11世纪，周武王灭商，县境属陈、胡两国。春秋时期，县境分属楚、陈、宋国。涡河北部县境属宋国相县，南部属陈国夷邑，陈是个小诸侯国，国下无县。公元前约571年，老子降诞于宋国相县厉乡曲仁里(今县境涡北)。公元前479年，楚灵王伐徐国，途中在县境楚店建行宫，又在乾溪旁建章华台。战国时，楚国强盛，陈、宋被楚灭，县境被占掠属楚地。秦始皇二十六年（前221年），统一中国，全国建置三十六郡。县境分属谯（今亳州）、铚（今临涣）、相（今淮北）三县。后楚国相县荒芜，原陈国地设铚、城父两县。《清一统志》载，城父县东南方置下城父聚，位于蒙城县西北80华里，清改为雉河集，今涡阳县城附近，皆属泗水郡，县境亦属之。秦二世元年（前209年）七月，陈胜、吴广起义于蕲（今宿州），其中攻占部分县境。后陈胜为秦将章邯所败，于下城父聚为御者庄贾所杀。汉沿秦制，县境跨泗水、汝南两郡，属豫州。西汉初，泗水郡更名为沛郡，领37县，县境分属苦、铚、城父、山桑、扶阳（旧福宁镇）和汝阴（今县南部属汝南郡）等县。东汉初，城父、山桑改属汝南郡。县境在汝南郡与沛郡交接处。三国时代，县境属魏国。魏置谯郡，下辖沛、汝南郡。西晋泰始二年（266年），复置汝阴郡，时县境属谯、汝阴两郡。同属豫州。西晋永嘉元年至永嘉六年（307—312年），豫州陷于五胡，唯谯（含县境）仍属西晋。东晋、十六国时代，东晋永昌元年（322年），晋退守寿春，县境被后赵石勒所占。东晋永和十年（354年），县境为前燕占。东晋太和五年(370年),前秦灭前燕，县境属之。东晋太元八年（383年），晋军在淝水（即著名淝水之战）大破前秦苻坚军，攻克豫州大部，县境复归东晋，在山桑县境侨置蒙县，为谯郡治。南北朝时代，县境屡遭兵燹。南朝宋元嘉二十七年（450年），北魏太武帝率兵南掠，占豫州、淮西等地。自此，淮河以北隶属北魏。北魏皇兴元年（467年），山桑改名涡阳县（南兖州马头郡治所，今蒙城县北）。涡阳得名即自北魏始。《魏书·地形志》：北魏景明元年至景明四年（500—503年）设涡阳郡，为原山桑地，属谯州，孝昌中废，后县境数易其主。北魏孝昌三年（527年），县境属梁，梁改涡阳为西徐州。东魏武定六年（548年）时，改西徐州为涡阳县。次年建置涡州,属南谯郡（今县城东北部90里），后又置涡阳县。北魏时，由于连年战乱，县境一度曾划归三郡。即临涣郡领：铚、丹城（今县丹城集）、解城（白撣，今龙山集北），以铚为郡治。蒙郡领：蒙（今蒙关店）、勇山（今龙山），以蒙为郡治。又置颍州于汝阴郡，以汝阴、戈阳为郡治。隋开皇元年（581年），县境丹城并入临涣；开皇十六年（596年），改涡阳县为淝水县；开皇十八年（598年），将浚仪复为城父县，属谯郡。隋大业七年（611年）废州，淝水又复汉时山桑名，归属谯郡，涡阳县境分属城父、山桑、临涣、汝阴等县。唐贞观十七年（643年），废谯州，县境属河南道亳州，跨谯、汝阴两郡，分属城父、山桑、临涣、永城、真源（今县义门镇）等县。唐天宝元年（742年），山桑县更名为蒙城县。唐元和九年(814年),从亳州割临涣归宿州。

北宋大中祥符七年（1014年），唐时真源县改三真。县境三真、谯、城父、蒙城等七县属亳州，隶淮南路。北宋熙宁五年（1072年），分归淮南东路。宋南渡后，县境属金。南宋绍兴十一年（1141年）与金达成和议，以淮水中流为疆。

金将蒙城改隶寿州。此时，县境分属亳、颍、宿、寿四州，统隶于南京路，至金哀宗天兴年间又归于宋。元朝统一中国，至元二年（1265年），撤宿州、颍州两州所领四县，归并于州，并城父入谯县，酂入永城，后又复置，仍属亳州。此后州县之制紊乱。元至元八年（1271年）从汴梁路分置归德府，下辖亳、宿两州。元至元三十年（1293年），分置汝宁府，辖颍州。蒙城属安丰路寿春府。以上三府均由"河南江北行中书省"统辖。涡阳县境分隶亳、颍、蒙、宿。明洪武初，废城父县并亳，亳州降为县，沿元制，仍由归德府统辖。明洪武四年（1371年）二月，从归德府划出宿州；三月，从汝宁府划出颍州，与蒙城县同属凤阳府，直隶南京。明弘治九年（1496年）十月，亳县又升为州，在县境义门设巡检司。清顺治二年（1645年）四月，县境属"江南承宣布正使司"。清顺治十八年（1661年），分置"江南左布政使司"，领安徽、隶江宁。清康熙六年（1667年），更置为"安徽布政使司"。清雍正二年（1724年），蒙城县改属亳州。清雍正十三年（1735年），升颍州为府，亳州、蒙城属颍州府，宿州属凤阳府，县境分属凤阳、颍州两府。至清乾隆二十五年（1760年），"安徽布政使司"驻安庆。次年，改设安徽省，省城设安庆，县境属之。清咸丰二年（1852年），颍、宿两州一带饥民遍野，民愤激昂，更兼太平军北伐节节胜利。是年十月，捻党首领张乐行率众在蒙、亳之间雉河集"山西会馆"（今涡阳县城）会盟抗清武装起义，民众纷起，声势煊赫，杀官吏，占城池，捻军转战豫、皖、苏等数省，屡次重创清军，沉重打击了清王朝的统治。清同治二年（1863年），捻军领袖张乐行殉难。雉河集界皖豫之间，人稀地广，距州县皆百里之外，为蒙、亳、宿、阜居心之地，清政府难以兼顾。清同治三年（1864年）1月，为防止再次爆发农民起义，安徽巡抚唐训方，布政司英翰上奏以"雉河集为蒙、亳接壤之区，距城较远，以致强寇叠起，屡抚屡叛，非添设州县，教养兼施，不足以资弹压而移风化，今拟于雉河集添设县城一座"。后唐训方去职，乔松年任安徽巡抚。不久，同治帝准安徽巡抚乔松年、两江总督曾国藩、亲王僧格林沁奏请，于是从亳州东部划出13保96圩，从阜阳北部划出4集25圩，从蒙城西部划出15保45圩，从宿州南部划出19保46圩，设立新县。以原雉河集为县治，循北魏之"涡阳"钦定县名，赐名"涡阳县"，属颍州府。民国元年（1912年），废颍州府，县隶属安徽省。民国三年（1914年）六月，省下设道级行政机构，涡阳县属淮四道（道驿驻凤阳）。民国二十一年（1932年）废道，在颍州设置安徽省第七行政督察专员公署，辖涡阳县。民国二十九年（1940年），第七行署改称安徽省第三行政督察专员公署，后改属阜阳专署，辖涡阳县。抗日战争时期，民国二十八年（1939年)9月，中国共产党领导的新四军游击六支队进驻涡北新兴集，创建豫皖苏边区抗日民主根据地。民国二十九年（1940年）1月，成立涡北抗敌联合会（涡北民主政府）和涡北县委。民国三十三年（1944年）秋，建涡永县，属豫皖苏边区解放区党委和皖北特委领导。解放战争时期：民国三十四年（1945年）2月，改涡永县为雪涡县。民国三十六年（1947年），在县境东建宿蒙县。7月，在县境西设涡亳县。11月，在县境南立涡阳县。上述四县隶属中国共产党领导的豫皖苏边区解放区皖北专员公署第三公署。民国三十七年（1948 年）5 月 20 日，涡阳全境解放。1949 年 3 月，撤销雪涡县、涡亳县、涡阳县、宿蒙县，恢复原涡阳县，隶属阜阳专员公署。1952 年，安徽省人民政府建立后，阜阳专员公署驻阜阳县城，辖涡阳县。1971 年，废专员公署，设阜阳地区革命委员会。1979 年 2 月，阜阳地区革命委员会改为阜阳地区行政专员公署。1996 年 7 月，撤销阜阳地区行政专员公署，改设阜阳市，仍辖涡阳县。2000 年 6 月 20 日，成立地级亳州市，撤销原县级亳州市，辖涡阳县、蒙城县、利辛县和谯城区。

（县志办供稿）

【位置交通】 涡阳县位于北纬 33° 20′ ~ 33° 47′、东经 115° 53′ ~ 116° 33′。南界利辛县、阜阳市太和县，北靠河南省永城市、淮北市濉溪县，东壤蒙城县，西邻亳州市谯城区。地处豫皖苏鲁要冲，省道 S307 线明光至亳州公路涡阳段，东自蒙城县向西北方向入县境门户西阳镇，西至水陆要塞义门镇，全长 45.3 公里；省道 S202 线萧县至淮滨公路涡阳段，从东北濉溪县入石弓镇，经龙山镇至楚店镇，全长 58.5 公里；两条省道交汇于县城，分别连接合徐、商阜、宁洛、济祁高速，通达豫、皖、苏、鲁、鄂等公路运输干道。涡阳至合肥市 259 公里，至郑州市 339 公里，至徐州市 147 公里，至阜阳市 84 公里，至蚌埠市 136 公里，至淮北市 86 公里。青阜线铁路北入青疃镇，南出涡南镇，全长 50 公里，涡阳火车站位于县城东郊。涡阳站已成为周边地区客运、物资集结地和中转站。县境铁路分别连接京沪高铁和京九铁路。2015 年开工建设省道 S307 绕城段和 S202 路面改善工程；维修县乡村道 140 余公里和危桥 20 座，12 月济祁高速公路建成通车，结束涡阳不通高速的历史。

（县交通局供稿）

【气候特征】 2015 年平均气温 15.6 度，较历年平均偏高 0.5 度；年最高气温 37.3 度，出现在 7 月 13 日；年最低气温 −6.0 度，出现在 1 月 1 日；年平均最高气温 20.4 度，年平均最低气温 11.9 度；年降水量 816.3 毫米，较历年平均值偏少 35.3 毫米，年一日最大降水量 82.0 毫米，出现在 6 月 24 日；年内出现 2 次大风天气，其中 8 月 5 日风速达 17.9 米 / 秒，年最多风向为 E；年最小相对湿度 19；年内最大积雪深度 3 厘米；年最大冻土深度 4 厘米；年日照时数 1777.4 小时，较历年平均偏少 238.3 小时，年日照百分率 40；本年气温 1 月、2 月、3 月、12 月分别偏高 2.7℃、1.6℃、1.4℃、1.4℃；降水 6 月、11 月分别偏多 110 %、270 %，1 月、7 月、8 月、9 月、10 月分别偏少 82 %、73 %、30 %、44 %、58 %。全年多强对流天气，4 月 27 日，部分乡镇出现大风、冰雹等对流性天气，造成石弓镇、丹城镇等 5 镇受灾，受灾人口 9.68 万人，农作物受灾面积 4397 公顷，直接经济损失 1851 万元。

（县气象局供稿）

【地形地貌】 涡阳县地处淮北平原腹地，境内有涡河、西淝水、北淝河、包河四大水系，流域面积计 2100 平方公里。县境内地势平缓，呈不规则的四边形。地势西北高，东南低，地面高程平均海拔 26.5—33.5 米，地面自然坡降为 1/9000，自西北向南微倾。县境地貌分为两种类型：涡河北自然区有龙山、东山、西山、石弓山、郭独山齐山、辉山，占地总面积 6.22 平方公里；其次为河间平原，是县境最主要的地貌类型，南片在涡河与西淝河之间，北片在涡河与包河之间。

（县国土局供稿）

【自然资源】 涡阳自然资源丰富。盛产粮、棉、油、水果、蔬菜、药材和黄牛、山羊、家兔、鱼虾、河蟹等，不仅质量高，而且产量大，被列为全国产粮百强县、全国商品粮、优质棉、优质烟、山羊板皮、瘦肉型猪生产基地，跨入全国生态示范县、全国林业百佳县、秸秆养牛十佳县之列，与蒙城、利辛县一并被誉为“全国中部地区黄牛金三角”。尤其是义门苔干堪称食苑珍品、天下之最，因此涡阳又被命名为“中国苔干之乡”。

1. 土地资源。涡阳县辖区面积 2107 平方公里，土地利用类型以耕地为主，耕地面积 1311 平方公里，占全县国土面积的 62.2%，全县受保护基本农田面积 1198 平方公里，占总耕地面积的 91.4%。县境为淮北平原典型的砂礓黑土地区，土地开发利用率达 98% 以上。

2. 矿产资源。涡阳县已探明一定储量的矿种有 10 种：煤、油气、金属矿产，非金属矿产中有水泥用灰岩、饰面用灰岩、建筑石料用灰岩、河砂、陶瓷土、砖瓦用黏土；水气矿产中有矿泉水等。已探明矿产地 180 处，其中大型矿床 3 处，中型矿床 2 处，小型矿床 5 处，小矿 6 处，零星资源 164 处。燃料矿产煤是涡阳县优势矿产，占全省的 1/8，资源前景较为广阔。含煤面积 431 平方公里，估算地质储量 32.5 亿吨。煤种以肥煤为主，其次为焦煤、瘦煤，个别煤层为气煤。有涡北煤矿，信湖煤矿等。县境内山石资源丰富，主要矿种是水泥用灰岩和建筑石料用灰岩。山石矿产地分 5 山 7 处，资源储量 293 万立方米，占全市储量的 85.4%。砖瓦用黏土十分丰富，黏土矿产地 157 处，资源量 1931 万吨。

3. 水资源。涡阳县河流均属淮河水系，境内河流主要有淮河的一级支流涡河横穿中部，两岸支流呈叶脉状，县内流域面积 1280 平方公里，占全县总面积的 60.8%。全县水资源总量为 7.01 亿立方米，其中地表水资源量为 4.01 亿立方米，常年可利用量为 1.8 亿立方米；地下水资源相对丰富，浅层地下水资源年补给总量为 4.18 亿立方米，年可开采量 3.15 亿立方米。

4. 生物资源。县域适宜暖温带各种植物生长，林木属暖温带落叶阔叶类，呈网带片结合状分布。林业用地 359.67 平方公里。其中有林地面积 323.45 平方公里，占县林业用地面积 89.93%；未成林地面积 10.50 平方公里，占县林业用地面积 2.92%；灌木林地面积 14.07 平方公里，占县林业用地面积 3.91%；苗圃地、宜林地、林业辅助用地共计 11.65 平方公里，占县林业用地面积 3.24%;其他（含竹林）0.06 平方公里，占 0.02%。全县活力木蓄积量 2982384 立方米，全县林木绿化率 19.28%。境内共有栽培木本植物 202 种，其中国家重点保护珍稀植物 1 种，古树名木资源 12 株；生物物种 67 种，国家重点保护野生动物 42 种。全县主要木本类植物有杨、泡桐、椿、楝、柳、桑、榆、水杉、皂角、楸树、银杏及苹果、柿、梨、桃、枣等 50 余种；水生植物主要有蒲草、香蒲、菱、莲藕等；粮食作物发麦、豆、薯为主，辅以水稻、玉米、小豆、绿豆、荞麦、谷子等，经济作物主要有棉花、芝麻、花生、油菜、烟叶和麻类等，苔干为地方特色蔬菜种类，中药材有牡丹、白芍、紫苑等。

（县国土局、县水务局、县林业局供稿）

【人文资源】 涡阳贤哲辈出，文化底蕴深厚，是春秋时期伟大的哲学家、思想家老子的诞生地、道家思想文化的发源地。历史文化名人老子、尹喜、张良、嵇康、陈抟、张乐行等，在这里创造不朽的历史文化。当代风云人物刘少奇、彭雪枫、张爱萍、张震等，曾在此留下革命事迹。

【旅游资源】 境内旅游资源丰富，有道教祖庭天静宫、红城子遗址、尹喜墓、嵇康墓、范蠡墓、陈抟卧迹等文物古迹及捻军会盟旧址、张乐行故居、新四军第四师司令部旧址、辉山烈士陵园和道源国家湿地公园等景点，2015年天静宫景区获评国家AAAA级景区。立足本地民俗、特色农业等，乡村旅游业得到很好发展。目前有4个星级景区、10家星级农家乐和3家星级酒店。

（县文旅局供稿）

【人口构成】 2015年，全县共有公安户籍人口1644538人，324446户。其中，非农业人口258250人，农业人口1386288人。分性别看，男性870663人，女性773875人。分年龄看，18岁以下440709人，18至35岁452369人，35至60岁534321人，60岁以上217139人。从人口变动情况看，全年出生32112人，其中男性16936人，女性15176人。全年死亡14483人，其中男性7628人，女性6855人。

（县公安局供稿）

【民族宗教】 境内有29个少数民族，人口约1.5万人，其中回族约有1.3万人，回族主要聚集在义门、城关等地。有四个民族行政村，23个少数民族自然村。全县有佛教、道教、伊斯兰教、天主教、基督教等五大宗教，共有开放的宗教活动场所68处，其中道教宫观1处、天主教堂1处、伊斯兰清真寺2处、基督教场所64处，信教群众约4万余人，宗教团体1个。

（县民宗局供稿）

【行政区划】 涡阳县位于淮北平原中部，地处亳州市中心地带，与豫、鲁、苏三省毗邻，辖区面积2109.30平方公里，县城建成面积30平方公里。2015年年底，全县下辖20个镇，4个街道，1个林场，1个经济开发区，383个村（居）委，其中47个社区，全县总人口164.4538万人。2015年，省政府批准成立安徽涡阳县经济开发区，县政府批准城关街道20个社区撤并为15个，撤销西阳镇葛楼村委会设立范蠡社区居委会。

（县民政局供稿）

中共涡阳县委

ZHONGGONG GUOYANGXIANWEI

涡阳

G U O Y A N G

概 述
GAI SHU

【概况】 2015年，涡阳县委团结带领全县上下，深入贯彻党的十八大，十八届三中、四中、五中全会和习近平总书记系列重要讲话精神，紧紧围绕“五位一体”总体布局“四个全面”战略布局，主动适应引领经济新常态，统筹推进经济、政治、文化、社会、生态文明建设和党的建设，谋发展，优生态，实作风，扭转了经济下行的艰难局面，经济发展企稳回升，在全面建成小康社会征程上迈出坚实步伐。

【党的建设】 县委全面贯彻市委决策部署，围绕“谋发展、优生态、实作风”这一主题，抓班子带队伍，抓阵地强基础，抓服务建机制，以“项目+清单”的形式落实主体责任，加大经费投入，加强队伍建设，破解发展难题，规范党建活动，激发干部活力，提升服务水平，全力提升基层党建工作水平。县委常委会发挥统揽全局、协调各方的领导核心作用，带头建制度立规矩，带头抓大事谋全局，带头贯彻民主集中制，带头狠抓工作落实，带头弘扬优良作风，为各级领导班子和党员干部作示范、做表率。加强干部队伍建设，坚持好干部标准和“四有”“四个人”要求，注重在招商引资、文明创建、信访维稳、大建设和基层一线选拔使用干部。全年召开12次常委会研究部署基层党建工作，制定了2015年基层党建工作问题清单、任务清单和责任清单。出台了《涡阳县加强农村基层党组织建设的实施意见》《涡阳县农村基层党建保障工程行动计划》，村两委正职年报酬平均达16800元，副职年报酬平均达12000元，较2014年翻一番。村级办公经费、服务群众专项经费分别按3万元、1万元的标准由财政足额拨付。2015年投入488万元对68个村室进行新建或扩建。撤并5个社区，顺利完成15个社区换届工作。深入推进37个“软弱涣散”村整治。建立健全大党建工作考核机制，基层党组织的战斗力和凝聚力明显提升。全市基层党建工作第三季度督查调度会议在涡阳召开，与会人员现场观摩了涡阳县的农村、社区、非公企业以及机关单位（县老年大学、县地税局、城东街道马寨居委会、西阳镇葛楼村、安徽徽酒集团、单集林场五爱村等）党建工作开展情况。

【思想建设】 深入学习贯彻党的十八届四中、五中全会精神和习总书记系列重要讲话精神，扎实开展“三严三实”专题教育，时刻把守纪律、讲规矩放在首位，在思想上、政治上、行动上与党中央和省委、市委保持高度一致。不断加强党风党纪教育，引导全县党员干部增强党的意识、纪律意识、规矩意识、法治意识，严格遵守党章、党纪和法律，继承和发扬党的优良传统。积极开展国学经典“六进”“书香涡阳”等群众性精神文明创建活动，进一步凝聚了改革创新、干事创业的正能量。

【作风建设】 在全县公职人员中开展以“亮身份、报行踪、晒承诺”为主要内容的“三个公开”工作，接受群众监督，增强工作透明度，提高服务效率。在县、镇、村三级干部中推行“做事档案”制度，接受群众监督，考准干部实绩。提出了乡镇党委书记“十讲”工作法，村干部“十个一”工作法。

【党风廉政建设】 认真落实“两个责任”，切实履行“一岗双责”，认真开展“一案双查”，全面规范从政行为。学习贯彻《中国共产党廉洁自律准则》和《中国共产党纪律处分条例》，开展警示教育、“廉政家访”等活动，扎实推进干部巡察、审计监督、重要岗位干部交流轮岗、制度规范“四个全覆盖”。坚持有贪必肃，有腐必反，始终保持查处腐败的高压态势。

【社会事业】 民生项目支出占财政总支出 88 %，总投入 26.59 亿元的 31 项民生工程顺利完成年度任务。以船为家 329 户渔民上岸安居工程安置率达 100%，对已认定的 11252 名老村干、老民师等八类“老字号”人员问题已基本落实到位。五保集中供养能力达 72%，全面落实孤儿救助政策，临时救助工作实现常态化。城镇新增就业岗位 11767 人，完成全年任务的 150.9%。棚户区改造 4927 套顺利实施，125.7 万平方米安置小区加快建设，完成廉租房和公租房并轨运行。全面实施药品零差率销售及加大财政补助力度，全面执行新的医疗服务价格，全面开展分级诊疗工作。深化药品耗材采购供应制度改革，建立公立医疗机构药品带量采购遴选目录，带量采购让利比率达 20% 以上。扎实做好人口和计划生育工作，积极推进计生服务管理改革。

【推进脱贫攻坚】 围绕“两个确保”总体目标，按照“六个精准”“五个一批”要求，以水、电、路、房等基础设施建设为重点，实施精准扶贫。整合各类脱贫资金，实施光伏发电扶贫、教育扶贫、金融扶贫、特色产业扶贫，全县贫困人口由 2014 年的 11.88 万人，下降到 7.46 万人（包括新增贫困人口 5665 人），两年贫困人口减少近 4.5 万人。

【生态文明建设】 加大黄标车治理力度，淘汰黄标车 338 辆。强力推进秸秆还田，夏秋两季秸秆禁烧工作取得历史性突破。推进农村清洁工程、“三线三边”环境治理。扎实推进千万亩森林增长工程，新造林 3.5 万余亩，完成“三线三边”绿化林带 150 公里，建设绿色长廊 120 公里，森林长廊示范路 66 公里。

【社会治理创新】 强化“两中心、两站”建设，加强矛盾纠纷排查化解，落实“六位一体”大调解机制，全县信访形势明显好转。加强平安涡阳建设，织好“六张安全网”，持续推进立体化社会治安防控体系建设。加强安全生产监管，共排查出非法加油站点 272 家（已全部拆除完毕），共拆除加油机 425 台、拆除罩棚 192 顶、吊出或销毁油气罐 428 个，实现油机一律拆除、库存油一律处理、空油罐一律销毁、违法建筑一律拆除“四个一律”目标。

（县委办供稿）

重要工作

ZHONGYAO GONGZUO

【科学规划引领】 坚持规划先行，以建设宜居宜业的现代化中等城市为目标，开展各类规划编制。今年以来，先后制定了全县主体功能区规划，编制“十三五”经济社会发展规划，修编完善县城总体规划，编制综合交通等专项规划，启动调整完善土地利用总体规划。积极推进城乡建设规划、基础设施建设规划、产业发展规划等“多规合一”，充分发挥规划引领和龙头作用。

【破解要素制约】坚持把规划区内整村搬迁作为推动城市发展的重要突破，统一城市规划区征迁安置政策，南部新区整村征迁工作顺利推进，全年完成5个整庄搬迁，征地5000亩以上，拆迁房屋80万平方米以上,拆迁量是前8年的1.5倍，破解了制约多年的征迁难题。理顺开发区管理体制，初步形成“一区五园”格局。清理盘活土地1020亩，清退僵尸企业6家，盘活企业8家，新增建设用地8000亩以上，有效缓解发展用地保障问题。国家债务债券置换资金16.19亿元和农发行贷款12亿元；坚持做实财政，强化财政支出，税收占比同比增长8.6%；引进涡阳籍在外优秀教师,全年共录聘人员及引进人才785名。

【整治“五乱”】县委对群众反映最强烈的垃圾乱扔、车辆乱行、行人乱穿、摊点乱摆、房子乱建等城市管理“五乱”现象，在认真调研、全面摸底的基础上，集中开展“三治理、两提升”专项行动，逐片逐路整治城区和集镇，强力拆除沿街私搭乱建，有效规范演艺市场、农贸市场、夜市摊群等零散市场。按照“上公交、打三轮、整出租”的思路，依法收回了公交车的经营权，新上公交车100部，依法取缔非法客运三轮车2834辆，陆续投放出租车200部，城区交通秩序明显改善，树立了涡阳新形象。

【依法整治“两违”】出台《涡阳县贯彻落实〈亳州市农村村民住宅建设管理办法〉实施细则》《涡阳县查处城镇规划区内违法建设管理办法》两个文件，落实城乡一体拆违控违政策，在各乡镇成立了国土规划建设管理委员会，组建城乡“两违”执法队伍，一次性集中拆除楚店镇违建4.3万平方米，全年共拆违47万平方米，其中依法集中开展拆除行动59次，拆除黏土窑厂17个，清理砂石料厂30个，立案查处5起16人，根本扭转了违建失控局面，农村建房由无序逐步转向有序，城区基本实现“零违建”，土地限批实现如期摘牌。

【解决“出行难”问题】2015年，国省干道和县乡村路网规划建设全面展开，S307一级公路改建全面完工，S307绕城段和S202路面改善工程启动建设，济祁高速12月19日建成通车，涡阳结束了不通高速的历史。完成曹淝路、涡新路等县乡公路改造51公里，村道建设150公里，城乡交通环境有了明显改观。曹淝路、西高路等5条道路挤入国省干道规划，涡河航道改造、城际铁路、亳州机场等重大交通项目列入省级规划。

【解决“入学难”问题】面对城镇化的发展，县城教育资源严重匮乏，老城区“蜗居校、大班额”问题十分突出。坚持教育优先、城乡统筹、调整布局、均衡发展，在县财力十分困难的情况下，投入巨资实施教育提升工程，改造农村薄弱学校129所，启动城区“四校一园”建设，优化了城区中小学布局。

【推进精准招商】围绕推进农产品深加工、机械制造、轻工纺织等重点产业扩量升级，培育绿色安全农产品、现代中药、新型材料三大新兴产业，大力推进精准招商。先后组织5批25个招商项目集中签约，累计签约48个，其中工业项目36个，通威新能源、修正健康饮品、创酷电子等14个亿元以上企业签约落地。源和堂药业在“新三板”正式挂牌。积极推进大众创业、万众创新，扶持中小微企业发展，154个银政企对接项目落实贷款17.8亿元。坚持“六个一批”“四位一体”项目推进机制，着力开展项目攻坚，67个产业类项目、122 个政府投资类项目有序推进。积极向上协调重大项目，信湖煤矿、三星化工“3052”项目、涡北低热值煤发电等重大项目实现突破性进展。

【优化发展环境】 致力于建设公平的市场环境、安全的社会环境、高效的服务环境，重点推进审批流程再造，精简审批事项。县、镇两级权力清单、责任清单、行政收费清单和政府公共服务清单“四个清单”正式公布运行。实行公职人员身份、行踪、承诺“三公开”，着力整治推诿扯皮、“中梗阻”现象，坚决查处不作为、慢作为、乱作为，坚决查处吃拿卡要等违法违纪行为，优化发展环境。加强诚信涡阳建设，加快建设征信系统。

（县委办供稿）

重要会议

ZHONGYAO HUIYI

【县委十届六次全体（扩大）会议】 2015 年 1 月 4 日，县委十届六次全体（扩大）会议在“同画线”参加会议。胡明文代表县委常委会作了题为“负重前行，稳中求进，奋力崛起，努力开创涡阳各项工作新局面”的报告。

县委书记、县人大常委会主任胡明文（前中）调研永煤三星化工

【县委十届七次全体（扩大）会议】 2015 年 9 月 8 日，县委十届七次全体（扩大）会议在县行政中心 11 楼会议室召开，会议由县委书记、县人大常委会主任胡明文主持，十届县委委员、候补委员以及不是县委委员、候补委员的县人大、县政府、县政协负责同志，县纪委常委，县人民法院、县人民检察院、各镇（场、街道）、经开区党政正职、县直有关单位党组（党委、支部）主要负责同志参加会议。胡明文代表县委常委会作了题为“谋发展，优生态，实作风，努力开创各项工作新局面”的报告。

【县委十届八次全体（扩大）会议】 2015 年 12 月 25 日，县委十届八次全体（扩大）会议在县行政中心 11 楼会议室召开，会议由县委书记、县人大常委会主任胡明文主持，十届县委委员、候补委员以及不是县委委员、候补委员的县人大、县政府、县政协负责同志，县纪委常委，县人民法院、县人民检察院、各镇（场、街道）、经开区党政正职、县直有关单位党组（党委、支部）主要负责同志、部分县十次党代会代表参加会议。胡明文代表县委常委会作了题为“攻坚克难，负重前行，努力开创各项工作新局面”的报告。

【县委常委会议】 2015 年全年

共召开32次县委常委会议，研究了涡阳县人民政府职能转变和机构改革方案、完善党员干部直接联系群众制度的实施意见、涡阳县开展“九城同创”工作实施方案、全县“三严三实”专题教育实施方案、群众路线教育实践活动整改落实情况等144个议题。

【县反腐败协调小组会议】 4月28日，县委召开反腐败协调小组会议。县委书记、县人大常委会主任胡明文主持会议，县领导杨学国、李锋、刘传华、崔巍、刘梦汝、黄卫国参加会议并分别讲话。县纪委、县委组织部等反腐败协调小组有关单位主要负责人参加了会议。县纪委、法院、检察院、公安局、审计局就反腐败协调工作分别进行了发言。

【“三严三实”专题教育党课报告会】 5月27日上午，县“三严三实”专题教育党课报告会在行政中心11楼会议室举行。县委书记、县人大常委会主任胡明文讲授“三严三实”专题党课，县委副书记、县长杨学国主持报告会。县几套班子成员，各镇（场、街道）、经开区党（工）委主要负责人，县直单位主要负责人，县党建工作领导小组成员单位负责人参加会议。

【县扶贫开发领导小组会议】 10月26日，涡阳县召开扶贫开发领导小组成员会议，县委书记、县人大常委会主任、县扶贫领导小组组长胡明文主持会议并作重要讲话，县领导杨学国、李锋、刘传华、王玉红、刘梦汝、黄恺出席会议。县直扶贫开发领导小组成员单位，各镇（场、街道）、经开区党（工）委主要负责人参加会议。

（县委办供稿）

重要决策

ZHONGYAO JUECE

【推进依法治县】 县委印发《关于全面推进依法治县的实施意见》。《意见》对推进依法治县的指导思想、基本原则、总体目标都作了明确要求。

【全面深化改革】 全面贯彻落实中央和省委、市委改革决策部署，结合实际，制定了《涡阳县2015年全面深化改革工作要点》和《涡阳县2015年全面深化改革牵头单位改革任务清单》。按照任务总台账和牵头单位改革任务清单，建立改革动态管理机制，细化量化改革任务，层层分解，落实责任，切实提高改革实效。全县37个改革牵头单位，计划推进187项专项改革，要求全年完成89项，已完成115项，改革活力进一步激发，改革红利进一步释放。

【开展九城同创】 为深入推进城乡文明创建工作，加快“美丽涡阳”建设步伐，提升城市形象，提升城市品位，县委、县政府印发《涡阳县开展“九城同创”工作总体实施方案》的通知。《通知》明确指出，九城同创的任务是：建设文明县城、全国未成年人思想道德建设工作先进县城、国家卫生县城、全国社会管理综合治理优秀城市、国家环境保护模范城市、全国双拥模范县城、国家园林县城、国家智慧城市、国家新能源示范城市。

【开展“三个公开”】 2015年7月，县委、县政府印发《涡阳县开展“三个公开”工作实施方案》的通知。《通知》内容涉及指导思想和工作目标，公开内容和组织保障等。要求组织领导到位、宣传教育到位、阵地建设到位、公开内容到位、制度建设到位，实现公开的内容、时间、场地、程序、要求等方面的规范统一，确保“三个公开”工作取得实效。

县委书记、县人大常委会主任胡明文（中）调研重点项目建设

【调结构转方式促升级】涡阳县认真贯彻全省加快调结构转方式促升级工作会议精神，召开了动员大会，出台《关于涡阳县调结构转方式促升级的实施意见》。按照“123+X”部署落实，即：“1”是制定《涡阳县调结构、转方式、促升级实施方案》；“2”是抓住工作重心，制定《涡阳县工业振兴发展纲要2016—2020》和《关于实施农业农村工作十大行动的决定》2个文件；“3”是着力推进抓改革、抓开放、抓落实三大举措；“X”是省、市后续出台的一系列政策措施。县委、县政府扎实推进“项目建设攻坚年”活动，落实牵头责任单位周调度、县主要领导月调度的工作机制，及时协调解决项目推进的难题，抓在建促投资，抓提升调结构，抓重点推前期，抓谋划增后劲。以项目为载体，抓项目带产业，上项目促开发，靠项目调结构，用项目扩总量，促进项目建设全面提速，实现调结构转方式促升级的新突破。

【大力实施工业立县战略】围绕资源、产业优势，重点谋划了农产品加工、煤炭煤化工、机械制造、新型建材、轻工纺织等五大产业。以“一园五区”平台建设为载体，突出招商引资，全力推进项目建设，加快传统产业改造升级，大力培育规模以上企业，扶持中小微企业，着力壮大工业经济。

【推进农业农村工作十大行动】紧紧围绕农民增收，以工业的理念抓农业，实施农业规划、结构调整、培养领头雁和培育新型主体、农业产业化、农田水利、林业“三增”、路网畅通、美丽乡村、扶贫脱贫、涉农资金整合等十大行动，推进农业农村工作迈上新台阶。

（县委办供稿）

重大活动

ZHONGDA HUODONG

【开展“三严三实”专题教育】县委严格按照中央和省委、市委要求，紧密结合实际，坚持谋划在先，成立了专题教育协调小组，印发了《关于在全县处级以上领导干部中开展“三严三实”专题教育实施方案》，制定了《全县开展“三严三实”专题教育重点任务表》；坚持党课开局，部署启动全县“三严三实”专题教育，真正做到“三聚焦三讲清”，充分发挥带学促学作用；坚持领导带头，学习习近平总书记系列讲话精神、党章、社会主义核心价值观和国学经典，正心笃志、明德修身；坚持务求实效，边学边查边改，把学习教育和解决问题结合起来，着力解决“不严不实”问题。2015 年 12 月 29 日，县委常委会召开专题民主生活会，会议由县委书记胡明文主持。会上，书面通报了 2014 年度民主生活会整改任务落实情况，胡明文代表县委常委会作了对照检查，12 名常委进行了批评和自我批评。县委常委会对 27 项整改任务进行了全面评估，14 项确定时限的整改任务已完成，13 项长期整改任务也正逐步整改、循序推进，46 项制度建设已经完成。

【中心组理论学习】 2015 年，县委理论学习中心组共集体学习 18 次，学习的主要内容和主要专题有：党的十八届四中全会精神，全国两会及习近平总书记重要讲话精神，全市第一季度经济工作调度会会议精神，十八届中央纪委五次全会、省纪委九届五次全会精神和省两会精神，习近平总书记在中央政治局第 22 次集体学习时讲话精神，习近平总书记、李克强总理对天津滨海新区爆炸系列讲话和指示精神，习近平总书记《在华盛顿当地政府和美国友好团体欢迎宴会上的演讲》，十八届五中全会精神及省、市主要领导讲话精神，滁州市委党校副校长童子凡就沈浩精神作专题报告，省委党史研究室副厅级巡视员施昌旺作《纪念抗战胜利 70 周年》专题报告，中央宣讲团成员李斌在安徽大剧院所作的党的十八届五中全会精神宣讲报告，中央纪委副书记吴玉良作专题报告，党的十八届五中全会精神专题宣讲报告等 30 余个专题。

【开展“涡阳怎么看、干部怎么干”主题大讨论】 面对近年来涡阳经济下行、各种矛盾和困难相互交织的被动局面，一些干部创业信心不足、精神状态不佳。县委决定在全县广大党员干部中开展“涡阳怎么看、干部怎么干”主题大讨论，通过活动开展，达到了鼓舞士气、提振信心、凝聚共识的目的。

（县委办供稿）

纪检监察

JIJIAN JIANCHA

【概况】 中共涡阳县纪委机关和县监察局合署办公，履行党的纪律检查和政府行政监察两种职能。2015 年涡阳县纪委监察局坚持围绕中心，服务大局，深入推进“三转”，突出主业主责，全面落实监督责任，全县党风廉政建设和反腐败斗争取得积极成效。

【宣传教育工作】 每周向全县科级以上领导干部发送廉政短信，2015 年，共发送廉政短信 2 万多条。编发《廉文荐读》12 期。把反腐倡廉教育纳入党校主课堂，开设主题班次 3 班共 100 多人。编印《党员干部廉洁履职 200 问》廉政书籍 5000 余册发放至全县党员干部，对广大干部进行党纪条规教育。对 62 名违纪党员干部在全县进行通报。组织开展全县“警示教育月”活动，认真开展“七个一”，活动中 24 名县委和县政府负责同志对 37 名部门单位一把手开展“廉政家访”。发挥涡阳纪检监察网站、“清风涡阳”微博、微信平台作用，占领舆论阵地。利用微信、微博，开展“踏着春天的节拍”党风廉政建设工作成果展示活动、“2015，晒出你的廉洁心愿”活动、“清风涡阳”廉政微文征集评选活动。围绕美丽乡村建设，结合基层党组织建设，探索搭建农村廉洁文化宣传平台。建立“清风涡阳”廉政教育互动平台。扎实开展廉政文化“六进”活动。开通“清风涡阳”廉洁教育讲堂。向四中、二中发放《中学生廉洁教育读本》3000册。城关街道新安社区成功申报全省廉政文化进社区示范点。积极筹备县地税局申报全省廉政文化示范点标兵工作。加强对网络舆情信息的收集分析研判，发现涉腐涉纪舆情信息45条，并进行处理。深入开展网上评论工作，发表评论文章42篇。

【落实“两个责任”】 选择县地税局、县人民检察院、西阳镇、曹市镇作为落实“两个责任”试点单位，通过一张图表厘清责任、二部台账记录履责、三个公开晾晒履责、四种方式推动履责（简称“一二三四工作法”），努力为全县落实“两个责任”提供一批可复制、可推广的经验和做法。2015年县地税局、城东街道马寨居委会、西阳镇葛楼村、林场五爱村被作为全市第三季度大党建党风廉政建设工作观摩点。制作主体责任清单、第一责任人责任清单和监督责任清单，明确细化责任。建立主体责任报告制度、述廉述责和接受评议制度、约谈制度等，着力织密落实“两个责任”的制度群。全面落实党风廉政建设责任制，县委、县政府班子成员、县直各单位主要负责人、各镇（场、街道）党委书记层层签订党风廉政建设责任书。根据县委大党建工作考核要求，及时调整考核细则。要求全县乡科级单位每年十二月中旬上报年度党风廉政建设责任制完成情况，单位主要负责同志述廉述责。2015年已协助县委完成了对县四大班子及其成员和25个乡镇、108个县直单位2014年度党风廉政建设考核工作。严格执行党风廉政建设“一票否决”制，探索制定“一案双查”具体办法。对落实“两个责任”不力的，严肃责任追究。2015年对原县卫生局党组及负有领导责任的局原党组书记、局长杨洪影，花沟镇原党委书记张群、原纪委书记张毅等落实“两个责任”不力的单位或个人进行了责任追究。

【党风廉政建设】 严格落实党风廉政建设责任制，下发《关于开展2015年度廉政约谈工作的通知》，机关班子成员按照分工，对全县各单位主要负责人和分管党风廉政工作的领导班子成员进行廉政约谈。约谈68个单位、43个主要负责人、59个分管负责人。出台《关于规范全县党员干部操办婚丧喜庆等事宜的规定（试行）》，严禁党员干部随礼（亲友除外）。党政干部红白喜事报告备案45人，调查党员干部红白喜事大操大办信访举报5件。出台《关于严禁党员干部违规经商办企业的规定（试行）》，对全县党员干部提出“四个严禁”要求。扎实做好1213名科级领导干部电子廉政档案管理。对562名个人和259家单位的评先评优进行廉政把关。对全县各单位落实中央八项规定和违反公务用车管理规定、公款

县委常委、县纪委书记韩龙到县地税局检查指导廉政文化进机关工作

大吃大喝、公款购买购物卡、党员干部违规大操大办婚丧喜庆事宜等问题进行监督检查。共查处违反中央八项规定53人，处理53人，其中给予党政纪处分18人。组织相关单位，参与市纪委组织督查3次，共发现问题98个，其中“三公”经费开支方面问题31个，作风与效能问题67个。其他县区反馈涡阳县问题153个，其中“三公”经费开支方面问题73个，作风与效能问题80个。印发《关于开展单位食堂检查工作的通知》，对上报设有食堂的42家单位进行了检查。开展全县“三公”经费支出使用情况专项检查，对26家单位2015年上半年“三公”经费支出管理情况进行重点抽查，发现涉及公务接待、公车运行和因公出差问题6大类，并督促相关单位进行整改。对全县党政机关办公用房整改开展再检查，建立数据台账。对全县作风建设开展“回头看”，发现3家单位存在违规情况，已经整改到位。

【执法监察工作】 围绕上级重大决策部署以及政策法规执行情况开展监督检查，围绕上级重大决策部署、民生工程、群众关心的热点以及维护群众切身利益问题开展监督检查。联合县编办对县直行政执法单位编制行政权力清单和责任清单开展监督。联合县行政服务中心对全县网上办事大厅运营情况进行督查。对南部新区五中等大项目的业主单位及有关部门的履职和廉政情况进行督查。深化廉政风险防控工作，严格落实工程建设廉政约谈制度。对2015年以来的300万元以上财政资金工程建设项目业主单位的相关监察对象进行廉政约谈。约谈单位12个，涉及项目21个、51人，均签订工程建设廉政承诺书并在网上公示。对相关单位开展廉政风险防控“以案促建”工作进行检查。

【案件查处】 县纪委共接待来访、来电、来信及网络举报1013件次，受理信访举报626件，省委巡视组批报件36件，查结上报24件；市纪委批报件24件，查结上报18件，立案查处408件，结案380件，给予党政纪处分376人（科级干部22人），开除党籍26人，移送司法机关12人。

【纠正不正之风】 深入治理教育乱收费，查处案件2起，处理党员干部13人。切实巩固公路“三乱”治理成果，明察暗访19次，纠正不规范行为38起。扎实开展全县教育、卫生系统纠正行业不正之风专项整治行动，查处虚列支出套取教育保障经费、扩大开支范围问题四类12项，卫生系统共涉及违纪资金39万余元。狠刹医药购销和医疗服务中的不正之风。认真办好政风行风热线，今年上线单位轮次114次，接听热线电话550个，形成转办单216个，均及时办结。市县两级政风行风热线办结率100%，行风热线群众满意率98%。制作电视热线追踪节目44期。

【作风和效能建设】 受理效能、政风建设类投诉及领导签批信访件32件，办结26件。发通报20期，通报49个单位和49名个人，问责40人。全面推行公职人员“亮身份、报行踪、晒承诺”为主要内容的“三个公开”。在公开身份方面，为全县财政供给的机关事业单位工作人员（含招聘人员）7600余人统一制作智能工作胸牌，实现公职人员身份公开化、身份识别智能化、会议和考勤签到自动化等功能。全县公职人员在工作时间和参与公务活动时必须佩带胸牌。在公开行踪方面，实行公职人员公务事项预报制，行政大楼电子屏公示县党政领导班子成员每日工作动态，县直和乡镇均设立领导干部每日工作动态公示栏，机关工作人员通过门牌实现每日工作动态公示。在公开承诺方面，乡镇党政领导任职承诺牌在镇区所在地显著位置和公交主要干线公开公示，县直单位和部门通过党务政务公开栏公开公示。

【重要会议】 3月9日，中共涡阳县第十届纪律检查委员会第五次全体会议在县行政中心召开。出席会议的县纪委委员13人，列席183人，县委副书记李锋主持了第一阶段会议，县委书记、县人大常委会主任胡明文出席会议并讲话。会议审议通过了县委常委、县纪委书记崔巍代表县纪委常委会所作的《依规从严管党治党，强化监督执纪问责，坚定不移推进党风廉政建设和反腐败斗争》的工作报告和中共涡阳县第十届纪律检查委员会第五次全体会议决议。听取了部分乡镇党委和县直单位党组主要负责人述廉述责报告。

4月2日，涡阳县2014年度党风廉政建设落实“两个责任”暨市管领导班子和领导干部考核情况汇报会在县行政中心召开。市委副书记、市长汪一光带领市委考核组一行，对县2014年市管领导班子和领导干部的主要工作及履行职责、落实党风廉政建设责任制及干部选拔任用情况等工作进行全面考核。市纪委副书记孙万华参加会议。5月15日，涡阳县基层党员干部警示教育月活动动员暨党课报告会在行政中心召开。县委书记、县人大常委会主任胡明文围绕“守纪律、讲规矩、履职责、促发展”主题为与会人员上廉政党课。

（县纪委办供稿）

涡阳县廉政警示教育流动站走进石弓镇

组织工作

ZUZHI GONGZUO

【概况】 县委组织部坚决贯彻落实县委的决策部署，紧紧围绕全县改革发展稳定大局，坚持好干部标准，选准干部配强班子；贯彻从严治党要求，加强管理转变作风；压实党建责任，大抓基层筑牢基础；保障调转促实施，集聚人才配置资源，组织工作稳步有序推进。

【积极推进“三严三实”专题教育】 全县成立专题教育协调小组和综合组、宣传组、联络组三个工作组，明确紧扣“一个主题”、抓住“两个关键”、把握“三个要求”、做好“四个动作”的工作重点和要求，制定《全县开展“三严三实”专题教育重点任务表》，明晰专题教育时间表、路线图、任务书，确保专题教育不走样、不跑偏。以“三聚焦三查找三确保”为主线，以专题教育党课报告会开局，紧扣“严以修身、严以律己、严以用权”主题开展学习研讨，进一步锤炼“严”和

"实"的工作作风。走访调研160户、926人次，征求意见建议，查摆"不严不实"问题367条，分别建立问题清单和整改台账。认真组织开展解决懒政怠政问题、发生在群众身边的"四风"和腐败问题、群众反映的突出问题等三个专项行动，统筹推进"不作为、乱作为、贪腐谋私、执法不公"四个排查，不断把"三严三实"专题教育引向深入，推进专题教育扎实开展，力争取得群众满意的实效。

【领导班子建设】 集中开展全县各镇（场、街道）及县直单位领导班子和领导干部年度考核工作，全面了解干部德能勤绩廉方面表现。使用干部注重树立"重德才、重实绩、重基层"导向，尊重分管领导、单位党组、党员群众和个人意见，强化党组织的领导和把关作用，全年县委研究干部16批，任免干部209名，其中提拔重用干部31名，一批实绩突出、作风过硬、群众公认的优秀干部走上领导岗位。全年通过免职、改任、退休等方式，消化超配领导职数24名，非领导职数13名，有序推进了整改消化任务的完成。经清理整顿，没有发现党员干部在企业和社会组织中兼职。认真抓好工会、团委、妇联、科协集中换届和侨联成立工作，全面评估现任领导班子及成员现实表现情况，认真分析存在的突出问题，通过全面考察、综合分析、调整配备，群团组织领导班子建设进一步加强。加大干部交流轮岗工作力度。今年以来，全县共交流副科级以上干部86人，其中乡镇之间交流20人、县直部门之间交流33人、乡镇与县直部门之间交流33人。大力推进干部刚性交流，对在同一职位任职10年以上的9名干部进行了交流。扎实推进县直机关内设机构重要岗位干部交流轮岗全覆盖工作。全县共23个单位238名干部进行了交流轮岗。

【年轻干部培养锻炼】 坚持把改革发展主战场、维护稳定第一线、服务群众最前沿作为培养选拔干部的主阵地，先后选派10名同志到合肥市挂职学习，选派70名干部到经济开发区工作，选派48名年轻同志到信访、招商、征迁一线岗位锻炼，选派13名县直单位优秀年轻副职到乡镇挂职。

【干部教育工作】 切实加强干部能力素质教育。依托党校主阵地，举办春季、秋季四期主体班，培训2300余人次。利用清华大学优质教育平台，选调15人到清华大学现场学习，发挥县委党校为清华大学远程教学站的优势，培训各类干部学员400人次。加强与合肥市委党校合作，县两期四个班次150余名学员接受异地教学或专题培训。设立涡阳县干部素质提升大讲堂，举办了"弘扬沈浩精神""纪念抗日战争70周年"和"国学智慧与领导艺术"专题报告会。继续开展"全员讲学"活动，在线学习实现了对县直全体公务员、参公人员、乡镇中层以上干部及大学生村干部的全覆盖。鼓励各类业务培训，支持举办纪检干部、县直机关党组织书记、农技人员、大学生村干部、选派干部、非公企业党建指导员等专题培训。

【干部监督工作】 开展干部巡察工作。出台《涡阳县开展干部巡察工作实施意见（试行）》，对巡察内容、对象及方式方法作了明确规定，制定了具体的巡察方案和计划。按照巡察要求，对镇（场、街道）的巡察，每2年巡察一遍，对村的巡察每年不少于50个，对县直单位的巡察，任期内巡察一遍。为做好乡镇党委、人大换届准备。今年已完成对所有乡镇、2个县直单位、52个村的巡察工作，对发现的班子建设、干部作风、任务落实、廉洁自律等方面问题及时要求整改，情节严重的移交有关部门查实后按规定处理。严格干部经济责任审计。制定2015至2016年领导干部经济责任审计计划，计划用两年时间完成57名县直单位主要负责人、30名乡镇党政主要负责人任中、离任审计工作，每年完成1/3的村级审计工作任务。全年对34名单位主要负责人进行了任中、离任审计，对137个村开展了村级审计。出台《组织部门运用经济责任审计结果办法（试行）》，以审计结果在干部工作中的使用倒逼审计问题整改，推进机关规范化管理和制度落实。开展干部人事档案专项审核。以确认干部“三龄两历一身份”为重点，注重审核档案材料是否涂改造假，重要原始依据材料是否完整规范，以确保干部人事档案信息真实准确。已对1450卷干部档案进行了初步审核，对其中的475卷进行了复核，对档案材料齐全，信息确认无误的55卷干部档案，干部本人进行了签字确认。做好干部个人有关事项报告工作。认真开展全县副科以上实职干部个人有关事项报告工作，协调县房产局，推进科级干部个人有关事项报告信息系统建设，共录入781名领导干部个人信息，对全县领导干部个人有关事项信息实行动态管理。出台《涡阳县科级领导干部个人有关事项报告抽查核实办法（试行）》，对新提拔的30名干部开展了房产信息查核。推行领导干部“做事档案”制度。改革完善干部考核评价体系，积极推行领导干部“做事档案”制度，对干部“做事档案”工作实行量化考评，结合干部实绩，建立“做事档案”评估评价机制，把“做事档案”考评结果作为评先评优及调整领导班子和领导干部的重要依据，营造干事创业的政治生态。全县99个单位启动了干部“做事档案”工作，98名正科级领导干部建立了做事档案。

【服务型基层党组织建设】 不断提高服务保障水平，优化干事创业的条件和环境。明确党建工作责任。出台《涡阳县基层党建工作“联述联评联考”实施办法（试行）》，强化基层党组织负责人作为党建第一责任人的意识，通过述职查摆了基层党建保障水平较低、“三会一课”制度落实不到位、基层干部的管理有待加强等7个方面的薄弱环节。建立党建工作月例会制度，召开基层党建工作专题会议12次，坚持问题导向，狠抓工作落实，梳理26项重点工作，实行“项目化”管理，对工作不力的约谈相关人员78人次。严格村级管理。出台《村（居、社区）干部行为规范》，从组织行为等5个方面对村干部加强源头管理；制定村干部“十个一”工作法及村干部服务群众“136”工作法；推行轮流坐班和工作日志制度，统一发放工作日志记录本2400余册，工作日志记录情况纳入村干部绩效考核，先后组织3次村干部工作日志记录情况督查。强化过程管理，提高村干部为民服务意识，编印《村干部服务群众工作手册》2500余册，保证村干部人手一册，保障广大农民办事有人询，求助有人帮，遇疑有人答，提问有人解，不断树立村干部为民务实的良好形象。加强村干部队伍建设。以“三严三实”专题教育活动为契机，建立“书记带头上党课”制度，26名县镇两级书记已带头上一次党课，368名乡镇党员领导干部已给所包村党组织全体党员上党课。分2批推荐11名村党组织书记到芜湖挂职锻炼，举办村党组织书记专题培训班2期，对388名村书记，33名选派干部，126名大学生村干部进行集中培训，9月上旬对300余名村委会主任开展秋季培训，推荐27名优秀村干部参加大专学历教育；按照村干部职数1∶1的比例，加强村级后备干部队伍建设，建成了860余名的村级后备干部信息库。整顿治理软弱涣散党组织。20名县级领导干部分包“软弱涣散”村，先后召开党员群众座谈会102次，排查问题232个，已解决问题215个，约谈村书记73人次，完善党务、村务公开等制度6项，投入资金480余万元对软弱涣散村的村室、道路等基础设施进行建设；开展“回头看”活动，对3个村整治成效进一步强化。破解集体经济发展难题。对发展村级集体经济进行研究，初步方案已形成，精心选择10个发展集体经济较成功的村，编印典型案例进行示范引导；32个非公企业分别与集体经济“空壳村”结成帮扶对子；相关部门对上级帮扶资金进行集中整合，拿出170万元对34个集体经济“空壳村”进行扶持，积极探索选派干部项目资金使用新方式，整体打捆确保增收稳定，争取扶贫支持，重点开发光伏发电项目，争取上级资金800万元，发展村级集体经济。结对共建有序推进。按照“四共”要求，县直机关、企事业单位、学校的所有党支部通过“一对一”的形式与全县368个村(居、社区)帮扶共建，实现了县直单位的各支部和村（居、社区）结对的全覆盖。县直副科级以上310余名干部全部分包到村，积极参与城乡结对共建活动，县级领导干部在包到村的同时，分别联系企业和学校。完善工作机制。推行乡镇党委书记“十讲”工作法。先后印发了《关于进一步完善基层党组织和党员公开承诺制度的实施方案》《关于健全城乡基层党组织结对共建长效机制的意见》《关于一进步加强村级党组织建设的意见》《涡阳县百企联百村、强村带弱村实施方案》和《关于全面扎实推进农村基层党的组织生活规范化制度化常态化工作的实施意见》。印发了《涡阳县试行乡镇党代会年会制实施方案》和《涡阳县乡镇党代会代表变动调整指导意见》，在义门、高炉、龙山、店集4个镇开展了乡镇党代会年会制试点工作，开展了党代表“四联四送”活动。基层保障不断加强。全面落实“一定三有”(一定:定权责立规范，三有：收入有保障、干好有希望、退后有所养)，设立基层党建专项经费5300万元。出台《涡阳县村组干部报酬及村级组织办公经费保障标准调整方案》，按全县2014年农村居民可支配收入的1.5倍核定村“两委”正职基本报酬。调整后村“两委”正职年报酬达16800元，社区“两委”正职年报酬达19200元；办公经费、每社区每年5万元、每村每年3万元，服务群众专项经费每社区每年5万元、每村每年1万元；投入488万元对68个村室进行新建扩建，41个村室主体工程完工，27个村室有序建设。投入100万元，推进村室监控项目，年底实现村室监控全覆盖。春节期间对困难党员开展慰问工作，做好7040老党员补助发放工作。实行职务职级并行和乡镇工作补贴。按照干部管理权限，严格工作程序，把握时间节点，认真做好职务职级并行和乡镇工作补贴审核、审批工作。全县共77家单位向县委组织部进行申报，623人申报,566人符合晋升条件，其中晋升正处级6人，晋升副处级65人，晋升正科级179人，晋升副科级315人，晋升科员级1人。乡镇工作补贴已通过审查7341人。

【优化党组织设置】 突出抓好机关支部、村级支部、老干支部3个支部建设，成立文卫、教育、建设、农业四个工委和10个村级党委，强化基层党组织规范化建设。扎实推进“六百”凝聚力工程，先后成立农民专业合作社党组织15个，流动党支部28个，城乡联合党组织368个，党组织覆盖面进一步扩大。圆满完成城关街道社区“两委”换届工作，并在原有20个社区基础上，撤并为15个，整合了资源和力量。

【人才工作取得新业绩】 全县招录公务员71名。

县委常委、组织部部长刘梦汝（左）到企业调研

引进县外在编在职教师 180 名，公立医院和幼儿园等事业单位聘用 195 人。共评选出 19 人享受县政府特殊津贴。实施皖北万名农村实用人才带头人培训工程，组织落实市第五批专业技术拔尖人才、第三批产业创新团队申报工作。实施涡阳籍在外人才统计工作，建立和完善涡阳籍在外人才信息库。加强市“515”人才示范工程建设。做好省专家学者到涡挂职对接工作。推动实施人才队伍建设“PDCA”工程，着力提升人才队伍建设的系统化、精细化、科学化水平。举办农村实用人才带头人培训，分两期培训蔬菜种植大户 100 名。组织 30 名优秀企业管理人才，分三批赴上海复旦参加人才素质提升培训班。

【组织部门自身建设】 一是扎实开展“弘扬沈浩精神，建设模范部门”主题实践活动。在全县组工干部中安排“开展一次集中学习、重温一遍沈浩精神、进行一场党课辅导、参加一场警示教育、组织一次走访活动”等“十个一”学习教育活动，组织开展“八对照八查看”，通过活动开展，组工干部受到了党性教育和心灵洗礼，进一步提升政治素质，增强创先争优意识。二是开展书香机关建设。为加强学习型机关建设，健全学习的长效机制，以“全员阅读、提升能力、强化素质、转变作风”为目标，在部机关“开展全员阅读，建设书香组工”活动。大力倡导自我学习法，每名组工干部推荐 1 本好书，每天自学 1 小时，每周读 1 篇好文章，每月读 1 本好书，每季度撰写一篇心得体会，用阅读丰富思想、点亮人生。三是带头进行轮岗交流。率先落实重点岗位交流轮岗要求，对干部室、干训室、党管室三个科室负责人及财务、档案工作人员进行轮岗。为充实农组工作力量，重新对人员进行调配，确保从事农组工作人员不少于部机关总人数 1/3 的要求。四是扎实推进各项改革任务。针对新形势对组织工作的新要求，制定领导班子建设规划、干部教育培训规划，进一步增强工作的科学性水平，积极在加强年轻干部培养使用、加强干部交流轮岗、建立干部负面清单、经济责任审计结果运用、党代表常任制、发挥人才服务基础作用等方面积极探索，紧盯上级部署要求，学习借鉴外地经验做法，不断改进完善，提高工作规范化程度。

（县组织部办供稿）

宣传工作

XUANCHUAN GONGZUO

【概况】 涡阳县宣传思想工作在县委的坚强领导下，在把握规律中开拓创新，在转变作风中狠抓落实，理论武装、新闻宣传、舆论引导、价值引导、文明创建、文化惠民、书香涡阳建设等各项工作呈现健康有序、蓬勃发展的良好态势。全县宣传思想工作导向正确，基调鲜明，跟进有力，服务高效，为加快涡阳发展提供了强大的精神动力和舆论支持。以加强党的作风和廉政建设、十八届四中全会精神、四个全面和习近平系列讲重要讲话、三严三实、纪念抗战胜利70周年等为学习重点，先后邀请省理论宣讲团、省委党史办、滁州市委党校专家到涡讲学，县委理论学习中心组先后集中学习18次；开展理论宣讲“五进”活动，宣讲100多场次。深入开展“两争一创”、党员教育“三项”等活动，学习型党组织建设活动取得了实实在在的成效。

【推动文化事业发展】 文化体制改革不断深入。取消县文化中心、旅游中心、广电中心，县文体旅局班子进行了调整，理顺了关系，整合了职能。举办了新年音乐会、民俗灯展、第二届体育大会、全民健身跑、五禽戏展演、文艺会演、广场舞大赛等多项大型文体活动。以文化民生工程为抓手，以文化惠民消费季为契机，开展经常性文体活动；各类球赛、棋赛、书画摄影展、健身操、广场舞等群众性文体活动蓬勃开展，送戏下乡、送电影下乡等文艺下乡活动已成常态。建立文化旅游项目库，编制全县文化旅游产业发展规划。谋划了周末怡情休闲之旅、郊区农业采摘游、家庭休闲生活之旅等三条较为成熟的本地乡村特色旅游线路。和韵传媒与浙江时代传媒进行了合作，建设了新的数字化院线且运转良好。文化民生工程扎实推进，公共文化场馆正常开放；加大文化市场违法违规经营行为的查处力度，继续保持对非法电视台（点）的严打高压态势。重点完善玉皇庙、新四军四师纪念馆、石佛寺等文物维护工作。老子博物馆已接待观众近5万人，并配备了讲解员；2015年1月，在第七届安徽曲艺节上，县曲艺家丁翠华表演的琴书《把关》荣获表演三等奖。县书法家协会副主席王伟作为县唯一书法家代表应邀参加了市在北京举办的《徽风亳韵》书画展。摄影家协会会员完成《天静知春》《幸福涡城》《问道天静》《秘境天静宫》《云端》《皖北农村·2015》《麦收印象》《我的大别山》等系列摄影作品的创作。文联和摄协参与市委宣传部、市文联主编的《大美亳州》摄影集正式出版发行。音乐舞蹈家协会完成歌曲《请你听我说》《三严三实之歌》《中国大厨》的创作，完成舞蹈《爱在无声中绽放》《对花》《苔乡情》的编排。戏剧曲艺家协会完成戏剧小品《携手共建幸福家》《把邪教的画皮全剥掉》、琴书《拒绝邪教别上当》、坠子《纪委在巡访》的创作。组织民间艺术家参加“美丽亳州”全市剪纸大赛，赵春林的作品《老子降诞》、盛一凡的《花戏楼——关帝之戏》、韩欣宇的《雀梅迎春》获得二等奖；赵宇的《紫气东来》、赵欣慧的《春耕》、黄晓燕的《亳州之星——小花旦》获得三等奖，另有16人的作品获得优秀奖，县文联获得优秀组织奖。加强文艺队伍建设。注重选拔和培养文艺新秀，加大对农村基层文艺人才的培训教育力度，并抓好对民间艺术人才的扶持和传承。今年加入省作家协会的有8人，加入省摄影家协会的有11人。

【指导新闻宣传】 充分发挥“两台一报”喉舌功能，认真做好县人大、政协“两会”、全市第二季度经济工作督查调度会会议、全市党建工作现场会、纪念抗日战争暨世界反法西斯战争胜利70周年、央视《乡约》走进涡阳等活动宣传。围绕老子文化建设、美丽乡村建设、反腐倡廉、民生工程、招商引资、项目建设、环境优化和文

市委常委、宣传部长、市总工会主席杜爱玉（前左三）到涡调研

明创建等重大题材做好宣传。《涡阳报》、涡阳广播电视台推进了党的群众路线教育实践活动、“三严三实”专题教育、“谋发展、优生态、实作风”访谈、民生工程惠万家、“大建设巡礼”“行进涡阳”说说身边的新变化、“书香涡阳”建设、学习贯彻十八届五中全会、全省加快“调转促”动员大会、县委十届七次会精神等系列报道，开辟了“两违”整治、文明创建、走进重点工程、秸秆禁烧等专栏，营造了浓厚工作氛围。广播“村村通”全县全覆盖、成立涡阳报编部，对涡阳之窗微信平台进行改版升级，涡阳之窗粉丝量突破4万人；采取“请进来、走出去”的方式，加强新闻骨干、通讯员、网评员培训。

【新闻发布会管理】 2015年，先后组织进行了涡阳县撤回公交经营许可听证会、楚王新村违法建设听证会、楚王新村违法建筑拆除行动、新一中学校搬迁、合肥农产品产销会等新闻发布活动工作。

【外宣工作】 实行新闻发布制度，组织部分单位新闻发言人赴京参加全国新闻发言人培训，举行新闻发布会4场。加强与人民网、新华网等网站沟通，与合肥市庐阳区建立新媒体共建协议。在市级以上新闻媒体刊播正面对外宣传新闻稿件300多篇（条），上稿总量走在全市前列。实现《人民日报》头版上稿零突破，中央电视台、《光明日报》分别对县特色农业、夏收、征兵、全民创业等工作给予报道。央视二套《经济信息联播》对涡阳午收进行报道，央视七套《每日农经》《乡约》等栏目走进涡阳。

【文明创建】 集中开展了市容市貌治理、交通秩序治理、“两违”治理、三轮车整治等专项行动，积极解决劳务市场搬迁、二手车市场迁移、简易房拆除、户外演出活动治理等热点难点问题，今年以来，城区文明创建一直保持着良好态势，文明县城测评一直位居全市前列。通过调整思路、强化措施、大力整治，农村清洁工程和“三线三边”环境治理取得积极成效。私搭乱建得到拆除，占道经营、骑路逢集现象得到有效遏制，集镇整体环境得到提升。

（县宣传部办供稿）

统战工作

TONGZHAN GONGZUO

【概况】 县委统战部是主管统一战线的县委工作部门。统战部机关行政编制为7人，其中统战部部长1名，副部长2名，内设机构领导职数3

名。实有在编在岗人员6名。根据统战部工作职责，中共涡阳县委统战部设置3个职能室：办公室、综合办公室、台湾工作办公室（县委对台工作领导小组办公室和县政府对台事务办公室）。县台联是台湾同胞在祖国大陆的同乡会组织，于1998年成立，张同善任会长，王若愚任副会长，田居文任秘书长。

【统战调研和宣传】 2015年11月，市委组织部部长、统战部部长陈平到涡阳调研《中国共产党统一战线工作条例》落实情况。

【统战理论学习培训】 2013年至2015年，统战部按照市委统战部要求在市社会主义学院对党外干部培训共计28人次，统战干部10人次。三年来，组织基层统战干部业务培训100多人次，党外人士核心价值观教育培训200多人次。

【党外人士和知识分子的政治安排工作】 2015年1月，县政协九届四次会议共增补9名党外政协委员。

【党外后备干部队伍建设】 县党外后备干部30名，其中处级3名、正科级5名、副科级22名，交流党外干部2名。

【对台工作及台联简介】 一是严格手续审核关口，确保赴台手续符合规定要求。二是加强文明赴台宣传，严格落实行前指导制度。三是及时做好归后回访工作，掌握赴台情况。随着近年来经济文化发展，县赴台旅游人数达1000人次，探亲100余人次。四是开展涉台服务接待工作。

（县统战部供稿）

县委办公室工作

XIANWEIBANGONGSHI GONGZUO

【概况】 中共涡阳县委办公室（县委政策研究室合署办公）。县委办公室是协助县委领导处理县委日常工作的县委工作部门。内设机构：秘书室、机要局、信息室、行政室、保卫室、值班室、保密局、督查室。

【文秘工作】 大力提倡“出精品、出效率”，对于综合性材料，坚持集体讨论拟定提纲，全员参与起草修改，分管领导综合审核，全年起草领导讲话稿、发言稿、工作汇报等一百余篇；整理领导讲话及录音近百份；编发全委会、常委会、党代会、“三严三实”民主生活会、党建调度会等大型会议的各项重要材料大型会议材料二百余篇。认真执行《中国共产党机关公文处理条例》及省、市有关规定，研究改进了公文办理流程，规范公文办理程序，不断提高文电办理效率和质量。对每次会务、活动都高度重视，精心组织，合理安排，确保会议、活动达到预期效果，较好的发挥了服务保障作用，促进了县委工作的有序运转。

【信息工作】 2015年，紧紧围绕发展大局，坚持务实创新，提升服务，奋力争先，进一步规范信息工作机制，提高信息编报水平。全年共采集各类基层信息19580条，从中择优整理编辑上报省、市信息1340条，其中被《安徽信息》采用30篇，被《亳州信息》采用113篇；上报涡阳县党政负责同志《每周工作动态》53期；

编发党政班子《每日工作动态》248 期；编发《舆情专报》60 期；编报涉涡重要即时舆情信息 19 条。

【值班保卫工作】 牢固树立值班工作无小事的理念，准确及时上情下达、下情上报。全年通知 300 余次会议及会议名单收录，无一错漏。完成节假日及“两会”值班表编制，做好周末和夜间公文流转，没有发生泄密错漏现象。加强维稳综治和县委机关的安全保卫工作，协助处理有关群众来访工作。全年共接待群众来访 80 余次，热情耐心地做好政策解释和说服工作。

（县委办供稿）

县委政策研究室工作

XIANWEIZHENGCEYANJIUSHI GONGZUO

【概况】 县委政策研究室是为县委决策服务、从事综合性研究工作的部门，与县委办公室合署办公。内设机构：调研一室、调研二室。

【政策研究工作】 认真学习中央重要文件、重要会议精神和习近平总书记系列重要讲话、重要论述；学习省委、市委、县委重要文件和县委重要会议精神。起草整理了县委负责同志讲话稿 20 多篇，起草或参与起草 5 个重要文件。整理编印中央、省、市委文件汇编 3 套，整理编印县委重要文件汇编 2 套；解读中央省委市委 2015 年重要文件 24 篇。组织召开关于如何开展自然资源审计工作的座谈会；征求县四大班子对《市委关于十三五规划建议》的意见建议；征求县委等县直单位对《市委〈强化改革创新，加快调转促实施意见〉》意见建议；组织开展对全县改革工作的督查工作；组织开展全县党建工作的考评工作。围绕全县全面深化改革的顶层设计、“三化”（城镇化、工业化、农业现代化）同步问题、农业种植业结构调整、秸秆禁烧、农村社会化服务、党建工作、领导干部任期自然资源审计等开展调研活动。配合中央农村工作领导小组办公室专家课题组，在县开展农村与农业经济调研活动；配合市委政研室开展网上办事大厅建设系列调研；配合市委政研室开展“三化”同步问题调研。

（县委办供稿）

机构编制工作

JIGOUBIANZHI GONGZUO

【概况】 2015 年县编办紧紧围绕全县经济社会发展大局，在机构人员编制管理、事业单位改革、清单制度建设、事业单位年检、中文域名注册等工作中均取得显著成绩。

【事业单位改革】 县编办按照规范一批、整合一批、撤销一批的“三个一批”要求，对全县事业单位机构设置进行整合规范。一是撤销了县能源办等 6 个机构，设立县农村经济管理办公室，同时加挂涡阳县土地流转服务办公室牌子；设立县铁路办、企业职工管理服务中心、县美丽乡村建设办公室、县就业人才管理局、县劳动人事争议仲裁院；二是为进一步理顺文化中心、广电中心、旅游中心和文化体育旅游局的管理体制，将三个中心的单位职能划入文体旅游局相关股室、人员调整到文体旅游局和相关事业单位，文化、广电中心下属事业单位直接划转到文体旅游局管理；三是注销黄淮海律师事务所、永恒律师事务所，不再纳入机构编制管理。

【清单制度建设】 首先是完成县级政府“两单”（权力清单和责任清单）公布运行工作。《涡阳县人民政府关于县级政府权力清单和责任清单目录的公告》在涡阳政府网发布；《涡阳县人民政府关于公布涡阳县县级政府权力清单和责任清单目录的通知》（涡政〔2015〕8号）正式下发。其次是完成清单制度建设“回头看”工作。使权力来源以现行法律、法规、规章为依据、并具体到项、目，各部门权力得到细化，权力事项更加清晰，确保每项权力都能独立运行。第三是进行乡镇“四单”制度建设工作。经过召开动员大会、各单位清理上报、审核组审核、征求意见等环节，共梳理出30多种权力。6月25日，涡阳县乡镇政府“四单”正式在网上公布运行。同时，又以涡政〔2015〕52号文件的形式正式下发了《涡阳县人民政府关于公布涡阳县乡镇政府权力清单和责任清单目录的通知》，乡镇政府“四单”制度建设工作顺利完成。

【事业单位年检】 按照皖编办〔2014〕124号文件要求，从2月1日至3月31日，对全县251家已登记的事业单位进行年度检验，同时对年检中需要变更、撤销及新设立的单位及时办理审批手续。在年检工作中，严把质量关，对不符合年检要求的事业单位，不予年检；对资料不齐全的事业单位，一律退回补齐资料，并及时进行年检换证工作；对新设立的事业单位，根据新的事业单位管理条例，简化办理手续。同时，将年检报告书整理归档，实行档案集中管理，分盒编号，专柜保管。通过检查，全县已登记的事业单位基本都能够认真履行各自的职能职责，证书保管齐全，按时完成了年检工作。

【中文域名注册】 根据省编办《关于抓紧做好党政机关、事业单位政务公益域名注册及网站开办审核、资格复核和网站标志管理工作的通知》（皖编办〔2015〕139号）文件精神，制定并向全县县直、乡镇机关事业单位下发了《涡阳县编办关于做好党政机关事业单位政务和公益域名注册和网站标志管理工作的通知》（涡编办〔2015〕7号），要求各单位按照文件要求，根据本单位性质如实填报相关表格。编办抽调专人和专门设备，逐一认真审核各单位提交的中文域名注册和网络标志申请材料。截至12月底，注册中文域名450个，占全县总机构数的100%，圆满完成上级交办的中文域名注册任务。

（县编办供稿）

精神文明建设工作

JINGSHENWENMING JIANSHEGONGZUO

【概况】 涡阳县精神文明建设指导委员会办公室于1988年12月23日，经县机构编制委员会批准成立，为全额事业单位，正科级建制。2005年5月，县机构编制委员会发文同意在县文明办加挂市容管理局，市容管理局与文明办“一个机构，两个牌子”。2012年2月，成立“城市管理执法局”，市容管理局并入城市管理执法局，与县住房和建设委员会同属“一个机构，两块牌子”，县文明办开始独立办公。内设职能股（室）4 个，核定事业编制 10 名，其中主任 1 名，副主任 2 名，内设机构领导职数 4 名。

【农村环境综合整治】 扎实推进农村清洁工程和“三线三边”环境治理。“三线三边”治理重点向城中村、城乡结合部和集镇拓展，扎实推进“四治理一提升（治理广告标牌、垃圾污水、建筑、矿山砖瓦窑场，绿化提升）”，开展了“四场”（料场、煤场、废品收购场、石材场）清理、集镇治理和城中村拆迁行动。全面启动集镇“四大秩序”（卫生、交通、建筑、经营）治理行动。

【城区文明创建】 大力加强城市文明创建工作.针对城区文明秩序极易反弹的现状，县文明委制订了定期督查、常态巡查、发现问题现场交办、短信微信平台即时通报、限期整改销号等制度，文明县城指数测评和城市管理测评工作均获得全市第一名。2015 年县文明办紧紧抓住店外经营、占道经营这两个顽疾，协调配合县城管执法局、县公安局等部门先后对胜利路、向阳路、淮中大道、西环路等 10 余条道路的店外经营、占道经营进行了集中执法活动，效果明显。

【思想道德理论成果】 道德模范不断涌现。积极挖掘县先进典型，先后向市文明办推荐亳州好人候选人 36 人，7 人获“亳州好人”称号，县吴艳侠获得全省第四届道德模范提名奖。10 月份，县新增“亳州好人”2 名。截至 2015 年 12 月，涡阳县当选亳州好人 33 人，当选安徽好人 12 人，中国好人 27 人，位居全市前列。

（县文明办供稿）

党校工作

DANGXIAO GONGZUO

【概况】 中共涡阳县委党校是在县委直接领导下培养党员领导干部和理论干部的学校，是县委的重要部门，是学习、研究和宣传马克思列宁主义、毛泽东思想、邓小平理论、“三个代表”重要思想和科学发展观的重要阵地，是培训轮训党员领导干部的主渠道，是干部加强党性锻炼的熔炉，是党的哲学社会科学研究机构。

党校编制总数为 30 人，现在职人数为 28 人。党校实行校务委员会领导体制，校长由县委副书记万瑞年担任，设常务副校长 1 名，副校长 1 名，校务委员 1 名。校领导班子成员中具有高级专业技术职称的 2 人。内设机构为 6 个，分别为教研室、组教室、函授办、成人办、总务室和综合办公室，配备股室负责人 6 名。党校编制为 30 人，在职教职工 25 人，教研人员 16 人。同时聘请了县领导、周边市县党校教师和县直部门负责人及部分专家 17 人为兼职教师和特聘教授。

【轮训培训工作】 县委党校共举办主体班 14 期，培训 1268 人。分别为 2 期科级干部进修班 60 人、事业单位管理人员进修班 30 人、中青年干部培训班 30 人、女干部进修班 30 人、选派干部和大学生村干部培训班 160 人、党务工作者进修班 30 人、2 期股级干部培训班 120 人、2 期村（社区）主任培训班 360 人、2 期村（社区）书记培训班 388 人、非公企业党支部书记和党务工作者培训班 60 人。依托清华大学远程教学站，输送县党政领导干部14人到清华大学参加面授学习，利用卫星接收器远程同步培训县领导干部5期199人次（专题：县域经济发展与竞争力提升，县域医院管理，干部创新社会治理，城乡规划与美好乡村建设，县域干部执政能力提升）。在政策宣讲方面，党校始终坚持为全县广大干部群众宣讲党的理论方针和时事政策。2015年，组织骨干教师到新兴镇、涡南镇、花沟镇进行“四个全面”及“三个亳州”理论宣讲。在专业技术人员继续教育培训方面，党校作为亳州市人社局设立的培训基地，精心组织全体教师备好《习近平谈治国理政》这一科目，并利用周六、周日送教到各乡镇，圆满完成了培训任务。

（县党校供稿）

信访工作

XINFANG GONGZUO

【概况】 进京非正常上访14批15人次，同比批次下降14%、人次下降33%。进京走访63批82人次，同比批次上升231%、人次上升252%。赴省上访61批135人次，同比批次持平、人次下降14.8%。到市上访实际发生134批456人次，同比批次下降29%、人次上升8%。

【信访稳定】 信访工作坚持排查化解，依法规范，事要解决的工作思路，认真落实信访制度改革的工作要求，着力打造阳光信访、责任信访、法治信访，切实维护群众合法权益，规范信访秩序，努力提高信访工作水平，全县信访形势总体平稳，没有发生极端上访恶性事件和大规模群体性事件。

【领导与信访】 实行县领导公开接访AB岗制度，确保有人接、不虚岗、常态化，依法及时就地解决问题，减少人员上行，矛盾上交。县党政领导共接待群众来访326批679人次，其中县党政主要领导接访137批270人次。县党政主要领导重点约访，注重实效，有针对性解决群众反映强烈的信访突出问题。县党政主要领导重点约访16批32人。完善联合接访机制，上下联动，发挥镇、村综治信访维稳工作中心（站）平台作用，引导群众有事直接在本辖区内反映，及时就地解决群众合理的诉求。

【案件化解】 坚持依法维权为前提，事要解决为导向，建立“三位一体”包保化解责任制，提高初信初访办结质量，切实解决群众合理诉求。上级转送越级访和县领导签批信访件341件，按期办结率91.2%；省巡视组交办99件，办结率100%；上级转办网上来信316件，按期办结率93.6 %。突出化解信访积案，按照“三到位一处理”的要求，运用法治思维和法治方式，综合施策，定期通报，量化考核，推进积案化解，实现息诉息访，省、市交办积案51件，化解51件，化解率100%。认真做好终结评议工作，以非访、反复越级访、缠访闹访事项为重点，注重实体和程序规范，引导进入程序，促进解决问题，纳入终结评议，退出信访渠道。共办理复查信访事项51件，报市复核9件，报市申请省评议7件9人，省评议5件，通过5件。依法维护信访秩序，坚持四部门联动处置机制，加大对非正常上访的接访劝返处置工作力度，对长期缠闹访、非正常上访人员依法处置。依法拘留违法上访人员22人。

【督查督办】 建立督查通报制度，实行逐案销号，每周通报，纳入月积分考评，既抓过程又抓效果，重点强化问效，对信访量靠前的乡镇、单位实地督查指导工作，并将督查办理情况书面呈送县包案领导，通报相关责任单位。建立实地核查制度，对初信初访应受理未受理、未按规定期限和程序办理、不执行处理意见出现重访的加大督办力度，以“三核查”（核查包案领导是否与信访人见面，核查办理单位是否深入实地调查，核查处理答复意见书是否按期送达信访人），倒查原因，找准症结，规范办理，提高化解率。实地核查 11 件。建立责任追究制度，制定《涡阳县信访工作责任追究暂行办法（试行）》。对重视不够、工作不力、落实力不够的单位及时通报。对化解不力、信访上行，造成影响的严格责任追究。全县通报批评 6 人，党纪处分 5 人。

【源头治理】 强化系统应用，加强基础业务规范化建设。在信访事项受理办理上下功夫，提高信访工作信息化、规范水平，结合《信访条例》宣传，加强对专职信访干部进行针对性的基础业务培训，着力强化信访信息系统应用，全县 104 个单位信访信息互通互联，实现全覆盖。扎实开展信访信息录入“百日会战”活动，补录信访事项 478 件，责任单位及时受理率 17%，按期办结率 60.06%。强化宣传教育，完善基层社会综合管理服务平台。开展镇村“两中心（站）”规范化建设，完善组织网络，理顺工作关系，发挥“中心”平台联动作用，规范工作运行。坚持法定途径优先，深入推进诉访分离和依法逐级走访工作，加大宣传教育力度，引导和支持信访人理性合法逐级表达诉求和法律途径解决问题。强化敏感时期，认真做好重点时段信访工作。完善工作预案，加强劝返接回工作力量，强化矛盾纠纷排查化解、重点人员稳控、劝返接回和非正常上访处置等各环节工作措施，圆满完成了元旦、春节及各级“两会”、中共十八届五中全会等重点敏感节点信访稳定工作任务。

（县信访局供稿）

督查工作

DUCHA GONGZUO

【概况】 县委、县政府督查中心于 2011 年年初筹建，2012 年 1 月经县编委会批准成立。中心为正科级财政全额拨款事业单位，隶属县委办公室，内设股室 4 个，核定事业编制 11 名，其中领导职数 1 正 2 副，内设领导职数 4 名。2015 年 12 月 9 日，经第 30 次县委常委会研究同意，增加督查中心 10 个事业编制和 2 个内设科室，现正在按程序运作中。

【督查督办工作】 2015 年，县督查中心对中央和省市各项重大决策部署，全省“调转促”会议，市委三届八次全会、市委常委会工作要点、市政府工作报告分解任务，全市第一、二、三季度经济工作督查调度会及基层党建调度会，市委、市政府年度工作要点，县委十届七次全会、县委常委会工作要点，县委常委会（扩大）会议等省、市、县决策事项和工作安排进行交办。2015 年共制发提请单 173 件，交办通知书 869 件，报送《督查专报》165 期，对工作落实不力、未按时完成交办任务的 44 家单位给予扣分处理，并纳入绩效考评。

【目标管理考核工作】 2015 年度县督查中心主要负责执行力建设及交办督办工作的考评考核任务。依据《关于印发〈涡阳县 2015 年度党建工作目标管理与考核奖惩办法〉和〈涡阳县2015年度镇（场、街道）和经开区经济社会发展情况目标考评奖惩办法〉的通知》（涡〔2015〕27号）文件进行考核，实施每月通报加减分、年终统计汇总制度，并按照两办要求及时上报。

（县督查中心供稿）

副县长李雷（右四）带队督查一中新区建设

档案工作

DANGAN GONGZUO

【概况】 县档案局1984年10月成立，县档案馆1958年2月成立，属一个机构两块牌子，内设4个股：人事秘书股、业务指导股、内部管理股和资料编研股。现有正式干部8人，其中：具有大学本科学历4人，大学专科学历3人，中专学历1人；具有档案馆员（中级）职称3人。

【档案硬件建设】 新档案馆占地9亩，于2010年1月6日开始动工，现全部建成并投入使用。新档案馆大楼为框架结构六层，建筑面积为6888平方米，其中：库房面积为2700平方米，有8个库房内配有密集架共1700立方米；业务技术用房面积为1400平方米；对外开放用房面积为1400平方米；办公用房面积为600平方米；附属用房面积为788平方米。大楼内安装有安全防范和库房温湿度监控系统，12台去湿机、12台加湿机和12台消毒素机分设到6个密集架库房。为更好、有效地开展工作，添置了8台电脑、1台复印机、2台打印复印一体机，另安装了档案管理软件单机版1套。

【馆藏档案资源】 县档案馆保管着全县84个全宗127个立档单位的档案、资料42350卷（件、册）。1. 文书档案。接收的年限为1949年至1978年，只有县委办公室接收至2007年、县政府办公室接收至1995年、县人事局接收至1992年、县劳动局接收至1983年。档案内容主要分为：党群系统全宗档案；“文化大革命”时期县革委会全宗档案；政府系统全宗档案；县直企事业单位全宗档案；各区、镇（场）全宗档案；临时机构全宗档案。计20337卷。2. 人事档案。内容包括县教育局1960年前后精减下放教师档案；县委组织部和县教育局非在职干部档案；县人事局退职干部档案。计1167卷。3. 纪检监察档案。内容包括县纪委、县监察局和县人事局对党员干部和行政干部所犯错误的处理及案件查处结果档案。计2598卷。4. 房产土地证档案。内容包括1950年土地人口房产陈报书、土地房产所有证存根档案。计2687卷。5. 人口普查档案。内容包括县人口普查办公室在1954年、1964年、1982年第一、二、三次全国人口普查工作中形成的档案。计287卷。6.“下放知青”档案。内容包括县“知识青年”办公室1968年至1978年“知青”下放存根、部分“知青”个人档案和“知青”内外迁移档案。计2687卷。7.农税清册和地契档案。内容包括县财政局和财税局在新中国成立初期组织征收的农户农业税清册及地契档案。计3466卷。8.革命历史档案。内容包括中共雪涡县委1946年至1949年形成的档案。计19卷。9.历史档案。清同治十一年(1872年)圣旨两轴。10.科技档案。撤销单位县区划办移交进管的图纸223张。11.声像档案。照片6本360张，录像带2盒。12.电子档案。革命历史档案光盘1张。13. 书画档案。县老年书画联谊会捐赠的书画作品252幅。14.图书、资料。计6518册。

2015年度共接待查阅利用档案者2100人次，有效查找利用所需档案2900卷（件）。

【档案业务指导】 2015年档案局派出业务骨干到县委组织部、检察院、财政局、公证处、法院、文明办、交通局、教育局、农经局及24个乡镇农综站等单位业务指导，共整理一百多万件，目录二百多册，其中二十四个乡镇农综站土地确权凭证档案九十多万件，全部通过市级验收。

（县档案局供稿）

县直机关工委工作

XIANZHIJIGUAN GONGWEI GONGZUO

【概况】 县直机关工委现有7人，书记1人，副书记2人。武装部长1人、纪工委书记1人。内设办公室、组宣室。其主要职责是：负责县直机关党组织建设、党员教育管理、纪检、武装、群团等工作。

【基层党组织建设】 出台《关于进一步加强县直机关党组织建设的意见》，作为指导县直机关党组织建设的规范性文件，并组织县直各分工委、机关基层党组织认真贯彻执行。主要工作任务：一是加强组织建设，夯实阵地基础；二是加强队伍建设，增强党性观念；三是加强制度建设，注重纪律约束。

开展“集中换届月”活动。对四月份机关党组织“集中换届月”活动进行重点部署，召开了专项工作推进会，下发《关于认真做好机关基层党组织换届选举工作的实施方案》等配套文件，指导机关党组织集中换届。县直机关基层党委换届1个，总支换届26个，支部换届424个。推进机关党建标准化建设。把地税局、老干局作为机关党支部标准化示范点，发挥典型示范作用，促进了机关党建工作规范化。

【党员教育管理】 建立机关党务干部培训制度。2015年举办培训班三期，分别是县直机关党支部书记专题培训班、县直机关学习贯彻十八届五中全会精神宣讲报告会、入党积极分子培训班，共培训1100余人次。严格发展党员工作。认真落实《发展党员细则》，全年共发展党员81名，接转党员组织关系233个。严格党内组织生活。落实“三会一课”纪实报告制度，对机关召开“三会一课”的时间、地点、主题、人员、内容和图片等进行纪实和检查，保障了党内组织生活的制度化和规范化。

【书香机关建设】 积极组织“书香机关”建设方案的实施工作，开展了“书香机关”“阅读之星”

评选工作，地税局、市场监督管理局、烟草专卖局、检察院、法院、华圆烟草、人寿保险公司等县直单位的“书香涡阳阅读悦看”推进工作中取得明显成效。

【创新品牌】 一是推广“微型党课”教育模式。选 2 名选手参加全市“微型党课”比赛，分获三等奖和优秀奖。指导县政务服务中心、地税局和党代表认真开展微型党课活动。二是开展在职党员进社区活动。实行社区党组织和单位党组织“双重管理”。县直单位近 3000 名在职党员开展了在职党员进社区活动。三是开展安全文化进机关活动。县教育局等单位被市命名为机关示范单位。四是开展“送温暖、献爱心”捐赠活动。与民政局一起发文，广泛动员全县各级各部门干部职工及社会各方面力量捐款 22 万余元，用于困难群众，困难老党员、老干部家庭等贫困人群生活救助。从党费中下拨 27000 元慰问了县直困难党员。县直各单位普遍开展了结对帮扶活动。五是调研离退休老干部党支部工作。与组织部老干局先后深入到教育局、县社、农委等单位，实地调研了离退休老干部党支部工作情况，通过召开座谈会等形式，详细了解老干部支部班子建设情况、活动开展情况、发挥作用情况、困难离退休干部党员帮扶情况等。六是举办“我的岗位我负责、我为涡阳添光彩”演讲比赛。2 月 15 日上午，“我的岗位我负责、我为涡阳添光彩”主题演讲比赛在县广电中心举行。此次比赛是“涡阳怎么看、干部怎么干”大讨论活动的重要内容之一。由县委宣传部、县委组织部、县直机关工委共同主办，通过初赛、复赛、决赛，12 名选手分获一、二、三等奖和优秀奖。

【武装工作】 完成了民兵整组工作，选拔 100 名县直民兵参加省、市点验大会，受到好评。

（县机关工委供稿）

老干部工作

LAOGANBU GONGZUO

【基本概况】 2015 年，涡阳县老干部工作以组织离退休干部学习党的十八大和十八届三中、四中、五中全会精神和习近平系列讲话精神，落实离休干部“两项待遇”，推进老干部学习活动阵地建设为重点，不断提高老干部工作管理水平。全县有离休干部 351 人，其中，抗日战争时期参加革命的离休干部 9 人，副处级离休干部 48 人；副处级退休干部 44 人。涡阳县老干部局隶属县委组织部，是县委服务管理老干部的工作机构，在编行政人员 6 人，下辖局综合办公室、关工委办公室、老年大学办公室和老干部活动中心，在编事业编制人员 6 人。

【老干部政治待遇落实】 2015 年，涡阳县老干部局按照中央组织部和省委老干部局的通知要求，通过召开座谈会、报告会等形式以及利用老干部学习日（每月 15 日）和老干部阅文日（每月 25 日）组织离退休干部开展学习十八届五中全会精神和习近平系列讲话精神活动，抓好离退休干部政治理论学习。落实副处级以上离退休干部情况通报会制度，8 月和年底县委、县政府分别在行政中心 11 楼和徽酒集团会议中心召开半年情况通报会和迎春茶话会，向老干部通报全县经济和社会发展情况。为离退休干部订阅报纸、杂志，全县共征订《官德》《政道》400 份、《离退休干部党支部学习参考》30份、《开心老年》640份、《江淮》400份。

【老干部生活待遇落实】 2015年，涡阳县老干部局做好全县离退休干部重大节日的慰问工作，学习传达上级文件，要求做好离退休干部中秋、国庆、重阳节、元旦、春节的慰问工作，全县的各有关单位按照要求对离退休干部进行慰问。春节期间老干部局采取召开座谈会或直接上门的形式，分别对全县离休干部和副处级以上退休干部进行慰问；原四套班子离退休领导全部由县四套班子现任领导逐一上门慰问。结合抗日战争胜利70周年纪念活动，走访慰问了9名抗日老干部，并送上5000元慰问金和纪念章。探望住院离退休干部78人次，为离休干部解决医疗费6人次。上门慰问离退休干部126人次；参加离退休干部逝世告别会6次。为易地居住和异地安置的离休干部解决疑难问题5件。按照皖老字〔2014〕4号文件精神，为全县符合条件的326名离休干部调整增加护理费标准，并全部发到离休干部手中。

【老年大学建设】 县委、县政府关心、重视老干部学乐有为工作，将地处县城黄金地段，面积1500平方米的单体独院建筑，整体划为老年大学和关工委的教学办公楼。改建精装后，2015年初投入使用，现有办公室3间、教研室1间、教室5间、书画展厅1处，开设了时政、法律、国学、老子文化、黄梅戏、豫剧等17个专业。校委员会设校长1名、副校长4名，学校聘任教师20名，其中党员12名。现有学员365人，其中党员136人。按照县委部署，承担全市第三季度老年大学党建观摩点任务，经过多方努力，扎实苦干，如期完成任务。市委常委、宣传部部长杜爱玉，县委书记胡明文，县委副书记李锋，县委常委、组织部部长、统战部部长刘梦汝等领导多次莅临指导并给予了充分肯定。11月10日，全市第三季度党建督查调度会在涡阳召开，涡阳县老年大学的党建和教学工作受到市委书记杨敬农的充分肯定，在大会上多次提出表扬。

【关工委建设】 全县现有关工委和关工小组856个，参与关心下一代工作的“五老”人员6356名。县关工委充分发挥“五老”在关心下一代工作的重要作用，组织开展了“国学经典六进”“为留守儿童义诊”“党是阳光我是苗书画大赛”等项活动，引导广大青少年健康成长。新兴镇关工委主任赵成云获得“全国关心下一代工作先进个人”荣誉称号，县关工委被评为全省少（幼）儿素质教育先进单位、全县中小学生“中国梦·我的梦”主题征文活动优秀组织奖，在“双创建活动”中，被授予“全国优秀组织奖”，为党的事业增添了正能量。县委、县政府召开全县关心下一代工作会议，表彰了9名贡献突出的先进集体和先进个人。

【活动中心】 涡阳县老干部活动中心隶属于中共涡阳县委老干部局，总建筑面积1275平方米，服务对象为全县离退休干部。活动中心按功能共分为五个区域，分别是综合活动区、绿色廊道、体育健身区、多功能厅、室外运动区。活动项目有乒乓球、台球、象棋、麻将、健身、书画、阅文等；户外活动项目有：门球、羽毛球和休闲花园。经常到活动中心开展活动的老干部380余人。每年“五一”、国庆期间都举办丰富多彩的老干部文体比赛。

【离退休干部发挥正能量活动】 2015年，根据上级精神，县委老干部局组织离退休干部深入学校、机关、社区、农村等地宣传国学经典及中国好声音，在四中、八中、西阳郭寨等地举办各种活动，以舞蹈、小品、合唱、独唱、乐器合奏、戏曲等形式，赞美祖国、歌颂幸福的生活，参加演出的离退休干部40余人。在县老年大学，举办了纪念抗日战争胜利70周年老干部书画展活动，参加书画展的离退休干部127人，收到书法作品153幅，展出的作品共100余幅。离退休干部积极响应县委、县政府号召，在秸秆禁烧、环境整治、“两违”管控、新校区搬迁等中心工作中建言献策，发挥余热。

（县老干局供稿）

关心下一代工作
GUANXINXIAYIDAI GONGZUO

【县关工委领导班子成员】 名誉主任：汪洋清、杜好农、范新安。主任：陆影。常务副主任：锁莉。副主任：李春萌、邹广义、燕永志、任峰、胡维志、蒋东初、陈怀义、葛自民、高居正、唐龙、崔同焕、马品卿、廉成荣、孙传德、周宗勤、张振东、周新华、裴华国。办公室主任：邓书先。

【主要工作】 县委、县政府重视把关心下一代工作摆上重要位置，县委两次召开专题会议，学习中央领导、省委和市委领导对关心下一代工作的指示、批示、讲话，专门听取县关工委工作汇报。对关工委工作提出“三个纳入”即纳入党政工作的重要议事日程、纳入经济建设和社会发展总体规划、纳入目标考核内容；县委胡明文书记多次到关工委看望老同志，对做好关工委工作提出要求和希望，县委副书记李锋和县委常委、组织部部长刘梦汝多次听取关工委工作汇报，多次参加县关工委的活动；为关工委开展工作解决实际问题。突出重点，做好四项工作：一是开展“老少学经典，弘扬价值观”主题教育；二是认真开展第三届“关爱明天，普法先行”青少年普法教育活动；三是广泛开展为农村留守儿童义诊活动，县人民医院、县中医院和25个镇（场）、街道办事处卫生院，为全县2869名留守儿童进行体检和健康知识教育；四是加大“双创建”工作的力度，2015年县陈大镇关工委、石弓镇关工委、涡北街道办事处关工委、高炉中心校关工委、城关中心校关工委、楚店中学关工委、高炉镇大呼村关工小组、新兴镇大李村关工小组、西阳镇郭寨居委会关工小组、安徽双轮酒业有限责任公司关工委等10个单位被市关工委评为“五好关工委组织”。县关工委协调教育关工委，在全县中小学生中开展“学党史、颂党恩、跟党走”和“爱学习、爱劳动、爱祖国”三热爱主题教育活动。县关工委配合教育局关工委组织抗日老战士和报告团为在校中小学生作了“铭记历史、勿忘国耻、珍爱和平”报告会，并组织学生集体收看9月3日盛大阅兵式，受教育的青少年达10万人以上。较好完成了全省关工委第八届“党是阳光我是苗”少、幼儿书画大赛，县关工委被评为优秀组织奖，县118幅作品获奖。

（县老干局供稿）

老年大学
LAONIAN DAXUE

【基本情况】 老年大学隶属县老干部局管理的老

年教育工作机构，2015 年 1 月，学校从活动中心迁至新址（原县城市规划展览馆），学校有办公室 5 间（其中校长、副校长室 4 间，办公室、教研室一间），会议室（党建活动室）一个，教室 5 个（其中多功能教室一个，舞蹈排练厅一个），书画展厅一处，总面积 1500 平方米。学校工作人员 9 名，其中：校长 1 名，副校长 4 名（兼职 1 名），工作人员 4 名（在职 2 名）。

【教学情况】 学校开设 17 个专业班（时政、法律、国学、老子文化、音乐、二胡、黄梅戏、豫剧、形体舞、健身舞、交谊舞、太极拳、书法、绘画、保健、电脑、剪纸），2015 年春季为 14 个专业，秋季新增 3 个（电脑、二胡 、剪纸）；学员 608 名（其中：春季学员 228 名，秋季学员 380 名）；聘请教师 19 名（其中：交谊舞、保健教师各 2 名）。

【活动开展情况】 2015 年 3 月，省老干局副局长邱茂叶，省老干局办公室主任殷秋，市老年大学校长雅中庆，市委组织部副部长、老干局长卢刚，县委副书记李锋，县委常委、组织部部长刘梦汝等领导参加春季老年大学开学典礼并指导工作。

3 月，老年大学组织外出学习观察，在校长范新安的带领下，考察团一行 10 人先后到合肥蜀山区、肥西县、繁昌县、利辛县等老年大学参观学习办学经验。

4 月，涡阳县老年大学举办学习贯彻全国“两会”精神报告会。县委宣传部讲师组高级讲师金广卫就学习贯彻两会精神作了专题辅导。

5 月，涡阳县老年大学艺术团舞蹈队，参加由省文化厅主办，省文化馆、市文化旅游局举办的“美好安徽舞起来”第二届全省广场舞大赛，涡阳老年大学舞蹈队参赛的《好一个花鼓灯》荣获三等奖。

6 月，涡阳县老年大学召开秸秆禁烧、三轮禁运工作动员会。号召学员当好义务宣传员，以实际行动支持政府工作。

9 月，老年大学参加全县文艺会演比赛，音乐、二胡、黄梅戏、豫剧、形体舞、健身舞班学员，参加了五项比赛，均获得好名次。

10 月，老年大学举办抗战胜利 70 周年形势报告会和书画展。

10 月，老年大学在校长范新安的带领下，先后到县夕阳红养老中心、城西、城东敬老院开展慰问，并为敬老院的老人们送去了喜闻乐见的文艺节目。

11 月，老年大学开展“书香村居”建设宣讲活动，7 名老年大学教师义务走上宣讲台，先后在老年大学、县五中、郭寨社区进行“国学经典”宣讲，深受广大师生和农民朋友欢迎。

11 月，全市党建工作会议，参观老年大学党建工作、教学成果展和校园文化建设，受到与会人员点赞。市委书记杨敬农称赞涡阳老年大学与时俱进，发挥余热，为亳州市老年教育事业的发展传递正能量，作出了积极应有的贡献。

11 月，老年大学开展献爱心活动，全校师生员工在校领导的带领下，积极参与，累计捐衣捐被千余件（套），捐款 4700 元，所捐款、物上交民政局，由扶贫办适时安排慰问。

12 月，老年大学校长范新安带领校委会领导班子成员，在民政局局长徐敬、老干局局长贾惜东的陪同下，先后看望了县孤儿院儿童和二位卧床 6 年和 11 年之久的身残植物人，给他们送去了慰问金，送去了老年大学的关怀，送去了党的温暖。

（县老干局供稿）

党史研究

DANGSHI YANJIU

【概况】 1981年11月21日，成立中共涡阳县委党史资料征集小组，下设县委党史办公室，编制6人，科局级机构。1986年11月5日，县委党史办资料征集小组改称县委党史工作委员会，下设党史办公室，编制6人，经费列入财政预算。

【开展涡阳党史二卷的专题编写和资料征集工作】

完成了《涡阳县剿匪反霸斗争》《镇压反革命运动》《涡阳县抗美援朝运动》《土地改革》《社会主义三大改造》《三反、五反运动》《文化大革命在涡阳的发动》《“斗批改”运动的开展》《涡阳历次党代会，人代会，政协会，共青团，妇联，工会会议简要情况》《涡阳十年来社会主义建设成就》等专题的编写。继续抓好资料的征集，督促各单位继续上报完善有关党史资料。8月份，安排人员前往安徽日报社查找搜集有关涡阳县社会主义时期党史资料。9月，参加了全省党史二卷编撰培训班。

【纪念抗日战争胜利70周年系列纪念活动】 参与筹备涡阳县纪念抗日战争暨世界反法西斯战争胜利70周年座谈会暨《光辉的历程——新四军第四师抗战在豫皖苏边》内部发行仪式。9月28日下午，涡阳县召开了纪念抗战70周年座谈会，会议大力弘扬涡阳伟大的抗战精神，要铭记历史，缅怀先烈，努力把涡阳各项事业推向前进。参与筹备纪念抗日战争暨世界反法西斯战争胜利70周年报告会。8月29日，邀请了省委党史研究室副厅级巡视员施昌旺在县作了题为《浴血江淮——安徽抗战历史回顾》的专题报告，县领导班子成员及县直乡镇单位负责人听取了报告会。参与制定《抗战老战士慰问方案》，陪同县领导到抗战老战士肖春生、马如壁家进行慰问。开展学生军训集中教育活动。在高一新生军训期间，为县一中、二中、三中联系了抗战老战士肖春生、陈友衡，为高一新生讲述抗战故事，讲述抗战时期的亲身经历。

【新四军历史研究主要工作】 4月份接待了原涡阳县抗日民主县长李晨子女一行到涡阳祭扫活动，陪同李晨子女一行先后到新兴四师纪念馆，曹市辉山烈士陵园实地瞻仰，并认真听取了他们对涡阳新四军研究会工作的意见和建议。4月底接待了淮安市及各县区新四军历史研究会一行20余人到涡阳县参观考察，陪同他们参观了新兴镇新四军四师纪念馆，并相互交流了工作。8月，县新四军历史研究会参与接待了人民网记者到涡阳采访谢氏三兄弟抗战事迹，《安徽日报》到新兴集四师司令部旧址采访等活动，并提供了有关资料。11月，市新四军历史研究会会长时鸣金一行到涡阳红色收藏馆检查指导工作，就收藏资料的利用、保管作了重要安排部署。

（县党史办供稿）

涡阳县人民代表大会常务委员会

GUOYANGXIAN RENMINDAIBIAODAHUI CHANGWUWEIYUANHUI

涡阳

GUOYANG

概　述

GAI SHU

【概况】 2015 年共召开常委会会议 13 次，主任会议 20 次，听取和审议“一府两院”工作报告 28 项，作出决议、决定 17 项，任免国家机关工作人员 48 人次。县十六届人大四次会议代表提出的 5 件议案、3 件重点建议和 59 件建议，均已按规定处理完毕，代表对办理工作表示满意和基本满意的达 90% 以上。

重要会议

ZHONGYAO HUIYI

【人民代表大会】 2015 年 1 月 10—12 日，在涡阳剧院召开了县十六届人民代表大会四次会议，大会听取和审议了县长杨学国代表县人民政府所作的《政府工作报告》，听取和审查了县发展和改革委员会主任梁云超受县人民政府委托所作的《县 2014 年国民经济和社会发展计划执行情况与 2015 年计划（草案）报告》，批准了涡阳县 2015 年国民经济和社会发展计划，听取和审查了县财政局局长王锐受县人民政府委托所作的《县 2014 年财政预算执行情况和 2015 年财政预算（草案）报告》，批准了涡阳县 2015 年县级财政预算，听取和审议了县人大常委会副主任王贵民受县人大常委会委托所作的《县人大常委会工作报告》，听取和审议了县人民法院代理院长梁德友所作的《县人民法院工作报告》，听取和审议了县人民检察院代理检察长信清彬所作的《县人民检察院工作报告》，大会决定批准上述几个报告。大会依法选举胡明文为涡阳县人民代表大会常务委员会主任，选举梁德友为涡阳县人民法院院长，选举信清彬为涡阳县人民检察院检察长，报经亳州市人民检察院检察长提请亳州市人民代表大会常务委员会批准。

【常委会会议】 2015 年 1 月 5 日，县十六届人民代表大会常务委员会召开第三十一次会议。会议听取县政府关于 2014 年工作情况的通报，县委副书记、县政府县长杨学国对当前县经济发展及债务情况进行了全面、客观分析，并提出了下步工作思路。会议还听取和审议了关于涡阳县 2014 年国民经济和社会发展计划执行情况及 2015 年计划草案的报告、关于涡阳县 2014 年预算执行情况和 2015 年预算草案的报告及财经工委初审报告、涡阳县人大常委会工作报告（审议稿）、

涡阳县十六届人民代表大会第五次会议

涡阳县十六届人大四次会议选举办法（草案）。会议听取和审议了关于涡阳县2013年预算执行和其他财政收支情况审计工作报告的审议意见办理情况报告，关于涡阳县十六届人大三次会议代表议案、建议办理情况的报告，关于县十六届人大四次会议筹备工作、组织领导情况的报告。以举手表决的方式通过以上四个报告。会议听取并通过了县十六届人大常委会代表资格审查委员会关于补选代表的代表资格审查情况报告，依法确认补选胡明文、方振勇、梁德友、信清彬、岳祥金、段华宇等6同志的县十六届人大代表资格有效。涡阳县十六届人民代表大会实有代表367名。会议依法补选丰霄寒、张秀忠为涡阳县出席亳州市第三届人民代表大会代表。会议决定接受巩中辞去涡阳县十六届人大常委会主任职务的请求；赵昊平辞去涡阳县人民检察院检察长职务的请求。

2015年3月6日，县十六届人民代表大会常务委员会召开第三十二次会议。会议听取并通过了涡阳县人大常委会2015年工作要点。会议决定免去黄卫国涡阳县人民政府副县长职务；决定免去赵书义涡阳县经委主任职务；决定免去李杰涡阳县科技局局长职务；免去马燕霖涡阳县人大常委会内务司法工作委员会主任职务；免去王宁涡阳县人大常委会城乡建设与环境资源保护工作委员会主任职务；免去杨健涡阳县人大常委会办公室副主任职务；免去李强涡阳县人大常委会人事代表选举工作委员会副主任职务。 会议任命马燕霖为涡阳县人大常委会城乡建设与环境资源保护工作委员会主任；决定任命赵凯为涡阳县经委主任;决定任命赵书义为涡阳县科技局局长。胡明文为新当选人员颁发了任命证书，被任命人员在领誓人的带领下，面向国徽，手持《宪法》，并作庄严宣誓。

2015年4月28日，县十六届人民代表大会常务委员会召开第三十三次会议。会议听取和审议了县政府关于涡阳二中新区项目贷款及近年来融资情况的报告，以投票的方式通过了该项目贷款的决议。会议根据《涡阳县人大常委会任免地方国家机关工作人员办法》第十条第二款之规定："县人民政府、县人民法院、县人民检察院所属机构撤销、合并以及不再作为县人民政府工作部门，原经常务委员会任命的人员的职务，由原提请机关报常务委员会注销，不再办理免职手续。"涡阳县计生委和卫生局合并为县卫生和计划生育委员会，原县计生委主任刘化云、县卫生局局长杨洪影职务，常委会不再办理免职程序。县人大常委会决定任命苏志杰为涡阳县人民政府办公室主任。决定任命刘化云为涡阳县卫生和计划生育委员会主任。

2015年5月26日，县十六届人民代表大会常务委员会召开第三十四次会议。县委常委、县政府常务副县长刘传华代表县政府作全县秸秆禁烧工作准备情况汇报，会议还听取了关于县城交通拥堵情况的调研报告。会议还进行了人事事项，县人大常委会接受马明辞去涡阳县第十六届人民代表大会常务委员会副主任职务，决定任命黄恺为涡阳县人民政府副县长。免去程效中的涡阳县人民法院楚店人民法庭副庭长、涡阳县人民法院审判员职务；免去岳广华的涡阳县人民法院刑事审判二庭副庭长、涡阳县人民法院审判员职务；免去朱超的涡阳县人民法院执行庭副庭长、涡阳县人民法院审判员职务；免去张大杰的涡阳县人民法院义门人民法庭副庭长、涡阳县人民法院审判员职务；免去牛阵的涡阳县人民法院高炉人民法庭副庭长、涡阳县人民法院审判员职务；免去张伟阳的涡阳县人民法院高炉人民法庭庭长、涡阳县人民法院审判员职务；免去吴纯环的涡阳县人民法院刑事审判一庭副庭长、涡阳县人民法院审判员职务；免去张丽丽的涡阳县人民法院城西人民法庭副庭长、涡阳县人民法院审判员职务。决定任命张心乾、时杰、张良、耿玉宽、徐刚、杨凯、范毛俊、张红、张飞等九同志为人民陪审员。

2015年7月17日，县十六届人民代表大会常务委员会召开第三十五次会议。会议听取了关于《涡阳县城市总体规划（2014—2030年）》修编工作的报告；听取和审议了县政府关于2014年财政决算情况的报告、关于2014年预算执行及其他财政收支情况的审计报告和县人大财经工委对2014年县级决算及财政审计工作报告审查结果的报告，会议分别作出了审议意见和决议。县人大常委会决定任命汪俊峰为涡阳县人民政府副县长，决定免去王锐的涡阳县财政局局长职务；决定免去李永进的涡阳县文化体育旅游局局长职务；决定任命赵良为涡阳县财政局局长；决定任命刘斌为涡阳县文化体育旅游局局长。

2015年7月31日，县十六届人民代表大会常务委员会召开第三十六次会议。县财政局向会议作关于涡阳县人民政府与肥西县人民政府合作及融资情况的报告，县委常委、县政府常务副县长刘传华向常委会通报上半年全县经济运行情况及债务融资等工作，会议进行了认真听取和审议，以无记名投票表决的方式，通过了《关于涡阳县人民政府与肥西县人民政府合作融资情况的决议（草案）》。县人大常委会接受刘心峰辞去涡阳县第十六届人民代表大会代表职务的请求，报涡阳县人民代表大会备案。根据表决结果，县人大常委会许可县人民检察院提请对涡阳县第十六届人民代表大会代表郭铁铮采取强制措施。

2015年9月7日，县十六届人民代表大会常务委员会召开第三十七次会议。根据票决结果，县人大常委会接受张志明辞去涡阳县第十六届人民代表大会代表职务的请求，报涡阳县人民代表大会备案。

2015年9月16日，涡阳县十六届人民代表大会常务委员会召开第三十八次会议。会议听取和审议了县政府关于2015年上半年财政预算执行情况的报告、2015年上半年国民经济和社会发展计划执行情况的报告和县人大常委会关于《中华人民共和国大气污染防治法》《安徽省大气污染防治条例》在县贯彻落实情况的执法检查报告，对上述报告分别作出审议意见，以举手表决的方式通过审议意见。会议专项听取了关于县人民法院审判管理规范化建设情况的报告，并票决通过该报告。根据表决结果，县人大常委会任命蔡扬为涡阳县人大常委会内务司法工作委员会主任，任命陈冬梅、兰叶、张涛（涡北法庭）、纪李宁、徐向东、于姗姗、张涛（楚店法庭）、李松为涡阳县人民法院审判员。胡明文为新当选人员颁发了任命证书，被任命人员在领誓人的带领下，面向国徽，手持《宪法》，作庄严宣誓。

2015年10月30日，涡阳县十六届人民代表大会常务委员会召开第三十九次会议。会议传达学习了中共中央转发的《中共全国人大常委会党组关于加强县乡人大工作和建设的若干意见》《中共安徽省委关于加强人大工作和建设的意见》等文件精神。会议还听取并审议通过了关于小型农田水利工程改造提升与管理创新的调研报告。根据票决结果，县人大常委会决定任命刘仲远、张尔庆为涡阳县人民政府副县长（挂职两年）。

2015年11月26日，涡阳县十六届人民代表大会常务委员会召开第四十次会议。会议听取和审议了县政府关于请求批准将亳州涡阳徽银城镇化一号基金有关资金安排列入县级财政预算的议案，以票决的方式满票通过了该事项。听取县政府关于涡阳县城总体规划（2014—2030年）修编工作的报告，县政府关于2015年度县人大常委会作出审议意见办理情况的报告。听取和审议了关于《中华人民共和国体育法》《安徽省全民健身条例》执法检查情况的报告和涡阳县经济开发区建设及项目运营情况的调研报告，分别作出审议意见，并以举手表决的方式通过上述意见。听取并审议通过了关于补选县十六届人大代表的实施方案（草案）。根据表决结果，县人大常委会决定，接受程剑辞去涡阳县十六届人大常委会委员、县十六届人大代表职务的请求，决定免去刘传华的涡阳县人民政府副县长职务，决定任命方振勇为涡阳县人民政府副县长；胡明文为新任命人员颁发任命证书，新任命人员向宪法进行了宣誓。

2015 年 12 月 4 日，涡阳县十六届人民代表大会常务委员会召开第四十一次会议。会议听取和审议了关于涡阳县十六届人民代表大会第五次会议时间、地点与建议议程的报告，以举手表决的方式通过了该事项。根据投票表决结果，县人大常委会决定接受张群辞去县十六届人大代表职务。

2015 年 12 月 22 日，县十六届人民代表大会常务委员会召开第四十二次会议。会议听取和审议了县政府关于涡阳县十六届人大四次会议代表议案、建议办理情况的报告、县人大常委会工作报告（审议稿）。会议同意将上述报告提交县十六届人民代表大会第五次会议审议。会议听取和审议了县十六届人大代表出缺情况及补选工作实施方案（草案）的报告。以举手表决的方式通过上述报告。会议依法补选邹桂武、张立驰、刘传华为涡阳县出席亳州市第三届人民代表大会代表；决定接受岳德亮辞去亳州市第三届人大代表职务的请求，报亳州市第三届人民代表大会常务委员会代表资格审查委员会审查。决定接受王伟、梁峰、王平辞去涡阳县第十六届人民代表大会常务委员会委员职务的请求。

2015 年 12 月 31 日，涡阳县十六届人民代表大会常务委员会召开第四十三次会议。会议听取和审议了县政府关于 2015 年县本级预算调整方案（草案）的报告及财经工委初审报告，作出了关于批准涡阳县 2015 年预算调整的决议。会议听取和审议了县政府关于涡阳县国民经济和社会发展第十三个五年规划纲要（草案）、关于 2015 年国民经济和社会发展计划执行情况及 2016 年计划草案的报告、关于 2015 年预算执行情况和 2016 年预算草案的报告及财经工委初审报告（草案）、涡阳县十六届人大五次会议选举办法（草案），涡阳县十六届人大五次会议代表议案和建议、批评意见的提出和处理办法（草案）。会议同意将上述报告提交县十六届人民代表大会第五次会议审议；以举手表决的方式通过了 2016 年预算草案的初审报告，同意报县十六届人民代表大会第五次会议计划和预算审查委员会审议。会议听取县政府关于提请审议涡阳县 2015 年地方政府债务限额（草案）的议案，以无记名投票的方式通过了该事项的决议；听取关于涡阳县十六届人大五次会议筹备工作有关情况的报告，以举手表决的方式通过该报告。

（县人大办供稿）

重要活动

ZHONGYAO HUODONG

【讨论决定重大事项】 为优化县教育资源布局，常委会作出关于涡阳二中新区项目贷款情况的决议。应县政府的提请，作出关于涡阳县人民政府与肥西县人民政府合作融资情况的决议。为发挥基金对城市基础设施建设的带动作用，作出关于将亳州涡阳徽银城镇化一号基金有关资金列入县级财政预算的决议。共支持县政府融资12.5亿元。常委会还听取涡阳县城市总体规划（2014—2030年）修编工作、主体功能区规划编制等工作报告。对镇（场、街道）人大工作和建设开展专题调研，研究加强和改进县乡人大工作的措施方法，为县委出台加强全县人大工作和建设打好基础，认真贯彻县委关于加强全县人大工作和建设的文件精神。认真贯彻县委关于加强全县人大工作和建设的文件精神。

【执法监督】 2015年，县人大常委会分别对《中华人民共和国大气污染防治法》《安徽省大气污染防治条例》和《中华人民共和国体育法》《安徽省全民健身条例》在县贯彻实施情况进行执法检查。持续开展“食品安全江淮行”，连续两年对城区道路交通拥堵治理工作进行跟踪监督。听取和审议了县人民法院关于审判管理规范化建设情况的专项报告，并进行满意度测评。扎实做好“六五”普法总结验收，推动在全社会营造尊法、守法、学法、用法的浓厚氛围。

【财政监督】 全年，常委会听取和审议了县政府关于2015年上半年国民经济和社会发展计划执行情况、关于“十三五”规划纲要草案编制情况的报告。听取和审议了2015年上半年预算执行情况的报告、2014年财政决算报告，审查批准了2014年县级财政决算及2015年县本级预算支出调整方案。加大对2014年县级预算执行及其他财政收支情况审计报告中提出问题整改的监督力度，共清理收回欠缴税费6070万元。

【议案建议督办】 全年，办理县十六届人大四次会议代表提出的5件议案、3件重点建议和59件建议，代表对办理工作表示满意和基本满意的达90%以上。听取了县政府及住建、农委、文体旅等部门办理工作的报告，邀请领衔代表与承办单位面对面沟通。

【代表活动】 认真做好闭会期间的代表活动开展，加强对代表小组的工作指导，通过县人大网站、电视台和微博微信等公众平台，及时公布常委会重要活动信息，广泛宣传和推介优秀代表事迹典型，坚持重大事项、活动向代表征求意见，全年共邀请市、县人大代表列席会议和参加活动146人次。

【配合省市人大开展工作】 全年，先后配合省、市人大开展民生工程视察、农村改革与土地确权颁证、《中华人民共和国社会保险法》贯彻实施情况和民族宗教工作等监督活动，认真做好代表视察及有关重大事项的征求意见工作。

（县人大办供稿）

县人大常委会副主任王贵民（前左二）、纪侠玲（右一）带队调研县城交通状况

涡阳县人民政府

GUOYANGXIAN RENMINZHENGFU

涡阳

GUOYANG

综　述

ZONG SHU

【概况】 2015年，完成了县十六届人大四次会议确定的各项目标任务。全年实现地区生产总值223.7亿元，增长8.7%；完成财政收入16.7亿元，增长5.0%；规模工业增加值62.6亿元，增长10.2%；固定资产投资143.3亿元，增长18.1%；社会消费品零售总额99.9亿元，增长12.4%；城镇常住居民人均可支配收入20643元，增长9.8%；农村常住居民人均可支配收入9115元，增长8.3%。

【工业经济】 全年实现规模工业总产值220亿元，增长12%；完成工业投资58.3亿元，增长25%；战略性新兴产业实现产值14.6亿元，增长30%。煤酒等骨干企业逐步企稳，信湖煤矿获国家发改委核准，涡北低热值矸石电厂被列入省“十三五”能源发展规划，农产品加工、煤炭化工等五大主导产业实现产值183亿元，增长12%，占全县规模工业比重的83%。加强银企对接，积极推进大众创业、万众创新。170个银企对接项目落实贷款22亿元，为189家中小微企业提供担保贷款7.3亿元；支持企业上市融资，源和堂药业成功挂牌“新三板”，盛丰鞋业、鸿森高科等6家企业在“新四板”挂牌；黑娃炒货、三志制动器、爱家食品等一批中小民营企业快速成长，全年新增规模工业企业44家、中小民营企业1995家。

【“三农”工作】 编制了全县现代农业产业布局和农田基础设施专项规划，农业发展方向更加明晰。粮食生产稳步提升。成功实现“吨粮县”创建目标，引进中科院“第二粮仓”项目，黄淮海小麦绿色增产模式、小麦产业体系高产攻关获农业部肯定。新增“三品一标”产品认证13个，无公害产地认证5个，30万亩小麦标准化生产基地获全国绿色食品认证。发展方式加快转变。在全市率先完成农村集体土地确权颁证，成功获批国家农村“两权”抵押贷款试点县；正宇集团被农业部认定为全国主食工业化示范企业，市级以上产业化龙头企业发展到108家；农民专业合作社、家庭农场分别达到1686家、658家，规模养殖比重达到80%，被评为全国生猪调出大县。农业基础更加牢固。新建修复机井7787眼，治理河沟189条，新建加固中小涵闸24个，建成5个农业物联网示范点；完成造林3.5万亩，建设绿色长廊120公里、森林长廊示范段66公里。新增县级以上农机专业合作社131家，农机总动力超过210万千瓦。

【第三产业】 全年新增限上商贸企业27家，总数达到167家。加大专业市场培育引进力度，投资6.6亿元的中农批皖北农特产品电商物流项目签约落地，北京四季大通集团注资盘活尚居都市场。电子商务开始兴起，引进淘实惠、聚农E购等电商平台，60家产业化龙头企业、专业合作社开展了农产品网上销售业务。外贸进出口高速增长，预计实现进出口总额10266万美元，增长59%，其中出口9288万美元，增长73.6%。房地产市场健康发展，完成房地产投资34.5亿元，增长10%，商品住宅销售面积同比增长22%。

【经开区建设】 围绕“一年打基础、两年上台阶、三年大变样”的目标，全力推进经开区建设，把经开区作为全县工业化主战场、城镇化突破口。通过理顺健全各项体制机制，充分释放开发区活力。全年新签约招商项目 27 个，签约金额 30 亿元以上，其中亿元以上项目 7 个；预计实现工业产值 33 亿元，增长 43%；完成工业投资 15 亿元，增长 36%；实现税收 2.3 亿元，增长 35%；实现进出口总额 5500 万美元，增长 103%。

【项目建设】 全年实施省市重点项目 48 个、县产业类项目 67 个、大建设项目 122 个，分别完成投资 70.1 亿元、45.8 亿元和 34 亿元。重大交通项目建设取得突破。济祁高速永利段建成通车，结束了涡阳没有高速公路的历史。省道 S307 线完成一级公路改造，绕城段和 S202 线路面改善工程全面开工建设，曹淝路、涡新路等 5 条县乡公路纳入国省干道规划，涡河三桥加快建设。实施农村道路网化工程，新改建县乡公路 51 公里、村道 150 公里，多年来制约县发展的交通问题取得重大突破。

【招商引资】 大力推进领导带头招商、精准招商，坚持招大商、招真商。一年来，累计签约项目 64 个，其中工业项目 45 个，修正健康饮品、创维手机、恒明新材料等 9 个亿元以上项目当年签约、当年落地、当年开工建设。

【城市建设】 按照“征地拆迁先行、基础设施先行、社会事业先行、聚集人气先行”的原则，集中力量打造南部新区，统筹推进安置房、道路、管网、社会事业等项目建设。优先安置拆迁群众，投资 25 亿元，加快德铭、德顺、新城等还原安置小区建设，全县在建安置小区 9 个，建筑面积 160 万平方米，其中新开工面积 100 万平方米，是过去 4 年总和的 3 倍，全部建成后，可安置拆迁群众 1.3 万余户。新区路网框架初步形成。启动“五纵五横一水系”建设，南外环、育英南路、八里西路、兴业南路等城市道路开工建设。城市功能配套逐步完善。涡北污水处理厂建成试用，三水厂、垃圾转运处理中心开工建设，全年铺设雨污管网 17.7 公里。社会事业布局得到优化。投资 3.1 亿元在南部新区建成教育“三校一园”，新一中顺利搬迁。

【民生工程】 全年完成各项民生支出 40.3 亿元，31 项民生工程完成年度任务。大力实施精准扶贫，减少贫困人口 24388 人。加快社会养老服务体系建设，农村低保、五保供养标准提高 10% 以上，五保集中供养能力达 71.6%。新增城镇就业人数超额完成年度目标任务，329 户以船为家上岸渔民得到妥善安置，7 类“老字号”群体补助足额发放，临时救助工作实现常态化，孤儿救助政策全面落实。实施棚户区改造 4927 套，公租房实物配租 3900 户，完成廉租房和公租房并轨运行。新改建农村水厂 15 个，解决 19 万人安全饮水问题，完成农村危房改造 3100 户。

【政府自身建设】 认真践行“三严三实”，坚决执行中央八项规定和省、市三十条规定，“三公”经费下降 6.2%；加大行政监察和审计监督，推进党风廉政建设和反腐败斗争，严肃查处各类违纪违法案件；推行公职人员“三公开”制度，提升了工作效能。深入推进依法行政。公布县、镇两级权力清单、责任清单、行政收费清单和政府公共服务清单，取消行政审批项目 12 项、承接上级下放审批事项 68 项；加强制度建设，出台了《关于进一步规范政府系统重大事项决策行为的意见》，建立政府法律顾问制度，严格落实规范性文件和重大决策合法性审查机制；认真整改财政存量资金、保障性住房、土地出让等审计发现的问题，政府工作更加规范；自觉接受人大法律监督、政协民主监督和社会监督，办理人大代表议案建议 62 件、政协委员提案和社情民意 162 件。

（县政办供稿）

重要会议
ZHONGYAO HUIYI

【县政府常务会议】 1 月 3 日，县长杨学国主持召开了县政府第 35 次常务会议。会议同意县委组织部、县人社局《关于给予孙伟等 409 名公务员（参公人员）表彰的请示》（涡人社〔2014〕70 号）和县人社局《关于给李久鸿同志记功奖励的请示》（涡人社〔2014〕73 号），原则同意县规划局关于采用单一来源谈判方式与合肥市规划设计研究院进行招标谈判的意见，原则同意县发改委（物价局）审核拟定的涡阳县县级涉企收费清单。

1 月 18 日，受县长杨学国的委托，常务副县长刘传华主持召开县政府第 36 次常务会议。会议原则同意《涡阳县交通秩序治理专项行动工作方案（讨论稿）》及《依法取缔县城城区客运三轮车联合执法工作方案》等 13 个配套文件，同意县交通局关于新公交公司组建等有关事宜的工作意见，同意县监察局关于给予高峰撤销农技推广中心主任职务的行政处分意见。

2 月 5 日，县长杨学国主持召开县政府第 37 次常务会议。会议原则同意经县权力清单和责任清单制度领导小组审核确认的 3228 项行政权力及运行流程图、廉政风险点情况表，原则同意经济开发区管委会提出的《涡阳经济开发区财政管理体制实施意见（讨论稿）》，原则同意县经济开发区管委会提出的《涡阳经济开发区内集体土地及房屋征收补偿安置实施方案（讨论稿）》，原则同意《关于 2014 年度全县人口和计划生育工作的奖惩决定（讨论稿）》和《2015 年度人口计生管理考评和奖惩办法（讨论稿）》。

3 月 6 日，县长杨学国主持召开县政府第 38 次常务会议。会议同意县经济开发区管委会关于县城市规划区内集体土地建筑物及地面附属物评估补偿价格标准的调整方案，原则同意《涡阳县大建设项目建设管理暂行办法（讨论稿）》，原则同意县计生委提出的《社会抚养费征收管理改革方案（讨论稿）》，原则同意县林业局提出的《涡阳县 2015 年森林长廊建设和 S307 线两侧绿化方案（讨论稿）》，同意县监察局关于给予蒿玉伟开除公职处分的建议。

3 月 16 日，县长杨学国主持召开县政府第 39 次常务会议。会议原则同意《涡阳县 2015 年项目建设"春季会战"实施方案（讨论稿）》《关于建立健全项目建设工作机制（讨论稿）》及县发改委关于成立县项目推进领导小组的建议，原则同意县国土局提出的《2015 年土地复垦城乡建设用地增减挂钩工作实施方案（讨论稿）》。

4 月 10 日，县长杨学国主持召开县政府第 40 次常务会议。原则同意县交通局提出的关于县出租车新增运力投放和经营权转换方案，原则同意采取 PPP 模式对 S202 线涡阳段实施路面改善工程建设，原则同意县编办提出的《关于成立镇（场、街道）国土规划建设委员会方案（讨论稿）》，原则同意县人社局提出的《2015 年县公立幼儿园县级公立医院招聘人员方案（讨论稿）》，原则同意县政府办公室起草的《关于进一步规范政府系统重大事项决策行为的意见（讨论稿）》。

5月31日，县长杨学国主持召开县政府第42次常务会议。会议同意县国土局根据国土资源部确定的县工业用地等别（十三等），提出的县工业用地出让价格方案，原则同意《S307一级公路新建段土地房屋征收补偿方案(讨论稿)》。

7月21日，县长杨学国主持召开县政府第43次常务会议。会议原则同意《关于进一步加强招商引资工作的决定（讨论稿）》，原则同意出台《涡阳县农村村民住宅建设管理办法（讨论稿）》，原则同意《涡阳县土地开发复垦整理项目资金管理暂行办法（讨论稿）》，原则同意县发改委关于禾森植物工厂项目天然气供气方案的意见，原则同意县交通局提出的2015年县乡道路建设实施计划，原则同意《涡阳县政府投资建设项目合同管理办法（试行）（讨论稿）》等6个规范性文件。

8月6日，县长杨学国主持召开县政府第45次常务会议。会议原则同意《涡阳县清理处置低效闲置用地工作实施方案（讨论稿）》，原则同意《涡阳县淘汰落后产能关闭拆除黏土砖瓦窑厂（2014—2015年）实施方案（讨论稿）》，原则同意《涡阳经济开发区关于引进高层次人才享受政府购房补贴的意见（讨论稿）》，原则同意县政办牵头起草的《2015年度镇（场、街道）和经开区经济社会发展情况目标考评办法（讨论稿）》，原则同意《关于进一步加强政府投资建设项目管理的通知（讨论稿）》，原则同意《关于全面推进卫生提升工程的实施意见（讨论稿）》，原则同意《关于全面推进教育提升工程的实施意见（讨论稿）》，会议同意县监察局关于给予王云安、朱天强行政撤职，给予刘汉富开除公职的行政处分意见。

8月29日，县长杨学国主持召开县政府第46次常务会议。会议原则同意《涡阳县生猪定点屠宰市场综合整治实施方案（讨论稿）》，原则同意县农机局牵头起草的《关于进一步发展农机专业合作社的意见（讨论稿）》，原则同意县人社局起草的《进一步完善城乡居民基本养老保险制度实施办法（讨论稿）》。

9月2日，县长杨学国主持召开县政府第47次常务会议。会议原则同意《涡阳县2015年秋季秸秆禁烧和综合利用工作实施方案（讨论稿）》《涡阳县2015年秋种工作意见（讨论稿）》。

9月16日，县长杨学国主持召开县政府第48次常务会议。会议同意县财政局关于财政性资金结余的清理结果和使用建议，原则同意《涡阳县深化医药卫生体制综合改革试点工作实施方案（讨论稿）》。

9月28日，县长杨学国主持召开县政府第49次常务会议。会议原则同意县委组织部、县人社局按照中央、省有关政策和文件要求起草的《涡阳县机关建立公务员职务与职级并行制度实施方案（讨论稿）》《乡镇机关事业单位工作人员

杨学国县长（左）看望慰问小麦良种专家刘伟民

补贴实施方案（讨论稿）》，原则同意县财政局汇报的关于国家审计署南京特派办对县财政存量资金审计反馈问题的整改建议。

11 月 6 日，县长杨学国主持召开县政府第 50 次常务会议。会议原则同意《涡阳县 2015 年公开招聘法、检两院书记员和重点局等单位工作人员工作实施方案（讨论稿）》，原则同意县卫计委牵头起草的《涡阳县商业保险机构经办城乡居民基本医疗保险业务试点工作实施方案（讨论稿）》，原则同意县安监局牵头起草的《涡阳县烟花爆竹零售经营点布点规划（2016—2020）（讨论稿）》，原则同意县民政局牵头起草的《涡阳县 2014 年冬季退役士兵安置工作实施方案（讨论稿）》。

杨学国县长（右二）调研教育工作

11 月 18 日，县长杨学国主持召开县政府第 51 次常务会议。会议原则同意县水务局起草的《涡阳县 2015 年冬至 2016 年春农田水利基本建设工作的意见（讨论稿）》，原则同意县林业局起草的《涡阳县 2015—2016 年千万亩森林增长工程建设的实施意见（讨论稿）》，原则同意县国土局按照《安徽省人民政府关于调整安徽省征地补偿标准的通知》（皖政〔2012〕67 号）要求，提出的县城市规划区内征收集体土地建筑物及地面附着物评估补偿价格标准调整方案。

11 月 25 日，县长杨学国主持召开县政府第 52 次常务会议。会议原则同意县发改委牵头起草的《涡阳县主体功能区规划（征求意见稿）》，原则同意县发改委起草的《涡阳县加快调结构转方式促升级实施意见（送审稿）》，原则同意县经信委起草的《涡阳县工业振兴发展纲要 2016—2020（讨论稿）》。

12 月 18 日，县长杨学国主持召开县政府第 53 次常务会议。会议原则同意县发改委牵头起草的《涡阳县国民经济和社会发展“十三五”规划纲要（讨论稿）》，原则同意县发改委根据中央和省市公车改革实施方案，原则同意经开区起草的《关于明确为企服务职能提高服务效率的实施意见（讨论稿）》，原则同意县房产局牵头起草的《涡阳县房屋征收补偿安置认定程序若按规定（草案）》，原则同意县财政局牵头起草的《涡阳县行政事业单位资产管理实施办法（讨论稿）》和《关于进一步规范行政事业单位国有资产管理工作的意见（讨论稿）》，原则同意《关于 2015 年县本级预算调整方案（草案）》和 2016 年收支预算安排。

12 月 24 日，县长杨学国主持召开县政府第 54 次常务会议。会议原则同意《关于加强和改进行政事业单位办公用房管理的意见》，原则同意县法制办起草的《涡阳县政府合同备案审查办法（试行）》，同意房产局提出的参照周边县市做法，以奖代补 100 元 / 平方米的建议。

（县政办供稿）

县政府办公室工作

XIANZHENGFU BANGONGSHI GONGZUO

【公文处理】 全年归档文件298个，永久档案188个，长期59个，短期51个。审核公文529个，无差错公文。全年共登记、分办请求报告134件。

【以文辅政】 进一步规范办文流程，实行标准化处理，严把公文“起草关”“审核关”“收发关”。对部门代拟的文件，严格控制发文数量，切实把好发文关、内容关、政策关、法规关、文字格式关，力求内容准确、格式标准、印制规范；对上级文件及时登记传阅，规范公文办理，严格办理时限、程序和责任分工，避免“公文旅行”，确保公文高效有序运转，对办公室起草的文稿，强化文稿精度，力求准确把握领导意图、体现上级要求、依法合规、符合涡阳实际。一年来，办公室共撰写各类汇报材料、领导讲话近300篇，县政府及办公室共发文310余件，传阅上级文件1700余件，较好发挥了以文辅政作用。

【应急管理】 一是应急预案体系基本形成。县出台了《涡阳县突发公共事件总体应急预案》及23个专项预案、40个单位预案，25个镇（场、街道）、经开区总体预案也全部出台，形成了“横向到边、纵向到底”预案体系。今年根据《涡阳县应急预案管理办法》（涡政办秘〔2014〕24号）文件要求，先后开展“5·12”全县教育系统防灾减灾逃生演练，“6·23”液氨泄露应急处置演练，“7·4”霍乱疫情防控应急演练，“7·9”消防减灾应急演练等多种形式的演练，有效的检验了预案的可行性。二是应急管理体制进一步健全。成立了由县政府主要领导任组长，分管副县长任副组长，有关单位主要负责人和各乡镇主要负责人为成员的全县突发事件应急工作领导小组，应急领导小组下设办公室，具体负责突发事件的协调和处置工作。各乡镇、各单位也相应成立了应急管理机构，明确专人负责。同时将应急管理工作纳入县年终考核。三是应急队伍建设进一步加强。全县建立应急信息员队伍，共有人员490名；建立气象灾害应急管理工作机制，现有气象灾害应急信息员617名；加强应急救援队伍建设：1.成立了以县公安局为核心的综治应急处置队伍，共有100余人。2.成立了10支专业应急救援队伍。3.成立了永煤集团三星化工应急抢险救援队18人，县消防大队综合应急救援队，专职救援人员70余人。4.发展基层救援队伍，25个镇（场、街道）、经开区均已经组建基层应急救援队，同时各企业、学校也根据自身条件建立应急救援志愿者队伍，为应急救援打下良好群众基础。四是推进监测预警系统建设。联合县气象局，依托气象灾害预警信息平台及应急值守平台初步建立预警信息发布系统，及时通过电话、短信等方式将预警信息发布给各镇（场、街道）、经开区、县直有关单位的负责人及相关辖区内信息员，要求做好防范工作，确保人民生命财产安全，同时可通过6600余台村村通广播喇叭向全县范围广播发送预警信息，确保预警信息传播到位。联合县安监局开展隐患排查工作，共排查出各类安全隐患296处，联合国土局排查地质灾害隐患点10处，并采取相应整改措施。五是夯实值班和信息报送工作。1.严格执行24小时应急值班制度，确保应急办值班电话铃响三声有人接听，同时不定期督查乡镇及县直单位值班情况。2.严格落实突发事件报告制度，明确各相关单位办公室主任或应急管理机构主要负责人为信息报送第一责任人；坚持“速报实施、慎报原因”的原则，确保突发公共事件信息能够第一时间向市政府应急办和有关单位报告，并及时向可能受到影响的单位、人员发出预警信息，采取有效措施控制事态发展。今年以来县向市应急办及时报送了“3・13”城西火灾事故、“7・15”城关街道办事处官路口辖区火灾事故、“11・5”二中学生食物中毒事件等突发事件信息，为市、县领导处置决策提供信息支撑。六是应急项目建设逐步开展。1. 县今年按照市应急办“四个一”的要求积极申报应急管理示范点，将三星化工、义门镇、曹市高长营村推荐为市级应急管理示范点。初步将县文化广场、两河公园、滨河公园纳入应急避难、疏散场所建设规划，总面积 44 万平方米。2. 对县各类应急物资、装备进行摸底、登记，掌握各类资源分布情况。3. 按照市政府统一部署，建立应急平台，包括单兵设备、高清视频会议系统，实现市县之间互联互通。七是群众公共安全意识明显提高。进一步加大对应急管理工作的宣传力度，充分利用电视、广播、政府网站、电子显示屏等多种途径，向全社会大力宣传普及公共安全和应急防护知识，提高群众防灾自救能力。积极开展了应急管理“六进”活动，有效提升了应急知识覆盖率。利用“5・12”防灾减灾日开展集中宣传，共设置展台 32 个，展板 70 余块，悬挂宣传标语 40 余条，发放《亳州市公众防灾应急实用手册》20000 册，普及应急防灾知识，切实增强社会公众应对突发公共事件的意识，努力营造良好的应急管理工作氛围。

【信息化建设】 编制《涡阳县电子政务“十三五”发展专项规划》。完成电子政务外网专线建设，实现网络城乡全覆盖。全县信息化项目建设按序推进，网上办事大厅运行良好，办件数量和质量位居全市前列，完成视频数据监控（治安监控）、数字城管和智慧交通等智慧城市建设方案编制工作。顺利完成国务院办公厅对政府门户网站的考核工作。改版设计新的政府门户网站，实现上线试运行。及时更新和维护网站栏目，全年共发布新闻类信息 1700 余条，其中，本地要闻栏目信息 619 条，部门信息 487 条，镇场信息 243 条，视频新闻 365 期。亳州市政府网站采用信息 136 条，上传至亳州市政府信息公开网站信息 1400 余条。审核政务公开信息，更新维护《涡阳县政府信息公开网》，政务公开信息发布全市第一。《亳州市民论坛》转办、回复工作常态化，全年编写《亳州市民论坛办理情况通报》12 期，共受理网帖 1430 条，按时回复率 98.2%。完成电子政务建设验收项目和政务外网备案以及等级保护安全测评工作，网络运行良好，全年无重大网络中断和安全事故。

【县长热线】 2015 年共接听热线 1924 件（次），转督查中心办理 190 件［1. 国土环保、违建及市政建设 62 件。2. 公共设施建设、社会服务（供水、供电）与民政救助 30 件。3. 农业农村及乡村建设 16 件。4. 机关效能建设 19 件。5. 交通出行、公安及社会安全类 18 件。6. 食品药品监管、文教卫及劳动人事 19 件。7. 房产物业、征收补偿及其他 26 件］、电话交办 914 件、当场解释回复 820 件。2015 年 5 月启用市长热线电子办理平台，简化办理流程，提高办理效率，共接办市长热线 3886 件。

【信息调研室】 2015 年，出台规范和加强信息报送工作的通知。实行信息成员单位分类划分，县经开区、农业、经济、招商、人社、民政、安监、金融等部门为信息报送重点单位。强化约稿制度、激励、考核制度，有效发挥激励导向作用。全年共整理上报信息980余条，其中被省采用13篇，被市采用180余篇，采用条数和总分数位居全省、全市第一名，县政办被评为全省政务信息工作先进单位，苏志杰被评为全省政务信息工作先进个人。

（县政办供稿）

招商引资工作

ZHAOSHANGYINZI GONGZUO

【概况】 县招商局是参照公务员法管理的县政府直属事业单位，正科级建制，财政全额供给，主管全县招商引资工作；内设办公室、综合信息室、项目服务室、协作联络室四个机构；编制数14名，其中局长1名，副局长2名，股级领导职数4名。2015年全年实际利用内资268.39亿元，同比增长26.24%，完成市下达任务的105.25%。全年共签订项目投资协议64个，其中亿元以上项目25个。新注册招商引资项目132个，其中投资5000万元以上项目21个，投资亿元以上项目16个。

【招商政策】 出台中共涡阳县委、涡阳县人民政府《关于进一步加强招商引资工作的通知》（涡发〔2015〕7号）。

【指导协调全县招商引资工作】 坚持领导带头招商制度，充分动员各级领导干部、专业招商干部，积极外出招商，周密谋划，提高招商实效。2015年，县级领导外出招商119人次，拜访企业246家；县直单位外出招商411批次，拜访企业569家；乡镇外出招商195批次，拜访企业231家。制作《涡阳籍在外人才通讯录》，扩大对外联络，拓展人脉资源。

【招商活动】 全年举办13次招商推介会；举办六次招商引资项目集中签约仪式，集中签约项目40个，签约金额总计77亿元。

【项目工作】 建立招商引资和项目建设“六个一”（洽谈一批、签约一批、拟建一批、开工一批、投产一批、达产一批）推进机制，对签约项目制定行事历，倒排工期，明确牵头领导和责任单位，细化交办任务和完成时限，督查中心全程督办。

【招商网站】 开展招商网站自查、整改，委托安徽商网对招商网站进行安全管理维护；公开公示单位预决算情况；宣传推介涡阳重点招商引资项目、招商优惠政策及优势；公开投资流程和企业投资服务项目。

（县招商局供稿）

政务服务中心工作

ZHENGWU FUWUZHONGXIN GONGZUO

【概况】 涡阳县政务服务中心现在主任1人，副主任1人，机关工作人员7人。中心下设办公室、督察室和业务室。承担全县政务服务、政务公开、网上办事大厅建设等工作任务。

【网上办事工作】 2015年年初，全县开展网上办事大厅建设，同年3月份县、镇、村三级为民服务中心（工作站）网上办事代办点正常运行，网上办事趋于常态化。全县在线办理、预约事项增加到1406项，较上半年增加724项。“我家亳州”APP宣传推广工作有序推进。2015年，全县网上申请37.5万余件，办结34.62万余件，申办量始终居于全市领先，证件邮寄1.5万余件。

【优化政务服务环境】 创新政务服务模式，坚持网上办事大厅和实体大厅、线上线下相结合的新型政务服务模式。开展《提升服务效能、方便群众办事》专项行动，推行“一口受理、限时办理、规范办理、透明办理”，积极探索“一站式”服务。全面推行“四项清单”制度。落实行政权力清单、责任清单、公共服务清单、涉企收费清单。做到法无授权不可为，行政权力进清单。深化工商登记改革。实行“三证合一”“一照一码”，进一步优化行政审批流程，不断提高办事效率和服务水平，激发市场活力和社会创造力。实施政务服务标准化。将政务服务标准化体系融入中心各窗口日常工作和大厅管理，逐步形成“人人学标准、个个讲标准、事事用标准”的良好氛围。2015年中心累计办结各类行政审批和公共服务事项16万件，群众满意率99.%。受到到中心调研的副省长方春明、市委书记杨敬农、市长汪一光，市委常委、纪委书记杨长俊等领导的肯定和好评。

【政务公开工作达标升级】 贯彻落实《安徽省政府信息公开办法》和工作重点，明确各公开单位的主体、范围、方式、程序和任务，落实政府信息网上公开发布制度，积极推进重点领域信息公开、结果公开向全过程公开的转变，加强政府信息公开监测、调度和整改落实，进一步提高政务公开、政府信息网上公开的质量。2015年全县政府信息网上公开发布信息3.32万条，信息发布的及时性、准确性和实效性进一步提高，在全市政府信息网上公开排名第一。

【加强党建工作】 配合县委组织部，开展了“两站一平台”试点建设，做好迎接市党建督查调度会观摩点迎查准备工作。贯彻落实（涡〔2015〕8号）文件，按照“五个好”标准和“五个进一步提升”的目标要求，进一步加强中心党委和所属党支部建设。抓好规范党费收缴，坚持“三会一课”，支部换届等重点工作。开展提升服务效能方便群众办事专项活动，梳理懒政怠政问题18项，已整改18项，落实整改措施，完善制度。

【文明创建工作】 建立健全文明创建工作机制和岗位责任制，抓好工作区和责任区文明创建各项工作落实。开展微笑服务、亲切服务、预约服务、延时服务、网上服务、“马上办”等创新服务模式，在中心形成了说文明话、办文明事、做文明人的良好政务环境。2015年，县政务服务中心市场监督管理局审批局窗口张云经过中心推荐，层层筛选、考查评比，被评为“全省最美服务之星”。

【作风建设】 围绕贯彻落实省“调、转、促”动员会和县委十届七次全委会精神，持续加强作风建设，制定和完善工作、管理、考核等各项制度。坚持上班考勤、日常督查、周五学习例会等行之有效的工作方法，中心全体工作人员在作风建设上的思想自觉、行动自觉不断增强。打造了一支作风好、能力强、服务优的政务服务工作团队，努力“带一流队伍，创一流业绩，让人民群众满意”。

（县服务中心供稿）

机关事务管理

JIGUANSHIWU GUANLI

【概况】 涡阳县机关事务管理局根据市编委〔2009〕12号文件精神设立，为县政府直属事业单位，财政全额供给，正科级建制。设有办公室、综合保障室、接待室、保卫科（公安局配备人员）四个股室。核定编制5名，现有在编人员4名，其中局长1名。主要负责县委、县政府重要活动的安排及接待服务工作；县公车管理平台负责车辆的编制、配备、管理、运行、更新、处置工作；县直机关单位办公用房的综合管理；公共机构能耗统计、编制公共机构节能规划，本级公共机构节能监督管理，指导和监督下级公共机构节能工作；行政中心各会议室的综合管理及会务工作；行政中心安全保卫、绿化、卫生等后勤保障和综合管理工作，保障行政中心正常办公秩序等。

【公务接待】 认真贯彻落实中央八项规定中关于简化接待的规定以及安徽省委常委会通过的省委、省政府关于改进工作作风、密切联系群众的三十条规定，增强接待服务的应变能力。根据县实际，切实制定适合的接待新规定，规范接待范围、标准、审批程序和相关的工作流程。2015年度，完成接待280余次，承接了全市第二季度经济工作调度会、全市农村基层党建工作第三季度调度会议、全市美丽乡村建设集中观摩调度会、县党政考察团外出考察学习等高规格大规模的重要会议、活动保障任务。

【公车管理】 会同纪委（监察）、财政等部门，严格按政策抓好车改前公务用车购置更新的管理工作。公车改革工作启动后，根据省、市车改工作要求，集中封存停驶一般公务用车194辆，对全县一般公务用车确定保留数量88辆，围绕“规范用车行为，节约运行费用，保障公务出行”的工作要求，建立公务用车综合服务平台。一是建章立制，抓好制度建设，制定了车辆调度、司勤人员管理、车辆保养、车辆维修、油料管理、经费管理、考勤规定、值班管理、奖励处罚等一系列规章制度，汇编成册；二是统管结合，实行IC卡加油制度、路桥通关卡，在中石化涡阳分公司办理了加油卡，实行一车一卡，严格控制加油对应车辆、加油次数。高速公路ECT卡正在办理之中；三是通过公开招标，确定车辆保险，对平台88台车辆的保险购置进行了公开招标，县平安保险公司中标，节支率达51%；四是多家评定，选择维修洗车点；五是积极做好剩余车辆处置工作，在国资部门的牵头下，积极配合价格认证中心和亳州市报废车辆中心，对封存停驶车辆进行初评，对车辆价值进行评定，为下一步拍卖和报废工作做好准备；六是根据省市公车管理部门的统一部署，平台车辆统一安装北斗系统。取得了阶段性成果，保障了车改后正常公务出行的顺利进行。

【办公用房管理】 组织开展了三次城区内办公用房清理工作，建立更为准确的管理基础台账，下发了《关于加强和改进行政事业单位办公用房管理的通知》，建立“政府所有、单位使用、行管部门管理、建投公司运营、国资部门监督”的管理体制。同时，对部分县直部分单位办公用房进行调整，将行政中心、档案局、新一中专家楼、人社局就业中心等四个办公楼作为相对集中的办公区进行调剂整合：财政局迁入行政中心及档案局办公区；行政中心外迁单位12个，分别是重点局、农调队、城市执法局、老子建设办、文联、地方志、科协、新四军研究会（党史办）、文旅局、人才中心、编办、涡阳报社；新四军研究会、老子园区管委会（老子办）、地方志、农业调查队、编办、文联、科协、涡阳报社等9家单位搬入档案局办公；新一中专家楼由党校和教育局共同使用。

【公共机构节能管理】 积极指导节能示范单位创建活动，县地税局、四中、一中、中医院、农机局、气象局已被评为“全省节约型公共机构示范单位”，全县各单位能够认真贯彻落实《公共机构节能条例》等有关法律法规。同时，坚持机关大院的示范带动作用，从细处入手，见微知著，加强中央空调使用管理，电梯运转实行单双层停靠，更换节能灯、节水开关等节水节电设备。

【会务服务】 以“用心服务，树立良好形象”为基本要求，进一步提升服务标准、规范服务流程、加大培训力度，提升整体素质，并坚持会议服务定期反馈制度，就“会前准备、会中服务、会场卫生、音控服务、总体质量”等向大家征求意见建议，做到及时整改提高。同时，加大对老旧设施设备的更新改造。

【综合保障】 根据机关安保工作的实际情况，进一步完善机关人防、物防、技防三位一体的防控体系。2015年，对老款安防监控系统升级改造为网络高清数字安防系统，对大院柏油道路进行4厘米覆油维修，完善维修总面积为5600平方米左右。加强对外来人员的问询，妥善处理群访、闹访事件。严格执行车辆通行管理，在车辆进出高峰时段进行现场指挥疏导，加强车辆停放管理，确保车辆行驶及停放有序、畅通。深化大院巡查制度，制定《保安员每日巡查工作记录表》和《保安员监控室每日巡查工作记录表》，重点检查大院内的水电门窗、车辆停放、大院环境等工作，做到及时分解、落实责任、认真整改。水电维修方面，主动安排预防性，及时完成日常性，认真进行改善性维修，年度平均完成水电等维修4000多次，保障了行政中心各种设备的有序运转。绿化保洁方面，督促外包公司严格执行园林管养、卫生清洁标准，确保大院整洁美观。

（县机关事务管理局供稿）

中国人民政治协商会议涡阳县委员会

ZHONGGUO RENMIN ZHENGZHI XIESHANG HUIYI
GUOYANGXIAN WEIYUANHUI

涡阳

G U O Y A N G

概 述

GAI SHU

【概况】 中国人民政治协商会议涡阳县委员会（简称县政协）是中共涡阳县委领导的，由无党派人士、人民团体、少数民族代表和各界爱国人士参加的爱国统一战线组织，是实现中国共产党领导的多党合作和政治协商的重要机构，是发扬社会主义民主的重要形式。1980 年 9 月，召开了政协涡阳县委员会第一次会议，正式宣告中国人民政治协商会议涡阳县委员会的成立，从此揭开了涡阳县政协工作的新篇章。

县政协从 1980 年建立至今，已历经九届，县政协以邓小平理论、“三个代表”重要思想和科学发展观为指导，在中共涡阳县委的正确领导下和县政府的大力支持下，涡阳政协紧紧把握团结和民主两大主题，切实履行政治协商、民主监督、参政议政职能，认真履行政协章程，充分发挥协调关系、汇聚力量、建言献策、服务大局作用，发扬与时俱进、开拓创新的精神，紧紧围绕县委、县政府的中心工作，突出重点，注重实效，运用灵活多样的形式和工作方法，在促进县经济和社会发展中作出了应有的贡献。县政协将不断增强政治协商、民主监督、参政议政的实效，为涡阳“四化”同步建设、美好涡阳建设作出新的更大贡献。

【全委会任务及会议制度】 全体会议是政协最高层次的协商形式。涡阳县政协委员会的全体会议由涡阳政协委员会常务委员会召集并主持，每届第一次全体会议由预备会议选举产生的主席团主持。全体会议每年举行一次，常务委员会认为必要时可随时召集举行。一般在每年 1 月与涡阳县人民代表大会同期召开。全体会议须有 2/3 以上的委员出席，始得举行。

全体会议日程安排主要有：开幕会、闭幕会、大会发言会、界别讨论和分组讨论、列席县人大会议。

全体会议的主要任务有：选举政协涡阳县委员会的主席、副主席和常务委员，决定常务委员会组成人员的增加或变更；协商讨论涡阳政治、经济、文化和社会生活中的重大问题，提出建议和批评；听取和审议常务委员会工作报告、提案工作情况的报告和其他报告；听取并讨论政府工作报告、涡阳计划和预算报告、县人民法院工作报告、县人民检察院工作报告以及其他重要报告，提出意见和建议。

全体会议安排大会发言。各党派、团体、界别、专门委员会、委员个人或联名均可提交书面发言材料。大会发言人选由会议秘书处按照有关规定确定。

【常委会职责及会议制度】 常务委员会会议是县政协全体会议闭会期间履行政治协商、民主监督、参政议政职能的主要形式。常务委员会会议召集并主持中国人民政治协商会议涡阳县委员会的会务，在涡阳县政协委员会全体会议闭会期间，处理涡阳县政协委员会的工作。

常务委员会会议由涡阳县政协委员会主席主持，也可由主席委托的副主席主持，一般每季度举行一次，必要时可临时举行，必须有全体组成人员的 2/3 以上出席方能举行。

常务委员会会议主要日程安排有：开幕会、闭幕会、大会发言会、听取报告或情况介绍会、专题分组讨论和小组讨论会等。主要任务有：审

县政协九届十二次常委会议

议涡阳县政协委员会及常务委员会会务和工作中的重大事项；协商讨论涡阳县国计民生的重要问题，听取县委、县政府以及有关部门的负责人对有关重要问题的报告或说明；审议提交涡阳县政协委员会全体会议的文件；审议重要的建议案、提案、视察报告、调研报告和其他报告；研究政协工作中的重要事务等；协商决定下届涡阳县政协委员会的委员名额和委员人选及界别设置；协商决定本届涡阳县政协委员会增加或者变更委员名额和人选等。

会议的议案或其他需要表决的事项，须经常务委员会全体组成人员半数通过方能生效。

重要会议

ZHONGYAO HUIYI

【县政协九届十次常委会议】 1月6日，县政协九届十次常委会议在行政中心三楼会议室召开，会上表决通过了《政府工作报告（讨论稿）》《政协常委会工作报告（征求意见稿）》《政协提案工作报告（草案）》、九届四次会议筹备情况、九届四次会议有关人事事项。

【政协涡阳县九届四次会议】 政协涡阳县九届四次会议于2015年1月9日至11日在涡阳大剧院召开。会议听取并审议政协涡阳县九届常委会工作报告，政协涡阳县九届常委会关于九届三次会议以来提案工作情况报告和本次大会提案审查情况报告。审议通过了《县政协九届四次会议政治决议》《县政协九届四次会议关于常委会工作报告的决议》《县政协九届四次会议关于提案审查情况报告的决议》。

【县政协九届十一次常委会议】 2月28日，涡阳政协主席吴晋主持召开九届十一次常委会议。会上，委员共同学习中共中央《关于加强社会主义协商民主建设的意见》全文，协商通过了《县政协2015年度工作要点》和县政协九届四次会议重点提案。

【县政协九届十二次常委会议】 9月25日，涡阳县政协召开九届十二次常委会议。会议主要议程：上午，参会人员实地视察了南部新区建设情况。下午，在县行政中心三楼会议室召开县政协常委会议，参会政协常委和委员围绕南部新区建设情况作了专题发言。 县委相关负责人通报县当前经济运行情况和下一步工作部署。吴晋作总结讲话。会议通过有关人事任免事项。

【县政协九届十三次常委会议】 12月28日上午，县政协在行政中心三楼会议室召开县政协九届十三次常委会议。会议审议通过《关于召开中国人民政治协商会议涡阳县第九届委员会第五次会议的决定（草案）》；政协涡阳县第九届委员会第五次会议议程、日程、大会秘书长、副秘书长及提案审查委员会名单（草案）；审议通过大会选举办法，总监票人、监票人，总计票人、计票人名单（草案）；《中国人民政治协商会议涡阳县第九届委员会常务委员会工作报告（草案）》；《中国人民政治协商会议涡阳县第九届委员会常务委员会关于九届四次会议以来提案工作情况的报告（草案）》。会议听取并讨论了《县"十三五"规划建议（讨论稿）》和《县政府工作报告（草案）》，通过了有关人事事项。

办公室和专门委员会

BANGONGSHI HE ZHUANMEN WEIYUANHUI

【概述】 2015年办公室共组织召开全委会1次，常委会议4次，开展了不同层次的协商议政活动。

【办公室工作】 搞好调研、视察活动的筹备服务、对外接待，综合协调等工作。积极参与招商引资。促进中农批电子商务平台有限公司6.6亿元投资项目在涡落地。组织结对帮扶捐资助学活动。从一中、二中、三中、四中挑选30名2015年考入大学的贫困生，实施精准帮扶。

【提案委员会工作】 提案委员会共收到提案134件，经提案委员会审查、立案、合并后立案133件，涉及承办单位40个，收到社情民意31件。县政府、县政协于2015年3月联合召开专题会议，就全部提案和社情民意向各承办单位进行了移交，要求各承办单位从大局出发，以对全县人民高度负责的态度，认真办理。截至2015年10月底，133件提案和31件社情民意全部办复。从办复情况看，见面率为80%；答复率为100%；满意率为70%，基本满意率为30%。

【经科委工作】 对县财税工作、农田水利建设进行专题调研。视察城乡建设用地增减挂钩工作，麦田管理和植树造林工作。深入委员领办企业和非公企业查看。积极建言南部新区建设，联合县经委举办了企业负责人投融资培训暨全体政协委员学习会议，邀请中国资深投融资专家为县中小企业转型升级做专业辅导。助推企业转型发展。

【文教卫体史委员会工作】 赴全县三所中职学校及开发区多家企业进行调研，详细了解中等职业教育发展情况，提交调研报告《加快发展现代职业教育，大力培养适用型人才》，在全市对口协商会上作了专题发言。多次召开座谈会，协调落实史料征集任务，《老子诗、道乡情》《老子故里

县政协主席吴晋（前右一）带队调研重点项目

今昔》《谷水论道文存》——涡阳史话第七辑三本书，共45万字于11月份正式出版。坚持每月采访，报道两名政协委员，宣传他们事迹，在电视台定期播放。

【社会与学习法制委员会工作】 组织全体政协委员认真学习党的十八大及十八届三、四、五中全会精神，学习习近平总书记系列重要讲话和在政协有关会议上的讲话；组织全体政协委员认真听取县有关部门工作情况通报；请外地专家、学者进行专题讲座，丰富广大委员知识。组织部分委员参加公安局、检察院有关司法工作座谈会，充分发挥政协监督作用。

【祖国统一与民族宗教委员会工作】 把政协民族宗教工作置于全县大局中来思考、来谋划，开展宗教活动场所安全情况视察，确保了县宗教场所的安全稳定。抽专人组成调研组，调研组实地调研了牌访镇李回庄、大梁庄、义门镇的王油坊、李老庄、大梅庄等多个少数民族自然村，并形成报告，为制定对民族村帮扶政策提供了有力依据。

（县政协供稿）

县政协提案汇报会

人民团体

RENMIN TUANTI

涡阳县总工会

共青团涡阳县委员会

涡阳县妇女联合会

涡阳县科学技术协会

涡阳县工商业联合会

涡阳县残疾人联合会

涡阳县文学艺术界联合会

涡阳县老子文化建设办公室

涡阳

G U O Y A N G

涡阳县总工会

GUOYANGXIAN ZONGGONGHUI

【概况】 县总工会内设维权部、经济工作部、组宣部、办公室。2013—2015年，县总工会按照“服务大局有重点、服务职工有实效、强化自身有提升”的工作要求，解放思想，创新思路，改进作风，真抓实干，推动了工会工作创新发展，2013年、2014年被市总工会评为全市工会工作一等奖。

【工会组织发展和自身建设】 2015年，全县组建工会发展会员目标任务进行分解，开展建会集中攻坚行动，并要求各乡镇系统抓好贯彻落实，全面完成建会任务。采取走基层、听民意的方式，结合各地实际情况组建工会1000家，非公企业工会940家。新增工会会员数5.4万人，其中农民工会员数3.65万人。加强工会工资集体协商队伍建设，召开业务知识培训班。县总共开展两期工资集体协商指导员业务培训班，各系统工会、乡镇（街道）工会联合会、企业工会主席共68人参加了学习培训。同时，市总要求选聘一名工资集体协商专职指导员。县工资集体协商指导员199人，为开展好工资集体协商工作、维护劳动者的合法权益，打下坚实的基础。全年签订工资专项集体合同608家，其中，单独签订501家，覆盖职工36803人。

【工会宣传教育工作】 2015年，县总工会及时传达省、市党的群团工作意见，使8万余名职工会员和农民工会员牢记社会主义核心价值观和走中国特色社会主义工会道路的理论精髓，为构建和谐劳动关系打下坚实基础。全县各级工会组织职工培训班20期，培训职工3020多人次。

【建设职工之家活动】 积极开展职工建家活动，加大职工书屋示范点建设力度，积极推行“书香涡阳建设”系列活动中的“书香企业”建设，2013—2015年，职工之家建设的覆盖率已达70%，约600家企事业单位建有职工之家，已选20家企业的职工书屋建设为市级示范点，倡行“全民阅读”全员读书活动，切实提升职工素质水平。

【经济技术创新活动】 2015年，大力宣传弘扬劳模精神，认真做好“五一”前的评比表彰工作，在县委、县政府和市总工会的领导下，坚持公开、公平、公正，群众公认的原则，县总工会组织考核推荐表彰了省“五一劳动奖章”1人，省“安康杯”先进个人1人，优秀监督员1人，市先进单位4个，市“五一劳动奖章”4名，工人先锋号4个；4月份与县电视台联合录制了《劳动者最光荣》专题宣传片在电视、广播、涡工信息上大力宣传县劳模事迹。全县职工共提合理化建议2580条，采纳1486条，创经济效益1000多万元。

【安全生产劳动保护工作】 2015年，组织全县广大职工积极参加“安康杯”竞赛活动，县总制定了《涡阳县“安康杯”竞赛活动实施方案》和《涡阳县“安康杯”竞赛活动任务分解表》，召开专题会议进行部署落实，全年全县已参赛单位164家，1273个班组，18773名职工参加比赛。开展了全县“5·13”安全生产警示日活动。联合有关部门举办了“安全生产”培训班6期，4次安全生产大检查，参与了2起安全生产事故调查等。认真贯彻落实省推广“一法三卡”会议精神，选择了三星化工、双轮集团、供电公司3家企业作为试点。大力开展“全国安全生产月”活动。认真贯彻宣传，举办了安全生产咨询日活动，活动期间，精心组织，狠抓落实，确保了县安全生产及社会稳定。联合有关部门开展了粉尘危害治理检查，县共有职业危害场所36家，检查20家，发现隐患6处，当即责令整改5处，其他1处要求厂方限期整改。

【困难职工帮扶工作】 2015年，加强了帮扶站点建设，全县建立基层困难职工帮扶站（点）36个，覆盖职工面75%以上。全面开展帮扶救助工作，2015年开展元旦、春节期间集中送温暖活动，在经过广泛调查摸底的基础上，充分发挥工会帮扶职能作用，积极开展“送温暖”帮扶活动，慰问困难职工1707人，发放慰问款物88.35万元，其中四大班子12组慰问24户，慰问特困企业5家，慰问困难劳模6户。在日常帮扶中，开展以“送清凉、送健康、送法律和保安全、保质量、促进度”为主要内容的“三送三保”活动，帮扶救助困难职工437人，救助资金79万元。其中救助大病职工166人，救助资金49.35万元；生活救助164人，救助资金8.25万元；金秋助学107人，救助资金21.4万元。努力为特困职工以及困难农民工提供帮扶救助。

【职工活动及设施】 2015年，职工文体设施逐步完善，近80%的社区、小区，90%的企业都有职工活动设施，文化广场、体育广场、滨河、紫光、两河、西关等几大公园都设置了职工活动设施，每年职工活动设施投入都在100万元左右。县总工会2015年广泛开展丰富多彩的职工文体活动。在春节期间开展了全县职工象棋比赛；3月份举办职工户外徒步行活动；5月17日举办了首届涡阳县520相亲大会，报名人数400人；6月19日举办了迎端午职工广场舞比赛；6月21日与团委、体委联合举办涡阳县“全民健身公益行”义演专场活动；10月16日举办了涡阳县首届青年职工集体婚礼活动。这些活动对于促进道德教育、诚信教育、荣辱观教育起到较好作用，既丰富了职工群众的文化体育生活，又提高工会的知名度，受到广大职工群众的好评。

（县工会供稿）

共青团涡阳县委员会
GONGQINGTUAN GUOYANGXIAN WEIYUANHUI

【概况】 团县委为参照公务员法管理单位，内设2个股室（组织农工部和宣传学少部）。在县委、县政府的正确领导下，在团市委的精心指导下，紧紧围绕“服务党委中心工作、把握青少年实际需求、切实服务广大青少年、扩大共青团工作影响力”的总体目标，认真履行四项基本职能，创新持续开展了“青”字号系列品牌活动，有序推进了全县共青团各项工作，取得了显著成效。

【团组织建设和团员队伍发展】 坚持党建带团建，以“一团一品”创建活动为抓手，设立思想教育、志愿服务、美好乡村建设、基层团建、就业创业、青年电商等十类重点建设方向，在全县25个镇（场、街道）、经开区及学校团（工）委基本建立了各具特色的团建品牌，全面推进乡镇实体化大团委建设。新建直属及村、社区团组织387个，覆盖团员数达55739人。积极探索利用新媒体，通过QQ、微信及青年之声微邦平台等新媒体建立县级、乡镇（县直）级、村级三个层级网络团组织，推动共青团工作的网络化，已基本建立各级网络团组织 110 余个，覆盖团员青年 6000 余人。累计 6 次组织召开部分县直单位和企业团组织筹建推进工作会议，新建立经开区、县公安局、督查中心、疾控中心、金桂山庄酒店、徽酒集团、长江中西医结合医院、县农商行等团组织，成立了驻京团工委和驻合肥团工委，规范完善了县直机关事业单位和企业的团建工作。

【共青团服务中心工作】 党有号召，团有行动，团县委充分发挥团组织的纽带和后备军作用，在日常的工作中把党政所需与青年所求有机结合起来，积极参与党政中心工作。坚持思想建团，用中国特色社会主义最新理论成果武装全团，教育青年、引导青年；坚持实践兴团，积极投身全县经济建设主战场，在经济社会又好又快发展的实践中展现了新作为；坚持服务立团，全面参与秸秆禁烧志愿服务、爱心送考大型青年志愿服务、服务老子公开课、老子庙会、迎新春全民健身运动会、经济工作调度会大型赛会的精品青年志愿者服务队；坚持固本强团，全面夯实团建基础，推动团建提档升级。

【青年就业创业】 积极践行“大众创业、万众创新”理念，建立完善“团银合作”工作模式，近三年共推荐 608 位青年获得 4672 万元的小额财政贴息创业贷款；争取皖北创业贷款贴息资金 111.35 万元，积极争取安徽省大学生村干部创业兴皖富民专项资金 8.57 万元。2015 年在团市委“青易贷”工作支持下，共推荐了 42 名青年申请小额信用无担保贷款。举办“青年创业就业”培训班 56 期，培训青年 2 万余人，建立“青年就业创业见习基地”61 个，为 3810 名青年提供了见习岗位。主动学习适应“互联网 +”发展新趋势，引进农村青年电商项目淘实惠，县级运营中心已建立，入驻涡阳村级网点 107 个，开展青年电商知识培训 12 期，惠及 5679 人。推荐了 2 名青年参加“农村青年电商培育工程”示范培训班（安徽省）暨全省大学生村干部创业兴皖富民示范培训班。成立安徽省青年创业者协会涡阳分会，亳州市青年电子商务协会涡阳分会。

【树立青年标兵】 深化“青”字号品牌活动，以评促建，全县共有 43 个集体被评为省市级青年文明号，有 100 余名青工荣获省市级青年岗位能手称号，2015 年国网涡阳县供电公司 95598 话务员马燕入选全省第二季“最美青工”。开展涡阳“十大青年创业之星”选树活动，经广泛推荐、严格审核、评审、公示等评选出陈志云等 10 名“涡阳县十大青年创业之星”和 10 名“涡阳县优秀青年创业能手”，推荐县优秀创业青年王化斌、李志强获得市级荣誉称号，孙成洪喜获“全国农村青年致富带头人”荣誉称号，孙辉、刘学军、孙成洪获得“安徽农村青年致富带头人”荣誉称号。启动全县优秀青年志愿者个人、项目、组织奖评选工作，推荐涡阳三中刘浩、县邮储银行袁多志获“第十届安徽省青年志愿者优秀个人”奖，涡阳农村商业银行青年志愿服务队、涡阳县交通运输局青年志愿服务队获“第十届安徽省青年志愿者优秀组织”奖。

【青年志愿者行动】 依托新媒体，整合相关资源，围绕文明创建，以迎新春、“3・5”雷锋日、秸秆禁烧、中高考爱心送考、“12・5”国际志愿者日等重要节点，积极推进开展了首届迎新春全民健身跑志愿服务、“青春志愿行、温暖回家路”“弘扬雷锋精神，建设美好涡阳”、服务老子庙会、青少年公益大讲堂、“为雷锋精神点赞”及“共

关爱留守儿童

青涡阳”微信平台推广、秸秆禁烧、爱心送考、七夕鹊桥会、青年电商公益培训、创业青年农产品年货展、网络认领留守儿童微心愿等青年志愿服务活动。开展青年网络文明志愿行动，全县组建了1100余名各类青年参与的青年网络文明志愿者队伍，依托共青涡阳微信、“青年之声”微邦团属互动社交平台发出青年好声音。

【少年儿童工作】 持续关注少年儿童思想健康，以社会主义核心价值体系引导青少年，积极引导其主动融入重大节日和纪念活动中，进一步坚定跟党走的理想信念。注重维护青少年合法权益，完善青少年保护体制机制，联合政法委等单位，及时调整了未成年人思想道德建设领导小组、预防青少年违法犯罪领导小组成员，完善了维护青少年合法权益考评细则。持续开展青少年关爱工作，畅通青少年维权渠道，推进青少年维权岗及青少年综合服务平台建设，帮助青少年健康成长。

【希望工程】 希望工程影响力不断扩大，每年7月至9月份，本着“公开透明、高效务实”的宗旨推进希望工程“爱心圆梦大学”“成长助力”行动，广泛倡议全社会积极参与，搭建社会爱心企业、爱心人士与贫困学子“零距离”结对帮扶平台，举行助学金集中发放仪式，共计发放50.1万元，其中资助贫困大学生182人，发放救助资金36.4万元；资助贫困中小学生137人，发放救助金13.7万元。2015年9月，团省委青基会和广东坚朗集团到涡实地考察，捐资30万元援建了涡阳高公徐郢希望小学，极大地改善了该村的教学环境。

【青少年思想素质教育】 围绕建党建团和党的十八大等重要节点，开展“学党史、知党情、跟党走”“学团章、唱团歌、戴团徽、举团旗”“红领巾心向党”、组织筹划入队仪式、18岁成人仪式、“缅怀英雄先烈主题团日”“网上祭英烈”、纪念“五四”、庆祝“六一”“红领巾心向党”主题队日等主题教育活动，进一步坚定了青少年跟党走中国特色社会主义道路的理想信念。深化素质提升工程，通过开展“青春励志好书传递”、雷锋志愿服务月、“向上向善好青年评选”“感恩教育周”“国学经典进少先队课”等主题实践活动，青少年思想道德素质得到全面提升。

【青少年合法权益维护】 一是完善青少年保护体制机制，联合政法委等单位，及时调整未成年人思想道德建设领导小组、预防青少年违法犯罪领导小组成员，完善维护青少年合法权益考评细则。二是持续开展青少年关爱工作，春节、“六一”期间组织青联委员开展“春暖童心，点亮微心愿”关爱困难青少年活动。7月至9月份推进希望工程“爱心圆梦大学”“成长助力”行动，搭建社会爱心企业、爱心人士与贫困学子“零距离”结对帮扶平台。组织开展“珍爱生命，预防溺水”“筑牢青春防线，正确认识性侵害犯罪”“防震应急疏散”、消防演练、青少年安全防护、文明绿色上网、心理健康咨询、法律进校园、“骑行送法进乡镇”等活动。积极配合做好团省、市委及省青少年发展基金会“姚基金希望小学篮球季”青少年活动项目。三是畅通青少年维权渠道，联合县司法局依托各乡镇司法所配备了25名基层团委权益委员，吸纳荆涛律师事务所、皖杰律师事务所、光明心理咨询室等社会爱心服务团参与各类青少年维权服务工作。深入推进青少年维权岗及青少年综合服务平台建设，开展县级青少年维权岗创建活动，并推荐11家申报市级创建。

【青少年活动阵地建设】 依托原有亲青家园、团建阵地等基础，建立镇级青少年综合服务平台22家，创建省级示范平台1个，市级示范平台10个，开展各类服务青少年的项目及活动110余次，覆盖广大青少年15000余人。制定青少年综合服务平台服务项目清单，统一设计工作台账，通过QQ、微博、微信、青年之声微博等新媒体渠道，广泛招募社会青年志愿者，开展心理咨询辅导、疾病预防、健康养生、法律咨询、法律援助、青少年维权、青年就业创业、扶持政策宣讲、就业岗位推介、安全知识宣讲、交流培训、婚恋交友、文化讲座等不同主题活动，更好地服务广大青少年和农民群众，凝聚青年力量。

【团代会】 共青团涡阳县第十五次代表大会于1月13日在金桂开元会务中心胜利召开。县委书记、县人大常委会主任胡明文，县委副书记万瑞年，团市委书记丁辉出席会议，县领导雅浩海、刘梦汝、纪侠玲、蒋玲玲等出席会议。会议选举出共青团涡阳县第十五届委员会委员、候补委员、常委、书记和副书记，并通过了关于团县委十五次工作报告的决议。

（县团县委供稿）

涡阳县妇女联合会

GUOYANGXIAN FUNV LIANHEHUI

【概况】 县妇联内设两部一室：维权部、组宣部、办公室。2015年，县妇联深入学习贯彻党的十八大、十八届三中、四中、五中全会和习近平总书记系列重要讲话精神，全面贯彻落实新时期党对群团工作的新要求，紧紧围绕县委、县政府中心工作，以寻找“最美家庭”为主线，以项目建设为抓手，以开展活动为载体，大力实施五项行动一项工程，各项工作取得新成效。2015年度县妇联荣获全省妇联系统目标管理考核优秀奖、省妇联系统目标管理考核创新奖、同时授予

县委常委雅浩海（前一）参加学雷锋活动

省“三八”红旗集体荣誉称号；全市妇联绩效考评第一名；全县党建工作目标考核一等奖。

【五项行动一项工程】实施巾帼建功行动，为妇女就业创业搭建平台。一是着力打造“家政”服务品牌链。在“皖嫂家政”服务基础上，创办了“起航家政职业技能培训学校”，培训了各类服务人员700人，已有200人上岗。二是发挥妇女小额担保贷款扶持作用，共发放妇女小额担保贷款1316万元，获贷妇女164名。三是配合人社部门开展“春风送岗位”招聘活动，成功介绍妇女就业46人，发放“春风卡”等宣传资料1000余份。四是加强创业基地建设。新增“巾帼创业就业基地”11个，其中3个以妇女为主的手工编织示范基地、8个巾帼现代农业科技示范基地。五是开展巾帼文明岗创建活动。省、市两级巾帼文明岗到三里赵村共建，为他们送去法律、科技知识讲座、扶贫书籍600余册。实施巾帼维权行动，依法维护妇女合法权益。一是加强普法宣传教育。县妇联利用“三八”维权月，联合市妇联和市县检察院等相关单位开展了“徒步普法行”，50余名巾帼志愿者一道深入开展送法进乡村、进学校活动；6月16日，县妇联设立“江淮普法行”宣传台，向过往群众宣传法律知识，发放宣传资料近500多份，并就热点、难点问题进行解答。二是畅通妇女儿童维权渠道。县妇联联合县司法局成立了“县巾帼律师服务团”、县法律援助中心“妇联工作站”，联合县人民法院建立了“妇女之家”诉前调解室、诉讼服务站等诉前调解组织，完善机制。三是做好信访维稳工作。深入推进“平安家庭”创建，推荐市级平安家庭20户，以家庭平安促进社会和谐稳定；今年以来，全县妇联系统共受理妇女儿童权益来信来访来电34件，无一例越级上访。实施巾帼文明行动，展现妇女文明创建新风尚。一是表彰宣传先进典型。为纪念“三八”国际劳动妇女节105周年，县妇联表彰了全县各行各业的先进妇女典型，即10户“最美家庭”、133名“好儿女、好婆媳、贤内助”、126名“三八”红旗手和12个“三八”红旗集体，县四大班子领导参加了会议；举办“巾帼建新功 共筑中国梦”演讲比赛；在县电视台《涡阳新闻》开设“最美家庭”和“巾帼风采录”宣传报道，以典型示范引领涡阳女性甘于奉献、传承美德，弘扬文明。二是广泛传承文明家风。为推动寻找“最美家庭”活动常态化开展，县妇联制定了2015年寻找“最美家庭”实施方案，依托村（居、社区）“妇女之家”，在推进家庭文明创建常态化方面，常年开设“最美家庭”光荣榜，开展家风家训评议、格言故事征集等活动，并开展“贤内助”评选活动，签订廉洁自律承诺书，倡导廉洁家庭建设，筑牢反腐倡廉的家庭防线。同时开展书香家庭建设活动，举办“迎国庆”亲子诵读国学经典比赛、留守儿童“读书微心愿”，为150名贫困留守儿童订阅了爱心报刊、“书香家庭亲子悦读”讲故事展演赛活动并开展木兰讲堂家庭教育报告会巡讲26场；在涡阳妇女网开设书香家庭专栏，在网上向参与家庭推送每月必读书目，指导家庭制定亲子读书计划，号召父母与孩子共读一本好书；“妇女之家”利用村村通广播，广泛启动“听书”活动及有奖读书会活动，评选出村级读书好少年500名、读书好家长500名、农村阅读之星500名；承办了市“寻找最美家庭”推进会；在西阳镇中心校和县城幼儿园等开展了以亲子互动为特色的未成年人思想道德教育主题活动，营造了传统美德代代传承、良好家风温馨社会的良好氛围。实施巾帼关爱行动，着力关爱贫困妇女儿童。一是“两纲”工作扎实推进。完成“两纲”中期监测评估工作；举办“两纲”

知识宣传暨妇科病讲座10场；举办“降消”项目预防出生缺陷和优质服务工作培训班；“两纲”宣传进农村，印制了目标、妇科病防治、母婴保健、节能环保、儿童安全等相关知识，以及《中华人民共和国妇女权益保障法》《中华人民共和国未成年人保护法》等法律法规4万余份，到各镇(场)、街道和部分行政村开展20场实施“两纲”重难点问题的宣传培训活动，使基层干部群众真正了解了“两纲”的基本内容；为农村妇女免费体检和“两癌”免费筛查，今年完成“两癌”筛查人数18202人。二是县妇联携手书画家义卖救助贫困妇女儿童活动、“爱心妈妈”“亲情热线”“大手拉小手”“春蕾计划10元捐”等慰问留守儿童活动，并送去了书包、笔记本、衣服等学习和生活用品。举办了儿童常见病预防知识宣讲活动，全县各托幼机构保教人员、部分家长和儿童共计300多人参加此次活动;在县保健所门口举行“出生缺陷宣传周”义诊活动。三是开展“情动涡阳温暖2015关爱留守儿童”活动。为10名留守儿童发放1万元助学金；联合县卫计委慰问贫困计生家庭。四是开展贫困母亲救助工作。为全县800名贫困母亲送去了8万元母亲邮包，救助贫困母亲“两癌”11人，每人发放救助金1万元。同时利用母亲健康快车为妇女儿童健康体检，努力为妇女儿童办实事、解难事。全年已累计捐款20万元，救助贫困妇女儿童100名，累计捐物1000余件，救助贫困妇女儿童千余人。实施美丽家园行动，引导妇女参与生态家园建设。一是积极引导妇女参与乡村环境整治。利用3支队伍(清洁队伍、文艺队伍、巾帼志愿者队伍)开展美丽家园行动工作，围绕“深入推进美好乡村建设、打造农民幸福生活美好家园”要求，从建设清洁家园、绿色家园和低碳家园入手，引导妇女参与村庄环境整治工作，号召广大农村妇女和家庭成员从“小事”做起、从自己做起，积极融入美丽家园、美好乡村建设中。二是实施“巾帼林”建设任务。今年实施“巾帼林”2730亩，带动农户68户，为发展生态农业、优化生态环境发挥了积极作用。三是引领妇女积极践行低碳生活。组织开展全国节能宣传周、低碳日宣传活动，通过发放低碳环保知识手册、开展低碳环保咨询活动，发动全县广大妇女积极参与秸秆禁烧工作，为综合利用资源、保护生态环境、建设美丽家园作贡献。实施强基固本工程，拓展妇联组织建设。一是强力推进“妇女之家”建设力度。3月初，县妇联对全县村级“妇女之家”进行督导和调研，把“妇女之家”分为好、中、差进行入库，选出6个村作为“妇女之家”项目加以扶持，持续打造“妇女之家”升级版。二是加强基层组织建设力度。配齐配强乡镇妇联干部，从新录用的公务员中，把有知识、有能力、有热情的优秀女性吸纳进妇女工作队伍，已有16名年轻的女同志进入妇联队伍。三是举办全县女干部培训班。把男女平等基本国策内容纳入到党校

副县长刘红岩（后左四）参加关注留守儿童活动

寻找最美家庭

课程，7 月、10 月联合县委组织部举办两期女干部培训班，培训人员 100 余名；11 月 6 日，举办全县妇联干部培训班，县直妇委会、乡镇妇联主席、村妇代会主任及项目点负责人共 200 余名参加培训，提高了基层妇联干部的政治素养。四是及时跟进县社区“两委”换届。指导做好社区妇联组织的同步换届，社区妇联主席进社区党组织、进居民委分别比上届提高 17%、12%，进一步巩固发展了城市社区妇联基层组织。

【项目实施】 争取省市项目 15 个，争取项目资金 112 万元，为做好省市项目，县妇联采取了项目培训制、清单制，落实一月一督查一要求，一季度一总结一点评的工作制度。一是“美丽家园项目”助推了美好乡村建设，通过建立巾帼志愿服务和妇女文化健身队伍，开展技能培训、家庭文化、村庄环境整治、关爱帮扶等活动，引导农村妇女积极投身美好乡村建设，树立低碳环保生活理念，广大农村妇女成为促进家庭文明、乡村发展、社会和谐的重要力量。二是“妇女之家”项目充分发挥了凝聚妇女力量，构筑了基层妇女群众的温馨家园，通过建立健全管理、议事、联系妇女群众等多项制度，建立“妇联干部 + 妇女骨干 + 志愿者”的社会化工作队伍，开展妇女维权、法律服务等活动。三是农村留守儿童关爱服务项目织就了爱心网，通过大力开展关爱服务农村留守儿童活动，面向儿童家长及监护人宣传家庭教育知识，强化监护意识，为农村留守儿童健康成长营造良好环境。四是巾帼创业就业基地项目，通过基地 + 农户建立紧密联系，加强创业指导，帮助妇女掌握实用技术，促进了妇女就地就近灵活就业，带动广大妇女发家致富。

（县妇联供稿）

涡阳县科学技术协会

GUOYANGXIAN KEXUEJISHUXIEHUI

【概况】 2015 年，在县委、县政府的正确领导下，在省、市科协的指导下，坚持落实科学发展观，围绕发展大局，认真履行职责，开展“四大系列”（“送科技下乡”“科普之春”“科技活动周”“全国科普日”）等科普活动，较好地完成了各项工作任务。

【科普工作】 科普示范工作有声有色。今年县科协积极争取创建科普示范县工作，省科协同意县为科普示范县创建单位。9 月 10 日，市科协主席一行到县对科普示范县的创建工作进行初验，先后到示范镇、村（社区）、协会、基地及学校等进行了实地观摩。10 月份，通过省科协验收，被命名为安徽省 2016—2020 年度科普示范县，示范期为五年。

开展中国流动科技馆涡阳站巡展活动。为进一步激发青少年及广大人民群众学科学、爱科学、用科学的兴趣，丰富群众科技文化生活，培养社会科技创新能力，中国科协第四批全国科普流动馆于2014年12月已落地涡阳。为做好此次活动，县政府办公室下发了（涡政办秘〔2014〕72号）《关于印发中国科协流动科技馆涡阳站科普巡展活动实施方案》的通知。此次活动从2014年12月1日启动，到2015年3月10日结束，为期三个月的时间，县科协先后到临泉、利辛、五河等其他县市进行实地考察，制定了具体详细的巡展方案，确保这次跨年度巡展活动举办成功，社会反响较好。

举办涡阳县第二、三届青少年科技创新大赛。为激发青少年学科学、爱科学、用科学的兴趣，县科协与教育局联合在涡阳一中、二中举办了二届涡阳县青少年科技创新大赛，副县长刘红岩到会参加并作了重要讲话。二届创新大赛全县共有1750多名青少年学生和辅导老师参加，收到作品612幅、科技论文25篇、84个科技创新制作类作品。经过大赛评审会评审出科技创新制作一等奖30名、二等奖60名；科幻画一等奖20名、二等奖40名，对大赛积极支持单位给予优秀组织奖。推荐优秀作品，参加市第二、三、四届青少年科技创新大赛，共有36个学校62名中小学生和38名教师参加，在中小学生科技创新成果作品竞赛和少年儿童科幻画展示活动两部分比赛中，县获得4个一等奖，12个三等奖。5项一等奖作品代表市参加全省青少年科技创新大赛，获得了省创新大赛3个二等奖、3个三等奖。

举办青年科技奖。为发掘推荐青年科技人才，2015年举办了第二届涡阳县青年科技奖评选，全县有100多人报名，经过评审会的审核，最后评选出10名青年科技工作者，推荐了6名青年科技工作者参加市青年科技奖评选，叶林、蒲荣飞2名同志获得市政府表彰的青年科技奖。每人奖金1万元。高炉镇陆杨村党总支书记巩向海、推广中心副主任卢廷军被中国科协、财政部命名为全国科普带头人。获得奖励资金5万元。

举行“百名专家进乡村学堂讲科普”活动。5月份，协助市九三学社、市科协举行“百名专家进乡村学堂讲科普”活动，并在龙山镇中心学校举行科普报告会，市九三学社委员、市师范学院讲师作了科普报告，专家们深刻生动的讲解赢得了同学们的阵阵掌声，激发同学们学习科普的热情。

开展“科技活动周”。5月份的第三周是科技活动周，今年的科技活动周的启动仪式在县文化广场举行，活动现场县医院、疾控中心、农业部门、水务局、环保局、安监局等十六个县直单位参加了这次活动，现场为农民看病，解答他们咨询的问题。作为科协还向农民群众发放一些疾控方面的宣传画、小彩页及农业科普知识图书5000余份。

举办全市“科普日”活动。2015年9月23日至9月30日，以“万众创新，拥抱智慧生活”为主题的亳州市暨涡阳县“全国科普日”启动仪式在县体育广场举行，市领导、市直全民科学素质成员单位、三县一区科协及县四大班子领导、社区居民、学生等1000余人参加活动。活动现场，阅读科普图书、参加有奖科普知识问答、体验声光电科普产品、观看科普文艺演出等一系列科普活动令现场观众应接不暇。各成员单位紧紧围绕生活生产用电防火、常见病预防和保健、种养加工等热点问题，向前来参加活动的群众进行宣传教育，并通过展板、发放宣传单、图书、解疑释惑等形式，让人们进一步认识“科学技术是第一生产力”的重要性，了解和掌握了一些科普知识，增强了学科学、用科学意识。会后，与会同志参观了道源社区科普工作开展情况。同时，市科普大篷车也到现场，10多件声光电科普产品，吸引了很多学生前来操作和体验，感受了科技的奥秘和发展。

【科普示范创建工作】创建科普示范村。以“讲科学生活，建文明示范村”，为村室科普工作的主要内容，把工作重点放在健全网络、夯实基础、壮大队伍、强化宣传、注重实效上，努力把组织建起来、把设施用起来、把活动抓起来，村室科普工作有了新的起色。2015年高炉镇陆杨村被省科协命名为科普示范村，奖励资金六万元。大力培育示范农技协。帮助农技协建章立制、扩大规模，年初，在全市率先成立了县农技协联合会。规范创新，提高服务发展能力，展现了发展壮大的生机。已培育县示范级农技协30个，市级示范农技协18个，省级示范农技协3个。今年发展新成立农技协12个，新发展农技协会员2200人。农技协组织充分发挥了科技群体优势，在组织农民发展生产，开展技术服务，开拓市场方面发挥了更大作用，成为普及农业科学技术、推进农业产业化、带动农民致富的一支重要力量。

（县科协供稿）

县委常委、副县长王玉红（右四）陪省科协副主席蔡士祥（右三）视察高炉镇陆杨村科技普及工作

涡阳县工商业联合会

GUOYANGXIAN GONGSHANGYE LIANHEHUI

【概况】县工商联有编制3个、在编人员5人，设主席（会长）一名，由县政协副主席兼任，工商联党组由一名书记和两名党组成员组成，党组书记由统战部副部长兼任，县工商联现有非专职（非公经济人士）副主席（副会长）19名。

【公益事业】2015年2月县工商联、县城关街道工商联分会联合举办的“奉献爱心、关爱老人”——走进养老院活动。组织了多名非公经济人士，筹款（物）两万多元，进行帮扶送温暖活动，慰问困难群众20多家，收到了良好的社会效果。

县工商联于2015年3月组织县新视野眼镜公司开展“感恩环卫工——冬日送温情”捐助活动，共为环卫工人送去1000多条爱心围巾，价值3万多元。同月，组织县工商联成员中的爱心人士，向县红十字协会捐款活动。来自正宇集团、英杰精工、华星商贸集团、利达塑编厂、春秋商贸、新视野眼镜公司等多家企业参加了捐助活动，捐资5万元。2015年8月份县工商联还组织了“同福楼与环卫工人手拉手”活动，对全县环卫工人进行慰问。2015年11月组织涡阳县晟丰新型建材有限公司，开展捐款挽救白血病患者活动，收到捐款22360元。

【会员发展】2015年新成立行业商（协）会2个，发展会员97个。

县工商联共有基层商会33个，会员1457个。

【会务活动】 2015年1月，县工商联召开“工商联直通车”专题座谈会。2月份县工商联、涡阳县城关街道工商联分会联合在县文化广场举办“第九届涡阳县民营企业人才招聘会”。招聘会组织了20多家民营企业参与人才招聘，提供就业岗位200多个，涉及服务、营销、财会、一线工人等多个行业类型。2015年5月份由涡阳县委统战部牵头，会同县人民检察院、县工商联组织商会会员和非公有制经济人士开展守法诚信教育活动。县工商联一行，于6月份赴上海股权托管交易中心，针对适合于小微企业非上市股份公司股份转让(Q版/E版)挂牌服务进行学习考察，并与有关单位联合举办非公经济“跨越资本市场”培训会。县工商联于2015年8月，对县新生代企业家代表进行了调研走访，并形成题为《加大新生代企业家培养力度 再创民营经济发展的新辉煌》的调研报告。2015年10月，县工商联还组织开展“企业土地使用税专题监测工作”和“非公经济人士政治思想工作创新机制”调研工作。

非公经济人士法纪教育座谈会

2015年12月，县工商联召开九届六次执委会议。

（县工商联供稿）

涡阳县残疾人联合会

GUOYANGXIAN CANJIREN LIANHEHUI

【概况】 涡阳县残疾人联合会1990年成立，为副科级建制，1996年升为正科级单位，2002年与民政局分开，2010年成立党组。2015年残联有理事长1名，副理事长2名，党组成员1名，秘书1名。黄卫国兼任残联主席。2012年12月成立了五个专门协会：盲人协会、肢残人协会、聋人协会、智力残疾人及亲友协会、精神残疾人及亲友协会。县残联下属一个事业单位为涡阳县残疾人劳动就业管理所，2015年7月更名为涡阳县残疾人综合服务中心。县残联办公地点原位于县政府乐行宾馆大门楼第三层，办公面积247平方米，2012年12月由于县政府拆迁，县残联办公地点迁到县体育广场。

【工作职能】 残联承担的具体工作主要有：残疾证办理、残疾人教育、就业、康复、扶贫、救助、信访、维权、文化、体育、辅助器具配备、无障碍设施，残保金征收等，除此之外还要承办县委、县政府交办的其他工作。

【残疾人康复】 涡阳县有3个残疾人康复机构，分别为：涡阳县人民医院脑瘫康复部、涡阳县特教学校和涡阳县梦圆残疾人综合服务部，为听力、智障、孤独症、脑瘫、肢体残疾儿童提供专业康复训练服务。县残联实施贫困白内障患者免费复明手术840例(2013年300例，2014

年 300 例，2015 年 240 例），完成儿童抢救性康复 664 人 (2013 年 187 人，2014 年 266 人，2015 年 211 人），完成精神残疾人药费补贴 4420 人，发放资金 371 万元 (2013 年 1420 人，补贴 71 万元；2014 年 1400 人，补贴 140 万元；2015 年 1600 人，补贴 160 万元），完成精神残疾人住院药费补贴 140 人，发放补贴资金 50 万元。针对康复对象的各类特殊需求，为 470 名残疾人配用了助视器、助听器、轮椅、拐杖、矫形器、假肢、盲杖、盲表等辅助器具 1030 件，对 150 名残疾人进行了社区康复训练，取得良好的康复效果和社会效果。

【残疾人就业】 一是组织实施“万人就业工程”，全面推进按比例就业，扶持残疾人个体创业，2013 年扶持了 400 名残疾人就业，2014 年对 100 名残疾人实施就业补助，对超比例安排 45 名残疾人就业的 4 家企业予以补贴，对 18 个阳光大棚实施补助，对全县残疾人就业基地进行扶持、规范，增加就业人员。二是开展残疾人实用技术培训，残疾人职业技能培训，提高残疾人竞技和创业能力。邀请农业等部门专业技术人员举办了 2 期共 1000 人的培训班，提高了农户种养殖技术；2015 年县残联针对残疾人的要求，委托涡阳县恒康按摩培训学校和涡阳县锁成华盲人按摩培训学校开办了 159 人次的残疾人职业技能培训班，投入资金 30.5 万元，使想干事的残疾人真正掌握一门实用技术，实现就业。围绕市级下达的目标任务，从 2013—2015 年每年组织 120 名残疾人参加市残联开办的职业技能培训班，学习盲人足疗按摩、初级盲人保健按摩、汽车美容与装潢、电动车维修、手机维修、家用电器维修、计算机运用与维修和农村养殖实用技术，获得了就业能力。2013—2015 年有 168 名残疾人获得了按摩职业资格证书，4 名残疾人参加了省级职业技能竞赛，50 多名盲人到外地就业。三是对残疾人就业基地进行扶持、规范，增强就业基地的辐射带动作用，支持鼓励涡阳县志诚獭兔养殖专业合作社，帮助残疾人从事獭兔养殖，该合作社为做好残疾人技术培训工作，2015 年 7 月份又建成了 200 平方米的培训教室、食堂、宿舍等，县残联给予了 20 万元的资金扶持。四是积极协调企业安置残疾人就业。组织专场残疾人就业招聘会 2 场，2015 年新安置 56 人，2013—2015 年共安置残疾人就业 456 人。五是加强残疾人就业服务队伍建设，定期组织工作人员学习就业知识，18 名残联工作人员参加了清华大学继续教育学院举办的残疾人就业指导员远程培训班。六是协调税务部门加强残保金的征收，2013—2015 年，共征收“残保金”940 万元。

【助残惠残工作】 一是积极开展各项残疾人扶贫救助工作，协调民政部门将符合条件的残疾人全部纳入最低生活保障；二是与人社局、农合局配合将城乡重度残疾人都纳入了基本养老保险、医疗保险；三是配合教育局做好残疾学生和特困残疾人家庭子女资助工作；四是开展特困残疾人临时救助、“两节”慰问救助工作；五是落实贫困重度肢体、精神、智力残疾人“阳光家园计划”，利用家庭托养方式开展家庭照料服务，每年补贴 200 个残疾人家庭，发放补助 36 万元；六是 2013—2015 年每年为 450 名残疾人提供机动轮椅车燃油补贴 11.7 万元；七是以开展“全国助残日”等活动为契机，宣传残疾人政策，组织残疾人文艺会演、书法、绘画展等活动，展现残疾人热爱生活、身残志坚，勇于创业和回报社会的精神风貌，营造扶残助残氛围；八是利用省级资金对县廉租房（涡阳县德元）小区进行示范性改造，实施家居无障碍环境改造 50 户，为 20 名重度残疾人安装了全自动马桶、为 30 名残疾人配置了代步车，共投入资金 17.5 万元，改善了残疾人生活。

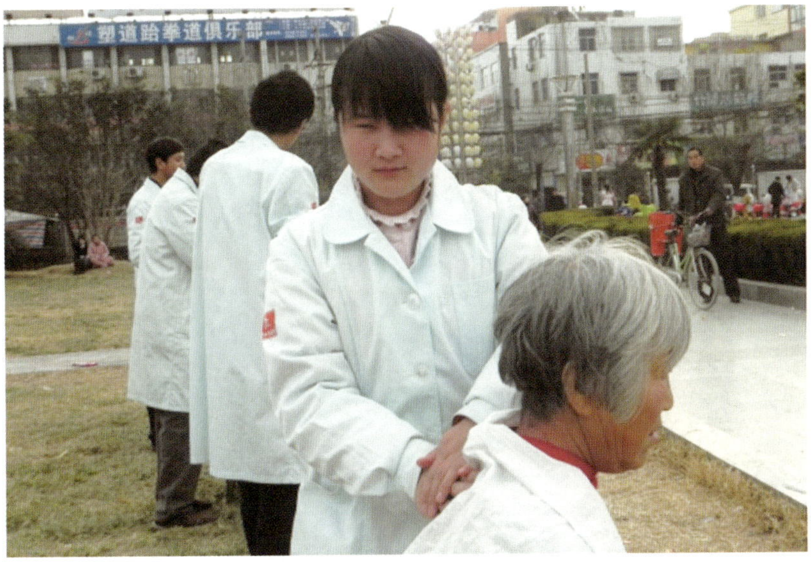

盲人进社区义务服务

【残疾人社会保障工作】 1. 贫困残疾人生活特别救助：项目自 2009 年开始实施，救助对象为享受低保的重度一、二级残疾人，2013 年把贫困三级残疾人纳入特别救助项目。2013 年完成救助人数 9399 人，发放救助资金 682.36 万元；2014 年完成救助 10529 人，发放救助资金764.32万元;2015年救助10536人，发放救助资金 764.6 万元。2. 配合民政部门将符合条件的残疾人家庭全部纳入城乡低保；配合人社和卫生部门认真落实贫困重度残疾人参加新型农村社会养老保险和新型农村合作医疗保险个人缴费部分的政府代缴政策；配合县房产局将住房困难的城乡低残疾人家庭优先纳入基本住房保障和住房救助补贴范围。

【残疾人权益维护】 研究解决残疾人权益保障中的突出问题，加强残疾人法律援助、信访维权等工作。2013—2015 年，残联共接待残疾人来信来访 1000 多人次，调解维护残疾人合法权益案件 120 件。接待残疾人法律咨询 48 人次，办理上级交办信访件 45 件，为其中贫困残疾人办理法律援助案件 28 件，残疾人合法权益得到有效维护。

【残疾人教育培训】 1. 组织推荐残疾人参加专业、学历教育，共向安徽省特教学校推荐 100 余名残疾人接受中专教育。2. 对适龄残疾儿童未入学情况进行调查，协调县教育局采取社区教育、送教上门等形式对适龄残疾儿童少年实施义务教育。配合教育部门做好残疾学生九年义务教育和职业教育及残疾人普通高中、大中专学生助学工作。3. 涡阳县特殊教育学校创办于 1992 年，1996 年由社会各界捐资筹建。学校占地面积 12 亩，建筑面积 5600 多平方米。学校在编教师 35 人，在校学生 179 人，集聋儿语训、智障教育、孤独症教育、职业教育为一体的综合性特殊教育学校。学校承担省残联批准的聋儿语训、智障、孤独症、民生工程定点康复。开展智能开发、功能训练、行为训练、运动疗法等一系列科学的康复训练，并提供专业化测试。每年开展聋儿、智障孤独症儿童家长各类培训，为家长提供免费咨询服务。

【残疾人组织建设】 1.2012 年年底开展了基层和县残联换届工作，选举产生了县乡残联主席、理事长，县级残疾人代表大会选举产生了主席团名誉主席、副主席，主席团主席、副主席，残联理

残疾人身残志坚办獭兔养殖场

事长、副理事长，各协会主席、副主席。2. 通过镇场（街道）党委、政府推荐，县残联初步确定了拟聘用的镇、村残疾人专职委员，25 人已参加了省市培训，41 人参加了省特教中专班学习，对全县残疾人专职委员 354 人进行了实名制登记，对全县理事长、镇、村残疾人专职委员进行了业务培训。3.2015 年 7 月涡阳县残疾人劳动就业管理所经涡阳县编制委员会批准更名为涡阳县残疾人综合服务中心。

【残疾人系统信息化建设】 做好残疾人基本信息的年度采集和数据库的动态管理工作，加强基层业务台账工作，规范二代残疾证办证程序，建设残疾人口综合数据管理系统，为残疾人享有社会保障和服务提供身份认证和基础信息，为残疾人事业发展提供客观真实的基础数据。开展残疾人状况监测工作，掌握残疾人的家庭生活状况及主要需求，建立相对完备的档案数据库，为今后开展残疾人工作提供了有力支撑。按照中残联统一安排和部署，组织开展了残疾人基本服务状况和需求专项调查工作，完成了对 27486 名残疾人的问卷调查、信息采集、数据初录、审核等工作，2015 年 2 月底全面完成了数据录入，复录数据差错率低于 0.5%。根据亳州市网上办事大厅涡阳厅建设工作要求，按照工作行事历，2015 年 1—2 月完成本单位审批事项梳理和流程制定，集中进行事项对接和录入工作，2015 年 3 月调试运行，截至 2015 年 12 月，通过网上办理残疾人证 800 余件。

（县残联供稿）

涡阳县文学艺术界联合会

GUOYANGXIAN WENXUEYISHUJIE LIANHEHUI

【概况】 根据涡阳县委办公室 2002 年 88 号文件，涡阳文联编制数 3 人，现实有人员 8 人，其中领导班子成员 3 人，非领导人员 5 人。

【基本职能】 在县委、县政府的正确领导下，以马克思列宁主义、毛泽东思想、邓小平理论、“三个代表”重要思想和科学发展观作为行动指南，始终坚持文艺“为社会主义服务，为人民服务”的方向和“百花齐放，百家争鸣”的方针，充分发挥联系、协调、服务职能，团结带领各专业文艺家协会和广大文艺工作者，围绕中心，服务大局，积极主动，开拓创新，为繁荣文艺创作，培养文艺新人，不断满足人民群众精神文化生活的需要做出积极努力。

【文艺精品创作】 组织重点作家、艺术家深入一线体验生活，通过举办笔会、研讨会等形式，引领文艺家自觉投身火热的生活，激发文艺家的创作热。通过举办各种展览、演出、比赛，推动精品的创作，积极策划组织重大题材文艺创作，不断推出具有广泛社会影响的精品力作。鼓励基层文艺精品创作，大力扶持社区文艺社团，全面开展基层文化活动，鼓励民间文艺创作，提炼出有生活气息的社区文艺精品。加大文艺精品创作经费投入，进一步完善文艺精品奖励机制，积极开展文艺评论和文艺评奖活动，推荐作家、艺术家力争国家级、省级的专业文艺奖项，激励文艺工作者的文艺创造。为艺术家提供更多便利，提倡他们走出去开阔视野、交流切磋、提高技艺。请艺术名家到县开展讲学和交流活动，有针对性的指点和提高。注重选拔和培养文艺新秀，加大对农村基层文艺人才的培训教育力度，抓好对民间艺术人才的扶持和传承。

【人才队伍建设】 抓好文联领导班子建设，认真贯彻民主集中制，建立完善班子内部的工作分工、议事、决策规则和程序，坚持发挥领导班子的整体效能，积极主动抓好工作，班子务实创新、团结和谐、充满活力，得到文联干部职工的充分认可和信赖。抓好干部队伍建设，认真抓好文联党员干部的思想、组织、作风建设，调整配强中层干部，使文联干部队伍整齐、活跃、精神状态好；加强各协会建设，选配具备较强组织策划能力的干部担任各协会秘书长，规范协会工作秩序，增强协会工作活力。加强文艺人才队伍建设。认真实施人才培养工程、作家群新人工程、文艺推星工程等，依据不同艺术门类的特点，对创作、研究、管理等方面的人才进行不同层次、不同方式的培训、培养。加大对优秀文艺人才的推介宣传，通过举办展览、演出、比赛、研讨、作品观摩、选拔人才参加国际国内各项大赛等方式，为文艺工作者发挥艺术才华、展示创作成果搭建平台。

【作品创作】 积极开展文艺作品创作活动，文艺、书画、摄影、戏剧曲艺、音乐舞蹈等创作取得良好成效。

文学创作活动。2015 年，15 人加入省作家协会；郑懿、马仁杰、郑瑞玢参加安徽省第三届中青年文艺评论家高级研讨班，并加入安徽省文艺评论家协会，填补了亳州文艺评论的空白；筹办文学杂志《涡河》，2016 年 1 月创刊号出版；协助市作协举办亳州市作家协会文学创作培训会；县作家在《亳州文艺》等报纸杂志发表作品 200 余篇。

书画创作活动。积极筹办“2015‘美丽涡阳’迎新春书画展”，举办“涡阳县纪念抗日战争胜利 70 周年书画诗词展”。积极参加省、市有关展览活动，8 月 20 日县书协选送 13 件书法作品参加亳州市纪委举办的反腐倡廉楹联展；书法家协会副主席王伟应邀参加了市在北京举办的《徽风亳韵》书画展；9 月上旬，市文联、市篆刻学会举办“亳州市首届篆刻精品展”，王玉金、马震作品入展，并入编作品集；王伟等参加了亳州市书法进京展；近 20 位省级会员向省书协举办的共筑中国梦书法展等展览投寄了作品。积极参与县内组织的县老年书画协会举办的纪念涡阳建县 150 周年书画展、历代名人家训书画展。组织民间艺术家参加“美丽亳州”全市剪纸大赛，赵春林的作品《老子降诞》、盛一凡的《花戏楼——关帝之戏》、韩欣宇的《雀梅迎春》获得二等奖；

赵宇的《紫气东来》、赵欣慧的《春耕》、黄晓燕的《亳州之星——小花旦》获得三等奖，另有16人的作品获得优秀奖，县文联获得优秀组织奖。

摄影创作活动。2015年，文联和摄协参与市委宣传部、市文联主编的《大美亳州》摄影集正式出版发行；由涡阳摄协申报的15名安徽省摄影家协会会员全部获得批准。涡阳摄协采用请进来、走出去的方式，扩大会员们与周边地区摄影家之间的交流，并积极组织会员参加国家和省市举办的各种摄影创作、联谊和展览、比赛等活动，提高广大会员的创作情趣与技术水平，推动了涡阳县整体摄影艺术的发展提升；刘文华摄影作品《雾锁金山岭》、李卫平摄影作品《北海流云》分别获得安徽摄影家网2015年“当代数码·尼康杯”摄影月赛奖；李卫平摄影作品《群峰顶夕照》获得安徽摄影家网2015年“当代数码·尼康杯”摄影月赛奖；刘文华摄影作品《道源》和潘子丰摄影作品《中国收获》获“中华药都.魅力亳州”中国亳州芍花堂杯摄影联谊赛二等奖；陈杰摄影作品《暮归》获得安徽摄影家网2015年“当代数码·尼康杯”摄影月赛奖；刘文华摄影作品《水墨黄山》入围第五届中国黄山国际摄影大赛、李卫平摄影作品《圣湖夕照》获得安徽摄影家网2015年“当代数码·尼康杯”摄影月赛奖；潘子丰摄影作品《说凤阳》获得安徽“金孔雀杯”艺术摄影比赛优秀奖；摄影家协会会员完成《天静知春》《幸福涡城》《问道天静》《秘境天静宫》《云端》《皖北农村·2015》《麦收印象》《我的大别山》等系列摄影作品的创作。

戏剧曲艺创作活动。一年来，县戏曲团体配合党和政府的中心工作，围绕社会主义新农村建设、普法宣传、民生工程等深入厂矿、农村、学校演出近2000场，其中送戏下乡、普法进校园活动占演出场次的80%以上，为县文化事业的繁荣发展做出了应有的贡献；2015年1月，在省文联、省曲艺家协会举办的第七届安徽曲艺节上，县曲艺家丁翠华表演的琴书《把关》荣获表演三等奖；文艺创作者们先后创作了戏曲表演唱《涡河两岸好风光》《情满社区》、豫剧联唱《老子颂》、大型泗州戏《伯愈泣仗》等一批讴歌时代、牢扣社会进步主题的精彩剧目；戏曲队伍不断壮大，演员素质有了明显提升；完成戏剧小品《携手共建幸福家》《把邪教的画皮全剥掉》、琴书《拒绝邪教别上当》、坠子《纪委在巡访》的创作；县5个戏曲团体中有近300名演员，其中不乏懂唱腔、会表演、能创作的德艺双馨的优秀人才，节目质量日臻完善。

音乐舞蹈创作活动。完成《请你听我说》《三严三实之歌》《中国大厨》的创作，完成舞蹈《爱在无声中绽放》《对花》《苔乡情》的编排。

【活动开展】 1月30日，组织书法家参加在陈大镇举行的全县2015年文化、科技、卫生“三下乡”活动，现场义务为群众写春联。2月13日，在老子文化艺苑展厅举办“美丽涡阳”迎新春书画展，共展出县省级以上书画名家书画精品50余件。2月14日，与文明办联合举办为“中国好人”送春联活动，现场为县26名“中国好人”创作并书写了春联。3月18日—19日，文联组织作家协会部分会员参加凤阳县作家协会新年恳谈会暨宫开理新作《齐天大圣上访》首发式，与凤阳作家就精品创作进行了深入交流，并深入小岗村采风，参观“大包干”纪念馆和沈浩事迹展，学习凤阳改革精神和沈浩精神。3月20日，摄影家协会组织部分会员深入皖南山区进行了为期一周的采风创作活动，会员创作能力和水平有了较高提升。郑懿、马仁杰、段伟三位作家参加了蒙城县委宣传部组织的全省作家“绿色蒙城”文学采风活动。协助组织部“弘扬沈浩精神，争做沈浩式好党员好干部”主题征文和宣传部“问道涡阳·梦圆亳州”谷水杯有奖征文的评审工作。组织书画摄影作品参加亳州市建市 15 周年书画摄影展。举办了迎“七一”暨“翰墨薪传”刘亚书画作品展。

【宣传工作】 文联更加注重对外宣传，外宣各机制进一步完善，全年在省内主流媒体编发外宣稿件 130 篇。《涡阳县举办首届全民健身跑活动》《涡阳县为“中国好人”送春联》《安徽涡阳上千辆三轮车集体退出历史舞台》《涡阳城里新鲜事 免费乘坐公交车》《送“礼”的人去哪儿了》《涡阳县推出青少年教育特色课》《咱家的麦子熟了——影像中的涡阳县午收》等稿件刊登在江淮新闻网，其中《安徽涡阳上千辆三轮车集体退出历史舞台》被凤凰网转载。图片新闻《“三轮”下岗“公交”上路》刊登在《安徽日报》农村版。通过宣传报道推介本土艺术家，通讯《一位草根舞者的大舞台》，介绍县舞蹈艺术家陈芳清的事迹被江淮新闻网、《亳州晚报》等多家媒体刊登。

（县文联供稿）

涡阳县老子文化建设办公室

GUOYANGXIAN LAOZIWENHUAJIANSHE BANGONGSHI

【概况】 涡阳县老子文化建设办公室是县老子文化建设指导协调委员会下设办事机构，在县委宣传部领导下，与老子文化生态园管委会合署办公，负责协调处理全县老子文化建设日常事务。办公室领导由生态园管委会周超主任和副主任周霖、柴阳阳等兼任。办公室主要职责是：参与全县老子文化建设的谋划决策和协调督办，组织培训老子文化队伍，建立扩展老子文化阵地，搜集汇编老子文化资料，加强老子文化和老子故里研究，做好老子文化宣传普及工作，加快老子文化产业和旅游经济发展，促进老子文化名城建设。

【深入普及老子道家文化】 2015 年 9 月，中共涡阳县委召开十届七次全会，提出打造“老子涡阳·生态福地”城市品牌，积极开展道家文化宣传推介活动，大力弘扬中国老子道家文化奋斗目标。“老子涡阳·生态福地”成为涡阳县的亮丽名片和旗帜。全县各地结合书香村居、经典诵读工程和全国地名普查等工作，举办老子道文化讲堂和论坛，落实经典文化“六进”活动，在城乡建设中融入地方历史文化和时代精神，增进老子故里涡阳人的自豪感和自信心，社会主义核心价值观得到进一步培育践行，社会主义精神文明建设再上新台阶，全县涌现出一大批中国好人和道德模范。

【加强老子道家文化研究】 2015 年新版《涡阳县志》发行，载入老子故里大量史料；亳州市社会科学联合会编辑出版《老庄文化研究》，其中老子文化研究系涡阳县老子文化办公室组织编写；县委宣传部、老子文化办、县文联、县人民医院等单位举办“问道涡阳·圆梦亳州”全国征文大赛，全国 21 个省市 161 名作者参赛，征集作品 200 余篇，经过专家初评复审和终评，遴选获奖优秀作品 45 篇结集，以《老子天地》第 10 期特刊出版；县政协编辑出版三本老子道文化专辑：《谷水论道文存》《老子故里今昔》和《老子诗·道乡情》，共约 45 万字。《老子传说》荣获第四批国家级非物质文化遗产后，县文化体育旅游局成立涡阳《老子传说》非遗传习所，广泛深入开展宣传普及活动。

【致力老子故里遗存保护】 会同县有关部门，支持天静宫募集社会各界善款，重新树立汉唐历代天静宫碑记十余处，重修先天太后圣母墓。中国道协会长任法融为天静宫题写“道教祖庭”匾额，亳州市道教协会正式成立，天静宫住持李福当选为会长。天静宫被评为全国AAAA级旅游景区之后，又被安徽省旅游局评选为全国华侨文化交流基地。曹市镇东太清宫重塑老子圣像，被命名为安徽省千年古镇。

【老子文化交流推广】 一年一度的老子庙会，在潜移默化之中不断加强了老子故里道家文化在本地和周边群众的影响力。全年共接待前来参观的中央、省、市领导，专家学者、海外参观团体等70余个；王振川应邀参加北京中国品牌文化管理年会，荣获“2015第二届中国品牌文化建设老子文化研究专家”称号；8月份，涡阳天静宫与湖北武当山、武汉长春观等全国道教九大宫观一道，成功举办了以“尊道贵德·丰富人生”为主题的2015年全国大学生体验道文化夏令营，老子故里道家文化影响力和美誉度不断扩大。

【开发涡阳道商文化资源】 济祁高速公路西阳出口建成通车，西阳范蠡西施墓道商文化研究开发引人注目，县文化旅游部门制定范蠡西施文化园规划。台湾各地专家考察团多次前往考察，并达成捐（投）资建设开发意向。11月20日，涡阳老子文化研究专家王振川和马杰、石芳霞等应邀前往台湾参加“海峡两岸道教文化国际研讨会”，向海外道教界宣传推介老子故里道商文化，探讨合作开发建设范蠡西施文化园事宜。

（县老子文化建设办公室）

武　装

WU ZHUANG

涡阳县人民武装部队
防空工作
武警涡阳县中队
武警涡阳县消防大队

涡阳

GUOYANG

涡阳县人民武装部队

GUOYANGXIAN RENMINWUZHUANGBUDUI

【概况】 涡阳县人民武装部是中国人民解放军在涡阳县行政区域设立的军队一级组织，1950年11月成立，隶属阜阳军分区，2000年6月改属亳州军分区，是涡阳县地方党委的军事部兼政府的兵役机关，受亳州军分区和涡阳县委、县政府双重领导。现辖26个基层武装部。主要负责涡阳县人武部机关、全县专武干部、民兵的军事训练和政治教育，兵役征集，组织实施兵员动员，带领民兵参战、支援前线、保卫后方和协助地方完成其他非军事行动等任务。2015年，该部在军分区党委和县委、县政府的坚强领导下，认真学习习主席关于新形势下国防和军队建设重要论述和党的十八大精神，以“强军目标”为指导，紧紧围绕实现“三个确保”时代课题，瞄准军分区党委提出的“三个一流”目标，按照部党委确立的“强班子带队伍、打基础夯根基、抓重点促全面、谋发展创一流”的工作思路，抓学习、促工作、求发展，年度工作稳步推进，人武部全面建设保持了稳步推进的良好态势。县人武部被省军区表彰为“全面建设标兵单位”。

【基础设施建设】 坚持把县部建设的重点方向、基层建设的急需部位、干部职工的迫切需求作为保障重点。今年以来，县人武部投入7万元，改建了集中文印室，并协调县政府拨款78万余元，新建了战备库室，于8月20日开工建设，2层框架结构，总面积402.5平方米，集兵器室、作战值班室、战备器材库于一体，大大提高了军事斗争准备质量和处置各类突发事件能力。投入10万余元用于军事训练、战备演练和日常战备值班分队建设，多样化任务能力明显提升。投入20多万元大力改善民兵训练基地食宿条件，确保参训民兵能洗上热水澡，能坐在宽敞明亮的食堂就餐，能用上崭新的被褥休息；投入6万元，回应广大居民的强烈要求，移除了居民区道路两旁原来的柏树，栽上了兼具经济性和观赏性的冬青和石楠，美化了居住环境，拉近了军民之间的距离；投入3万元，对20世纪70年代建造遗弃的水塔进行了拆除，消除了安全隐患；投入10万余元，在征兵体检前夕对县征兵体检站的地面和周边环境进行了整修，为广大体检工作人员和进站应征青年营造了舒适、洁净的体检环境。

【召开人武部党委第一书记任职大会】 3月18日，在人武部作战指挥中心组织召开了人武部党委第一书记任职大会。亳州军分区政治委员陈学斌、政治部主任袁水华、涡阳县委书记胡明文、县委组织部部长刘梦汝、县国动委“八办”负责人、人武干部职工和各镇（场、街道、县直）专武部长参加了大会。任职大会首先奏响了《中华人民共和国国歌》，之后，亳州军分区政治部主任袁水华宣读了人武部党委第一书记任职决定。县委书记胡明文在任职大会上就如何履行好党委第一书记的职责，重点从坚持在强化担当中重视党管武装，坚持在把握重点中落实党管武装，坚持服务大局中发展党管武装三个方面作了讲话。亳州军分区陈学斌政委作重要指示，对强化党管武装意识、履行好党管武装职责、落实好党管武装制度、建好班子带好队伍等四个方面提出要求，对党管武装提出了殷切希望。通过组织召开人武部党委第一书记任职大会，对武装和国防后备力量建设落实好双重制度，提高党管武装水平，聚焦强军目标，推动军民融合发展具有重要意义，为建设美好涡阳互促共赢奠定了坚实的组织与政治保障基础。

【抓好安全管理专项整治】 按照省军区统一部署，扎实开展“拉网式”安全隐患排查整治活动，围绕人车枪弹管理、出租房监管、安保设施建用等逐个部位组织细致的排查整治，梳理出 7 个方面 22 个问题，限时整改落实，及时消除安全隐患和事故苗头。认真开展涉密载体“清零”行动，规范保密办公秩序，共清理出游离涉密 U 盘 21 个、笔记本电脑 3 台、台式电脑 2 台。严密组织枪支弹药专项整治，采取电话联系、家庭访问、现场见面等形式，对 15 名干部职工、4 名退休职工和 1 名待转业干部进行逐一清理清查，逐人填写《个人私存枪支弹药报告表》，人人签订“零持有”责任书。

【民兵训练】 坚持把应战应急队伍作为训练重点，在抓好基地统训的同时，认真贯彻省军区首长指示要求，积极探索实地、实情、实案训练新路子，圆满完成了 629 人次民兵训练任务，消耗弹药 9300 发。民兵应急分队参加分区抽考成绩位居前列，反恐维稳演练做法在省军区《工作要讯》刊发；后勤保障分队参加分区统训，管理工作和综合理论双项第一；5 名民兵专业技术骨干参加省军区区域联训，获得通信第二名，2 人被评为先进个人；2 名海军预编预备役人员回原部队参训，遵规守纪，训练成绩良好，部队反馈良好。

【情报信息员队伍建设】 根据省军区关于缩减情报信息员队伍的文件精神，县结合个人平时工作实绩，兼顾行业系统和区域平衡，积极向相关行业拓展情报信息员队伍［电信、移动、联通各 1 人、出租车司机 2 人，电视台 2 人，县应急办 1 人，县维稳办 1 人、网监大队 1 人、火（汽）车站 1 人、派出所 25 人、广电中心 1 人］，综合考察后调整了 19 名年龄偏大、业务素质薄弱、侦搜意识不强的信息员，现共编情报信息员 190 人。4 月底，利用 3 天时间组织了全县情报信息员的集训，有效地解决了信息员不会报、不会搜集信息的问题。全年共收到上报信息 18000 余条，为军地双方及时提供有效信息 7 条。为地方政府处置 4 起重大事件赢得了时间。

民兵应急分队实战拉动演练

【民兵整组】 2015 年，上级赋予县基干民兵编组任务数为 5490 人，其中应急队伍 1315 人、支援队伍 1399 人、储备队伍 2776 人。为加强组织领导，健全了整组工作领导小组，明确职责分工，抓好贯彻落实。与县委、县政府联合下发了民兵整组工作指示，拟定了整组计划。人武部统一协调县财政给每个乡镇拨付 1 万元整组专项经费，保障了整组工作的顺利开展。组织全县专武部长和民兵营连长集训，对整组业务知识和民兵工作管理系统的操作使用进行了相关培训，重点突出了中发〔2012〕9号文件、皖动〔2012〕13号文件、亳动〔2015〕13号文件和民兵整组、兵役登记等文件和常识的学习。按照民兵整组“四个阶段”“二十项内容”的要求统一规范整组程序和方法步骤。制定了民兵整组检查督导计划和分片包干计划，分南片、北片和沿线三块区域，分别由三位部领导挂钩帮带，落实责任制。整组期间，先后三次到基层单位检查指导，3月19日，下发了《关于做好民兵整组工作的紧急通知》，两次下发检查情况通报，指出存在问题，明确整改内容、措施、要求和时限等，确保问题得到整改。4月9日至16日，利用6天时间，采取逐个单位过、逐项内容查、逐个人头点的方法，对全县26个基层单位民兵应急排进行拉动点验和整组资料检查验收，按照评分细则现场打分，专武部长签字确认，以踏石留印、抓铁有痕的务实作风，狠抓整组工作落实，并将各单位整组工作完成情况与年度评优评先和第二季度绩效考评挂钩，严格奖惩，凡是民兵整组和规范化建设不合格的单位，不抓出成效、不达标绝不收兵。年底评选先进单位一票否决。

县委书记、县人大常委会主任、县人武部第一书记胡明文（左二）视察人武部工作

【专武干部训练】 围绕“精理论、懂业务、通技能、会组训、能指挥”要求，采取集中培训与以会代训相结合的方式，注重抓好常态化训练，专武干部能力素质和业务水平得到新提高。2名参加省军区新任职专武干部严格要求，刻苦训练，被省军区表彰为“优秀学员”；在分区组织的全市专武干部集训考核中，获得5项考核、1项考评等6项第一。

【双拥共建】 按照“弘扬传统、创新模式”的工作思路，积极融入共建美好乡村和“三线三边”综合治理，组织240名民兵在单集林场和陈大镇风情景观带，共建“八一林”60余亩。持续开展“情系贫困学子、爱心助学圆梦”活动，捐款11000元与临湖镇11名贫困生结成帮扶对子，走访慰问17名基层营连主官和特困家庭。积极投身文明创建、抢收抢种和抗旱保苗，发动民兵投身秸秆禁烧做法在中央电视台七套军事频道报道，受到群众好评。联合地方执法部门开展“法律拥军惠民”活动，做好涉军维权工作，协调解决官兵家庭涉军维权事件7起。

（县人武部供稿）

防空工作

FANGKONG GONGZUO

【概况】 根据皖政秘〔2006〕105号《安徽省人民政府、安徽省军区关于将肥东等42个县（市）列为省级人民防空重点城市的通知》，县按照国家三类人民防空重点城市防护标准进行人民防空建设并开展人民防空工作。2007年12月市编委〔2007〕60号批复，同意设立“涡阳县人民防空办公室”，与县政府办公室一个机构两块牌子合署办公；涡阳县编委〔2007〕25号下发《关于设立涡阳县人民防空办公室的通知》，标志着县人防机构的正式设立。2011年9月，县政府办公室涡政办〔2011〕67号批复县住房和城乡建设委员会加挂县人民防空办公室的牌子，县人防办与县住建委合署办公，县住建委主任兼任县人防办主任。

涡阳县人民防空办公室是县政府的人民防空主管部门，是政府的行政职能部门，又是县国防动员委员会常设办事机构。人民防空是“国家根据国防需要，动员和组织群众采取防护措施，防范和减轻空袭危害”“保护人民的生命和财产安全，保障社会主义现代化建设的顺利进行”的活动。其主要工作职能：贯彻执行上级关于人民防空（以下简称“人防”）的方针、政策和法律、规章，组织拟定人民防空工作的政策规章和措施。制定人防建设规划、计划，提出有关国防要求的意见和建议，组织指导检查规划、计划的落实，受理所辖地区人防行政执法中申请复议的案件。掌握人防战备情况，负责人防组织指挥业务建设，组织制定防空预案，抓好人防指挥干部培训和专业队伍建设和培训。负责人防通信警报建设和防化工作，拟制人防通信、警报建设规划，组织人防通信、警报网络的建设和管理，会同有关部门制定城市核化等社会突发事故的应急求援方案，实施人防无线电管理。负责本级人防指挥工程和公共掩蔽及疏散干道工程的建设、维护、管理和使用；负责人防工程质量和已建工程管理的监督检查；负责防空地下室的修建管理工作，审批防空地下室建设方案并参与验收工作；依法收取人民防空工程易地建设费，指导辖区内防空地下室的维护管理和平时开发利用。组织开展人民防空宣传教育工作。掌握和分配人防建设经费，负责人防战备工作的统计。战时组织指挥人民防空袭斗争。

【人防通信警报工作】 涡阳县城已完成19处(含车载1个）警报器布点工作，为提高全社会的国防观念和人民防空意识，检验人防通信警报的战备性能和鸣响情况，按照《中华人民共和国人民防空法》的规定，2015年9月18日，涡阳县人防办按省、市统一部署，于上午9时18分至9时33分，在县城区范围内举行防空警报器试鸣，县城防空警报器同时鸣放警报信号。

【人防工程建设与管理】 发放人防意见书16份，其中批建人防地下室7处，收取人防工程易地建设费443.4万元，并对批建人防在建工程进行了监督检查。已发放防空地下室验收认可意见表13份，认可人防工程建设，补收人防易地建设费52.3万元。完成时代广场人防工程租金征收工作，并上缴财政入库。

【人防宣传教育】 坚持融合式发展道路，利用国防教育、公共安全教育平台，把握人防教育与国防教育的结合点，积极开展人防教育宣传工作。2015年“5·12防震减灾日”宣传周期间，人防办在文化广场和县住建委门前进行宣传，向群众发放防空防灾知识手册500余份，宣传单4000余份，提高了全县广大市民的防空防灾意识，取得了良好的效果。

（县人防办供稿）

武警涡阳县中队

WUJING GUOYANGXIAN ZHONGDUI

【概述】 2015年，武警涡阳县中队在上级党委和县委、县政府的正确领导下，坚持以邓小平理论、“三个代表”重要思想以及科学发展观为指导，深入学习贯彻习主席系列重要讲话精神特别是国防和军队建设重要论述，紧紧围绕学习践行强军目标，着眼有效履行使命任务，加快建设现代化武装警察力量，按照支队党委统一部署，团结和带领全体官兵，立足中队担负任务实际，努力提升“三支队伍”素质能力，狠抓经常性基础性工作落实质量和标准，不断提升中队全面建设水平，圆满完成了上级交给的各项任务，高标准实现了两个确保。

【组织建设】 2015年，中队加强了以党支部为核心的组织建设，强化组织能力，不断增强支部凝聚力和战斗力。坚持组织生活制度，自觉用上级党委首长的指示和讲话精神统一思想。注重把学习教育成果转化为科学发展观统领全局，领导部队又好又快发展的能力，真正做到支部班子领导有力，团结进取，科学决策，党员模范带头，骨干作用发挥明显，群众组织健全，活动开展经常，发挥参谋助手作用好，确保了部队建设稳步推进。

【思想政治建设】 中队始终把思想政治建设摆在首位，深入学习贯彻习主席系列重要讲话精神特别是国防和军队建设重要论述，严格教育制度落实，扎实开展经常性思想工作，广泛开展丰富多彩的业余文化生活，认真抓好思想政治教育和文化、保卫工作，确保官兵政治立场坚定、思想道德纯洁、内部关系和谐。

【执勤战备】 2015年执勤战备工作在上级党委的正确领导下，深入贯彻落实科学发展观，按照执勤工作“十六字”方针，全面落实“三员一兵一组”组勤模式，狠抓制度落实和执勤隐患治理，大力开展勤务专项治理整顿活动，紧紧围绕高标准实现“两个确保”目标，全力以赴狠抓落实，确保了执勤战备秩序正规，制度落实到位，中心工作完成圆满。

【军事训练】 2015年军事训练工作按照支队军事工作总体要求，坚持以文化建设为引领，严格按照“四落实”的要求大抓军事训练，积极转化支队各类集训培训成果，大力推进部队正规化建设水平，积极投身强军强警实践。

1—2月份，严密组织新兵岗前培训，打牢新兵执勤基础。3月份，出动中队反恐应急力量连续作战，先后完成了为期1个月的设卡堵截和城市武装巡逻任务。4—6月份，选拔人员参加支队三期勤训轮换。7月下旬，参加支队反恐比武竞赛，获得较好名次。11月份中队在支队年终军事训练考核中，总体达到良好以上。

【管理教育】 2015年中队始终树牢法治思维、底线思维，为实现部队内部安全稳定，严格部队管理，狠抓作风养成，坚持依法从严治警，不断提升正规化管理水平，中队“四个秩序”正规，安全管理工作落实，全年部队安全无事故。

【后勤建设】2015 年，中队后勤工作在上级党委和业务部门的正确指导下，在涡阳县委、县政府的大力支持下，坚持以《后勤规范化建设与管理标准考评办法》为依据，认真贯彻总队、支队党委工作指示和武警部队后勤建设的总体工作思路，继续把“保中心、保生活”为保障重点，按照“扎扎实实打基础、与时俱进谋发展、严格标准抓建设、围绕中心搞保障、深化管理创效益、遵章守纪保安全”的要求，强化精品意识，突出后勤战备建设和信息化建设，持续提升后勤保障能力，努力在依法改革、服务官兵、提高后勤人员素质上下功夫，不断提高后勤保障能力。

（武警涡阳中队供稿）

武警涡阳县消防大队

WUJING GUOYANGXIAN XIAOFANGDADUI

【概况】武警涡阳县消防大队（涡阳县公安消防大队）下辖涡阳中队位于涡阳县涡双路西侧，占地面积 11300 余平方米，设有多功能办公楼、食堂、餐厅、活动室、车库等基础设施和训练场地；辖一个政府专职队位于涡阳县涡北街道涡曹路南侧，占地面积 13375 平方米（约 20.06 亩）。县政府专职消防队建设于 2012 年启动，经立项、选址、土地征迁补偿、土建施工、装修施工、办公家具购置等过程，建设内容包括综合办公楼、值班室、训练塔、篮球场、营区绿化及必要的生活附属设施，建筑面积约 3900 平方米，总投资 813 万余元，已于 2015 年年初建成投入使用。涡阳县消防大队共有现役官兵 20 人，公安民警 1 人，合同制消防队员 35 人，消防文员 4 人，外聘人员 3 人，行政车辆 2 辆，抢险救援车 2 辆，消防宣传车 1 辆，水罐消防车 5 辆，20 米举高喷射消防车 1 辆，32 米登高平台消防车 1 辆，21 吨重型水罐消防车 1 辆。涡阳县消防大队管辖 103 家重点单位，32 个派出所管辖的重点单位 962 家。2015 年，消防业务经费达到 365 万元，消防装备应急配套资金 68 万元，农用消防车购置经费 22.6 万元，乡镇消防车保障资金 25 万元，进口装备购置资金 34 万元。2015 年，共接到报警 1823 起，其中火灾 1503 起，抢险救援和社会救助 320 起，死亡 7 人，出动消防车 3214 辆次，直接财产损失 548 万元，出动消防官兵 6725 人次，抢救被困人员 23 人，疏散人员 602 人，抢救财产价值 3765 万元。

【部队建设】一是强化正规化建设。以条令条例为抓手，建立完善正规化管理细则，严格落实一日生活制度。安装了营区门口的红绿灯和视频监控。涡北队营区道路完成了黑化和画线，大厅电子屏和视频会议室建设完工，训练设施建设完成。对新招聘的合同制队员与现役官兵队列混合编组，以老带新，迅速适应部队生活。二是强化战斗力生成。坚持党委议训，科学制定训练方案，规定了战斗员、驾驶员、通信员等各类人员的训练指标，并定期组织开展业务考核。加强值班制度的落实，切实做到值班领导在位、值班人员在岗、值班车辆在库，做到接处警迅速、准确。在支队组织的队列比赛中获得第三名的好成绩，在条令条例知识竞赛中获得第一名。三是强化政治强警。大队班子团结和谐，共谋发展，认真落实民主集中制度和党风廉政制度，推进“三清”自查，开展“学习践行强军目标，做新一代革命军人”和“三严三实”主题教育活动，引导广大官兵争做“四有”军人，切实消除“四风”。积极开展双拥共建，结对帮扶走访慰问6个困难家庭。四是强化后勤保障。大项开支，大队党委会集体研究，防止财经违纪。实行单位卡POS机结算。组织了官兵体检，消除卫生及安全隐患。消防业务经费、应急装备配套资金、乡镇消防队维修资金等均有提高，后勤保障有力。

【执法工作】 积极推动政府消防责任落实。2015年3月，县委胡明文书记主持召开了全县安全生产工作会议，分析全县面临的严峻消防安全形势，就消防安全工作提出明确要求，并与杨学国县长带头落实领导定期检查消防工作机制，先后4次专题研究消防工作，其他县领导就分管领域开展了14次消防安全检查。县政府召开了1次全县消防工作会议、4次消防委成员联席会，将消防工作纳入政府工作目标考核和社会管理综合治理工作考评范畴，每季度对各乡镇政府消防工作情况进行考评。县政府与26个镇（场、街道、经开区）分别签订了《2015年度消防工作责任书》《劳动密集型企业消防安全专项治理责任书》《居民住宅区消防安全专项治理责任书》。积极协调职能部门联动。按照“党政同责、一岗双责、失职追责”和“管行业必须管安全、管业务必须管安全、管生产经营必须管安全”的总要求，协调职能部门严格消防审批，严把消防安全关口，相继开展了劳动密集型企业、区域性火灾隐患、夏季消防检查、居民住宅区消防安全、加油加气站点等专项整治，守护平安春季、夏秋和“严执法、排隐患、强管理”“三合一、多合一”场所等消防安全专项行动，对103家消防重点单位，经开区33家生产经营企业、全县44家养老服务机构、68所寄宿制中小学校、90余家新老网吧、35家医疗卫生机构、69处宗教活动场所、城区5处小型印刷企业等进行检查，并对城区九龙商城、裕园商城、腾龙潭商场等近175家商铺逐一进行排查，整改消除了省市县挂牌的8处重大火灾隐患。2015年，共检查各类单位1101家，行政处罚30家，责令“三停”10家，临时查封18家，协调搬迁了安福老年公寓，拆除了城西群租房，依法取缔拆除非法加油加气站点272家，消除了隐患。积极加强综合应急救援联动工作。提请县政府出台了《涡阳县灭火与应急救援社会联动实施办法》，组织开展了三星化工、和润景城购物中心等场所的综合性应急救援演练。充分发挥公安多警联勤机制作用，加强联合执法，每季度举办一次派出所民警消防监督业务培训会，在午收、秋收、圣诞、元旦、春节等重点时段，同步开展联合检查、零点夜查及守护平安系列行动。督促全县21支乡镇政府专职队和徽酒集团企业专职队落实队伍管理制度，编制修订103家消防重点单位灭火救援预案并组织演练，调查摸排了市政消防水源道路，对消火栓进行编号刷漆。积极开展宣传培训。深化消防安全网格化管理，实施应用消防安全数字网格化管理系统，推广并安装独立式感烟火灾报警器，推行重点单位和社区微型消防站建设，现已建成40家重点单位微型消防站和旺角社区、巨人社区、三里黄社区等3个社区微型消防站，认真落实消防宣传“七进”工作。开展了2次消防安全重点单位培训会，其他培训、演练50余场次。结合119宣传日活动，深入学校、社区发放宣传资料，并在县电视台制作了楼梯火灾逃生专题节目，充分利用墙体标语、手机短信、电视游走字幕等多种形式广泛开展消防宣传，在城区主入口和干道设立大型宣传图板7块，主要交通路口设立消防标语60余幅，在体育广场、文化广场、新华书店、团结路、巨人印象、金博商城等6处大型户外屏滚动播放消防公益广告片，发放了上万份宣传资料，发送了十万余条短信，建立了5000人的微信群，群众消防安全意识不断提高。

（县消防队供稿）

法　治

FA ZHI

政法委及综治

公安

检察

法院

司法行政

涡阳

GUOYANG

政法委及综治

ZHENGFAWEI JI ZONGZHI

【概况】 根据市委、市政府《关于印发涡阳县党政机构改革方案》(亳发〔2001〕23号),设置中共涡阳县委政法委员会(社会治安综合治理委员会办公室与其合署办公)。县委政法委员会是领导和协调政法工作的县委工作部门。内设机构有办公室、政治部、执法监督室、信访接待室、综合治理协调指导室、综合治理宣传室。

【社会治安防控体系建设工作】 按市委政法委"六张网"总体部署,坚持以科学、先进理念,持续推进立体化社会治安防控体系建设。一是社会面防控网建设。强力推进一线处警单位"动中备勤、动中接警、就近处警"和110指挥体系建设,织牢县城巡防网、农村联防防控网、社会管控网。二是城乡社区防控网建设。在全面完成城市社区和美丽乡村重点示范村标准化警务室建设的基础上,重点加强城乡社区警务建设、"一村一警"包村联系工作,积极当好"六大员",在秸秆禁烧期间,建立了以基层"十户联保"为主的四级(镇、村、组、户长)网格化管理机制,设立"十户联保"暨平安户长网格3.5万个。三是内部单位和行业场所防控网建设。全县共有各类行业场所900余家,新调整确定了60个县级重点治安保卫单位,重视内保条例和内保办法的贯彻实施,各重点单位都配备了专职或兼职保卫人员。县农村商业银行共安装视频监控1156个,实现了办公区域和营业场所的全覆盖,其他九家商业银行也实现了视频监控的全覆盖。据不完全统计,城乡内部单位及民用安装视频监控2万多个。四是公共安全防控网建设。结合文明创建"三治理,两提升"专项行动,组织开展了交通秩序治理、依法打击非法加油加气站点、消防网格化管理、缉枪治爆等专项行动,投入资金6000万元取缔城区客运三轮车2892辆、新投放公交车80辆、出租车200辆,取缔非法加油加气站点268个。五是视频技术防控网建设。全县社会治安视频监控一期共建设276个监控点和6个治安卡点,1月通过验收并正式投入使用,实现县城重要路口和主出入口全覆盖。通过"一事一议",牌坊镇投入260余万元,安装71个摄像头;义门镇投入157万元,安装65个摄像头;实现了镇村主要路段监控全覆盖,力争今明两年基本实现镇村视频监控全覆盖。近两年,投入资金467.8万元,实施了48个技防建设项目,涉及13个乡镇47个行政村。结合创建智慧城市、全国社会治安综合治理优秀城市,投资4000万元的公共安全视频监控系统正积极推进。六是网络社会防控网建设。重点加强互联网管理和网上信息巡查,积极开展宾馆、酒店、休闲娱乐等公共场所无线上网安全管控系统建设,不断提高发现、打击网络违法犯罪的能力,努力实现移动互联网安全技术措施的全覆盖。

【综治信访工作】 一是坚持矛盾纠纷"双排查、双调度"。落实"六位一体"大调解工作体系,每月定期召开"双排查、双调度"会议,加大对重点治安案件、重点治安地区的排查力度,至2015年,排查各类矛盾纠纷1610件、成功调处1596件,调处率达99.1%。二是坚持诉访分离。完善涉法涉诉信访案件受理、交办、核查、督查、终结机制,共化解省市交办涉法涉诉信访积案17件。三是坚持社会风险防控。坚持重大事项应评尽评,2015年实施风险评估26件,暂缓实施1件，不予实施1件。四是坚持医患纠纷调处。将工作经费纳入财政预算，建立健全了“一办六组”组织框架，成功化解医患纠纷62起。五是坚持化解信访积案。市交办积案33件，已化解28件，化解率84.8%。省交办积案18件，已化解17件，化解率94.4%。六是坚持社区矫正规范化建设。贯彻宽严相济刑事政策，积极履行社区矫正监管、矫治、帮扶职责，最大限度减少脱管、漏管和重新违法犯罪，社区矫正工作质量和水平得到全面提升，2015年新接收606人，解除630人，现在册社区矫正人员932人，违反社区矫正监管规定给予警告58人，建议撤销缓刑5人，获“全省社区矫正工作示范县”称号。

【二中心二站建设工作】 涡阳县被推荐为全省县级综治维稳信访中心建设试点县。从今年起，综治维稳信访工作中心（站），列入县级财政预算，按镇每年不少于10万元、村每年不少于1万元的标准，拨付县委政法委账户，实行专款专用。全县25个镇（场、街道）、388个村（居、社区）的综治维稳信访工作中心(站)都已建成,达到“五统、七联、六有”要求；今年9月中旬，省示范综治维稳信访工作中心验收组对市推荐的涡阳县城关街道省级示范综治维稳信访工作中心进行了验收。

【政法委队伍建设工作】 深入推进“党的群众路线教育实践活动”“三严三实”专题教育，落实机关人员身份、行踪、承诺“三公开”制度，打基础，转作风、强素质，着力解决机关工作作风中的“庸、懒、散、浮、拖”等突出问题，不断提升大局观念、规矩意识，发挥了模范带头作用。

（县政法委供稿）

公　安

GONG 'AN

【概况】 2015年涡阳县公安局编制617人，总警力为601人，其中男警为532人，女警为69人。副科级及以上民警（含副科级）共113人，其中副处级2人，正科级5人，副科级106人。内设机构50个：指挥中心；3个室（政工、纪检、警务保障）；12个大队［督察、国保、出入境、网安、情报、刑侦、交管、特（巡）警、经侦、治安、禁毒、法制］；看守所、拘留所以及城关等32个派出所（含森林派出所）。

2015年，涡阳县公安局认真落实县委、县政府和市局党委的决策部署，紧紧围绕全市公安重点工作，以增强群众安全感和满意度为根本，以深入推进“守护平安”系列行动、“打盗抢、促防范”“飓风行动”等专项行动为抓手，坚持深化公安改革，全力推进“四项建设”、努力提升反恐维稳能力，严厉打击违法犯罪活动，切实加强公共安全管理，提升管理服务能力，不断强化公安队伍建设，确保了全县政治稳定、社会安定。

【公安队伍建设】 坚持以建设法治公安为统领，牢固树立法治思维。不断巩固深化党的群众路线教育实践活动成果，认真组织开展“三严三实”专题教育。坚持作风塑警，先后组织开展了“整警风、肃警纪、规范执法”纪律作风集中教育整顿活动和廉政警示教育月活动。从规范执法、履行职责、纪律作风、内部管理、服务群众等多方面强化作风建设，使每位民警都能切实找准自身存在的问题，梳理汇集，切实做到整改提高。以“实战化训练推动年”为抓手，通过集中训练和单位自训等形式，逐步推进一线民警警务实战技能训练常态化。在经开区建设战训基地1000平方米，战训基地内装备器材室、室内训练场、多媒体教室、电教室、活动室、心理训练室、宿舍等一应俱全。进一步加强教官队伍建设，实现了基层所队实战小教员全覆盖。

【刑事案件侦破】 坚持严打方针不动摇，始终保持对违法犯罪活动的主动进攻态势，扎实组织开展“守护平安”系列行动、“打盗抢、促防范”“飓风行动”等专项行动，不断增强打击的针对性和实效性，切实提升打击犯罪的能力和水平。在“守护平安”系列行动中，取得了全市公安机关“春季行动”第一的优异成绩。全年共破获各类刑事案件860起。其中，成功侦破标里“7·30”污染环境案，此案被公安部列入“打击环境污染犯罪十大典型案例”；破获省挂牌督办系列抢夺案件和于友发系列抢劫、强奸案件。查处治安案件6013起（其中调解2513起），查处违法人员1495人次。

认真贯彻落实侦破命案工作机制，8起现行命案全部侦破，侦破1起命案积案，抓获命案逃犯4人。坚持打早、打小、露头就打，坚决打击群众反映强烈、危害一方的黑恶势力犯罪，一审判决“九类”涉恶犯罪人数64人，打掉黑恶团伙5个。严厉打击多发性侵财犯罪，打掉侵财类犯罪团伙25个，起诉五类侵财案件人数158人。坚持“逃犯必抓、逃犯必追”，抓获网上逃犯502人。严厉打击经济犯罪，破获各类经济犯罪案件10起；继续加大对传销犯罪的打击力度，继2014年成功破获公安部挂牌督办的武汉新田特大组织领导传销案和市局挂牌督办的“天津天狮”组织、领导传销案后，对两个犯罪团伙的在逃犯罪嫌疑人积极开展追捕工作，又抓获犯罪嫌疑人5名。严打涉毒犯罪，破获涉毒刑事案件38起，铲除罂粟23352株，缴获毒品55克，查处吸毒人员185人次。

【公安法治工作】 加强执法规范化场所建设，规范执法行为，保障执法质量，避免执法事故的发生。实行了一案一评制度。2015年在全市执法质量考评中，执法质量被市局评定为优秀等级。加强法治宣传。2015年1月6日，在涡阳县公安局开展“六五”普法宣传；2015年12月4日，在涡阳县文化广场开展“宪法宣传日”活动，向群众发放宣传资料。

【治安管理】 坚持安全发展理念，组织开展安全生产大检查、“严执法、排隐患、强管理”等专项行动，严管严防、消除隐患，全力预防公共安全事故。

【特行管理】 强化“缉枪治爆”和危化品安全监管，共收缴各类枪支54支、子弹2937发、手榴弹2枚、剧毒危化品371公斤。

【看守所拘留所管理】 全面落实看守所“五化建设”和拘留所“三项重点工作”，积极完善各项监管措施、制度，建立以制度管人的长效机制。

【出入境管理】 严格落实警务公开制度，进一步完善延时预约服务，规范警务夯实窗口服务基本功，推行“承诺式”服务，努力提升群众的信任度和满意度。共受理各类出国（境）证件15196人次，与同期相比增长46%；累计接受电话咨询6960人次，发短信提醒658条，接待群众16298人次，无一差错和投诉。

签订军检共建协议

【户政管理】 不断加强户口管理业务培训和职业道德教育，努力培养高素质和政治思想业务过得硬的户籍民警，47 名户籍业务民警参加“全省户口管理岗位资格认证考试”全部通过取得认证资格。在户口登记管理专项清理整顿工作中，圆满完成省厅下发的疑似重户人员核查任务共两批 1200 人；自 2015 年 6 月 20 日起，全面实现“一元化”户口登记模式。

【交通安全】 以实施城市“畅通工程”和创建“平安交通”“平安农机”为抓手，大力开展道路交通事故预防工作，全年共发生道路交通事故 188 起、死亡 25 人、伤 221 人、损失 152150 元，事故四项指数与 2014 年同期相比全面下降。

【信息通信管理】 进一步深化网上斗争，提升网上发现、主动进攻和网络管理能力，共上报各类网络舆情信息 2100 余条，参与省厅组织舆情引导 126 次。

【科技强警】 进一步加大公安机关视频防控系统建设，完成公安视频巡控联网平台建设，实现了省市县联网共享。2015 年 11 月，又投资 112 万元在县南部新区学校周边新建 36 个视频监控点及 2 个治安卡口。

【110 指挥中心】 进一步规范、提升接处警工作，以推进 110 提速提效为抓手，严格落实局领导带队督查和县级公安机关“周督查”制度。进一步加强应急处突工作，组织开展跨警种、多部门应急处突演练，确保在任何条件下都能“拉得出、冲得上、打得赢”。

（县公安局供稿）

检　察
JIAN CHA

【概况】 涡阳县人民检察院位于县城紫光大道，1978 年恢复重建，现有科室 21 个，包括办公室、政治处、干部人事科、宣传教育科、

沈浩墓前重温入党誓词

道德模范和身边好人宣讲活动

法警队、侦查监督科、公诉科、反贪污贿赂局、反渎职侵权局、民事行政检察科、控告申诉检察科、职务犯罪预防科、检察技术科、监察科、监所检察科、法律政策研究室、计划行政财务装备科、案件管理办公室、城关检察室、高炉检察室、义门检察室。2015 年，县人民检察院以“规范司法行为、确保办案质量、打造过硬队伍、提升涡检公信”为抓手，依法履行宪法和法律赋予的职责，为涡阳发展创造良好的社会环境和法治环境。

【涉检信访化解】 积极适应涉法涉诉信访改革新趋势，建立信访诉求审查甄别制度，实现诉访分离。畅通来信、来访、电话、网络“四位一体”信访渠道，方便群众表达诉求。全年共受理各类来信来访案件 435 件次，受理举报线索 65 件次，“检察长接待日”接待来访 168 件 230 人次。

【反腐倡廉建设】 继续保持反腐高压态势，坚持稳定规模与提升质量相结合、保持力度与规范司法相结合，立案查处贪污贿赂犯罪案件 25 件 31 人，渎职侵权犯罪案件 4 件 8 人。积极开展“涡阳检察预防行”专项活动，开展预防宣传和警示教育 30 次，受教育人数达 1800 余人次。

【刑事诉讼监督】 全年共批准逮捕各类案件 331 件 386 人，提起公诉 640 件 759 人。强化对立案和侦查活动的监督，全年共监督公安机关立案 9 件 9 人，监督撤案 10 件 11 人，纠正漏捕 2 人，追诉漏犯 5 人。进一步加强和规范刑事抗诉工作，提请抗诉 3 件。

【民事行政检察监督】 不断创新民行职能宣传载体，积极拓展监督案源，依法办结各类民事、行政监督案件 18 件。着力构建多元化监督格局，对自然人民间借贷、交通事故人身损害赔偿案件的执行进行类案监督，向法院发检察建议 4 件，均被采纳。

【刑罚执行监督】 开展社区矫正人员脱管、漏管专项检察和减刑、假释、暂予监外执行专项检察活动，共建议收监执行脱管、漏管矫正人员 4 人，书面纠正监外执行违法案件 3 件。切实履行监所检察职责，对 20 人开展羁押必要性审查工作。

【检察队伍建设】 扎实推进规范司法行为专项整治工作，把专项整治作为检察工作的重中之重，通过集中学习、交流研讨、知识竞赛等多种形式，加强对干警的教育引导。始终弘扬检察职业良知，开展岗位练兵，提升干警法律素养和履职能力。

（县检察院供稿）

国家宪法日普法宣传

法 院
FA YUAN

【概况】 涡阳县人民法院位于涡阳县城紫光大道中段。现有法官和司法辅助人员168人，内设机构29个，包括办公室、政治处、研究室、财装室、立案庭、刑事审判一庭、刑事审判二庭、民事审判一庭、民事审判二庭、民事审判三庭、行政庭、审判监督庭、执行局、司法警察大队、技术室、纪检组、监察室、诉讼调解中心、审判管理办公室等，派出法庭8个。涡阳县人民法院紧紧依靠党的领导，创新工作方法，立足大局，强化责任，围绕县委“六个坚持、六个全力”的重大工作部署，坚持发展第一要务，深化司法改革，强化审判管理，为涡阳经济社会发展提供了有力司法保障。同时以审判、执行工作为中心，以创新社会管理为治院之要，坚持和谐司法，有效增强司法权威，积极服务于全县人民，为打击刑事犯罪、促进地方经济发展做出了突出的贡献。

【刑事审判】 2015年涡阳县人民法院共受理各类刑事案件846件1152人（含旧存），同比增长12%和23%，审结750件，判处罪犯1056人。严厉打击严重危害社会治安和人民群众生命财产安全的犯罪，审结抢劫、强奸、拐卖妇女儿童、贩卖毒品、污染环境罪等严重刑事犯罪和有重大影响的案件54件109人。依法审理方某某等14人“污染环境案”和黄某某等27人“组织、领导传销活动案”，并依法从重进行处罚，分别判处4至1年有期徒刑，两案被告人上诉，亳州市中级人民法院终审维持一审判决，有力打击了犯罪分子。贯彻宽严相济的刑事政策，对于因邻里纠纷等引发的轻微刑事犯罪，依法适用缓刑或免予刑事处罚。加大对职务犯罪的打击力度，审结贪污、贿赂、渎职等犯罪案件17件22人，有力促进了廉政建设。

【民商事审判】 2015年涡阳县人民法院共受理各类民商事案件5933件，审结5269件，同比分别增长128%和129%。从受理的案件情况看，婚姻家庭、相邻关系、人身损害等案件，有增无减；由于土地确权等因素，农村承包地纠纷案件有所增加；民间借贷纠纷案件不断增加，诉讼标的不断提高，办案难度不断加大。加强民商事案件的审理，提升办案质量，上诉率明显下降，对稳定社会起到积极作用。加强诉前调解，一年来，通过诉前调解结案147件，提高了办案效率，减少了当事人的诉累。

【行政审判】 2015年涡阳县人民法院注重行政

诉讼的办理，积极推进依法行政。一年来，共受理行政诉讼案件 46 件，审结 43 件。既注重支持行政机关依法行政，又依法维护行政相对人的合法权益。大力加强计生非诉执行工作，受理此类案件 230 件，促进了计生工作有效开展。会同县政府法制办正在酝酿制定案件协调机制，以促进公正司法、依法行政和法治涡阳建设。

【案件执行】 2015 年涡阳县人民法院着力解决“执行难”。全年共受理执行案件 1154 件，同比增长 55.7%，结案 1078 件，同比增长 52%。执行难，现在还是一个共性问题。涡阳县人民法院优化执行力量，新任命执行员 5 人，建立执行指挥中心，强化执行指挥和管理，防止乱执行、慢执行和不执行。强化执行措施，积极开展反规避执行专项活动，充分利用罚款、拘留、公布失信被执行人黑名单等惩戒手段，促使被执行人及时履行义务。利用报纸、电视等媒体两次公布失信被执行人“老赖”96 名；严厉打击拒不执行法院判决、裁定等违法犯罪行为，司法拘留 50 人，移交刑事立案 6 人，已判刑 1 人。通过以上措施，全面提升执行到位率，依法实现当事人的合法权益，维护了法律的尊严。

【案件调解】 强化诉前调解工作机制。全年共办理诉前调解案件 1381 件，占受理民商事案件的 67.1%。制定案件调解跟踪卡，落实立案、审判、执行等全程调解机制，在周边县区案件数大幅上升的情况下，涡阳县人民法院受理案件数同比下降 18.4%。积极发挥诉讼调解服务中心的作用，坚持“1+1+1”的诉前联调机制，实现司法调解与民间调解的优势互补，把大量矛盾化解在诉讼程序之前，有效减少当事人诉累。诉讼调解服务中心被评为全省“人民调解工作先进集体”。

【信访化解】 2015 年涡阳县人民法院着力解决“老大难”。按照解决群众合理合法的利益诉求的要求，强化群众观念，努力化解信访。认真落实诉访分流，完善接访制度，实行重点信访一把手接待，有访随接的方式，共接待群众来访 600 余人次，处理来信 100 余件，及时掌握信访动态，落实化解责任。针对涡阳县人民法院涉诉信访案件较多，“老大难”信访较多的情况，采取领导包案，深入研究，找准症结，一把钥匙开一把锁，逐案化解，全年有 10 件赴省进京访案件得到有效化解，息诉罢访。无新增赴省进京涉诉信访案件的发生。

【廉洁司法】 2015 年涡阳县人民法院强化廉洁司法，以零容忍的态度严防司法腐败。年初出台《涡阳县人民法院队伍建设实施方案》、开展“六难三案”问题整治活动，落实每月一次廉政课。观看廉政警示教育片，到蜀山监狱听落马官员现身说法。强化对重点岗位、重点部门、重点环节的监督检查。对群众反映的问题认真查处。全年全院无一名干警因司法不廉而受到查处。

【队伍建设】 2015 年涡阳县人民法院坚持从严管理队伍，不断提高队伍整体素质。坚持政治建警，用党的科学理论武装头脑指导实践，努力提高法官队伍的政治素质。引导干警坚守法治信仰，抵制腐朽思想，远离灯红酒绿，忠实履行职责。狠抓司法廉洁，坚持无禁区、零容忍，严肃查处违法违纪行为，坚决杜绝“人情案、关系案、金钱案”。扎实开展“三严三实”专题教育活动，持之以恒锤炼改进干警司法作风，坚决防止“四风”问题反弹回潮。严格落实关于领导干部干预司法活动、插手具体案件的记录、通报和责任追究的规定，落实防止法院内部人员干扰办案等制度，对违纪违法干警发现一起、查处一起，既不偏袒护短，也绝不怕家丑外扬，努力做到以廉洁促公正，不断提升法院的公信力。

（县法院供稿）

司法行政
SIFA XINGZHENG

【概况】 涡阳县司法局于1981年5月设立，内设8个机构分别为办公室、政工法规股、法制宣传教育股、基层工作管理股、律师管理股、公证管理股、法律援助中心、社区矫正办公室。全县25个司法所为司法局下派单位，副科级建制。

【机关队伍建设】 坚持把“抓学习、强素质、树形象”创建“学习型机关”活动放在工作的首位，重点抓好全体干警综合素质的提高。制定了2015年司法行政系统干部教育培训计划和政治学习安排行事历，建立健全了各项学习制度，把每周一下午定为政治理论学习日，着力抓好干警的政治理论、法律知识和业务知识的培训考核和能力培训。在党风廉政建设方面，严格执行中央八项规定精神和省市县三十条规定，加强惩治和预防腐败体系建设，落实党风廉政建设责任制。建立健全干警作风巡查通报制度，定期通报作风巡查情况。2015年下半年，任命9名副科级司法所所长，对政工法规股、法制宣传教育股、公证管理股负责人进行了调整。

【法治宣传教育工作】 按照“六五”普法规划总体要求，创新工作思路，开展了形式多样、内容丰富的法治宣传教育活动。一是扎实开展“六五”普法检查验收工作。二是全面开展“谁执法谁普法”工作责任制，与40多家单位签订了“谁执法谁普法”责任书，明确了政府各部门在承担法制宣传工作方面的任务与责任。三是进一步完善法治文化建设，先后投资70余万元在县城建成法治文化广场和法治文化一条街，成为全民普法的窗口、公民学法和部门普法的阵地。四是认真抓好普法讲师团、普法志愿者队伍、普法联络员和法治文化宣传队。五是积极组织开展公民旁听庭审、徒步普法行、江淮普法行和国家宪法日暨法治宣传日等五项宣传活动，共开展各类宣传活动132场次，旁听庭审171场次，开展“徒步普法行”活动8次，开展专题讲座14场。展出展板200余块，出动宣传车24辆次，宣传条幅、布标150多幅，现场解答群众各类咨询1200余人次，发放宣传材料2万余份，宣传画5000多张。

【基层基础工作】 建立健全司法所各项工作制度，业务档案规范完备，基础台账内容充实。开展常态化司法所工作巡查及暗访，推进司法所规范化建设有序开展。深入开展创先争优、立功创模活动。7个司法所被评为“基层人民满意站所”。涡北司法所荣获“全国模范司法所”荣誉称号。创建4个省级示范司法所，5个市级示范司法所。建成县司法行政综合服务中心，25个镇（场、街道）司法行政服务站，389个村、社区司法行政工作室。

【人民调解工作】 全县已建立人民调解委员会468个，其中县人民调解委员会1个、镇、（场、街道）25个、村（居）386个、事业单位35个、行业性专业性调委会21个，在法院诉讼服务调解中心设立人民调解窗口，25个公安派出所全部设立警民联调室。2015年，全县各级调解组织共组织排查1231次，调处各类矛盾纠纷11334件，调解成功11279件，其中疑难纠纷703件，全部按要求制作调解卷宗。开展人民调解化解矛盾纠纷研判预警和警民联调工作。

【安置帮教工作】 完善资料收转、无缝衔接、安置到位、帮教有序的工作流程。加强内外网核查系统应用，2015年核查服刑人员826人，核查成功率达98%。开展为期一个月的安置帮教大排查活动。通过宣传、讲座等形式开展黄丝带“双十双百”帮教工作。

【社区矫正工作】 2015年新接收654人，解除712人。年底在册社区矫正人员932人，违反社区矫正监管规定给予警告58人，建议撤销缓刑5人。全面履行社区矫正监管、矫治、帮扶职责，最大限度减少脱管、漏管和重新违法犯罪。2015年获“全省社区矫正工作示范县”称号。

【法律服务工作】 加强对律师和律师事务所执业活动的监督管理，开展了律师案卷评查和律师庭审评议活动，组织律师开展服务质量回访工作；组建了涡阳县法律服务团和巾帼律师服务团；认真组织律师开展了学雷锋律师服务月、律师进社区、进乡村、律师服务美好乡村等8项公益活动；为充分发挥律师法律服务职能作用，组织引导广大律师积极服务全县经济建设和社会发展，制定下发了《关于进一步推动全县律师服务全面深化改革促进经济社会发展的实施方案》；2015年，全县共办理民事案件889件，行政案件25件，刑事案件311件，非诉讼案件20件，担任法律顾问82家，其中担任政府法律顾问25家。实现收入504万元。

制定了《涡阳县司法局关于进一步规范基层法律服务工作的通知》文件，严格规范基层法律服务执业行为。2015年，34名基层法律服务工作者共办理诉讼案件608件，参与调解纠纷542件，办理法律援助案件48件。

【法律援助工作】 认真落实市政府《关于加强和改进法律援助工作的意见》，开展了形式多样法律援助宣传活动，提高法律援助知晓率。降低了法律援助门槛，扩大了法律援助覆盖面。加强了法援窗口和法援工作站、联系点建设，充分发挥工作站、联系点作用。强化法援案件监督管理，提高法援案件质量，优化了“三个比率”。开展了案件回访、庭审旁听、问卷等活动；积极开展援调、援访，引导信访人依法维权。2015年，共办理各类法援案件总数1231件，其中刑事案件253件，民事案件966件，行政案件12件。

【公证工作】 公证工作围绕“质量为先、协调发展”的工作思路，以推进公证标准化建设为载体，加强队伍建设为重点，深化公证信息化应用为助推，进一步规范公证执业行为，不断提升公证服务质量和服务水平。按照省市要求扎实开展“公证服务提升年”活动，进一步提升公证服务能力和水平。认真做好公证档案达标工作，已达到省二级标准。不断创新工作方式，拓展公证服务领域，进一步扩大公证业务范围。2015年，共办理各类公证事项2217件。实现收入163万元。

（县司法局供稿）

经济监督与管理

JINGJI JIANDU YU GUANLI

发展规划与宏观调控

物价管理

国土资源管理

审计监督

统计工作

市场监督管理工作

安全生产监督管理

涡阳

GUOYANG

发展规划与宏观调控

FAZHANGUIHUA YU HONGGUANTIAOKONG

【概况】1976年县革委会下设计划委员会，内设秘书、计划（统计）两组。恢复后的计委仍主管全县计划统计、物资分配、基本建设、物价管理等业务；并负责劳动、城建、物资等单位的人事归口管理。1977年计委内设物价组。1978年后，国家实行指令性计划、指导性计划和国家计划指导下的市场调节三种经济管理模式，计委的工作职能也发生重大转变。1979年年初成立县统计局，统计业务从计委分出。改革初期，物价在当时社会经济生活中问题十分突出，为加强物价管理和监督，1981年计委增设物资基建科、人秘科。当时属计委归口管理的单位有劳动、统计、物价、城建、物资、建行等六个分行和医药公司、大理石厂两个企业。1991年设立的临时机构以工代赈办公室为县级经济发展争资金、争项目发挥了很大作用。改革同时也给计委自身发展带来了难得的机遇。1997年12月县级机构改革政策出台后，“三定”方案后的计委编制确定为18人，内设办公室、综合计划科、农业经济科、工业贸易科、投资科；归口管理劳动、统计、物价、地矿局、项目办、黄牛办、大理石厂。2003年3月，县级机构再次改革，县物价局并于县计委，县计划委更名为县发展计划委员会，定编18人，内设办公室、综合计划室、工贸室、农经室、投资室、外经室，物价办，职能也重新进行了界定。归口管理的单位有劳动、农调队、统计、招商、外经局，经协办、项目办、黄牛办、县大理石厂。2007年11月更名为涡阳县发展和改革委员会。是政府主管经济社会发展和改革的综合经济部门，承担着国民经济和社会发展战略、中长期规划和年度计划研究及项目建设任务。2010年，涡阳县发改委定编17人，其中主任一名，副主任两名，内设办公室、物价办公室、综合室、投资室、工业室、农经室、外经室7个科室。

【“十二五规划”执行情况】“十二五”期间，全县围绕“全省争先进,皖北创一流”奋斗目标，实施“126”行动计划，主要经济指标稳步增长，城乡统筹推进，生态保持较好，民生持续改善，社会和谐安定。支撑经济发展的现代产业格局初步形成，三次产业结构进一步优化，2015年全县地区生产总值达到225亿元；“十二五”期间县累计完成地区生产总值958.7亿元（2010年124.87亿元，增长13.5%；2011年152.9亿元，增长13%；2012年178亿元，增长13%；2013年194.8亿元，增长10%；2014年208亿元，增长6%；2015年225亿元，增长7.5%），由2010年的124.87亿元，提高到2015年的225亿元，年均增长10.5%。城乡一体化建设迈入新阶段，城乡发展更加协调。到2015年，全县城镇化率提高到36%。全面深化改革取得新进展，对外开放水平进一步提高。全县五年累计引进市外资金838亿元。生态环境保持良好，森林覆盖率提高到18.53%。社会事业协调发展，教育、医疗卫生、科技等各项事业进一步巩固。2015年，全县城乡居民人均可支配收入达到13603元。发展后劲得到新提升，固定资产投资高速增长，达到143.3亿元，位居全市前列；“十二五”期间县累计完成固定资产投资953.7亿元（2010年53.7亿元，增长73.5%；2011年76.7亿元，增长42.9%；2012年100.4亿元，增长 30.9%；2013 年 126 亿元，增长 25.2%；2014 年 121.4 亿元，下降 3.6%；2015 年 143.3 亿元，同比增长 18.1%），是“十一五”时期的 3.1 倍，由 2010 年的 53.7 亿元，提高到 2015 年的 143.3 亿元。

【“十三五”规划和主体功能区规划的编制】自 2015 年下半年发改委就开始着手“十三五”总体规划、主体功能区规划编制工作，经过认真调研，结合县经济发展现状和潜力，多方征求意见，反复讨论、补充、完善，编制了“十三五”规划纲要，涡阳县十六届人大五次会议原则上通过了“十三五”规划纲要，并提出了相应的修改建议和意见，“十三五”规划总体思路已形成文本印发相关部门。主体功能区规划经过反复征求意见，数次修改，形成定稿。主体功能区规划、“十三五”规划、城市总体规划、综合交通规划、城乡统筹规划、土地规划、环境保护规划进行充分衔接，做到“多规合一”。在编制规划的同时，积极谋划“十三五”时期重大建设项目，共谋划重大项目 408 个，总投资 1580 亿元。

【项目建设】2015 年，县调整成立了项目推进领导小组，建立了“六个一批”（洽谈一批、签约一批、拟建一批、开工一批、投产一批、达产一批）和“四位一体”（属地负责、领导包点、综合部门协调、业务部门服务）的项目推进机制。2015 年县规模以上固定资产投资完成 143.3 亿元，同比增长 18.1%。2015 年上报“十大工程包”（92 个项目，总投资 569 亿元）、三年滚动发展计划（107 个项目，总投资 236 亿元），同时结合“十三五”规划编制，共谋划项目 408 个，总投资 1580 亿元。当年成功申报被列入省、市重点项目 48 个（续建 30 个，新开工 18 个），项目总投资 208.78 亿元，年度计划投资 68.36 亿元，实际完成投资 70.1 亿元。2015 年共申报中央、省级投资项目 16 个，可争取上级资金 25472.3 万元，已下达 21578.17 万元。申报纳入安徽省专项建设基金项目三年滚动计划 107 个项目，项目总投资 236 亿元，其中申请资金 41 亿元。

【国民经济发展】2015 年是“十二五”收官之年，全县上下在县委的正确领导下，在县人大及常委会的监督和支持下，认真贯彻落实中央、省、市各项方针政策，深入实施“十二五”规划纲要，按照“六个坚持、六个全力”总体部署，以重点难点问题的突破带动整体工作提升，较好地完成了县十六届人大四次会议确定的各项目标任务。全年实现地区生产总值 225 亿元，增长 8.6%；完成财政收入 16.7 亿元，增长 5%；规模工业增加值 62 亿元，增长 9.8%；2015 年，县实现地区生产总值 225 亿元，增长 8.6%，比 2014 年同期增长 7.2 个百分点。其中，第一产业增加值 44.7 亿元，增

棚户区改造八里丁安置小区

长 4.1%；第二产业增加值 95.3 亿元，增长 9.9%；第三产业增加值 84.9 亿元，增长 9.2%。固定资产投资 143.3 亿元，增长 18.1%；社会消费品零售总额 99.5 亿元，增长 12%；城乡居民人均可支配收入 12851 元，增长 10.6%。

（县发改委供稿）

源和堂药业

物价管理
WUJIA GUANLI

【价格管理】 县发改委联合法制办、财政局，历时 3 个月共同努力完成了《涡阳县县级涉企收费清单》的清理、梳理、审核及编制工作，并以《涡阳县人民政府关于公布涡阳县县级涉企收费清单的通知》（涡政〔2014〕45 号）文件公布，于 2015 年 1 月 1 日施行。2015 年 3 月 18 日，市政府涉企收费清单督查组到县的督查中，对县涉企收费清单建立运行情况表示满意。7 月份县发改委物价办会同法制办、财政局，对《涡阳县县级涉企收费清单》进行了调整更新，并于 2015 年 7 月 31 日县政府公告形式对外发布。同时，为做好宣传工作，切实有效地落实涉企收费清单制度，又印制了《涡阳县县级涉企收费清单》小册子 200 份，免费发放给县企业。按照县交通秩序治理领导小组统一部署，县发改委物价办与价格认证中心分城关、涡北、城东、城西、残联 5 个工作组，于 2015 年 2 月 3 日至 10 日零时圆满完成县城区客运三轮车的评估收购工作。

为进一步完善县权力清单制度工作，按照县政府统一安排，4 月 15 日至 5 月底县发改委圆满完成县级行政收费清单的编审工作。

根据安徽省物价局、财政厅《转发国家发改委、财政部关于取消收费许可证制度加强事中事后监管的通知》（皖价费〔2015〕12 号）要求，物价办于 2015 年 4 月 20 日至 5 月底，利用 1 个多月的时间完成了对全县 51 家行政事业性收费单位的收费数据收集工作，6 月初对各行政事业性收费单位进行数据核对，并于规定的时间节点前完成了县全国收费动态监管系统录入工作。3 月 19 日按照县政府领导批示会同交通运输局办结了涡阳县城区出租车加收燃料附加费事项，从此化解了多年来县出租车收费不规范等价格矛盾；受理并办结城关镇九九小学和高公镇希望小学两所民办学校申请的核定收费标准事项；贯彻落实商品房“一价清”和“一房一价”制度，2015 年在县物价局价格备案的新建商品房项目共 5 件。

【价格监督检查】 在大力开展价格法律法规的同时，分别开展了民生商品价格监测及医药价格、医疗服务价格、交通运输价格、涉农涉企收费等专项检查。承办《人民网网友留言办理单》4

件、《亳州市12345市长热线交办单》19件、《亳州市行风热线电话受理转办单》1件、《中国涡阳在线咨询》16件。做好节假日及日常市场价格宣传和检查，同时加强“12358”价格举报专线咨询投诉的受理和查处工作。受理并解答释疑咨询390件，受理价格举报8件，退还金额3614.90元，处罚入库2000元。

【价格认证工作】 县价格认证中心圆满完成了全县的刑事治安案件的价格鉴定工作及行政执法部门委托的各类价格认证工作，以及上级价格主管部门交办的价格水平合理性、价格行为合法性认证。2015年全年共完成价格鉴证案件230件，鉴证金额为13406.8万元，比2014年同期增长18.25%，积极推进了县市场经济的发展。

（县发改委供稿）

国土资源管理

GUOTUZIYUAN GUANLI

【概况】 2003年，原土地管理局与地矿局合并成立县国土资源局，为主管全县土地和矿产资源规划、管理保护和合理利用及测绘行政管理工作的政府工作部门。有7个行政股室、6个直属企事业单位、26个派出机构（其中10个中心所、15个国土资源所、1个经开分局），现有干部职工193人。

【耕地保护】 及时召开会议对2015年耕地保护工作进行了安排部署，设立了乡镇国土规划建设管理委员会，明确了乡镇国土资源工作的重点和责任，将耕地保护工作纳入了地方政府年度综合考核范围。实施土地复垦整理项目45个，新增耕地1226.39亩；实施增减挂钩项目2408.5561亩。2014年度店集等8个20.8万亩高标准基本农田建设项目通过验收。完成5万亩高标准基本农田建设项目。组卷上报6700亩工矿废弃地复垦可利用项目，实施完成2000亩。

【建设用地管理】 上报各类项目用地6594.29亩，批回各类项目用地2612.04亩，重点解决了城南新区建设、民生工程、基础设施及经开区等项目用地需求。

【土地市场建设】 编制了2015年全县《土地收储出让工作计划》。认真对全县109家行政事业单位土地进行了清理，清理土地8064亩。收储国有土地585亩，采取“腾笼换鸟”的办法，积极对城东天一纸业335亩、西阳五七干校34.3亩等两宗闲置土地进行了盘活收储，分别安置了北京中农批和树莓冷库两个招商引资项目。土地出让合同总价款20.3318亿元，其中乐行城投15.41亿元，经营性用地出让4.575亿元，工业（仓储）用地出让0.3468亿元，征收土地租金50多万元，有力支持了地方经济发展。

【矿政管理】 龙山镇龙山“三线三边”地质环境治理项目省厅已批复，相关配套工作正在有序推进。认真开展了采矿权年检工作，拆除黏土砖瓦窑厂17个。完成了5个矿产卫片疑似图斑的实地核查工作。

【地质灾害防治】 出台了地质灾害防治方案，承办了全市突发地质灾害应急演练观摩会。重点抓好了石弓山、龙山及涡北、刘店等煤矿采煤塌陷区的综合治理工作，信湖煤矿采煤塌陷区21个村庄搬迁工作全面启动，1173亩安置点用地基本落实。发放避险明白卡300份，设置各类危险标志牌50个，发放宣传单3000余份。

【土地执法监察】 2015年县新发生违法用地87宗，面积112.95亩，其中耕地97.76亩，已全部立案查处，罚款76.8595万元，没收地面建筑物、构筑物1468.8平方米，拆除恢复土地原状19375.9平方米，提出党纪政纪处分17人，移送公安机关1人。

（县国土局供稿）

审计监督
SHENJI JIANDU

【概况】 涡阳县审计局内设办公室、综合法规股、财政预算审计股、行政事业审计股、农业与社会保障审计股、经贸金融与外资审计股、县经济责任审计局、固定资产投资审计中心等8个股室，现有编制26人，实有人员26人。

【审计项目开展情况】 2015年度，共安排县本级财政预算执行审计和税收征管情况审计，并对原卫生局、交通局、人社局2014年度部门预算执行情况进行延伸审计，推进了“稳增长、促改革、调结构、惠民生、防风险”政策落实情况跟踪审计，进行了政府拆迁资金审计、政府融资情况审计、城镇保障性安居工程跟踪审计。查出问题138项，违规金额2594.00万元，管理不规范资金143682.41万元。审计问题整改正在进行之中。

政府投资项目审计已完成132个，送审金额44090.00万元，审定金额40676.55万元，审减额3413.46万元，平均审减率7.74%。对涡河三桥、南部新区谷水路等六条路、七里朱安置小区、八里丁安置小区、五里湾小区、S307和S202改道工程的跟踪审计正在分期推进，及时发现问题，力促问题整改。正在对2013年、2014年的全县农饮工程进行集中审计。千村整推扶贫项目以及村级“一事一议”财政奖补项目也在审计中。

经济责任审计方面，全年完成审计项目38个，其中乡镇领导干部经济责任（任期）审计34个，市局委托项目2个，县直单位主要领导干部审计2个。2015年，完成了对全年137个村（居委会）主要负责人的经济责任审计。县直和乡镇干部两级领导干部经济责任审计，共发现问题22类，管理不规范金额3857.6万元，违规发放奖金补助653.73万元，违规列支416.3万元，违规收费1614.13万元，向非预算单位拨款702.7万元，应缴未缴资金、税款330.51万元。2015年，涡阳县审计局对经济责任审计的违规行为加大了处罚的力度，共对35个单位处罚金（或收缴资金）92.61万元，提出审计建议108条。加大了案件移送力度，2015年涡阳县审计局向纪检监察部门移送案件线索3件，已经落实处理1件，1人受到行政记大过处分，另两件正在侦办中，较好地发挥了审计在反腐倡廉中的职能作用。

2015年年初，涡阳县审计局调查完成了涡阳县城镇保障性安居工程跟踪审计报告。根据上级审计部门有关文件精神，涡阳县审计局在市局的统一领导下，积极开展了对利辛县2014年度农村饮水安全工程资金的审计，对重要事项进行了必要的延伸和追溯，对专项资金的使用等方面提出了切实可行的建议。开发区委托的六个企业固定资产投资额度的审核项目也已经完成。以检查政府拆迁资金的管理、使用是否合理为目标，涡阳县审计局又积极抽调人员完成了对城西街道办事处拆迁资金的审计，针对审计发现的问题提出了切实可行的建议。

【严格审计质量】 2015年以来的各审计项目严格按照审计厅93号文件规定规范操作。注重审前调查，认真审核并制定各项目的审计实施方案，确保执行效果。县本级财政预算执行审计，采取“纵向到底”的方式，即抓住重点专项资金、大额支出项目，预算执行的延伸部门的财务收支等审计审深审透，不放过每项支出的每个疑点；投资建设项目监督管理方面，涡阳县审计局严格按照县政府出台下发的《涡阳县政府投资建设项目法人责任制管理办法（试行）》《涡阳县政府投资建设项目合同管理办法（试行）》《涡阳县政府投资建设项目工程变更管理办法（试行）》《涡阳县政府投资建设项目审计暂行办法》《涡阳县政府采购货物和服务实施办法（试行）》《涡阳县政府投资建设项目竣工验收管理办法（试行）》等文件要求进行审计。

【争先进位工程】 认真制定“争先进位工程”实施方案，专门成立了领导小组，由各位副局长牵头抓好各项任务落实。2015年组织成立了涡阳县内审协会，吸纳13个单位为内审成员单位，通过内审协会定期座谈培训内审人员，充分挖掘单位内审力量，通过对协审人员的严格管理充分挖掘社会中介审计力量，通过抽调乡镇专业人员并集中培训上岗挖掘机关审计力量，集中开展各项审计。在审计计划制定上，除年度计划外，涡阳县审计局还适时制定了审计中长期计划，每年有重点地实施财政预算执行审计，确保重点部门、重点单位三年内轮审一遍，一般单位五年轮审一遍；投资审计建立年度审计项目库，分期完成审计项目；经济责任审计扩面到村，制定了三年的审计计划，分年度组织实施。加强成果利用，不断提升审计影响力。真正实现把审计成果转化为服务成果，审计的建设性作用得到有效发挥。如2015年涡阳县着重把经济责任审计报告作为选拔使用干部的重要依据，把问题整改结果作为考核评价党员领导干部能否履职尽责的重要标志，确保对县管干部在位期间的履职情况了如指掌，充分发挥在使用干部中审计的“免疫功能”。

【加强经济责任审计领导】 2015年，涡阳县经济责任审计更加制度化、规范化，加强组织领导，调整充实了县经济责任审计领导小组，由县委书记、县人大常委会主任胡明文担任经责领导小组组长，同时抽调人员充实经济责任审计局，要求增加经济责任审计局的人员编制，做到涡阳县经济责任审计局有人干事，高效运转。面对提质扩面、审计任务繁重的新常态，涡阳县审计局不断强化队伍建设，常年开展以“三严三实”为主要内容的审计作风建设和职业操守教育，通过召开座谈会、观看警示教育片、创作传唱《涡阳审计工作者之歌》，发放审计人员明白纸——《审计工作一二三四五》等形式，突出抓好审计人员的境界意识和奉献精神。在业务能力建设上，涡阳县审计局通过轮岗、以老带新、业务交流会、业务培训等形式，逐渐形成了一支优势互补、梯次合理的审计人才队伍。

涡阳县审计局积极探索经济责任审计监督全覆盖的措施和途径，就全县2015—2016年度乡镇和县直党政领导干部、2015年度村级主要负责人的经济责任审计，出台了两项具体工作方案，把审计目标、审计对象、审计内容、组织实施的方法步骤、审计力量的配备、工作要求等纳入计划范围，确保2016年年底县政府换届前，县党政领导干部和国有企业负责人轮审一遍。涡阳县审计局还积极拓宽经济责任审计内容，强化了对“稳增长、促改革、调结构、惠民生、防风险”等政策执行进度、实际效果的跟踪审计力度，并且实施过程中关注“三公经费”、会议费、津补贴发放、“吃空饷”等情况的审计。

（县审计局供稿）

统计工作

TONGJI GONGZUO

【人口抽样调查】 按《国务院办公厅关于开展2015年全国1%人口抽样调查的通知》（国办发〔2014〕33号）精神，按省、市要求，及时成立了涡阳县2015年全国1%人口抽样调查工作协调小组及其办公室，并督促各镇（场）也成立了相应组织，在上级业务部门的指导下，先后开展了村单位样本核对工作、“两员”选配工作、“两员”培训工作、调查摸底、正式登记、数据录入上报等工作。在省调查办组织的检查中，县调查各项工作受到省局领导的高度评价。

【统计基础工作】 一是加大对乡镇经济信息服务站的巡查力度。结合年报工作，全局组织专业人员对乡镇信息服务站机构设置、人员配备、制度建设、服务能力、设立台账、档案盒管理、投资项目准入制度等方面进行了巡查，督促、帮助乡镇信息站规范化各项统计工作。二是深化“四上”企业统计人员的培训工作，1—2月份，利用年报会议对“四上”企业统计人员进行全面培训。结合统计从业资格考试工作，对重点服务业及新增企业的统计人员进行了重点培训，使得统计规范化向重点服务业和新增企业延伸。进一步促进县统计数据质量的提高。在全省统计基础工作巡查过程中，省局对县统计基础工作给予了充分肯定。

【统计服务】 2015年，统计局严格按照省、市统计局安排，全力做好县域经济考核，及时进行各类考核资料的收集、整理、审核和上报工作，全面、真实、准确地反映了县经济社会发展实际情况，重点做好以下几个方面的工作：一是加强与省、市局相关业务处室联系沟通，及时了解相关信息，分析县在“三县一区”及全省的经济位次及面临的机遇挑战。二是每月编辑省三类县主要经济指标及涡阳县在全省、全市以及皖北县、市中排名位次的小册子，及时向县政府领导反馈县的经济发展状况并提出意见和建议。三是建立每月一次的全县经济运行调度会制度。由统计局提供主要经济数据的定性或定量的分析报告，十多家经济主管部门及25个镇（场、街道）共同分析存在的问题和改进措施，及时对各项重点经济发展数据进行预警、监测。四是积极开展“四上”企业申报，指导企业完成手续，及时上报，并注重战略性新兴产业企业的申报工作；对人均GDP、单位GDP能耗、第三产业贡献率、居民可支配收入、研发经费占GDP比重等重要指标及时监测、分析，指导有关部门有序开展工作。全年编写全县经济运行情况综合分析12篇，专题分析25篇，及时分析县经济运行情况，为领导决策服务。

【统计法治建设】 一是组织全局干部职工收看全

国《统计违法违纪行为处分规定》视频会议、召开专题学习会、组织测试。充分利用统计从业资格培训、换证、统计登记年检、统计年报布置会等机会，大力宣传统计法律法规。二是积极开展社会治安综合治理和平安创建工作，打击邪教、维护国家安全，确保各项工作顺利开展。三是经常利用全局干部职工会议，进行统计法律、法规条款学习，提高执法队伍的业务素质。在主要街道开展《中华人民共和国宪法》《中华人民共和国统计法》宣传。四是依法开展统计执法检查工作。发出《统计报表催报单》，并对统计违法单位依法进行处理。

（县统计局供稿）

市场监督管理工作

SHICHANGJIANDUGUANLI GONGZUO

【概况】 涡阳县市场监督管理局工作人员编制279人，其中行政编制230人，事业编制49人。内设机构14个：办公室、人事教育股、财务装备股、政策法规股、食品综合协调股、食品安全监管股、化妆品保健品安全监管股、药品医疗器械监管股、消费者权益保护股、企业监督管理股、商标广告监督管理股、质量与认证监管股、标准计量股、特种设备安全监察股；直属行政机构3个：行政审批局、市场规范管理局、综合执法局；派出机构13个：向阳路市场监督管理所、东城市场监督管理所、开发区分局、西阳市场监督管理所、龙山市场监督管理所、高炉市场监督管理所、新兴市场监督管理所、标里市场监督管理所、义门市场监督管理所、青疃市场监督管理所、楚店市场监督管理所、牌坊市场监督管理所、高公市场监督管理所；直属事业单位3个：涡阳县市场监督检验所、涡阳县市场监管稽查大队、涡阳县消费者协会秘书处。

【队伍建设】 强化教育培训促业务素质提升。通过会议、网络等多种形式，内外结合、上下互动，开展食品、药品、特种设备、商标广告等法律法规及业务知识的多场次集中培训与学习。制定完善各项规章制度，从源头规范干部职工的行为，提升工作效率，加强作风纪律检查，发现问题及时指出，给予纠正，加大问责力度，对违反各项规定和禁令的违纪行为，一律严肃处理，绝不姑息迁就，实行“通过制度说话，通过制度管人，通过制度办事”的内部管理模式。强化目标考核促工作能力提升。完善目标管理考核办法，充分调动全系统职工的工作积极性与主观能动性，强化全局“一盘棋”思想。强化机制创新促监管效能提升。建立了机关股室单位与基层监管所联系指导机制，要求机关业务股室和

胡文明书记（左二）到县市场监管局调研市场监管工作

直属单位充分发挥业务职能作用，帮助基层单位加强市场监管，积极发掘案源，取得在执法办案、市场监管方面的实绩，并通过落实考核奖惩政策加强跟踪管理。

市场监督管理局执法人员检查食品安全工作

【企业登记管理】 全面认真贯彻落实商事登记改革的有关规定，降低准入门槛，放宽登记条件，简化办事程序，充分释放改革红利。2015年新发展各类企业6467家，其中私营企业1595家、内资企业42家、农民专业合作社616家、个体工商户4214户。与2014年同期相比私营企业发展数增长了95.2%。实施网上办理。梳理入驻网上办事大厅的办事项目，按照“应进尽进”的要求，共梳理行政审批事项目74项；服务事项4项。对网上办事大厅梳理入驻的办事项，规范办事流程，推进办事项电子化、模块化，将办事项法定依据、实施对象、申报材料、办理程序、承诺时限、联系方式等内容全部公开，并配有清晰的运行流程图，让群众一目了然、便于操作。

【商事改革】 “三证合一、一照一码”登记制度改革正式全面启动。新的企业登记时改为一次申请，由现在的市场监督管理部门核发一个加载统一社会信用代码的营业执照。一窗受理，一表申请，一照一码，一网互联，一照通用。企业办理营业执照的时限由原来的9个工作日压缩为5个工作日。已办理220件。

【食品药品监管】 按照行政管理体制的改革要求，从事前审批转到事中、事后的监管，充分利用营业执照颁发信息，建立起重点企业的监管档案，做到一企一档。对5000余家企业建立监管档案，重点是食品企业、药品生产销售企业等。通过企业监管档案建立，充分掌握重点监管企业的相关信息，做到监管有计划、监管有目标、监管全覆盖、监管有成效，做到监管工作有的放矢。为保证监管工作有效实施，县市场监管局针对各项监管工作制订了各项规章制度，形成从每年度对每家企业的监管次数、监管的内容、不合格项整改及立案查处、整改项验收等全过程的监管制度，做到能发现问题、能解决问题，保证监管工作的规范性和有效性。

严格依法对食品、药品生产经营者进行监管，严格执行权力清单和责任清单制度，认真做好“两法衔接”工作。2013—2015年，对3起涉嫌违法犯罪的食品、药品生产经营者依法追究违法者的刑事责任，对食品药品安全的违法经营者起到震慑作用。

以日常监管和专项整治为抓手，严格履职，确保食品、用药安全。制订各项监管工作的日常监管计划，监管单位按照监管计划开展监管工作，保证监管工作的全覆盖。开展各项专项整治工作。2013—2015年，全县开展了元旦、春节期间食品安全专项整治工作；春季学校食堂食品安全检查；豆制品生产企业专项整治；包装饮用水生产企业专项整治；调味制品等休闲食品质量安全专项整治；代用茶生产加工企业专项整治；重点食品重点区域专项整治；小餐饮示范店创建工作和餐饮服务环节“明厨亮灶”工作；校园及其周边低价劣质食品专项整治工作。开展药品医疗器械的各专项整治；药品医疗器械飞行检查；对药械批发、连锁、零售企业认证后每季度进行跟踪检查等各种专项整治工作。出动执法人员2601人次，共检查各类食品生产经营者6890户次，抽检各类食品393批次，其中不合格34组，立案查处食品违法案件140件，罚款53.5万元。检查批发市场、集贸市场等各类市场253个次。检查保健食品经营户201户，取缔无照经营1户。检查医疗机构，药品、医疗器械经营单位，饮片生产企业共430家，责令整改55家，立案20起、罚款15万元。

【消费者权益保护】 强化商品监测过程中不合格商品案件查处力度。2015年共抽检不合格商品240组，全部进行了依法处理。推进“12315”规范化建设。认真受理和及时处理消费者投诉举报咨询，切实提高“12315电话接线率、投诉调解成功率、诉求办结率、转办案件处理率”。“12315”消费维权机构受理消费者咨询、申诉及举报561件。其中咨询件423件；申诉件72件，调解成功670件，调解成功率98%；举报66件，办结66件，办结率100%。消费维权案件3件，为消费者挽回经济损失38.6万元。

【农资市场监督管理】 开展春、夏、秋季红盾护农专项行动。打击假冒伪劣农资，重点查处销售掺杂使假、以次充好、有效含量不足等假冒伪劣农资的违法行为和虚假标志、标志不清、虚假宣传等违法行为。查处商品交易市场违法违章案件122件，罚没款62.5万元，涉案金额98万元。其中查处农资案件102件，成品油案件20件，为农民挽回经济损失16万元。

【广告监督管理】 与广告经营单位签订《依法经营责任书》和《守法经营承诺书》。加强媒体广告进行监测。依法开展广告整治。开展了对药店食品店店堂广告及印刷品广告的专项整治，“黑飘海藻摩丝、祥康酒”等严重违法广告的专项检查整治，户外广告集中整治，农资涉农广告的专项整治。检查生产经营主体356户,检查超市（商场）、集贸市场、批发零售市场等各类销售场所196个次。

【商标监督管理】 开展“一所多标”帮扶服务工作，帮助企业树立企业发展、商标先行的理念。宣传《中华人民共和国商标法》，引导企业合法、规范使用商标。同时严厉打击商标侵权不法行为。依据《中华人民共和国商标法》办结商标侵权案件7件，罚款6.62万元，案值2.21万元。

【合同监督管理】 开展不公平合同格式条款规范管理工作。重点开展了对电信、银行和公用事业等领域的不公平合同格式条款规范监管工作。认真做好“守合同重信用”企业公示工作。按照省市局要求，做好“守合同重信用”公示活动的宣传、组织审核及推荐工作，加强对守重企业的动态监管。深化合同帮农工作。落实帮农“十项制度”，推进“订单农业”发展。推进“合同帮农十项制度”的落实，充分发挥龙

县市场监管局工作人员为全县首批建立的5家食品药品安全科普宣传站挂牌

头企业的示范作用，做到帮扶一家企业，带动一片农户，使更多的农户走上致富之路。把规范“订单合同”签约行为与推行合同示范文本相结合，引导农民使用涉农合同示范文本，指导帮助农户与涉农企业正确签订合同，帮助他们解决困难，做好跟踪服务。对涉农企业的合同签订、履行情况进行定期检查，跟踪回访，积极调解“订单合同”纠纷，及时化解矛盾，维护当事人的合法权益。做好动产抵押登记及信息公示工作。办理动产抵押登记68件，抵押物价值75639.612万元，被担保主债权50380万元。全县通过审核认定的省级“守重”单位15家、市级“守重”单位13家、县级“守重”单位22家。

【特种设备安全监察】 开展粉尘作业使用场所安全专项检查，锅炉、电梯、起重机械、压力容器等特种设备安全专项整治。开展特殊时段安全大检查。组织开展重要节假日、“两会”等特殊时段特种设备安全检查，督促企业落实特种设备安全主体责任，开展隐患排查治理，严防事故发生。共检查特种设备使用单位415家，发现隐患135处，下达指令96份。开展气瓶充装单位、锅炉、电梯、起重机械、压力容器、压力管道、气瓶等特种设备安全隐患排查工作，在企业自查的基础上，组织人员对“三落实，两有证，一检验，一预案”等制度执行情况进行了认真督查，责成存在安全隐患的单位签订整改承诺书，督促其限期整改，消除安全隐患。定期召开特种设备安全监察工作例会，召开6次特设例会研究特种设备安全工作，解决工作中存在的突出问题。对安全监察人员进行了业务培训，加强监察队伍建设，提高技术保障水平。组织监管人员50余人次参加国家局和县局组织的特种设备安全监察人员培训。严格执法，以设备检验和无证查处为抓手，对恶意、严重违法行为和存在安全隐患、逾期不改的单位给予严肃查处。

【质量标准计量工作】 帮助一家企业申办了商品条码。三个市级农业标准化示范区均通过考核，取得了合格证书。完善了一家省级标准化示范区的材料。进一步规范市场计量行为，不断提高计量服务社会进步的水平。检定衡器890台、压力表1800块、电话记时计费器306台、燃油加油机1240台、出租车计价器450台，玻璃量器196支、热工校准140台（套）、医疗器械126台（套）、燃气表2500块。

（县市场局供稿）

安全生产监督管理

ANQUANSHENGCHAN JIANDUGUANLI

【概况】 根据中共亳州市委办公室、亳州市人民政府办公室《关于涡阳县人民政府机构改革方案的通知》(亳办〔2009〕66号)精神，设置涡阳县安全生产监督管理局。县安全生产监督管理局是主管全县安全生产工作的县政府工作部门。设办公室、监督管理股、综合协调股、职业健康监管股4个职能股(室)。2015年1—12月份，全县共发生各类生产安全事故211起、死亡36人、伤242人、直接经济损失106.37万元，分别同比增减34.16%、-9.27%、21.51%和86.07%。其中：发生道路交通事故209起、死亡34人、伤239人；液氨泄漏事故1起，死亡1人，伤1人；建筑施工事故1起，死亡1人，伤2人。安全生产各类指标控制在市下达的范围之内。

【主要职责】 1.贯彻执行国家安全生产工作方针政策和法律法规，拟定安全生产发展规划，指导、协调全县安全生产工作，分析和预测全县安全生产形势，发布安全生产信息，协调解决安全生产中的重大问题。2.承担县安全生产综合监督管理责任。依法行使综合监督管理职权，指导协调、监督检查县政府有关部门和各镇(场)政府安全生产工作，监督考核并通报安全生产控制指标执行情况，监督事故查处和责任追究落实情况。3.承担工矿商贸行业安全生产监督管理责任。按照分级、属地原则，依法监督检查工矿商贸生产经营单位贯彻执行安全生产法律法规情况及其安全生产条件和有关设备(特种设备除外)、材料、劳动保护用品的安全生产管理工作，负责监督管理县属工矿商贸企业安全生产工作。4.承担非煤矿矿山、危险化学品、烟花爆竹生产企业安全生产准入管理审查责任。依法组织并指导监督实施安全生产准入制度；负责非煤矿矿山、危险化学品安全监督管理综合工作和烟花爆竹安全生产监督管理工作。5.承担工矿商贸作业场所职业卫生监督检查责任。负责职业卫生安全许可的审查管理工作，组织查处职业危害事故和有关违法违规行为。6.监督执行国家工矿商贸行业安全生产标准和规程，组织实施工矿商贸行业安全生产地方标准，监督检查重大危险源监控和重大事故隐患排查治理工作，依法查处不具备安全生产条件的工矿商贸生产经营单位。7.负责组织县政府安全生产大检查和专项督查；根据县政府授权，依法组织一般事故调查处理和办理结案工作，监督事故查处和责任追究落实情况。8.负责组织指挥和协调安全生产应急救援工作，综合管理全县生产

杨学国县长(左二)带队检查企业安全生产

安全伤亡事故和安全生产行政执法统计分析工作。9. 负责监督检查职责范围内新建、改建、扩建工程项目的安全设施与主体工程同时设计、同时施工、同时投产使用情况。10. 组织指导并监督特种作业人员（煤矿特种作业人员、特种设备作业人员除外）的考核工作和工矿商贸生产经营单位主要负责人、安全生产管理人员的安全资格（煤矿矿长安全资格除外）考核工作，监督检查工矿商贸生产经营单位的安全生产和职业安全培训工作。11. 指导协调全县安全生产检测检验工作，监督管理安全生产社会中介机构和安全评价工作，监督和指导注册安全工程师执业资格考试和注册管理有关工作。12. 指导协调和监督全县安全生产行政执法工作。13. 承担县政府安全生产委员会的具体工作。14. 承办县委、县政府交办的其他事项。

【安全生产责任“五级五覆盖”】 年初以县委、县政府名义出台了《关于全面深化改革进一步加强安全生产工作的意见》（涡发〔2015〕4 号）。6 月底，全县 26 镇（场、街道、经开区）按照要求均已出台“党政同责、一岗双责、齐抓共管”的责任体系建设文件，截至 11 月 15 日，全县 383 个行政村（社区）出台了村级安全生产职责规定，实现了“五级五覆盖”。严格落实企业主体责任，全县 164 家规模以上企业全部执行“五落实五到位”的相关要求。

【完善工作调度机制】 2015 年，县委常委（扩大）会每月 1 次听取安全生产工作汇报、研究解决安全生产重大问题；县政府每季度召开安委会例会，各位副县长对分管范围内的安全生产工作进行安排部署；县政府主要负责同志每月就安全生产重点领域、存在突出问题进行检查调度。省市挂牌的安全隐患已全部整改且销案；县挂牌 81 处，已整改 81 处。

【重点行业领域安全专项整治】 非法加油（气）站点：全县共排查非法加油站点 212 家，加油机、顶棚、油罐已全部拆除或销毁；排查无证液化气站 4 家，无证门点经营门点 56 家，4 家液化气站均全部拆除，56 家经营门点已全部取缔。烟花爆竹：排查烟花爆竹零售经营网点 862 家，依法撤销经营许可证并关闭属于“两关闭”范畴零售点 712 家。共查处非法存储烟花爆竹 4000 余件，已由公安机关组织销毁。涉氨制冷：共计排查涉氨制冷企业 15 家，排查安全隐患 117 处，邀请专家对涉氨制冷企业负责人和安全管理人员进行了培训，并严格按照“三个一批”原则逐一整改验收隐患。粉尘防爆：摸排工矿商贸可燃爆粉尘企业 36 家，现场检查发现除尘防爆等方面的问题 31 处，下达责令限期整改指令书 12 份。建筑施工：联合住建委执法检查建筑施工单位 53 家，责令停工整改项目 7 个，约谈施工监理企业 6 家，经济处罚 1 家、行政处罚 3 家。道路交通：会同交通、交警共同推进道路交通安全专项整治，检查企业 36 家，下整改通知 25 份，查扣车辆 30 台，共查纠超员、超速、酒驾及无证驾驶等各类严重道路交通违法行为 17768 起，其中行政拘留 14 人。人员密集场所消防安全：对全县 44 家敬老院消防安全进行了全面督查检查，共排查消防安全隐患 240 余处；检查重点消防场所、单位 240 家，排查火灾隐患 606 处，督促整改 313 处，临时查封 3 家，关停 69 家，拆除彩钢板板房 8000 余平方米。特种设备：联合市场监管局检查液氨使用单位 15 家，其中 12 家未办理压力管道使用登记；液化气充装站 8 家，其中 3 家液化气储罐未办理使用登记；电梯使用单位 42 家。

【安全生产宣传教育培训】 加大新《中华人民共和国安全生产法》宣传贯彻和安全培训力度，深入企业开展培训人员近万人次；积极推进安全文化“六进”活动，培育一批新的安全文化示范点，城关道源社区、西阳郭寨社区、陈大中心校、财富康达等4家单位被评为市级安全文化建设示范单位。第14个“安全生产月”期间，安监、交通、住建委等部门共计发放新《中华人民共和国安全生产法》等宣传彩页10000份、自救知识手册3000份、环保宣传袋1500个，标语条幅2500多幅，营造了浓厚的安全生产宣传氛围。

【安全大检查】 严肃事故查处，用事故教训推动工作。县政府组成事故调查组依法分别对“5·6”西阳华诚骨胶有限公司液氨泄漏事故和“9·24”丹城建筑施工事故进行调查处理，共责任追究10人，确保责任追究和整改措施同时落实到位。积极开展应急救援演练。先后开展教育、水上交通、农机使用安全、全华夏气体火灾、三星化工液氨泄漏、烟花爆竹批发仓库火灾、非煤矿山炸药库火灾事故等应急救援演练700余场次，参演人员16万人次，有效提高了防灾、逃灾、避灾和自救、互救能力。职业卫生监管有序开展。认真组织开展职业卫生执法检查，共检查企业31家，完成职业危害申报25家，检测6家，另对涡阳安欣牧业44人感染布鲁氏菌病事件进行调查。认真办理投诉受理工作。今年以来受理办结各类投诉、转批件22起，全部办理完毕。严格做到件件有回音有落实。强力推进安全生产标准化创建工作。县全年共签订标准化创建合同10家，验收通过7家，超额完成市下达任务。

（县安监局供稿）

农 业

NONG YE

涡阳

G
U
O
Y
A
N
G

农　业

NONG YE

【概况】 涡阳县农业委员会是县委、县政府主管全县农业和农村经济工作的职能部门，正科级建制。内设办公室、人事干训室、农业产业化室、宣教信息室、政策法规室、生产室、综合室等七个职能科室，以及原县粮食局。现有干部职工21人。主要职责：贯彻执行国家、省、市农业和农村经济的方针政策，负责农业和农村经济政策调研；研究拟定农业和农村经济发展战略中长期发展规划和年度发展计划；贯彻执行农业产业政策，指导农业产业结构和农村经济结构调整；研究提出深化农村经济体制改革的意见；组织实施农业产业化经营，促进农业一体化发展；组织实施科技兴农战略；拟定农业各产业的地方标准及产品质量标准的申报工作；协调有关部门组织农业综合行政执法；负责农业生物物种资源和动植物新品种的保护管理工作；扎实做好美好乡村产业发展指导工作。

【粮食生产】 2015年，全县共落实粮食生产面积374.5万亩，同比增长0.05%；实现粮食总产136.1万吨，比2014年增长3.76%。其中，落实小麦面积174.48万亩，同比增长0.38%，小麦总产90.26万吨，比2014年增长0.71%；落实玉米面积70.18万亩，同比增长6.34%，实现玉米总产26.11万吨，比2014年增长19.51%；落实豆类面积109.93万亩，豆类总产10.41万吨；薯类面积9.14万亩，总产3.85万吨。

（县农委供稿）

【农业产业化】 县按省、市农业产业化提升工程规划的总体思路，通过加快特色产业发展，推进农产品深加工，积极开展“三品”认证，全力组织农产品展示展销活动，全县农业产业化经营呈现出主导产业趋于明显、生产基地不断壮大、龙头带动逐步增强、产品档次明显提高的良好势头。全县培育农业产业化龙头企业108家，市级龙头企业97个，省级龙头企业11个。实现农产品加工产值110亿元，建设优质麦生产基地150万亩，蔬菜基地44.5万亩，其中苔干基地10万亩，药材基地13万亩。

【名优农产品品牌创建】 县始终把创建名优品牌，提高产品质量作为培育优势产业的重点工作来抓，积极实施名牌战略，取得较好成效。积极组织引导县的农业产业化龙头企业进行农产品的有机、绿色、无公害“三品”认证。到家营养面、

农产品质量安全培训

义门苔干、“豫隆”牌面粉、高公糖醋蒜和“丰华源”面粉 5 个农产品获得安徽名牌称号。正宇面粉、福顺食品、源和堂药业、谷神种业、张士奎糖醋蒜等 5 个产品获得省级著名商标称号。县累计完成“三品一标”认证 95 个。其中有机认证 2 个（黑小麦产品 1 个，有机苔干基地 1 个）；绿色食品 64 个（2015 年新增 4 个），绿色食品原料基地 1 个（小麦面积 30 万亩）；无公害农产品认证的产品 26 个。地理标志产品 2 个。

（县农委供稿）

果菜（苔干）生产

GUOCAI(TAIGAN)SHENGCHAN

【概况】 涡阳县菜篮子工程办公室是县政府主管全县蔬菜（含苔干）、水果、中药材生产的职能部门，正科级建制。单位宗旨和业务范围是：为蔬菜、水果、中药材生产提供服务，制定蔬菜、水果产业发展规划，指导蔬菜、水果、中药材生产和技术培训，负责“三品一标”农产品认证和农产品质量安全检测工作。现有在职人员 16 人，其中全国农业技术推广研究员 1 人，高级农艺师 1 人，农艺师 7 人，经济师 1 人。

【蔬菜生产】 2015 年县种植蔬菜总面积达到 44.5 万亩（其中苔干 15 万亩，新增设施蔬菜 2 万亩），蔬菜市场货源充足，蔬菜总产量达 90 万吨，蔬菜总产值达到 9.5 亿元，蔬菜市场价格总体稳定。蔬菜标准示范园、示范基地建设。在蔬菜生产基础较好的陈大、城西、青疃、西阳等镇指导创建了省级、国家级蔬菜标准园，按照国家（省）蔬菜标准示范园建设要求，先后指导安徽禾景农业有限公司、涡阳同庆农作物发展有限公司、涡阳茂源蔬菜种植专业合作社成功创建了省级蔬菜标准园，指导涡阳孙家蔬菜种植专业合作社成功创建了国家级蔬菜标准园。在特色示范基地创建上，积极进行种植结构调整，指导安徽省菇源食用菌种植有限公司（香菇等食用菌）、涡阳群信莲藕种植专业合作社等企业（合作社）示范生产基地建设、蔬菜标准园和特色示范基地建设。

【苔干生产】 2015 年实现苔干春秋种植面积 15 万亩，亩产 110 公斤，总产量 1.7 万吨，总产值 6.5 亿元。县委、县政府高度重视苔干产业发展，设立专款对苔干进行提纯复壮实验示范，经过 2 年实验，对提纯复壮的苔干品种进行了筛选、对比实验，取得了初步成效。 与安徽义门苔干有限公司、安徽福顺食品有限公司合作，试生产的苔干剥皮机已经取得初步成功，可以解决困扰苔农多年用手剥皮的这一难题。

涡阳苔干加工技艺大赛

【"三品一标"认证】 截至2015年12月，县共认证"三品一标"农产品94个，其中绿色食品64个、无公害农产品26个、有机食品2个，地理标志产品2个，30万亩绿色食品原料（小麦）标准化生产基地1个，其中2013—2015年申报"三品一标"农产品40个，极大地提升了县农副产品的品牌化建设。在中国绿色食品博览会上，县推荐参会的安徽到家营养面有限公司生产的鸡蛋挂面、安徽张士奎食品有限公司生产的糖醋蒜、安徽张士杰食品有限公司生产的糖蜜蒜先后获得博览会金奖。

【中药材生产】 2015年县中药材种植面积13万亩，主要种植桔梗、白芷、白术、柴胡、菊花等品种。积极推广中药材种植、加工实体通过推广"公司＋合作社＋农户"的中药材产业发展模式，发展中药材订单生产，建立中药材生产基地，使中药材产业走上规模化种植、专业化生产、一体化销售之路。

【水果生产】 截至2015年年底县现有水果种植面积2.5万亩，重点打造了西阳树莓基地，丹城、新兴设施葡萄基地，石弓、标里优质桃生产基地，陈大、城西优质梨生产基地，陈大红富士苹果基地和陈大、城东、曹市草莓基地等。在省第四届优质水果展评会上，县福源果蔬合作社生产的亮光玫瑰葡萄获得三等奖，安盛公司生产的哈瑞太兹树莓获得特色水果奖。

【蔬果基地】 近年来，涡阳县大力发展蔬果产业，涌现出很多代表性的蔬果示范基地、水果示范基地：西阳镇的安徽安盛农业科技发展有限公司树莓种植基地、陈大镇的涡阳县永发水果种植合作社油桃、水果蔬菜基地、标里镇涡阳县道源水果种植合作社、新兴镇的兴芳果树种植合作社、涡阳县利民农作物种植专业合作社桃基地、陈大镇涡阳县恒洲黄金梨种植合作社、陈大镇安徽领航科技有限公司和城东镇耀阳果蔬种植合作社草莓基地等；蔬菜示范基地：城西镇的孙家蔬菜种植专业合作社绿色蔬菜生产基地、临湖镇的涡阳县临湖镇孙举家庭农场西瓜示范基地、高公镇的涡阳县兴旺蔬菜种植专业合作社常规设施蔬菜、林场的涡阳县凯鹏蔬菜种植专业合作社常规设施蔬菜、涡阳县群信莲藕种植专业合作社无公害莲藕基地、西阳镇涡阳同庆农作物发展有限公司无公害辣椒基地、青町镇涡阳县茂源蔬菜专业合作社无公害设施蔬菜基地等代表性的蔬菜生产基地。

（县果菜办供稿）

农经管理

NONGJING GUANLI

【概况】 涡阳县农村经济经营管理办公室原是县政府直属事业单位，正科级单位，2015年12月4日，涡阳县农村经济经营管理局更名为涡阳县农村经济经营管理办公室，同时加挂涡阳县土地流转服务办公室的牌子，为县农委下属事业单位，其他均不变（涡编〔2015〕17号文件）。事业编制6名，其中主任1名，副主任2名，股级领导职数3名，现有在职人员11人。内设办公室、业务股、会统股三个股室。主要职责：宣传、贯彻、执行党和国家关于农村经济经营管理工作的方针政策，研究相关配套措施，综合管理农村经济经营管理工作；负责农民负担监督管理的日常工作，对各项农民负担进行审核、监督，处理农民负担来信来访，开展农民负担专项审计工作；负责农业承包合同管理，指导农业承包合同的鉴证、变更和有关承包地纠纷的调解、仲裁。指导农村土地流转；指导乡村各类合作经济组织建设，落实国家扶持、鼓励新型农业经营主体发展的相关政策，指导新型农业经营主体成立、发展，帮助建立健全各项规章制度，提供相关经营服务；在全省农村综合改革期间，负责有关农村承包土地、新型农业经营主体发展相关政策的落实，指导农村承包土地确权登记颁证工作，指导农民专业合作社和家庭农场发展；承担县农村综合改革工作中的农村产权交易市场建设工作和农村集体资产股份制改革工作。

【农民负担监管工作】 2015 年，县农监办接待群众来访 13 批次，办理信访 3 件，开展农民负担专项检查 2 次，检查发现问题 6 个，查处案件 3 件，查处违纪金额 10.816 万元，退还农民违纪金额 10.816 万元，处理违纪干部 6 人。

【一事一议】 2015 年，本县批复一事一议财政奖补建设项目 344 个。其中：道路修建项目 297 个，植树造林项目 1 个，文化广场 3 个，安装路灯项目 16 个，下水道项目 8 个，安装监控项目 17 个，小型水利项目 2 个。项目总概算 6304.8 万元。其中：财政奖补 4442.8 万元，村民筹资 1858 万元，社会捐资 4 万元。当年项目全部完工，受益村民 125 万人。

【土地流转】 2015 年年底，全县农村土地流转面积 91.9 万亩。占全县承包到户面积的 46.7%。全县农村土地确权工作基本结束，确权户数 25.31 万户，实际确权面积 212.5 万亩。

（县农经办供稿）

畜牧业

XUMUYE

【概况】 涡阳县畜牧兽医局成立于 1964 年，史称涡阳县畜牧兽医管理站，2008 年按照国家兽医体制改革精神，整合组建涡阳县畜牧兽医局，为财政全额事业单位，人员编制 30 人，同时设置涡阳县动物卫生监督所、涡阳县动物疫病预防和控制中心（加挂涡阳县畜牧技术推广中心牌子）两个机构，并建设有国家级动物疫情监测中心（兽医实验室）一个，配备公路动物疫病监测检查站一个。2013 年 2 月涡阳县机构编制委员会下文，涡阳县畜牧兽医局机构规格由副科级升格为正科级，同时增设涡阳县羊产业发展办公室，与涡阳县畜牧兽医局一个机构两块牌子，增加编制 3 名。全县 25 个镇（场、街道）均设有畜牧兽医站，财政支付人员定编各 1 人；全县官方兽医 28 名，动物检疫协检员 72 名，村级动物防疫员 266 名。近几年来，涡阳县畜牧业狠抓品种改良、疫病防治、技术推广和饲料兽药及兽用生物制品安全监控四大体系建设，基本形成县、镇、村三级服务网络，连续多年未发生重大动物疫情，为养殖业发展提供可靠的保障。

【畜牧生产】 涡阳县是传统畜牧生产大县，畜牧业主导产业特色鲜明，优势明显，近年来以规模示范养殖场创建活动为抓手，按照“加快生态畜牧业建设，全面提升规模养殖、良种繁育和动物疫病防控水平”的总要求，紧紧围绕“调结构，转方式，促发展”目标，大力发展生猪、家禽、山羊、黄牛规模化、标准化养殖，涡阳县畜牧业在肉羊养殖大县的基础上，2015 年又迈入生猪调出大县行列。

【标准化规模化养殖】 标准化、规模化养殖是畜牧养殖业发展趋势，近年来大力进行产业结构调整，先后实施畜牧业“丰收计划”“进位工程”“富民工程”，各类生产经营主体都发展较快，综合生产能力不断增强，规模养殖比例逐年加大。2015 年全县有省（部）级示范养殖场 6 家：涡阳县万头养猪场、涡阳县康新牧业有限公司（肉羊）、安徽安欣（涡阳）牧业公司、安徽田园牧业有限公司（肉牛）等，示范专业合作社有：涡阳县丽燕养殖种植专业合作社（生猪，省级示范场）、涡阳县向海养殖专业合作社等。全县各类规模养殖场（户）5434 户，其中生猪养殖 2944 户，家禽养殖 1144 户，大牲畜养殖 201 户，山羊养殖 1065 户，其他养殖 80 户，规模养殖比重达 80% 以上。

【科技兴牧】 畜禽良种化、养殖设施化、生产规范化、防疫制度化和粪污无害化是畜牧发展重要措施，每一个环节都离不开科技支撑。涡阳县广泛应用畜牧前沿技术和先进设备，提高生产效率和劳动生产率。到 2015 年年底涡阳县共建有畜禽品种改良点 25 个，年均可改良黄牛 0.2 万头，良种普及率达 96%；输配母猪 6 万窝，生产三元杂交猪 70 万头，人工授精率 70% 以上。2015 年安徽安欣（涡阳）牧业发展有限公司研制的“高繁殖肉用安徽白山羊新品系扩繁选育及示范”项目，获安徽省科技厅颁发的科成果证书。

【畜禽防疫】 2015 年免疫猪口蹄疫、高致病性猪蓝耳病、猪瘟免疫 58.2 万头，占应免疫数的 100%；牛口蹄疫已免疫 5.33 万头，占应免数的 100%；羊口蹄疫免疫 75.3 万只，占应免数的 100%；高致病性禽流感免疫 612.5 万只，占应免数的 100%；免疫鸡新城疫 265 万只，占应免数的 100%；免疫种羊小反刍兽疫 24 万只，密度 100%。

【畜产品质量安全监管】 2015 年屠宰检疫生猪 195660 头，产地检疫生猪 66 万头，牛 0.5 万头，羊 72 万只，禽 960 万羽；检疫动物产品 2156600 斤。办理“动物防疫条件合格证”43 个。2015 年养殖环节无害化处理病死猪 4972 头，屠宰环节无害化处理病死猪 191 头。“瘦肉精”抽检样品 9000 头份，结果全部呈阴性。涡阳县积极与亳州永康医疗废物处置有限公司（ 即亳州市医疗废弃物处理厂）协商并达到一致，利用该公司剩余产能处理涡阳县病死畜禽。2016 年 1 月起进行病死畜禽无害化处理试运营。

【规模养殖企业】 亳州温氏畜牧有限公司和亳州温氏家禽有限公司，总用地 2100 亩，计划总投资 6 亿元，到 2015 年完成投资 1.9 亿元。2015 年年销售肉鸡 700 万只，生猪 7 万头，销售收入 3 亿元。饲料厂投资 3200 万元，日产 200 吨，年产约 7 万吨。到 2015 年年底涡阳县共有温氏合作户 460 户，每户占地 2 亩，共计 920 亩，普通种植业农民收入为 92 万元，养殖每户平均纯收入 7 万元，共计 3220 万元，是普通种植的 35 倍。欣牧业于 2012 年 6 月落户涡阳，注册安徽安欣（涡阳）牧业发展有限公司，在涡阳投资建设“涡阳县 100 万只羊产业链”项目，项目分三期工程建设，总投资 17.2 亿元，三期工程总用地 8678 亩。一期工程 20 万只肉羊养殖建设项目，计划总投资 3.4 亿元，截至 2015 年年底项目工程累计已完成投资 3.1 亿元，其中基础设施建筑物及配套的附属设施累计完成 23 万平方米，完成投资额 1.9 亿元；土地、设施设备投资

5000万元；生物资产及流动资金投资7000多万元。安欣牧业公司在涡阳投产运营的两个养殖场共存栏各类种羊30000余只。

（县畜牧局供稿）

水产业
SHUICHANYE

【概况】 涡阳县水产管理站成立于1984年，是涡阳县农业委员会下属二级事业机构，原名称为涡阳县农牧渔业局水产站，于2004年6月更名为涡阳县水产管理站，于2012年2月加挂涡阳县渔船检验站牌子，具有渔业管理职能和水产技术推广服务职能。现有在职人员13人，均为县财政供给人员。

【特色养殖】 2015年，全县渔业生产以涡河网箱养鱼、池塘精养、河沟鱼蟹混养等养殖方式为主，水产养殖总面积约为3310公顷，同比增幅为0.03%，其中河沟面积为2259公顷，同比下降0.5%，池塘面积为1051公顷，同比增幅为1.25%，网箱面积为18.9万平方米，同比下降5.6%。水产品总产量为13820吨，同比增幅为1.05%，鱼类产量为13582吨，同比增幅为0.38%，甲壳类产量为229吨，同比增幅为64.7%，贝类产量为9吨，同比增幅为28.5%。除常规鱼类品种外，特色养殖品种有河蟹、小龙虾、黄鳝、泥鳅、鳜鱼、黄颡鱼等优质品种。

【水生生物资源养护】 渔业资源增殖放流：2015年7月10日，争取省财政支持10万元，把100万尾草鱼、鳙鱼、鲤鱼大片鱼种放流到县涡河段，涡阳县公证处人员现场进行了公证，现场计数。在涡河上、中、下游设了三个监测点，经过监测发现涡河种群数量、品种数量也明显增多，渔获量也好于往年，渔业生态环境明显好转。通过增殖放流活动，改变了县的水域生态环境，增加了沿涡河渔民、农民的收益，社会效益、生态效益和经济效益都有明显改观。

【养殖大户】 涡阳县青松惠民养殖专业合作社位于城东街道刘旮旯居委会曹庄，从2006年开始进行水产养殖，于2009年成立合作社。其本部有养殖水面52亩，主要养殖品种为泥鳅、黄鳝等，曾经年产量达到5万多公斤，年产值约200万元。该合作社下辖养殖分场10余家，分布在邻近县镇及县内镇村，较大养殖户利辛县5家、蒙城县3家、牌坊镇2家、涡南镇2家。

（县水产站供稿）

农业机械
NONGYE JIXIE

【概况】 涡阳县农业机械管理局为正科级事业单位，参公管理，内设两股一室（农机管理股、项目经营股、办公室），下属三个事业单位（农机监理站、农机推广站和农机化技术学校），系统内干部职工127人，其中专业技术人员占90%。2014年8月，县农委、农机局联合下文，在各镇（场、街道）农业综合服务站设立专职农机服务管理员27名。农业机械化工作围绕“三农”，突出“三夏”和“三秋”技术服务，实施农机化推进工程。

【农机购置补贴】 2015 年，全县落实农机购置补贴中央资金 4034 万元（年内实施 3711.67 万元）。共补贴各类农机具 1213 台，其中动力机械 571 台、收获机械 642 台（小麦联合收割机 450 台、玉米收获机 77 台、打捆机 115 台），受益农户 1136 户。

【农业机械化水平】 2015 年年底，全县农机总动力 210.3 万千瓦，百亩耕地拥有农机动力 106 千瓦。主要农作物耕种收综合机械化水平达到 90.6%，小麦生产实现全程机械化。

【农机化技术推广】 2015 年 4 月，全省秸秆还田暨夏种机械演示会在涡阳召开，全县落实小麦秸秆还田机 2300 台。玉米关键环节农机化技术推广。围绕全县玉米振兴计划，以秸秆还田、玉米精量播种、机械收获等关键环节和技术为重点，大力推广秸秆还田机、多功能旋耕施肥播种机、玉米精量播种机和玉米联合收割机。推广保护性耕作技术。重点示范推广秸秆覆盖、免耕播种、病虫草害综合防治和机械深松四项关键技术，突出节本增效，注重宣传培训，强化技术指导，提高科技含量。

【农机服务体系建设】 对保林、富康、雉河等三个省级农机专业合作社进行重点扶持，每社补贴 8 万元，新建三个面积不少于 300 平方米的机具库棚。通过完善机械化生产主导技术、主体机械、技术路线和作业标准，优化农机装备结构，强化关键技术示范，实现主要农作物生产全程机械化。2015 年，引进哈尔滨“旭丰”农机公司在涡阳投资 4000 万元，建立农机化生产基地并投产。当年生产茬地免耕覆秸大豆精密播种机 237 台。依托农机富民工程、现代农业项目建设和农机购置补贴惠农政策，积极扶持农机专业合作社。2015 年，全县新增农机专业合作社 42 个，总量 131 个。其中，国家级示范社 2 个、省级示范社 10 个、市级示范社 4 个。

【农机安全生产】 一是落实农业机械安全责任制。建立县、镇、村三级农机安全生产管理网络，县农机局与所属单位签订农机安全生产目标管理责任书，规范农机监理业务流程。二是加强农机教育培训工作。县农机校依托新型农民“阳光工程”培训，培养农机科技致富带头人，突出农机安全教育。2015 年，培训各类农机人员 3 万人次。三是开展“平安农机”创建工作。每年组织评选 1 个“平安农机”示范镇、10 个“平安农机”示范村和若干个“平安农机”示范户。四是定期开展农机安全大检查。建立农机、公安联合执法机制，深入县乡道路、作业场所，依法宣传教育和田检路查，做到动态化监管、常态化治理。通过农机“安全生产月”活动和“铸安”行动等，纠正违法作业，消除安全隐患，杜绝重特大农机事故发生。

（县农机局供稿）

林　业

LIN YE

【概况】 涡阳县林业局是县政府工作部门，为全县林业主管机构，下设办公室、营林站、森防站、资源站 4 个职能股（站、室），辖森林公安局、林科所、苗圃、林场各一个，全县 25 个镇（场）、街道办、经开区均设置农业综合服务站，配备一名林业技术人员。现有在职干部职工 129 人，其中有高级工程师 7 名，工程师 18 名，初级职称技术人员 4 人，离退休人员 96 人。技术管理力量雄厚，同时具有雄厚的服务林农、服务社会的基础。

【林业资源】 2015 年，涡阳县土地面积为 210700 公顷，林业用地 35967 公顷。涡阳县自然资源丰富，境内共有栽培木本植物 202 种，其中国家重点保护珍稀植物 1 种，古树名木资源 12 株。共有生物物种 67 种，国家重点保护野生动物 42 种。

全县林业用地面积 35967 公顷，其中有林地面积 32345 公顷，占县林业用地面积 89.93%；未成林地面积 1050 公顷，占县林业用地面积 2.92%；灌木林地面积 1407 公顷，占县林业用地面积 3.91%；苗圃地、宜林地、林业辅助用地共计 1165 公顷，占县林业用地面积 3.24%。

2015 年，全县活立木蓄积量 2982384 立方米，林木绿化率 19.28%，全县林业生产总值 122000 万元。

【造林绿化】 2015 年度全县共完成植树造林面积 35042.3 亩，占省市计划任务 30000 亩的 116.8%。其中长防林 6000 亩，石质山林 2000 亩，其他造林 27042.3 亩，涉及小班 705 个。发展防护林 15495 亩，用材林 12152.3 亩；种植葡萄、油用牡丹、核桃、梨等经济林 7395 亩；栽植林苗两用林 4039 亩；完成义务植树 288 万株；建设治理片 26 个，庇护面积 64350 亩；建设网格 255 个，植树 21.475 万株；四旁植树累计 346 万株。全县完成“三线三边”绿化提升新建绿化林带长度 149.7 公里，城乡绿化 1442 亩；森林长廊示范路段 65.8 公里，折合造林面积 2415.5 亩；建设绿色长廊 120 公里。

全县 50 亩以上小班造林面积，落实造林主体 98 个，涉及小班 104 个，面积 16507.3 亩。主要种植经果林、药材林和林苗两用林。

强力抓好森林城镇、森林村庄创建工作。建设森林城镇 2 个（城西街道办事处、单集林场），森林村庄 8 个（临湖镇临湖社区居委会、石弓镇温庄村、丹城镇常庄村、曹市镇淝河居委会、义门镇菜园村、公吉寺镇张寨村、西阳镇葛楼村、标里镇团结村）。在创建森林城镇、森林村庄活动中，主要栽植乡土树种及绿化苗木。

【林业生产】 2015 全年生产木材 82696 立方米。主要林副产品产量 1.6 万吨。

【森林资源管理与保护】 2015 年，全县限额采伐控制在总限额指标以内，计 3.62 万立方米，办理木材外运手续 1160 份，外运木材 20168 立方米。

【林业有害生物防治】 2015 年全年林业有害生物发生 8.133 万亩，实际成灾面积 113 亩，成灾率 0.49%，未出现大面积的林业有害生物灾害。防治面积 7.1513 万亩，防治率 87.9%；实际监测面积 8.133 万亩，监测覆盖率 100%；实际种苗产地检疫面积 3100 亩，检疫率 95.5%，全面完成了市下达县的林业有害生物防治目标管理指标。各镇（场、街道）经开区都设立了监测点。

【森林防火】 涡阳县森林公安分局积极宣传森林防火的相关知识，努力提高自身检查消除火灾隐患能力、扑救初起火灾能力、组织人员疏散逃生能力和消防宣传教育能力，在每年的重点防火季节加强宣传《涡阳县人民政府关于秸秆禁烧的通知》，通过制定相关措施完善防火机制，加大加强防火灭火力度：一是在各镇（场、街道办）秸秆燃烧区设置隔离带，保证树木不受秸秆燃烧的危害；二是加大做好防火知识和防火意识的宣传，使群众认识到火灾的危害，自发注意防火；三是加大巡查力度，对于各地区存在的火灾隐患一律做到积极巡查提早发现，避免火灾发生；四是加强制度规范，强化监督，在各乡镇设立以乡镇林业站长为主要负责人的监督预防点，强化防火监督预防机制；五是加大接处警力度，提高接处警速度。做到对于火灾火情，早发现早处理，将损失降到最低。

【林权制度改革】 为推进造林绿化，保护林地不被乱占滥用，涡阳县出台林权改革相关政策。包括对新栽树木和宅基地以外的所有林木进行逐户、逐块登记造册，填写林权证书，由县政府向林木所有者颁发“林木所有权书”。按照实际颁证林木登记到户，建立林木管理档案。在完成集体林权制度主体改革后，县积极探索新形势下的配套改革，建立林业要素市场平台，为林农和林企提供快捷、方便的服务。2015 年全县颁发林权证 324 份。

涡阳县先后成立了竹柳种植合作社、中涡 1 号杨种植合作社、恒洲黄金梨专业合作社、永发合作社、道源种植合作社、绿州葡萄种植合作社、兴芳水果合作社、中城生态循环专业合作社、雪枫水果种植专业合作社等八家林业专业合作社。林苗、林药种植大户及家庭农场有绿源苗圃、鸿瑞中药材、姜涛苗木农场、顺鑫果蔬公司、晓明黄金梨家庭农场、华林苗圃、兴南园林园艺基地等。通过招商引资渠道，县已落户林业种植企业安盛农业科技公司、蚌铁园林绿化公司、锦源林景观公司、平顶山园林绿化公司等。通过紧抓林改工作带来新一轮林业发展高潮，积极引导各方力量，大力组建各类林业专业合作社，为林农提供各种服务，促进林业经济发展，使林农得到更多实惠。

【林业项目建设】 2015 年春季开始在全县重点地段悬挂美国白蛾诱扑器 24 个，9 月份在县曹市镇和临湖镇发现美国白蛾幼虫危害法梧、白蜡、桃子等树种，面积 63 亩。发现美国白蛾幼虫后涡阳县林业局按照程序上报有关情况，并迅速组织人员和防治器械对发生美国白蛾的地段开展了无公害防治，做到及早发现，及早防治。根据林木病虫害的发生趋势开展了地面防治和飞机防治工作，全年飞机防治面积 2.8 万亩。

2015 年，涡阳县林业局先后与安盛农业科技有限公司、河南省锦源园林景观工程有限公司、安徽裕民生态农业有限公司、安庆倔林生物科技有限公司、泓森槐产业科技生态开发农业公司、上海铁路局蚌埠绿地园林所积极联系，进行洽谈，达成合作，促成多个项目在县落地建设。分别有安盛农业科技有限公司投资 3 亿元，在西阳镇解沟村、郭寨居委会兴建 2000 亩树莓基地，开展树莓栽植及树莓深加工，包括制药、化妆品、饮料及树莓干红等系列产品。河南省锦源园林景观工程有限公司投资 2 亿元，选址陈大、楚店、单集林场、曹市四镇兴建 20000 亩多种高规格彩叶树及主培室建设。安徽裕民生态农业有限公司投资 1.2 亿元，在陈大镇兴建 20000 亩油牡丹、山核桃种植基地。安庆倔林生物科技有限公司投资 1.8 亿元，选址石弓、新兴两镇，建设 10000 亩油牡丹、山核桃种植基地，并开展油牡丹籽的深加工。泓森槐产业科技生态开发农业公司投资 3000 万元，在城西镇建设 2000 亩种植基地，开展泓森槐研发培育，工人化繁育，商品苗种植。上海铁路局蚌埠绿地园林所投资 1 亿元，在青疃镇兴建 2000 亩高规格、高标准桂花、海棠基地。

（县林业局供稿）

水　务

SHUI WU

魏犁耕副市长（右一）到涡河枢纽管理所视察

【概况】 涡阳县水务局现有干部职工306人，其中机关公务员13人、事业编制人员293人，内设三股一室（工程计划股、安全生产股、人事教育股及办公室），下设局属单位25个（水资源管理所、涡河枢纽管理所、水利工程管理所、水利规划设计室、水政监察大队、涡河船闸管理所、河道管理局、农饮管理中心、水利建筑安装工程处、水泥构件厂、抗旱服务队、乡镇供水公司、水质检测中心及12个水利中心站）。县政府设置机构1个（防汛抗旱指挥部办公室）。

【重点工程】 完成农村饮水安全工程16处水厂建设任务，解决19.04万农村居民和0.88万农村学校师生的饮水不安全问题，工程总投资9784万元。

【小型水利工程管理体制改革】 2015年，在义门、牌坊、丹城、新兴、马店、青疃、曹市、单集林场、涡北街道、高公10个镇（场、街道）进行小型水利工程管理体制改革，完成管护组织建设和“两证一书”发放等工作。

【水资源管理工作】 2015年度，完成征收水资源费316万元，计量设施安装64家，办理取水许可57家，完成3家典型节水企业评定。全县用水总量控制和重点企业万元增加值用水指标达到省、市下达任务目标。

全县防汛抗旱工作会议

【河道治理】 2015年，完成包河、武家河、五道沟治理工程，疏浚河道总长74.83公里，建设桥梁10座，涵闸7座，工程总投资7200余万元。小型水利工程改造提升项目更新改造小型泵站260千瓦，加固新建小型涵闸24座，扩挖塘坝185面，整治沟河180条，新打机井3877眼，修复机井3910眼，末级渠系改造8.5万亩。完成曹市镇小农水重点县项目建设，分别在龙山镇和实施项目区，高标准治理农田面积2.2万亩，完成投资2500万元。

【重点工作】2015年，按照县委、县政府“三夏”工作部署，突击打井2100眼，解决了部分地区灌溉水源不足的问题。完成防汛会商系统安装工作，整个汛期，县没有出现较大涝灾、旱灾。打击河道违法建设及非法采砂工作常抓不懈。“三线三边”环境整治形成常态化。坚持开展县城河道水面垃圾清理工作，促进了城区水环境持续改善。根据“三线三边”任务分工，认真履行“河长”负责制，坚持一天一巡查，三天一通报，督促各乡镇落实河道环境整治工作。配合设计单位完成“引淮济亳”项目工业用水线路拆迁实物摸底调查和登记，以及环境影响评价公众参与信息公示、问卷调查等工作，确保项目有序推进。

（县水务局供稿）

渡江沟疏浚中

工 业

GONG YE

涡阳

GUOYANG

概 述

GAI SHU

【概况】 涡阳县是农业大县，煤炭资源大县，人口大县，近年来，县工业经济面对复杂严峻的国内外经济环境和经济下行压力，2015 年，县委、县政府着力稳增长、调结构、促转型，全力推进工业发展，沉着应对、主动作为，深入实施工业立县战略，扭转了发展被动局面，工业运行总体呈现企稳回升、稳中有进的态势。

【工业经济企稳回升】 2015 年，县工业总量持续增加，工业增速企稳回升。年底规模工业企业个数达 195 家，比 2014 年增加 14 家（另有 30 家企业在年末加入，以下涉及全部规模工业企业数据均为截至 12 月份的 195 家企业情况）；实现规模工业总产值 223 亿元，同比增长 15.7%，增速比 2014 年提高 12 个百分点；实现规模工业增加值 62.6 亿元，同比增长 10.2%，增速比 2014 年提高 12.9 个百分点；完成工业投资 60.6 亿元，同比增长 29.9%，增速比 2014 年提高 46.9 个百分点。

【经开区建设步伐加快】 征地拆迁、招商引资、机制创新取得突破性进展。完成土地征迁 5000 余亩，拆迁房屋 80 万平方米，完成各类征迁项目 36 个（整村搬迁项目 5 个），组织集中拆违执法行动 5 次，拆除各类违法建设 8.5 万平方米。共签订招商引资项目 24 个，总金额 24.88 亿元。其中，修正健康饮品、新诚达服饰等亿元以上项目 7 个，安徽谷神种业、百禾堂药业等 5000 万元以上工业项目 7 个，16 个项目陆续开工建设，为经开区发展注入了新的活力。全力建设一站式服务大厅，实行一次性告知、限时办结制；建立企业帮办制度，首创“模拟代理服务”“并联审批制度”，从企业立项审批到落地投产全程帮扶，专人帮办，从根本上优化了企业办事流程，提高了办事效率，减少了行政审批成本，真正做到了为企业减负。2015 年，经开区实现工业产值 28.6 亿元，同比增长 21.6%；完成工业投资 14.8 亿元，同比增长 34.8%。

【重点项目取得进展】 三星化工“3052”项目获河南省国资委批准，信湖煤矿项目获国家发改委核准，涡北低热值矸石电厂被列入省“十三五”能源发展规划。源和堂药业中药饮片炮制自动化生产线及在线检测项目、新诚达服饰、恒明新材料等一批投资亿元以上的工业项目先后落地建设。

【骨干企业平稳运行】 除煤炭行业外，其他行业龙头骨干企业生产经营保持平稳态势，税收贡献持续增长。徽酒集团新上 3 万吨勾储一体化项目进展顺利，不断开发徽酒系列新产品，积极打造徽酒品牌，源和堂药业成功挂牌“新三板”，三星化工依托原材料煤炭质优价低的优势，有效化解尿素价格大幅下滑的不利影响，华环烟草加强企业管理，突出精益管理模式化，基础管理标准化，正宇面粉重视技术创新和规模效应，财富康达成功与江汽集团建立了长期稳定的供货关系，各重点骨干企业都保持了平稳发展的势头。

【产业现状】 截至 2015 年年底，县 195 家规模工业企业，以农产品加工、煤炭煤化工、机械制造、新型建材、轻工纺织五大传统产业为主。2015 年，五大产业拥有规模工业企业 182 家，实现销售收入 178 亿元，国地税 3.41 亿元，分别占全县规模工业的比重 93.3%、91.6%、95.5%。2015 年分产业税收情况如下：煤炭煤化工：国地税合计 16903 万元，增长 13.06%，增收 1952 万元。农产品加工：国地税合计 15608 万元，增长 32.5%，增收 3828 万元。新型建材：国地税合计 669 万元，下降 10.81%，减收 81 万元。机械制造:国地税合计 516 万元，下降 94.35%，减收 8619 万元。轻工纺织：国地税合计 445 万元，增长 56.14%，增收 160 万元。税收同比增长的有煤炭煤化工、农产品加工、轻工纺织产业。税收最多的是煤炭煤化工产业，最少的是轻工纺织产业。税收增收最多的是农产品加工产业，减收最多的是机械制造产业。

【规模工业企业分布情况】 县规模工业企业分布比较分散。195 家规模工业企业中,经开区 40 家、城东街道办事处 22 家、涡北街道办事处 17 家、高炉镇 15 家、牌坊镇 10 家、龙山镇 9 家、楚店镇 9 家、义门镇 8 家、石弓镇 8 家、青町镇 7 家、城关街道办事处 5 家、高公镇 5 家、曹市镇 5 家、陈大镇 5 家；其他 12 个乡镇 30 家。

（县经信委供稿）

五大主导产业

WUDA ZHUDAO CHANYE

【煤炭煤化工产业】 拥有涡北煤矿、袁店二矿、刘店煤矿、选煤厂、三星化工等规模工业企业 24 家，企业家数与 2014 年持平，实现销售收入 35.3 亿元，同比下降 2.2%，国地税 1.69 亿元，同比增长 13.1%，占全县规模以上工业企业的比重分别为 12.3%、18.1%、47.3%。

【农产品加工产业】 包括农副食品加工、酿酒、中药饮片、木业加工，拥有正宇面粉、徽酒集团、源和堂、花环烟草等规模工业企业 83 家，企业个数增加 7 家，实现销售收入 99.6 亿元，同比增长 18.2%；实现国地税 1.56 亿元，同比增长 32.5%；占全县规模工业的比重分别为 42.6%、51.2%、43.7%。

【新型建材产业】 拥有晟丰建材、沪涡建材等规模工业企业 34 家，企业个数持平，实现销售收入 21 亿元，同比增长 5.8%;实现国地税 669 万元，同比下降 10.8%；占全县规模工业的比重分别为 17.4%、10.8%、1.8%。

【机械制造产业】 拥有财富康达、三志制动器、发达船舶等规模工业企业 26 家，企业个数增加 1 家；实现销售收入 15.6 亿元，同比增长 8.39%；国地税 516 万元，同比下降 99.7%；占全县规模工业的比重分别为 13.3%、8.03%、1.44%。机械制造产业税收大幅下滑主要受亳州市报废车辆回收有限责任公司税收政策调整的影响。

【轻工纺织产业】 拥有冠盛纺织、舜发服装、正大纺织等规模工业企业 15 家，企业个数增加 5 家，实现销售收入 6.6 亿元，同比增长 29.4%；实现国地税 445 万元，同比增长 56%；占全县规模工业的比重分别为 7.7%、3.4%、1.24%。

（县经信委供稿）

重点乡镇及企业简介

ZHONGDIAN XIANGZHEN JI QIYE JIANJIE

【高炉镇工业经济发展概况】 高炉镇是皖北名镇、酿酒之乡，坐落在涡阳县东15公里处的涡河北岸，向南4公里与皖S307省道相接，涡宿公路穿镇而过，东接济南至祁门的济祁高速公路。水陆交通便捷，地理环境优越。面积80.1平方公里，5.8万人，可耕地面积7.5万亩。辖1个居委会、9个村委会、117个自然村、179个村民组。高炉镇是安徽省150个扩权试点镇之一，同时也是全省149个产业集群专业镇之一。

高炉镇是著名的白酒之乡，白酒产业一直是该镇传统优势特色产业，2013年被评为安徽省白酒产业集群专业镇。龙头企业徽酒集团高炉酒厂坐落在该镇，在它的辐射带动下，该镇已经形成了酿造、制瓶、制盖、彩印、包装等十分完整的白酒产业链。全镇拥有工业企业36家，其中规模以上企业14家，安置就业8000余人。高炉镇已成为涡阳县重要的白酒产业集聚区。

（高炉镇供稿）

【义门镇工业经济发展概况】 义门镇位于涡阳县西北部，西邻谯城区城父镇，S307省道、涡河穿境而过，是涡阳县的西大门。辖15个村委会，5个居委会，人口9万人，其中回民1.6万人，镇区人口2.2万人。

义门镇工业园区现已入驻企业20余家，规模企业8家，其中安徽源和堂药业股份有限公司、义门苔干公司为省农业产业化龙头企业，颐生堂药业、恒发食品、福顺食品、锦晖食品等企业产值上亿元。2015年新培育了2家规模工业企业，引进了2个投资额2000万元的工业项目，1个投资额亿元项目，扶持发展小微企业50余家。为进一步适应发展的需求，义门镇园区新区正在进行规划编制，面积将再扩展1.5平方公里。该镇将继续加大投入，合理布局建设区内路网，配套区内管网，同时进行硬化、绿化、亮化。

大力发展特色经济。该镇经济富有特色，自然资源十分丰富，是久负盛名的“苔乡”“药区”“桐地”。特别是苔干全国独有，在清朝被定为“贡菜”，周恩来总理喻其为“响菜”，被国家命名为“中国苔干之乡”。现已获得欧盟有机食品认证，堪称食苑珍品，春秋两季种植6万亩，产品主要出口日本、韩国、东南亚等十多个国家和销售到我国港澳地区。义门毗邻亳州药都，是重要的药材生产基地，现有各类药材面积3万亩，药材已经成为义门镇的支柱产业之一。义门牛羊肉食品量大质优，富有特色，特别是熏牛肉远近闻名，是餐桌上的佳肴，馈赠的佳品。围绕苔干、牛肉、药材等特色产业，义门镇出现了一批经纪人，许多经商大户买全国卖全国，走出国门销售农产品。

（义门镇供稿）

主要企业简介

ZHUYAO QIYE JIANJIE

【徽酒集团股份有限公司】 徽酒集团股份有限公司成立于2014年2月，是在安徽双轮酒业有限责任公司等企业的基础上重组的集团公司，注册资本1亿元人民币。徽酒集团股份有限公司全资控股的子公司包括安徽双轮酒业有限责任公司、安徽高炉酒类销售公司、安徽徽酒文化传播有限公司、徽酒集团电子商务公司、徽酒集团年份酒营销公司、徽酒集团迎客松营销公司、徽酒集团徽酒营销公司、徽酒集团健康白酒营销公司、徽酒集团预调鸡尾酒营销公司、徽酒集团定制酒营销公司、红酒洋酒进口啤酒代理公司等。徽酒集团总部位于安徽省合肥市，员工近2000人。

集团下属子公司安徽双轮酒业有限责任公司成立于2009年9月，其前身为始建于1949年9月的安徽高炉酒厂。企业占地面积近1000亩。双轮酒业系全国浓香型白酒第二协作会副会长厂家，是全国浓香型大曲酒最好的生产基地之一。现有大曲发酵池近20000条，其中具有百年历史的老窖池5000条(已被列入省级文物保护单位)，年产各类优质白酒6万余吨，“双轮发酵”酿造工艺被列为省级非物质文化遗产名录。

徽酒集团拥有注册商标近400个，其中，“高炉”和“高炉家”为中国驰名商标。徽酒集团拥有国家各类技术专利120多项，是中国酒水行业拥有商标、专利最多的企业之一。徽酒集团主要经营高炉家和谐年份系列、高炉家系列、高炉系列、老高炉系列、中国徽酒系列、迎客松系列、乖乖酒、高炉家和谐窖龄系列等白酒，并积极进军保健酒、鸡尾酒、定制酒等产业。旗下的高炉家和谐年份酒以“真年份、更健康”为核心品牌诉求，以“双轮发酵，双重窖藏”为核心工艺支撑，以6年、10年、20年、30年等产品覆盖白酒市场商务消费的主流群体。

主要经济指标。注册资本：1亿元，总资产：75910.68万元，主要产品：高炉家和谐年份系列、高炉家系列、高炉系列、老高炉系列、中国徽酒系列、迎客松系列、乖乖酒、高炉家和谐窖龄系列等白酒，并积极进军保健酒、鸡尾酒、定制酒等产业。投产时间：1949年(徽酒集团成立于2014年)。占地面积：660000平方米(约1000亩)。职工人数：2000人。生产能力：年生产各类白酒60000吨。

【淮北矿业集团涡北选煤厂】 涡北选煤厂是淮北矿业集团公司加快涡阳矿区资源开发，发挥煤种优势，进行煤炭综合加工利用，延伸产业链，调整产品结构，提高经济效益的重要项目，是淮北矿业矿区总体规划和矿区“十二五”规划中的项目之一。位于涡阳县涡北工业园内、涡北矿井工业场地东侧，占地约520亩，总投资15亿元，设计建设规模为年入洗原煤1200万吨，最大入洗量为1500万吨。设计主要入洗涡阳矿区的涡北、刘店、袁店二矿、信湖、张楼等矿井原煤，根据煤质特点和可选性，确定采用原煤全重介——煤泥浮选、尾煤浓缩压滤的联合流程，洗水闭路循环，工艺系统先进，适应性强，经济效益好。产品为炼焦用焦煤、肥煤等稀有煤种，副产品为中煤、煤泥、矸石，具有广阔的市场前景。作为淮北矿业“十二五”重点工程，从规划伊始，涡北选煤厂就瞄准国内外选煤技术前沿，立足高起点，按照高标准，走科技高效的发展之路，建设“行业一流，世界领先”的选煤企业。工程一次设计分两期建设，一期工程设计为年入选原料煤600万吨，已于2012年年底建成投产，主要包括受煤坑、原煤准备车间、主厂房、浓缩车间、压滤车间、储装运系统，以及办公、生活辅助设施等，该项目全部建成达产以后，将成为亚洲最大的集中型炼焦煤选煤厂。

涡北选煤厂生产自动化、智能化程度高，管理大部分实行远程监控，集控系统完成全厂工艺设备起停车，重介系统密度控制实现了自动控制，110千伏变电站实现无人值守，调度监控系统实时监控生产状态。厂区占地面积大、设备多、分布广，人员效率处于行业前列。

涡北选煤厂是淮北矿业涡北煤炭循环经济园的基础项目，以此项目为依托，还将延伸出4×30万千瓦的煤泥矸石发电厂，以及煤矸石砖厂等新型建材项目，形成“煤—电—建材”产业链，促进资源转化增值，提高煤炭的综合利用水平。涡北选煤厂的开工建设，标志着涡北煤炭循环经济园的建设拉开了序幕，必将成为涡阳未来经济发展的主引擎和加速器。

主要经济指标。注册资本：16亿元，总资产：145822万元，主要产品：精煤、中煤、煤泥、矸石，投产时间：2012年年底，占地面积：520亩，职工人数：560人，生产能力：600万吨/年。

【安徽源和堂药业股份有限公司】 安徽源和堂药业股份有限公司位于安徽省涡阳县义门镇，西邻中国最大中药材交易市场。古镇义门有着传统的中药材种植、加工的悠久历史。公司2003年2月成立，注册资本6633万元，占地面积近80亩。是一家集地产中药材种植、中药饮片加工、中药提取、制剂生产、养生保健类花茶生产、销售为一体的全产业链中型企业。

公司现有GMP标准化生产车间、仓储8000平方米，提取制剂生产车间7000平方米，高标准科研检测中心1500平方米，污水处理中心1000平方米。拥有普通饮片、动物类饮片、毒性饮片、精制饮片、克包装饮片、花草茶包装生产线共8条，其中全自动瓶装花草茶生产线2条、全自动克包装饮片生产线2条。

公司为扩大现有生产规模，拓宽经营渠道，积极进军资本市场，稳步实施“三步走”战略：第一步引进战略投资者。自2012年以来，公司分三轮引进中国国药等8家战略投资伙伴，共融资2.84亿元；第二步进入新三板交易市场。与4家中介机构密切合作，2015年8月通过全国股转公司挂牌，2015年9月进入新三板；第三步实现在主板上市，2016年公司完成主板上市的报备工作，2017年争取在主板成功上市。

公司加大中药饮片配方颗粒研发力度。2014年7月份该项目正式启动，安徽中医药大学王成永教授与何宁博士担当项目负责人，组成以中医药大学教授、省药品监督管理局专家为主力的专家团队，为源和堂打造500多个品种的配方颗料，以满足医院配方的要求。2016年向国家药监局申报中药饮片配方颗粒试点企业，争取上市后进入国家试点企业目录。

为有效解决企业产能与产品销量，中药饮片加工技术含量与生产效率双低的矛盾，2014年10月公司新上“中药饮片炮制自动化生产线及在线检测”“医药仓储物流配送中心项目”。项目占地182亩，总投资3.5亿元，分别建设3栋标准化生产车间、6栋物流仓库、1栋职工宿舍，总建筑面积达10万平方米。安装3条中药饮片炮制生产线，其中一条是全国首家自动化饮片加工及检测生产线。项目建成后，企业每年可新增产值6亿元，税收5000万元，提供就业岗位500余人，同时还将会带动周边地区农业产业结构的调整与发展。

为打造拥有“源和堂药业”特色的中医药文化，公司斥巨资购买康美(亳州)华佗国际中药城第一期D-10 #栋102号商铺(建筑面积3604.51平方米)。源和堂新展厅在二层设高端中医诊馆，聘请省级与国家级知名老中医，在二楼坐诊，弘扬中医药文化，传播源和堂药业形象，新展厅装修在2014年11月竣工。

经过近两年的努力，由广州市健桥医药科技公司牵头联系，源和堂药业已与越南有关药企初步达成了出口中药材及中药饮片的商贸协议。

2015年11月中旬越南国家卫生部率领越南3家大型医药企业到本公司考察现有加工设备、质检水平及新园区建设和未来生产能力等情况，与公司签订每年2亿美元—3亿美元的供货合同。

主要经济指标。注册资本:6633万元,总资产:110000万元，主要产品：中药饮片、中药提取制剂、药膳、花茶，投产时间：2004年3月，职工人数：320人，生产能力：年加工饮片8000吨。

【淮北矿业集团袁店二矿】 袁店二井煤矿位于安徽省亳州市涡阳县曹市镇，是国家煤炭工业"十一五"发展规划和安徽省"861"行动项目，其中心距宿州市约55公里，东北距淮北市约76公里。井田面积约41.6平方公里,已探明储量7.78亿吨，可采储量8052万吨。井田内共5个可采煤层，煤种以1/3焦煤、肥煤和焦煤为主。计划重点建设项目，该矿建成投产对推进两淮大型煤炭基地建设，促进皖北地区经济加快发展具有积极意义。

作为淮北矿业集团"七年建成八对矿井"的收官之作，袁店二矿设计年生产能力90万吨，服务年限59年。矿井于2007年6月开始钻井法施工，经过三年多的筹备和建设，各大安全、生产、生活设施及后勤保障系统按设计建成并投入使用，矿井生产、生活秩序井然，于2010年12月28日顺利实现了联合试运转，2011年12月23日胜利投产，当年投产、当年达产、当年创效，创下淮北矿业建井史上开工最晚、工期最短、投资最省、效果最好的历史纪录。

主要经济指标。注册资本：12.3亿元，总资产：116000万元，主要产品：肥煤，投产时间：2011年12月23日，占地面积：27.22公顷，职工人数：1700人，生产能力：90万吨/年。

【淮北矿业股份有限公司涡北煤矿】 淮北矿业股份有限公司涡北煤矿位于安徽省涡阳县境内，距涡阳县城约4公里，距省级文物保护单位——天静宫仅1公里。井田南北长6公里，东西宽3.2公里，面积约19平方公里。生产的煤炭以国家稀缺的焦煤为主，具有低硫、高发热量及良好的结焦性等优点，是较为理想的炼焦配煤。

涡北煤矿是经国家计委批准立项，被列入安徽省"十五"规划和"861"行动计划的重点工程，是淮矿集团"大投入、大开发、大跨越"战略规划的第一对矿井。2004年2月1日破土开工，年设计能力120万吨/年，2007年5月18日正式投产，2012年核定能力为180万吨/年。

曾获"全煤系统一级安全高效矿井""全煤系统文明矿井""全煤系统体育文化先进单位""安徽省文明单位""安徽省绿化先进单位""安徽省安全生产三周年先进单位""淮北矿业集团公司优秀党委"等荣誉称号。

主要经济指标。注册资本：12.9亿元，总资产：92397万元，主要产品：煤炭，投产时间：2007年5月，占地面积:19平方公里，职工人员:2379人，生产能力：180万吨/年。

【亳州煤业股份有限公司】 亳州煤业股份有限公司隶属于国家"十二五"期间重点建设的十四大煤炭基地之一的淮北矿业集团，由淮北矿业集团和安徽省煤田地质局物测队共同出资兴建，注册资本3000万元，占地面积480亩，其前身刘店煤矿是"皖北一号工程"煤化—盐化一体化工程的支柱项目之一，是淮北矿业集团"7年建成8对矿井"战略规划中的第四对矿井。2004年12月20日成立筹备处，2009年12月26日正式投产,2010年12月27日改名为亳州煤业股份公司，截至2015年12月底，公司总资产165494万元，在册职工 946 人。

亳州煤业股份有限公司位于“老子故里”——亳州市涡阳县龙山镇，西南距涡阳县城约 15 公里，东北距淮北市约 70 公里，周边有濉阜铁路、S202 省道、矿区铁路、涡永县道穿过，四通八达，交通便利。亳州煤业股份有限公司拥有刘店和耿皇两块井田煤炭资源开采权，其中刘店井田设计生产能力 150 万吨 / 年，可采储量 9962.9 万吨，设计服务年限 49 年，煤种以贫煤和瘦煤为主，伴有少量焦煤和无烟煤。耿皇井田隶属安徽省涡阳县境内，全井田查明矿产煤炭资源量 7597.4 万吨，预测煤炭资源量 5565 万吨，另有天然焦 2828.3 万吨，煤种主要有无烟煤、贫煤、贫瘦煤和天然焦。因煤炭价格持续走低，矿井地质条件复杂，开采成本较高，矿井今年将暂缓开采，积极转型。按照规划，公司将开拓经营锚杆、锚杆托盘、锚索、锚索托盘、瓦斯抽排管、钢筋网等矿用产品的加工及液压支架维修等多项业务。

10 多年来，亳州煤业股份有限公司曾荣获国家级安全质量标准化煤矿、一级安全质量标准化煤矿、安全生产四周年先进单位、安全生产五周年先进单位、亳州市“125 行动计划”重点培育企业、淮北矿业优秀党委、涡阳县企业奉献奖等多项荣誉称号。

该矿因地质条件复杂，几年来，效益一直不佳，淮北矿业集团将把该矿转产为矿山机械加工和维修厂，人员除保留部分外，分流至其他各矿。主要经济指标。注册资本：3000 万元，总资产：165494 万元，主要产品：贫煤和瘦煤，投产时间：2009 年 12 月 26 日，占地面积：480 亩，职工人员：946 人，生产能力：150 万吨 / 年。

【安徽三星化工有限责任公司】 安徽三星化工有限责任公司是世界 500 强企业——河南能源化工集团重要的化工企业之一，有铁路专用线和自备码头，水陆交通便利。

三星化工 1970 年投资建厂，氨醇生产能力 32 万吨 / 年，尿素 34 万吨 / 年，甲醇 10 万吨 / 年，三聚氰胺 3 万吨 / 年，BB 肥 5 万吨 / 年，是全国著名氮肥企业。2006 年企业改制，2008 年重组成为河南能源化工集团全资子公司。2015 年实现营业收入 10.3 亿元，利润 2060 万元，连续六年保持良好的经济运行状态。

三星化工现有员工 933 人，其中各类技术人员 400 多人，经营范围跨化肥、精细化工、机械、塑料加工、发电、物流贸易等产业，是中国化肥制造五十强、安徽省百强企业。先后获得“国家一级节能企业”“国家二级企业”“安徽省优秀企业”等荣誉称号，通过 ISO 9001 国际质量管理体系认证、测量管理体系 AAA 认证，所产“三星”牌尿素、工业甲醇是“安徽省名牌产品”。36 个 BB 肥系列产品获得安徽省农委批复，并成为安徽省行业标准，各产品已覆盖安徽、山东、河南、江苏、湖北、湖南、福建、上海等十几个省市。

三星化工坚持走技术研发之路，是安徽省高新技术企业，三星化工技术中心成功申报为安徽省煤化工节能减排工程技术研究中心。2008 年重组以来，投入的节能技改资金达 2 亿多元，完成生产系统二十六项技术创新项目，确保了设备技术水平居同行业先进行列。三星化工发展循环经济，注重环保，年均投入千万元用于环保设施改造，连续多年获“安徽省节能减排先进单位”，是安徽省化工企业节能减排一面旗帜。三星化工注重创新，是安徽省创新型试点企业、安徽省第二批企业知识产权管理规范试点企业，2011—2015 共获授权实用新型专利 51 项，授权发明专利 6 项，群众性创新每年近百项，形成了良好的创新氛围。

积极转变发展方式，适应新常态。面对国家经济增长放缓的压力和石油化工产品持续探底，三星化工积极转变经济发展方式，"危"中求"机"，提质增效，推动企业健康持续发展，在破解难题的同时抢抓机遇，逆势发展，实现了四个突破：一是产品研发新突破。2009—2015 年相继研发出长效缓释肥、测土配方 BB 肥、工业尿素等行业领先的肥料品种，深受广大农民的喜爱，公司缓释尿素和缓释掺混肥料荣获安徽省"高新技术产品"称号。二是管理创新突破。率先在全国化工行业实施了"三化"管理，成本管控在全国氮肥行业处领先水平，市场化管理模式也被评为安徽省企业管理现代化创新成果二等奖。三是技术创新突破。2011—2015 年三星化工共获得国家授权实用新型专利 51 项，授权发明专利 6 项，群众性创新每年近百项，形成了良好的创新氛围。四是发展模式突破。形成集化肥、精细化工、煤业、物流商贸为一体的大型产业集团。

坚持优先投入，安全环保持续稳定。三星化工始终坚持"循环利用、绿色发展"的环保理念，不断进行环保升级和技术改造，2013—2014 年先后建设二期废水深度治理项目，现运行稳定，可以满足国家新执行的环保标准。投入近千万元对两台 75 吨流化床锅炉和其他环保设施改造，确保了水气声尘达标排放，符合国家新的环保排放标准。安全上贯彻"从零开始、向零奋斗"的理念，推广"012345"安全管理模式和双基建设模式，重组以来，连续八年实现安全"零"目标，无轻伤以上事故，是"安徽省安全先进单位""安徽省安全文化建设示范企业"。

突出经济运行质量，提升企业核心竞争力。三星化工通过技术创新、管理创新成果的实施，生产实现了安稳长满优，能够长周期稳定运行，产量明显提高，煤耗电耗明显下降，生产成本下降，产品和产业结构得到改善，提高了盈利水平，增强了公司的市场竞争力。各项产品消耗在全国化工同类产品中保持着先进水平。

新项目建设情况和近期规划项目。三星化工被安徽省发改委列为皖北重要的煤化工基地。1. 正在建设项目。3052 项目：即建设年产合成氨 30 万吨、尿素 52 万吨尿素、三聚氰胺 6 万吨，该项目为一期工程，总投资约 16 亿元，已经获得河南省国资委审批备案，项目增资 4.78 亿元，增资后注册资本增加到 6.39 亿元，预计实现年营业收入 9.4 亿元，年利润 1.3 亿元，该项目建设正在进行，计划 2017 年年底竣工投产。2. 规划项目。(1) 3052 项目二期：一期投运后计划上 3052 项目二期，项目建设周期两年，总投资约为 18.8 亿元，项目建成可实现营业收入 10.2 亿元。利税 2.11 亿元，投资回报期 7.22 年，预计 2020 年投产。(2) 复合肥项目：年产 30 万吨复合肥（含 BB 肥）项目，投资 3 亿元，前期工作已经准备就绪，已经向集团公司报告等待审批。计划 2017 年年初开始建设，建设周期一年。计划 2017 年年底达产。投产后可以实现年产值 6 亿元，年利税约 1.5 亿元，年利润 8000 万元。(3) 三聚氰胺项目一期：对已经建成的年产 3 万吨三聚氰胺项目实现整体搬迁，2017 年与 3052 项目同时建成达产。投产后可实现年营业收入 2.6 亿元，年利税 6000 万元。(4) 塑编厂项目：投资建设年产编织袋 1500 万条大型塑编厂项目，厂房已经建设好，设备已经部分到货，3052 项目投产后即可投入运行，不仅满足本厂尿素及复合肥生产所需编织袋，还可以实现外售。(5) 徐广楼煤矿：协助集团公司建设好资源配置项目徐广楼煤矿，该项目由集团公司投资，总投资 13 亿元，建设年产 90 万吨矿井，作为三星化工原料配套项目，建成后能够实现资源的整合，有利于降低三星化工生产成本，具有很强的竞争优势。

三星化工计划利用5—10年时间把三星化工建成年产值50亿元的企业，形成高效、节能、链条完整的大型煤业化工集团，力争2022年实现上市，跨入全国大型化工企业前列。

主要经济指标。注册资本：16131.72万元，总资产：84966.74万元，主要产品：工业甲醇、液体无水氨、硫黄、掺混肥（BB肥）、三聚氰胺、尿素、碳铵、长效缓释尿素，投产时间：1970年，占地面积：296亩，职工人数：933人，生产能力：氨醇生产能力32万吨/年，尿素34万吨/年，甲醇10万吨/年，三聚氰胺3万吨/年，BB肥5万吨/年。

【华环国际烟草有限公司涡阳烟叶复烤厂】 涡阳烟叶复烤厂隶属华环国际烟草有限公司，坐落在涡阳县城东工业园，成立于1985年，总资产3.6亿元，拥有一条现代化12000千克/小时打叶复烤生产线、一条动静结合的烟叶分选线和6000平方米分选车间，仓储总面积为4万平方米，设计年加工能力3万吨。现设生产科、品质科、业务科、安保科、政工科、综合科6个科室和财务、审计2个派驻办。在职职工总人数146人，生产季节使用劳务外包用工904人。企业以满足客户需求为出发点，精细作业、精诚服务、精益管理，为江苏中烟、安徽中烟、湖南中烟、湖北中烟、河北中烟、云南红云红河集团、甘肃中烟、福建中烟、黑龙江中烟、新疆进出口公司等10家客户提供加工服务，企业致力于把自身打造成卷烟工业企业“第一车间”。

企业技改新线采用原烟精选、多台位铺叶、动态掺配、一次混叶、一次混片工序，实现配方打叶、分组加工。应用企业专利产品——热风碎片干燥系统，可确保碎片水分合格率达到100%。通过设置在线水分温度仪、化学成分检测仪、微波水分检测仪等多种在线计量、检测与控制手段，通过中央控制室建立过程控制信息数据库、在线均质化生产监测系统和质量追踪系统，提高打叶复烤加工过程的质量控制水平和智能化程度，实现由结果控制向过程控制的转变、由指标控制向参数控制的转变以及由人工经验控制向信息自动控制的转变。根据打叶复烤生产线特点及控制要求，采用PC+Ethernet+PLC+FCS构建SCADA中控系统，并利用WINCC组态软件开发了计算机监控程序，实现了复烤生产线的多点分布式实时监控。项目投产后，涡阳烟叶复烤厂年烟叶加工能力可达5万吨，营业收入超亿元，上缴税金3000多万元，并可新增就业岗位1000多个，同时可带动运输行业及其他服务性行业增收。

2015年涡阳烟叶复烤厂明确一级管理目标7项，具体管理措施77条，重点工作主要体现为：切实提高“一个认识”，努力抓好“五个突出”，深入开展“一个专项活动”，即正确认识复烤企业面临形势；突出加工服务个性化，突出队伍建设系统化，突出精益管理模式化，突出基础管理标准化，突出问题查摆、整改落实常态化；深入开展“法治烟草”“依法治企”专项活动，不断促进企业规范管理上水平。全年复烤加工原烟51万担，实现加工收入9800万元，利润总额900万元，利税总额2600万元。

主要经济指标。总资产：3.6亿元，主要产品：烟叶复烤加工，投产时间：1985年，占地面积：190000平方米，职工人数：1050人，生产能力：年产60万担烟叶。

【国网安徽省电力公司涡阳县供电公司】 涡阳供电公司通过改制，于2015年12月份正式成为安徽省电力公司的分公司。机构设置有8个职能部室、2个支撑结构和14个供电所，公司共有全民员工430人，集体员工95人，农电工515人。供电区域内现有220千伏开关站1座，220千伏变电站2座，110千伏变电站4座；35千伏变电站17座，主变30台，总容量256.8兆伏安；35千伏输电线路24条，线路长度329.86千米；10千伏供电线路102条，线路长度3202.5千米；10千伏配电变压器5126台，容量614.23兆伏安；17座3千伏变电站实现无人值守，可环网供电；城区15条10千伏线路实现手拉手供电。

近年来，涡阳供电公司全体干部员工认真贯彻上级决策部署，提高认识，转变思想，不断拓宽视野，破解发展难题，较好地完成了各项工作任务。公司先后荣获国家电网公司一流县供电企业、安徽省服务标准化试点项目单位、安徽省廉政文化进企业示范单位、安徽省第九届“诚信单位”、亳州市第六届文明单位、省电力公司新闻宣传先进单位、财务工作先进单位等诸多荣誉。连续8年被县政府评为“绩效综合考评先进单位”。

2015年度，涡阳供电公司完成供电量14.4亿千瓦时，售电量13.435亿千瓦时，营业收入7.1亿元，综合线损率6.7%，资产总额6.38亿元，实现利润899.6万元。实现“三无三防”安全目标，全年未发生安全考核事故。

主要经济指标。总资产：4.6亿元，主要产品：电力供应，投产时间：2001年，占地面积：11361平方米，职工人数：1040人，年供电量：14.4亿千瓦时。

【安徽正宇面粉有限公司】 安徽正宇面粉有限公司位于老子故里，道德之乡——涡阳县。这里资讯发达，交通便利，特色产业鲜明、区域优势明显，农产品资源丰富。

企业注册资本5000万元，现有职工766人，占地面积356亩，拥有3条面粉生产线、3条挂面生产线和1条面叶生产线，年产专用粉50万吨，年加工挂面15万吨，年加工面叶3万吨，原粮仓容22万吨，总资产已达3.8亿元。

科技创新是企业永葆活力的源泉。公司先后与武汉工业学院、郑州粮院等科研院校建立了长期合作关系，并成立了“企业技术研发中心”“亳州市正宇面粉食品研究所”等研发机构，形成了产、学、研相结合的产品研发体系。先后研发出“7+1营养面”、面包、饺子、烩面等6种专用粉和8种颇具特色的风味营养挂面，深受广大消费者的青睐。

为充分发挥龙头企业的辐射引领作用，带动更多的农民朋友致富，“十三五”期间公司计划投资3.8亿元建设日处理小麦1500吨的专用粉生产线、32万吨的小麦仓储物流中心和食品综合加工等3大工程。项目建成后，可新增1000余人就业。

企业未来五年的发展目标是：到2018年实现年销售收入争取实现20亿元，争创中国驰名商标，争创国家级农业产业化重点龙头企业。

在未来的发展中，公司将继续本着“立足三农、服务百姓”的根本宗旨，为耕者谋利，为食者造福，认真履行社会责任，把党的支农、惠农、富农政策落到实处，为构建和谐社会做出更大的贡献。

2015年，注册成立“安徽天下一皖食品有限公司”，成立“安徽正宇面业合肥分公司”，设立“天下一皖”合肥营销中心，在安徽省股权托管交易中心农业版隆重挂牌上市，代码为：710026。

企业先后被评为“全国小麦粉加工50强企业”“全国放心粮油示范加工企业”“全国主食加工业示范企业”“（国家级）守合同重信用企

业”“安徽省农业产业化省级重点龙头企业”“安徽省粮食产业化行业排头兵”“安徽省民营科技企业”“安徽省民营百强企业”“农发行 AA+ 级信用企业”“亳州市综合十强工业企业”和“亳州市上市重点培育企业”。

公司现拥有 31 项专利，其中：实用新型专利 11 项，外观设计专利 20 项。生产流程实现 PLC 电脑自动化控制，引进世界一流瑞士布勒公司生产的全套配麦、配粉技术设备。其主导产品“豫隆”“正宇”“千家瑞”“喜由季”牌面粉、挂面及面叶系列产品，先后荣获“放心面”“中国著名品牌”“安徽名牌产品”“绿色食品”“安徽十佳粮油”等殊荣。产品畅销全国各地，深受广大用户和消费者的喜爱。

主要经济指标。注册资本：5000 万元，总资产:3.8 亿元，主要产品:小麦粉、挂面、面叶、麸皮，投产时间:2005 年 10 月，占地面积:356 亩，职工人数:766 人，生产能力:年产小麦粉 50 万吨、年加工挂面 15 万吨、年加工面叶 3 万吨。

（县经信委供稿）

电力供应

DIANLI GONGYING

【概况】 国网涡阳县供电公司于 2013 年 8 月份通过改制成为安徽省电力公司全资子公司，2015 年 12 月份再次改制成为安徽省电力公司分公司。现有长期职工 427 人，集体职工 94 人，农村专职电工 515 人。设有 8 个职能部门，2 个业务支撑机构，14 个供电所，7 个配电队。公司先后荣获国家电网公司一流县供电企业、安徽省服务标准化试点项目单位、安徽省廉政文化进企业示范单位、安徽省第九届“诚信单位”、亳州市第六届文明单位、省电力公司新闻宣传先进单位、财务工作先进单位等诸多荣誉。连续 8 年被县政府评为“绩效综合考评先进单位”。

涡阳境内共有 220 千伏开关站 1 座，220 千伏变电站 2 座，110 千伏变电站 5 座；35 千伏变电站 17 座，主变 30 台，总容量 271.8 兆伏安，容载比 1.96，全部实现无人值守，可环网供电；35 千伏输电线路 24 条，长度 291.13 千米；10 千伏线路 105 条，长度 3029.32 千米，其中城区线路 15 条已实现手拉手供电；10 千伏配变 5415 台，容量 815.19 兆伏安，其中公用配变 3777 台，容量 571.97 兆伏安，低压居民户数 41.94 万户，户均容量 1.36 千伏安。

【业绩指标】 完成供电量 14.4 亿千瓦时，售电量 13.435 亿千瓦时，营业收入 7.1 亿元，综合线损率 6.7%，资产总额 6.38 亿元，实现利润 899.6 万元。实现“三无三防”安全目标，全年未发生安全考核事故。

【安全生产】 严格落实安全生产责任制，完善安全监督网络，落实各级人员安全责任；强化安全意识，以岗位、职责发生变化的管理人员及员工为重点，积极开展岗位技能、安全素养等专题安全教育培训；抓好作业现场安全管控，落实领导到岗到位制度，严格执行安全周报和抢修即时报制度；严格作业现场风险管控，现场安全监督到位，确保作业现场施工安全。加大科技投入，公司 35 千伏变电站全部实现“五遥”和无人值班；城区 10 千伏配网线路安装了线路故障在线监测系统，实现故障快速查找，为快速恢复供电提供了保障。从 2013 年至 2015 年，用三年时间安装更换了 45.8 万只智能电表，顺利完成全县智能采集系统全覆盖，实现远方自动抄表。

【电网建设】 农网工程投资项目 307 个，总金额 2.38 亿元，建改 35 千伏变电站 5 座，建改 35 千伏线路 5 条，长度 58.4 千米；建改 10 千伏线路 16 条，其中新建 10 千伏线路 7 条，改造 10 千伏线路 9 条。建改 10 千伏台区项目 281 个，改造农户数 5.4 万户，包括新建美好乡村台区项目 9 个。

【经营管理】 在优化完善原有供电营业网点缴费功能的基础上，努力拓宽电费缴纳渠道，实现城区“十分钟缴费圈”；积极开展农村缴费“村村设点”工作，公司已与移动、邮储银行签订代收协议，在全县城乡共设有 POS 机缴费点 134 处、邮政代收网点 126 处、覆盖了全县 25 个乡（镇）、348 个行政村；着力推行社区客户经理制，设置客户经理 152 人，迎峰度夏期间共计走访客户 17 万余户，搜集用户信息 19 万余条；打造“供电服务示范小区”，利用社区服务网络，加强与客户的联系沟通，提升了广大电力客户的满意度。

（县供电公司供稿）

能源开发

NENGYUAN KAIFA

【概况】 涡阳县煤炭资源丰富，煤质优良。涡阳煤田含煤面积 565 平方公里，储量 32.5 亿吨，分布在全县 13 个小区，可开采 100—120 年。涡阳煤田煤种齐全、煤层稳定、发热量高。最突出的优势是煤种齐全，既有主焦煤、焦煤、肥煤、瘦煤、贫煤，也有气煤、无烟煤等，特别是主焦煤，是我国华东地区奇缺的、工业价值极高、国际市场看好的煤种。按照地质储量和煤质的结构可建 13 对矿井，年产量可超过 2000 万吨。因此，煤炭产业必将成为涡阳经济发展的支柱产业，涡阳县也被安徽省委、省政府确定为最具发展潜力县之一。

【投产煤矿和在建项目情况】 县已投产运营的煤矿及企业共有“三矿一厂”：涡北矿、刘店矿、袁店二矿和涡北选煤厂，在建一对矿井：信湖煤矿。

涡北煤矿。工厂区位于涡北街道办事处，占地 489 亩，总投资 12.3 亿元，矿井设计年产 120 万吨，服务年限 42 年，煤种为主焦煤。

刘店煤矿。工厂区位于龙山镇和马店镇交界处，占地 495 亩，总投资 17.2 亿元，矿井设计年产 150 万吨，服务年限 45 年，煤种为 1/3 焦煤和瘦煤。

袁店二矿。工厂区位于曹市镇，占地 553 亩，总投资 12 亿元，矿井设计年产 90 万吨，建设规模 150 万吨 / 年，服务年限 59.6 年，煤种为 1/3 焦煤和肥煤。

信湖煤矿及其铁路线建设。工厂区位于花沟镇，占地 653 亩，总投资 35 亿元，矿井设计年生产能力 400 万吨，服务年限 80 年，煤种为主焦煤。2011 年 4 月全面动工建设，预计 2016 年年初可建成投产。生活及办公设施已完成：1. 单身公寓。2. 行政办公楼、食堂及招待所、联合建筑；生产设施已完成 35 千伏变电所、地热机房、电机车库、通风机房，副井提升机房等；瓦斯抽放泵站、筛分车间、副井井口等候室、副井井口房、单身公寓。3. 综采设备库等。

涡北选煤厂。淮北矿业集团涡北选煤厂是煤炭循环经济园的基础项目，占地面积 520 亩，总投资20亿元，设计年入选原煤1200万吨，最大入洗量为1500万吨，主要入选涡阳矿区的原料煤，产品为焦煤、肥煤等稀有煤种，具有广阔的市场前景。该项目全部建成达产后，将成为亚洲最大的集中型炼焦煤选煤厂，投产后所生产的主产品焦、肥精煤，将销往国家大型化工企业和钢铁企业，并可出口到东南亚国家。

涡北选煤厂项目建设分两期进行，每期设计年产量600万吨，一期工程于2010年年底开工建设，2012年年底工程完成并顺利实现联合试运转。二期工程将随着涡阳煤矿的逐步投产继续建设。全部建成后，每年设计产量精煤564万吨，中煤180万吨，煤泥和煤矸石456万吨。总装机容量120万千瓦时的煤矸石发电厂已成立筹备处，发电厂位置已确定，在县新兴镇辖区内，设计正在进行，项目正在报批，该发电厂每年可产出粉煤灰100万—150万吨。

（县经信委供稿）

交通　邮电　通信

JIAOTONG YOUDIAN TONGXIN

涡阳

GUOYANG

交通运输

JIAOTONG YUNSHU

【概况】 2015年，在县委、县政府和上级主管部门的正确领导下，涡阳交通运输系统全体干部职工，紧紧围绕全县的统一部署和县政府确定的目标任务，以科学发展观为统领，以深入开展“三严三实”集中学习教育活动为抓手，以加强行业文明建设为载体，深入学习贯彻中共十八大和十八届五中全会精神，加强领导，强化措施，圆满完成全年各项工作任务。

【济祁高速】 紧紧围绕年底建成通车的总体目标，加快推进工程建设，配合省交投集团，积极做好济祁高速涡阳段协调服务等工作。济祁高速公路永城至利辛段，全长71.697公里，投资概算47.9亿元，其中涡阳境内46.542公里，累计完成投资30亿元，途经8个镇场。截至11月30日，路面铺设、交安工程、绿化工程，标识标牌工程，机电工程等均已完成，实现全线贯通。涡阳设置收费站2处，分别是涡阳北（龙山）、涡阳东（西阳）收费站，服务区1处，管理公司1家，养护工区1处，于2015年12月19日中午12：00正式通车。

【省道建设】 S307涡阳绕城段建设，7月份开工建设，路基填筑完成94.5%，桥梁桩基及小型结构物已全面完成，正在进行盖梁及水稳底基层施工。S202涡阳段路面改善工程，8月中旬开标确定施工监理单位，并举行开工仪式。老混凝土面板更换已全部完成，挖除老混泥土路面板129407平方米，碎石化单幅完成29公里，水泥稳定碎石基层第一层完成29公里，水泥稳定碎石基层第二层完成24公里，雨水管道完成7963米，完成产值约5451.15万元，占合同价的22.3%。

【涡河三桥】 2015年完成投资1918万元，累计完成投资13953.935万元（包括钢塔、挂篮、人工费实际施工增加费用）。已完成所有下部结构工程、钢主塔安装以及桥面铺装工程等。悬灌梁已进行14#块砼施工，斜拉索进行12#索的安装工作。

【农村公路】 投资9266万元，完成县乡公路改造51.5公里；投资1746万元，完成危桥加固改造民生工程20座；投资3879.2万元，完成村级网化工程96.98公里。完成养护工程124公里及7座桥梁共计199延米。

【治超工作】 投资70多万元，新建一处占地40多亩大型卸载场，安装200吨地磅；新添置对讲机20余部、执法车辆6辆，投资40万建设源头监管点一处。突出抓好重点货源单位的监管，采取进驻监管和流动巡查相结合，把好货物出场第一环节；积极发挥交通、公安执法人员路面治超主力军作用，扎实开展1号、2号、3号联合行动。全年共检查货源单位400余户次，检查车辆9000余辆次、巡查里程13万公里；打击非法违法行为338起。查处超限超载车辆682台次，其中75吨以上严重超限车辆60辆，卸载货物5500余吨，查处非法改装车辆173台，非法超限超载得到有效治理。运管所：行政处罚金额148.72万元；路政稽查队：行政处罚金额210余万元。

【企业经济】 定期召开调度会议，加强对交通企业的服务和监管，经济指标超过序时进度。2015年，新型企业共完成营收616.44万元，上缴税收16.9万元；老企业航运公司完成营收252.72万元，上缴税收5.36万元。

【招商引资】 完成招商引资5.25亿元，其中两个新项目：涡阳县公交公司完成固定资产投资3500万元；涡阳县出租车公司完成1000万元投资；续建项目济祁高速完成招商引资48000万元。

【安全监管】 春运期间，共投放客运车辆2.3万余台次，完成客运量130万余人次；举行水上、消防、企业3期安全培训，积极开展消防安全排查、春季安全检查、安全生产月、营运大客车"安全宣誓"和渡船遇险应急演习等活动，加大对区域内道路运输、水上交通和工程施工等重点部位和环节进行安全大检查，2015年，全系统无重大安全责任事故发生，安全生产形势持续平稳。

【老公路养护工】 共受理270人，经过初审，报请市级核定、省级备案的农村老公路农民代表工共170人，其中已达到60周岁，符合领取工龄补助条件的55人，已全部发放到位。

【结对帮扶】 2015年，与全县各乡镇19名贫困户建立了结对帮扶机制，投资6400元，对贫困户进行人力物力帮扶。投资2万余元，对花沟镇韩王村党支部办公用房进行了粉刷，购置办公桌椅，建立健全党建各项规章制度；截至11月底，该村已有65户脱贫，剩下30户帮扶工作正在进行中。

【法治工作】 认真组织参加全市2015年执法人员春季岗位培训；合法高效办理撤回涡阳宏大公交撤回行政许可听证事宜；按时完成执法车辆(共计18辆）和执法人员证件（共计208人）汇总审核上报工作；认真开展权力清单和责任清单的编制工作，全县交通运输系统共整理出权力259项、网上办事事项48项；推行综治目标管理，健全矛盾纠纷排查调处机制，坚持矛盾纠纷排查调处月报表制度，开展2015年"江淮普法行"启动活动。

【队伍建设和行业文明】 认真开展了"涡阳怎么看，干部怎么办"大讨论、"弘扬沈浩精神，建设模范部门"主题教育实践活动和"三严三实"集中学习教育；积极组织支部换届选举工作，完成8个党支部换届，新成立3个党支部。继续深化"微笑服务、温馨交通"活动，认真组织文明创建活动，扎实开展道德讲堂和"我们的节日"系列主题活动。2015年，荣获全省交通运输行业文明单位。

（县交通局供稿）

公路建设与管理

GONGLU JIANSHE YU GUANLI

【概况】 截至2015年12月底，亳州市公路管理局涡阳分局有在职职工161人，退休人员87人，拥有工程、经济、财会、政工四个系列的专业技术人员27人。2015年涡阳公路分局稳步推进工程建设，加强公路养护，强化路政管理，深化治超工作，规范基础管理，求真务实，开拓进取，促进了全面工作开展。2015年2月，被亳州市公路管理局授予"工程建设工作先进单位"称号，省道202涡阳超限超载检测站被亳州市公路管理局授予“先进集体”称号。

【工程建设】 省道307涡阳东段一级公路改建工程:于2015年5月底完工,共完成投资2.2亿元,2015年6月12日通过交工验收。

省道307涡阳西段一级公路改建工程:于2015年2月完成最后4个中分带开口的封堵,工程全部完工。共完成投资2.3亿元。2015年6月26日通过交工验收。

省道307涡阳至蒙城一级公路(涡阳绕城段)改建工程:动工时间2015年8月20日,计划完工时间2017年2月19日,计划工期18个月。项目起点位于蒙关店村东面(接已完工建设省道307涡阳至蒙城段一级公路西阳至蒙关段),顺接已建星园路北段,与将军大道平面交叉,全长11.205公里,起讫桩号K64+148—K68+833.09及K69+574.91—K76+095。设计路基宽为星园路段54米,南外环段31.26米。设计路面宽为星园路段34米,南外环段29米。设计时速60公里/小时。双向六车道,荷载等级公路－Ⅰ级。公路等级为城市主干道。设计洪水频率为中小桥及涵洞1/100。总投资额为3.1391亿元。从开工截止到2015年12月31日,本项目累计完成产值6726万元,占项目建安费15905万元的42.3%。其中,圆管涵、盖板涵、倒虹吸、污水管、桩基工程已经全部完成;路基填筑完成55.1万方,占总量58.28万方的94.5%;雨水管完成3360米,占总量3526米的95.3%;盖梁完成12榀,占总量40榀的30%;梁板预制完成150片,占总量266片的56.4%;水稳底基层完成9.7公里,占总量11.205公里的86.5%;水稳基层完成0.1公里,占总量11.205公里的0.8%。

省道202线(涡阳段)路面改善工程:起点位于涡阳县石弓镇与淮北交界处,终点位于涡阳县与利辛交界处,全长59.521公里。总概算3.97亿元。共分两个标段,一标段K78+650—K110+000,二标段K110+000—K138+171。设计时速一般路段80公里/小时,镇区及城区路段60公里/小时。设计路基宽17米。设计路面宽14米。2015年9月15日动工,计划完工时间2017年5月12日,计划工期20个月。代建办自2015年10月底进场,每月对全线进行一次综合检查,并加强日常现场巡检。重点抓好现场质量、安全及项目部和监理的内业资料规范化管理。工地已全面展开大干,截止到2015年12月31日,全线老路混凝土面板更换已全部结束,挖除老混凝土路面板129407平方米;水稳碎石基层完成单幅第一层水稳碎石基层30公里,第二层水稳碎石基层完成单幅20公里;碎石化完成单幅28公里,雨水管完成单幅5943米,累计完成产值5282万元,占合同价的20.16%。

省道202涡阳治超站段路面大修工程:全长1.8公里,路面宽14米,路基宽18米。2015年4月15日动工,同年6月20日完工。共完成投资850万元。

X014线路面大修工程:2015年3月9日动工。全长12.35公里。维持原有设计标准:三级公路,路基宽8.5米,路面宽7米,设计时速40公里/小时。项目总投资1200万元。已完成B标段7.35公里(2015年7月19日完工),完成投资806万元,A标段待地方配套资金落实后再予以实施。

X019线高炉西段路面大修工程:2015年9月11日动工。全长1.8公里。维持原有设计标准:公路等级三级,路基宽8.5米,路面宽7米,设计时速40公里/小时,设计年限8年,总投资210万元。已于2015年10月17日完工。

X019线林场至辉山段路面大修工程:2015

年3月动工。全长14.5公里,建成后沥青路面8.5公里，水泥混凝土路面6公里。2015年9月18日通过交工验收。共完成投资2300万元。

2015年7月完善了应急养护中心基础设施建设。完成场内绿化800平方米，钢构大棚440平方米，铺设沥青路面1065平方米，总投资48万元。

2015年还先后完成了省道202湖沟桥、前水坡桥、X014陡沟桥、前朋楼桥的加固和改建工作。

【公路养护】 完成水泥混凝土路面换板148487.5平方米。完成水稳粒料修补路面坑槽、沉陷2893平方米，泥灰结碎石修补坑槽11066平方米，重要县道煤矸碎石补坑槽沉陷32098平方米，整修路肩17260平方米，挖排水沟16000道，维修涵洞3处，更换桥梁伸缩缝3处，沥青灌缝58000延米，更换公里牌36个，补设S307、S202线百米桩60根、示警桩371根，维修标志牌12块，完成小修养护金额168.71万余元。在此同时，积极做好迎国检各项准备工作，抽调专人整理完善各类内业资料，圆满完成迎国检工作任务。

【路政管理】 认真贯彻执行市局下发的年度路政管理计划，截止到12月底在省局路政信息网发布宣传信息31篇（上传33篇），预警信息154处，整改率100%。共清理非标787块，堆积物670处，清除摊点374个，制止违法建筑12起，救援交通事故6起。加强节日和春运期间的路政巡查，净化公路行车环境，确保节日和春运期间道路安全畅通。加强路警养联动机制，发现问题及时沟通联系处理。加强涉路工程监管工作。继续开展“三线三边”路域环境联合整治行动。开展公路用地范围内标志标牌专项治理活动。经排查省道沿线有问题交通标志154块，对污染、损坏、歪斜的标志进行了清洗修复增补。拆除未经许可的非公路标志：落地广告牌6处、固定广告3处,非法横幅25条,大型广告牌1处。非交通标志共有40块，对经过审批的12块，已通知业主按规定办理延期手续；其他公路沿线25块非公路标志，均为当地镇政府设置，鉴于当前“三线三边”与美好乡村建设宣传需要，经县文明委同意，已有19块更换为公益性宣传。

【治超工作】 截止到12月底，共计精检货运车辆116640辆，查处违法超限运输车辆396辆，卸载货物3345.35吨，罚款273580元。

开展了“2015联合治超1号、2号、3号行动”。联合治超行动打击了一批严重超限超载车辆，处罚了一批屡次逃逸车辆，曝光了一批集体闯卡和暴力抗法典型事件。极大地震慑了不法车主,二次驳载和绕道运输现象得到了有效的遏制。启用交通行政执法公开运行系统。2015年11月17日启用该系统制作行政处罚卷宗。

【安全生产与机料管理】 共召开安全生产会议14次，开展安全生产检查16次，安全生产专项工作2项，消除安全隐患85处。在元旦、春节期间和重点时段加强道路巡查。在机料管理方面，逐步完善各项规章制度，及时对所用机械进行维修保养，消除机械安全隐患，共维修保养机械96台件，上报报废机械车辆74台件，同时加强内业管理，实行一机一账一档，单机成本核算，做到账、卡、物件件相符。

（县公路局供稿）

公路运输与管理

GONGLU YUNSHU YU GUANLI

新投放的出租车

【公交行业管理】 1 月 22 日涡阳县公共交通有限责任公司注册成立，4 月 29 日涡阳新公交正式投入营运，共计新增公交车 100 部；在原公交线路基础上，根据社会反映和实际需要对县城公交线路进行优化调整，规划 12 条，开通 9 条。

【出租行业管理】 4 月 17 日涡阳县出租有限公司成立，分三批共投放 200 部，新投放出租车为公司购车，实行公司化经营。共计年审出租汽车 253 辆，更新 120 辆，换发服务监督卡 571 个；完成对出租年度质量信誉考核工作。

【维修驾培行业管理】 共办理驾驶员诚信考核 38486 人次；新办驾驶员从业资格证 8073 人次、变更和补发 852 人次、转籍 212 人次、换发 3803 人次；危险品驾驶员诚信考核 450 人次。共审验车辆技术状况 6772 辆次；二级维护审验 7277 辆次；车辆燃料消耗达标审验 1215 辆次；客运车辆类型划分 84 辆次。全年驾培机构培训结业驾驶学员 15591 人，驾驶从业资格培训结业 8311 人。

【客运三轮车整治】 专门抽调执法人员 60 人，在县交通秩序整治领导小组的领导下开展联合执法专项行动，5 月 17 日至年底，已查处违规三轮车 525 辆，做卷 323 辆，待做卷 202 辆。其中已做卷部分鉴定为机动车的 239 辆，待鉴定 84 辆；现已移交给交警卷宗 225 辆。9 月 1 日开始，集中整治拆除自行安装顶棚三轮、四轮电动车，已拆除 1421 辆。

新公交新形象

【行政许可】 新许可道路普通运输公司 29 家，新办道路运输证 2008 辆，年审道路运输证 5387 辆，其中货车 5124 辆，客车 436 辆。新办二类维修许可 1 起、三类维修许可 14 起，延续经营许可 12 起。

（县交通局供稿）

内河航运管理

NEIHE HANGYUN GUANLI

【概况】 深入贯彻落实省市交通工作会议精神，以服务地方经济发展为主线，适应改革、履职尽责，全面超额完成了每年制订的各项工作目标。安全形势稳定，未发生水上交通安全监管责任事故。

【海事管理】 渡运安全监管。开展渡船夜航专项检查活动，禁止渡船违章夜航。安全投入持续加大，为全县渡船配备声号等各类安全设备配备以及渡口码头基础设施改善；对全县16道客流量较大的渡口安装了高清视频监控系统；渡运安全基础得到改善。在节假日、庙会、恶劣天气等重点时段，加大渡口现场监管力度，督促乡镇政府乡管员实施渡运“旁站式”监管。涉水工程监管。加强涉水工程通航安全监管，督促建设单位按要求落实各项通航安全保障措施。加强船舶待闸航区、危化品码头等重点水域的现场管控，现场监管效果显著。安全专项活动。组织开展“平安交通”“安全生产月”“打非治违”“六打六治、隐患排查”等专项活动。开展航道沿线违建码头和碍航渔网渔具清理整顿活动。根据市交通运输局交通运输安全集中整治行动方案，开展水上交通安全集中整治工作。安全知识宣传。分别开展了《安徽省水上交通安全管理条例》和《内河渡口渡船安全管理规定》的宣贯工作。加强执法人员、渡口工作人员安全知识更新培训。每年在县交通运输局统一安排下开展了“安全生产月”活动。

【港航管理】 水运市场管理。每年开展了企业年度核查，加强对水运企业的动态管理，分别对存在问题的企业开展安全约谈。督促水运企业加快实施企业安全生产标准化达标工作，目前涉危企业1家已按期达标。启动全国内河船型标准化工作，完成符合拆解条件的船舶资料审查和上报工作。港口航道管理。完成涡阳建港码头港口经营许可审批。

【内部管理】 推进审批体制改革。对现有的海事港航行政许可事项进行了全面清理，共梳理行政许可29项，清理比率达100%。海事港航行政审批项目全部纳入亳州市网上办事大厅，全面实现网上审批。

【文明创建】 加强海事执法形象标准化建设，按要求对办公场所、公共场所各类标志进行了规范，持续开展了“微笑服务、温馨交通”活动，实现了内强素质外树形象的目标。

（县海事处供稿）

邮　政

YOU ZHENG

【概况】 涡阳县邮政局成立于1998年，现下设：综合办公室，计划财务部，市场部3个职能部门，邮务业务中心，大客户中心，金融业务中心和速递物流营业部，集邮分销公司，报刊发行公司，电子商务业务部7个生产机构，投递班，分拣班，驾驶班3个班组，30个支局所（农村支局所20个）。自办汽车邮路3条，投递路线61条，其中农村投递路线54条。农村投递单程线路总长2816公里，农村通邮率百分之百。2015年度邮政业务总收入8930.23万元。增长率12.8%。收入规模居全省第3位。全局邮储余额45亿元。全局速递物流收入116万元。

【邮政设施】全县邮政设施有邮政网点22个，邮政报刊亭11个，邮筒35个，邮政信箱31个，信报箱1618个。县城投递实现机动化、电动化，使用微型汽车2辆，电动自行车13辆。农村邮政投递实现摩托化，54辆摩托车覆盖全县农村所有投递区域。

【信息化建设】随着网络信息的发展，信息化拓展到邮政各个专业，建立健全信息网络技术管理规章制度和应急预案，立足生产经营管理各项信息系统的应用，做好信息技术与邮政工作的衔接，满足生产需要。全县电子化支局联网网点19个，邮运生产信息和邮件内部处理实现联网共享，27个邮政储蓄网点，20个电子汇兑网点全国联网，推行无纸化办公。开办爱心包裹，建立便民服务站146个，代售航空电子机票，代收电费和通信费等便民业务，建成全县金库监控联网工程，提升了安全防范能力。

（县邮政局供稿）

中国电信涡阳分公司

ZHONGGUO DIANXIN GUOYANG FENGONGSI

【概况】中国电信股份有限公司2003年12月在海外上市，统一使用“中国电信”（China Telecom）品牌。中国电信涡阳分公司隶属于中国电信亳州公司，目前已经建成了高速率、宽带化、覆盖全区、安全可靠、技术先进和服务种类齐全的优质通信网络，作为涡阳县主导电信运营商和信息化建设的排头兵、主力军，中国电信涡阳分公司以助推和谐的信息文明社会为已任，开拓创新，与时俱进，发挥网络、技术和人才优势，即时推出切合用户信息化需求的业务产品、解决方案，打造一个高速率、高可靠性、可管理、多应用、高质量的电子政务平台和企业信息化平台。分公司积极参与涡阳经济建设，服务民生工程，宽带互联网、天翼手机、天翼领航、天翼e家、全球眼等已满足全县各类用户不同需求，通过公开对外服务承诺、推行品牌客户“预约服务”、打造宽带“金牌服务”、装维人员“五个一”标准服务、增加代办网点实现“便捷服务”、持续开展“服务提升工程”，加强培训，提高员工队伍素质等有效措施，丰富服务内容，提升服务质量和水平。公司连续三届获得安徽省文明企业单位、连续两届获得亳州市诚信单位和涡阳县县直绩效综合考评贡献奖和先进党员组织先进单位称号。

【网络建设】加快发展宽带网络，实施“宽带涡阳、数字涡阳”工程建设，以光纤宽带和宽带无线移动通信为重点，推动信息网络宽带化升级。逐步推进城镇光纤到户和行政村宽带普遍服务，提高接入宽带、网络速率和宽带普及率。加强4G网络纵深覆盖，在有线网络建设的基础上，加快无线基站建设，全县新建各类移动基站和配套设施，4G信号覆盖全县各个乡镇、行政村和自然村。

【信息化项目】大力推进信息化建设，建立信息技术应用平台，促进涡阳经济社会发展。中国电信涡阳分公司与涡阳县人民政府签订战略合作协议，以中国电信“商务领航”品牌统领企业信息化，为企业建成宽带局域网、互联网服务。譬如实施涡阳县考务信息平台，联通各级考务机构，实现考试信息资源共享，同时又开通家校通业务，实时提供学校老师与家庭之间快捷沟通等。

【文明建设】 深入开展“四好”(即:政治素质好、经营业绩好、团结协作好、作风形象好)领导班子活动和党风廉政建设，不断加强思想政治工作，提高员工思想水平，健全关爱员工机制，拓展“送温暖”活动，组织开展形式多样的文体活动。建立企业民主管理、离退休老职工管理，开展创新学习型组织，推进企业和谐稳定发展。

【客户服务】 本着“用户至上、用心服务”的电信服务理念，实施提升服务工程。硬件上，对全县自办营业厅进行升级改造，增设硬件设施，改善硬件条件，方便用户办理业务；体制上，由原有的自办营业厅逐步向承包大卖场社会渠道转变，让电信业务遍布在社会各个街道和集镇，真正地使用户享受到方便和实惠；软件上，加强员工业务和素质培训，提升服务水平，树立“客户第一”的服务意识，做到现场受理“四声”服务、宽带优化“金牌服务”、装移机维修“预约服务”，真实地让人民感受到服务满意、质量优质。

（县电信公司供稿）

中国移动涡阳分公司

ZHONGGUO YIDONG GUOYANG FENGONGSI

【概况】 根据国务院和信息产业部的通信重组改革方案，1999年12月，在电信资产重组的基础上，涡阳移动公司正式组建成立，后经海外上市，更名为中国移动通信集团安徽有限公司涡阳县分公司。主要经营移动通信业务(包括语音、数据、多媒体等)；出售出租移动电话终端、IP电话设备、互联网设备及其配件，并提供售后服务等。涡阳移动自成立以来，优质畅通的网络和诚信细致的服务赢得了广大客户认可，移动客户规模已达40多万，城乡上下自办和代办服务点400多处，公司人力总数由起初的20多人发展到100多人。近年来，随着全业务运营发展，4G业务得到快速发展，移动宽带实现区域全覆盖，移动信息化在集团单位得到普及，年收入规模达3亿多元，每年上缴国家税收1000多万元，为当地智慧城市建设和经济发展做出了突出贡献。

【机构设置】 2015年6月，按照组织架构设定，成立了新的9个乡镇营销部，分别为高公营销部、石弓营销部、高炉营销部、牌坊营销部、高炉营销部、曹市营销部、义门营销部、双庙营销部、花沟营销部。

【通信业务】 2015年，根据国家实名制要求，移动公司积极响应号召，认真推进手机实名登记工作。全年实名制90%以上，40多万用户基本实现实名登记。4G活跃用户持续增加。移动4G，快人一步。高速优质的4G网络及丰富多彩的智能化终端，正在改变着时代通信和人们生活。

【行业管理】 按照国家要求，铁塔公司成立后，2015年，涡阳移动正式开启了部分基站机房租赁等相关合同移交工作，在保留部分机房基础上，逐步实现国家通信资源利用合理化，最优化。

【通信网络设施】 2015年，涡阳移动在网运行

GSM 宏站 392 个、室分 31 套，载频 4624 个；TD 宏站 233 个、室分 32 套，载波 2204 个；4G 宏站 503 个、室分 63 个。

（县移动公司供稿）

中国联通涡阳分公司

ZHONGGUO LIANTONG GUOYANG FENGONGSI

【概况】 中国联合网络通信集团有限公司（简称中国联通）于 2009 年 1 月 6 日在原中国网通和原中国联通的基础上合并而成，是中国唯一一家在纽约、香港、上海三地同时上市的电信运营企业，连续多年入选“世界 500 强企业”。中国联合网络通信有限公司涡阳县分公司（简称中国联通涡阳县分公司）隶属于中国联通，现有在职员工 108 人。

【市场经营】 2015 年中国联通涡阳县分公司深入推进营销模式转型，充分发挥 4G 网络优势、终端优势和资费优势，为涡阳客户提供更快、更好的通信服务，全力推动涡阳地区信息化进程，取得客户和收入继续保持高速增长的较好成果，被中国联通安徽省分公司评为“十快县级分公司”。同时涌现大批优秀营销人才，被授予“亳州联通营业员销售技能提升培训喊麦王”“安徽联通营业线 21 天产能提升行动特训喊麦王”“安徽联通先进个人”“ 安徽联通营销标兵”等荣誉称号。

【完善网络建设】 经过多年的信息基础设施建设，已实现涡阳县网络覆盖无通信盲点，通信光缆、电缆、移动信号覆盖城区及各乡镇，信息接入畅通；随着信息技术的发展，不断对网络进行升级改造，其中 4G 网络已覆盖涡阳城区及各个乡镇。“宽带提速”工程全面提升 20 兆、50 兆、100 兆新增端口速率，让中国联通涡阳县分公司为用户提供最优质的服务打下坚实的基础。与此同时，为提升国际漫游服务能力，中国联通与其他国家和地区的 GSM（2G）/WCDMA（3G）/LTE（4G）运营商签署双边漫游协议后，中国联通 2G、3G、4G 用户出国漫游到该运营商的网络中，可继续使用移动电话进行通信，同样也允许境外用户漫游到中国联通网络进行通信。

【提升服务水平】 做好窗口服务，提升客户感知。2015 年公司始终高度重视服务质量的提升工作。厅台服务方面，全面提升服务质量，落实整改精神，解决实际问题，强化管理，有效提升了营业员综合服务水平。中国联通涡阳县分公司为提升服务管理水平，结合实际情况重新制定了服务规范，完善了考核办法，并对服务人员进行培训。加大检查力度，采用全面检查和定期抽查的方式，严格的管理了有效地提升了客户满意度。在 2015 年三方公司的明查暗访中，各营业厅的服务经受住考验，取得了良好的成绩。被安徽省企业联合会、安徽省信用协会授予“安徽省诚信企业”称号。被涡阳团县委授予“青年文明号”“优秀团支部”等荣誉称号。

【向阳南路营业厅、工农路营业厅隆重开业】 中国联通涡阳县分公司向阳南路营业厅、工农路营业厅先后投入使用，采用现代化服务设施，采取全业务受理的综合服务模式，具备完善的服务体系，为广大客户营造了更为方便的消费环境，使用户享受到更为高效、快捷、完善的全方位服务。淮中大道营业厅的投入使用提升了中国联通涡阳县分公司的服务形象和知名度，为中国联通涡阳县分公司更好的服务客户和促进涡阳本地信息化发展奠定了更好的基础。

【安全生产】 2015 年，高度重视安全生产工作，强化安全管理，加大监督检查力度，增强全员消防意识、交通安全意识、安全生产意识。定期召开安全例会，在重点活动前、重大节假日前都召开安全生产动员会，提高员工的安全生产意识，通过 OA 等方式时刻提醒员工重视安全生产工作。定期在全公司范围内开展安全大检查，对发现的安全问题，责令整改，并进行复查，确保问题的解决。通过公司全体员工的共同努力，全年无安全生产事故发生，被县公安局授予“涡阳安全保卫工作先进单位”和“ 涡阳安全保卫工作先进个人”。

【回馈用户 关注民生】 在网络、服务、业务同步领先之时，中国联通涡阳县分公司也致力于回馈用户，关注民生。除不定期开展客户回馈活动外，中国联通涡阳县分公司积极响应县委县政府号召，积极参与乡镇和困难家庭结对帮扶、秸秆禁烧、高考志愿服务、文明城市志愿服务、贫困家庭慰问等活动。举办了道德模范巡讲活动，充分运用榜样力量推动形成讲道德、尊道德、守道德的良好风尚，为涡阳信息化建设和人民生活水平提升贡献力量。

（县联通公司供稿）

城建环保重点工程

CHENGJIAN HUANBAO ZHONGDIAN GONGCHENG

住房和城乡建设

城乡规划

美丽乡村建设

招标采购

市容管理

房地产业

住房公积金管理

环境保护

重点工程建设管理

涡阳

G U O Y A N G

住房和城乡建设

ZHUFANG HE CHENGXIANG JIANSHE

【概况】 1977年，县政府设置城建局，先后更名为基本建设局、城乡建设环境保护局等，2008年，更名为涡阳县住房和城乡建设委员会（简称住建委）。住建委主要职责：贯彻执行国家、省、市住房和城乡建设及国家人民防空工作方针、政策和法律、法规；拟订有关地方规范性文件草案并监督实施；拟制本行政区的人民防空建设规划和计划；承担规范住房和城乡建设管理秩序和建立科学规范的工程建设标准体系的责任；监督管理建筑市场行为、规范市场各方主体行为；拟定城市建设并指导实施；承担规范村镇建设、指导全县村镇建设的责任；承担建筑工程质量安全监管工作的责任；承担推进建筑节能、城镇减排的责任；负责全县的建设稽查工作；开展住房和城乡建设方面的对外交流与合作；负责政府投资（含融资）的重点工程建设；承办县委、县政府交办的其他事项。住建委下设8个内设机构，包括：办公室、政策法规股、人事股、计划财务股、城市建设股、建筑建材管理股、村镇建设股和安全生产办公室，行政编制16名。下属二级机构7个，包括：园林绿化管理处、自来水公司、市政工程公司、排水公司、建筑公司、建设工程质量监督站，共有干部职工716人。

【城市道桥建设】 开工建设滨河路，八里路、德昌路、刘西路、谷水路等南部新区道路部分路段已完工。胜利路雉河金桥已竣工验收并通车。

【绿化工程】 对城区主干道的行道树和公园绿地内大小乔木进行统一涂白工作，有效预防了病虫害及冻害的发生；对主干道的法国梧桐、高杆女贞、紫叶李等树木进行修剪整形；实施了2015年春季补栽工程，对城区绿化带及绿地缺棵断垄地段进行补栽，共补栽乔木约1000棵，色块灌木约60000棵，投入资金约138万元。同时完成了道路绿化带及广场、公园清除杂草、病虫害药物防治、绿化带修剪、浇水等养护工作，使县城绿化整洁美观，有力地提升了涡阳县绿化形象和品位。

【城市供水】 新铺设兴业路、刘西路、谷水路、德昌路、八里路等供水管网10280米，同昇御花园、中海国际、国强建材城、壹号公馆、四里园等小区都铺设了供水主管道；马家小院巷、建新二巷、雉河楼东楼、民乐巷支线管网已改扩建完毕，供水状况良好。第三自来水厂建设用地选址调整为雷古路南侧、天生路东侧，厂区用地15.54亩，完成项目选址意见书、可研和环评批复，完成地勘，该项目设计图纸也已编制完成，交由县重点工程管理局完成土建工程招标工作。全年供水920万吨，完成年度计划102%，在新一中及同昇御花园等几个住宅小区大量人员入住的情况下保障了正常供水。

【减排工程】 城东污水处理厂目前处理系统运转正常稳定，出水水质经监测符合国家排放标准，现日处理污水已达4.5万吨，预计全年共处理污水1670万吨，年度考核指标COD完成减排量510吨、NH3-N完成减排量50吨，污泥产生量8520吨。全长2955米的乐行路与新城路交叉口至城东污水处理厂污水管网工程已经完成。涡北污水处理厂厂区及主题构筑物土建工程已完成，设备也已安装完毕，正在进行调试，管网工程正在抓紧建设。完成了界洪河截污工程。城东污水处理厂二期及配套管网工程立项、环评、可研报告已经审批。

【城市防汛】 进一步加强市政设施的日常巡查和维护管理工作，2015年共修补路面4854平方米；疏通下水道235米，清理雨水井1256座，及时更换破损的雨水井篦及井盖59套，为涡阳县的安全度汛提供了保障。

【民生工程建设】 农村危房改造。住建委共承担3100户危房改造任务，第一批1000户和第二批1600户危房改造工程已全部竣工验收完毕；由发改委牵头负责的500户抗震房改造任务也已全部竣工验收完毕。渔民上岸安居工程。全县共有符合安居条件的渔户330户，采取政府保障房安置、渔民自购房安置、渔民自建房安置、修缮加固安置四种安置方式，选择涡北保障房的252户已入住242户，因个人原因尚未入住的10户将于近日入住；选择高炉保障房的54户待房屋竣工后分配，已发放8个月房租2.7万元；选择自建房、自购房、修缮加固的23户房屋已验收，补助资金91.05万元已发放到位。

【建筑市场管理】 2015年，全县共有资质企业22家，其中施工总承包企业7家，专业承包企业7家，劳务企业8家，全年完成建筑业产值约10.52亿元。创市级优质工程芍花杯6项，市优质结构工程21项。 2015年，共办理施工许可证34个，工程面积达217.42平方米，工程造价计178128.53万元；结合工程质量治理专项活动，开展了三次建筑市场综合大检查，对全县所有在建项目进行了全面排查，下发隐患整改通知书56份，停工整改通知书12份，对华都安置小区、华府德铭小区、南部新城五中等四所学校、一中新区配套工程等十二个项目的施工、监理企业进行约谈，下发不良行为记录12个。开展了政府投资项目专项整治，有效震慑了建筑市场的违法违规行为，进一步规范了涡阳县建筑市场，确保了工程质量和施工安全；同时开展了商品混凝土、建筑工地扬尘和文明施工等专项治理活动，推进了文明创建工作；开展了燃气安全整治活动，对全县燃气管道、加气站及液化气经营门点进行了全面排查，取缔无证加气站4家，倒气门点钢瓶142支，充气枪16把。

（县住建委供稿）

城乡规划

CHENGXIANG GUIHUA

【概况】 涡阳县规划管理局是县机构编制委员会2011年批复成立的正科级财政全额拨款事业单位，编制11人，领导职数一正两副，内设5个职能股（室），下辖涡阳县勘测规划设计室。涡阳县规划管理局下辖：涡阳县勘测规划室，为自收自支的国有企业，具有城乡规划设计丙级资质。共有员工17人。其中，技术人员12人，管理人员5人。法人代表周伟。

【规划编制】 按照省政府统一部署，涡阳县启动了新一轮城市总体规划的修编工作，编制了《涡阳县城市总体规划（2014—2030年）》，本轮规划远期至2030年，规划人口50万人，城市建设用地50平方公里。城市性质为：以道家文化为特色的生态宜居宜游的现代化中等城市。控制性详细规划。编制了约9平方公里的《涡阳县城南新区控制性详细规划》。完成了《涡阳县历史文化名城保护规划》《涡阳县供水专项规划》《涡阳县城市综合交通专项规划》《涡阳县户外广告专项规划》专项规划的编制工作。完成了城南新区核心区近期发展地区的城市设计工作。完成了西阳、高炉美丽集镇规划编制工作；完成了7个中心村建设规划的编制工作。

楚店三里赵新村

【规划管理】 2015年，核发《建设项目选址意见书》10件，“建设用地规划许可证”17件，办理“建设工程规划许可证”141件。

（县规划局供稿）

美丽乡村建设

MEILI XIANGCUN JIANSHE

【概况】 2012年10月，涡阳县成立美丽乡村建设工作领导小组，县委书记为组长，县长为第一副组长，县委副书记为常务副组长兼办公室主任，常务副县长、副县长、宣传部部长等为副组长。领导小组下设一办六组：办公室、规划建设指导组、资金整合指导组、产业发展指导组、土地整治指导组、公共事业发展指导组、基层组织和乡风文明建设指导组。主要职责：承担美丽乡村建设工作领导小组及办公室日常工作，负责起草全县美丽乡村建设有关工作计划、总结、文件及有关会议材料，组织筹备相关会议；做好调研，当好参谋和助手，协调处理在美丽乡村建设工作中遇到的矛盾和问题；组织实施美丽乡村建设工作的督查、检查、目标责任考核等。

三里赵村便民服务中心

2015年，县美丽乡村建设按照统一规划、集中投入、分批实施的思路，强化规划的引领和指导作用，紧紧抓住加大投入、公共设施、产业发展、植树造林、环境整治等重要环节，建设了一批具有示范带动作用的美丽乡村，为广大人民群众带来了实实在在的利益，赢得了群众的广泛认可。2015年省级美好乡村建设示范点有：西阳葛楼、曹市辉山、青疃大袁、石弓后寨、牌坊袁大、丹城白果、陈大前于楼。

【科学编制规划】 县在充分尊重群众意愿的基础上，立足村庄的自然、文化、历史、景观等乡土特色，充分发挥地域优势，挖掘人文文化，科学编制美丽乡村建设规划，做到公共设施、农田水利、产业发展、土地利用与村庄建设“多规合一”。在美丽乡村建设上，县已完成20个省级示范村的规划编制，其中，2013年6个、2014年7个、2015年7个，13个中心村完成规划实施并通过省级验收，特别是2014年的7个美丽乡村示范点得到省验收组和市领导的充分肯定；2015年，7个示范村正在实施。在美丽集镇建设上，涡阳县首批高炉、西阳两个美丽集镇完成规划编制，正积极推进实施。

【项目资金投入】 县政府先后制定出台了《美好乡村建设专项资金使用管理办法》《整合涉农资金支持美好乡村建设实施方案》等文件，将一事一议、农村饮水安全工程、土地整治、农村清洁工程等涉农的17个项目资金纳入整合范围，完善涉农资金审批流程，严格项目资金审核，确保了资金的使用效益。共投入资金6.3亿元，其中，中央专项资金1.4亿元，省级专项资金1.6亿元，市级专项资金1677万元，县级资金1.6亿元，自筹与劳务1.5亿元。

【强化工作管理】 对美丽乡村建设各项工程，全部实行项目化管理，把路网、房屋、公建、景观等工程进行统一打捆招标，同步推进实施。在落实项目建设责任制上，建立乡镇一把手负总责、分管负责人具体负责、村书记负全责的工作推进体系，建立工作调度机制，层层压实责任，确保项目建设时序和实效。共完成道路建设72万平方米、绿化18万平方米、沟塘整治8.38公里、改造危房883户、安装路灯1360盏。

【推进产业发展】 围绕“一村一品”发展目标，突出在粮食、蔬果、中药材、经果林等产业方面加大农村土地流转力度，积极探索产业发展的多种模式。共流转土地1.5万余亩，成立各类专业合作社56家，苗木、蔬菜、农副产品和畜禽养殖等产业的发展为示范村农民带来更多实惠。

【打造美丽乡村】 按照“配备全覆盖、治理无盲区”的要求，大力实施农村清洁工程和林业“三增”行动，加大环卫基础设施投入，优化设施和人员配备，强化保洁员的考核管理，引导群众改变不良卫生习惯，不断改善村居环境。共建设公厕50余座，建设污水管网3.6万米，水体整治近10万平方米，污水管理站13座，配备50升垃圾桶5600余个，绿化苗木10万余株，环境脏、乱、差的局面得到实质性改善。

（县美办供稿）

招标采购

ZHAOBIAO CAIGOU

【概况】 2010年，涡阳县委、县政府对县建设工程、政府采购、土地招拍挂、产权交易等项目的交易职能进行了整合，组建了统一的招投标平台，按照“政府引导市场、市场公开交易、交易规范运作、运作统一监管”的总体要求，实现了统一受理、统一交易、统一监管、管办分离的体制。

涡阳县招投标统一平台可以概括为“一委一办一中心”：由县委、县政府领导和相关职能部门的负责人组成涡阳县招投标管理委员会（以下简称“招管办”），是全县招投标工作的领导决策机构；县招管委下设办公室，即招管办，具体负责招管委日常工作，是全县招投标交易活动的监管主体，负责拟定工作程序，监督交易行为，受理交易投诉，指导县招投标服务中心工作；招投标服务中心是全县集中统一的招投标交易平台，是招投标交易活动的承办服务主体。

【交易情况】 涡阳县招管办2013—2015年共完成各类交易项目1422个，预算金额约40.2亿元，成交金额约35.9亿元，节约金额约4.3亿元，节约率10.7%。其中工程类交易项目597个，预算金额34.59亿元，成交金额31.02亿元，节约金额3.57亿元，节约率10.32%。货物类交易项目825个，预算金额5.61亿元，成交金额4.88亿元，节约金额0.73亿元，节约率13.01%。土地拍卖77宗，拍卖总价66.05亿元。产权交易六项，收入548.14万元。

【制定规则】 根据“管办分离”原则，按照统一受理、分工明确、全程监管、限时办结原则，重新制定工作制度和流程，分别出台了涡阳县招投标管理暂行办法、涡阳县招投标监督管理办法、招标代理质量控制办法、涡阳县招标采购项目招标文件编制备案管理办法、关于建立建设工程项目中标企业约谈和履约承诺制度的通知、合同备案、档案管理等一系列的规章制度，确保整个招投标活动各个环节有章可循、有规可依。

【评标专家库的管理】 所有进入招投标中心交易的招标采购项目都按照安徽省评标专家管理办法，从省综合专家库内通过网络终端随机抽取，杜绝人为因素，确保评标专家信息保密、评标规范。

【代理机构的监督管理】 招标代理机构采取“公开招标、驻场代理、随机抽取、监督管理”的模式，面向社会通过公开招标的方式征集代理机构，中标的代理机构驻场办公，项目进场通过业主随机抽取确定代理机构，招管办根据代理机构日常考核办法对驻场代理机构全程考核，优胜劣汰，既保证了代理的质量又规避了人为因素。

【合同备案审查】 按照涡阳县招投标合同鉴证管理办法，县招投标服务中心负责对各类交易合同进行鉴证和归档，重点审核合同的当事人、标的、价款、质量、主要技术人员、付款方式、变更程序、履行期限、履行方式等实质性内容与招标文件、投标文件、中标通知书是否一致，确保合同签订规范有效。

【监督检查】 组织招标会审37项（次），组织中标企业约谈13项（次）。配合县纪委等部门标后督查了涡阳县华都安置房小区等20余个政府重点项目、民生工程项目，有效地规范了招投标市场的活动。

【投诉受理查处】 全年共受理35起质疑和投诉的信访事项，其中反映问题属实、并且改变中标结果的有12起，23起反映问题不属实，维持原评标结果，现已全部办结归档，确保了县招投标工作平稳有序开展。

（县招管办供稿）

市容管理

SHIRONG GUANLI

【概况】 县城管执法局内设办公室、市容管理股、政策法规股、综合股等 4 个股（室），下辖市容监察大队、城建监察大队、环卫处等 3 个二级机构。

【环境卫生管理】 以城市生活垃圾转运系统建设为依托，不断加大环卫基础设施建设投入，升级改造垃圾中转站 2 座，新投放垃圾收集桶 1200 个，新增 8 吨压缩垃圾车 4 辆、8 吨清扫车 2 辆、20 吨清洗降尘车 2 辆、纯电动慢车道清扫车 1 辆，环卫基地建设业已开工建设，环卫保洁的机械化程度得到大幅提升。以优化保洁方式为手段，建立了机械作业、人工保洁的科学化工作机制，坚持“每天四清扫、两收集，全天候保洁”，确保了主干道路“六无、五净”无明显垃圾。使道路清扫保洁率、垃圾清运日产日清、公厕清掏清扫保洁率达 100%；机械化清扫、洒水降尘率达 85% 以上。加强生活垃圾处理场垃圾无害化处理的管理，对垃圾消杀处理，及时覆土覆膜。今年以来，处理生活垃圾约 10 万吨，生活垃圾无害化处理率达 97.5% 以上，居全省前列。

【拆违控违】 2015 年，依法集中开展拆除行动 59 次，共拆除各类违建 49.6 万平方米，其中一次性集中拆除楚店镇违建 4.3 万平方米；依法拆除县城规划区内存量违法建筑 65 处，拆除面积 1.5 万平方米。在简易房专项整治、“三线三边”环境整治和文明创建活动中，依法拆除各类存量简易房、构筑物 15.6 万平方米。实现了“拆得掉、控得住”和违法建设“零增长”的工作目标。

【市容管理】 深入开展占道经营整治专项行动，共清理主次干道店外经营、占道经营 30000 余处，规范经营摊点 6000 余处，全面掀起了市容整治高潮；着眼净化视觉，深入开展户外广告专项整治行动，整治建筑立面 2000 平方米，清理户外广告 600 个，清理大型户外广告 18 处（1780 平方米），清理喷绘小广告 100 余处 900 余条，纸质小广告 300 余处 7800 余条。立足服务于民，深入实施便民服务工程，结合季节特点，设立夏季西瓜销售摊点群 20 余处。解决演出扰民问题，在全市范围内率先开展了占道搭建演出舞台规范整治专项行动，取缔舞台占道演出 60 余次，被媒体宣称为整治违规演出、占道搭建舞台的涡阳模式，被市委市政府作为先进经验典型在全市予以推广。立足规范管理，全面加强了西城大市场及公园广场的管理，拆除了西城大市场内乱搭乱建的棚亭及广告标牌，及时对公园广场进行维修管护，确保了专业市场、公园广场的秩序有序、卫生整洁。

【效能建设】 以开展“三严三实”教育实践活动为契机，强化作风纪律制度建设和管理，严厉打击、严肃处理一些庸懒散的个人。深入开展了党风廉政建设，结合“作风与效能建设年”活动、党政干部违规建房和多占房屋问题专项清理等工作，以治理“庸、懒、散、软、贪、奢”等不良作风为中心，严格落实严禁有令不行、有禁不止、办事拖拉、吃拿卡要、态度蛮横“五条禁令”。结合“全员讲学”活动，开展了以城市管理法律法规和内部管理规章制度为重点的服务意识和业

务知识学习培训活动，强化了“爱岗敬业、无私奉献”意识。 （县城管执法局供稿）

房地产业

FANGDICHAN YE

【概况】2013 年机构改革，将“涡阳县住房制度改革领导小组办公室”正科级与原建委二级机构“涡阳县房地产管理局”副科级两单位撤销，合并组建了新的“涡阳县房地产管理局”。新成立的“涡阳县房地产管理局”是一个正科级独立的核算单位。

【房地产业情况统计】2015 年，全县共有房地产开发企业 50 家；实现房地产开发投资 35.5 亿元；批准商品房预售面积 57.89 万平方米，4723 套；商品房销售 51.45 万平方米，4764 套。

【房屋产权产籍管理】加强房地产产权产籍管理，规范涡阳县房地产登记信息。2015 年房产局档案库房扩建面积达 140 平方米，改设 190 列密集柜，现存放产权档案 152175 卷，全面实现了纸质与电子档案规范管理，为房产局网上审批奠定了基础。

2015 年，根据亳州市统一部署，房产局开通了网上办事大厅业务，广大群众办理相关业务只需在家里或附近能上网的地方，用电脑或手机按要求填写信息，上传办证需要的扫描件或手机拍摄的文件，只要手续齐全，符合受理条件，可到基层代办点受理站领取证件，也可以在网上申办证件时选择快递，办事群众即可以收到证件，避免了现场排队耗费时间、精力。网上办事大厅业务大大方便了办事群众。

2015 年 3 月，房产局投资 100 多万元，建成房产局第一个服务大厅，并增设了地税、建行、档案查询等窗口，真正做到了一条龙服务模式。避免了群众办一件事跑几个来回的现象，增加了办事透明度，极大地方便了办事群众。

【房屋拆迁认证】涡阳县房屋征收补偿安置整体情况。截止到 2015 年 10 月 9 日，涡阳县房屋征迁共 51 个项目，计划征收房屋 5765 户，面积 115.88 万平方米。总需安置住房 9225 套，面积 93.24 万平方米，经营性用房 6.83 万平方米，已安置住房 2245 套，面积 22.09 万平方米，待安置住房 6980 套，面积 71.15 万平方米（未完成征收面积 19.29 万平方米），待安置经营房屋 6.83 万平方米（包括经开区集体土地征收安置）。年过渡费发放 2184 万元。截至 2015 年年底，涡阳县在建安置房项目共 14 个，计划建设安置住房 11171 套，面积 125.7 万平方米，配建经营性用房 19.02 万平方米。

【公房管理与经营】2015 年住房收入不变，房屋保持完整性较好，维修资金加大。2015 年年底，商业用房已全部到期，按县政府要求统一交给建投公司，对外公开招租。

【房屋安全工作】贯彻落实住建部 2015 年 6 月 17 日召开的全国老楼危楼安全排查电视电话会议精神，经县政府同意，决定在全县范围内开展老楼危楼排查工作，加强老楼危楼安全管理，防止垮塌事故发生，确保人民群众生命财产安全。办公室配合住建委对全县老楼危楼进行排查，排查房屋 155 幢，面积 37.32 万平方米，18000 间，4440 户。疑似存在安全隐患房屋 16 幢，面积 1.62

万平方米，560 间，300 户。整改加固房屋 13 幢，面积 2.16 万平方米，770 间，10 户。

2015 年 8 月 4 日，在县行政中心五楼会议室召开“民办学校的评估”会议，由教育局牵头、房产局、公安局、消防、卫生、食品、安监局各单位配合，各尽其职，对全县 39 所中小学、42 所幼儿园进行评估；县房屋安全鉴定办公室主要对房屋的基础、墙体、混凝土梁、板、柱、栏杆、屋面进行检查，记录存在的问题，提出整改建议，认定检查结果。

2015 年，鉴定房屋 107 起，面积 130934.5 平方米，其中 A 级 73 起、B 级起、C 级 1 起、D 级别 12 起、严重损坏 13 起。

【白蚁防治】 2015 年，白蚁防治面积 655535 平方米。

【物业管理】 2015 年，全县物业管理面积 380 万平方米，具备资质等级的物业服务企业 35 家，物业管理从业人员 1000 多人，外地到涡阳县备案的物业服务企业 3 家，成立业主委员会的住宅小区 12 个，有物业企业提供物业服务的住宅小区 15 个。万象城小区、巨人印象小区、时代广场小区被评为亳州市优秀住宅小区。巨人印象小区被评为安徽省优秀示范小区。

【住房保障工程】 公共租赁住房方面：2015 年没有申报公租房建设项目。棚户区改造方面：2015 年（4367 套）：华府德路 868 套；德和安置小区（八里丁）990 套（实际 1014 套）；德顺小区（八里桥）1700 套；幸福港湾（五里湾安置小区）709。

【房地产主要企业】 珠光集团涡阳房地产开发有限公司是由中国珠光集团在安徽省涡阳县投资设立的房地产开发企业，公司成立于 2007 年 11 月 26 日，现有专业技术人员 30 多人，其中高级技术人员 7 人，中级技术人员 15 人。并已取得房地产二级开发资质等级证书，公司机构设置完善，配备齐全，完全能适应房地产的开发建设。公司开发建设的涡阳县阳光花园和福光苑小区总建筑面积约 28 万平方米，项目分为三期开发建设。现已全部建设完成并交付使用。截至年底，珠光公馆住宅小区正在建设，地处涡阳县紫光大道南侧、芍香路西侧，连接文成路与乐行路，规划总建筑面积：124442.62 平方米，由 12 幢 11 层小高层单体住宅楼和 1 幢 3 层的单体配套及地下室构成，总用地面积为：38168.66 平方米，于 2014 年经涡阳县发展和改革委员会立项备案。

涡阳同昇置业投资有限公司成立于 2012 年 11 月，系安徽同昇置业投资有限公司全额投资的子公司，注册资金 7000 万元，三级资质，是一家集房地产开发、销售、投资与管理为一体的新兴企业。由该公司开发建设的“同昇 · 御花园”项目，位于县城谷水路东侧、育英路西侧、乐行路南侧、沿河路北侧。“同昇·御景园”项目，位于县城雪枫路东侧、谷水路西侧、向阳河南侧、华都大道北侧。“同昇 · 御品园”项目，位于县城雪枫路西侧、华都大道北侧。三宗项目位居涡阳县南部新区核心位置，西邻城西公园，东西贯穿向阳河景观带，地理环境优越，交通发达便捷，可以与各区域之间形成无缝对接，适宜居住。

“同昇 · 御花园”项目。总占地面积为 36089.16 平方米，容积率为 2.1，总建筑面积 86345.34 平方米，设计房源 658 套，项目总投资约 2.6 亿元。三期工程分别于 2014 年 12 月 30 日、2015 年 6 月 30 日和 2015 年 12 月 30 日全部按期交房，目前入住率达 60% 以上。御花园多层房源销售均价在 5400 元 / 平方米左右，小高层和高层房源销售均价在 4000 元 / 平方米左右。

“同昇·御景园”项目。总占地面积为 38917.5 平方米，容积率为 2.2，总建筑面积 96407.9 平方米，设计房源 653 套，项目总投资约 2.8 亿元。一期工程 2#—7# 楼，建筑面积 33440.7 平方米，房源 220 户，二期工程 8#、14# 楼，建筑面积 8811 平方米，房源 56 户，分别于 2015 年 6 月 22 日和 2015 年 9 月 22 日，提前 8 天交房，深得广大业主的肯定和称赞。其次，三期工程 10#—13# 楼，建筑面积 38487 平方米，房源 336 户，计划 2016 年 4 月份按期交房。御景园多层电梯花园洋房，销售均价在 5300 元 / 平方米左右，小高层和高层房源销售均价在 3900 元 / 平方米左右。

“同昇·御品园”项目。总占地面积为 37880.3 平方米，容积率为 2.5，总建筑面积 114168.6 平方米，设计房源 614 套，该项目继“御花园”和“御景园”之后，在设计风格上再次优化和升级，为涡阳县的经济发展，在南部新区打造更多的亮点工程。该项目总投资约 4.2 亿元，已于 2015 年 9 月份全面开工建设。目前，“同昇·御花园”“同昇·御景园”和“同昇·御品园”项目建设，正在按照时间节点和工期进度，有条不紊地向前推进。三宗项目的开发建设，为涡阳县当地创造良好的经济效益和社会效益，同时企业将得到更快地发展。

涡阳县宏运房地产开发有限责任公司成立于 2010 年 12 月，注册资金 800 万元，经营房地产开发、销售，建筑材料销售，现有工作人员 30 人，其中中级工程师 10 人，助理工程师 2 人，均具有大学及以上学历，责任心强，掌握先进技术。涡阳县宏运房地产开发有限责任公司成立以来开发建设的项目工程有“宏运旺角广场”商住小区项目工程。该项目位于向阳南路与乐行路交叉口西北角，规划总用地面积 25716.91 平方米。设计总建筑面积约 12 万平方米，总投资近 6.5 亿元。共计 5 幢主楼、2 幢裙房，其中地下室两层共约 22798 平方米；1# 楼 16 层共约 13052.6 平方米；2# 楼 32 层共约 17667.4 平方米；3# 楼（总层数 27 层）主楼 24 层共约 10450 平方米；4# 楼（总层数 27 层）主楼 24 层共约 10450 平方米、5# 楼（总层数 27 层）主楼 24 层共约 10450 平方米；大底盘商业共 3 层约 25023.8 平方米、商业内街 2—4 层共约 7359 平方米。住宅主楼为框剪结构、商业裙房为框架结构。该项目住宅有三室两厅、二室二厅两种配比户型，面积 87—139 平方米，合计总套数 491 套。商业部分沿街铺面和商业内街铺面面积 60—270 平方米，合计总铺数约 598 间。项目现已建设竣工，投入使用。

（县房产局供稿）

住房公积金管理

ZHUFANG GONGJIJIN GUANLI

【概况】 涡阳县住房公积金管理部是 2002 年成立的直属于市中心不以盈利为目的的事业单位，现有在职职工 6 人，办公地址设置在老县委西门四楼，具体负责住房公积金的归集、使用、保值增值等各项工作。

【住房公积金统计】 2015 年全县共归集住房公积金 3.9 亿元，期末全县公积金累计余额 11.53 亿元，共有 560 个单位合计 3 万人建立了住房公积金制度，其中非公有单位 52 个，2015 年新增公积金开户单位 24 个，职工人数合计 390 人，住房公积金制度在县得到了全面有序地推进。全年共提取住房公积金6920人次，合计金额2.24亿元；发放公积金贷款746户，合计金额1.9亿元；提取和发放贷款合计4.14亿元，占全年归集总额的106%。全年共回收公积金贷款532万元，实现增值收益1635万元，为廉租房建设规划补充资金1579万元，为促进住房建设发展奠定了良好的物质基础。

（县住房公积金管理部供稿）

环境保护

HUANJING BAOHU

【概况】 涡阳县环保局位于县紫光大道西侧，现有干部职工67人，全部取得大专以上学历，其中获得中高级职称的10人。内设污染控制股、项目管理股、自然保护股、宣教法制股、机动车尾气管理股、办公室，下设环境监测站、环境监察局两个二级机构和工业园区环保分局一个派出机构。涡阳环保人与时俱进抓环保，开拓创新谋发展，先后荣获国家级生态示范区建设优秀组织奖、全国环保系统行风建设先进单位，全国污染源普查先进单位；获得全省第六、七、八、九届文明单位、生态省建设综合示范基地、省环保系统先进集体、省一控双达标先进单位等光荣称号。在全市环保系统综合考评中，连续十三年荣获第一名。

环保执法人员对排污企业开展现场环境监察

【环境影响评价工作】 2015年，共审批行政许可项目95个，其中审批报告书8个，报告表55个，登记表20个，验收项目12个。大中型项目环评执行率达到了100%，新建项目“三同时”执行率达到了90%。

【环境监测】 2015年，县环境监测站共完成了每月1次涡河上、下游地表水质量1次例行性监测；每月1次包河、武家河、界洪新河地表水质量例行性监测；每月1次国、省、市控工业污染源监督性监测和比对监测；完成了高炉镇排污企业和高炉镇污水处理厂管网排查监测；凤凰沟、马沟、白杨沟、蒋湾沟、青羊沟调查监测；环评现状委托监测；全年2次委托监测分析地下饮用水水质23项；标里镇史庄村废水塘废水和周围地下水、土壤取样送检；部分企业排污许可证审核监测、减排企业和养殖项目的减排监测、已建成项目“三同时”竣工和技改项目验收监测工作。完成了空气自动站日常维护巡查和新建2个空气自动站建设工作。

【生态环境保护和建设】 2015年度县申报了涡北街道、单集林场和龙山镇为省级生态镇，申报楚店镇三里赵村、涡南镇史庙村、花沟镇韩王村、涡北街道张老家村、临涡社区、鲁庄村等6个村为省级生态村。完成了陈大镇农村环境连片整治项目建设，并于11月10日通过了省级专家组验收。完成2015年度18家规模化养殖场污染治理工作，并初步完成了全县规模养殖“三区划定”，目前正在组织评审。制订全县集中式饮用水源地环境监管方案，并定期对饮用水源地保护区开展专项检查，农村饮水卫生安全。

【危险废物与辐射环境管理】 全县危险废物和辐射装置使用单位，环境管理安全规范，未发生重大环境安全事件。全县共有产生危险废物的单位43家（含医疗机构），十二五期间进一步加大了危险废物的管理力度，43家涉危废单位全部实施网上申报，2015年，全县20张以上病床的医疗机构产生的医疗废物全部委托亳州永康医疗废物处置中心处置。三星化工、亳州报废车辆公司、永康医疗废物处置中心三家单位产生的危险废物全部委托有资质的单位安全处置。

【大气污染防治】 2015年度，市政府下达县大气污染防治具体工作任务共13项，分别是：5家工业锅炉改燃、24家生活锅炉改燃、30家餐饮业治理、37家加油站油气回收治理、划定涡阳县高污染燃料禁燃区、2家挥发性有机物企业治理、10家工地扬尘防治、55家物料堆场扬尘防治、4家搅拌站扬尘防治、3家码头扬尘治理、徽皇肥业、海螺水泥清洁生产审核、建成2座P M 2.5空气自动站、387辆黄标车淘汰任务。根据省市现场核查确认，上述13项工作全部完成。

【污染减排】 2015年，共完成COD减排1201吨、氨氮减排460吨、二氧化硫减排531吨、氮氧化物减排458吨，并通过环保部核查确认，31个减排项目中，除城东污水处理厂二期和义门污水处理厂已行文上报调整到2016年完成外，其余项目均已完成。黄标车淘汰任务共完成338辆，其中有人有车拆解122辆、有人无车公证注销92辆、无人无车会议纪要注销124

县委常委、副县长王玉红（右三）带队调研卫生院

辆。2015年共计核发机动车环保标志54006张，发标率达91.24%。

【环境监察和环境应急事件处置】 紧紧围绕新《中华人民共和国环境保护法》开展环境执法工作，严厉打击环境违法行。2015年度共立案71件，办结65件，其中，对71家环境违法企业实施行政处罚，已处罚款75万余元。对市政府通报需整治环境问题，已全部完成整改。省环保厅挂牌督办的标里镇危废转移处置和三星化工防护区内68户居民搬迁安置工作已完成，并解决了长达5年之久国家领导人多次批办的张效田等人重诉重访环境信访件，已上报上级环保部门摘牌销号。2015年以来累计受理投诉举报248件，已办结246件。

【环保队伍和能力建设】 为提升全县环境监测水平，县政府投入120万元，购置了新型水质监测设备，使县原有仅能监测水质5项指标，提升至22项。全县环保执法人员全部通过2015年度省环保厅组织的专业技术继续教育和行政执法资格培训考试，环境执法能力得到进一步提高。

（县环保局供稿）

重点工程建设管理

ZHONGDIAN GONGCHENG JIANSHE GUANLI

【基本概况】 涡阳县重点工程建设管理局成立于2010年9月，是直属于县政府的正科级全额事业单位。编制14人，局领导一正两副，设办公室、财务股、房建项目管理一股、房建项目管理二股、房建项目管理三股、市政项目管理股、综合计划股和工程技术与质量安全股8个股室，现有22人，其中领导干部3人。

【已完工项目】 乐行幼儿园新区：该项目总用地面积约18亩，投资约1900万元，规划总建筑面积约7422平方米，2015年5月与四小新区共为一个标段，由安徽明盛建设工程有限公司开工建设，9月份全部完工投入使用。

四小新区：该项目总用地面积约50亩，投资约2500万元，规划总建筑面积约17586平方米。2015年5月份由安徽明盛建设工程有限公司开工建设，2015年12月份完工。

五小新区：该项目总用地面积约69亩，投资约2500万元，规划总建筑面积20020平方米。2015年5月由马鞍山市皖东建筑安装有限公司开工建设，12月份完工。

五中新区：该项目总用地面积约81亩，投资约6000万元，总建筑面积约39088平方米。2015年5月份由安徽东皖建设集团有限公司开工建设，2015年年底完工。

南部路网一期工程：包含刘西路、八里路、谷水路、德昌路，全长3160米，总投资约7000万元，包含道路、路灯、绿化、管网等内容，2015年8月由涡阳县市政公司开工建设，11月完工。

公交站牌：2015年重点局承担了涡阳县城区公交临时站牌、永久站牌制作安装工程，按期完成任务，为城区公交车规范运营提供保障。

涡阳县检察院案件受理大厅：该项目位于涡阳县检察院院内，建筑面积约200平方米，项目总投资约20万元，2015年6月开工建设，8月建成移交给检察院。

涡阳县法院案件受理大厅：项目建筑面积约600平方米，框架剪力墙结构2层，2015年6月开工建设，8月建成移交给法院。

【在建项目】滨河安置小区：该项目由安徽湖滨集团承建，于2012年4月1日正式开工建设，该工程规划建筑面积6.2万平方米，工程总投资19000万元。房建部分已验收,配套工程正在建设。

王大庄安置小区二期：该项目为4个单体楼，全部为小高层，江西一建中标。规划建筑面积60878平方米，计划总投资9918万元，现已完成投资9000万元。房间部分基本完成，室外配套正在进行规划、设计招标中。小区建成后可安置拆迁群众420户。

华都安置小区二期：工程规划总面积15.4万平方米，规划总投资26800万元，2014年5月开工建设，目前房建部分基本完成，配套工程正在施工，建成后可安置群众1314户。

党校工程：党校工程包含报告厅装修、学员宿舍装修、食堂装修、绿化工程等内容，总投资800万元，由河北建工集团、安徽湖滨建设集团等企业负责施工，报告厅已投入使用。

一中新区三期：该项目建设内容为一中新区校园内道路、管网、绿化、亮化、供水、供电等配套设施建设，项目总投资约3475.8万元，由杭州萧山园林集团有限公司2015年6月开工建设，12月底完工投入使用。

新城安置小区二期：该项目2015年1月开工建设，由陕西建工第五建设集团有限公司中标施工，总占地面积95亩，建筑面积约11.13万平方米，总投资约1.544亿元，建成后可安置群众980户。项目共有11个单体楼，其中4个6层单体楼、3个11层单体楼主体结构已完成，进入装饰、水电安装阶段，2个地下1层、地上11层单体主体结构已施工至9层。

德铭安置小区：该项目规划用地面积约69亩，总建筑面积约11.8万平方米（住宅建筑面积约10万平方米，商业及配套设施面积约1.8万平方米），计划总投资约2.68亿元，于2015年1月开工建设，由华伦国际集团代建。

城市综合体（八里丁）安置小区：该项目规划用地面积约78亩，总建筑面积约14.1万平方米，合同中标价约1.89亿元，由安徽华筑建设工程有限公司中标为施工单位。2015年6月中旬全面开工建设，建成后可安置群众990户。

紫光（七里朱）安置小区：该项目规划用地面积约100亩，总建筑面积约17万平方米（住宅面积约15.5万平方米，商业及配套设施面积约1.5万平方米），计划总投资约3.8亿元。2015年6月开工建设，建成后可安置群众1248户。

五里湾安置小区：该项目规划用地面积约240亩，总建筑面积约30万平方米（住宅面积约24万平方米，商业及配套设施面积约6万平方米），计划总投资约5亿元，2015年9月开工建设，工期730天，建成后可安置群众2148户。

城西保障性住房（乐行佳苑三期）：该项目规划占地面积97亩，建筑面积约18万平方米，施工合同签约合同价为3.58亿元，工程竣工交付后，可安置2420户群众。三期工程2015年5月开工建设，预计2017年6月全面完工。

公安局业务用房：公安局业务技术用房占地43.03亩，规划建筑面积12756平方米。项目合同价为3876.31万元（含预留金400万元）。工程于2013年11月30日开工建设，已完成主体结构验收。

【项目简介】华都安置小区：华都安置小区位于华都大道南侧、雪枫路西侧、占地约202亩，设计建筑面积约22万平方米，商业面积2.8万平方米，总投资约4亿元。沿城市主干道设计高度为60米（18层），沿城市次干道设计高度为33米（11层），其余为多层。安置总户数1560户。

停车位 670 个（地上 186 个，地下 484 个）；容积率是 1.54；绿化率 31.6%。

王大庄安置小区：王大庄农民安置区工程位于涡阳县东环南路以东、乐行东路以南城东街道办事处王大庄社区。占地 62 亩，总建筑面积为 15.5 万平方米，容积率为 3.5，总投资约 2.6 亿元，其中规划入住 1200 户、商业面积约 5000 平方米、机动车位约 600 个。工程分一期和二期工程，一期为多层、二期为高层。

滨河安置小区：滨河安置小区规划占地面积 28.1 亩，建筑面积约 7.17 万平方米（含地下室 1.08 万平方米），其中商业面积 1.06 万平方米，住宅面积 5 万平方米，社区用房约 300 平方米，建筑层数为高层、小高层（高层为 27 层，小高层为 11 层）；总投资约 1.9 亿元，建成后总居住户数 494 户，停车位 450 个。绿化率 31.5%。

新城安置小区：涡阳县新城安置小区位于华都大道南侧，葛沟路东侧，总占地面积 95 亩，设计建筑面积 14.7 万平方米，总户数 1242 户，其中配套建设廉租房 576 户。小区建筑密度 29.24%，容积率 2.05，绿化率 35.32%。

乐行幼儿园新区：乐行幼儿园新区位于南部新城中心位置，毗邻四小新区、五小新区，总用地面积约 18 亩，编排 18 个教学班，投资约 1900 万元。包含活动用房、办公用房、生活用房，规划总建筑面积约 7422 平方米，2015 年 5 月与四小新区共为一个标段，由安徽明盛建设工程有限公司开工建设，9 月份全部完工投入使用。

四小新区：四小新区位于南部新城中心位置，南临八里路、西临刘西路，毗邻五中新区，总用地面积约 50 亩，投资约 2500 万元。包含教学楼、综合楼、艺体馆等，规划总建筑面积约 17586 平方米，建成后预计编排 48 个教学班，可容纳 2160 余名儿童就学。项目 2015 年 5 月份由安徽明盛建设工程有限公司开工建设，2015 年 12 月份完工。

五小新区：五小新区位于南部新城中心位置，南临德昌路、西临古水路、东临育英路，总用地面积约 69 亩，投资约 2500 万元。建设内容包含教学楼、实验楼、艺体办公楼、校内绿化、道路、管网等，规划总建筑面积 20020 平方米。2015 年 5 月由马鞍山市皖东建筑安装有限公司开工建设，12 月份完工，投入使用后可编排 54 个教学班，容纳 2400 多名儿童就学。

五中新区：五中新区位于南部新城中心位置，北临德昌路、西临刘西路，总用地面积约 81 亩，投资约 6000 万元。包含教学楼、实验楼、行政楼、艺术楼、食堂、学生宿舍、校内绿化、道路、管网、亮化等，总建筑面积约 39088 平方米。项目 2015 年 5 月份由安徽东皖建设集团有限公司开工建设，2015 年年底完工，投入使用后可编排 61 个教学班，可同时容纳 2700 余人就学，弥补了南部新城无初中缺陷，方便了附近初中阶段学生就学。

德铭安置小区：德铭安置小区位于涡阳县南部新城核心区，地处华都大道以南，刘西路以西，育英路以东，周边交通便利。项目规划用地面积约 69 亩，总建筑面积约 11.8 万平方米（住宅建筑面积约 10 万平方米，商业及配套设施面积约 1.8 万平方米），计划总投资约 2.68 亿元，于 2015 年 1 月开工建设，由华伦国际集团代建，该小区建成后，可安置群众 856 户。

城市综合体（八里丁）安置小区：城市综合体（八里丁）安置小区位于南部新区，西临刘西路，东临向阳南路，北临德和路，交通便利，位置优越。项目规划用地面积约 78 亩，总建筑面积约 14.1 万平方米（住宅面积约 13 万平方米，商业及配套设施面积约 1.1 万平方米），合同中标价约 1.89 亿元，由安徽华筑建设工程有限公司中标为施工单位。2015 年 6 月中旬全面开工建设，建成后可安置群众 990 户。项目配套建设有社区医疗、社区服务中心、老年活动中心等设施。

紫光（七里朱）安置小区：紫光（七里朱）安置小区位于南部新城区，西临东环南路，南临将军大道，东临规划支路，三面临路，交通便利。项目规划用地面积约 100 亩，总建筑面积约 17 万平方米（住宅面积约 15.5 万平方米，商业及配套设施面积约 1.5 万平方米），计划总投资约 3.8 亿元。2015 年 6 月开工建设，建成后可安置群众 1248 户。

乐行佳苑（五里湾）安置小区：乐行佳苑（五里湾）安置小区位于城西工业园区 B 区项目，西临文成路，南临乐行路，东临安徽天运集团，北望柳沟，地理位置优越交通便利。项目规划用地面积约 240 亩，总建筑面积约 30 万平方米（住宅面积约 24 万平方米，商业及配套设施面积约 6 万平方米），计划总投资约 5 亿元，2015 年 9 月开工建设，建成后可安置群众 2148 户。

城西保障性住房（乐行佳苑三期）：城西保障性住房（乐行佳苑三期）位于乐行路北，文成路西，兴业路东，地理位置优越，交通发达，出行便利。该项目规划占地面积 97 亩，建筑面积约 18 万平方米，工程竣工交付后，可安置 2420 户群众，对缓解县城镇居民和拆迁安置住户住房问题有极大的帮助。城西保障性住房是由南京市凯胜建筑设计研究院负责设计工作，安徽水文工程勘察研究院负责地质勘查工作，安徽水利开发股份有限公司承担建设工作，施工合同款为 3.58 亿元。三期工程于 2015 年 5 月开工建设。

（县重点局供稿）

贸易　旅游

MAOYI LVYOU

商务
对外贸易
供销合作经济
烟草专卖
食盐专营
成品油经营

涡阳

GUOYANG

商 务

SHANG WU

【概况】 2008年6月,按照县政府机构改革方案,县政府将原县商务局、县外经局撤并,重新成立新的商务局。并将县经济贸易委员会的贸易职能,县发改委的农产品进出口权的审批职能划转给新的商务局。新商务局成为主管全县国内外贸易、国际经济合作的县政府组成部门。至2015年年底,商务局现有行政编制12人,事业编制8人,内设办公室、内贸股、外贸股、外资外事股、市场监察股(商务执法室)。

【市场运行调节】 全县实现社会消费品零售总额99.9亿元,生活必需品市场运行总体平稳,供应充足。县进一步完善了市场运行监测网络体系,做好生活必需品、重点流通、重要生产资料、百县农村市场监测系统的旬报、月报、季报、年报工作,加强对生活必需品供应与价格的监测,并督促样本企业按规定按时限及时报送相关报表,同时认真撰写、发布监测信息。

【商贸服务管理】 为全面了解县商贸企业的发展状况,解决限上企业总量增长缓慢的问题,商务局会同县统计局采取措施,加大新增限额以上商贸企业纳入工作,及时将达到限额的企业纳入统计调查范围。同时,在县委、县政府的正确领导下,扎实开展了“个转企”工作。在各职能部门的大力配合下,2015年“个转企”和限上企业纳新工作进展顺利。全县共有限额以上企业140家,10月份新申报限上企业27家。

【电子商务工作】 全县紧抓“电商换市”把扶持农村电子商务发展作为农村青年创业、拓展农民收入渠道和推进农业经济转型升级新途径,形成了以地方特色农副产品为主的特色电子商务产业,涌现出“高公糖醋蒜”“义门苔干”等一批农产品电商龙头企业。电商龙头企业积极与合肥“安企微云”合作,呈现出良好的发展态势,县的农产品电子商务销售额已达近百万元。引进的“淘实惠”电商运营平台,已经建成体验店一家。下一步,将引导“淘实惠”电商运营平台加快建设步伐,同时加大政策帮扶力度,让其尽快服务涡阳本地市场,帮助乡镇经济快速发展电子商务服务平台。通过在县域、乡镇市场建设“淘实惠”旗舰店、体验店,在社区、农村搭建联盟商铺和村级服务站,形成一个根植于农村完善的电商网点体系,真正“接地气”,服务农村市场,激活农村电商,助力农村经济发展,2015年共组织开展2次电商培训,推进网店61家。

【利用外资】 2015年,县利用外资完成14023万美元,同比增长9.9%。总量全市第三,增速全市第三。

【典当拍卖】 全县共有安徽及时雨典当有限公司、安徽同昇典当有限公司、涡阳县盛源典当有限公司、涡阳县宏源典当有限公司四家典当企业,及时雨典当行2015年度共发生业务笔数175笔,其中抵押笔数21笔,质押笔数154笔,典当总额27005934.00元。2015年年底典当余额9988226元,企业账户余额21454.92元。同昇典当行2015年度共发生业务笔数56笔,其中抵押笔数2笔,质押笔数54笔。2015年年底典当金额1638万元,企业账户余额4583.62元。宏源典当行因业务原因已搬迁至亳州市谯城区经营,盛源典当因房屋租赁问题搬迁至今仍未经营。

【酒类流通备案】 2015年度，全局共接受酒类经营企业及个体户申请备案登记35家，经过对该35家经营商户证照的审查均符合备案要求，给予办理备案登记。

【五位一体市场工程】 全县的“五位一体”体系建设工作在市商务局和县政府的关心、指导和推动下，紧紧围绕“五位一体”放心工程考核目标，加强组织领导，分解目标任务，落实市场主体，明确建设责任，积极开展工作，“五位一体”便民服务体系建设工作进展基本顺利。县食品公司所属乡镇生猪屠宰点已经全部关闭，“放心肉”承办企业涡阳县华阳食品冷链已建成运营；结合乡镇文明创建工作，对全县各乡镇政府所在地街道的“放心菜”体系建设——县乡农贸市场进行了升级改造、规划新建。2015年申报的2家乡镇农贸市场，已通过市县商务、财政部门初步验收；新华电商贸有限公司、涡阳县金太阳商贸有限公司承办的“放心店”体系建设任务，已经按照“标准化”“信息化”的要求新建城乡连锁便利店12个；2015年“涡阳县有意思复合式休闲餐厅”“涡阳县侠玲干扣面”“涡阳县伍加柒餐饮管理有限公司”等新建“放心早餐”网点12个；县培育的“放心家政”龙头企业“涡阳县和谐置业保洁有限公司”，已建成总店1个，分店3个，经营状况情况良好。

对外贸易

DUIWAI MAOYI

【完成经济指标任务】 社会消费品零售总额稳步增长。2015年，全县实现社会消费品零售总额99.9亿元，同比增长12.4%。总量位列全市第二，增速位列全市第二。外贸进出口快速提升。2015年，全县累计实现外贸进出口10266万美元，同比增长59%，总量位列全市第二，增速位列全市第一。全县共有进出口实绩企业21家。利用外资总量小幅攀升。2015年，县利用外资完成14023万美元，同比增长9.9%。总量位列全市第三，增速位列全市第三。现代服务业不断规模扩大。2015年新增服务业企业30家，达到145家。服务业增加值84.3亿，占GDP37.7%。

（县商务局供稿）

供销合作经济

GONGXIAO HEZUO JINGJI

【概况】 涡阳县供销社成立于1949年。自建社以来，几代供销社人经过60余年的艰苦创业和不懈努力，涡阳县供销合作事业不断发展壮大。供销社无论是计划经济时期，还是在市场经济情况下始终担负着城乡生产资料供应、生活资料供应、农业产业结构调整等任务，为振兴涡阳经济，推动农业产业化、科技化，促进全县社会经济和各项事业的发展做出了重要贡献。涡阳县供销社于2009年由人事厅批准，县编办下文确定参照公务员管理的事业单位，编制18人。目前，现有14人辖14个公司，27个基层供销社，建起遍布城乡的农资、日用消费品、废旧物资回收、农副产品、烟花爆竹等经营销售网点1500多个，覆盖我县城乡，服务农民生产、生活，促进农村经济发展，“新网工程”建设取得初步成效。

【“新网工程”建设完成情况】 新建或改建农资经营网点120家，烟花爆竹经营门点100家，日用消费品网点20家，新建社区服务中心15家。

【农民专业社建设】 因地制宜，结合农村产业优势和群众生产与生活的需要，突出抓好各类专业合作社的建设，努力构建新的服务体系。农民专业合作社在推进县美好乡村建设方面发挥了积极作用，促进了农民增收，提高了农民组织化程度。2015年创办农民专业合作社49家，共领办创办农民专业合作社123家，入户社员达1500多名，拥有加工厂4个（蔬菜、粮食、莲藕、中药材），示范基地15个，粮食作物种植面积达12000亩，莲藕种植面积800多亩，中药材种植面积2600亩。合作社拥有“到家”牌挂面、“老子”养生全麦粉、“群信莲藕”、“信得乐”苔干等多个商标，获得无公害、绿色、QS认证（食品生产许可证），在加强农产品质量安全管理方面趟出了路子。2014年，农联合作社成功申报了农业综合开发财政扶持项目，已获批准。一枝独秀不是春，百花齐放春满园。农联合作社充分发挥示范社带头作用，真正达到了合作共赢的目的。

【信访稳定】 2015年，涡阳县“亦工亦农”群体（即20世纪60—70年代各村代销点人员）上访，表达解决待遇的诉求，要求和“老民师”“退职村干部”“赤脚医生”等群体同等待遇。县社一方面做好解释安抚工作，一方面积极向有关部门反映情况。按照县政府的安排，会同县人社、社保等部门到利辛、蒙城等周边县区进行学习考察，了解兄弟县区的做法和工作动态；又到省人社厅、省供销社进行了专题汇报，请示有无政策依据。县委、县政府对此群体的诉求高度重视，专门安排县政协主席总牵头，联系人社、社保、信访、财政、供销等部门，专题解决“亦工亦农”群体的诉求。由于县委、县政府高度重视，相关部门通力配合，维稳工作效果明显。

（县商务局供稿）

烟草专卖

YANCAO ZHUANMAI

【概况】 涡阳县局现有在职员工208人，下设综合办公室、专卖监督管理办公室、营销管理办公室、监察法规办公室、3个基层专卖管理所、1个机动稽查队，1个卷烟配送中转站。目前在网零售户4650户，商户率3.81‰。

【工作开展情况】 夯实网建基础，提高服务质量，扎实做好保税销售工作。2015年共销售卷烟30551.15箱，同比减少1640.46箱，降幅5.1%；实现销售收入81015.94万元，同比增加3854.41万元，增幅5.00%。2015年度上缴税费4200万元。持续强化市场监管工作力度，创造良好卷烟消费市场。2015年共查获各类违法经营案件463起，依法查获各类违规卷烟9100.1条，总案值101.73万元，罚款9.65万元，拘留6人，逮捕3人，判刑1人。在“5·19”案件的侦办过程中，涡阳县抽调专人配合公安人员南下广州，北上四平，奔赴江西、山西、杭州等地依法对为王某某提供卷烟的上线曹某、李某实施抓捕，2015年12月9日，曹某、李某被依法逮捕。截至2015年，“5·19”案件已刑拘5人、逮捕3人，判刑1人，目前涉案案值仍在进一步核实认定中，有望破获一起“国标”网络案件。

（县烟草局供稿）

食盐专营
SHIYAN ZHUANYING

涡阳县盐业公司（局）位于涡阳县新城社区交通路34号，公司占地9687平方米，建筑面积3280平方米，仓库、办公室、运输车辆一应俱全。现有职工215人，机构性质为国有企业，内设三科一室，其中盐政科承担着全县的食盐市场管理工作。涡阳县盐业公司主要经营各种盐产品，2015年销售收入1444万元，利润21.34万元，全面完成了上级公司下达的各项目标任务。

（县盐业公司供稿）

成品油经营
CHENGPINYOU JINGYING

【概况】 中国石化工销售有限公司安徽亳州涡阳石油分公司（以下简称“中化公司”），前身为涡阳石油公司，成立于1979年，位于涡阳县胜利东路，整合改制，现属中直企业。公司现有职工115人，新进职工3人，退休8人，下辖大型规模加油站12座，分布在省道202线、307线及主要乡镇，主要经营成品:汽油、柴油、润滑油。2015年油品销售5万吨，实现销售收入43196万元，上缴税收526万元。

【经营理念】 中化公司秉承“创造价值，追求卓越”核心价值理念，坚定不移地推进战略转型和管理变革，逐步转型发展为理念先进、管理科学、核心能力突出的市场化新国企，打造了一个充满生机和活力的新中化。企业的发展永无止境。面对当前国内外经济大发展、大转折、大变革所带来的机遇和挑战，中化公司将顺应世界经济发展潮流和产业变化趋势，以更宽广的国际视野，不断提升企业的产业地位和国际竞争力,模范履行“企业公民”的社会责任，持续为股东创造价值，与客户实现共赢，为国家和社会做出更大贡献。

（县石油公司供稿）

财政　税收

CAIZHENG　SHUISHOU

涡阳

GUOYANG

财 政

CAI ZHENG

【概况】 涡阳县财政局是涡阳县政府的重要工作部门，正科级建制。县财政局主要职责是主管全县财政收支、财税政策及国有资产宏观调控等。机关内设股室16个：办公室、财政信息中心、预算股、农业股、人事教育股、国库股、公共支出股、会计股、经济建设股、社会保障股、企业股、国有资产管理办公室、政府采购办公室、投融资管理办公室（筹）、投资评审中心（筹）、政府债务管理办公室（筹）。局属二级机构9个：国库支付中心、农村财政管理局、非税收入征收管理局、财政监督检查局、国有资产开发公司、会计服务中心、住房资金管理中心、文印中心、农业综合开发办公室。局机关及局属二级机构现有在职人员119人；辖乡镇财政所25个，现有在职人员194人。

在财政经济形势复杂多变、经济下行压力持续存在、财政收支矛盾依然突出的宏观形势下，县财政局主动适应经济发展新常态，发挥财政职能作用，按照“稳中求进、快中求好”的总基调，落实保工资、保运转、保民生、保重点各项举措，深化财政领域改革，推进依法理财。

【深化财政管理改革】 推进各项领域改革。深化投融资体制改革，做大做强融资平台，支持建投公司改组为集团公司，统筹国有资本，提高融资效率。利用PPP模式开展县域基础设施建设，加大对社会资本的利用力度。深化政府性债务管理改革，利用省下达存量债务置换债券，置换本地债务，将短期债务长期化，缓解还本付息压力；将政府偿还债务中的一般债务纳入公共预算管理，将专项债务纳入基金预算管理，确保置换资金使用规范、透明，全年置换政府性债务17.97亿元。深化政府购买服务改革，开展政府购买服务工作，在市政设施方面，对紫光公园等9个公园广场的日常管理采取政府购买服务方式；在环保方面，对农村清洁工程采取政府购买服务方式，实行经费按月拨付；在基本养老方面，推行城乡居民养老社会化服务，全年安排资金1368万元。

【科学组织财政收支】 财政收入累计完成16.7亿元，同比增加7898万元，增长5%。财政支出完成47.49亿元，较上年同期增支1.85亿元，增长4.1%。

【深化财政综合管理】 清理财政专户，规范专户管理，合并撤销11个专户，保留15个。开展综合治税，国税、地税、财政部门以组织收入为重点，堵塞收入漏洞，做到应收尽收。开展专项资金清理活动，清理历年结余资金2257.6万元。

【深化财政预算管理】 出台《关于进一步规范财政支出加强预算管理的通知》（涡政秘〔2015〕75号），对财政账户管理、预算执行管理、专项补助管理、专户资金管理、预算追加管理等进行了明确，规范支出行为，严格预算管理。

【深化国库集中支付】 推进财政直接支付，原始票据审核由财政审核改为预算单位审核、财政抽查，财政性资金全部实行国库集中支付。推进公务卡工作，推动POS机使用投放，扩大公务卡适用范围。成立基层卫生核算中心和教育核算中心。

【深化行政财务管理】“三公”经费支出3236.4万元，同比减支213.4万元，下降6.2%。公共安全支出（含公安、检察、法院、司法、监狱）1.51亿元，保障了全县社会的平稳有序。教育支出9.11亿元、科技支出1118万元、文化支出2562万元，推进全县教科文领域持续发展。

【深化乡镇财政管理】深化县乡财税体制改革，制定《涡阳县镇（场、街道）财政管理体制实施方案》，理顺县乡财力分配关系，划分县乡财权事权，实行“分灶吃饭”，建立乡镇财政管理体制新格局。

【支农惠农投入支出】农林水支出6.99亿元，打卡发放各类强农惠农补贴4.8亿元，政策性农业保险受益农户14.14万户。“一事一议”财政奖补项目344个，投入资金6035万元。投入农业综合开发资金2500万元，建设高标准农田2万亩，扶持农业产业化龙头企业和农民专业合作社5个。农村清洁工程和“三线三边”治理，投入资金5200万元。新改建县乡公路51公里、村道150公里，投入资金2.58亿元。新建农村水厂15处，解决了19万农村人口的饮水安全问题。筹措资金4445万元，支持实施扶贫开发。累计投入3506万元，完成土地确权颁证，获批农村土地承包经营权抵押试点。

【社会保障财政管理】累计实现社保基金收入14.16亿元，基金支出累计13.9亿元；供养五保户8330人，全年支出2817万元；供养孤儿727人，拨付生活补助531万元；开展生活无着人员救助，支出152万元；拨付药品零差价补助789万元，解决看病贵问题。

【深化非税收入征管】改进征收方式和征缴模式，深化非税收入征收管理。非税收入完成3.36亿元，为年度预算的129%，实现政府性基金收入21.13亿元。

【深化国资经营管理】开展国有资产清查，清理定性资金账户352个（不含融资平台账户34个，定期存款账户16个），其中行政事业单位账户296个，财政专户56个，经认定需要保留158个，撤销194个。

【政府采购】加强政府采购监管，集中采购项目资金达10.69亿元，节约资金1.63亿元，节约率15.28%。

【深化债务管理】筹措资金对存量债务进行化解，将政府债务纳入一般预算管理。分两批承贷省公开发行新增政府一般债券资金18073万元，分三批承贷省发行置换债券161880万元。审计认定化解镇级债务1403万元，其中：欠发个人工资部分化解1032万元；招待费化解371万元。

【深化财政监督检查】依法理财、从严治财，推进财政工作公开透明。强化内部财政监督管理，开展专项资金清理活动，清理历年结余资金2257.6万元。强化外部监督管理，自觉接受县人大、县政协、审计部门和社会监督，承办市、县人大议案9件，县政协提案4件。强化乡镇财务互查和村级资金审计，抽调专人对26个镇（含经开区）和368个行政村的乡镇财政财务管理开展集中互查互审，互审面达100%。

（县财政局供稿）

国家税务

GUOJIA SHUIWU

【概述】 涡阳县国税局现有干部职工168人，县局机关设有11个内设机构、1个直属机构、1个事业单位，下辖闸北、高炉、青疃、楚店和义门五个分局。

【税收收入】 2015年，该局共组织国税收入59896万元，比2014年增长8.1%，增收4482万元，占市局下达5.74亿元收入计划的104.3%。其中，增值税收入41951万元，比2014年增长16.5%，增收5945万元；车辆购置税收入8659万元，比2014年增长6.1%，增收498万元。营改增交通物流及现代服务业增值税收入9494万元，比2014年增长38.9%，增收2658万元。

【税收法治】 全面落实税收优惠政策，及时做好车辆购置税政策调整、固定资产加速折旧等政策的宣传执行，精心抓好小微企业税收优惠政策兑现，做好了出口退税服务。2015年出口退税6955万元，比2014年多退4862万元，同比增长232.3%。认真落实资源综合利用企业税收优惠政策，积极做好企业的增值税即征即退退税工作，2015年共办理退税2899万元。2015年企业所得税享受优惠政策企业约350余户，共计已减免企业所得税100余万元。同时继续做好了营改增扩围相关准备工作。

【纳税服务】 实行集中审批，对上级取消和下放的行政审批项目，及时对外公开，落实税务行政审批事项办税服务厅集中受理，内部流转、限时办结，实现厅进厅出，行政审批项目从78项减少到49项。推行“一窗通办”，纳税人办理税务登记、申报征收、代开发票等涉税事项可在一个窗口办理。同时，推行网上办税，目前网上办税平台涉及税务登记、资格认定、发票办理、申报纳税、优惠办理、证明办理、税银互动等12大类121个服务事项，涵盖199个涉税业务。落实服务规范，推行全国统一标准的纳税服务规范，并实行预约制、上门服务制、延时制，减轻了纳税人办税负担，纳税人报送资料减少近45%，办税环节减少近65%，平均每户办税时间缩减36%，办税效率提高40%左右，为纳税人节约了纳税成本和时间，获得了纳税人的一致好评。

【税收征管】 严格税收管理，开展了纳税评估，加强了税务稽查和非居民税收管理，2015年，纳税评估补缴税款126万元，稽查入库税款130万元。开展了“规范税收执法年”活动。稳步推进“三证合一”工作，全面深化了国地税合作，推进了综合治税平台应用，配合市局开展了交通运输业专项整治并取得显著成效。加强税源控管，坚持岗责分工，实行税源环节控管，外部还责于纳税人、方便纳税人，内部科学分工、减少流转、优化资源配置。该局纳入金税三期系统管理各类正常纳税人8507户，其中：一般纳税人720户、小规模企业纳税人2078户，个体工商户5457户，达点252户。

【信息化建设】 强化信息管税，积极开展增值税发票升级版的推行工作，网络版机打发票全覆盖，利用网络监控纳税人经营纳税信息。在全县大型超市行业积极推行卷式发票，对于长期零低申报的小规模企业和未达起征点的个体户，从低核定其月用票量、限额百元版或核定使用定额发票。2015年，全县网络版发票超额补征税款645户（次），补征税款52.45万元。金税三期成功上线，县局成立了由分管局长任组长的金税三期推广办公室，抽调业务骨干，组成综合组、业务组和技术组，设立集中办公场所。从2014年5月份开始，全系统广大税务干部克服困难，加班加点，日夜奋战，深入细致地完成了数据准备、业务演练、人员培训、双轨试运行等各项工作，于1月8日成功上线，得到了市局领导的高度肯定。

【队伍建设】 以党建工作为抓手，全面强化队伍建设，在2015年3月至8月之间，县局机关党委、10个基层党支部分别进行了换届选举；建立和落实机关党建工作责任制，成立了党建工作领导小组，签订了党建目标责任书，建立了“一级抓一级，一级带一级，层层抓落实”的工作制度。县局党组先后召开2次专题会议研究党建工作；定期组织党务干部参加党建工作培训，组织全局干部职工集中学习中共十八届四中、五中全会精神。认真开好党总支民主生活会、党员大会和支委会，每月召开一次党组中心组理论学习扩大会议。注重模范引领，开展“我身边的好税官”评选活动，评选出2名“好税官”，王丽妹被省局评为“纳税服务之星”。积极开展“争创学习型党组织”读书活动，发放学习读本及读书笔记，开设“道德讲堂”，全局撰写心得体会200余篇；不断丰富“国税五行献社会”文化建设内涵，全年共组织人员60余人次参加了慰问贫困生、慰问敬老院、慰问福利院、义务劳动、义务献血等一系列志愿服务活动。

（县国税局供稿）

地方税务

DIFANG SHUIWU

【概况】 涡阳县地方税务局成立于1994年7月，现有干部职工171人，下属3个直属分局、7个管理分局，县局机关内设10个股室中心，担负全县15000余家企事业单位和个体工商户的税收及基金费征管工作。

【税费收入】 2015年，涡阳县地税局承担的税收收入计划是73000万元，与2014年实绩相比增长近10%。面对经济下行、税源缩减的外部形势，为完成总量大、增幅高的税收计划，全县地税系统不断增强大局意识，以推行“清单式工作法”为抓手，以应收尽收为目标，恪尽职守，严征细管，全年共组织各项税费收入115481万元，同比增收14059万元，增长13.9%；其中地方税收入78853万元，占年度收入计划的108%，同比增收9943万元，增长14.4%；基金费收入36625万元，同比增收4116万元，增长12.7%，受到县政府通报嘉奖。

【纳税服务】 把辅导纳税人办税当作最直接的服务来抓，以纳税人学校为载体，为纳税人提供最优最好的办税辅导服务，分2期向65名纳税人代表，针对纳税服务规范2.0版与1.0版的差异以及省、市局的要求进行专题业务辅导。把提高办税效率当作最便民的服务来抓，落实全市网上办事大厅工作，整理上报28项网上办事事项，并制作流程图，各分局认真落实网上办事大厅27个事项的受理办结工作，做到专人负责及时受理及时办结。把上门服务当作最暖心的服务来抓，深入开展“一对一”办税服务、“经济主管部门联系服务企业”活动、“千名干部联系服务千家企业”等活动，构建征纳互动交流平台。县局领导班子成员和股室负责人均按照省、市、县的要求定点联系纳税人，定期进行“一对一”帮扶服务，深入企业了解生产经营、帮助企业谋划发展、辅导企业依法纳税。把落实税收优惠政策当作最实惠的服务来抓，共为3250户小微企业减免营业税及附加526.92万元。为59户小微企业减免企业所得税18.08万元。共为4户困难性纳税人减免土地使用税79.29万元、房产税7.73万元，为9户纳税人政策性减免税174.05万元，向65户从事个体经营的再就业人员、残疾人员减免地方各税19.12万元，国家结构性减免政策得到全面贯彻落实。

【税收征管】 进一步加强个体户税收定额的核定管理，严格按照纳税人实际经营情况进行核定，不得人为调低营业额，进一步公平税负。强化国地税联合办税，开展国地税企业纳税人税务登记信息比对工作，组织8个管理分局共计比对信息1783条（户），顺利完成比对任务。与国税部门一起对全县范围内的预制厂、砂石料场等企业开展联合税收检查，进一步提高税收征管的质量和效率。完成经济开发区税源管理权限划转工作，共计将重点税源管理分局和个体税源管理分局的430户纳税人划转给工业园区分局，并监督分局完成户管档案的移交。加强风险管理，针对建筑业、房地产业等即将营改增的行业，开展全面的清理欠税工作，共对近百户房地产和建筑业企业应缴地方税情况进行全面清查，逐户制定欠税清理入库的方案，欠税金额正逐渐消化。

【税收执法】 着力提升执法水平，全面启用征管软件执法管理信息系统，对征管数据产生的过错，经申辩、申诉未能审批通过的严格进行责任追究。通过考核，各分局对执法规范性的认识进一下提高，征管数据质量进一步提高，执法过错信息进一步减少。加强日常执法审核，各分局法制员认真履行职责，切实发挥税收法制员工作制度纠错与防错并举，真正实现执法保障功能作用。认真组织执法案卷评查，抽调人员对稽查局等直属单位和分局的执法案卷进行了评查，对评查发现的问题均责令限期改正。扎实做好税收综合督查的各项准备工作，认真学习省局税收综合督查文件，积极做好迎查准备工作。针对上年税收综合督查中发现的问题，对各分局进行了一次全面复查，对未整改到位的问题、新出现的类似问题，限期整改。

【税收稽查】 加大稽查力度、扩大稽查面，2015年共对26户单位进行了检查，查补入库税款、滞纳金、罚款合计1856.37万元。无一户引起行政复议或行政诉讼。加大举报、交办案件查处力度，共受理群众举报案件1起，上级交办案件1起。及时安排专门人员成立检查组，及时立案进行查处，认真做好查处结果向举报人反馈工作，共查补税款1462.73万元。注重税务稽查成果的运用，对所查的税收违法案件，通过《涡阳地税》简报进行违法案件公开曝光，发挥了震慑税收违法行为，及规范和整顿地方税收秩序的职能作用。

【自身建设】 一是加强干部培训工作。转变培训形式与方式，着力加强专业培训。委托用友软件公司对系统内30余名从事稽查、管理、评估的干部，进行了电子查账专业培训。二是认真开展主题教育讨论活动。围绕“守纪律、讲规矩”，组织干部认真学习习总书记系列重要讲话，进一步提升全系统规矩意识、纪律意识。围绕“制度建设、规范管理”，对现行各项制度进行全面清理，废止了一批陈旧过时的制度，修订了一批个别条款不适应需要的制度，新建了一批管理空白区的新制度。三是加强精神文明建设。组织开展慰问退休老干部，向结对帮扶对象捐款献爱心，组织干部职工开展了体育运动比赛、植树等一系列有益的活动，干部队伍的团队意识进一步增强。四是扎实开展“三严三实”学习教育活动。制订实施方案，选编学习材料，按计划有序组织干部学习。召开讨论会、党支部会，深入查找单位及个人不严不实方面的问题，针对问题，制订整改方案，按照整改路线图和时间表，认真落实整改。五是加强廉政教育，组织全体干部职工到亳州市廉政教育基地接受教育，到亳州市看守所接受警示教育。深化廉政文化进机关工作，2014 年涡阳县地税局先后迎来蒙城庄周办事处等单位来涡阳县地税局交流观摩廉政文化建设成果，并得到广泛好评；2014 年 12 月份，省监察厅副厅长陈学高一行莅临涡阳县地税局检查验收全省“第三批廉政文化建设标兵单位”。六是不断加强行政效能建设。规范业务管理和内务管理，推行清单式工作法，于每月月初县局将本月工作任务制成清单挂到内网浮动窗口，要求各分局对照分解落实。分局领受工作任务后，对照清单逐项分解落实到具体责任人，分局长作为清单第一责任人负责各项任务的监督落实。县局领导和股室负责人对分局落实情况月中进行辅导督促、月底开展考核评价。各分局完成清单任务情况，经分局自我评价、县局考核评价后，按月报县局主要领导审核，在每月初召开的分局长例会上，分局长、县局股室负责人汇报当月清单任务完成情况。

（县地税局供稿）

金融担保保险

JINRONG DANBAO BAOXIAN

中国人民银行涡阳县支行

中国工商银行股份有限公司涡阳县支行

中国农业银行股份有限公司涡阳县支行

中国农业发展银行涡阳县支行

中国建设银行股份有限公司涡阳县支行

中国银行股份有限公司涡阳县支行

农村商业银行

中国邮政储蓄银行有限责任公司涡阳县支行

安徽涡阳湖商村镇银行

涡阳金阳建设投资有限公司

涡阳兴阳担保公司

中国人保财险股份有限公司涡阳县支公司

中国人保寿险股份有限公司涡阳县支公司

平安保险涡阳县支公司

证券

涡阳

G U O Y A N G

中国人民银行涡阳县支行

ZHONGGUO RENMIN YINHANG GUOYANGXIAN ZHIHANG

【概况】 机构内设“三股两室”即国库会计股、货币信贷与统计股、货币金银股、办公室、监察室。2015年年末，正式在编员工14人，劳务派遣人员3人，借用其他单位人员1人，离退休职工13人。

【货币政策落实】 涡阳县支行结合辖区实际，增强“窗口指导”的前瞻性与针对性，引导金融机构加强对“三农”、城镇化建设、小微企业和个体工商户等实体经济的金融支持。2015年，涡阳县各项贷款余额93.1亿元，除农发行因政策因素导致其贷款有所下降外，辖内其他8家商业银行合计贷款净投放比年初增加11.91亿元，进一步增强了金融支农支小力度。

【金融监测分析】 加强金融风险监测报告工作。强化对金融风险隐患较多的重点行业、重点金融机构和企业的风险监测，及时向上级行和地方政府发出风险预警。认真开展金融业综合统计工作，做好辖内证券公司、担保公司、典当公司的数据采集工作，按时报送担保公司、证券公司相关数据报表。加强统计分析与调查研究。密切关注辖内经济形势变化，紧扣热点问题开展专题调研，形成有价值的调研报告4篇，金融信息91篇。加强了对县域经济金融基本形势的分析、判断和预测，对当前金融运行中出现的新情况和新问题及时进行了反映和分析。

【金融服务与管理】 一是积极推进农村信用体系建设。配合县政办、金融办等县直部门出台了《涡阳县信用体系建设实施方案》（涡政办〔2015〕3号）。加快信用信息管理数据库系统建设，制定信用评价标准，逐步建立信用体系数据库平台。二是积极开展农村承包土地经营权抵押贷款试点工作。按照上级行文件精神和申报工作要求，汇总撰写申报材料并及时上报。配合县金融办制定《涡阳县承包土地经营权抵押贷款实施方案（草案）》。三是切实做好征信管理工作。加强对金融机构征信工作的监督管理，指导金融机构办理征信业务。做好征信服务，提供个人征信和企业征信业务查询，认真做好信用代码证的发放工作。2015年，共提供个人征信查询4221人次，累计发放信用机构代码证1078个。四是加强人民币管理工作。强化流通中货币管理和银行业金融机构冠字号码查询工作，不断提高辖内人民币整洁度，规范人民币收付业务和假币收缴。2015年，共收缴假币2920张，金额271505元。积极开展2015年新版人民币防伪知识宣传与培训工作，提升了涡阳社会公众识假、防假、反假的能力。五是务实推进金融IC卡应用工作。推动涡阳县农村商业银行和涡阳县公交公司达成了合作，成功启动了涡阳县金融IC卡公交项目，使涡阳县成为亳州县域首个将金融IC卡植入公交收费的城市。六是继续开展银行卡助农取款服务推广工作。涡阳县县域内助农取款网点187户，累计取款4400笔，金额351.43万元，转账汇款5600笔，金额4864.36万元，助农取款查询2200笔。六是国库会计基础核算水平不断提高。2015年，共办理2598户银行结算账户行政许可。通过纸质或横向联网办理各类缴款书157495笔，办理预算拨款932352.62万元，办理各级预算收入退付257笔，金额13612.82万元，保证了国库资金的安全和各项业务的顺利开展，有力地促进了地方经济的发展。

（县人行供稿）

中国工商银行股份有限公司涡阳县支行

ZHONGGUO GONGSHANG YINHANG GUFEN YOUXIAN GONGSI GUOYANGXIAN ZHIHANG

【概况】 中国工商银行股份有限公司涡阳支行现有在岗人员53人，支行内设综合部、市场部、运管团队三个部室，辖属物理网点3个，即支行营业部、向阳支行、东关支行；设立5个离行式自助网点，分别是站前路自助银行、地税局自助银行，老县医院自助银行，胜利西路自助银行、涡河东路自助银行。

【经营情况】 中国工商银行股份有限公司涡阳支行是工商银行在涡阳县分支机构，秉承“工于至诚、行以致远”经营理念，依托物理网点、自助银行、智能银行、电子银行、互联网金融等服务渠道，为全县居民及广大客户提供综合金融服务，各项主营业务实现快速发展并蝉联省级文明单位。截至2015年年末，各项存款达成191390万元，各项贷款达成86015万元，实现拨备后利润3558万元。

（县工行供稿）

中国农业银行股份有限公司涡阳县支行

ZHONGGUO NONGYE YINHANG GUFEN YOUXIAN GONGSI GUOYANGXIAN ZHIHANG

【概况】 中国农业银行涡阳县支行成立于1980年，组建以来，历经了36年的艰辛创业之路。现有员工142人，内设机构为4个部（室），所辖10个营业网点，遍布涡阳县城区及主要乡镇。

【各项存款】 截至2015年12月底，各项存款达成38.7亿元（含同业），较上年增长6.23亿元，占年计划的202%。其中个人存款达成34.5亿元，较年初增长4.13亿元，占年计划的147.5%。对公存款2.5亿元，较年初上升4259万元，占年计划的155.6%。同业存款净增1.1亿元。

【各项贷款】 各项贷款余额达成6.73亿元，年增量10225万元。其中：公司类贷款2.65亿元，年增量2720万元。个人类贷款4.01亿元，年增量6681万元。

组织对党旗宣誓活动

【银行卡及电子银行业务】 银行卡、电子银行及中间业务总体上稳中有升。发放借记卡37912张，有效信用卡发卡1493张，信用卡活动户数净增996户；掌上银行净增1495户；有效收单商户出现倒挂局面；新增智付通320户；企业电子银行活跃户数141户，其中企业网上银行完成110户；个人电子银行活跃户数19246户，其中个人网上银行完成469户，个人消息服务完成17282户。电子银行业务收入达成83.8万元。

【委托资产处置业务】 全年共清收处置124.3万元，完成全年任务30万元的410%，多年来，委托资产处置业务一直处于全市前列。

【改革创新】 涡阳县农行是有着光荣历史和优良传统的先进集体，多年来的实践也充分证明该行员工是一支敢打硬仗、恶仗，敢打胜仗的队伍，尤其是新一届支行党委成立以来，经过党的群众路线教育和“三严三实”教育实践活动的洗礼，以市场为导向、以客户为中心、以效益为目标的管理体制逐步完善。在人事制度上实行了干部聘任制和公开选拔制，活跃了全行的人力资源，通过近几年来的撤并机构和人员分流，使网点布局更趋合理，打造了一批优质、高效的精品网点，员工逐步向年轻化、技术化方向迈进。支行在强化以人为本经营管理的同时，不断创新工作机制，强化效益和风险管理，坚持一手抓业务拓展，一手抓基础管理，以改革创新总揽全局，各项业务经营取得了突破性进展。

（县农行供稿）

中国农业发展银行涡阳县支行

ZHONGGUO NONGYE FAZHAN YINHANG GUOYANGXIAN ZHIHANG

【概况】 中国农业发展银行涡阳县支行成立于1996年12月，是涡阳县境内唯一一家农业政策性银行，坐落于涡阳县淮中大道南时代广场5号商办楼。机构设置为办公室、客户服务部和会计结算部，在职员工25人。自成立以来，农发行坚持执行政府意志、服务“三农”需求、遵循银行规律。在我国经济增长由高速转向中高速的新常态下，积极落实稳增长、调结构、惠民生的政策，注重发挥政策性银行逆周期调节作用，在保护农民利益、改善农村生产生活条件以及引导资金回流农村等方面做出了积极贡献。

【经营状况】 2015年年底，支行各项贷款余额78888万元，全年累计投放各类贷款14610万元。年末各项存款余额34729万元。

【工作管理】 一是扎实开展合规化建设，夯实信贷管理基础。作为农业政策性银行，支行始终把支农惠农当作立行之本，发展之基；坚持以支持和服务“三农”为中心；严格执行国家政策，加大支农力度，同时大力支持“城乡一体化建设”等非经营性项目，不断优化贷款结构。支行始终抓信贷基础管理工作不放松，不断完善信贷基础工作，加强对各类数据的分类核对，提高基础数据的准确性。同时继续落实好收购资金贷款封闭管理等一系列制度办法，及时反映和解决信贷制度和操作流程中遇到的问题，落实了重大事项报告制度。切实加强风险防范，全面提高信贷管理水平。二是开展企业文化建设，深入学习核心理念，构建和谐支行。支行将企业文化建设作为工作的一个重要组成部分，紧紧围绕农发行核心理念开展工作，做好“宣传发动”“组织实施”工作。坚持面向“三农”，坚持客户至上，认真贯彻中央支农惠农政策，通过每季度定期召开银企座谈会，增强了与企业的联系。坚持以人为本，举办丰富多样的文化活动，通过举办工作日志评比、棋牌比赛、演讲比赛等，增强员工的工作主动性和合作意识。三是坚持科学发展，规范管理、安全营运。支行在上级行党委的正确领导下，不断加强营运管理工作，严格执行相关文件制度，提升营运管理水平，实现了信息系统平稳运行，网络畅通，资金安全，核算规范，保证了各项业务经营活动顺利开展。

（县农发行供稿）

中国建设银行股份有限公司涡阳县支行

ZHONGGUO JIANSHE YINHANG GUFEN YOUXIAN GONGSI GUOYANGXIAN ZHIHANG

【概况】 中国建设银行股份有限公司涡阳支行，是市建设银行在涡阳县分支机构，坐落于涡阳县胜利东路1号。机构设置办公室、客户部、营业部和向阳路支行；自助网点3个，分别是团结路自助点、阜阳商厦自助点、华星自助点。2015年年末职员工41人；营业场所区域划分为现金区、非现金区、自助区、理财室、电子银行演示操作区，配有自动存、取款机、补登折自助终端。

【经营情况】 涡阳建行牢固树立“以客户为中心、以市场为导向、以安全为保障、以效益为目标”理念，加强基础建设，强化内控，合规经营，控制防范经营风险，拓展新业务市场，全面提高市场竞争能力。中间业务收入稳步增长，中高端客户快速增加，存款结构有所优化，经营效益进一步提升，各项业务稳步发展。涡阳建行具有功能齐全的营业网点和多元化、多渠道的金融产品及服务体系，在清算网络，房地产金融，银行卡，个人消费贷款，个人电子汇款，个人理财，网上银行，手机银行等产品和服务形成了新的特色和优势。

不断创新是建设银行永恒的主题，客户满意是建设银行永远的追求。建设银行积极拓展银行业务品种，主要产品包括贷记卡、储蓄卡、生肖卡、储蓄通存通兑、代发工资、银证转账、个人电子汇款（速汇通）、网上银行、电子银行、代收各种费用等。“成长之路、速贷通、助保金、联贷联保”中小企业贷款、个人住房贷款、个人消费额度贷款、个人助业贷款、汽车消费贷款、存单质押贷款，贷款创新业务，税易贷、信用贷、善融贷、创业贷、结算透、POS贷等业务，能够满足各类客户不同层次的信贷需求。

【存款业务】 加强存款工作领导和监督考核，完善绩效考核办法，调动员工工作积极性，促进了存款稳定增长。2015年年末，一般性存款143574万元，较2014年年末增加14342万元，其中储蓄存款比2014年年末增加10203万元；公司存款较2014年年末增加4139万元。

【贷款业务】 涡阳建行积极支援地方经济建设，抓住涡阳难得快速发展机遇，围绕发展主线，大力发展客户，改善贷款结构，截至2015年年末，投放贷款23050万元，贷款余额53140万元，有力支持地方经济发展，得到涡阳县政府充分肯定。

【业务效益】 涡阳建行2015年实现账面利润3211万元，实现中间业务净收入866万元。

（县建行供稿）

中国银行股份有限公司涡阳县支行

ZHONGGUO YINHANG GUFEN YOUXIAN GONGSI GUOYANGXIAN ZHIHANG

【概况】 中国银行股份有限公司涡阳县支行成立

于1988年，现有员工50人，内设综合管理部、业务发展部、营业部，下辖团结路支行和向阳中路支行。中行认真落实县委县政府各项工作部署和省、市分行工作会议精神，以科学发展观为统领，紧紧围绕全年工作目标，以业务发展为重点，以强化内控为保障，以提升服务为抓手，全行的经营管理水平和服务质量都有了明显的提高，各项业务和管理工作进展顺利。

【业务经营】 负债业务稳步增长。中行人民币各项存款余额229660万元，较年初新增28883万元，其中储蓄存款余额140967万元，较年初新增18177万元，对公存款余额88345万元，较年初新增10554万元。资产业务发展平稳。人民币各项贷款余额71360万元，较年初新增3039万元。

【加强管理】 中行通过内控机制的稳健运作、合规教育的不断开展、检查监督的持续进行，内控管理水平不断得以提升，全年无案件事故发生。一是加强研究分析，及时解决内控管理工作中存在的问题。对出现的新情况、新问题及时进行研究分析，并拿出应对措施。2015年，中行研究并解决了新清理后营业机构登记簿的规范使用问题；明确了合规档案的报送、使用和要求；完善内控评级细则，增加新的业务内容，使内控评级更实用、更有效。二是重点加强操作风险管理检查，以保证制度执行的严肃性。通过加强对网点管理、国内结算、贷后管理、安全保卫等日常辅导检查，提高了管理质量和管理水平。加强基层机构管理，继续加强对基层网点的日常管理和指导，促进基层机构规范经营。通过辅导、监督、检查和整改，增强了全行员工执行制度的自觉性，使业务操作更趋规范，促进了中行业务操作、账务处理和内部管理向规范化、制度化方向发展。三是加强信贷管理。中行始终把风险管理贯穿经营工作的全过程，密切关注一些因素给贷款风险管理工作带来的挑战，及时采取针对性的措施，完善监控体系，及早做好风险应对。同时密切监控关注类零售贷款余额的变动情况，深入研究利率上调、物价上涨、房价波动对零售贷款资产质量的影响，并采取措施进行了化解，保证了中行授信业务的健康发展。

【规范流程】 加大文明优质服务工作力度，认真落实标准化管理服务流程，对文明优质服务工作提出了更高的要求，同时强化技术练兵、加强监督检查等措施，进一步规范服务流程，不断促进全行文明优质服务水平的提升。一是每月进行文明优质服务大检查，主要采取了明察暗访和现场录像抽查等多种方式，根据检查情况下发检查通报，促使中行营业网点的服务设施得到了进一步完善，服务水平得到了进一步提升。中行还切实加强客户投诉的处理和管理工作，认真总结服务工作中的薄弱环节，有针对性的加以整改提高，实现和谐的客户关系。二是积极推进网点转型工作。网点转型工作取得了实质性进展，全行网点全部配置了自助设备，大大改善了服务环境，提升网点的经营和竞争能力，为业务发展奠定良好的基础。

【大事记】 2015年2月，开展“中国银行安徽省分行深入推进‘合规建设年’活动”，落实开展“消防责任年”动员会并成立了以行长为组长的领导小组。4月，亳州分行开展问题整改专项治理活动。5月，亳州分行组织开展防范打击非法集资宣传教育活动。6月，组织开展常态化案件风险排查并组织开展了为期三个月的一线员工技能训练。7月，由市分行组织中层以上及员工代表到阜阳监狱参加警示教育。9 月，组织开展了珍爱生活，远离案件主题教育活动 。10 月，组织员工参加省分行达标技能竞赛。

（县中行供稿）

农村商业银行

NONGCUN SHANGYE YINHANG

【概况】 安徽涡阳农村商业银行股份有限公司于 2014 年 9 月 26 日盛大开业。该行是经中国银行业监督管理委员会批准成立的一家股份制金融企业，实行一级法人、统一核算、分级管理、授权经营的管理体制。2015 年，该行注册资金 50399 万元 ，其中：法人投资股 29810 万元、自然人投资股 20589 万元、职工投资股 3877.4615 万元。现有 576 名在岗员工，大专以上学历占 65% 以上。总行内设有 13 个职能部门，50 个营业网点遍布城乡，为全县 25 个镇（场、街道）和经开区 149 万人提供金融服务。截至 2015 年 12 月底存款余额 82.11 亿元，较年初增加 12.86 亿元，增幅 18.57 %；贷款总额为 48.37 亿元，比年初增加 5.73 亿元，增幅 13.44%。存贷款余额均位居全县各金融机构首位。

【业务工作】 一是把“小额农贷”客户作为业务发展的基础客户，创新业务产品，优化服务流程，真正把根扎进“三农”；放眼“新三农”，提升对家庭农场、专业大户、农民专业合作社和产业化龙头企业等新型农村经营主体的金融服务。二是把中小微企业客户作为发展的核心客户，充分发挥“短、频、快”的金融服务优势，深入开展“链条式”金融服务，创新适合中小微企业发展的信贷、理财、电子银行业务等“一揽子”金融服务，致力于做中小微企业的伙伴银行。三是充分发挥自身优势，抢先介入社区金融服务，延伸服务触角，以网点为依托，助农金融服务点为支持，电子银行业务为渠道，形成多渠道、全覆盖、立体化的服务体系。四是切实立足实际、紧贴涡阳地方经济发展的需求，加强银政战略合作，重点扶持重点企业、支柱产业、特色农业、工业园区、城镇建设等，实现与县域经济同生共长。

【金融创新】 一是坚持“超前规划、合理布局、抢占先机、着眼长期”的原则，把握网点“新建”和“调整”两条主线，加快网点重构布局和低效网点调整改造进度，优化调整网点形态结构，强化网点精细化服务管理。进一步提升网点硬件设施，增设网银体验区、排队叫号机、自助填单机、ATM/CRS（存取款一体机）设备等硬件设施，提高电子银行柜面替代率，减少柜面资源占用，提高网点综合服务水平。二是在继续发挥好网点优势的基础上，积极布局移动金融、互联网金融，大力发展手机银行、网上银行、微信银行等电子银行，大力推广基于电子商务平台的商品交易支付功能“社区 e 银行”。加快金融便利店、农村金融服务室的建设，合理布设电子机具、提高普惠金融的覆盖面，努力打通金融服务“最后一公里”。三是坚持以客户和市场为导向，按照监管部门要求探索事业部制，在条件成熟时，成立三农服务事业部、小微贷事业部、信用卡事业部等。加大对部门授权力度，进一步完善零售营销管理部、公司营销管理部的职能和定位等。进一步完善信贷授信审查，实行大额集中审查和电子流程，提高办事效率。逐步形成机关为基层服务、后台为前台服务、全员为业务服务，全行为客户服务的格局。

2015年创新开办4321、532比例再担保贷款、税融通、扶贫贷款等信贷业务品种，积极开办杜鹃公务卡、各类代理业务；尤其是社保卡，既有社保功能，又有存、取款、转账功能；开展了金融知识“进社区、进学校”活动，通过“外拓扫街”“摆摊设点”，使服务进社区、进学校、进楼宇、进商铺、进企业，架起与百姓、学校、企业、商户的“连心桥”。为辖内农户、商户及小微企业提供全方位的金融服务，把服务真情播种在广大人民心中，将涡阳农商银行打造成为涡阳人民首选银行。

【服务发展】 抢占县域金融市场，积极开展零售业务。一是抢抓城市发展、要素市场建设带来的个人金融业务源头市场，大力拓展网上银行、手机银行、代发工资、拆迁补偿资金归集等业务。二是抢占重点商品交易市场。以个人融资、个人结算为切入点，积极拓展市场商户等个私业主老板客户群体，加快网上银行、手机银行、POS、社区e银行等业务的推广营销力度，拓展占领市场。三是加快进入旅游、教育、婚庆等新型消费品市场，满足消费扩展和消费升级客户的金融需求。四是尽快进入物流、中介服务、物联网等现代服务业市场，通过与中介机构、事务所、电子支付等第三方机构合作，服务好普通职员。五是进入生产资料、房地产、人力等新兴要素市场，寻找新的客户群体。同时，通过开展集群式营销，重点发展私营企业主和个体经营户等“小老板”、公司普通职员等“小白领”、科级以下“小公务员”，以及大学生、自由职业者等五类客户群体，改变农商银行以往白发客户多、黑发客户少的情况，进一步壮大客户规模对个人金融业务发展的支撑作用。

【加强管理】 一是由传统“部门银行”向“流程银行”转变。打造优化业务和管理流程，使所有的业务和管理活动都纳入流程之中，都能按科学、有效的流程来运行。二是由追求规模速度向规模、质量和效益并重转变。通过优化资产结构、降低风险资产、提高风险溢价等方式，以增加盈利、精细管理提高内源性资本积累，研究以资本占用、风险权重、风险调整后利润为主要指标的绩效考核体系，全面提升经营规模、管理能力、质量效益，市场竞争力和社会美誉度，达到有内涵、有质量的长期可持续发展。三是从偏重农村业务向统筹城乡业务发展转变。随着城镇化进程加快，原先在农村、城乡结合部的网点逐渐萎缩，拓展城区业务是补长农商银行的业务短板、完善服务功能的重要途径。在深耕细作“三农”、城乡结合部优势业务的同时，大力拓展城区业务，依托城区产业向城乡结合部、农村的辐射效应，延伸、链接金融服务链条，统筹城乡资金，实现以城带乡、城乡一体的城乡统筹业务发展新格局。

（县农商行供稿）

中国邮政储蓄银行有限责任公司涡阳县支行

ZHONGGUO YOUZHENG CHUXU YINHANG YOUXIAN ZEREN GONGSI GUOYANGXIAN ZHIHANG

【概况】 2015年，涡阳县支行坚持以科学发展观为指导，紧紧围绕改革、发展、稳定大局，认真贯彻落实省、市邮储银行工作会议精神，跟随省市分行的工作安排部署，以企业转型为突破，以拓展市场为中心，以提升效益为目标，以能力建设为重点，全行上下精诚团结、锐意进取、攻坚克难，通过不断的优化与调整，县支行在业务经营、风险防控、强化管理、改善服务和构建和谐企业等支行建设方面都取得了一定成绩，更为2016年支行发展打下基础。

【业务发展】 县支行储蓄时点余额达到123554.56万元，较2014年年底净增18994.56万元；储蓄日均余额达到116776.27万元，较2014年日均净增14960.22万元，完成年计划的106.86%。小额贷款本年净增777.2万元，结余7956.1万元。消费贷款本年净增7630.8万元，结余15514万元，其中一手房净增2484万，结余6339万元。个商贷款本年净增1786万，结余12433万。小企业贷款本年净增700万元，结余2585万，各项贷款累计净增10894万元，结余38488.3万元。不良贷款结余49.3万元，不良贷款率0.14%，较2014年，不良贷款额下降了43.05万，不良贷款率下降了0.21个百分点，实现了不良贷款的双降。

【加强管理】 2015年，县支行不断加强内部管理，努力提升企业运行效率，进一步完善和梳理行内各项规章制度，逐步实现各项工作均有规可依，依规治行；稳步开展定员定编工作，在市分行的岗位设置及人员配备的要求下，按照将合适的人放到合适岗位上的原则，优化前后台人力资源配置，将资源配置向一线倾斜；实施目标精细化管理，制订岗责清晰的考核方案，将各项任务指标分解到每个单位和个人，分层督促每月每周每日的计划完成情况；改善行风行貌，积极开展组织培训，坚持召开晨会夕会，对从业人员明确当日工作目标，并做好总结，对培训和日常工作进行测评，督促员工积极学习各项业务制度，提高业务素质和服务水平。

【基层党建】 一是扎实开展“三严三实”专题教育，深入推进作风建设。县支行党支部根据全行实际制订了“三严三实”专题学习教育实施方案，并将实施方案及时向全体党员传达，同时要求各支部全体党员干部要认真学习有关文件、材料，按要求开展了相关活动。二是坚持做好新形势下的思想政治工作，通过坚持政治、业务学习例会制度，不断宣传贯彻全行的发展目标和发展战略，培育和发展企业文化，切实提升县支行党员干部的思想政治素质，提高员工的业务发展积极性及对企业的归属感。三是不断加强组织建设，强化党员队伍建设。县行党支部贯彻“以人为本”的战略思想，结合县行业务发展的实际，引入竞争机制，不断完善和推进人事制度改革，把县支行有能力、懂业务、会管理的员工选拔到干部岗位上来，使干部队伍更加坚强有力，增强了党组织的凝聚力、向心力和战斗力。

【服务发展】 县支行以提高网点竞争能力和推动网点功能转型为目标，针对网点在基础服务中存在的薄弱环节，加大对网点的督促和指导，不定期做好网点规范化检查工作。县支行在发展中不断提升网点服务能力，以“网点分类、功能分区、客户分层、业务分流”为原则，以增强营销能力为重点，全面推进营业网点、自助设备、电子银行和客户营销队伍四大分销渠道建设，全力打造方便、快捷、覆盖面广、纵横交错的服务网络，以提高营业网点、营业人员的服务水平和服务能力为根本，使全行服务管理水平上一个新台阶，用优质服务提高了支行的综合竞争力。

（县邮政银行供稿）

安徽涡阳湖商村镇银行

ANHUI GUOYANGHU SHANGCUNZHEN YINHANG

【经营概况】 2015年年末各项存款余额20252万元，比年初新增6692万元。各项贷款余额11196万元，比年初新增2192万元，各项收入1665.4万元。实现利润346.9万元。资本充足率为51.3%,；拨备覆盖率174.21%；拨贷比3.44%；；流动性比率106.78%；存贷比55.28%。资本充足水平较高，具有较强的风险抵御能力。

【加强经营管理】 坚持市场定位，积极拓展小微企业贷款。在信贷投向上坚持支农支小的市场定位，优先支持经营暂时遇到困难的企业、优先满足实体小微企业的融资需求、优先支持符合产业政策且与地方经济发展相适应的实体经济企业。简化贷款手续，建立高效的信贷审批机制。建立完善激励约束机制，突出效益导向作用。

【加强内控建设】 建立信贷管理机制，完善风险管理体系。加强行业风险管理，坚持审慎原则，对风险较大的钢贸、光伏等重点行业和房地产、政府融资平台不涉足，确保风险可控、稳健经营。认真做好风险评价工作，严格控制信用风险。四是整章建制，完善内控制度体系。严格按照“内控优先、制度先行”的原则，修订各项制度。

【加强自身建设】 积极参与主发起行组织的各类培训活动。积极组织干部员工进行培训，先培训后再实地上岗。开展针对性的学习培训活动。对辖区内客户经理每周组织开展了一次学习，规范信贷操作。同时积极组织员工学习新的业务流程、新的规章制度，加强临柜业务操作风险防范。加强企业文化建设。组织全行深入学习企业的宗旨、使命、愿景、核心价值观、口号等企业文化，通过核心价值观的构建，培育员工的认同感和归属感。

（县湖商银行供稿）

涡阳金阳建设投资有限公司

GUOYANG JINYANG JIANSHE TOUZI YOUXIAN GONGSI

【概况】 涡阳县金阳城市建设投资有限公司（简称：金阳建投公司）成立于2006年，是经涡阳县人民政府批准成立的国有独资有限公司，公司注册资本为2.6亿元；按照经营城市的理念，经营范围涉及土地收储、开发，房地产、教育、医疗、市政工程建设、村镇建设、管理，做好投融资工作，促进城市经济发展，以资本、资产的市场化运作方式，确保国有资产的保值增值。

【融资情况】 金阳建投公司在县委、县政府的坚强领导和各部门的大力支持下，公司融资数额连年提升。2015年签订11笔贷款合同，总金额23.26亿元，已提款11.48亿元；已审批通过尚未签订借款合同贷款8亿元。

【资产注入情况】 2015年，涡阳乐行城镇发展投资有限公司通过招拍挂方式，竞得县国土局公开出让的十四宗国有土地使用权，面积合计899.66亩，土地价值15.41亿元。

【改革创新】 2015年建投公司与安徽省合肥汽车客运有限公司合作，分别成立了涡阳县金阳公交有限公司和涡阳出租车有限责任公司，都取得了很好的社会和经济效益；并在乐行发展公司名下新组建了9家公司，分别用于棚户区改造、农村路网、水利设施、文化旅游、城市基础设施等项目建设及融资，同时将乐行发展公司变更为乐行控股集团。

【加强管理】 制定了《薪酬管理办法（试行）》及《绩效考核管理办法（试行）》，同时，为了适应现代市场经济大环境，在县委、县政府的大力支持下，2015年，亳州市建安集团外派高层人员到金阳建投公司指导工作，使金阳建投公司更好地学习借鉴大型城投公司的管理和运营形式，谋求更好的发展。

此外，在发展中推进人才强企战略的实施，根据公司发展的实际需要，进行社会公开招聘，充实实用型专业人才队伍，推动公司跨越式发展，并在2015年5月选聘副总经理和财务总监，聘请具有与公司业务相关的专业技术水平和技术特长的人才或有较强管理能力的高端人才。

【服务发展】 公司一直以“建设城市，发展城市”为理念，致力于为全县经济发展做出更大的贡献，在棚户区改造、水利设施、文化旅游、公共交通、城市基础设施等项目都有所贡献。为了更好的发展，公司将积极转变观念、尽快适应发展新环境，创新工作思路，冷静分析经济发展新形势，拓宽融资渠道，加大与金融机构的对接力度，保障重点建设项目资金需求，各相关部门之间相互沟通、协调配合、形成合力，共同推进，加快形成多元化的融资机制。

（县金阳建投公司供稿）

涡阳兴阳担保有限公司

GUOYANG XINGYANG DANBAO YOUXIAN GONGSI

【概况】 公司成立于2006年4月，注册资本27788万元，现有员工13人，设有风险部、财务部、业务部和办公室四个部室。公司于2015年10月搬迁至县经开区管委会三楼，主要经营范围是为县内依法设立、合法合规经营的工农业领域的中小微企业提供贷款担保、票据承兑担保、贸易融资担保、项目融资担保及信用证担保等。

【业务发展】 公司自成立以来，积极与县内金融机构开展合作，充分发挥担保作用，着力改善中小微企业的融资环境。2015年，提供担保896笔，担保额86178万元，为县内中小微企业提供担保241笔，担保额79468万元，取得担保业务收入1316万元。

【创新思路】 公司注重担保企业的成长性，在充分了解担保企业情况的前提下，对缺乏反担保条件的企业，通过多种反担保方式，使企业达到融资条件。同时，对各商业银行认可的资产，如土地、房产等有效资产依据风险程度适当放宽折扣率，提高企业的授信额度。公司还不断扩大服务范围，增加服务性担保品种，先后增加了林权证质押担保、城乡妇女创业、下岗人员再就业小额担保贷款业务等。

（县兴阳担保公司供稿）

中国人保财险股份有限公司涡阳县支公司

ZHONGGUO RENBAO CAIXIAN GUFEN YOUXIAN GONGSI GUOYANGXIAN ZHIGONGSI

【概况】 人保财险涡阳支公司成立于1984年，是中国人民财产保险股份有限公司的县级公司，是涡阳县唯一一家国有性质的非寿险保险公司。公司内设综合部、财务部、车险部、非车险部、理赔部、农险部、大客户服务部和营业厅，现有人员80余名。开办险种有机动车辆保险、财产保险、责任险、意外险等，公司以“人民保险为人民”为宗旨，一如既往为涡阳经济发展保驾护航。人保财险涡阳支公司现有办公大楼一幢，固定总资产达600余万元，各类办公终端、微机设备30余台，为客户提供完善的承保理赔服务。

【经营情况】 面对竞争激烈的保险市场，人保财险凭借突出的优势和良好的客户合作基础，始终占据着涡阳保险市场的主导地位，尤其在大型商业风险、政府采购、行业统保等集中型业务以及车辆保险、家财险等分散型业务领域，处于绝对领先地位。2015年实现保费收入8566万元，为稳定涡阳经济，促进经济发展贡献了自己的力量。

【公司服务】 公司率先在全国开通365天24小时服务专线“95518”,随时随地为客户提供报案、咨询、投诉、保险卡注册、车辆救援、预约投保和客户回访等多功能、个性化服务。

（县人保财险公司供稿）

中国人保寿险股份有限公司涡阳县支公司

ZHONGGUO RENBAO SHOUXIAN GUFEN YOUXIAN GONGSI GUOYANGXIAN ZHI GONGSI

【概况】 中国人寿涡阳支公司现有员工29人，保险从业人员1400多人。公司下设五个部门，分别为:客户服务部、综合管理部、个险销售部、团体业务部、银行保险部。为积极履行行业和社会责任，涡阳支公司充分发挥保险业社会“稳定器”和社会“助推器”的作用,主动与医保中心、计生委、老龄办等单位密切合作，积极开拓农村小额保险、计生保险和老龄险，赢得了社会各界和广大群众的高度认同。

【经营范围】 公司业务范围包括：人寿保险、养老保险、分红投资理财保险、人身意外伤害保险和健康保险五大系列100多个保险险种。目前已形成了门类齐全、配套全面、覆盖城乡和涵盖人的生、老、病、死、残等各方面的服务体系，完全能够满足社会各界和人民群众的寿险需求。

【公司业绩】 公司秉承“成己为人、成人达己”的企业文化核心理念，遵循“诚信为本、稳健经营”的企业宗旨,恪守“创新、拼搏、务实、奉献”的企业精神，认真做好单位各项工作。2015年保费收入再创新高，全年保费达到17671.6万元，其中新单保费6065.46万元，同比增长32.66%，受理理赔案件1047件，赔款金额652.56万元，年末保险从业人员达到1460人。2015年中国人寿涡阳支公司缴纳地方税费236.57万元。

（县人保寿险公司供稿）

平安保险涡阳县支公司

PING'AN BAOXIAN GUOYANGXIAN ZHIGONGSI

【概况】 中国平安财产保险股份有限公司是中国平安保险集团长期以来经营和发展的基础，26年来，中国平安产险业务规模逐年攀升，业务发展稳健。2011年，公司获中国保监会核准同意，注册资本达到170亿元人民币。经营区域覆盖全国，在国内各省市、自治区设有二级机构，1800多个营业网点。为全国人民提供优质的服务。2015年中国平安财产保险股份有限公司涡阳支公司在2014的基础上继续做大，为涡阳县经济发展贡献力量，同时也积极配合政府各项工作的开展。中国平安财产保险股份有限公司涡阳支公司2015年保险收入6015.2万元，代征代缴车船税394.58万元，2016年保险预计收入6880万元。

【业务范围】 中国平安财产保险股份有限公司涡阳支公司主营业务为车险，提供贴心服务、微笑服务。业务范围除车险外，还包括财产险、工程险、货运险、责任险及意外健康险等一切法定产险业务及国际再保险业务，近年又适时开发推出了电话营销专用车险、环境污染责任险、理财宝家庭投资型保险、境外旅行意外伤害保险、生育保险等符合市场需求的新险种，目前经营的险种已达200多个。电话营销专用车险也受到了客户的普遍欢迎，更加优惠，更加便利。

【理赔服务】 中国平安财产保险的创新车险理赔技术手段一直在创新提高，在之前理赔服务技术的基础上，2015年又推出电话直赔、微信直赔等手段，客户只需关注平安产险公众号，就可跟踪案件进展情况，自主交单，减少客户处理时间，同时提升客户NPS体验。

（县平安保险公司供稿）

证 券

ZHENG QUAN

【概况】 华安证券股份有限公司前身为1991年设立的安徽省证券公司，是安徽省最早设立的专营证券机构；2001年安徽省证券公司在合并安徽证券交易中心的基础上增资扩股成立华安证券有限责任公司；2012年华安证券有限责任公司整体改制变更为股份有限公司（证监许可〔2012〕1409号文），注册资本28.21亿股。2009年12月25日经中国证监会核准设立，涡阳证券营业部成立，是县唯一一家经中国证监会核准设立的合法证券经营机构。公司业务范围涵盖证券经纪，证券投资咨询，与证券交易、证券投资活动有关的财务顾问，证券承销与保荐，证券自营，证券资产管理，融资融券，代销金融产品，证券投资基金代销，为期货公司提供中间介绍业务等，为广大客户提供专业高效的投资和融资服务。2015年12月28日搬迁至时代广场，更名为华安证券涡阳时代广场营业部，营业部面积600平方米，分“交易大厅”“中户室”“大户室”，环境优雅，服务精良；另外设置了温馨的理财室和业务洽谈室，让客户与公司的服务团队的沟通更加顺畅。

【各项业务】 1. 账户规范管理。加强账户规范管理，做到客户及时规范办理各项业务信息修改和补充，确保客户账户信息真实准确。2. 打击非法证券活动。长期开展打击非法证券宣传教育，向投资者介绍非法证券定义、主要表现形式、常用手段、非法证券活动对社会的危害以及从事非法证券活动会受到法律处罚，活动取得较为满意成效。3. 备战业务创新。紧密结合市场热点，及时做好业务创新投资者教育工作，进行基础知识介绍、交易流程介绍等组织投研团队开展投资讲堂，或者通过远程视频会议向营业现场投资者介绍相关知识及投资策略。及时协调各个部门进行业务创新和开展。4. 反洗钱工作。积极配合人行管理工作，加强反洗钱培训和知识普及，做好反洗钱客户身份识别、客户身份资料、交易记录保存管理以及客户风险等级划分。反洗钱信息报告员定期向反洗钱监管机构报送反洗钱非现场监管报表；定期向公司总部报送大额交易、可疑交易报告。营业部取得较好效果，未发生一例洗钱案件。5. 积极参与争先创优活动。连续五年和团县委开展各项公益、爱心活动，取得较好的社会反响，连续多年获得各项荣誉。营业部潘鹏飞、李玉龙连续获评安徽省优秀证券从业人员，营业部被授予安徽省优秀服务先进证券营业部等荣誉称号。

【服务社会经济发展】 证券业是围绕服务实体经济和居民财富管理这条主线发展的，从整个经济运行看，支持企业改革、加快科技创新、实施发展战略等都需要证券市场的稳定健康发展，同时证券市场主体正发生质的变化，在各种政策的推动下，机构投资者越来越多。证券行业在国民经济中各项指标全面提升，加快社会直接融资规模，转型创新起到专业的支撑作用，并成为影响整个国民经济发展的重要因素。

（县华安证券公司供稿）

教育　科技

JIAOYU KEJI

涡阳

GUOYANG

教　育

JIAO YU

乐行幼儿园南校

【概况】 涡阳县是安徽省历史文化名城，春秋时期伟大的哲学家、思想家老子的诞生地，道家思想文化的发源地。历史悠久，贤哲辈出，文化底蕴深厚。2000多年来，涡河儿女，老子后人，秉承先哲遗风，尊师重教，传道授业，读书厚德，育人兴邦。“处无为之事，行不言之教”的教育思想，深植于道德传统文化的根基，续写着老子文明进步的历史新篇。

近年来，涡阳县委、县政府积极贯彻落实《国家中长期教育改革与发展规划纲要（2010—2020）》，把教育摆在优先发展的战略地位，紧抓教育改革良机，着力发展教育大业，以“办人民满意的教育”为最高追求，全面落实新机制，奋力实现新突破。教师队伍建设不断加强，中小学布局科学调整，危房改造工程步伐加快，薄弱学校快速崛起，教育信息化进程快速推进，办学条件进一步改善，教育教学质量得到显著提高。

教育投入与支出

JIAOYU TOURU YU ZHICHU

【全口径教育经费投入概况】 2015年涡阳县各级各类学校教育经费投入总额为148559万元。

乐行幼儿园南校

【教育支出情况】 2015年教育支出共计153614万元。其中，中等职业教育支出2284万元，基础教育支出140772万元，特教学校支出258万元，幼儿园支出7150万元，其他支出3068万元。

【公共财政教育支出和经常性财政收入情况】 2015年公共财政教育支出91978.7万元，经常性财政收入157689万元。

义务教育经费保障机制改革

YIWU JIAOYU JINGFEI BAOZHANG JIZHI GAIGE

2015 年义务教育公用经费资金 11499.6 万元。其中，中央、省级拨付资金 10749.3 万元，县配套资金 570.3 万元，县本级承担省定预算内公用经费 180.3 万元。补助经济困难寄宿生生活费 440 万元，到位免费提供教科书资金 1492.4 万元。

学生资助工作

XUESHENG ZIZHU GONGZUO

【涵盖广泛】 学生资助体系建设健全，包含中职国家助学金、中职免学费、普通高中国家助学金、贫困大学新生入学资助项目、中央彩票公益金、家庭经济困难大学生生源地助学贷款等多个项目，做到应助尽助，切实保障贫困家庭学生能够上得起学，顺利完成学业。

【管理得到强化】 健全保障制度。涡阳县教育局先后制定并完善了《涡阳县中职学校和普通高中家庭经济困难学生资助工作实施办法》《涡阳县学生资助工作月巡视制度》等一系列文件，完善制度，做到有章可循。制订切实可行方案。结合实际，涡阳县教育局 2015 年先后出台《涡阳县家庭经济困难学生就学扶助工作实施办法》《涡阳县家庭经济困难学生就学扶助受助资格认定办法》，积极落实就学扶助项目。

【标准化建设】 2015 年，在涡阳电大院内，先后投入建设资金 20 余万元，建成二百多平方米的涡阳县标准化资助中心。

体卫艺与国防教育

TIWEIJI YU GUOFANG JIAOYU

【扎实开展学校体育工作】 认真贯彻落实《国务院关于加强青少年体育增强青少年体质的意见》和教育部等三部委《关于开展亿万学生阳光体育运动的通知》精神，积极开展“体育、艺术 2+1 项目”学校实施工作。

广泛开展阳光体育活动。各学校根据本校实际情况和学生的特点，组织了各具特色的大课间和多种形式的课外体育活动，以城关中心校的手球，城关五小的五禽戏，城关二小的少年太极拳为代表，保证了学生每天锻炼 1 小时的教学计划。

【食品安全常抓不松】 针对学校食堂、小卖部食品安全管理召开全县学校食品卫生安全会议，要求各学校认真开展自查整改。同时要求各学校进一步明确责任、完善制度，加强对食堂、小卖部从业人员的管理，加强对学生食品安全意识的宣传教育。不定期与涡阳县市场监督管理局对学校食堂卫生开展专项督查，保障食品安全工作落到实处。

【扎实开展艺术教育工作】 统一规范文体活动课程，学校的第二课堂呈现出喜人的局面：书法、围棋、武术等走进了学生的日常生活。各校完善了课外文体工程机构，着力建设适合本校的运动队、合唱队、舞蹈队和兴趣小组，丰富了学生的学习与生活，促进了学生身心的健康发展。

【国防教育扎扎实实】 认真贯彻《中华人民共和国国防教育法》和《学生军事训练规定》，围绕国防教育的主题内容，组织开展多种形式的革命传统教育、国防知识教育。开展全县学校学生军训工作调研，进一步规范军训工作。督促学校落实国防教育课程计划，开辟国防教育阵地，利用橱窗、黑板报、校园网站开辟专栏，强化国防知识教育宣传力度，创建良好舆论氛围。

招生工作

ZHAOSHENG GONGZUO

【顺利完成招生工作】 涡阳县教育局精心组织中高考、成人考试工作，圆满完成招考任务。招生考试组织工作连续第 18 年被亳州市教育局评为第一名。2015 年，本科达线评比，A 类省级示范高中涡阳一中全市排名第二、B 类省级示范高中涡阳四中全市排名第一。2015 年涡阳县中考报名 10384 人；高考报名 6840 人，录取 5937 人，本科达线 2575 人；成人考试报名 954 人，录取 751 人。

【改进中考招生制度】 2015 年，亳州市教育局首次将国学经典教育纳入全市 2015 年初中毕业学业考试。考试内容为《亳州市中小学国学经典教育丛书》八至九年级卷读本，试卷满分为 100 分，按卷面得分的 10% 计入中考成绩。

教师队伍建设、人事制度管理

JIAOSHI DUIWU JIANSHE RENSHI ZHIDU GUANLI

【教师补充机制进一步完善】 完善中小学教师招聘“省考、县管、校用”制度，严把教师“入口关”。涡阳县继续实行新教师招聘制度，完善教师补充机制，按涡阳县教职工编制，根据缺编情况，及时补充教师。2015 年共补充教师 618 人，其中中小学教师 274 人，幼儿园教师 96 人，特岗教师 68 人，引进县外优秀教师 180 人。按岗位管理，由县直落实到校，全面推行由“编制管理”向“岗位管理”的转变，促进教师资源优化配置。2015 年 8 月，涡阳县首次开展引进涡阳籍在外在编优秀教师工作，共引进教师 180 人，除 50 名新教师在县城高中任教外，其余全部补充到农村地区任教，充实农村地区教育。

【积极探索无校籍管理】 全面实施义务教育阶段学校招聘教师全部安排到农村留校任教，城区学校缺编教师从农村集镇学校遴选，集镇学校缺编教师从村级学校遴选。逐步实行城乡统一的中小学教职工编制标准，涡阳县教育局已先期做好了新的编制核实，学区内中、小学和教育编制统一核定到乡镇学区中心校，积极推行教师岗位聘任。

【实施教师交流制度】 涡阳县推行城区内校际之间、城乡之间，学区内校际之间教师定期交流，同时要求每年义务教育阶段教师交流人数占教师总数的比例不低于 10%。不断加大城镇教师支教力度，使县城教师有更多机会到农村支教，采取手拉手，结对帮扶，名师讲师团，听评课等多种形式，把优质教育资源送到农村中小学薄弱学校。

【实行教师、校长表彰奖励制度】 2015年度，涡阳县委、县政府表彰优秀教师200名、先进教育工作者30名、优秀班主任100名、优秀校长20名和教育管理先进单位30个。表彰市优秀教师48人、课改标兵9人。

【开展“3116”名师评选】 2015年，评定省特级教师5人，评选出市级教坛新星73名、市骨干教师35名、市学科带头人13名和市特级教师7人。评选出县级教坛新星57名和县级骨干教师35名。继续发挥“名师工作室”名师的辐射、引领、示范作用，推进基础教育改革与发展，推动全县教研活动的开展。

【推进职务（职称）制度改革】 根据省政府统一部署，涡阳县是职称改革试点县，完善教师职务（职称）评价标准和评价办法，职务（职称）晋升向农村小学和教学点专任教师倾斜。健全职称制度体系，改革原中学和小学教师相互独立的中小学职称体系，设置从正高级职称到员级5个等级。改变原来中小学教师职称评审过分强调论文和学历的倾向，坚持重师德、重能力、重业绩、重贡献。

【完善校长管理和年度考核工作】 建立重能力，比贡献评价机制，坚持平时考核、年度考核和任期考核制度。2015年教育局下发了《关于全县教育系统校级领导班子进行综合考核的通知》（涡教〔2015〕352号）文件，对全县教育系统校级领导班子进行综合考核，通过考核，科学评价学校年度的工作成效，全面、客观、公正的考核校级领导班子年度履职情况和工作业绩。

【完善健全教师培训体系】 认真贯彻落实上级有关培训工作文件精神，出台《涡阳县年度教育系统各级各类培训计划》，对全县管理干部和教师进行多层次、多渠道、多类型的培训。满足广大中小学教师专业化教育教学需求。

【实施乡镇工作补贴】 根据安徽省人力资源和社会保障厅、安徽省财政厅皖人社发〔2015〕34号文件精神，自2015年1月起，在乡镇（不含街道）工作的正式工作人员，按照工作乡镇偏远情况（一般乡镇和偏远乡镇）和在乡镇工作时间长短享受200—500元不等的补贴标准，且每月随工资一并发放。有6327名教师享受乡镇工作补贴。

基础教育课程改革

JICHU JIAOYU KECHENG GAIGE

【概况】 自2006年秋季开始，全县基础教育各

五中南校

学段全部进入新课程。2013 年以来，涡阳县基础教育课程改革进入本轮改革的攻坚阶段，课堂教学改革呈现新的特点：从注重课程目标、课程理念、课程内容和课程的评价、管理（教材的建设）转变为更加注重课程的高效实施，倡导新的课堂观、学生观、发展观，关注学生发展、注重教师成长、重视以学定教。

【教师专业成长迅速】 2015 年，在亳州市“3116”名师评选中，涡阳四中三十余位老师分别获得市“特级教师”“学科带头人”“骨干教师”“教坛新星”等称号。十余位教师在省市优质课大赛中获奖。多名青年教师外出省内外上示范课传播课堂教学改革成果。

【教科研成果显著】 涡阳四中围绕高品质课堂教学改革立项了八个市级课题。针对教学改革中的一些典型问题、疑难问题，进行了有目的、有计划的专题性研究。教师的科研能力得到很大提升，2015 年度教师在 CN 刊号杂志上发表及教研部门组织评审获奖的论文 120 余篇。

【高考培优实现突破】 2015 年高考，涡阳四中李矫阳、张子乐分获亳州市文科第一、第二名，学校连续两年获得亳州市省示范高中教育教学成果评比一等奖。

【学校影响日益扩大】 2015 年，共有来自河南、江苏及省内八百余位教师到四中进行交流。涡阳县委书记、县人大常委会主任胡明文等领导亲临四中检查指导工作。亳州市教育局石磊副局长一行走进教室听课，对四中的高品质课堂改革给予了充分的肯定。

校园安全建设

XIAOYUAN ANQUAN JIANSHE

【完善工作机制】 牢固树立“预防为主，标本兼治”的工作思路，坚持“一级抓一级、层层抓落实”的策略，竭力做到“人防、物防、技防”相结合，努力消除安全隐患。教育局在成立安全工作领导小组的同时，与基层学校签订责任书，落实各自在安全管理中的责任。结合综治宣传月活动，对校园及周边环境开展安全大检查，并及时整改。出台《涡阳县接送学生车辆专项整治方案》，做到校车管理规范化。

【扎实开展宣传、教育工作】 汛期来临之前，教育局专门组织召开中小学生防溺水会议，并要求各学校将防溺水宣传工作落实到位。2015 年，全县中小学共发放《致学生家长一封信》20 余万张，宣传卡片 18 万份，宣传画 8000 余张，重点地段、部位设置警示牌 500 余块，

五中南校雕塑——知识宝库

悬挂横幅500余条，在公开栏内和较集中处张贴各种标语3000余条。同时，通过开展防灾减灾、应急疏散演练活动，印发《关于进一步做好春节及寒假期间学校安全工作的通知》，通过下发“把安全知识带回家”等举措强化日常安全宣传教育。

【完善治理机制】 县校园安全工作形成以教育主管部门为主体，多部门共同配合，重拳出击与日常管理相结合的全方位、多层次的治理机制。充分利用网络向学生家长发布安全信息，主动邀请县市场监督局、消防队、交通等部门检查县公办民办学校、幼儿园。

【长抓教育法制建设】 教育局组织各学校法制副校长每年进行2次法制培训，各学校积极开展法制安全宣传课，进一步提高了全县中小学生法制观念，提升了青少年学生的法律意识。

教育纪检监察

JIAOYU JIJIAN JIANCHA

【完善风险防控机制】 2015年，进一步完善对干部人事、财务管理、物资采购、资产管理等重要岗位环节的规范、管理和监督相关的制度。

【严格落实党风廉政建设】 2015年，认真贯彻落实中央改进作风“八项规定”和省市实施意见，整治庸懒散奢等不良风气。对县纪委转来的9名被处理人，按照规定分单位开展“以案促建”工作，警示广大教职员工。

教育设施建设

JIAOYU SHESHI JIANSHE

【大力实施“全面改薄”计划】 2014—2015年度，两年规划完成了129所改薄项目学校，规划投入资金15000万元（其中中央资金10800万元，县级资金4200万元），涉及单体项目212个，规划校舍建设面积57640平方米，运动场面积288299平方米。

【学前教育建设稳步推进】 积极贯彻落实《国务院关于当前发展学前教育的若干意见》、安徽省第二期学前教育三年行动计划，2015年学前教育项目共11个，其中改扩建项目6个，新建幼儿园5个，建设面积13194平方米，投入建设资金1494万元，截至12月底，11所幼儿园项目全部完工。

【实施初中改造工程项目】 2015年三所初中工程项目分别在高炉杨瓦房中学、陈大张集中学、马店王尧中学实施，三学校建设面积均为1600平方米，每个项目投入资金280万元，2015年底基本完工。

基础教育信息化建设

JICHU JIAOYU XINXIHUA JIANSHE

【班班通建设快速推进】 涡阳县以国家实施农村义务教育薄弱学校改造计划为契机，快速推进教育信息化基础设施建设。截至2015年，全县义务教育学校“班班通”的覆盖率达到 98% 以上。

【宽带网络建设全覆盖】 积极落实《安徽省教育厅基础教育信息化建设工程实施方案》文件精神，目前，涡阳县所有班班通项目学校都接入了 20 兆以上的宽带网络，网络布线覆盖到班班通设备的每个班级，全县中小学宽带网络接入率达 98% 以上，居全省前列。

【信息技术应用能力培训大力开展】 以基础教育信息化建设为抓手，推进信息技术“人人会”的建设。2015 年进行多媒体远程教学设备维护和备课软件应用培训，培训 2500 人。

【在线课堂实现突破】 2015 年，涡阳县农村边远地区 73 个教学点配备了视频接收播放系统，完成教学点数字教育资源全覆盖目标。被定为全市唯一在线课堂建设试点县。

民办教育

MINBAN JIAOYU

【民办教育快速发展】 涡阳县正式审批设立的民办学校共计 78 所，其中幼儿园 38 所，小学 13 所，初中 25 所，普通高中和职业高中各 1 所；在校学生 6.9 万人，在校教师近 3965 人，民办学校在校生占全县在校学生总数的比例约为 20%。义务教育阶段民办学校总资产达约 4 亿元，总占地面积 60 万平方米，总建筑面积 25 万平方米，教学仪器总价值 700 万元，图书 7 万册。2015 年中考，育萃中学有 2 名学生取得全市并列第一的好成绩。

【民办学校申办便民化】 2015 年 3 月，涡阳县教育局网上办事大厅开通运行，民办学校举办者通过亳州市“网上办事大厅”提交相关资料，即可完成申报工作。

基础教育

JICHU JIAOYU

【学前教育发展迅速】 学前三年毛入园率 89%，在校幼儿学生延续稳步增加态势。幼儿园总计 128 所，在园幼儿 49686 人，其中公办幼儿园 90 所；民办幼儿园 38 所，其中民办普惠性幼儿园 16 所，在园幼儿 3771 人。A 类看护点 9 所，在园幼儿 3492 人；B 类看护点 124 所，在园幼儿 8887 人；C 类看护点 0 所。

【义务教育办学条件得到改善】 以标准化学校建

涡阳一中新区

设、村小提升工程、学前教育三年行动计划、教育民生工程以及“全面改薄”为抓手，各级各类学校软、硬件建设不断加快。

【推进标准化学校建设】2014年年底，涡阳县均衡发展通过国家验收，受到国家验收组及省教育厅高度评价。2015年2月，安徽省人民政府教育督导委员会下发通知，对在2014年通过国家级义务教育均衡发展评估认定的涡阳县予以通报表扬。

【实施村小提升工程】根据亳州市教育局《关于印发亳州市千所村级小学(2012—2016年)提升工程计划的通知》(教办〔2012〕65号)文件精神，涡阳县2015年对50所村级小学进行全面提升，每所村小拨付10万元资金。

【落实全面改薄计划】2014年—2018年，涡阳县五年规划投入改薄资金50174.44万元，涉及项目学校四百多所，其中校舍建设规划投入40142.13万元，设备购置规划10032.31万元。2014年、2015年涡阳县共有129所改薄建设任务学校，首批资金9180万元，覆盖52所学校，包括112个项目。

【城市学校布局科学调整】城南新区“四校一园”同步建设，新建乐行幼儿园、四小、五小、五中新校区，续建涡阳一中新区、筹建涡阳中学，将为城市学校新增学位近1万个。涡阳一中新校在2015年开始启用。乐行幼儿园新园2015年9月开始招生。新建城关四小、五小、五中新校已完成主体建设。

【农村学校布局得到优化】2015年涡阳县教育局对农村中小学布局进行大力调整。原小学361所调整到289所，减少规模小的村小72所，原初中72所调整到64所，减少规模小的初中8所，有效促进了资金投入、项目管理、师资资源统筹等进一步集中，使用效率进一步提升。

【普通高中教育】涡阳县共有高中学校5所，在校生17536人，分别是涡阳一中、涡阳二中、涡阳三中、涡阳四中、涡阳九中。其中涡阳一中、涡阳四中、涡阳二中为省级示范高中，涡阳九中为民办高中。

2015年普通高中基本情况

类别		学校数(所)	在校学生数(人)					
			计	总计中：女	总计中：寄宿生	一年级	二年级	三年级
总计		5	17536	8140	7653	6529	5786	5221
分办别	教育部门办	4	16618	7807	7653	6069	5445	5104
	民办	1	918	333	—	460	341	117

【规范中小学办学行为】全县开展规范办学行为的专项行动，出台《关于进一步规范中小学(幼儿园)办学行为的通知》等规范办学行为的文件。

【中小学德育工作】牢固树立“育人为本、德育为先”的教育思想，紧紧围绕立德树人的根本任务，积极探索新形势下中小学德育工作的新方法，多层次、全方位地开展教育活动。每年涡阳县教育局都对表现突出的教师进行表彰，2015年，表彰奖励了315名县级“优秀德育工作者”“优秀班主任”“优秀教师”。

2015年，涡阳县开展了首届“诚信少年”“读书少年”“校园之星”“孝心少年”“君子少年”评选活动，共表彰学生1024名。2015年12月，涡阳县开展“书香校园”建设评比活动。

积极开展国学经典进课堂活动。2015年，全县中小学校普遍开展“国学经典进校园”。全县中小学校将学习“国学经典”纳入学校的课程计划，同时用名言警句装点走廊，墙壁，美化校园、熏陶学生心灵。城关中心校、陈大中心校、西阳中心校等学校成为全市“国学经典进校园”优秀单位。

职业教育

ZHIYE JIAOYU

【概况】 涡阳县职业教育认真贯彻落实全国职业教育工作会议精神和《国务院关于加快发展现代职业教育的决定》文件精神，加快涡阳县职业教育的发展，实施技能型人才培养、农村劳动力转移培训、农村实用人才培训、城镇职工继续教育和再就业“四大工程”。

涡阳县现有中等职业学历教育机构三所，其中公办学校2所：涡阳县职业教育中心和涡阳县成人中等职业学校（职教办）；民办学校1所：涡阳县第九职业学校；从事职业技能培训的职业教育机构有涡阳县农机化技术学校、涡阳卫校、农广校、电大工作站和28个乡镇成人文化技术学校。

2015年10月，亳州市人民政府下发（亳政秘〔2015〕149号）文件，同意将涡阳县第九职业学校改制为亳州现代科技艺术中专学校，改变了我县没有普通中专学校的历史。

【中等职业学校招生稳步发展】 涡阳县教育局强化中职学校招生工作领导，实施“职教招生工作一把手”工程；中等职业学校招生实施“五个放开”，多次招生，春秋两季注册学籍。中职学校招生呈现逐年增加的态势，2015年招生6746人，较上年增加651人；在校生18505人，较上年增加3881人。

【中等职业教育基础建设进一步完善】 目前，涡阳县全县中职学校校园占地面积471478平方米，校舍建筑面积316922平方米，生均占地面积30.31平方米，生均校舍建筑面积20.37平方米，生均图书册数每生35.57册，2125台计算机，每百名学生拥有计算机13.72台。生均教学仪器设备每生3005.27元；涡阳县职教中心2015年春季建设了创业模拟教室和电子电器实验室。涡阳县第九职业学校，2015年，暑假期间投资3000多万元进行基础设施整改。

【职业教育办学模式与管理实现突破】 涡阳县中职学校积极推行两个“三段式”人才培养模式（即一年学基础、一年学技能，一年顶岗实习；一年在县级职教中心学习，一年在城市较好的职业学校学习，一年在企业实习）。

【职业教育教学改革成效显著】 涡阳县中等职业教育领域普遍开展“双证教育”。除毕业证书外，都掌握至少一门或多门相关工种的操作技能，考取相关技能等级证书，有的学校推行“多证书制”、有的实行“1+X证书制”。各学校所开设的通过国家技能鉴定的专业，毕业生通过职业资格技能等级考核通过率均在85%以上，其中获得中级证书达30以上。中职毕业生一次性就业率均在80%以上，双证教育成果显著。

成人教育

CHENGREN JIAOYU

【概况】 涡阳县教育局深入贯彻落实《国家中长期教育改革和发展规划纲要（2010—2020年）》，积极统筹开展成人教育工作，推进全民学习、终身学习的学习型社会建设。通过加强成人文化技术学校建设，实施农村劳动力转移培训，开展在职教师继续教育培训，举办全民终身学习活动周多项举措，努力夯实学习型社会坚实基础，切实提升全民文化技术能力，推进全民终身学习、可持续发展。

【乡镇成人文化技术学校建设】 涡阳县共有省级成人文化技术学校四所，多年来，围绕乡镇经济社会发展需求，积极整合教育资源，改善办学条件，拓宽办学思路，拓展办学内容，丰富培训内容，提升办学水平，积极引导和组织农村居民参加相关教育和培训。

【开展农村劳动力转移培训】 涡阳县教育局在积极指导学校进行学历教育的同时，努力做好农村劳动力转移培训工作。本着提高农民工就业技能为宗旨，以服务为保障，以创新为动力，充分利用职业学校的师资、实验实训设备和教材等优势，认真实施农村劳动力转移培训等工程项目。全县3个中职学校及28所乡镇成人文化技术学校开展了农村劳动力转移培训工作，2015年累计培训17913人（次），取得了良好的社会效益和经济效益。

【在职教师继续教育培训】 由涡阳县职教办承办全县小学、幼儿园师资培训业务，充分利用节假日，采用“引进来，走出去”等方式，建立对九年义务教育薄弱学科及幼儿园幼师加强培训的长效机制，对任教学科的基本理论、基础知识、基本技能及现代化教学手段和方法进行系统培训。

【举办全民终身学习活动周】 深入贯彻落实省教育厅皖教秘职成〔2015〕48号《转发教育部办公厅关于举办2015年全民终身学习活动周的通知》文件精神，涡阳县教育局积极举办全民终身学习活动周。2015年全民终身学习活动周推荐的“百姓学习之星”被本届全民终身学习活动周领导小组、中国成人教育协会授予“百姓学习之星”，这是安徽省五人中的其中一名，也是亳州市唯一的一名。

特殊教育

TESHU JIAOYU

【概况】 涡阳县特殊教育学校前身是店集镇宋牌坊宋丽三姐妹于1992年创办的涡阳县民办聋哑康复学校。学校坐落于涡阳县城淮中大道西路路北，老子骑牛像东200米处。学校现有任课教师18人，其中，大专学历5人，本科学历13人；教学班12个，在籍学生391人，全国贫困残疾儿童康复救助项目内生源人数就达到112人。

【学校办学条件】 涡阳县特教学校拥有智障、语训、孤独症康复等教学器材，建设了智障感统教室、综合康复教室、测听室、班班通教室、多功

学生五禽戏比赛

能教室、计算机教室等资源教室。每位老师配备了办公用的电脑，实现了办公现代化。2015 年在操场安装了体育康复健身器材、摆放了乒乓球台，进一步丰富学生的课余生活。

【师资队伍建设】 学校通过开展帮教活动、加强校本培训，强化师德师风建设三项举措不断促进教师能力、素质提升。现有 4 名市级学科带头人和 1 名市级教坛新星、3 名县级教坛新星。2015 年特教学校被授予“涡阳县教育先进集体”荣誉称号。

（县教育局供稿）

科学技术

KEXUE JISHU

【概况】 2015 年，涡阳县科学技术局编制 9 人，实有 9 人。其中局长 1 人，副局长 2 人，党组成员 2 人，主任科员 1 人，股长 2 人，机关工勤 1 人。内设机构 4 个：办公室、农村与社会发展股、科技成果与技术市场股、高新技术发展及产业化股。

【科普工作】 1 月份科技局与县委宣传部、县科协等单位联合在陈大镇组织了“红红火火过大年”科技、文化、卫生三下乡活动。发放宣传材料 3000 余册。(春季小麦田管资料、杂交玉米“中科 4 号”、优质高产大豆新品种“远育 6 号”等宣传材料 2000 余份（册），并免费送部分农作物新品种，供农民试种。

【科技项目】 2 月份，组织企业迎接省科技厅和市科技局组织的科技项目验收工作，县同丰种业有限公司的“优质小麦新品种涡麦 8 号集成示范与推广”，顶康食品有限公司的“黑小麦深加工系列产品研究与开发”2 个项目，完成质量较高，顺利通过专家组验收。

【知识产权】 全县专利申请 459 件，其中发明专利申请 212 件，专利授权 248 件，较好地实现了科技创新目标。

【知识产权保护】 联合亳州市知识产权局，前往涡阳县公吉寺镇开展专利执法行动，对该镇个别企业涉嫌假冒专利进行了现场执法，查处假冒专利 11 件，教育有关人员加强知识产权知识的学习，避免知识产权违法行为的再次发生。

【科普宣传】 4 月 26 日，科技局在人口密集地区开展“4·26”知识产权宣传咨询活动，宣传《中华人民共和国专利法》《专利法实施细则》《知识产权知识问答》《申请专利的程序及应提交的文件》等知识产权相关的法律法规知识，现场指导群众运用知识产权法保护自己合法权益，普及知识产权基本知识，向咨询的群众发放700多册有关知识产权的资料，让广大公众进一步了解知识产权就在身边，树立创新理念，形成保护知识产权意识。

5月16—24日在县文化广场开展了科技活动周宣传活动，5月16日由县科技局牵头，县委宣传部、科协、经委、农委、卫计委、教育局、林业局、气象局、畜牧局等单位负责人参加此次启动仪式，向市民公开展示智能航空、遥控飞机，华星商贸城展示了智慧社区，县医院、中医院、涡阳县“三好”口腔研究所等参加大型义诊活动。

9月19日，全局在县体育广场组织多家企业参加了全国科普宣传日和活动周活动。

【高新技术企业和技术研发机构】 联合财政局、国税局、地税局组织推荐财富康达、安徽泓森高科生态农林开发有限公司申报2015年度高新技术企业，财富康达有限公司被审核认定为新技术企业，并帮助泓森高科建立省级技术研发中心。组织安徽三星化工有限责任公司申报“安徽省煤化工节能减排工程技术研究中心”，并获得批准。申报省级科技创新型企业3家（三星化工、泓森高科、顶康食品）和民营科技型企业3家（绿园肥业、正宇面粉、金禾肥业），3家获批。

【科技扶贫】 认真落实“三区人才”实施计划。2015年围绕我县特色产业发展需求，选派17名科技人员对17家企业进行对口支援服务，组织2家企业参加培训，并予以资金补助。

（县科技局供稿）

气象事业

QIXIANG SHIYE

【概况】 涡阳气象局现有职工14人，离退休职工6人，另外聘4人。其中中国共产党党员9人。公务员4人，工程师1人，高级工程师1人，本科生10人。单位新设气象台和气象服务中心，其中气象台4人，气象服务中心4人，局长主持全面工作。

【气象灾害】 本年多强对流天气，其中4月27日，县部分乡镇出现大风、冰雹等对流性天气，造成石弓镇、丹城镇等5镇受灾，受灾人口9.68万人，农作物受灾面积4397公顷，直接经济损失1851万元。

本年气温偏高，日照时数偏少，降水偏多，但降水时间和空间分布不均，特别是6月—7月中下旬县降水持续偏少，平均降水量较常年同期异常偏少八成以上，7月中旬全县先后出现了不同程度的旱情，部分地块达到重旱，据8月2日县民政局统计：全县受灾人口达859852人，总受害面积为15457016.49公顷，饮水困难人口8526人，造成经济损失21260.00万元。

【气象服务与创新】 服务产品制作。共发布重要天气专报82期，干旱监测分析36期，气象防灾减灾服务专报6期，中小河流预警报告2期，涡阳气候评价12期，人工增雨潜势预报3期，人工增雨天气简报5期，及时与涉农部门沟通，获取最新农事农情，主动了解气象服务需求。为关键农事活动提供针对性的气象服务。手机短信服务。发送天气汇报、雨量汇报、灾害天气预警、农事指导信息、春耕春播服务、夏收夏种服务、节日天气、秸秆禁烧、土地确权等各类气象服务短信 1059 条。其中秸秆禁烧短信 76 条、农事指导 50 条、各种预警信息 53 条，其余为天气汇报、雨量汇报以及中高考天气汇报等气象服务短信，每次约有 200—6000 不等的相关人员收到通过气象短信平台收到的短信。专业专项气象服务和服务事例。其间，为配合县秸秆禁烧工作，气象局做了大量工作，把全县几千个手机号码分成禁烧督查组、禁烧农委口组、禁烧镇长书记组、禁烧镇书记镇长组、禁烧镇包保组、禁烧村包保组以及农机手组，按组分别录入系统，从县委县政府六大班子到各有关县直单位、督查组，从各乡镇领导到各村有关人员，一直到村级信息员、农机手、种植大户和农业合作社。秸秆禁烧期间，每天发布最多的手机短信达 10 多条，短信内容最长的有时 300 多字，给政府指导秸秆禁烧工作及时提供良好的服务。“96121”服务情况。全年共有 8140 个电话拨打过“96121”语音声讯系统，拨打次数 109022(折合 167684) 次。在春耕、午收等关键时期，利用“96121”平台开设“专题气象服务”信箱，实时更新最新气象信息。

【气象科研】 2015 年度申报完成省级气象业务科研项目《地面测报移动辅助观测系统》。随着气象现代化建设的逐步发展，现在的地面气象探测逐步进入探测、编报、发报的全自动化阶段，由于人工参与的步骤或操作已经很少，所以重要的探测业务考核指标也变成了对数据上传及时率和到报率的考核，基层气象台站业务人员的主要精力主要用于开展气象服务工作，同时随着智能大屏手机的广泛普及和手机操作系统的成熟完善，开展移动观测的需求和条件也基本成熟，本项目就将实现一款移动辅助观测的业务系统，实现通过手机开展业务辅助观测的功能，实现业务人员不必人到值班室就能开展业务观测、数据录入、数据上传的目标，同时也能实现数据的实时监控、疑误反馈等功能，进一步提高工作效率和逐步适应业务改革的需要，有着广泛的重大实际意义。

【气象现代化建设】 1.2015 年 2 月，涡阳县人民政府办公室正式印发《关于加快推进涡阳县气象现代化的实施方案》，结合全县实际，明确了加快推进气象现代化建设的总体要求、工作目标、主要任务和保障体系建设。2.2015 年新建四个六要素区域气象站,并对原有区域气象站进行优化，合理布局。3. 加强气象防灾减灾机制建设。建立完善县、乡（镇）气象灾害应急预案和村（社区）气象灾害应急流程，基本形成纵向到底、横向到边的气象灾害应急预案体系。选取青疃镇、高炉镇、青疃镇大袁村、西阳镇葛楼村进行防灾减灾示范镇村建设，按照“八有”标准开展建设。今年全县 25 个乡镇、街道办事处全部成立了气象灾害防御领导小组和出台了气象灾害应急预案，383 个行政村印发了气象灾害防御计划。成立了 24 个乡镇气象灾害防御管理所，383 个村级信息站，镇、村信息站全覆盖。制定了乡镇气象信息员考核管理办法和信息站工作明白卡，每半年对气象信息员工作完成情况进行通报，并根据工作完成情况进行评先评优。4. 加强人工影响天气作业体系建设。推进人影作业装备的更新换代，增加人影作业装备数量，扩大作业规模，形成覆盖全县、布设合理的火箭作业催化体系。

（县气象局供稿）

文化 传媒 体育 地方志

WENHUA CHUANMEI TIYU DIFANGZHI

文化

图书发行

广播电视

体育

地方志

涡阳

G U O Y A N G

优秀文艺节目汇报演出

文　化

WEN HUA

【概况】 2010 年 6 月 28 日，涡阳县完成文化体制改革，原文化局（新闻出版局）、广电局、体委、旅游局整合为文化体育旅游局，并正式挂牌成立。2012 年 3 月，县政府换届，县文化体育旅游局班子作了调整，县文化体育旅游局工作开始了实质性运转。涡阳县文化体育旅游局作为县政府职能部门之一，行使文化、体育、旅游、广播影视和新闻出版方面的行政职能。原文化局更名为文化事业发展中心，原广播电影电视局更名为广播电影电视事业发展中心，原旅游局更名为旅游事业发展中心，原体育运动委员会更名为体育事业发展中心，于 2015 年 7 月实现了一局（文体旅游局）三中心（文化中心、旅游中心、广电中心）的合并办公，机构关系进一步理顺，机关效能进一步提升。

【人才工作】 2015 年，通过公益性岗位，为文物所、各乡镇综合文化站等争取到 25 名工作人员。办事创业人力得到加强。社会力量得到发动。

【广电新闻工作】 2015 年，全面完成县广播“村村通”工程，为传达党的声音，服务人民群众提供了方便。基本完成城区有线电视的双向网改造工作；无线信号覆盖各乡镇达 95% 以上。更好地满足了广大群众观看有线电视的需求。与此同时县广播电视台的《涡阳新闻》《生活前沿》《政风行风热线》《雉河农家》等一批以传递咨询、服务民生、网络问政为主题的栏目继续做大做强，充分担当了党的喉舌作用。

【基础设施建设】 共建设了 25 个基层综合文化站，480 个农家书屋，389 个村级信息资源共享服务点。并实施了“广播电视村村通”工程，

民俗展演踩街闹元宵活动

建设和改造了25套发射系统、25个镇级广播站；截至2015年5月，为388个行政村3318个自然村安装了7236套接收终端。在县城各十字路口安装了300只音柱，提前完成了“广播村村通”工程。这些公共文化服务单元已能基本上满足全县的公共文化需求，同时，新的文化馆、图书馆、博物馆项目已按照较高标准在城南新区进行谋划。在旅游方面，共发展景区4个，其中天静宫达到了AAAA级，五星级农家乐2家（义门颐生园、兴华农业示范庄园），三星级农家乐1家（桃花岛生态休闲农庄），星级酒店3家和旅行社7家。

【社会文化活动】 启动文艺精品创作工程。引导社会各界文艺创作人员释放创作激情，鼓励创作更多贴近实际、贴近生活、贴近群众的优秀文艺作品。涌现出大型新编古装泗州戏《伯俞泣杖》、原创诗舞诵情景剧《孔子问礼》《苔乡美、苔乡情》《爱在无声中绽放》《清廉颂》等一大批在省、市获奖的作品。《美味涡阳》《义门，我可爱的家乡》《我的家乡在涡阳》等一批原创歌曲也频频在网络上与广大群众见面；采取政府购买文化服务的方式，公开招标，每年选用实力较强的民营剧团开展“送戏进村”文艺演出778场，“送戏进敬老院”60场，“送戏进乐园”6场，放映农村公益电影4668场，举办村级文化信息资源共享活动4668场次，全面做好“文化惠民生”工作。基本达到文化惠民普遍性、均等性的要求，让广大人民群众得以乐享涡阳县文化建设成果。

【文化市场管理】 文体旅游局结合职能分工，强化法律法规的培训学习。全系统结合县“权力清单”编制工作，由各单位、各股室、梳理好自身职能所涉法律法规，全面提高工作人员学法、用法能力。切实提高依法行政水平。对文化市场坚持一手抓管理，一手抓繁荣，按照“加大执法力度、拓宽执法范围、打造执法亮点、消除执法盲点”的要求，抓好文化市场规范化管理，针对文化市场新政策，加大对网吧市场的管理力度，重点打击无证经营和接纳未成年人上网行为。继续保持对非法电视台（点）的严打高压态势，我县非法电视台（点）无死灰复燃现象。加强行业内部各方面执法检查和经营业主的教育培训，加大对违法违规经营行为的查处力度，促进文化市场繁荣发展，确保我县文化市场管理工作在全市考核中成绩领先。查处了“康乐电子游艺城设置未经文化主管部门内容核查的游戏游艺设备案”“民生驾校发行非法出版物”“万隆国际非法发行出版物”“徐春清擅自发行出版物”等一批国家级、省级文化大案。

（县文旅局供稿）

省“红旅办”专家（右一）到涡阳新兴镇调研

图书发行

TUSHU FAXING

【概况】 涡阳县新华书店成立于1949年10月，公司设经理室、教育装备部、运营部、政企部、卖场管理中心等部门。营业综合楼4225平方米，仓储面积2000平方米，在职职工39人，其中本科及大专学历37人。2015年，在省、市主管部门的正确领导下，在当地县委、政府及相关部门的大力支持下，全店上下紧紧围绕着省、市主管部门下达的各项工作任务，同心同德、埋头苦干，和谐创业、科学发展，面对竞争日益激烈的图书市场，采取一系列有效的措施，取得了较好的成绩。

【图书发行】 涡阳县新华书店担负着全县中小学、大中专、高职高专教材的发行。2015年，累计实现营业收入8192万元，同期增加1641万元，同比增长25%。完成全年预算的108.63%。实现利润总额746万元，同期增加128万元，同比增长20.7%。完成全年预算利润的120.6%，销售利润率9.1%，同比降低0.3%。

（县新华书店供稿）

广播电视

GUANGBO DIANSHI

【概况】 县广播电视台是县委宣传部管理的事业单位，其主要职责是负责广播电视宣传。内设广播电视台、广播电台。台机关内设办公室、人事股、宣传股、事业股、社会管理股、总编室、新闻部、社教部、农村部、广告部、技术部、播出部、制作部。现有工作人员125人，其中财政供给人员100人，单位自聘人员25人。

【广播电视宣传】 继续办好品牌栏目《涡阳新闻》《生活前言》《雉河农家》《魅力涡阳》《热线追踪》《美味涡阳》《涡阳房产》，提高收视率和占有率。2015年在安徽电视台“安徽新闻联播”栏目发稿38篇，位居全省县级发稿前列。在安徽广播电台“全省新闻联播”栏目发稿34篇，位居全省县级发稿前列。在亳州广播电视台“亳州新闻联播”栏目发稿129篇，位居三县第二名。

【基础设施建设】 加快“广播电视村村通”覆盖工程的推进。于2015年1月份组织召开了“全县广播电视村村通工作会议”，进行了人员技术培训，开展了“村村通”广播的设备施工安装调试工作，完成县电台发射机、天馈线增容以及播出前端改造和全县26个镇级广播站建设，388个行政村3118个自然村，近6800套接收设施以及县城300只音柱的安装调试工作，自开通以来，特别是午季和秋季秸秆禁烧工作中起到关键作用，收到良好的社会效益。加大广播电视无线发射机房设施建设工程建设力度。广播电视无线发射台站基础设施建设工程，目前正在进行台站的基础设施建设，整体框架已经形成。

【体制机制创新】 进一步整合单位人力、物力、技术、栏目和频道资源优势，推进现有品牌栏目改版创新，打造精品名牌栏目，同时积极开拓创新，巩固和拓展新媒体业务，办新办活《涡阳视听网》，加大宣传和创收力度，充分开拓频道利用率，实现广电事业新的进步。

（县广播电视台供稿）

2015年8月，涡阳县全民健身日群体展演活动 · 涡阳县“雄风杯”第二届武术交流赛

体　育

TI YU

【概况】 1956年6月，县体育运动委员会成立。2010年6月，机构改革后称“涡阳县体育事业发展中心”，内设“三股一室”：群体股、竞技股、产业股和办公室。涡阳县体育事业发展中心立足体育工作职能开展工作，推进涡阳体育事业科学、和谐、可持续发展。

【全民健身活动】 2015年“元旦”“五一”“十一”及“全民健身日”期间组织开展了迎新春健身跑、市县乒乓球邀请赛、全民健身公益行爱心义演、皖北地区男子篮球邀请赛、第二届武术大赛等诸多丰富多彩的体育活动。通过各项活动的开展活跃了节日气氛，丰富了群众的业余生活，增强了群众参与体育活动的热情。组队参加了亳州市体育系统第四届运动会。全县389个行政村(社区)组织开展了2350场群众喜闻乐见的体育活动，体育民生惠及千家万户。

【五禽戏普及推广】 实施《全民健身计划纲要》及《五禽戏普及推广实施方案》，推进体育健身和五禽戏普及推广进机关、进社区、进农村、进学校、进企业的“五进”工作。2015年培训100名五禽戏辅导员，设立85个活动站点，新增2万名五禽戏习练人员。

拔河比赛

【国民体质监测】 2015年依托国民体质监测站完成了500人监测指标。

【体育人才培养】 加强社会体育指导员队伍建设。2015年培训三级社会体育辅导员100名、申报二级社会体育辅导员47名、一级社会体育辅导员15名、国家级社会体育辅导员1名。依托一中、二中、四中传统项目学校，做好竞技体育专项人才的梯队建设。

【体育赛事】 2015年“汤都论剑”

亳州市传统武术大赛在亳州市魏武广场举行，共有来自全市三县一区的 41 支代表队的 312 名运动员参加了比赛。县从陈氏太极拳协会等体育社团中精心挑选了 10 名武术爱好者参加比赛，经过 3 天时间激烈角逐，共获得一个集体一等奖和个人 8 金 8 银的好成绩。

【体育设施及产业】 2015 年建成 120 个农民体育健身工程、2 个省级乡镇全民健身广场、2 个省级全民健身苑、1 个省级社区体育俱乐部和 10 个晨晚练点，实现了村级农民体育建设工程全覆盖；体彩销售超过 2000 万元大关。

（县体育事业发展中心供稿）

地方志

DIFANGZHI

【概况】 县地方志编纂委员会办公室成立于 1981 年，属县政府行政直属事业机构，是参照公务员管理正科级单位，财政全额拨款，核定事业编制 6 人，设主任 1 人，副主任 1 人，工作人员 4 人。

【《涡阳县志》续修工作】 遵照《安徽省地方志工作条例》规定及全省二轮修志工作要求，涡阳县地方志办大力加强组织建设，积极强化责任意识，努力加快《涡阳县志》编修工作，于 2015 年 6 月圆满完成《涡阳县志（1984—2005）》出版发行，修志进度在亳州市三县一区中排名第二，受到省、市表彰。

【旧志整理工作】 按照省旧志整理工作委员会的要求，县地方志办公室开展了民国十三年（1924 年）《涡阳县志》（黄佩兰版本）旧志整理及点校工作，特邀请县一中高级教师杨光承担此项工作。在地方志办经费极其困难的情况下，县志办挤出资金为旧志整理购买了大型文史工具资料书籍 10 部，《旧志整理与点校指南》2 部，《历史考证辨议丛书》8 部及各种历史资料 40 篇。在旧志整理工作中，地方志办和专家本着认真负责的态度，阅读大量文史资料，通过走访调研，实地考证等多渠道多方式，认真考证辨析，确保旧志整理详实准确。累计整理点校旧志稿 80 万字，完成年初制定的工作目标。

【《涡阳大事记》出版】 地方志办为充分发挥本办掌握涡阳历史文化资源优势，更好地为涡阳县社会经济服务，为领导科学决策服务，本着以史为鉴，充分发挥志书的“资政、资商、资业”功能，按照《安徽省地方志工作条例》规定，认真组织编写《涡阳大事记》。

【地情研究】 地方志办为挖掘涡阳文化资源，体现涡阳地域优势，彰显名城古镇风采，全年有序推进涡阳《古诗词》整理及涡阳《名城古镇》的编写工作，为此地方志办邀请专家学者进行专题讲座，对编写人员进行培训，保证了编写质量。地方志办对县情库存资料进行整理、筛选、审核，并建立起历史文化信息网络查询系统。地方志办采取筹稿与统稿相结合的工作措施，把握资料来源的真实性，并组织专家，学者对涡阳历史文化的个别热点，疑点，进行考证辨析，确保史料科学，准确。

【读志用志】 县地方志办公室认真组织开展志书“资政、资商、资业”服务工作，围绕政府招商引资、捻军历史研究、老子文化研究等工作，通过积极开展地情资料调研，为以上各工作提供了翔实的历史资料，以利政府科学决策。县地方志办利用会议、新闻媒体等多渠道加大宣传涡阳力度，提高老子故里的知名度和影响力。县地方志办与各镇（场）街道、县直各部门建立起信息资源共享网络系统，建立健全了地方志信息资料征集制度及工作机制，地方志办读志用志活动有序开展。

（县地志办供稿）

卫生　计划生育

WEISHENG JIHUASHENGYU

涡阳

G
U
O
Y
A
N
G

卫 生

WEI SHENG

中国人民解放军总医院到涡阳举行大型义诊活动

【概况】 2015年3月16日，原涡阳县人口计生委和原涡阳县卫生局合并为涡阳县卫生计生委（简称“卫计委”）。卫计委是涡阳县人民政府主管的卫生计生工作的职能部门。全县共有各级各类医疗卫生机构481家。其中：县级医院2家、镇场（中心）卫生院23家，社区卫生服务中心4家，企业、民营医院8家，计划生育服务站、疾控、保健机构各1家，社区卫生服务站20家，村卫生室367家，门诊部4家，个体诊所48家，学校医务室2家。全县执业医师（助理）1731名，注册护士2075名，全县共设有病床3185张，每千人常住人口拥有床位2.57张。卫计委机关行政编制28人，其中，主任1人，副主任3人，内设机构领导职数13名。在职37人，其中公务员27人、公务员待批3人，工勤7人。涡阳县卫生计生委下设直属事业单位计生服务站，编制25人，其中专业技术人员20人，工勤人员3人，管理人员2人。涡阳县卫生计生委下设直属事业单位县计生稽查队，编制10人，在职44人，其中管理人员26人，专业技术人员1人，技术工人16人，工勤人员1人。目前全县有计划生育技术服务机构25个，其中县级1个，镇所24个，村室391个，包括新改建的均已达标并投入使用，全县一类所13个，二类所11个，共有技术服务人员134人，其中具有执业（助理）资格52人，各个镇所都能按照其功能承担相应技术服务。

“敬老月”义诊活动

【县级公立医院改革】 及时调整医管会（办）及医改领导小组，制订《涡阳县深化医药卫生体制综合改革方案》；全面执行新的医疗服务价格；两家县级公立医院在原先绩效考核分配的基础上已制定新的绩效考核分配方案；拨付县级公立医院药品零差率补助资金1898.62万元（其中财政补助资金933.42万元，医保及农合诊查费补助资金965.2万元）；实行院长负责制；加强绩效考核；开展药品耗材带量采购工作。

【基层医疗卫生服务体系】 一是取消“收支两条线管理”。按照供给标准和编制内实有人数全额核定人员经费，纳入2016年基本预算。基层医疗卫生机构核算管理，实行县级卫生财务核算中心代理核算模式。二是为提升我县医疗服务能力和水平，努力解决县域内广大群众的看病就医问题，制定《涡阳县关于全面推进卫生提升工程的实施意见》，通过2—5年努力，创建3—5家二级中心卫生院。三是县中医院建立区域远程影像(PACS)会诊中心，已与县涡南中心卫生院、高公镇卫生院、青疃镇卫生院正式建立了远程影像会诊工作站。四是落实老年乡村医生生活保障，在岗乡村医生养老保险在筹备办理中，已经建立村卫生室执业风险防范机制。

【民生工程】 基本公共卫生服务。城乡居民健康档案规范化建档100.62万人，规范化电子建档率81.35%；65岁以上老年人、高血压患者、Ⅱ型糖尿病患者规范管理率分别为71.83%、51.37%、151.27%，登记在册的重性精神疾病患者规范管理率99.26%；适龄儿童免费接种第一类疫苗、儿童免疫规划疫苗接种率96.01%，建卡率98%；孕产妇保健、儿童保健任务完成率分别为92.3%、109%；卫生监督覆盖率100%；传染病疫情、突发公共卫生事件信息报告率100%。累计发放健康教育资料14种727334份，订制并发放卫生部制定的相关健康教育光盘60余套。更新健康教育宣传栏1998期次，举办健康教育讲座及咨询共计2295次，受益人数83802人。新型农村合作医疗。全县共有137.355万名农民参合，参合率102.95%。参合农民累计受益人数2945448人，受益率214.44%，住院补偿受益125425人次，住院补偿受益率9.13%，住院费用实际补偿比79.27%。新农合大病保险。实际补偿2063人，实际支出补偿资金1959.93万元。重大传染病病人医疗救治工作。重大传染病艾滋病病人救治22人，完成全年任务的100%，资金使用10.56万元，完成全年任务的100%；结核病病人救治123人，完成全年任务的106.96%，资金使用10.36万元，完成全年任务的100.10%。妇女儿童健康水平提升工程。农村孕产妇住院分娩补助兑付16339人，兑付资金490.11万元，完成目标任务的116%；免费婚前医学检查15688.5对，完成目标任务的118%。

【项目建设】 2015年国家投资基层卫生基础设施建设项目的申报工作，共申报国家投资280万元。指导和督促8个申报单位做好建设用地、可研报告、图纸设计等前期工作。

【防病应急工作】 一是多措并举，加强传染病防控。2015年全县无任何传染病暴发或流行；二是加强卫生应急队伍建设，完善监测预警能力；三是规范应急处置;四是强化应急知识宣传教育;五是强化应急演练。承办了《2015年亳州市霍乱疫情防控应急演练》，展示涡阳县在面对突发公共卫生事件时的快速反应、应急处置和协调配合能力，对全面提高应对突发公共卫生事件的处置，积累了实战经验，对保障人民群众身体健康与生命安全起到重要作用。

（县卫计委供稿）

人口和计划生育

RENKOU HE JIHUA SHENGYU

【计划生育目标管理】 2015年年末，涡阳县总人口 1667609 人，育龄妇女 451461 人，已婚育龄妇女 359486 人。2015 年，全县人口和计划生育工作全面完成了省、市下达的人口控制目标任务。

【独生子女病残儿鉴定】 2013—2015 年，全县共有 50 名独生子女病残儿鉴定对象参加由市独生子女病残儿医学鉴定小组鉴定。其中 40 人符合独生子女病残儿医学鉴定诊断标准，可以再生育。

【计划生育手术并发症鉴定】 县节育手术并发症专家鉴定小组对全县 20 名节育手术并发症患者进行初步鉴定。

【流动人口服务管理】 2015 年，安徽省全员流动人口计划生育服务管理信息系统登记，涡阳县流出人口为 463768 人，其中流出已婚育龄妇女 179284 人；登记流入人口为 9883 人，其中流入已婚育龄妇女 7103 人。涡阳县积极开展流动人口区域协作，为全县流出人口提供优质服务。县已与 48 个市县签订了《流动人口区域协作协议》，在江苏省南通市成立了市级流动人口区域协作联络站，进一步明确流出、流入地的职责，为全县流出人口在居住地享受均等化的服务提供了依据。

【技术服务】 计划生育技术服务项目：以优生优育为主的宣传教育活动、以“三查一治”为主的妇科病筛查与治疗、以免费孕前优生健康检查为主的预防出生婴儿缺陷的筛查与干预工程等四项手术。2015 年，共开展免费孕前优生健康检查 7881 对、四项手术落实 28609 例。

【优质服务】 深化省级计划生育优质服务县活动，不断改善基础设施建设，提高装备水平，强化队伍建设，提高服务能力，完善内部管理机制，规范服务程序，狠抓奖励扶助政策的落实，深入开展宣传教育、技术服务和婚育新风进万家活动，建立健全依法行政、村居民自治、优质服务、政策推动、综合治理的工作机制，不断提升计划生育优质服务水平。县站现有：麻醉呼吸机、心电监护仪、6 通道心电图机、全自动生化分析仪、血球仪、血凝仪、酶标仪、尿分析仪、精子分析仪、彩色超声诊断仪、200 毫安双床双管 X 光机、婴儿抢救床、胎心监护仪、利普刀、阴道镜、乳腺诊断治疗仪等大型特色医疗器械，先进仪器多数用于和装备在妇产科。

【药具管理】 加强药管队伍建设，持证上岗，加强服务意识、工作作风和服务行为的培训，树立“全心全意为育龄群众服务”意识。通过各种形式的宣传活动，提高药具管理工作的社会“知晓率”。进一步强化县级信息化管理平台建设，加强网络软件和报表系统的培训和学习，熟练掌握信息化管理手段，提高管理效率，做好药具调拔、仓管和发放登记工作。

【宣传教育】 深入贯彻新修订的《安徽省计划生育条例》和国务院颁发的《流动人口计划生育工作条例》，参与市委宣传部组织的“三下乡”活动，以多种形式积极组织开展“5·29”会员日、“7·11”世界人口日、“9·25”公开信等系列宣传活动。每年的 12 月与全县多部门共同开展了“12·1”世界艾滋病日、“12·4”全国法制宣传日大型活动，取得良好的宣传氛围和社会影响。

【计生协会】 2015 年，全县共有计划生育协会组织 27 个，会员小组 3589 个，会员总数 10.6 万人，

省妇幼保健所到涡检查指导工作

理事4291人、其中女性862人、会员之家420个。各镇（场、街道）、村（居）委会计生协有宣传阵地、有制度、有活动。在组织参与计划生育工作、村民自治、新农村建设、婚育新风活动中，充分发挥了各级计生协会的宣传、协调和推动作用。

【奖励扶助】 2015年，涡阳县把计划生育奖励扶助工作作为当前人口计生工作的一项重点任务，统筹兼顾，不断加大政策宣传力度，营造浓重氛围，使奖扶政策家喻户晓，公开接受社会监督，确保奖扶工作有序开展。与此同时，层层加强组织领导，实行终身追究制，谁调查，谁签字、谁负责，真正做到公开、公平、公正。各镇（场、街道）经过新增对象个人申报、村级评议、镇级审核后，上报县级复核。经过县级公示后，全县确认计划生育奖励扶助对象4382人、特扶对象134人。发放奖扶资金444.51万元。手术并发症26人，每人发放3600元。

【队伍建设】 对计生干部，实施系统培训，依托县计生服务站、婚育学校等多种形式，对镇（场、街道）、村（居）计生干部进行经常性培训。积极开展岗位“大练兵”活动，营造了比学赶超、争先创优的浓厚氛围。

【人口计划生育政策法规贯彻】 2015年，严格执行《安徽省人口与计划生育条例》，落实行政执法责任制和责任追究制。采取集中培训、以会代训等形式，建立《计生干部岗位责任制》《首问负责制》等机制，推进计生干部队伍作风建设，提高干部队伍素质和依法行政水平。推进计划生育政务公开和规范计划生育合同管理，维护群众的知情权、监督权、参与权。通过政务、村务公开、会议、活动宣传、媒介参与等多种形式，公开生育政策和优惠政策。依法行政，严格执行生育政策。建立健全了计划生育执法监督制度，严格执行了人口计划生育工作群众工作纪律和人口计划生育检查工作纪律。建立计划生育有奖举报制度；完善社会抚养费征管机制，落实“收支两条线”；规范收费项目，取消一切押金和保证金；统一执法程序、规范执法文书，坚决禁止了在计划生育工作中乱收费、乱罚款的行为；推行了计划生育村民自治管理原则，开展诚信计生。2015年，全县无一例群众集体上访、重大侵权或恶性案件发生。

（县卫计委供稿）

社　会

SHE HUI

涡阳

GUOYANG

扶贫工作

FUPIN GONGZUO

【概况】 2015年8月成立涡阳县扶贫办，正科级事业单位，编制3人，主要职能：一是贯彻执行扶贫开发法律、法规、规章和方针政策；负责全县扶贫开发工作的统筹协调、资金筹集、服务指导和监督管理。二是拟订全县扶贫开发发展战略、工作措施、发展规划、目标任务和年度计划，并组织实施；参与研究拟订全县经济社会发展的政策和规划。三是负责扶贫行政执法；负责分配和管理扶贫资金和物资；负责监督扶贫资金的使用管理，牵头组织扶贫资金使用的绩效考评；负责管理扶贫开发项目，组织、指导扶贫开发项目的实施。四是负责扶贫开发情况的统计和动态监测；负责全县扶贫系统统计信息工作；负责扶贫开发宣传工作。五是负责组织开展全县产业扶贫、科技扶贫、人力资源开发工作；负责连片扶贫开发的实施；负责组织开展扶贫政策和扶贫开发培训工作。六是负责组织、协调和指导社会扶贫工作，联系中央国家机关、市级机关定点扶贫工作和东部发达地区对本县的扶贫协作工作，组织、协调县直机关对口帮扶乡镇、村的扶贫工作和社会力量扶贫工作；负责组织、协调和指导全县革命老区建设工作。七是负责扶贫开发的对外交流与合作;负责外资和外援扶贫项目的引进和实施。八是承办县政府交办的其他事项。

【突出抓好“整村推进”】 重点解决制约村民脱贫致富的出行难问题，与美好乡村建设相结合，整村推进资金主要用于村道建设，做到整村推进项目建一项、成一项。共投入资金3900多万元，为全县44个村新修村内道路105公里，解决了15万贫困群众出行难问题。

【积极实施“雨露计划”】 涡阳县常年外出务工人员达40万以上，主要都是农村人口。为提高农民工尤其是贫困人口劳动就业能力，以实施“雨露计划”项目为抓手，加大教育培训力度，依托县雉河驾校、县农广校、县职高为培训基地，积极开展劳动力转移培训和农业实用技术培训。投入资金372万元，完成劳动力转移培训2100人、实用技术培训14000人，资助家庭贫困大学生1000余人。

【大力推进产业扶贫】 充分发挥扶贫资金贴息和财政资金的杠杆作用，以专业合作社、农业产业化龙头企业为平台，积极扶持规模种植、规模养殖和规模加工业发展，同时赋予企业一定的扶贫义务，发挥了较好的扶贫示范效应。累计投入资金60万元在20个乡镇推广8万亩新型肥料，贴息160万元支持扶贫龙头企业发展，投入216万元帮扶24家农业专业合作组织发展，通过企业帮扶、基地带动，加快了贫困人口脱贫步伐。

【切实抓好精准扶贫】 按照“精准扶贫、精准脱贫”的工作要求，紧紧围绕“四个精准”（即，精准识别、精准管理、精准帮扶、精准脱贫）的工作目标，认真谋划和制定精准扶贫规划和措施，深入推进精准扶贫实施。首先是精准识别。对全县5.18万户11.88万人进行贫困人口建档立卡，并严格按照“两公示、一公告”的程序再次进行识别，对贫困户家庭状况、致贫原因进行认真分类统计，为精准帮扶夯实基础。其次是精准管理。通过扶贫项目实施和帮扶政策落实，对脱贫人口进行标注，对因灾、因病等原因致贫的人口，及时纳入扶贫系统管理，建立了科学的动态管理机制。第三是精准帮扶。根据贫困村、贫困户发展状况、致贫原因等因素，分别制定帮扶计划和措施，积极整合各类资金、资源，加大扶贫投入，动员一切力量积极参与扶贫开发，变大水“漫灌”为精准“滴灌”，提高精准扶贫的针对性。第四是精准脱贫。对贫困户摸清情况，分析致贫原因，找准帮扶突破口，分村到户制定脱贫计划。通过精准施策、精准帮扶等措施，2015 年完成脱贫任务 23554 人，确保到 2020 年如期实现脱贫目标。

【健全扶贫工作机制】 建立“单位包村、干部包户”定点帮扶制度。在摸清贫困人口底数的基础上，县四套班子领导包保到镇村，全县 2000 多名干部分别包到 78 个贫困村的贫困户，每个村明确了一名驻村扶贫工作队队长。同时，结合第六批选派工作，从省、市、县三级机关单位选派 33 名优秀年轻干部到贫困村担任村党支部第一书记兼扶贫工作队队长。强化扶贫业务培训。先后采取以会代训、外出学习等形式，对全县扶贫干部队伍进行集中培训 300 多人次，进一步提高了扶贫干部的能力素质。扎实开展“扶贫日”活动。活动期间，全县共发放倡议书 1 万余份、宣传资料 2 万余份，悬挂宣传标语 240 余幅，认领项目 29 个、资金 50 万元，社会各界对扶贫开发工作的参与度和知晓率明显提高。

（县扶贫办供稿）

民生工程

MINSHENG GONGCHENG

【概况】 2015 年全年累计投入资金 25.88 亿元，实施 32 项民生工程。有力地保障了城乡困难群众的基本生活，改善了群众生产生活条件，为全县经济社会发展提供了有力保障。

【教育方面】 投入资金 18743.8 万元。补助公用经费和免除学杂费 15.38 万人；免费提供教科书 15.68 万人 1492.4 万元；补助寄宿生生活费 0.36 万人 440 万元；校舍维修改造 4.13 万平方米，投入资金 2562 万元。发放中职学校国家助学金 0.37 万人（次），发放资金 68.85 万元，拨付中职学校免学费补助 0.23 万人（次），发放资金 164.85 万元，发放普通高中家庭经济困难学生国家助学金 0.69 万人（次），发放资金 693.5 万元。

【就业安置】 投入资金 1110 万元。组织实施就业技能培培训 0.47 万人，提供 596 个公益性岗位安置就业困难人员就业，提供 145 个高校毕业生就业见习岗位，提供 160 个高校毕业生基层特定岗位。

【就医方面】 投入资金 85236.37 万元。坚持以户为单位自愿参加新型农村合作医疗，共参合农民 137.36 万人，累计受益人数 268.55 万人（次）。城镇居民参保 17.4 万人，享受待遇 3.95 万人（次）。城镇居民大病保险，实际参保 17.4 万人，补偿 119 人（次）。新农合大病保险，实际补偿 2063 人（次）。城乡居民健康档案规范化建档 100.62 万人；65 岁以上老年人、高血压患者、Ⅱ型糖尿病患者规范管理率分别为 71.83%、51.37%、151.27%，登记在册的重性精神疾病患者规范管理率 99.26%；适龄儿童免费接种第一类疫苗、儿童免疫规划疫苗接种率 96.01%，建卡率 98%；卫生监督覆盖率 100%；传染病疫情、突发公共卫生事件信息报告率 100%。全县共医疗救助 9.44

万人。农村孕产妇住院分娩补助兑付 1.63 万人。累计免疫规划接种 43.41 万剂次。累计拨付县级公立医院药品零差率补助资金 1577 万元。打卡发放一、二、三级贫困残疾人生活救助 1.05 万人；贫困白内障患者复明 240 人；共补助贫困精神残疾人药费 1600 名 160 万元；抢救性康复 211 名贫困残疾儿童。救治艾滋病病人 22 人。救治结核病病人 123 人，完成全年任务。

【养老方面】 投入资金 30710.23 万元。城乡居民基本养老保险共缴费到账 46.82 万人，累计发放 19.51 万人。新扩建涡南镇、店集镇 2 所敬老院，新增床位分别为 150 张；全县五保供养人员 8302 人，集中供养对象 2888 人，供养标准每人每年 3960 元，管理费 1500 元；分散供养对象 5414 人，每人每年 2286 元；累计发放全年五保资金 2817.8 万元。社会养老服务体系建设，新增床位 200 张。2015 年共确认计生特扶对象 134 人，发放特扶资金 51.9 万元。

【居住方面】 投入资金 90698.26 万元。新建公共租赁住房 14 套，基本建成 2316 套，分配入住 2773 套，新增补贴发放 100 户。棚户区改造，开工建设 4927 套。基本建成任务 1168 套，完成 1168 套，分配入住 1376 套。完成 2600 户农村危房改造和 500 户抗震房改造任务。

【三农及其他方面】 投入资金 39448.47 万元。我县午季小麦承保 168 万亩；秋季大豆承保 73 万亩；玉米承保 97 万亩；能繁母猪投保 4.2 万头。累计理赔 1487.83 万元。县级财政共配套美好乡村建设专项资金 7887.6 万元，建设 7 个美好乡村建设点。完成整治沟河 168 条，加固新建小型水闸 22 座，更新改造小型泵站 242 千瓦，扩挖塘坝 166 处，修复和新建机井 7290 眼，改造灌区末级渠系 7 万亩。新（改、扩）建水厂 16 处，解决 19.04 万农村居民饮水问题和 0.88 万农村学校师生饮水问题。加固改造农村公路危桥 16 座，完成投资 1450 万元。全县共批报一事一议财政奖补项目 344 个。全年发放农村低保对象 3.53 万户 4.7 万人，累计发放农村低保金 8413.74 万元，人均月补差 148.1 元。累计救助流浪乞讨人员 549 人，救助资金 136.75 万元。孤儿基本生活保障，机构供养人数 74 人，社会散居人数 653 人，合计保障 727 人。开展文艺下乡演出 778 场，放映电影 4668 场，开展体育活动 2334 场。正常免费开放 1 个公共图书馆、1 个文化馆、25 个乡镇综合文化站。

（县民生办供稿）

人力资源和社会保障

RENLI ZIYUAN HE SHEHUI BAOZHANG

【概况】 县人力资源和社会保障局主要承担全县就业再就业、社会保障、人事人才、工资福利、劳动监察等工作。内设 9 个职能股室：办公室、政策法规股（调解仲裁管理办公室）、就业促进和职业能力建设股（失业保险股）、工资福利股、事业单位人事管理股、养老保险股（农村社会保险股）、医疗保险股（工伤保险股）、公务员股（军官转业安置办公室）、社会保险基金监督股（计划财务审计股）。

下设 6 个二级机构：就业人才服务局（筹）（2015 年 11 月，劳动就业管理局与人才交流服务中心合并）、社会保险事业管理局、城镇职工基本医疗保险基金管理中心、劳动监察大队、城乡居民社会养老保险管理局、劳动人事争议仲裁院。

【公务员管理】 一是公务员招录工作。2015年计划招录公务员77名，其中乡镇30名，县直19名，人民警察17名，检察机关6名，法院系统5名。招录工作严格按照制定计划、发布公告、报名审查、笔试、面试、体检、考察、公示、审批录用等步骤有序进行，因报名人数不足开考条件，核减4个乡镇岗位，实际招录73个岗位。经笔试、复审、面试、考察、递补、体检等环节，共招录66人。二是公务员培训工作。组织27人参加5期皖北基层公务员培训班和全省依法行政专题培训班；会同有关部门组织1906名公务员参与学法用法考试工作和党员干部培训工作；组织59名2014年考试录用公务员参加初任培训班。

【工资福利工作】 稳步推进机关事业单位养老保险制度改革。2015年1月，国务院制定了《关于机关事业单位工作人员养老保险制度改革的决定》文件，决定从2014年10月1日起实现养老保险制度并轨，单位缴费20%，个人缴费8%。2015年3月国务院办公厅印发了《关于印发机关事业单位职业年金办法的通知》，单位缴费8%，个人缴费4%。积极探索养老保险具体操作办法、基金管理、经办机构设置、养老金测算等前期工作。公务员职务职级并行和乡镇工作补贴。制订机关公务员职务职级并行和乡镇机关事业单位人员工作补贴实施方案，按照干管权限，协同县委组织部门认真开展公务员职务职级并行和乡镇补贴审批工作。

【事业单位人事管理】 一是公立医院、幼儿园招聘。计划招聘307名，其中，幼儿园100名，公立医院专业技术人员207名。因报名人数不足开考条件，核减招聘职位92个，保留招聘职位215个。经笔试、复审、面试、考察、递补、体检等环节，共招聘195名 。二是中小学新任教师招聘。2015年中小学教师招聘工作由省教育厅、人社厅统一组织，各县区教育部门分级实施，计划招聘新教师300名(其中高中50名、初中80名、小学170名)，经过报名、省统考、面试、体检、考核等程序，实际招聘教师274名（其中高中50名、初中57名、小学167名）。三是特岗教师招聘。2015年首次开展特岗教师招聘，计划招聘小学特岗80名，经过组织报名、考试、面试、体检、考核等环节，实际招聘特岗教师70名。

【专业技术人员管理】 取得工程系列高级职称3人，中级职称22人；农业系列正高级1人，高级4人，中级12人；教育系列高级84人，中级211人；广电系列高级1人，卫生系列正高级1人，高级8人。全县委托申报评审高中初级专业技术人员33人。其中农机工程高级2人，环保工程高级3人，广电工程高级1人，林业工程高级2人，水利工程高级2人，农业高级7人，群众文化高级2人，新闻中级3人，群众文化初级1人，非国有经济工程系列初级10人。2015年全县专业技术职务共聘任869人，其中聘任正高级职务2人，高级职务114人，中级职务284人，初级职务468人。推荐省战略性新兴产业技术领军人才人选3名，推荐泓森高科生态农林开发有限公司申报设立省级博士后科研工作站。

【人才服务保障】 搭建就业服务平台。举办了“三轮车从业人员招聘会”，组织45家企业参会，提供保洁、物业、保安、保绿等岗位3000个。2000多名三轮车从业人员及社会求职者参加招聘活动，达成就业意向500余人。举办了“涡阳·肥西企业用工招聘会”，组织涡阳、肥西54家企业参会，提供就业岗位4000个，涉及服装制造、机械生产、食品加工等领域，现场达成就业意向1000余人。开展“民营企业服务月”活动，推进产教结合，实现学校与企业无缝对接，有针对性地向民营企业输送员工，举办民营企业专场招聘会，58家企业共提供近3000个岗位，2000余人到场应聘，400余人达成就业意向。举办“涡阳县2015年高校毕业生专场招聘会”，提供见习岗位1000余个，涉及教育、医疗等行业，达成就业意向200多人。推进高校毕业生就业工作。高校毕业生报到登记2485人，其中就业登记1849人，失业登记636人。接受政策咨询2000余人次，提供就业岗位近3000余个，推荐就业919人次，接收毕业生档案3694卷，创业培训67人，扶持自主创业兴办企业（个体）13家，实名制就业跟踪服务838人。在2014年10家就业见习基地基础上，新增泓森高科、万隆国际两家见习基地，开发挖掘见习岗位520个，落实高校毕业生见习145人，超额完成125名就业见习任务。引导高校毕业生到基层就业118人，其中“三支一扶”招募26人，基层特定岗位65人，大学生村官21人，应征入伍6人。

【引智工作】 涡阳籍县外教师引进。为解决在外地工作的涡阳籍教师生活、教学上的不便，开展了无名额限制的县外教师引进工作。共199人报名，其中复核免试条件26人，173人参加考试并超过最低分数线，通过考察、复审等程序，县共引进县外涡阳籍教师180名。引进人社厅专家团到涡服务。围绕涡阳发展重大战略规划，坚持“服务发展，注重实效”的人才引进工作思路，引进省人社厅专家服务团来涡服务于现代农业和卫生事业发展，支持基层专业技术人才队伍建设，为涡阳发展提供人才智力支持。专家服务团开办培训班45场次，培训专业技术人员和种养大户2400人次，医疗诊治300人次，解决各类技术难题45项，提出行业发展意见和建议100余条。

【人力资源、职业能力建设和就业工作】 一是就业工作目标完成情况。全县城镇新增就业岗位11767人，完成全年目标任务7800的150.9%；下岗失业人员再就业3117人，完成目标任务2055人的151.6%；困难人员再就业完成789人，完成目标任务330人的239.1%；农村富余劳动力外出有序转移18848人，完成目标任务1.8万人的104.7%。城镇登记失业率为3.53%，控制在规定的4.2%之内。二是小额贷款。审批申请贷款470卷，银行已发放小额担保贷款5486万元（其中：高校毕业生13笔、妇女创业347笔、登记失业返乡农民工162笔、城镇登记失业98笔、退役士兵4笔），其中企业贷款1100万元，完成全年3975万元任务的138%。三是职业能力培训与鉴定。开办汽车驾驶员、美容美发就业技能培训班，共培训5051人，完成目标任务4000人的126.3%，拨付培训补贴资金514.47万元（其中直补个人460.9万元、直补企业49.37万元，免费培训4.2万元）。职业技能鉴定5860人，其中技师164人，完成全年任务40人的410%；高级工鉴定446人，完成目标任务360人的128.3%，中、初级工技能鉴定5250人，共完成目标任务4600人的114.1%。开发公益性岗位596个，完成全年目标任务550个的108.4%，安置就业困难人员261人。

【军官转业安置】 2015 年接收军队转业干部 2 名，其中正营职 1 人，正连职 1 人，均已安置到岗。

【劳动关系】 严厉打击拖欠行为。查处和化解拖欠农民工工资案件 55 起。以扰乱办公秩序移交公安机关立案 5 起，行政拘留 17 人。以涉嫌拒不支付劳动报酬罪移交公安机关立案 3 起，刑事拘留 2 人。通过人民法院依法下达工资支付令 2 件。为 6911 名农民工解决工资 9186.7 万余元。认真开展清理整顿人力资源市场秩序专项行动。协调公安、市场监督等部门对 3 户中介机构和 35 家用人单位进行检查，对 2 家存在问题的职业中介机构进行了整改，通过专项行动进一步规范了县人力资源市场秩序。依法规范"四小场所"劳动用工行为。进一步规范和巩固"四小"场所劳动用工五大台账管理模式；对全县 55 家砖瓦窑厂和 33 家小作坊进行了认真排查，对劳动用工不规范行为责令整改 19 家，补签劳动合同 2900 份，为 78 名劳动者追回拖欠工资 23 万余元。依法对用人单位进行劳动保障书面审查。劳动保障书面审查及企业劳动保障诚信评价用人单位 306 家，查出问题 59 条，下达责令整改指令 17 份、补签劳动合同 3500 份、督促补缴社会保险费 330 余万元。各种信息输入微机进行管理，较好的完成 2015 年劳动年审工作任务。开展社会保险扩面工作和打击骗取社会保险基金和待遇的专项行动。主动与社会保险经办机构联合，开展社会保险扩面工作和打击骗取社会保险基金和待遇的专项行动。督促 28 家用人单位参加社会保险，解决劳动者工伤赔偿请求 4 起，帮助解决工伤费用 12.3 万余元。

【企业工资分配】 按照政策规定，从 2005 年至今已连续 11 次调整企业离退休人员养老金待遇，人均养老金从 492 元增加到现在的 1958 元，增幅达 298%。

【社会保障工作】 一是五项保险目标任务按时完成。2015 年底全县城镇职工基本养老保险、城镇基本医疗保险、失业保险、工伤保险、生育保险参保人数分别达到 3.85 万人、18.36 万人、3.6 万人、3.5 万人、2.8 万人，养老金发放率 100%。全县城镇企业职工基本养老保险参保 39572 人，完成全年任务的 102%，缴费 18500 万元，完成全年任务的 101%；职工基本医疗保险参保 43796 人，完成全年任务的 100%，缴费 11008 万元，完成全年任务的 108%；失业保险参保 35323 人，完成全年任务的 101%，缴费 1260 万元，完成全年任务的 107%；工伤保险参保 36002 人，完成全年任务的 107%，缴费 1009 万元，完成全年任务的 126%；生育保险参保 29340 人，完成全年任务的 100%，缴费 459 万元，完成全年任务的 104%。二是城乡居保工作目标任务有力推进。2015 年全县城乡居民养老保险参（续）保达 58.43 万人，参（续）保率达 80% 以上，养老金发放 19.32 万人，对符合领取条件的人员养老金发放率达 100%。发放 19.6 万人养老保险金 1581 万元，累计发放养老金 1.86 亿元，养老金发放率达 100%。三是"老字号"群体工龄补助按时发放。对相关部门认证的 9260 名老村干、老民师、老公路养护工、老农民技术员、老兽医、老放映员、老拖拉机手等七类"老字号"人员，按时发放工龄补助金，共发放 2418 万元。四是社会保障卡发放速度加快。2015 年采集表上报 17034 张，直接受理办卡 1040 张，临时卡发放 3834 张，对企事业单位离退休职工及困难群体开设社保卡直接申请业务，方便群众就医刷卡。

【开展“吃空饷”集中治理】 全县纳入集中整治的机关事业单位453个，在职干部职工18770人（其中公务员2526人，事业人员16244人），离退休人员9470人（其中公务员1435人，事业单位人员8035人）。围绕“清人、清岗、清编、清资”四个方面开展工作，共清理出6种“吃空饷”问题人员122名，涉及“吃空饷”金额31.6万元。依据不同情形对51人做出了相应处理，其中解聘事业单位工作人员21人，开除公务员1人，辞退公务员2人，降低工资标准27人，71人系自收自支单位人员，由于单位效益差，没有安排其工作岗位，未发放工资，不再列入“吃空饷”范围，“吃空饷”资金31.6万元已追缴到位。

（县人社局供稿）

民　政

MIN ZHENG

【概况】 涡阳县民政局是涡阳县人民政府管理社会行政事务、基层民主政治建设、社会救助与福利、服务军队和国防建设等方面工作以及指导乡镇民政机构和有关部门开展民政业务、落实民政政策的职能部门。下设6个职能股室，分别为办公室、优抚安置股、社会事务和福利慈善事业促进股、社会救助股、救灾办公室、基层政权和区划地名股；6个事业单位，分别是县老龄工作委员会办公室、县殡葬管理所、县烈士陵园、县光荣院、县殡仪馆、县流浪乞讨人员救助站。2015年，涡阳县民政局紧紧围绕社会发展做好民政服务创新工作，在保障民生、发展民主、服务社会中不断拓展新作为，顺利完成民政全年工作任务，为促进公平、维护稳定、增进和谐做出了积极贡献。

【社会救助】 农村低保按程序进一步规范，做到应保尽保、分类施保，加强动态管理，全年发放农村低保金8418.0668万元，月人均补差额148.11元，比上年增长10%；停止不符合农村低保条件4826户6756人，新增5652户8152人，年末在册农村低保户35448户47317人，覆盖面3.55%。加强城市低保动态管理，完成年度审核和提标。当年退出低保对象2527人，新增低保对象296人，调增标准3012人次，调减标准201人次，年末在册城市低保户3578户5299人；发放低保金2361.0394万元，月人均补差额327.04元，覆盖面3.9%，完成3578户低保收入家庭认定。修改《涡阳县城乡医疗救助实施方案》，规范医疗救助程序、救助标准。发放城乡医疗救助金1931.2万元，分12批次实施城乡医疗救助72051人。进一步加强五保供养工作，不断提高五保供养工作管理水平，强化动态管理，做好供养资金监管，完善敬老院管理的各项制度，努力提高敬老院的管理和服务水平。2015年，全县农村五保供养人数为8302人，其中分散供养5414人，集中供养2888人，五保集中供养标准已由3600提高至3960元、管理费每人每年1500元（零星药费每人每年720元），分散供养标准已由人均2060元提高到2286元，共拨付供养资金2817.5877万元，有效地保障了五保供养对象的基本生活，进一步提高了县五保供养水平。

【社会福利事业】 农村五保供养服务机构建设取得较大进展，2015年扩建2家（涡南、店集），床位130张，投资201.6万元，已全部建成投入使用，进一步提高了全县五保供养水平。2015年，全县开设福彩投注站点73个，累计销售福利彩票5627.7万元，完成全年任务的108.13%，提取福彩公益金约624万元，在全市三县一区中排名第一，全省福彩发行县区二等奖，全省排名第八位。

【双拥工作】 年初调整双拥工委组织，制订《涡阳县创建国家双拥模范县工作实施方案》，明确乡镇、县直单位、驻涡部队双拥工作职责任务。2015年7月4日，召开全县争创全国双拥模范县会议，党政军主要领导亲自组织实施，军地双方紧密协作，全县人民热情参与，各项创建工作有序推进，8月27—28日接受省双拥工作领导小组考核，受到好评。

【优抚工作】 落实抚恤、定补政策，对定恤定补对象进行年审和调查核实，完成信息数据更新和修正任务，两次调整全县部分优抚对象的抚恤补助标准。义务兵、带病回乡退伍军人和享受生活补助参战参试退役军人优待标准稳定提高，全县优待标准已达双拥模范县优待标准，优待面超过省定优待面。重点优抚对象医疗保障强化，医疗补助覆盖面和补助标准有所提高,完成方案制订、信息采集录入、业务培训工作。2015年，全县重点优抚对象有3198人，全年发放抚恤补助款2119.9万元。部分老烈士子女和60周岁农村籍退役士兵有6251人，发放资金687.21万元。全年优待2630户，发放资金1449.24万元。确保了优抚对象抚恤金足额及时兑现。

【安置工作】 接收退役士兵624人（其中：城镇退役士兵、复员转业士官290人，农村退役士兵334人），发放自谋职业金1703万元。参加退役士兵职业教育和技能培训560人,培训经费141万元。全县现有军队离退休干部8人，按照军队离退休干部住房制度改革政策，解决部分军休干部安置住房改革，落实军休干部政治待遇和生活待遇。

【救灾减灾】 结合“5·12”国家防灾减灾日活动，组织开展防灾减灾宣传，增强了群众防灾意识。制定了县、镇、乡三级救灾应急预案，使救灾救济工作做到了纵向到边,横向到底。加强与气象、水利、农业等部门的协作与联动,进行信息共享、灾情会商，确保灾情的科学性、准确性。冬春期全县共下拨救灾款157.5万元；下拨面粉234吨，折款79.5万元;下拨衣被5100件，折款51万元，共救灾受灾群众22275人,救助率100%。2015年，县共遭受三次风雹灾，致使111832人受灾，农作物受灾面积4758.6公顷，损坏房屋96间，共造成直接经济损失2074.2万元。

【区划地名】 稳步推进全国第二次地名普查工作。在县委、县政府的领导下，按照省民政厅、市民政局的统一部署和要求，成立了第二次全国地名普查领导小组，制定了地名普查实施方案。完成外业招标工作，签订了外业采集工作合同。加强行政区域界线管理，认真开展边界联检工作。对涡阳与谯城、涡阳与太和等边界进行了联合检查，协调处理了边界界桩问题。签订边界平安协议书。加大投入，加强城乡社区基础设施建设。2015年，争取省市资金30万元，地方配套近100万元，分别用于公吉寺农村社区和陈大镇邓楼、王桥、龙山镇龙北社区的基础设施建设。城关街道多方筹资对胜利、团结等社区进行了全面升级改造。通过加大资金投入使县城乡社区建设和服务水平得到了显著提高，全年共有22个社区通过创建达到了标准社区验收标准。

【基层民主政治】 圆满完成城市社区换届选举工

作。根据省、市统一安排，县成立换届选举领导小组，制定了社区换届选举方案，召开了换届选举动员会和业务培训会，顺利完成了社区撤并工作，城关街道办事处由20个社区撤并为15个社区，社区居委会换届选举工作已于9月12日全部结束，圆满完成了换届选举各项工作任务。积极协调，社区信息管理和服务平台建设有序推进。为进一步规范城乡社区建设，创新管理和服务手段，促进城乡社区均衡发展，县民政局制定了相关实施方案，与有实力的信息技术公司合作，选择基础条件较好的城关街道团结社区先行试点。通过试点，逐步展开，切实打造成以居民信息为基础、以社区为终端、以街道为纽带、以县为中心、以电子政务为支撑的全县社区管理综合服务信息平台。着力为社区居民提供各类高效、便民的服务，实现信息服务系统的互联互通、资源共享。多方筹资，社区网格化管理工作全面展开。为提高社区网格化管理和社区建设和管理的服务水平，县高度重视、与相关部门协调、多方争取资金，纳入财政预算，总体部署，网格化管理工作得到稳步扎实推进，取得明显成效。涡阳县下辖20个镇、4个街道、1个场、1个经开区，人口163万，共有368个村（居委会）、15个社区。县根据省市网格化管理工作的要求，在实地调研的基础上，结合实际合理设置网格，共设置1446个基础网格，383个社区责任大网格。共配备网格员1446名，网格长383名。基本实现了横向到边、纵向到底的网格全覆盖。

【社会事务】 2015年，全县共有社会组织255个，其中社会团体70个，民办非企业单位185个。当年新注册登记社会团体10个，民办非企业单位44个。2015年12月，社会组织规范管理会议在县师范学校职教中心召开，对全县社会组织发展状况进行了总结，明确了2016年发展的方向。2015年，涡阳县民政局婚姻登记处共办理结婚登记19874对，离婚登记2922对，补发婚姻登记1973对，截至2015年9月22日，出具婚姻登记记录证明576件，出具无婚姻登记记录证明5415件［备注：2015年9月22日起根据文件要求取消（无）婚姻登记证明］。

【老龄工作】 全县60岁以上的老年人21.7万人，占总人口的13.3%。80周岁以上高龄老人23650人。其中80—84周岁12801人，每人每年100元；85—99周岁12685人，每人每年200元；100周岁以上老年人164人，每人每年3600元。对全县80周岁以上高龄老人死亡注销、变更、新增等有关事项提出了要求。扎实开展基层老年人协会建设，根据亳州市民政局、市老龄办《转发省民政厅、省老龄工作委员会办公室关于加强基层老年协会建设的通知》，全县26个镇（场）、街道、经开区，383个村（居）委全部建立了老年协会。老年人协会组织、公章、章程、活动制度县统一制作，基本了实现了镇村（居）两级老年协会达到“六有”标准 。全县共成立镇村两级老年人协会414个单位，达100%。全县老年人优待证颁发工作：网上办理老年优待证，27162人，网上办理不符合条件未通过的21027人。网下现场办理老年优待证2741人。共办理老年优待证29903人。全县共办理老年人优待证54870余份。积极参加省老年人运动会，根据省老龄办《关于举办安徽省第四届老年人运动会的通知》，积极筹备，认真组织参赛，经过县老年体育协会推荐“健身球”队，于11月2日—6日到滁州参加省第四届老年人运动会，荣获全省第三名。

（县民政局供稿）

农村社会调查

NONGCUN SHEHUI DIAOCHA

【概况】 国家统计局涡阳调查队是根据《国务院办公厅关于印发国家统计局直属调查队管理体制改革方案的通知》、中央编办《关于国家统计局各级调查队机构设置和人员编制的批复》和《国家统计局直属调查队管理体制改革实施方案》设立的国家统计局派出机构，为依照公务员管理的正科级单位，受国家统计局安徽调查总队直接管理，同时列入地方中直机关序列。既是政府统计调查机构，也是政府统计执法机构，依法独立行使统计调查、统计监督的职权，独立向国家统计局安徽调查总队上报调查结果，并对上报的调查资料的真实性负责。同时，承担地方政府委托的各项统计调查任务。常规抽样调查业务有农业调查、农村住户调查、城镇住户调查、主要畜禽监测调查、农产品价格调查、农产品中间消耗调查、农户固定资产投资调查等。

【调查结果】 2015年，粮食产量抽样调查分县数据经国家统计局核定后，反馈结果是：全县粮食播种面积22.079万公顷。其中，小麦面积112.12公顷，玉米面积3.732万公顷，大豆面积6.56万公顷。全县粮食总产量121.10万吨，其中，小麦产量85.75万吨，玉米22.73万吨，大豆8.25万吨。2015年，全体居民人均可支配收入12754元，农村居民人均可支配收入9115元，城镇居民人均可支配收入20643元。

（县农调队供稿）

经济开发区

JINGJI KAIFAQU

县经济开发区

涡阳

G
U
O
Y
A
N
G

县经济开发区

XIAN JINGJI KAIFAQU

【概况】 安徽涡阳经济开发区2014年12月6日挂牌成立，前身是安徽省人民政府2006年批准设立的工业园区。2015年1月28日，经安徽省人民政府批准正式更名，托管了城西、城东、涡北三个街道的11个社区，下设“两办五局”，即党政办、征迁安置办、社会事务局、经济发展局、规划建设局、招商局和财政局，先后从乡镇和县直抽调人员70名，完成了基本架构。开发区规划面积37.1平方公里，其中工业区规划面积14.99平方公里，南部新区规划面积22.11平方公里，63个自然村，耕地4.4万亩，人口3.9万。2014年12月份，开发区被批准为安徽省“产城一体化”实验区，融工业发展与城市建设为一体。开发区现有各类企业122家，其中工业企业63家，在建企业9家，商贸流通企业25家、保险金融7家，房地产企业16家。开发区成立后，县委、县政府举全县之力支持开发区，力争把经开区打造成全县经济发展的“主战场、主阵地、尖刀连”。开发区全力贯彻县委、县政府决策部署，全面统筹人、财、物资源，在征地拆迁、项目建设、招商引资、基础设施建设、企业服务五大任务上取得了突破。2015年1—12月份，开发区征迁房屋82.19万平方米，拆除存量违建8.5万平方米，征地5000亩，完成招商引资51.30亿元，实现财政收入2.23亿元，固定资产投资45亿元，工业总产值33亿元，规模工业总产值28.38亿元，新增规模企业8家，新增限上商贸流通企业2家，限上商贸流通企业实现销售4518.6万元。

涡阳经济开发区何大何小征迁动员大会

【建设工程规划管理实施】 在开发区范围内全面实施建设工程规划管理，包括辖区范围内新建、扩建、改建临时或永久性的各类建筑物、构筑物和工程管线、设施建设项目。出台《涡阳经开区建设工程规划管理实施方案》，严格规范建设过程各道程序的审批监管，包括建设工程规划手续的审批、施工监管、竣工验收、临时建筑等。

【基础和公共设施建设】 2015年，开发区已建成区域10.6平方公里，道路、给排水、供电等基础设施框架基本成型，乐行路、华都大道、将军大道三条横向城市主干道贯穿东西，新城南路、葛沟路、东环南路、向阳路、兴业路、星园路六条纵向城市主干道贯通南北；交通物流中心、客运南站、公交车站、供水污水管网等一系列服务设施配套到位。2015年7月，开发区完成了德成路（星园路—兴业路）、兴业路（将军大道—华都大道）、道源堂西侧路三条道路主体工程及站前西路、文成路（华都大道—乐行西路）、文成路北段（淮中大道—站前西路）三条污水管网的建设。2015 年 7 月，启动了德顺安置小区建设工作，9 月完成规划设计，10 月完成施工图，10 月底全套施工图纸移交到县重点局。2015 年 8 月，启动公墓建设，12 月份完成公墓选址。2015 年 10 月份启动道路绿化工程，12 月底进入招标程序。于 2015 年 9 月启动污水处理厂建设，12 月份完成选址，形成初步方案。

【工程建设管理】 在项目工程建设时期由区规划建设局统一协调服务、监督实施。施工环境由园区保障，凡进场施工企业，施工队伍不与当地村民发生直接接触。实行一次性告知和帮办制，一次性告知企业提供规划、施工等手续，并由帮办人员到业务部门代为办理。制订项目建设行事历，现场公示行事历和工程效果图，接受监督。区规划建设局开展日常巡查和定期督查，坚持每周调度，确保项目按照行事历完成建设进度。

【拆迁安置】 2015 年 1—12 月，开发区完成八里桥、何大、何小、田庄、杨王、王庄、潘庄、陈庄八个自然村的房屋征收，面积达 82.19 万平方米，征收土地 5000 亩。其中：45 天完成八里桥整村搬迁，涉及群众 478 户，1412 人，征收房屋面积 22 万平方米；37 天完成何大、何小整村征迁，涉及 473 户，1395 人，征收房屋面积 20.29 万平方米；36 天完成杨王和田庄整村搬迁，涉及 538 户，1500 人，征收房屋面积 19.44 万平方米；31 天完成王庄、潘庄和陈庄整村搬迁，涉及 433 户，900 人，征收房屋面积 16.44 万平方米；经开区还开展了五中、四小、五小、乐行幼儿园南校、宁静家园、幸福港湾、修正药业、刘西路南段、育英路、育英河、新 S307、西二环、八里西路等项目征迁，共涉及 939 户，征收土地 1822 亩，共征收房屋 4.02 万平方米。

【环境保护】 污染减排：工业园 A 区、南部新区建立完善污水处理管网，两区污水分别排入涡北污水处理厂和县污水处理厂。工业园 B 区污水管网改造已经完成，正在筹建一座日处理 1 万吨生活和工业污水的处理厂（一期一万吨，二期两万吨）。环境执法与管理：开展“打击违法排污企业保障群众健康”环保专项行动，先后开展重金属、沿河、沟渠、畜禽养殖、饮用水源地 5 个专项行动，共出动执法人员 156 人次，检查企业 46 家，检查治理设施 37 台 / 套，检查率 100%，设施完好率达 98% 以上，开发区企业稳定达标率达 99%。对新上项目坚持“环保第一审批权”，2013—2015 年共办理“环评”登记表 2 个、报告表 27 个、报告书 2 个；县工业园区环评规划已编制完成并报省厅评审，开发区 2015 年新开工项目“环评”执行率为 100%，新投产项目“三同时”执行率达 100%；淘汰黄标车 18 辆。环境应急管理：成立了涡阳经济开发区环境污染事故应急领导小组，修订完善《涡阳经济开发区突发性环境事件应急预案》，编制完成 3 家化工企业环境应急预案，并开展应急演练。环境监测能力得到加强，2015 年经开区新建两座大气自动监测哨（新一中办公室大楼一座、开发区办公区大楼一座）。环境问题排查整治：开展排污企业执法检查，排查入园企业 46 家（A 区 8 家、B 区 38 家），发现环评和“三同时”执行率低，环境基础设施建设滞后等问题，对 2013—2015 年对园区入驻企业环评未批先建等环保不达标的坚决予以处罚并责成整改，2015 年关闭生产外排废水含重金属严重超标的企业一家（鹏盛铝业）。

【进出口情况】 开发区现有进出口企业 6 家，

2015年1—12月，实现进出口总额5476万美元，同比增长76.87%，其中贝龙美发进出口总额3580万美元，道芝源粮油进出口总额1043万美元，两家企业共占经开区进出口总额的84.42%。出口产品主要为农副产品、旅游鞋、假发，进口产品主要为芝麻。

【招工与用工规范】 开发区经济发展局全权负责外来人员务工工作，组织辖区群众参与县举办的各类招聘会12场，解决就业400名。开展失地农民综合素质和技能培训，共举办4期，培训群众600人次，推荐就业300人。

【招商引资与推进项目建设】 2015年，开发区完善招商体制机制建设，突出可持续性招商，强化企业服务，进一步优化投资环境。1—12月，招商引资签订正式投资协议项目27个，总签约金额29.58亿元，引进了修正健康饮品、恒明新材料、创酷手机、新诚达服装等8个亿元以上项目。1—12月，新落地开工工业项目9个：修正健康饮品项目、鸿典包装材料项目、百禾堂中药饮片加工项目、万安塑料、少儿食品、第一医药公司、创酷手机、成骏家居、世维安墙体材料。新开工商住及其他项目5个：合肥城改项目、新地名门项目、宏基地产项目、阳光医院项目、谷神种业项目。

【社会事务管理】 计划生育工作形成常态化管理机制，全员人口信息质量不断提高，1—12月，完成社会抚养费征收任务378万元，超县下达任务180万元。1—12月，集中开展拆违行动5次，拆除存量违建8.5万平方米，实现了全年零违建的目标。新农合、新农保实现了全部惠及，3.9万群众受益。文化、教育、卫生得到快速发展，村卫生室建设实现了全覆盖；1—12月，投入经费405万元用于农村环境综合整治，新增和更换保洁员45人，新配备垃圾清运车1辆，购买各类垃圾桶4000个，新建垃圾收集池56个，清理各类河道97公里，整治重点主干道路50公里，清理各类户外广告985条，粉刷宣传标语50余条，新增各类文化墙86幅。

【财税工作】 2015年1—12月，开发区实现财政收入2.23亿元，其中：税收收入21977万元，同比增长13%，国税收入1731.3万元，同比下降79.71%，地税收入20245.7万元，同比增长85.74%。

【片区简介】 开发区融合了工业园区和城南新区。工业园区规划面积14.99平方公里，A区位于涡河以北，规划面积4.89平方公里，产业定位为煤炭、煤化工及新型建材，入驻企业；B区规划面积10.1平方公里，产业定位为机械加工、轻工食品、医药（饮品）、新兴科技。城南新区规划面积22.11平方公里，主要定位为涡阳新城中心，按照“一次规划、分步实施”发展的思路，以南外环以北，乐行路以南，向阳路以西，文成路以东7平方公里的区域作为启动区，逐步实施城南新区建设。

【重点企业】 2015年开发区引进亿元以上项目8个。安徽修正健康饮品产业园项目：由修正药业集团投资兴建，总投资5亿元，以金银花，玛咖等饮料制造为主，项目占地70亩，总建筑面积近3万平方米，包括生产车间、仓库、宿舍、职工食堂、配电房等。2015年10月正式施工。恒明新材料：江苏鸿典投资股份有限公司在县经济开发区建设年产5亿只新型包装材料项目，项目占地约77亩，建筑面积4.9万平方米，总投资4.5亿元，项目于2015年7月18日开工建设。

八里桥征迁现场

安徽创酷无线：创维无线技术（深圳）有限公司与许昌和诚实业有限公司共同出资兴办，项目占地200亩，计划投资5.5亿元人民币，新上手机生产线8条，手机包装线8条，试生产期间每月可生产手机30万部，全部达产后，每年可生产手机600万部，出口创汇30亿元，解决400人就业。

新诚达时装（安徽）有限公司：香港新诚达集团公司在涡阳县设立的分公司，主要从事加工生产各类休闲、户外及运动系列服装。项目总投资1.9亿元，分二期进行。一期投资4000万元，租赁标准化厂房、食堂及宿舍1.05万平方米，2015年8月份已投入使用，二期计划投资1.5亿元，二期标准化厂房新诚达厂房已于2015年9月20日开工建设，计划2016年7月投入使用。主要产品有夹克、衬衫、裤子、棉装、羽绒服等，主要客户为“优衣库”“真维斯”“以纯”“鸿星尔克”“海澜之家”等品牌，年综合产能为800万件（套），可实现年产值4亿元，全部达产后可解决1500人就业。

安徽万安塑料制品：年产300万件排水板生产线建设项目，总投资为1.2亿元，其中建设投资为10000万元，流动资金为2000万元，产品主要为塑料排水板、PVC管等制品，项目市场潜力大，项目内部收益率高，成本利润率较高。

安徽百禾堂中药饮片：浙江国康医药有限公司在园区投资兴建的饮片及食品加工项目，项目总建筑面积31400平方米，包括普通中药饮片生产车间、提取车间、毒性中药饮片生产车间、直接口服饮片车间、代用茶生产车间、调味料生产车间、检测中心、原料仓库、成品仓库等。项目总投资7000万元，其中建设投资6800万元，年可产白芍、牡丹皮、白术、党参、当归、黄芪、甘草等各类饮片共5000吨，年可实现销售收入12000万元，年利税2945万元，上缴税费623万元，可带动300人就业。

何大、何小村征迁现场

标准化厂房

已入园企业一览表

序号	企业名称	入园区时间	2015 年年底状态			投产时间	主要生产业务
			筹建	在建	生产		
1	旭丰农机	2015.03			√	2015.04	农机配件生产及组装
2	百禾堂	2015.03		√			中药饮片
3	龙城药业	2015.06			√	2015.08	花茶、袋装茶
4	张士杰糖蒜	2015.06			√	2015.06	涡阳农特产品
5	新诚达服装	2015.06			√	2015.09	服装
6	涡阳恒明新材料	2015.07		√			包装材料
7	蓝基自动化	2015.08		√			瓜子、花生等炒货
8	万安塑料	2015.08		√			塑料排水板
9	修正药业	2015.10		√			饮品
10	成骏家居	2015.10		√			木制家具
11	创酷手机	2015.10		√			手机组装
12	世维安建材	2015.10		√			仓储物流
13	谷神种业	2015.10		√			环保设备生产
14	涡阳长圣服装	2015.10		√			服装

续表

序号	企业名称	入园区时间	2015 年年底状态			投产时间	主要生产业务
			筹建	在建	生产		
15	万宜纺织	2015.11		√			纺织品
16	三鑫光电	2015.12		√			手机视窗显示屏
17	亚力大科技	2015.12	√				汽车零部件
18	凯达机械	2015.12	√				秸秆打捆机
19	佳源油脂	2015.12	√				牛羊动物屠宰深加工
20	华鑫木业	2015.12	√				胶合板
21	鼎鑫纺织	2015.12	√				纺织产品

镇（场 街道）概况

ZHEN CHANG JIEDAO GAIKUANG

涡阳

GUOYANG

标里镇

BIAOLIZHEN

【概况】 标里镇位于涡阳县西部，距离县城 20 公里，西与谯城区立德镇相邻，北与谯城区的城父镇交界，东与花沟镇毗连，南同临湖镇接壤。国土面积为 98.3 平方公里，耕地 9096 公顷，总人口 65532 人，下辖 1 个居委会、15 个村，135 个自然村，均为汉族。标里镇（原名标里铺），楚灵王伐徐，大将伍子胥在城父寨（今谯城区的城父镇）镇守，因标里距城父寨十八里路，故叫十八里铺。标里距离城父寨 18 里的路程十分标准，故人们便把十八里改成标里铺（标准里程的意思）。标里镇属淮北大平原，气候温和，年平均气温 15℃，年降雨量不足 850 毫米。自然条件优越，安宁沟、干溪沟贯穿南北腹地，雪沟、涡标河、花沟三条中沟横穿镇内。两纵三横五条沟形成交叉水系，总流域面积达 80 公里。明河、张义沟、芦草沟贯穿标里西北部 5 个行政村，流域面积 15 平方公里左右。公路四通八达，三级曹淝路贯穿标里镇东西，全长 15 公里。标里镇境内的标孙路、标新路、标王路、均为混凝土路面，镇通各村的道路均为混凝土结构或柏油路面。

【经济发展】 全镇国民生产总值 67299 万元，有骨干工业 4 个，工农业生产总值 5.5 亿元，其中：工业生产总值 2.5 亿元；农业生产总值 3.1 亿元；实现财政收入 487 万元。小麦种植面积 82000 亩，平均单产 505 公斤，玉米种植面积 81000 亩，平均单产 486 公斤，粮食总产量 92065 吨。梁王面粉加工厂年产值达 5380 万元。

【美好乡村】 柏华行政村唐大自然村实施美好乡村建设工程，该村共有村民 703 人，耕地 727.6 亩，现有两层以上楼房 51 座，平房 8 座，砖瓦结构房 64 处。投资 155 万元，修铺两条主干道路，其中东西干道长 1712 米，宽 4 米，贯穿村庄东西，南北干道长 1380 米，宽 4 米，南通村卫生室，北至涡标路，村内纵横巷道 8 条，安装节能太阳路灯 28 盏，建体育广场一座，建公厕 2 座。

【社会事业】 2015 年，全镇低保户 1570 户，五保供养（分散）户 238 户、新农合参保人数 53431 人，参合率达 81%；标里镇卫生院系标准化卫生院。一事一议项目 40 个：其中 36 个修路项目，共修铺水泥路 24.5 公里；文化项目 3 个，建设了李大、张大、新桥三个农民文化广场；修建下水道项目 1 个，在前李村修下水道 1150 米。享受养老保险金待遇 8131 人，参加养老保险缴费人数 14885 人，参保率达 47%。投资 50 万元建文化站一座，占地 1050 平方米，建筑面积 351 平方米，组建了 8 支广场舞队、柏华村秧歌队、28 个民间艺术团体，建设标里、柏华、程岳、前李、标北、新桥、李大 7 个文化广场和 3 个农民文化乐园，王井村文化乐园已对外开放，实现广播电视村村通全覆盖，农家书屋全覆盖。新德薄弱学校改造投入 150 余万元，新建运动场 3000 平方米，教室 18 间，投入 20 万元改造中心校操场，投入 120 余万元建设新德、刘竹、高楼、第二小学、刘庄户等五所学校食堂，基本改善了教学环境，解决了学生生活问题。标里镇敬老院始建于 2007 年 7 月，位于距标里镇政府西五公里处曹淝路北侧，占地 16.5 亩，现有房屋 112 间，其中公用房 32 间，院民宿舍 76 间，床位 142 张，管理人员 13 名，入住五保老人 116 名。

（标里镇办供稿）

曹市镇

CAOSHIZHEN

【概况】 曹市镇地处涡阳、蒙城、濉溪三县交界地，东南和蒙城的坛城、小涧镇接壤 ，东北和濉溪县的白沙相邻。 东距京沪铁路宿州站51公里，西南距阜阳飞机场120公里，西距京九铁路亳州站90公里，北距濉阜铁路青疃站10公里，交通便捷，济祁高速公路·涡宿南北曹蒙·曹青等公路横贯境内。在曹市镇北四华里处,有古城,《水经注》记载其属于汉朝的长桑县，俗名北平城，多是红土，叫红粟城或红城子，是涡阳县境内的第三座古城。拥有老子故里东太清宫、石佛寺、柴村庙、侯氏孤堆、新四军游击支队第一次党代会旧址等一大批县级重点文物保护单位。曹操祠建于曹市集北的北平城，正式名称为“魏武帝祠”。据《魏书·地形志》记载，曹市北平城有曹操祠。曹市集原名曹店，因曹操祠立于红粟城(即北平城)，市、祠谐音，久而久之，便由曹祠而转化为曹市。现有19个村委会，镇辖总面积162平方公里，总人口7.5万人，总户数1.4万户，耕地面积14.8万亩。先后被授予亳州市先进基层党组织、亳州市十佳文明乡镇。曹市镇自然条件优越:四季分明，气候温和，地势平坦，河流密布。北淝河东西横贯境内三十华里，凤凰沟南北与濉溪为界，长二十余华里，殷家河贯穿腹地，曹青河、南北渡江沟三大人工水系在境内垂直交叉，为农业生产提供了丰富的自然资源。

【经济发展】 全镇农作物种植面积27万亩。农业总产值3.4亿元，工业总产值7.5亿元。粮食总产113943吨，油料作物总产值515吨。肉类总产3308吨。禽蛋产量566吨。人均纯收入10311元，蔬菜种植面积2.0万亩、药材种植面积3500亩。招商引资完成2.8亿元。畜牧业由零星养殖向规模化、专业化发展。

【现代农业】 挖中沟7条、小沟40公里，新修涵管桥290个，中沟桥梁15个，维修桥梁3个。打机井280眼。加快农业调整结构步伐。水生池藕1000余亩，水果黄金梨、草莓等种植面积进一步扩大，发展其他蔬菜类作物2000余亩。家禽畜牧等产业得到进一步巩固，规模养殖场已达12家，占地650亩的侯桥村温室蔬菜基地已完成一期350亩土地流转。农业组织化程度进一步提高，农民专业合作社总数达85家，王老家、太清两村高速公路沿线两侧已完成土地流转，成片造林1200亩，三年共完成植树造林3900亩；在高长营流转土地600亩，发展海棠、油牡丹特色林果种植，带动农民增收。

【新农村建设】 高长营村和谐新村一期工程全部竣工并入住,高长营和谐新村二期工程新建小学、幼儿园、卫生室、为民服务中心、供排水管线、路灯绿化等基础设施全部完工并通过省级验收。美好乡村示范点辉山村道路及下水道工程正在施工中。

【社会事业】 建设农村村村通工程21公里。建设市级五保供养示范单位，共集中供养五保老人242名，孤儿14名。落实危房改造112户。新建曹市中心幼儿园、长营中学新教学楼、长营小学留守儿童活动中心等一批学校改造项目。一事一议项目立项14个。新建卫生院大楼建成并投入使用，完成村级卫生室标准化建设19个，新型合作医疗参合率100%。全年代办点共为民代办各类事务9626件，在偏远村庄70%的村民优先选择代办点帮忙办事。完成土地增减挂84亩，土地复垦90亩，完成工矿废弃地418.5亩。县农村清洁工程综合排名全县第二名。荣获安徽省千年古镇称号。全镇22个无证加油站和加气站全部拆除并完成油罐注水、注沙工作。

（曹市镇供稿）

城东街道

CHENGDONG JIEDAO

【概况】 城东街道是1992年2月撤区并乡时由蒙关乡和马寨乡合并而成，始名马寨镇，1994年9月更名城东镇，2010年11月命名为城东街道。城东街道位于县城东城乡结合部，地处县城规划区内，东与西阳镇毗邻，南接涡南镇，西联城关街道和城西街道，北靠涡北街道和高炉镇。地理位置优越，西倚火车站，S307线横穿东西，徐阜铁路纵贯南北，涡河流经北境，水陆交通便捷。国土面积44平方公里，2015年1月七里朱、胜利、王大、七里顾4个社区划入涡阳县经济开发区，现辖马寨、杨王、蒙关3个居委会（社区）和田小庙、黄庄、刘旮旯、盛庄4个村民委员会，69个自然村，101个村民小组，人口27934人，耕地3.61万亩。农业以小麦、黄豆种植为主，辅以玉米种植。矿产资源丰富，东部已探明的煤炭储藏量达8千余万吨，且煤质优良。2015年生产总值达115382万元，比上年增长1.73%。财政收入1449万元，比上年增长20.75%。农民人均纯收入达10917元，比上年增长13.21 %。农作物面积6.6万亩，粮食生产达28947万吨，农业产值16924万元，除去划到经济开发区的4个社区外，比上年增长5.12%；规模工业企业22家，除去划到经济开发区的4个社区的企业外，工业产值91000万元，比上年增长2.31%。入库税金1200万元，创利润4820余万元。2015年取得了全县党建工作目标管理考核一等奖、全县经济社会发展目标管理考核三等奖。

【农业发展】 城东街道东部是原外资治理区和黄淮海项目区，现在是标准粮田示范区和现代农业项目区，农业基础较好。盛庄、刘旮旯等村是标准粮田示范和小麦高产示范区。主要农作物是小麦、黄豆和玉米。沿S307线现代农业示范区主要示范品种有草莓、葡萄、食用菌、药材、竹柳等。继续加大农业种植结构调整,通过土地流转,在蒙关社区新增经济作物药牡丹种植420亩、白菊花种植160亩、葡萄350余亩、草莓120余亩。

【工业发展】 城东经济开发区位于马寨居委会和杨王村辖区内。现辖区内有华圆烟草涡阳烟叶复烤厂、致和堂药业、红三星复混肥有限公司、华都精陶有限公司、金禾肥业、金阳肥业、施利农肥业、禾田肥业、创新科技、江北焊接材料、新创铝业等国有、民营企业。2015年，除划到经济开发区的4个社区外，辖区内共有大小企业44家,职工人数3130余人。辖区内有超市31个，零售批发点83个，餐馆32家。

【招商引资】 全年完成招商引资300000万元，其中涡阳新创铝业有限公司投入资金12600万元，30余家骨干企业产值近12亿元。总投资亿元以上的企业有施利农肥业、创新科技、华彤服饰、新创铝业等四家企业。

【城乡建设】 2015年，配合县有关部门做好对S307线城东段外环改造征地工作，7月份征地工作全部完成，确保了S307线城东段外环改造顺利开工。

【社会事业】 街道共有五保供养人员196人，发放五保供养金71.2万元；低保户717户，享受低保人口983人，发放低保金170万元；发放60岁以上退役士兵130人13.8万元；发放80岁以上高龄补贴人员412人6.4万元；发放救灾款5.3万元；救助重度残疾人174人；救助精神病人24人；救助流浪人员3人。新型农村养老保险参保率达95.8%。除划到经济开发区的4个社区外，年新增就业岗位769个，整体就业率97.2%以上。组织12期新型农民技术培训，培训人数达1280余人。新型农村合作医疗参合率均达到100%，农村医疗救助“一站式”服务得到加强，社区卫生服务中心的服务能力显著提高。

【组织建设】 街道设党工委1个，下设党总支（支部）35个，共有党员926名。扎实开展了“三级联创”、争创“五个好”党支部活动，为民服务全程代理、无职党员设岗定责、流动党员“双向带动”、党组织和党员“双向承诺”等五大载体建设得到了进一步的加强。全年街道4个村、3个居委会（社区）的村级活动场所建设达到了规范化的要求，成为集党员活动、村民议事、代理服务、教育培训、文化娱乐等为一体的综合性阵地。2015年11月，在全市党建工作调度会上城东街道马寨居委会的党建工作得到了与会人员的一致好评。

【精神文明建设】 以营造和谐的社会环境、倡导良好的社会风尚、提倡高尚的道德情操为导向，以“四创”为抓手，在马寨居委会、盛庄村、代庄自然村、刘旮旯村开展了清洁示范村、文明生态村、绿色小康村、移风易俗村创建示范活动。街道加大了文明创建、农村清洁工程工作的投入，全年共投入310余万元，对街容街貌、农村卫生环境进行了综合整治，文明创建工作逐步走向了良性循环的轨道。

（城东街道供稿）

城关街道

CHENGGUAN JIEDAO

【概况】 涡阳县城关街道办事处位于涡河南岸，北纬33° 32′，东经116° 12.5′。S307省道横贯全境，S202省道纵穿西部，濉阜铁路顺东界而行，古老的涡河水南纳楚水成S形沿北界东流，入注淮河，东连蚌埠，西接亳州，南通阜阳、北达徐州，是南北交通的咽喉要道，商贾云集的黄金福地，更是涡阳县政治、经济、文化、交通、金融、科技、信息的中心，是全国重点建设小城镇。辖区面积17.68平方公里，总人口13.6万人，党工委下设3个党总支，25个基层党组织，15个社区居委会，党员1270人。城关街道办事处历史悠久，人文景观较多，秦称交聚，清谓雉河集，建国后设镇。境内有捻军会盟旧址、凤凰亭、华祖庙、英公祠、城隍庙、马玉坤帅府、马玉坤公馆、天主堂等省、市、县级重点文物保护单位多处，旅游资源极为丰富，地理位置十分优越，水陆交通快捷，区位优势明显，自古就有“梁宋陈楚之冲，齐鲁汴洛之道”的称誉，为历代商贾往来之所，兵家必争之地。

【文明创建】 以“九城同创”为统揽，深入开展“三治理、两提升”专项行动，一些影响城市形象、群众反映强烈的问题逐步得到解决。在春节前集中时间、集中人力、集中物力，突出抓好三轮车收缴工作，共收缴三轮车 759 辆，做到平稳有序，无一例三轮车业主上访事件发生。对辖区内的小街小巷墙壁进行粉刷，硬化了 28 条小街巷，新改建了 26 座水冲式厕所，安装路灯 300 余盏，粉刷文化墙 100 多处，投入 100 余万元打造了新安文化街，对雉河楼、西城大市场、官路坑和金三角进行了改造升级；对郝庄菜市、青年路、胜利路等 9 个店外经营严重，骑路逢集市场进行了集中整治、规范管理，依法关闭 36 家砂石料场，取缔无证照加油加气站点 16 家。“三线三边”治理、农村清洁工程深入推进，城乡人居环境明显改善。在全县成功试点卫生保洁市场化运作，建立了“精细化、常态化、网格化”的文明创建工作机制，全面提升城市管理水平。

【党建工作】 2015 年 7 月，根据省市县统一部署，城关街道对 20 个社区进行了撤并和换届选举，到 9 月 12 日圆满地完成了社区撤并和“两委”换届选举工作，合并后的社区人口均达到 1 万人、3000 户以上。社区撤并后，由 20 个社区变成 15 个社区，共选举新一届社区党支部委员 109 名，居委会委员 69 人，其中女干部 63 名，占 43%；大学以上文化程度的 87 名，占 59.6%；平均年龄 41 岁，比上届下降 6 岁，有 3 个社区实现党支部书记、社区主任一肩挑，31 名社区“两委”成员实行交叉任职。通过换届选举，进一步优化了社区干部结构，提升了女干部和高学历干部比例，降低了年龄层次，社区两委成员的综合素质明显提高，为下步实现大社区大服务打下了坚实的基础。城关街道还先后组织实施了社区党支部书记素质提升工程、社区阵地建设星级工程、党组织覆盖面扩大工程等 6 大工程。

【重点工程】 2015 年，三星化工（原粮食二库）家属院拆迁项目，前期房产局拆迁剩余 23 户，除房产局未提供数据的 4 户外，已签订 19 户；木材大市场项目，周边附属建筑已全部拆完，迁坟结束，项目涉及到的 1000 余棵树木，已上报省林业厅批准，采伐过半。

【经济发展】 2015 年乡镇财政体制改革之后，城关街道高度重视，成立了协税办公室，制定了财税征收工作考核办法，落实了各相关单位及社区的协税护税工作责任，加强税收征管，完成财政收入 1.33 亿元，完成考核任务的 137%，完成社会抚育费征收 440 万元，完成全年任务 120%。

【社会综合治理】 2015 年城关街道从群众关心的问题入手，积极稳妥的处理遗留问题。综治维稳信访工作中心已受理登记信访事项 223 件，办结 187 起，排查出各类矛盾纠纷 243 件，化解 208 件，丝织厂、塑料厂等一批破产老企业职工安置问题得到妥善解决。综治维稳工作卓有成效，今年 8 月被亳州政法委、防邪办命名为“亳州市无邪教创建示范乡镇”，12 月被省政法委、综治办评为“省级示范基层综治维稳信访工作中心”。

【社会事业】 全年累计发放“一卡通”农村低保 233 人，发放资金 279163 元；农村五保供养 3 人，累计发放五保供养金 39750 元；贫困重度残疾人生活特别救助一、二级救助 582 人，救助总资金 450040 元；三级救助 132 人，救助总资金 47680 元。连续三年来，共开展社会化管理与服务 163 人，劳动力资源调查 34615 人，就业实名制登记

1317人，小额担保贷款1625万元，一卡通办理及发放22528人，社保补贴办理272人，就业援助办理311人；城乡居民养老保险新增及续保缴费3109人，对享受待遇人员1474人进行了年审，城镇居民医疗保险新增及续保缴费14526人；共审查35家用工单位及用人单位非法用工情况。

（城关街道供稿）

马店集镇

MADIANJI ZHEN

【概况】 马店集镇位于涡阳县北中部，距县城20余公里，东邻青疃，西接新兴，南依龙山，北靠石弓、丹城。省道S202线、济祁高速纵贯东部，中部涡永路（涡阳至永城）与县循环线（红色旅游路线）在镇政府所在地马店集交汇，镇政府距省道4公里，距济祁高速出入口约6公里，境内水泥路四通八达，村村通水泥路达132公里，交通便利。区域面积85平方公里，马店集镇历史悠久，源远流长，相传道教鼻祖老子曾在此拴马住店，故而得名马店。1992年3月“撤区并乡”，马店集镇由王尧、马店、刘店三个小乡合并而成，1997年10月撤乡并镇。马店集镇是全省著名的“三粉”之乡，红芋“三粉”产品畅销全国20多个省、市、自治区；是全国庭院经济高效产业专业示范乡镇；是全市“挂牌管理、集中办公、吃住在岗、量化考评”示范单位。1998年，被县命名为“科普红旗镇”；2001年，被市命名为“六强党委”；2003年，被中共中央组织部授予全国“三个代表”重要思想学教活动先进基层党组织。全镇现有人口5.65万人，耕地7.5万亩，下辖12个村委会，96个自然村，154个村民组。

【基层党建】 严格执行干部做事档案制度。镇干部实行早点名、晚讲评，实施指纹验证签到、面部点名制度，严格镇村干部考核，对出勤情况进行周通报、月小结。坚持两委成员轮流坐班制度常态化，促进村室“建管用”工作开展。实行奖优罚劣，整治干部“庸、懒、散”恶习。围绕“五个服务”和“六有”目标，高标准严要求践行“三严三实”，要求每个党员干部做到“心中有党、心中有民、心中有责、心中有戒”，打造一支“政治过硬、本领过硬、作风过硬、廉洁过硬”的干部队伍。坚持“治庸、治懒、治贪、治乱”不留情，提升全镇干部整体素质和综合水平，形成比、学、赶、超的工作氛围。

【农业发展】 全镇午秋两季零着火点。实施玉米振兴计划，共完成3.9万亩玉米和5.2万亩大豆的种植任务，秋季8万多亩小麦全部适时播种。共开挖中小沟6条，挖塘坝6面，岭子沟、五道沟清淤工程，完成土方46万立方米，修建水利桥涵13座，新修建公路桥2座，新打机井90眼，水利基础得到改善。主要干线两侧、沟河堤坝上栽植树木6万株，成片造林2100亩。集镇街道两旁、吴府中心村、五道沟和岭子沟坝宜林地的绿化、美化水平得到提升。高标准农田大丁治理片工程结束，1.6万亩土地得到治理。全面完成土地确权登记颁证工作，通过市县验收。加快土地流转，新增种植专业合作社8家，家庭农场11家，农机专业合作社1家，流转土地1.2万亩。特色养殖形成规模，红旗村双益养殖公司为龙头带动吴府、胜利、大丁、前贾等村养殖产业发展，全镇存栏生猪2500头以上，年出栏5000头以上，创利税150万元。

【财政收入】 镇成立协税护税办公室，深挖细排税源，规范征收行为，严格依法征收。加大征收力度，提升经济发展活力。1—10月份，全镇共完成财税收入656万元，超前完成县委、县政府下达的任务，位居全县前三名。引进外资，完成招商项目2个，固定资产投入3.5亿元，新增规模企业2家。济祁高速、S202省道两侧的3000多亩土地顺利流转、辖区省道S202线及济祁高速两侧绿化工程顺利实施。

镇政府大院

【计生工作】 2015年完成孕前优生健康体检352对，占全年任务的112%，位居全县第一；认真开展奖、特扶工作；加强流动人口管理和计生干部队伍建设，提升计生服务水平；坚持依法行政，积极与县计生委、县法院等部门配合协作，加大依法征收计划生育社会抚养费工作力度，以立案、起诉、执行为突破口，抓点带面，共起诉四卷，征收社会抚养费10万元，全年共依法征收社会抚养费280余万元，整体推动全镇计生工作顺利开展。同时，积极转变政府职能，认真开展对养龄人群及计生家庭政策、法律、法规宣传，促进服务工作的开展，提高群众对政府开展计生工作的满意度。

文化广场一角

【环境整治】 全镇上下统一思想，提高认识，强化对村级保洁员的管理，保证保洁员认真工作。2015年9月份，农村清洁工程获得全县第三名的好成绩。按照文明创建“七个一”的要求，在“四凡”（即：凡地必绿、凡地必净、凡水必清、凡村必洁）总目标和“六无”（即:无暴露性垃圾、无水面漂浮物、无乱贴乱画、无污水横流、无乱堆乱放、无公共场所垃圾）标准的基础上，加大对“三线三边”的规范整顿；重拳清理整顿了刘店、马店、王尧集市占道经营、骑路逢集、乱堆乱放、乱搭乱建等问题；开展专项整治46次，清理垃圾318吨，清理河道40公里，拆除违法搭建物36处，规范经营、取缔占道经营46户，配备垃圾桶6000个；争取项目资金120万元，新建马店集镇垃圾处理厂；争取小城镇建设项目1个。

【社会事业】 新修、加固公路桥13座，完成3公里道路建设。修水泥路8公里，安装路灯450盏。按照“四个一律”标准，取缔非法加油站（点）11个，规范加油站1个，整治规范换气站3个，成绩位居全县第一。重点沟塘渠河等地段安装防溺水警示牌及防护栏设施；开展打击黑网吧和非法游戏厅等专项治理活动；对校园周边环境整治、校内食品安全进行了排查，对超市、浴场、宗教场所等人员密集场所加强了管控。加强农村道路交通安全建设，全县道路交通安全年建设现场会在我镇成功召开。加强社会防控面的治安巡逻和矛盾排查调解，扎实抓好信访维稳工作。网上办事进入全县前列，受到县政府奖励，10月办件量居全县第5名。加大“两违”管控宣传和巡查执法力度，成功拆除三相等村的4处违法建筑。养老保险完成参保率达88%，位居全县第二。卫生院财务管理和镇村卫生一体化管理进一步加强，连续两年新农合参合率达到95%以上，投资125万元的马店中心卫生院综合服务楼在建。完成危房改造210余户，2015年，成功申报扶贫村整体项目5个。全镇五保老人集中供养率达到60%以上。

（马店镇供稿）

城西街道

CHENGXI JIEDAO

【概况】 1969年10月设立城郊人民公社，1979年8月改为城郊区，1992年2月撤区设镇，2009年10月改为城西街道办事处。2014年12月8日成立涡阳县经济开发区，城西街道的新城、马腰、五里湾、何大、十里丁、李马等六个社区全建制托管于涡阳县经济开发区，城西街道保留7个社区村，分别是俞庄、尹沟、潘寨三个社区居委会和焦尧、史寨、赵瓦房、陈李四个村委会，辖区总面积32.9平方公里，其中耕地面积31164亩，共61个自然村114个村民组，农业人口27837人。2015年实现社会生产总值(GDP)37629万元，其中：第一产业6844万元，占43%；第二产业5462万元，占34.3%；第三产业3615万元，占22.7%。农业生产总值中，农业4082万元，占59.64%；林业295万元，占4.31%；畜牧业2070万元，占30.25%；渔业161万元，占2.35%；服务业236万元，占3.45%。农作物面积61669亩，其中粮食总产27204吨，油料6吨，水产品产量267吨。财政收入1456.9万元，占计划任务171.6%，位居全县第二。农民人均纯收入9564元。

【项目建设】 完成国家投资3780平方米的城西敬老院、1284平方米的城西老年日间照料中心建设任务，入住五保老人119人。完成S307线改道项目217.95亩土地征迁任务，确保该项目正常施工；完成谷神种业项目征迁工作。

【国土规划】 2015年，城西街道成立国土规划建设管理委员会，全面加强国土规划建设管理工作，规范农村建设行为，拆除违建5000多平方米。在土地例行整改工作中，对存在的问题及时进行整改，完成整改面积16.5亩，并顺利通过验收。率先高标准完成土地确权工作，对8个社区村8000多户承包土地的确权资料审核、整理、入卷归档。2015年度，高标准并提前完成122亩工矿废地复垦工作，已通过验收。

【文明创建】 2015年顺利完成本辖区三轮车收缴任务，收缴各类三轮车434辆，并实现平稳无震荡的目标。加强城镇化管理，对淮中大道城西段两侧乱搭乱建、店外经营行为开展集中整治，拆除沿街 12 处乱搭乱建和 50 余个不规范的广告标牌；对主干道路两侧的活动板房进行了强制拆除。对辖区内 S202、S307 线两侧的 5 个料场、煤场等集中整治，全部完成搬迁；对涡河岸边的 12 个沙场进行了规范。不断加大农村环境整治工作力度，增加经费投入，建立长效机制，使农村环境日常保洁工作实现常态化，人居环境有了很大的改善。实现午秋两季无着火点的目标。

【工业商贸】 现有规模企业 1 家，其中今年新增个私企业 53 家，个体户 168 个，限上商贸企业 3 家。2015 年完成固定资产投资 19350 万元，规模工业总产值 3410 万元；招商引资工作有了新突破，完成 3.8 亿元，今年新引投资 3000 万元项目 2 个，已通过土地流转落地建设；投资 8000 万元谷神种业项目年前落地。大步车业、美的金桥运营活跃。

【现代农业】 投资 100 余万元，对赵瓦房村进行农业综合治理，治理面积 3000 余亩，完成旱涝保收面积 3000 亩；完成植树造林面积 1200 亩，占任务的 110%；实现粮食总产 27204 吨，肉类产量 2125 吨。加快新型农村经济发展实体培育，2015 年有各类专业合作社 46 家、家庭农场 22 个、种粮大户 35 户，流转土地 1.85 万亩，占总耕地的 56%，其中千亩左右项目 4 家，专业示范合作社省级 1 家、市级 1 家、县级 3 家。特别是道家园林果观光项目流转土地 1200 亩，安徽泓森高科生态农业项目流转 S307 线两侧土地 1300 多亩。农产品加工企业 2 家，产值达 1.6 亿元。

【民生工程】 完成一事一议财政奖补修路项目 7 个，修路总长 3.75 公里。7 个社区村图书室开通互联网，61 个自然村全部装上广播喇叭，实现广播村村通；农村居民养老保险缴费率达到 91.55%；对 197 名残疾人发放生活救助金 17.62 万元；政策性农业保险玉米投保面积 27484 亩，理赔面积 2471 亩，理赔金额 17.297 万元。网上办事大厅建设态势良好，各代办点运作正常，已为群众办件 9000 件，越来越得到群众的认可。2015 年新农合门诊补偿 54699 人次，住院补偿 1330 人次，县外住院补偿 828 人次，县外大额门诊补偿 236 人次，农村孕产妇补助 708 人次，农合总补偿额 642.9 万元。提前 1 个月完成 2016 年度 300 余万元新农合筹资任务。占地 12 亩、建筑面积达 4686 平米、投资 2000 万元左右的城西社区卫生服务中心新区正在建设。

【党建工作】 以党建为抓手，全面开展“创先争优”活动。组织各社区村党员干部开展承诺、践诺、评诺活动，让广大党员重新焕发活力，增强使命感、责任感，充分发挥先锋模范带头作用，使社区村的各项工作都得以顺利开展。建立完善并不折不扣执行绩效考评制度，将各社区村各项工作开展情况每月进行考核、排名，落实奖惩，大大提升了工作成效。2015 年度获得全县经济社会发展综合奖二等奖。

（城西街道供稿）

楚店镇

CHUDIAN ZHEN

【概况】 楚店镇位于涡阳县城南 18 公里处，楚店镇历史悠久，相传 2500 年前春秋时期的楚灵王出师伐徐，在此地安营扎寨，建立行宫，“楚殿”因此而得名，后来“楚殿”二字演变成现在的“楚店”。全镇总面积77平方公里，辖1个居委会，13个村委会，总人口5.8万人，耕地面积6.95万亩，土地肥沃，气候四季分明、雨量多、气候温暖、日照长、霜期短。涡楚河、茨河横卧其中，南部与利辛接壤，省道S202线、涡利路穿境而过，交通便利，区位优势明显。

【农业发展】 2015年全镇种植小麦6.9万亩，年总产量3.57万吨，玉米面积达到6.5万亩，单产551公斤。以温氏集团为依托，2013年新增规模养殖户21家，其中养猪7家，养蛋禽8家，养羊4家；2014年全年新增规模养殖户15家，其中养猪8家，养禽蛋7家；2015年全镇规模养殖户已达96户。

【招商引资】 楚店镇工业功能区共引进项目10个，分别是：投资1.5亿元的亳州温氏食品集团、投资1.2亿元的鸿运钢化玻璃有限公司、投资1.08亿元的亳州中粮长城干红酒厂、投资1亿元的绿园苗圃花卉培育基地、投资6000万元的丽丽服饰有限公司、投资5000万元的顶康食品有限公司、投资4900万元的安徽三聚木门有限公司、投资2600万元的同丰种业有限公司、投资2200万元的建阳商砼有限公司、投资2000万元的兄弟玻璃杯业有限公司。

【新农村建设】 全镇围绕建设“魅力城镇，美丽乡村”这个目标，主动加快与县城的产业、交通对接，积极加快城乡一体化融合。一是通过引导经济能人、种植大户成立了顶康种植专业合作社、学夫农作物种植专业合作社、林森种植合作社、孙一明专业合作社等46家专业合作社，以达到土地集中利用，走规模化、集约化、标准化经营之路。二是实施“新农村建设”工程。以楚南、后水波等基础好的村作为示范建设村，整体科学规划，提高土地利用率，改善老百姓生活条件。现已完成三里赵美好乡村省级示范点建设，推动了宋徐、王庄等一批特色村和样板村建设。

【农村环境整治】 全镇共配备环卫工人183名，装备垃圾桶6500个，垃圾车200个，三辆垃圾装运车，一辆洒水车，一辆48吨垃圾压缩车等，同时建垃圾中转站一座，公厕一座，确保农村垃圾污水得到长久有效治理。

楚店镇三里赵新村公共服务中心

【党建工作】 镇党委始终把思想作风建设作为头等大事来抓，通过开展大走访、大调研活动，要求党员干部做到“一强”“二通”“三活”“四清”“五访五必问”，使党员干部尽快熟悉村情、民情，理清工作思路，找准工作的切入点和突破口，为群众解决生产生活中遇到的热点难点问题，融洽了党群干群关系，树立了良好的干部形象。

（楚店镇供稿）

依法拆除非法加油站

攻关项目 5.2 万亩，完成玉米种植面积 5.7 万亩，落实玉米振兴计划 1.4 万亩，完成吨良田建设 1 万余亩。新打机井 70 眼，清洗 120 眼，增强农业发展后劲。引导和发展农业企业和专业合作社 8 家，建成家庭农场 26 家，流转土地 7000 余亩，提高农业产业化水平，努力走生态农业、科技农业、观光农业、经济农业、示范农业“五位一体”的现代化农业发展路径。落实千万亩森林增长计划，共计造林 1260 亩，超额完成县政府下达的任务。

陈大镇

CHENDA ZHEN

【概况】 陈大镇位于涡阳县城西 16 公里处，南与花沟镇接壤，西与义门镇、东与城西镇毗邻，北靠涡河，国土面积 68.8 平方公里，辖大王、郑寨、郑庄户、孙老家、张集、于楼、杨楼、中心、王桥、姜洼、尹庄、史韩、三徐、邓楼、黄庄 15 个行政村，146 个自然村，251 个村民小组，总户数 14035 户，总人口 62574 人，其中城镇常住人口 856 人，民族以汉族为主。现有耕地面积 64320 亩。2015 年生产粮食 62540 吨，主要经济作物有棉花、苔干、药材为主，还有花生、芝麻、油菜等 20 多个品种。以白菜、黄瓜、豆角、番茄、西瓜、山药、萝卜等为主。

【农业发展】 农业基础设施不断完善，现代农业持续发展。实施农业生产“万、千、百”工程，完成小麦种植面积 5.9 万亩，落实小麦高产

【招商引资】 全年加大招商引资力度，主动外出招商 9 次。同时，积极完善陈大镇在外能人志士档案，动员在外创业的成功人士返乡创业。陈大镇新引进年产 5000 吨中药环保高效消毒剂生产线建设项目，由安徽健和堂生物科技有限公司投资建设，项目总投资 6600 万元。前期准备、备案已完成，待用地指标下来即可开工建设。续建项目安徽善德堂中药饮片深加工项目、中荷植物工厂正在建设，安徽盛旺农业科技有限公司三粉加工生产线项目已完工。

【文明创建】 推进“书香村居”活动，讲好“国学经典、道德模范、法律知识”三堂课。加强农家书屋、图书阅览室建设，丰富群众文化生活，构建和谐乡风。推进“村村通”广播建设，15 个村广播设施已全部建成并投入使用。采取“抓点、带线、促面”方式，健全完善农村环境管理体制和长效机制，解决农村环境突出问题，推进农村保洁工作，按照“六无一有”努力实现凡土必绿、凡水必清、凡村必洁。严把建房各个审批

环节，加大S307线和重点村组违法建房的动态巡查力度，发现一起，制止一起，对于不遵告诫仍顶风而上的，及时组织相关人员，严查严办、依法拆除，做到整治无空隙、监督无盲点，违建零容忍。

【民生工程】 全镇共实施民生工程项目24项，其中建设类民生工程7个。危房改造180户已完成；陈大水厂工程已建设完毕，投入使用；美好乡村建设工程已全部完工；于楼敬老院已投入使用。巩固和完善新型农村合作医疗制度，参合率达100%；城乡居民养老保险参保率100%，两项保险都实现全覆盖。开展非法加油（气）站点集中清理整顿，依法拆除非法加油站点6个，通过注水、注沙销毁涉及的加油罐12个。

（陈大镇供稿）

丹城镇

DANCHENG ZHEN

【概况】 丹城镇距涡阳县城东北35公里，位于皖豫两省，涡阳、濉溪、永城三县市交界处，西南东北方向偏长，约20公里，而中部南北方向略短，约7公里，总面积104.6平方公里，其中耕地面积105608亩。全镇总人口6.8万人，汉族人占99.7%，回族等占0.3%，辖16个村（居）委会，111个自然村，197个村民组。据史料记载，周朝太子王子晋尝炼丹于此，故名丹城，亦云古有一相王居此，曰相城（小国都），道教鼻祖老子李耳生地张老家（系相城辖）曾在此炼丹，故名丹城；汉将樊哙被封为舞阳侯时居于此，史曰舞阳城，亦为五羊城，后为舞阳县，三国时属临涣郡辖县，北朝时属蒙郡辖县，民国时设丹城乡，1948年属雪涡县丹城区，辖丹城、石弓、高楼、马桥等十二乡；1958年划归石弓公社；1969年为县辖丹城公社；1983年改设乡；1992年撤区并乡，丹城乡由原石弓区所辖的齐山乡、丹城乡及新兴区的重兴乡合并而成，隶属于涡阳县人民政府；1997年2月经安徽省人民政府批准，撤销丹城乡设立丹城镇。境内有关阁、四果寺、花山子与钓鱼台、泥堡府、龟腚、九高十八洼、六棱碑与八棱碑、包河、齐山、新四沟等许多历史名胜古迹，目前丹城镇已恢复修建了五羊、二狮子、过街牌坊等。

【经济发展】 2015年全镇生产总值完成3.9亿元，增长12%；镇级财政收入完成206.4万元，增长15%，完成固定资产投资1.2亿元，增长18%；招商引资7050万元，增长30%。农民人均纯收入9088元，增长21%；私营企业达167户，个体工商户达3100户；工业、企业和个私产值1.4亿元，增率12%；镇有白果村、徐楼村、常庄村蔬菜种植基地、优质葡萄种植基地、药材种植基地、瓜果种植基地。粮食总产量达80444吨，完成农业总产值2.5亿元，均增长5.6%，有后陈书英养殖场、星辉养殖场等42家规模养殖大户，畜牧业产值达8500万元，占农业总产值的34%；林木覆盖率达26%；成立农村专业合作组织56家；农田水利建设步伐加快，丹北农业综合治理区项目基本结束，全镇累计投资3200万元，开挖五里长沟、相沟等沟渠22.6公里、地头桥198座、下水道600米、打机井293眼，新增和改善有效灌溉面积6.1万亩，除涝面积5.8万亩；第三产业繁荣活跃，社会商品零售总额达 2 亿元，均增长 18.1 %。新建商店和改造商店 185 家。

【基础建设】 编修丹城镇总体规划和 16 个村（居）委会的建设规划方案。新农村建设以白果村省级美好乡村建设为重点，搞好中心村建设；对丹城、齐山、重兴三集市进行拆违改造。丹城集街道，安装了栅栏，两旁栽植了女贞，玉兰等花木，规范了集贸市场。投资 98 万元修建丹城古镇牌坊五羊狮子和二十四孝碑，古城风采显现；投资 1800 万元的包河大桥、梁庄桥和东环路竣工通车，扩大丹城集镇的框架。铺设水泥路面 16 公里，修建涵桥 8 座，路灯 120 盏；新建白果、齐东等农村安全饮水工程，铺设输水管道 16 多万米，解决 14 个村（居）委会 4.5 万人的安全饮水问题。

【社会事业】 全镇对镇“三线、三边”，集镇和村庄的环境卫生综合整治工作，建立长效的管理机制。秸秆禁烧工作实行包保责任制和网格化管理，午秋两季均未出现一个卫星火点。全年脱贫 1087 人；严格按照程序依法审批建房；2015 年中考丹城中心校在全县 27 个农村中心校排序中，位居前列；建设廉租房 300 套；全县土地确权工作评比中，名列前三名；丹城卫生院、16 个村级卫生室日趋完善。新型农村合作医疗参合率达 91 %。医疗卫生体制改革完成阶段性目标；社会养老保险工作应保人员参保率将达到 80%；落实计生家庭惠民补助 140 万元，镇计划生育工作全县名列第四。全镇有 3 家剧团、18 家唢呐班。全镇低保户均已纳入低保，完成危房改造 64 户；劳务输出 3 万人，返乡创业 800 人，实现年劳力收入 1.1 亿元。

（丹城镇供稿）

店集镇

DIANJI ZHEN

【概况】 店集镇地处涡阳县西南端 25 公里，北抵临湖镇，南与利辛县的张村镇接壤，东西分别与楚店、高公两镇相邻，镇人民政府距亳州市 60 公里，东南部紧靠省道“S202”线，西距京九线 12 公里，东南距合肥市 280 公里。东西最长距离 9.5 公里，南北最宽距离 4 公里，辖区面积 53 平方公里。其中陆地 47 平方公里，占 88%；水域 6 平方公里。辖 10 个村（居）委会、83 个自然村（组）。总人口 39646 人，其中乡村从业人员 20633 人，从事第二、第三产业分别为 8122 人、8517 人，辖 10 个村。

【经济发展】 2015 年，全镇实现财政收入 551

市委书记、市人大常委会主任杨敬农（左二）到店集镇调研

万元，其中国税199万元、地税156万元、社会抚养费196万元。签约涡阳金艺服饰有限公司并落地投产。

【基础设施】 认真抓好投资1700万元的高标准农田治理和水毁工程项目建设，新挖河塘4面、打机井528眼、地头桥170余座、铺设四米水泥路面4公里、碎石路16公里。

【美好新村】 宋牌坊行政村王相美好乡村建设项目，2014年被确定为省美好乡村建设示范村，总投资382.3万元，建成房屋480余套。各户雨水污水等下水道建设全部完成，共开挖、铺设管网约1500米。修建4米宽水泥路1.2公里，群众门前水泥道路全部硬化。新栽植红叶石楠球300棵、石榴树2000棵、高杆女贞50棵、小黄杨20000棵。新修建公测一座，安装路灯40盏，铺设广场透水砖1200平方米。村公共服务中心、农民文化乐园、“淘实惠”电商实体店等相继建成并投入使用。

【民生工程】 2015年全镇第3个农村安全引水工程在姚湾水厂正式建成并投入使用。宋牌坊敬老院扩建房屋5栋35间，合计面积800平方米，建成后新增床位70个，投资约98万元。

（店集镇供稿）

书香进村活动

单集林场

DANJI LINCHANG

【概况】 单集林场位于涡阳县城东20公里，辖区面积40.8平方公里。南靠涡河，北依北淝河，场内18座电灌站，沟、闸、路、渠、函配套齐全，旱能灌，涝能排；交通便捷，涡（阳）宿（州）公路越境东西穿过。单集林场是1960年经省林业厅批准成立的国有林场事业单位，现辖3个林业专业队，有林业工人276人，其中退休工人53人，国有土地面积16185亩。作为乡镇机构管理下辖4个村委会，分别是1个居委会，55个自然村，72个村民组，人口2.13万人，集体耕地面积29006亩。2015年完成国税38.57万元；完成地税108.9万元；完成社会抚养费征缴97.7万元；招商引资1.8亿元；固定资产投资1亿元；全场人均纯收入9913元。

【经济发展】 2015年完善良种繁育体系，扩大种植规模。规划玉米振兴计划“千亩片”柴楼村。区域化生产格局已经建立，规模种植基本形成。推广优质小麦品种，实施小麦高产攻关田3万亩，标准良田3000亩，落实现代农业项目1万亩。扩大其他经济作物的种植，全场纯种玉米千亩方3个，百亩片6个。开展新型农民培训12期，系统培训人员达600人次，辐射带动2000余人。维护沟、路、桥、涵、井等基础设施，新打机井40眼。创办规模企业1家，新增新型经营主体6家，新增个体工商户20户。

土地复垦项目现场

【基础设施】 市公安局投资120万元，新建五爱村党员群众服务中心及光伏发电；争取上级扶持“村村通”工程，自筹资金30万元，铺设水泥路3公里，通过“一事一议”铺设水泥路1.82公里；修建下水道1.1公里；按照“六无”标准的要求，美化、净化林场村容村貌，建垃圾掩埋场1处，高标准绿化了涡曹路。

【社会事业】 全场共有五保户119户，入住敬老院五保户57人，加大对敬老院支持力度，改善孤寡老人、五保户的居住环境，提高生活质量，投资11万元新修敬老院水泥路。新评低保户311人，重度残疾人救助101人，精神病药费补助22人，白内障复明10例，大病救助26户，残疾人就业培训5人。新型农民科技培训45人，进城务工人员培训60人。转移农村劳动力1126人，下岗再就业人员56人。城镇居民医疗保险和养老保险分别完成118%和87.6%。全年培养文化中心户5个，组建农民书社5个，电影队1个。

【林业建设】 单集林场是涡阳县优质“中涡一号杨”育苗基地。拥有占地200余亩的皖北林业科技示范园。依托皖北林业科技示范园，培育十余种品味较高的树苗。2015年，进一步搞好高层次苗木繁育和中涡1号杨的繁育，并适当扩展了花卉品种，调整片林结构，新建、更新、改造、补植林网，实施用材林向经济效益林的合理转化，基本达到了春有花、夏有荫、秋有果、冬有青的景观。全年共补植树木3.6万株。

【民生工程】 实施城乡义务教育经费保障机制改革；落实村村通工程，投资30万元，新修公路3公里。建立城镇居民基本保障制度，基本实现了城镇居民医疗保险全覆盖；建立农村居民最低生活保障制度；提高农村“五保户”供养标准，已建高标准的敬老院一座；完善农村计划生育家庭奖励扶助制度；推进新农合医疗制度，参合农民达98%以上。

（单集林场供稿）

高公镇

GAOGONG ZHEN

【概况】 高公镇位于涡阳县西南部的西淝河畔，是由原高公乡和天庙乡于1992年合并而成，距县城40公里，是涡阳、利辛、太和、谯城三县一区的交界，辖区面积60平方公里，其中耕地面积5.7万亩，人口49020人。高公镇向东临S202省道，向西接京九大动脉，交通便捷。秦朝末年，刘邦曾在这里征战，后立“高祖庙”又名“高公庙”，高公因此而得名至今。全镇辖11个村（居）委会，97个自然村，203个村民组。2015年全镇实现财政收入961.4万元，其中，国税收入45万元，地税收入681.2万元，社会抚养费完成235.2万元。农业生产总值2.2亿元，工业生产总值3.2亿元，规模以上工业总产值2亿元，粮食总产量52000吨，农民人均纯收入8600元。

【农业发展】 2015年落实万亩片1个、千亩方1个，实现小麦单产突破509公斤，完成蔬菜种植8700亩、药材5500亩，发展农业合作社6个，流转土地2300亩，扶植发展规模养殖场2个。依托亚行项目，落实对沿西淝河的黄祖庙村、三合村、五里靳村、镇北村和河北村的农田水利基础设施建设。开挖2100米中沟1条，路边地头沟21条，长15000米；新打机井396眼；新建配套桥涵138座，排涝站一座。完成成片造林和绿色长廊建设1080亩。

【工业经济】 2015年全面完成张世奎食品有限公司、涡阳正大纺织有限公司等知名民营企业的升级改造，完成绿康食品厂技改项目，促成安徽张士杰食品有限公司落户涡阳县经济开发区。与河南洛阳普莱柯生物工程股份有限公司及深圳的大型儿童玩具厂进行洽谈在本地投资建厂。省正大纺织品有限公司与省薇丝曼纺织有限公司合作，投资1.2亿元在本镇建厂。

【民生工程】 全年确定低保1399户，“五保”293户，补助资金均按月打卡发放到位。建有宗营、吕湖两个敬老院，集中供养115人；对符合政策规定的一、二级残疾人288人，三级残疾人45人，每人每年分别补助800元、400元，共发放补助资金24.84万元。完成苗小桥到张土楼南、任营到西淝河排涝站、徐小庙到靳寨、孙庄到夏园、三合村中心路、五里靳村中心路、高公西头到河涯靳道路建设。完成农村危房改造58户，投资70余万，“一事一议”12个建设项目，投资207万元。推进学前教育三年行动计划，巩固义务教育成果，适龄儿童义务教育入学率、巩固率均为100%。依托镇文化站开展各类大型文化艺术和娱乐活动8次，大型技术培训共计12场。送文化下乡7次，送图书下乡13次。

【基层党建】 扎实开展党员发展、入党积极分子培养、管理工作，建立流动党员登记制度，及时掌握动向，利用短信、微信平台向党员传达党的大政方针和镇党委的中心工作，争取党员支持。利用现代远程教育平台对党员、干部和种养大户、致富能手进行党的知识、方针政策教育、科技、技能培训，增强党员干事创业的本领和为民服务的能力和素养。组织党员与困难群众结对帮扶，解决生产生活中的实际困难，协调政协委员尽职履职，为党委献计献策。紧扣上级对村室建设的总体要求，结合镇实际情况，积极争取项目。2015年新建高公居委会、三合村委会、姚楼村委会三个村室建设，为落实党建工作提高坚实的阵地保障。

【文明创建】 2015健全文明创建和农村清洁工程工作的正常保洁、督查、检查、考核、评比、奖惩机制。明确镇村干部和保洁员的责任，制定了奖惩措施，实行双向考核，即对村的考核结果进行排名、奖惩，又要对村保洁员进行奖惩。同时，加强对保洁员的日常管理，确保常态化保洁，确保了文明创建、清洁工程、三线三边工作在全县争先进位。

【扶贫开发】 2015年，高公镇以加强农村基层组织为核心，以建设新农村为主题，紧扣“建档立卡、整村推进、光伏扶贫、信用评级”四项重点工作，制订扶贫措施，争取项目，筹措资金，健全扶贫机制，强化扶贫责任。分解2015年度扶贫工作任务，成立扶贫工作领导小组，认真摸排、采集、核查扶贫信息，做到各项上报资料信息精准、无误。对扶贫户进行分类，针对不同情况，根据致贫原因，采取切实可行的措施，进行预期脱贫，跟踪服务。公开扶贫开发建档立卡信息，接受群众监督，确保群众满意。

【美食特产】 高公糖醋蒜采用皖北地区特有的优质蒜头为原料，运用祖传秘方，经过十几道特殊制作工序后而成品，具有独特风味，吃一次便令人久久不能忘怀，实为佐餐佳品。高公糖醋蒜具有多种养生功能，保健开胃，对心脏病高血压等具有一定作用。

（高公镇供稿）

高炉镇

GAOLU ZHEN

【概况】 高炉镇是千年古镇、皖北名镇、酿酒之乡，安徽省首批“扩权试点镇”，省级“五个好”乡镇党委标兵。辖9个行政村、1个居委会，国土面积80.1平方公里，耕地面积7.5万亩，人口5.4万人。高炉镇是全省127个全国小城镇重点镇之一，也是全省149个产业集群专业镇之一。

【农业发展】 优化农业种植结构，落实玉米生产任务，蔬菜、药材种植规模日益壮大，林业生产加强。引导扶持规模养殖。温氏集团养猪厂，利用公司加农户的模式，有20户农户加入该企业。赵沃村引进的绿顺养羊场，养羊已达3000只。全镇的规模养殖场已达17个。新建赵沃自来水厂，解决了1.1万人安全饮水问题。实施杨楼、大刘两个村高标准农田建设项目，乡村路网得到改善。蓬勃发展。成立农民专业合作社23家，引进特色种植、养殖，菇源特色种植项目、邵桥菊花种植项目。

高炉镇通过飞机览控和喷洒农药开展防治病虫害工作

【工业园区】 全年按照打造皖北工业强镇的目标，扎实推进工业化。一是帮扶企业抓升级，创新包装等几家企业实施技改项目，建设标准化厂房，提升市场竞争力。二是为本地的企业牵线搭桥引技术、引资金，利用本地白酒产业优势，积极开展和外地白酒企业合作。镇福源酿酒厂和四川沱牌酒业公司进行合作，2015 年年底实现联合生产。三是完善园区配套设施，建成的高炉污水处理厂，日处理污水 8000 吨，提高工业废水的处理能力。四是加大招商力度，通过招商引资和全民创业，先后有多家企业落户高炉工业园区。目前全镇有规模工业 14 家，中微企业 36 家。

【集镇建设】 推动美丽集镇建设，大力实施六项秩序的整治，推动集镇基础设施建设，对街面、路网进行绿化、美化，在各个路口设置隔离栏。集镇面貌有很大改善，提升了集镇品味。加快高炉镇西部新区建设，公租房建设项目规划设计住宅共 300 户，总建筑面积 18000 平方米。公租房建设项目主体工程已基本完工。

【环境整治】 2015 年，镇农村清洁工程推向市场化运作，提高农村清洁工作的效益、质量。农村清洁工程、三线三边整治工作取得成效，改变被动局面。按照“凡土必绿、凡水必清、凡地必净、凡村必洁”和“六无”标准，对农村生活、生产垃圾进行集中清理，农村环境卫生得到有效整治，群众居住环境改善。农村清洁工程与三线三边整治工作，在市、县环境卫生明察暗访检查中取得较好的成绩。

【社会事业】 2015 年度完成财政税收 1183 万元，地税 709.6 万元，国税 201.9 万元，社会抚养费 271.5 万元。

【基层党建】 坚持民主集中制，科学决策，推动班子建设全面进步、全面过硬。科学制定实施高炉镇西部新区建设规划，引进合肥鑫皖财富城项目和公租房项目。用制度管人管事。出台《高炉镇镇村两级干部工作纪律》《高炉镇镇村工作考核办法》《高炉镇文明创建农村清洁工程考核办法》《高炉镇殡改工作实施方案》等规章制度，对全镇干部的点名制度、请假制度、日常工作纪律和工作考核作出了详细规定和要求。对未能按照要求完成工作的干部给予通报批评、表态发言、扣除绩效工资、党政纪处分，直至免职处理。工作上奖惩分明。对镇村两级班子队伍实行末位淘汰，落实一定三有、奖惩落实。实行重点工作和中心工作镇直接考核到每个村两委成员。强化阵地打好基础。对村室不达标的已全部进行改造和新建，除去上级补助经费镇政府也投入村室建设资金，全年新建 3 个、改建 1 个高标准村室。

（高炉镇供稿）

花沟镇

HUAGOU ZHEN

【概况】 花沟镇位于涡阳县城西南部 12 公里处。交通方便，资源丰富，环境优越，是一个煤炭资源大镇。辖区面积 82.9 平方公里，人口 6.7 万人，辖 16 个村委员会，147 个村民小组。花沟镇建有街道 9 条，集镇区域面积 4 平方公里，现有外商投资的企业 5 家，大型加工面粉企业 1 家，规模养殖场 25 家。全年财政总收入 525 万元，农村居民人均纯收入 9160 元。

【经济发展】 省项目投资 25 亿元，年产量 400

万吨的花沟信湖煤矿正在筹建。全年完成国民生产总值 1.6 亿元，同比增长 15%；粮食总产量 4.4 万吨；同比增长 12%；固定资产投入 2.9 亿元，增长 15%；新增规模工业企业 5 家，实现利税 156 万元，同比增长 36%；新增私营企业 108 家、个体工商户 46 家、农民经济合作组织 14 家。

【工业建设】 花沟镇依托信湖煤矿区位优势，坚持招大引强。完成招商引资 1.2 亿元，引进总投资为 5600 万元的鑫湖机械有限公司征地已结束，待土地手续完备后，开工建设。

【土地整治】 全年土地增减挂钩已完成验收 300 亩，完成工矿废弃地项目 480 亩，实施林地复垦 120 亩。

【卫生计生】 2015 年，全面落实计划生育政策，稳定低生育水平，建立村为主工作机制，在全镇上下形成良好的计划生育工作氛围，荣获 2015 年安徽省计划生育依法行政便民维权示范乡镇。社会抚育费征收 340 万元，全面完成征收工作。

【民生工程】 全镇有 7348 位老人享受每月 75 元的养老保险费，有 5.82 万人参加新农合，完成危房改造 120 余户。坚持公平、公正、公开，低保应保尽保及三级公示的原则，享受低保人员 1287 人，“五保”人员 372 人，优抚对象 165 人。通过村民申请、村民代表公推、村级上报、镇民政核实等程序，共确定救助对象 93 人。花沟卫生院新综合楼建成使用，医疗设施得到进一步完善。完善村室建设 8 座，铺设道路 18.2 公里。社会治安综合治理工作得到落实，为经济社会发展创造了良好的治安环境。“五保”供养率达 100%，集中供养 65 人，占 30%。开展书香村居建设工程，建成村农民书屋 16 个，镇中心文化站已投入使用。全年共投入教育经费共 540 万元，其中，投资 196 万元，新建中心幼儿园 1906 平方米；投资 200 万元，建设标准教室 420 平方米，宿舍 130 平方米；新建扩建自来水厂 3 座，6.7 万多人全部饮用安全水。

【农业发展】 土地流转成效显著：全年完成土地流转 5000 余亩，种植大棚蔬菜、西瓜、甜玉米、无蔓豆角等高效经济作物。发展壮大徐杰养殖专业合作社、鸿顺养猪厂、徐大山羊养殖场等规模养殖企业，大力发展温室养殖，2015 年全镇温室养鸡 34 家、存栏 36 万余只，养猪 3 家、存栏千余头，使养殖业在大农业的比重不断攀升。以现代农业示范园辐射带动周边群众效仿，加强水利设施建设完成。韩王和孙竹园综合治理片，总投资 300 余万元，新建中沟桥 6 座，小沟桥 120 个，新打机井 120 眼，通过项目实施，项目区内基础设施得到改善和提高。

【社会事业】 完成杨元、花沟、信辛等新村建设，节约新增耕地 300 余亩。成立环境执法队伍，建立集市保洁和垃圾专业清理队，规范集贸场所，完善保障措施。全镇 16 个村共修建水泥路 80 公里，实现村村畅通。花沟、孙瓦、孙小桥 3 个集市全面达到街道硬化、亮化、绿化、美化标准，花沟集修建水冲式公厕 3 个，建立垃圾处理场，栽植名贵花木万棵。全年铺设输水管道 30 万米，解决 12 个村 9000 户的饮水安全问题。先后投入 20 万元完善监管体系和防范网络体系建设，全年没有发生较大的刑事案件。每月定期召开例会两次，排查矛盾纠纷，没有新增信访案例。

【妇女儿童工作】 实施“巾帼扶贫行动”“巾帼

科技致富工程”，全镇有400余名妇女掌握了1—2门实用技术。开展“城乡妇女牵手共建和谐新农村”活动，建立扶贫联系户11户，为20余名贫困家庭妇女解决资金、技术和信息难题。开展送培训下乡活动，举办培训班2期，参与学习妇女达60人次，发放技术资料1000份。妇女参政能力增强，参与程度提高。全镇有村民妇代会16个，女干部35人，镇党政领导班子中女性副镇长2名，16个村“两委”班子中女性配备率达100%，村委会女性比例达36%。加强未成年人思想道德建设，推进家庭教育工作。实施《花沟镇家庭教育“十二五”计划》，全镇创办各类留守儿童、流动人口子女活动之家22个。开展“三八”维权周活动。印发《中华人民共和国妇女权益保障法》2000份。

【文化建设】 新建综合文化站办公楼，配置内部设备，全年举办培训班20期，参加文化站学习的各类人员4500人。16个行政村总投资90万元，建成农家书屋20个，全年接待阅读人员3万人次，建成文化共享工程示范点16处。

（花沟镇供稿）

临湖镇

LINJIANG ZHEN

【概况】 临湖本名龙王铺，因坐落于一湖低洼之处，后改名临湖。1992年撤区并乡时设立为乡，1996年12月又撤乡设镇，地址设在临湖集。该镇位于涡阳县西南，为北纬33° 24′—31′，东经115° 53′—116° 01′，距县城23公里处。全镇共辖18个村委会，168个自然村，土地面积104平方公里，耕地面积9.4万亩。现有镇直单位16个，中学6所，小学21所，总人口7.02万人。临湖镇有临湖、孙店、郭营三个贸易集市，其中临湖集新建东部新区，增长集镇东西长度800米，南北600米，合计扩大集镇面积约0.48平方公里，店标路、十林路纵横穿境，交通便利，政通人和，环境优美，社会经济和谐快速发展，人民安居乐业。

【农业工作】 2015年，临湖镇开展土地确权工作。全镇18个村土地确权档案整理工作已经结束，顺利通过市档案局验收，土地确权打证颁证工作有序进行。小麦亩产平均608公斤。玉米种植9.8万亩，结合“千亿斤粮食增产工程”实施两万亩治理片1个。实施粮食生产万亩片1个，治理面积一万亩。两个项目区共新打机井482眼，修涵桥133座，清理大中小沟26条，修水泥路34公里，植树16000株，举办各类农业科技培训班6场次，培训人员150人次。

【集镇建设】 临湖新区建设完成，总体规划用地300余亩，征地110余亩，补偿资金全部到位。新区内修建三纵三横六条新路。300套商住楼完工并交付使用，投资20万元对东部新区进行了亮化，实现太阳能路灯在乡镇的首批安装。临湖镇农贸大市场建设完成并投入使用。开展农村环境综合整治活动，配备村级保洁专干18名，保洁队伍230余人，新建垃圾池220个，投资近百万元对农村环境面貌进行了改善。成立街道管理委员会，组建专业环卫队伍，配备相关设备，做到街道每天打扫清理，改变以往街道脏、乱、差的现象。聘请省级专家对临湖集镇进行科学合理的规划，以临湖集为典范，带动孙店、郭营两个集镇的文明创建工作。临湖集面貌焕然一新，改变脏、乱、差现象。

【美好乡村建设】 重点打造临湖镇大李庄美好乡村建设步伐，大李庄毗邻临湖集，地理位置优越，大李庄美好乡村总投资1.6亿元，占地300亩，分三期建设，总建筑面积27万平方米，设计二层半商住一体，其中苏果超市乡村店设计为6层。共建设1300套商住房，大李庄美好乡村有三纵三横6条大型商业步行街，广场一座，公厕两座，超市、酒店、宾馆、银行、小学、幼儿园、为民服务中心、图书馆、菜市场、老年活动中心、公园等。新村建成后可容纳7000人就业居住。

【土地整治】 2015年临湖镇城乡建设用地增减挂钩任务是200亩，后尹、王柿元、王小楼、孙小寨4个项目区全面完成任务，全县城乡建设用地现场会在临湖镇召开。全年160亩的土地复垦任务全部完成。

【经济运行】 2015年，临湖镇经济运行良好，运行质量提高。财政总收入完成748万元，完成全年计划的126%，其中国税收入118万元，地税收入292万元，社会抚养费完成338万元；招商引资实现2.4亿元，完成全年计划的120%；固定资产投资完成1.6亿元，完成全年任务的100%。

【环境整治】 实施农村环境治理，开展河道清淤、集镇乱停乱放和乱搭乱建、“牛皮癣”清除专项治理行动；发放创建宣传品2000多份，制作大型宣传牌3个，新增垃圾桶2000个；全镇聘用保洁员247名。巩固“三线三边”环境整治成果。实行主要领导亲自抓，分管领导具体抓，部门同志深入抓的格局。加强宣传，积极发动群众参与。加大环境基础设施投入。

【社会事业】 完善贫困人口建档立卡系统维护工作，开展贫困人口建档立卡的脱贫工作，成立工作领导小组，对全镇十八个村还有的2831户5675人的建档立卡贫困户逐村逐户进行核查，确保上报数据的真实，使精准扶贫工作落到实处。对新增加的107户242人的贫困户进行核查；做好“贫困家庭子女教育资助行动”受资助学生的核查摸底工作，通过核查全镇共报18名贫困子女。 推进平安临湖建设，开展排查整治活动20次，出动警车217辆次，排查社会治安问题26起，行政拘留3人，解决治安问题24起。社会抚养费征收338万元，完成本年度任务的100%，兑现计生奖励政策，独生子女父母奖励金，按时按标准发放，兑现率100%。

【基层党建】 开展2015年度农村党员干部主题教育活动。共走访群众近2000户，征集意见建议654条；抓好党员教育培训。举办党员干部、入党积极分子培训班2期次。培训党员干部、入党积极分子286人次。狠抓软弱涣散村党组织整顿工作。加强党风廉政建设。按照“三严三实”从严治党要求，建立健全各项制度，强化管理并严格执行和考核。新建、改建村室三座。

（临湖镇供稿）

龙山镇

LONGSHAN ZHEN

【概况】 龙山镇位于涡阳县城东北约12公里，南靠涡北街道、北接马店集镇、东连青疃镇、西邻新兴镇。镇政府设在龙南居委会。因境内有山蜿蜒似龙形而得名。辖区南北最大距离11.5公里，东西最大距离9.55公里，国土面积109.8平方公里。其中山地4.6平方公里，水域面积9.4平方公里，陆地面积95.8平方公里。龙山镇地处淮北平原，地势平坦，土壤黄土居多，黑土次之，有少量碱土。属暖温带湿润气候，四季分明，阳光充足，季节明显。境内河流属涡河水系，水资源比较丰富，农业灌溉条件较好。有山石、煤炭等资源，有大型煤矿刘店煤矿。省道S202线、徐阜铁路跨境而过，济祁高速穿过龙山镇东部，在龙山北部大何村设有高速出入口。龙山镇辖龙南、龙北2个居委会，18个村民委员会。2015年底，总人口82262人，其中男性占50.4%，女性占49.6%；城镇化率6%，人口出生率16.62‰，死亡率5‰，人口自然增长率11‰，人口密集度为每平方公里702人。

【组织建设】 全镇现有中共党员1605名，其中，中共正式党员1572名，预备党员33名，党总支部15个，党支部64个。龙山镇党委坚持“围绕发展抓党建、抓好党建促发展”的整体思路，按照“五个好”（即：领导班子好、党员队伍好、工作机制好、工作业绩好、群众反映好）的目标要求，深入开展农村党的建设“三级联创”（指在县、乡镇和村三组党组织中，开展的以“五个好”村党组织、乡镇党委和农村基层组织建设先进县为主要内容的创建活动）活动，扎实开展基层党组织工作，推动科学发展的组织基础不断巩固，为全镇经济发展和社会稳定提供了强有力的组织保障。龙山镇被评为2015年度党建工作优秀单位，东山村被评为“省创先争优先进基层党组织”。

【工业建设】 2015年，龙山镇生产总值13亿元，同比增长17%；完成财政收入796万元；农民人均纯收入达9311元；规模工业固定资产投资1.43亿元，同比增长8%；工业总产值120171万元，同比增长16%。工业功能区南区占地1000亩，有安徽佳源油脂、惠安新型建材、胜华机械、通用生物质能源发电等4家企业；工业功能区北区占地2000亩，有安徽正宇集团22万吨小麦仓储、日处理小麦1600吨专用粉生产线、皖麦飘香有限公司、涡阳赛赛家纺有限公司和益群牧业有限公司5个家企业。还有多家石料加工、建筑建材、交通运输、农副产品加工和饮食服务业。私营企业发展到84个，个体工商户1036个；职工总数3862人，年营业收入7600万元，年实交税收180多万元。

【农业发展】 推进农业现代化建设，调整农业结构，发展特色农业，增加经济作物面积，提高单产，增加总产。2015年粮食播种面积17万亩，粮食总产8.5万吨，其中小麦9.3万吨；玉米4.1万亩，总产2.4万吨；黄豆3.9万亩，总产0.77万吨。畜牧业呈现规模化发展趋势，生猪存栏0.95万头，出栏2.8万头；羊存栏1.6万只，出栏3.6万只；家禽存栏17万只，出栏69万只；新建年出栏3.2万只育肥羊养殖基地，全镇拥有新型农民经济组织专业合作社109家，扶持新建家庭农场20家；2015年，共完成植树20万株，完善农田林网1.2万亩，成片造林1862亩；水利治理片面积17000亩，共治理大沟三条，出土方45万立方米，整修小沟、小路64条，出土方20万立方米，新打家塘4面，出土方8万立方米，新修大沟桥4座、中小沟桥56座，新打机井50眼。治理片实现了旱涝保收。

【社会事业】 完善文化配套设施，文化站配有

15台电脑、各类图书、电视机、照相机、录像机、放映机齐全；教育发展平稳，2015年全镇共有小学20所，初中2所，幼儿园8所，还有1所私立实验学校；教职工总人数385人，小学在校学生4898人，初中在校学生1239人，入园幼儿846名；卫生事业稳步推进，改建扩建龙山卫生院，加大硬件和软件建设；新建学校体育场2个，村体育广场5个，安装健身器材9处。救助城镇最低生活保障户22户；医疗救助3012人；抚恤事业费93万元，同比增长10%；参加新型农村合作医疗68877人。

农业专家下乡调研

【基础设施】 2015年，全镇共有水泥路面170多公里，砂石路面110多公里，柏油路面4.2公里。整治大中沟22条，新修或疏通沟渠60千米，新建中小桥涵460座。加大基础设施投人，实现集镇建设三个全覆盖，即街道硬化全覆盖、绿化全覆盖、亮化全覆盖。新建龙山垃圾中转站；新建高标准农贸大市场；新建古槐文化广场。规划打造龙山为“生一小城”建设。

（龙山镇供稿）

牌坊镇

PAIFANG ZHEN

【概况】 牌坊镇位于涡阳县西北部，距县城约25公里，地处河南、安徽两省交界处。2009年经省政府批准，将耿皇乡、牌坊镇两乡镇合并设立牌坊镇。总面积170平方公里，人口10万余人，辖20个村（居）委会，178个自然村。镇政府所在地牌坊集为古老的农村集市，是本镇政治、经济、文化活动中心和本地区及周边乡镇农副产品集散地。2015年，地区生产总值46707万元。

【农业发展】 牌坊镇是苔干、西瓜、大蒜之乡。利用土地面积较大的优势，实施“粮食规划”项目，推进小麦高产攻关、玉米振兴计划和粮食整建制高产创建活动。高标准建设1.38万亩小麦高产攻关张园核心示范区、4.5万亩玉米振兴计划核心示范区。2015年，全镇小麦面积14.7万亩，单产518公斤，张园万亩片和超高产示范区单产超600公斤；春秋两季苔干4.8万亩，产值超1亿元；中药材2万亩，产值6000万元。以丁集、耿皇、程楼、张桥、周桥等村为主的蔬菜栽培面积达2.5万亩，产值7000万元。以苔干、中药材为主的间作套种面积达5万亩。2015年，农作物面积288631公顷，粮油面产量72367吨，畜禽水产品产量4482吨，农业总产值28024万元，农民人均纯收入9150元。

【工业发展】 全镇入驻企业10个，主导产业为塑料制管、塑料颗粒加工、花卉苗圃、木板加工等。木板加工厂占地50亩，主要生产木板；坤鹏管业主要生产 ppr 管；还有坤超塑料再生、皇园粉丝、温室养殖等。2015 年，全镇工业总产值 1.67 亿元，工业增加值 7600 万元，完成固定资产投资 1.57 亿元,工业税收 218 万元,利润 2455 万元。

【组织建设】 保证党员每周集体学习时间不少于 8 小时；每季度安排一场学习讨论会，查找存在问题。对村组干部采取以会代训、集中培训等形式，对党的基本路线、方针政策、新农村建设的主要内容等进行广泛的培训学习。狠抓作风整顿。实行晨练制，每天早上上班前 10 分钟全体机关人员按照指定位置进行早操,同时完善机关学习、活动制度、请假制度、信息报送制度、财产管理制度、值班制度、文印室管理制度，对违反纪律的人和事进行现场处理，现场兑现。村组干部管理坚持 24 小时畅通制度、取消招待费制度和村账乡管制。搞好机关活动。坚持每周星期三一次小型活动，每月一次大型活动制度，举办大型活动 3 次、小型活动 12 次。狠抓工作落实。镇政府专门成立了小康建设重点工作组,涉及农林牧、水利、乡村道路、企业项目的机关、村组、综治、经管、教育等多个重点工作组。对确定的重点工作进展情况进行督促、落实;召开重点工作汇报，确保年初确定的重点工作落到实处。

（牌坊镇供稿）

青疃镇
QINGTUAN ZHEN

【概况】 青疃镇位于涡阳县东北部，距涡阳县城 25 公里，东与淮北市接壤。全镇总面积 136.1 平方公里，耕地 15.1 万亩，8.2 万人，是一个典型的农业大镇。全镇辖 19 个村委会、1 个居委会，169 个自然村，238 个村民组，共 17895 户，整个镇区紧靠 S202 省道，济祁高速涡北出口处，徐阜铁路穿镇而过，青永、青芦铁路交会于此，青疃火车站已成为国家二级编组站。青疃镇文化底蕴深厚，境内重点文物保护单位袁氏宗祠，即晚清山东巡抚袁大化故居。樊哙墓位于青南村寺东王庄，名曰“樊哙寺”，相传古墓为汉高祖大将樊哙之墓，该墓占地面积 1200 平方米。 2015 年，财政收入 833.5 万元，人均纯收入 9658 元，比 2014 年增长 15%。

【工业经济】 加大招商引资力度，完成内资项目 2.7 亿元。模以上工业 2 家，招商引资完成 2.7 亿元，新增个体企业 15 家，新增工商户 246 家。

【农业经济】 落实省市县各项农业奖扶政策，转变传统农业模式，调整农业产业结构。加快发展特色农业。大力推进产业化经营。充分发挥土地流转功能，土地流转面积 12000 亩，积极培育桥李土豆专业村，大史、蒿堰的蔬菜专业村，刘村的山羊养殖专业村，大于的板材加工专业村。畜牧业生产稳步发展。生猪存栏 2.8 万头，山羊存栏 3.6 万只，鸡存栏 44 万只。通过土地流转 4000 亩，启动海棠基地建设，全力打造景观防护林，总投资 1.2 亿元，工程分二期完成，一期苗圃绿化，主要树种以海棠为主，辅以桂花、红叶石楠等 20 余种树木；二期为养老康复服务中心建设。

【美好乡村】 大袁村美好乡村建设分三期完成，其中一期规划农民建房全部按照皖北古村建筑方案进行建设，村内道路 3 纵 1 横，面积 7025 平方米，新建公共设施 6210 平方米，雨水管网

5958 米，水体整治 12420 平米，建设幼儿园 1 座，广场 1 处，公厕 2 座。一期 48 户农民建房正在有序建设，工程进度 80%，村内道路开工建设，雨水管网正在铺设。

【环境整治】 实施青疃集镇街道亮化工程，安装 200 余座太阳能路灯，所有街道全部亮化。实施青曹路、内河绿化工程。对道路两侧、内河沿岸环境提升改造，以栾树、垂柳、女贞为主要树种，绿化以乡土树种的植物造景为主，形成绿化带。农村环境整治常态化。投入资金 200 多万元，发动镇村干部、群众 3000 余人、机械 200 台次拆除乱搭乱建建筑物 26 处、广告牌 150 个，清理废品收购站点 3 个，清理砂石树木等杂物 126 处，沟河塘清淤 4930 米，土方 7200 立方米，清理占道经营流动摊点 78 户。

【信访维稳综治】 充分发挥“两室两中心”作用，全面推行“网格化管理模式”，建立完善“横向到边、纵向到底”的网格化管理体系。加强矛盾纠纷排查化解，排查各类矛盾纠纷 32 起，调处化解 32 起，调处率 100%，促进了社会稳定。

【组织建设】 加强阵地建设，设立 50 万元的阵地建设基金，采取以奖代补的方式，全面提升标准及阵地硬件水平。新建 4 个村室，全部投入使用。每月一次村干部教育培训。慎重做好党员发展工作，新发展党员 24 名，党费收缴 30700 万元。

【文化教育】 现有村级文化活动中心 24 家，各类图书室 46 个，有藏书 31 万册。有市级文物保护单位 2 处。成功举办“五一”和古会篮球赛，组织参加了县举办的运动会和五禽戏比赛。农家书屋 20 家，送戏下乡、送电影下乡 38 场次，极大的丰富了群众的精神文化生活。有幼儿园 10 所，在园幼儿 1786 人，专任教师 52 人；小学 22 所，在校学生 4580 人，专任教师 315 人，小学适龄儿童入学率 100%；初中 4 所，在校学生 960 人，专任教师 146 人。

【民生工程】 一事一议项目 17 个，其中路灯项目 4 个，13 条路，共投入 209 万元，全部完工。建设 6 幢 312 套房，建筑面积 19936 平方米，工程总造价 2250 万元，全部封顶。完成计划 110 户危房改造指标。铺设王小庙村、冯圩村两村水泥路 4.6 公里。2560 人享受农村低保。共有五保 450 人，其中集中供养 180 人，分散供养 270 人，分散供养的已按标准打卡发放。有 353 名重度残疾、96 名三度残疾、73 名精神病人得到生活救助。17 名白内障患者得到免费成功复明手术。重点优抚对象 141 人，全部享受政策待遇。

（青疃镇供稿）

石弓镇

SHIGONG ZHEN

【概况】 石弓镇位于涡阳县城东北 30 公里，东接濉溪县临涣镇，南邻青疃镇，西连马店集镇，北靠丹城镇，是涡阳县的北大门。区位优越，交通便捷。省道 S202 线与青永铁路交织贯穿全境，泗许高速、济祁高速环绕而过；历史悠久，文化底蕴深厚，嵇康墓、遗履桥、陈抟卧迹、万宝泉等名胜古迹千古流传。辖区国土面积 79.4 平方公里，耕地 8.4 万亩。辖 1 个居委会、13 个村委会，78 个自然庄，185 个村民组。总人口 5.6 万人。2015 年实现工业总产值 10.8 亿元，固定资产投资5.28亿元，财政总收入582万元。新增规模工业企业2家，总数达到8家。粮食总产量52248吨。农民人均纯收入10067元。

【现代农业】 石弓镇是一个典型的农业重镇，耕地面积8.4万亩，人均1.5亩，以种植小麦、玉米、油菜、蔬菜、药材为主。主要经济作物为药材、油菜、蔬菜。畜牧业以猪、牛、羊、家禽为主。2015年共成立农村专业合作社58家。开展种植结构调整，做好小麦收、种、管等技术宣传和指导，全镇玉米面积达到2.8万亩，创造玉米种植面积的最高纪录。发展养殖业，新增规模养殖场6个。在神桥、李楼治理片和沿岭子沟坝开展植树造林工作。完成造林任务1151亩。做好济祁高速公路和S202线两侧土地流转和绿化工作。做好农机与农艺结合技术推广工作，提高农业生产机械化程度，全镇有小麦收割机327台，大中型拖拉机206台，玉米联合收割机28台，可以满足全镇收、种的机械需求。抓好午、秋两季秸秆禁烧工作。全面实现“真正禁烧、彻底禁烧”。全面完成农村土地确权工作，到户签字率达到100%。在土地确权评比中，名列涡阳县第一。

【工业发展】 全镇共有招商项目9个，第一产业4个，第二产业2个，第三产业3个。其中续建项目3个，新建项目6个。目前共完成投资3.06亿元。其中安徽省贵灵山庄旅游文化建设项目完成投资5800万元，涡阳县大地生态林木花卉基地建设项目完成4000万元，涡阳县石弓镇婚纱摄影实景基地项目完成投资5560万元，安徽省利隆箱包生产加工项目完成投资5500万元，涡阳县石弓镇小集优质水果种植示范园建设项目完成投资3500万元，涡阳县生活用纸分装销售建设项目完成投资3200万元，涡阳县顺平养殖合作社新建生猪养殖示范基地项目完成投资2500万元，招商引资全县名列前茅。

【文明创建】 集镇文明创建和农村清洁工程力度不断加大，集镇整体形象得到提升，农村环境得到有效改善，农村面貌大有改观。对“三线三边”进行集中整治，拆除料场5个，加气站点4个，加油站点6个。

【社会治安综合治理】 建立四级网格化管理网络与14个村及站所等15家单位签订综治管理目标责任书；实现全镇监控视频摄像全覆盖；建成西关村综治维稳中心并投入使用。注重强化社会治安综合治理和信访矛盾化解排查工作，积极化解基层矛盾。全年自办信访件37件，办结34件，3件正在调处中；网上信访案件7件，已办结7件；在重大节日、会议期间，严控重点人员和群体，未出现越访、非访、群访等事件。

秸秆禁烧和综合利用工作座谈会

【社会事业】 城乡居民养老保险工作，全镇参保人员达到31850人，完成县下达的参保任务；就业实名制登记 247 人，外出务工劳动力和就业转移农村劳动力累计达到 850 人，城镇新增就业人员 280 人。全年新增低保 282 人，退出 253 人；“五保”新增 13 人；按时完成低保年审和低保档案整理工作；完成贫困大学生救助、春荒救助、临时救助等各项救助工作以及全镇银龄安康保险收缴工作。开展文化体育活动，举办体育活动 12 场；放映电影 61 场；举办农村文艺演出 12 场；完成广播村村通工程建设。扎实开展计划生育工作，提高计生服务水平，做好计生奖扶工作，新增各类奖扶人口 37 户；主动上门为独生子女户、贫困母亲、计生子女入学等奖扶对象发放奖励资金；全年发放计生宣传资料 2 万多份，制作人口计生宣传广告牌 4 个；免费孕前优生健康检查 320 对全部落实。

（石弓镇供稿）

涡北街道

GUOBEI JIEDAO

【概况】 涡北街道位于北纬 33° 30′10″—33° 30′16″，东经 116° 15′ 20″—116° 15′ 39″。地处涡阳县中心地带，东与高炉镇、龙山镇接壤，东南与城东街道为邻，南连城关、城西街道，西邻义门镇、牌坊镇，北接新兴镇。1992 年 3 月撤区并乡，由原闸北、凡桥、河套三个乡合并，设闸北镇；2009 年 5 月，把原张老家乡的张老家、鲁庄、桑楼、大田、赵庄五村并入闸北镇，撤销闸北镇设涡北街道办事处。境内有徐阜铁路、煤矿铁路货运专线、省道 S202 线、涡新路县道和闸北路、东环北路、雷古路、圣母路等主要道路。涡河四季通航。2015 年年末，辖涡北、刘楼、临涡、马棚、郑店、涡东、席楼、徐广楼、凡桥、皇店、涡光、张老家 12 个居委会，鲁庄、桑楼、牛庙、水牛羊、李楼、卢庄、洼张、赵庄、大田 9 个村委会。境内大部为平原，地势略为西北高东南低，地面高程一般在海拔 29—30 米。辖区东西最大距离 38.36 千米，南北最大距离 15.28 千米。辖区总面积 102.39 平方千米，其中陆地 97.97 平方千米，占 95.69%；水域 4.66 平方千米，占 4.5%。人口密度为每平方千米 779 人。境内属涡河水系，主要河流有涡河、武家河、白洋河、涡新河、五道界、洪沟等。辖区耕地面积 9 万亩，人均 1.1 亩，全部为水浇地。

【人口状况】 辖区总人口 79864 人，其中城镇常住人口 45282 人，城镇化率 56.7%。总人口中，男性 40411 人，占 50.6%；女性 39453 人，占 49.4%；14 岁以下 13097 人，占 16.4%；15—64 岁 43685 人，占 54.7%；65 岁以上 23082 人，占 28.9%。年人口出生率 15.3‰，死亡率 6.78‰，人口自然增长率 8.5‰，总人口中以汉族为主，达 79840 人，占 99.97%；回族 24 人，占总人口的 0.03%。年人口出生率 15.28‰，死亡率 6.78‰，人口自然增长率 8.5‰。

天静宫

【经济发展】 2015年地区生产总值10.65亿元，一、二、三产业比重为35%：33%：32%。2015年财政收收入1019万元，农民人均纯收入8348元，农业总产值3.86亿元，农林牧副渔比重为71%：2.5%：21%：2%：3.5%，农作物播种面积18万亩，粮油棉产量65142吨，畜禽产量2964吨，水产总产量985吨，水果产量836吨，工业总产值10.5亿元，工业企业入库税金526万元。企业785个，其中规模工业企业19家，企业职工人数4238人。

【基础设施】 建设雷古路，东环北路，对辖区内的闸北路、雷古路、东环北路进行绿化亮化。建成一座自来水厂，有深水井1眼及成套净化设备，年供水2万立方米。城区主要道路两侧铺设D600排水管道5000米。建成农村自来水厂一座，解决3万人安全饮水问题。 境内有110千伏供电站1座。 2015年年末有城区公园3个，绿化面积2万平方米。

【社会事业】 2015年有街道文化站1处，有村级文化活动中心22处，农家书屋22个，藏书4万余册，有省级文物保护单位3处，县级文物保护单位1处。有幼儿园4所，在园幼儿852人，专任教师56人；小学21所，在校学生4512人，专任教师379人，小学适龄儿童入学率100%；初中2所，初中在校学生1383人，专任教师153人。初中适龄人口入学率、小升初升学率、九年义务教育覆盖率均达100%。 有安徽省新型肥料工程技术研发中心1家，2015年年末，有各级医疗卫生机构2个，门诊部（所）6个；有床位153张，每万人拥有病床19张；专业卫生人员42名，其中执业医师4人，执业助理医师8人，注册护士19人。2015年医疗机构（门诊部以上）完成诊疗2.74万人次。22个社区（村）居（村）民7.81万人参加新型农村合作医疗，参保率98%。

【农业发展】 围绕“农业增效、农民增收”的发展思路，改善农业生产条件，调整农业产业结构，提高农业现代化水平，从种植模式和规模入手，将以往散、小、杂的农业状况逐步改变为如今的经济作物规模化种植和种鹅、鸡、猪、羊等禽畜规模化养殖为主的农业产业化模式，提升农业产业化水平。培育丰产林、大棚蔬菜，苗圃等高效经济作物和水产、山羊、能繁母猪养殖业等示范基地，扶持农民专业合作社。积极实施“小麦亩产千斤”活动和玉米振兴计划。粮食产量实现“九连增”。农业现代化水平进一步提高。

【工业发展】 以打造百亿元新型工业化重镇为目标，提高工业化、规模化水平。涡北工业园区从无到有，园区面积3.7平方公里，进一步完善园区基础设施建设，以煤炭煤化工和新型建材为主导产业，重点加快涡北选煤厂、三星乙二醇、海螺水泥、新型建材等项目建设。19家规模以上企业完成工业总产值93873万元；新增规模以上工业企业2家。一大批规模企业入驻涡北，促进北街道工业经济快速发展。

【第三产业】 申报道源国家级湿地公园，做好老子文化生态园续建工程。2015年涡北街道成功举办老子庙会，老子庙会期间，到涡北参观旅游人数突破十万人次。房地产业快速发展，福光苑、涡河三桥安置小区等住宅小区建成投入使用。涡阳县廉租房、谷水双星安置小区，北城世纪城等一批小区开工建设。新发展餐饮、修理、商业、运输等个体工商户295户，全街道从事第三产业的人员达到 1.58 万人，新增城镇就业 412 人，转移农村劳动力 1891 人，切实增加了居民收入。此外，中介咨询、金融保险、法律服务、物业管理、家政服务等新兴行业发展迅速。

【招商引资】 始终坚持以招商引资为抓手，以涡北工业园区为平台，谋划项目，争取支持，对外招商。转变招商思路，树立“园区、环境”招商理念，着力开展全民招商和专业队伍招商，强化跟踪招商、以商招商，整合资源、强化领导、明确责任，加大招商引资力度，优化招商引资环境，不断完成服务、发展机制。2014 年引进县外资金到位 3 亿元，落实招商引资项目 3 个。

【城镇建设】 涡北街道坚持“以产业兴城镇，以城镇促产业”的城镇化道路，统筹城乡发展，积极开展“三城同创”（文明涡北、卫生涡北、园林涡北）活动，始终坚持抓建设、强管理，城乡面貌在统筹发展中不断改善，城镇空间布局在统筹发展中不断优化。编制了涡北街道控制性规划，城乡规划水平得到提高，城镇建设和管理不断加强。安居工程稳步推进，福光苑、煤矿塌陷安置区、谷水双星等小区建成入住，涡河三桥安置小区等小区快速推进，城镇居民住房需求得到进一步改善。公共事业同步推进，涡北休闲广场、塌陷安置区休闲广场、垃圾中转站等一批社会事业项目竣工使用；生态环境建设步伐加快，老子文化生态园建设快速推进，S202 省道、闸北路、圣母路等主干道路绿化全面实施。城市建设和管理齐头并进，通过争创文明县城，积极开展城区市容环境集中整治，市民素质得到进一步提升，“脏、乱、差”现象得到有效治理。

【社会事务】 全年共落实 17 项民生工程，让老百姓共享发展成果。申报“一事一议”财政奖补项目 21 个，村民筹资 100 万元，申请财政奖补 200 万元。按照分类施保的原则，打卡发放农村居民最低生活保障户 2733 人，资金 241.84 万元；五保供养人员 492 人，打卡发放救助资金 89.5 万元，在敬老院集中供养五保老人 96 人，残疾人特困救助 396 人，发放救助款 25.9 万元；精神疾病患者 67 人，发放救助款 3.86 万元；为 18 名白内障患者落实复明手术。参加新农合 79841 人，参保 95% 以上，就诊人数达 5.4 万人次，补偿 382.2 万元。投资 100 余万元新修“村村通”水泥路面 3.5 公里，小麦、玉米等良种补贴和农机补贴全部打卡发放到位。2014 年政策性农业保险实现全覆盖，兑现小麦、大豆、玉米投保理赔款总计 82.3 万元。上缴养老保险金 267 万元，为 60 岁以上老人发放养老保险金 835 万元。

安置小区

【民主法治】 坚持依法行政，自觉接受监督。认真听取人大代表的意见和建议，切实解决了一批事关全局和群众关注的问题。围绕建设为民服务、务实创新、团结高效、负责诚信、民主法治、清正廉洁的“六型”政府目标，坚持按制度办事，自觉加强管理；坚持务实办事，切实转变作风；坚持干净办事，加强廉政建设，实现了执政能力、办事效率的双提高。

【基层党建】 围绕充分发挥党的领导核心、支部战斗堡垒和党员先锋模范三大作用，大力实施“双培双带”工程，深入开展“创先争优”“五级书记大走访”实践活动，积极抓好党建工作。充分利用党校、党员活动室等载体，加强对广大干部群众的思想教育。加大党员干部违法违纪案件查处力度，党风廉政建设和反腐败斗争得到有力推进；积极稳妥地做好新党员的发展工作，严把党员“入口”关，新党员质量明显提高。街道党工委现有中共党员 1929 名，其中正式党员 1922 名，预备党员 41 名，党总支部 39 个。街道党工委完善工作机制，发挥党工委领导核心作用，落实抓基层党建工作责任制，完善责任、督查、保障机制，确保党建工作落到实处。

【精神文明建设】 深入开展创建文明县城活动，成立专职卫生环卫队伍。突出环境整治，重点对影响市容市貌的乱摆乱占、乱贴乱画、乱搭乱建、乱倒垃圾、店外经营以及车辆乱停乱放进行集中整治。加强对文化市场和娱乐场所的监管，进一步净化文化环境。通过抓好“四大工程”（即：市民素质提升工程、“四创”示范工程、基础设施配套工程、专项秩序治理工），开展“四大活动”（即：开展创“文明村（居）民”活动、开展创“文明行业”活动、开展创“文明信用户”“孝老爱亲户”“五好文明家庭”和“文明婆媳”等评比活动、开展志愿者服活动），实现涡北基础设施完善、人居环境优美、社会秩序安定、文化生活丰富、人际关系和谐，提升涡北形象。

（涡北街道供稿）

涡南镇

GUONAN ZHEN

【概况】 涡南镇原为双庙镇，位于涡阳县城南部，距县城 7 公里，镇政府坐落在双庙集，辖 16 个村（居）委会（双庙居委会、王塘村、王寅村、朱梨园村、董楼村、张郢村、胡碱村、丰集村、邵大村、前王村、郑庙村、史庙村、郭长营村、大于村、杨桥村、杨楼村），人口 7.2 万人，耕地面积 9.2 万亩，以种植小麦、玉米、黄豆为主。

办公大楼

市委宣传部部长杜爱玉（左二）到涡南镇董楼村调研扶贫攻坚工作

濉阜铁路贯穿南北，涡双路、双胡路、西高路、双王路、双丰路纵横交错，交通便利。2015 年农民人均纯收入 9016 元，粮油棉产量 92736 吨，畜禽水产品产量 5499 吨，农作物面积 127345 公顷，财政收入 1630 万元，工业产值 5.2 亿元，企业实缴税金 358.4 万元。

【农业工作】 2015 年农村工作坚持以发展为主题，以农民增收为核心，大力实施农业三化发展战略，加强领导，精心部署，强化措施，深化农村改革，增加农业投入，加大解决“三农”问题的工作力度，推动农业和农村经济的不断向前发展。新成立农业种养殖专业合作社 48 个，家庭种植农场 21 个，县级专业合作示范社 2 个，流转土地 4.2 万亩，新购置小麦、玉米收获机、旋耕机、秸秆还田机 1150 台。植树造林 950 亩。

【城镇建设】 加强基础设施建设，按照每百人 1 个垃圾池，全镇共建 730 个垃圾池，每个垃圾池补助村 300 元，修建便民服务栏 160 块。对白膏沟、幸福沟双庙集段进行了大规模清淤工作。

【组织建设】 2015 年新建杨桥村室，改扩建杨楼村室。保证有党员活动室、村两委会议室、综治维稳室、图书室、为民服务全程代理室等。加强村干部的日常管理。落实村干部值班制度，村室张贴值班制度，每天至少两人值班，同时有值班日志。发展党员 19 名，其中女性 1 名，高中以上学历 9 名。

【招商引资】 全年共引进招商引资项目 7 家，涡阳县翔羽服饰有限公司扩建项目，年产 50 万件服装生产项目，累计完成内资 2600 万元；亳州巧铧鞋业有限公司，年产 100 万双运动鞋生产线项目，累计完成内资 4500 万元；涡阳县和谐

市委书记、市人大常委会主任杨敬农（左二）视察涡南镇工作

种植专业合作社，年出栏1000头肉牛建设项目，累计完成内资1800万元；涡阳县孙福记食品有限公司，年产1000吨麻油、辣椒油生产线建设项目，累计完成内资6200万元；安徽省新能源开发有限公司，6万吨／年秸秆固化成型燃料生物质能源开发利用项目，累计完成内资4000万元；涡阳县学燚农业机械服务专业合作社，累计完成内资2200万元；涡阳县李进农机服务专业合作社，累计完成内资2000万元。合计完成投资23330万元。（涡南镇供稿）

西阳镇

XIYANG ZHEN

【概况】 1992年3月，涡阳县撤区并乡，西阳乡、郭寨乡合并设立西阳镇，镇政府坐落在西阳集。西阳镇位于涡阳县城东22.5公里处，与蒙城县接壤，现辖10个村民委员会，3个居委会，165个自然村，辖区面积61.6平方公里，人口4.5万人，耕地面积5.86万亩。西阳镇为历史文化名镇，S307省道和涡河穿镇而过，资源丰富，交通便捷，济祁高速也于2015年12月份正式通车，并在西阳镇设立涡阳东出口，素有涡阳东大门之称；历史名人范蠡、西施就合葬于此。截至2015年年底，西阳镇地区生产总值1.98亿元，三产比重为41：31：28，财政收入631万元，农民人均纯收入10325元，工业总产值3.09亿元，农业总产值1.85亿元。

【农业发展】 西阳镇是传统农业大镇，主产小麦、玉米、大豆，是农业高产攻关的生产基地。拥有万亩示范片，面积共2.2万亩，2015年小麦单产达到600公斤。积极实施玉米振兴计划，2015年玉米种植4.1万亩，亩产550公斤。截止2015年年底，西阳镇以丽燕种猪养殖和浩丽蛋鸡养殖为依托，扶持瑞昌养牛公司和三生万养羊合作社，发挥辐射带动作用，带动农民标准化规模养殖，新增规模养殖场10家。成立农民专业合作社38家，家庭农场10家。改善农村基础条件。加大水利建设投入，重点实施中小河流治理、农村饮水安全工程，建立刘庙水厂，解决了河北三村近万人饮水安全问题。全镇所有的农户和土地进行确权，三榜公示，对7890户，60155亩土地进行确权登记，颁证完毕。引导群众进行土地流转，解沟村流转出1200亩建立树莓基地，济祁高速、省道307线两侧100米内的2290亩土地流转出来，签订了土地流转合同。

小麦高产攻关田病虫害防治

【工业发展】 2015年工业产值增长速度25%。工业企业21家，2015年规模工业产值达3.09亿元，规模工业7家，税金达到160万元，利润达到415万元。

【招商引资】2015年，引进外资3.02亿元；目前全镇新上续建项目5个，其中，森鑫木业有限公司已完成改扩建任务，预计年产值将达到5000万元；投资一亿元的安徽迪盛织造整理有限公司已签约，总建筑面积33000平米，项目已完成车间地面改造，机器正在安装中；投资6019万元的树莓冷库前期准备工作基本结束，正在建设之中；农业现代化项目1个，安徽安盛农业科技有限公司在解沟村建立树莓基地，种植树莓1200亩；三产特色化项目1个，总投资1.1亿元的范蠡西施项目开发，正在洽谈中。

【城镇建设】通过美丽集镇“四大秩序”治理，西阳集和省道S307沿线已得到初步改善，建立专门市场3个，实现归行经营，秩序井然；新建1个体育广场和西施公园，成为群众锻炼休闲的场所。根据美好乡村建设规划，对西阳、三里的南部新村进行二期工程建设；对郭寨新区三期工程实行高标准规划；对葛楼安置小区按照规划建设幼儿园、养老中心、文化广场、小学、沿金沟绿化。

【美好乡村建设】2015年，西阳镇启动葛楼美好乡村建设项目，新建村级公共服务中心、景观休闲广场和健身场所。合理布局环村果林带，实施村庄内部及道路绿化和路灯亮化工程，打造水体绿化景观。

【社会事务】全年为民办事网上办证9150件，渔民上岸工程正在积极推进；真正把贫困户纳入扶贫系统，享受扶贫政策；养老保险缴费率达到80%以上，新农合参合率100%；文化事业繁荣发展，群众文化生活丰富多彩；建设了刘庙水厂，解决了河北三村近万人的安全饮水问题。人口与计划生育工作措施有力，成效显著，各项指标均控制在国家规定范围内。建立健全了信访工作机制，完善工作制度和办理程序，有效控制了越级上访和群体上访事件的发生。加强民主政治建设，全力推行做事档案和工作日志工作法，扎实推进政务公开、村务公开、财务公开，大力推进依法治镇，有力地维护社会和谐稳定。武装、工会、共青团、妇联等各项工作跃上了新台阶。

【基层党建】2015年全市党建工作调度会议参观了葛楼村党建工作，全县党建工作参观郭寨、葛楼两村的党建工作。召开各支部书记履行基层党建职责述职会议，基层党员群众代表对支部书记履职尽责情况进行民主评议。提高党费收缴使用透明度。组织开展重温入党誓词、党史知识竞赛、党委书记讲党课活动，进一步规范“三会一课”“党员活动日”和“党章学习日”制度，不断提高组织生活质量。以党支部为单位，年底前对党员组织关系开展一次梳理排查，核实党员身份信息，理顺党员组织隶属关系。

（西阳镇供稿）

新兴镇

XINXING ZHEN

【概况】新兴镇位于涡阳县城北18公里处，东临丹城镇、马店集镇，西至牌坊镇，南濒龙山镇，北界河南省永城市李寨、马桥镇，辖区面积120.1平方公里。新兴镇原为新兴区，辖新兴、

新兴镇寺后村公共服务中心

大曹、大李、重兴、吴桥五乡，1992年2月撤区并乡后，重兴并到丹城镇，吴桥并到张老家乡。2009年4月份，县区划调整，吴桥、新华、东华、文明等四村重新并入新兴镇，现在新兴镇辖2个居委会、18个村委会、134个自然庄，耕地11.38万亩，总人口8.4万余人。镇政府所在地新兴集，亦名“龙庙”，是刘少奇、彭雪枫、张震、张爱萍等老一辈无产阶级革命家工作和战斗过的地方。集东南建有“新四军第四师纪念馆”是安徽省重点文物保护单位、安徽爱国主义教育基地、省国防教育基地、省青少年爱国主义教育基地、市、县爱国主义教育基地、国家AA级旅游景区。

【农业发展】 全镇耕地面积113805亩，以种植小麦、玉米、黄豆为主。镇政府努力推进农业经济发展。一是围绕科技兴粮目标，大力推广良种良法，建立优质小麦“万亩片”“千亩方”高产攻关示范田，结合“合作社+基地+农户”产业化经营模式，大力扶植专业合作社发展。同时大力推进水利工程建设，2013—2015年共疏通中沟45条，疏通开挖小沟76条，新建、维修多处桥涵。实行沟、田、林、路、桥、涵、井综合治理，为实现“创建小麦生产千斤县”目标做出了应有贡献。二是转变产业发展观念，做强优势畜禽产业。大力扶持家禽养殖等产业，2013—2015年新兴镇家禽产量240万只，年末存栏30万只。

【经济发展】 2015年，招商引资总额达到2亿多元，其中好迪亿家门业有限公司、涡阳县鸿运新型墙体材料厂、放鑫建材、涡阳县鑫火炭业有限公司等投资额都在2000万元以上。镇所辖的五个集市新开发商贸、餐饮、农贸、服务等专业市场，对进一步活跃市场、提高经济发展速度起着重要的作用。

【城镇建设】 镇政府筹集资金20万元，在原农贸大市场的基础上新建一条长100米、宽10米、高5米的新兴镇农贸大市场，市场内设置固定摊位100余处，分肉类、生鲜类、畜类、鱼类等10个小市场，场内排水设施齐全，功能完善，已投入使用；成立了文明创建工作委员会，组建了专业环卫队伍，配备了相关设备，建立健全了工作机制，做到街道每天打扫清理，实行门前三包、垃圾袋装化，彻底改变了新兴镇脏、乱、差现象。

【社会事业】 2015年，新兴镇重修涡新路大曹至张双桥段约4公里水泥路，利用“一事一议”项目修建农村水泥路约15公里，利用高标准农田治理项目修建水泥路约40公里。全镇投入使用的农家书屋达到22个，20个行政村全部实现广播“村村通”。新兴镇中心卫生院门诊部共设科室16个；有床位100张，每万人拥有病床12张；固定资产总值500万元；专业卫生技术人员41名，其中执业医师10人，执业助理医师7人，注册护士6人，护师2人；完成了20个村级卫生室的标准化建设，新型合作医疗参合率达95%。

【教育科技】 2015年年末，有中心小学附设幼儿园3所，在园幼儿382人，专任教师5人；完小17所，教学点4个，在校学生3820人，专任教师270人，小学适龄儿童入学率100%；初中3所，初中在校学生1420人，专任教师136人。初中适龄人口入学率、小升初升学率、九年义务教育覆盖率均达100%。

【新农村建设】 新兴镇寺后村2014年列为省级美好乡村建设示范点之一。寺后村美好乡村建设以孙庄和寺后为中心，采取旧村整治和新村建设相结合的模式，规划占地面积18.26公顷，总户数500户，辐射带动人口2100人。寺后村美好乡村建设主要从两方面着手，首先是硬件方面，开展村庄的绿化、亮化、美化、道路硬化，进行沟塘清淤、环境整治工作，完善公共基础设施建设，新建休闲广场2座，综合服务中心1座，综合服务中心内设农家书屋、村邮站、为民服务代理大厅、党员活动室、妇女之家、文化活动室等，为群众生产生活提供了巨大的便利。截至2015年年底，寺后美好乡村建设已完成绿化面积约7.5公顷，安装路灯57盏，硬化道路3489米、修建下水道1000米。其次，从软件着手，通过开展“好媳妇”“好婆婆”“五级好人”等评选活动，积极宣传诚实守信、见义勇为等模范行为，在全村营造“当好人、做好事”的良好氛围。开展乒乓球、象棋比赛，组织书香村居文艺演出等活动，丰富村民的精神文化生活。

【综治司法】 2015年，司法所共主持和参与调解85起矛盾纠纷，安置帮教13名刑释解教人员，尚无一人重新违法犯罪；通过安全生产监管责任的全面落实，各种安全隐患得以及时消除，没有重特大安全事故发生。

（新兴镇供稿）

义门镇

YIMEN ZHEN

【概况】 义门镇是著名的“中国苔干之乡”“药材胜地”，地处涡阳县西北部，西邻谯城区，省道S307线、涡河穿镇而过，水陆交通便利。义门涡河大桥连通南北，桥南为4.6平方公里的市级食品、药品工业园区，桥北为2.3平方公里的商业贸易区。义门历史悠久，人杰地灵，商贾云集，文化底蕴深厚，特色明显。古曾设“真源县衙”、庙宇林立，名胜众多。1992年撤区并镇被批准为副县级建制镇，2006年被确定为安徽省新农村建设示范镇，现拥有两大省级龙头企业，六大市级龙头企业。曾被授予“安徽省优美环境乡镇”和“创建全国文明村镇先

新兴镇寺后新村

义门老年日间照料中心

进村镇”光荣称号。辖5个居委会、15个行政村、136个自然庄、187个村（居）民小组，人口8.9万，其中城镇人口2.6万人、回族1.5万人。辖区面积86平方公里，镇区面积4.6平方公里，耕地面积7.9万亩。资源丰富，产品独特，是久负盛名的苔乡、药区、桐地。苔干全国独有，堪称食苑珍品；重要的药材生产基地，现有各类药材50多种，年种植面积3万亩，苔干、药材已成为义门镇的两大支柱产业。2015年，全镇农业总产值2.4亿元，工业总产值21亿元。农民人均纯收入达到9600元。

【农业发展】 粮食生产以小麦为主，是全镇的主导产业，2015年，全镇14万亩粮食作物，平均单产可达到450公斤/亩，总产6300万公斤;突出发展以苔干、药材、蔬菜为主的特色经济。苔干常年种植面积4万亩左右，总产量500万公斤；蔬菜总面积达到1万亩左右，总产达1万吨；白芍、牡丹、桔梗、板蓝根、白芷等中药材在各村均有种植，面积达到1万亩左右；规模化、养殖场（户）已发展到10户；共培育发展市级以上的农业产业化龙头企业4家，其中省级2家，市级2家。规模以上农副产品加工企业发展到11家，农产品加工产值增长到14亿元。

【工业园区】 2015年，新上项目4个，引进资金3.5亿元。扩大园区规模达4.6平方公里，现有规模企业十六家，其中安徽义门苔干公司、安徽源和堂中药饮片有限公司为省农业产业化龙头企业，涡阳福顺食品厂、涡阳霖福木业公司、安徽星宇食品有限公司，安徽颐生堂中药饮片有限公司，安徽恒发食品有限公司、巨龙建材等六家企业为市级农业产业化龙头企业。义门工业园区先后被县、市命名为食品药品工业园区。全年为源和堂药业征地183亩。源和堂二期工程在建，源和堂药业公司已经上市。

【文明创建】 成立精神文明建设指导委员会和文

源和堂二期工程

明创建领导小组，设立文明创建办公室，配备专职工作人员 5 名，组建 10 人规模的市容环境监察中队和 265 人的环卫队，配备机械垃圾清运车 1 辆、机械洒水车 1 辆、垫平垃圾清运车 4 辆、人力三轮垃圾清运车 265 辆，保证全镇生活垃圾日产日清。全镇开展以文明村镇、文明信用户、孝老爱亲户、好婆婆好媳妇等评选活动为载体的群众性精神文明创建活动，倡导文明新风。培育扶持儒林社等群众性文化团体，以“镇文广站”为依托，组织开展“留守儿童读书演讲比赛”“书画比赛”、普及“五禽戏”等活动，挖掘农村地方特色文化，重视农村传统文化传人的培育，对省级非物质文化遗产“棒鼓舞”等进行传承保护，扩大了群众文化的影响力。

【社会事业】 2015 年新农合参合人数 7.1 万人，参合资金 634 万元，参保率达 95% 以上，城镇居民养老保险 2700 人，城乡居民养老保险参保人数 16000 人，优抚对象 256 人，发放优抚金 126 万元，五保户 488 人，集中供养 142 人；城镇低保 426 人，发放资金 170.4 万元，农村低保 2925 人，发放资金 439 万元；落实各项惠民补贴政策，发放农资综合补贴资金 494 万元；种粮直补 69.7 万元。全镇辖区内主要道路安装视频监控 55 套，修建义门镇敬老院以及老年日照中心、伯俞文体广场、农村广播村村通工程，利用一事一议资金修建水泥路 9 条、下水道 2 条，利用农村安全饮水工程，解决了全镇的安全饮水问题。

【民族经济发展】 全镇有义门、武举、陶赵、赵屯 4 个民族村，18 个民族自然村，回民 1.5 万人。义门镇在陶赵、周营、刘营、菜元等村建立有机苔干基地 3000 亩，白芍、药材种植业基地 5000 亩。成立苔干药材种植业合作社，提高产业竞争力。苔干药材等特色经济效益明显。利用回族同胞养殖牛羊的传统，进行牛羊规模养殖，实现全镇民族村年出栏肉牛 2000 余头，产值 400 余万元，羊 10000 只，产值 800 余万元。

（义门镇供稿）

公吉寺镇

GONGJISI ZHEN

【概况】 公吉寺镇位于涡阳县城西南约 15 公里处，东与城西镇接壤，西与临湖镇相邻，南邻楚店、店集两镇，北邻花沟镇，辖 14 个村（居）委会，126 个自然村，总人口 5.43 万人，耕地 6.5 万亩，总面积 56.7 平方公里，境内地势平坦，土地肥沃，资源丰富。北沿界洪新河，欠河、安营沟、罗沟纵贯南北，龚犁路、义宋路、十临路纵横全境，交通便利。公吉寺，原名“宫记寺”，现公吉寺小学南端曾有寺庙。相传西晋末年五胡十五胡乱华，有王子为避战乱，后宫家眷南迁，择吉地建宫立寺。公吉寺集始兴于清咸丰年间，原为一盐贩推车过往的小店，历经百年沧桑，而今商贾云集，贸易繁荣。其著名小吃“四股撑麻花”共“四股形如鼓，落地成八瓣”。香酥可口，久负盛名。集东有千年柞树，枝繁叶茂。

【经济发展】 2015 年完成财政收入 631.6 万元，农民人均纯收入 9896 元，农作物面积 145040 亩，畜禽水产品产量 2790 吨，工业总产值 13218 万。完成招商引资任务 2.1 亿元，引进资金 2.1 亿元，正在洽谈，达成意向及在建等储备项目 1 个。

【农业发展】 加快实施农业生产“万、千、百”

工程，落实小麦高产攻关项目5万亩，完成玉米振兴计划1.87万亩，完成吨良田建设3.5万亩。扶持发展0.6万亩药材种植。依托温氏集团，大力发展规模养殖，标准化养殖场增加到83家。通过2.9万亩土地流转，高标准治理了基本农田2.3万亩，新建机耕路6.5公里，新建涵管桥300座，疏浚中小沟32条，开挖土方14万立方米，建设农田防护林，栽植泡桐树、女贞树3.5万棵，新打机井300眼。加快提升农业生产科学化水平，以“三清农业科技示范园”建设为平台，着力打造生态农业、科技农业、观光农业、经济农业、示范农业“五位一体”的现代化农业新亮点。

【工业发展】 2015年，规模工业总产值全年12000万元，1—10月完成11090万元。年底完成12000万元，完成任务的100%。镇规模企业任务1个，10月份摸排上报2个。全年新增个体工商户200家，1—10月份完成168家。全年新增私营企业31家，1—10月份完成26家。

【城镇建设】 全镇建成标准公厕15座，改厕23座，新建垃圾填埋场一处，垃圾池32个，添置垃圾清运车3辆，人力车16辆。沼气池60口。安全饮水厂3处，90%农民用上自来水。农贸大市场建成并投入使用，镇综合文化站建成免费对公众开放，“美丽集镇”项目已申请批准，项目包括四项整治、六大改造、七个基础设施建设、生态建设等四大块，将于2016年动工。

【新农村建设】 王大楼美好乡村建设是涡阳县美好乡村建设重点示范村，文明服务中心、水厂已建成，污水网管、雨水网管已竣工，6900平方米路面正在施工，污水处理厂工程顺利进行。以美好乡村建设为依托，以老村庄改造为重点，以并大村、拆小村、治理空心村为突破口，上半年在建设用地增减挂工作中，拆迁房屋300余间，砍伐树木5000余棵，新增耕地160余亩。

【社会事务】 全镇共出生婴儿871人，出生率为15.2‰；其中政策内出生609人，政策符合率为89.4%，二多孩政策符合率76.%。计生网上办证928件，独保费发放136700元。共出生婴儿871人，其中男婴478人，女婴393人，总出生婴儿性别比为121.6，其中一孩性别比为100.9，二孩性别比为148.7。通过“一卡通”发放农村居民最低生活保障资金334.8231万元，惠及全镇农村居民1938人；王大楼、犁耙两所敬老院集中供养五保户126人，为308户五保户发放供养金92.0704万元，发放救灾款7.5万元，新农合参合农民52018人，参合率达96%。通过“一卡通”发放涉农补贴1268.2万元，其中，对种粮农民农资综合补贴377万元。农民粮食直接补贴62.95万元。小麦良种推广补贴63.04万元。玉米良种补贴资金14.96万元。政策性农业保险补偿16.48万元。截止10月底，殡改工作完成81例，占全年任务的27.46%。共征收社会抚养费256万。占征收总额的100%。新建自来水厂一座，公吉寺养老服务中心已建设完工，一事一议财政奖补12个项目已全面完工。

【民主法治】 2015年，全镇共摸排矛盾纠纷207件，调解成功205件，接待来信来访56人次，全部办结。共立刑事案件26起，侦破5起，刑拘1人，逮捕在逃6人，行政拘留13人，调解查处治安案件83余起。

【基层党建】 党建责任制得到落实，镇党委组织

美好乡村——公吉寺王大楼村

召开村（居）党组织书记述职评议会，压实党组织书记的管党治党责任。净化党员队伍，各村党总支完成党员发展1—2名，培养入党积极分子3—5名。疏通党员“出口”，加大对不合格党员的处置力度，严肃党的纪律，纯洁党员队伍。开展农组“六大载体”活动,“双培双带”先锋工程、无职党员设岗定责、为民服务全程代理、党员承诺制、流动党员“双向带动”、党员议事会和“四议两公开”工作法等各项农组载体活动。加强党员干部联系和服务群众工作。村级组织活动场所得到规范。对5个村级组织活动场所进行了改（新）建，全镇14个村级活动场所中，有12个村级活动场所达到200平米，基本满足村级活动场所规范化建设的要求。提升领导班子建设水平，安徽干部教育在线学习全镇人均学分达到60分以上。

【精神文明建设】 镇围绕“村庄环境优美、房前屋后整洁、沟塘河路净化、闲散土地绿化”的要求,突出整治村庄内外“五乱”（即：垃圾乱扔、广告乱贴、车辆乱放、摊位乱摆、工地乱象）现象。建立一套保洁人员齐备、环卫设施完善、工作经费有保障、考核奖惩严格的农村环境综合治理长期有效机制。新建一座垃圾中转站，垃圾车、洒水车一并配齐，完善环境综合治理工作的硬件设施，为群众清洁卫生的生活环境提供坚实保障。

（公吉寺镇供稿）

领导名录

LINGDAO MINGLU

涡阳

G
U
O
Y
A
N
G

县四大班子

（2015 年 1 月 1 日—2015 年 12 月 31 日）

中共涡阳县委员会

书　记：胡明文（2014 年 10 月—）

副书记：杨学国（2013 年 10 月—）

李　锋（2015 年 11 月离任）

万瑞年（2015 年 11 月—）

常　委：

雅浩海（2011 年 4 月—）

刘传华（2015 年 11 月离任）

崔　巍（2015 年 10 月离任）

王玉红（2013 年 9 月—）

韩　龙（2015 年 10 月—）

刘梦汝（2013 年 9 月—）

黄卫国（2014 年 5 月—）

刘仲远（2015 年 9 月—，挂职）

方振勇（2014 年 5 月—）

张松龄（2015 年 6 月—）

涡阳县人大常委会

主　任：胡明文（2015 年 1 月 12 日任职）

副主任：王贵民

刘传华（2015 年 11 月任副主任候选人，2016 年 1 月当选）

马　明（2015 年 5 月 26 日退休辞呈）

纪侠玲

范吉用（2015 年 11 月任副主任候选人，2016 年 1 月当选）

涡阳县人民政府

县　　长：杨学国

常务副县长：刘传华（2015 年 11 月离任）

方振勇 (2015 年 11 月)

副　县　长：王玉红

刘仲远（2015 年 9 月，挂职）

刘红岩　黄　恺　万洪超

李　雷

汪俊峰（2015 年 7 月，挂职）

张尔庆（2015 年 10 月，挂职）

陈志刚（2015 年 11 月，挂职）

县政协

主　席：吴　晋

副主席：蒋玲玲

范吉用（2015 年 11 月离任）

李文飞　赵太民

方　侠（2015 年 12 月任副主席候选人，2016 年 1 月当选）

县委工作部门及直属单位

县委办公室

主　任：方振勇（2014 年 6 月—）

副主任：张　玮（2005 年 4 月—）

许复礼（2012 年 2 月—）

李良书（2012 年 4 月—）

县纪委

书　记：崔　巍（2015 年 10 月离任）

韩　龙（2015 年 10 月任职）

副书记：张　凯（监察局长）　崔华锋

组织部

部　　长：刘梦汝（2013 年 9 月任职）

常务副部长：张亚民（2012 年 2 月任职）

副　部　长：杨洪发（2015 年 12 月离职）

薛东辉（2015 年 4 月离职）

锁　莉（2015 年 2 月离职）

宣传部

部　长：雅浩海

副部长：付　捷

李俊标（2015 年 7 月改任）
李永进（2015 年 7 月任职）
司准忠（2015 年 8 月离任）
张　梅（2015 年 11 月离任）
任晓锋（2015 年 11 月—）

统战部

部　　长：王登峰（2015 年 7 月离职）
刘梦汝（2015 年 7 月任职）
副 部 长：胡冠军（2015 年 12 月离职）
常务副部长：杨洪发（2015 年 12 月任职）
朱晓晨

政法委

书　记：黄卫国
副书记：邓卜峰　陈柏松　综治办
张　义（主持工作）

机关工委

书　　记：张继红
副 书 记：高　翔　徐海波
党工委委员：高汉军　孙　杰

县委老干部局

局　长：贾惜东（2015 年 8 月任职）
锁　莉（2015 年 2 月离职）
副局长：姜林林（2015 年 8 月任职）
邓书先（2015 年 11 月离职）

县委党校

校　　长：万瑞年（2015 年 11 月任职）
常务副校长：岳　凯
副 校 长：穆家云

督查中心

主　任：许复礼
副主任：徐　斌（2015 年 11 月离职）
马长春

县委政研室

副主任：邓书先（2015 年 11 月任职）
蒋清源
杨　辉（2015 年 7 月离职）

保密局

局　长：张群英

信访局

局　长：栗广飞
副局长：张　锋　何　超　马欲飞

档案局

局　长：王光明
副局长：王　超

党史办

主　任：孙兴旺

县编办

主　任：汪　澄
副主任：赵协民（2015 年 12 月—）

金融办

主　任：程　翔（2015 年 7 月离职）
赵　良（2015 年 7 月—2015 年 11 月）
赵晓蕾（2015 年 11 月）
副主任：赵　冲

人大常委会办公室及工作部门

办公室

主　任：周俊杰

人大常委会各工委

农业农村工委主任：纪本良
内务司法工委主任：蔡　扬（2015 年 9 月—）
城建环资工委主任：马燕霖（2015 年 3 月 6 日—）
财政经济工委主任：燕传礼
（2015 年 10 月去世）
人事选举工委主任：沈显华

驻会委员

王　伟（2015 年 12 月 22 日退休辞呈）

梁　峰（2015 年 12 月 22 日退休辞呈）

姜怀明　于保清

县政协办公室及工作部门

政协办公室

主　任：贾惜东（2015 年 8 月离任）

王登峰（2015 年 8 月任职）

政协专职委员会

提案委员会负责人：范　伟

经济科技委员会主任：武　霞

文教卫体史委员会副主任：李　密

学习与社会法制委员会主任：于继江

祖国统一与民族宗教委员会主任：杜　宁

县人武部及工作部门

县人武部

部　长：张松龄

政　委：许运河（2015 年 3 月离任）

汤向阳（2015 年 3 月—）

副部长：姜玉胜

军事科

科　长：姜玉胜

政工科

科　长：牛全红

后勤科

科　长：杨卫强

县政府工作部门

政府办公室

主　任：苏志杰

副主任：李仓玉　王志强　李良忠　陆春晓

党组成员：杨　健

县监察局

局　长：张　凯

副局长：许　峰

孙　启

县发改委

主　任：梁云超

副主任：孙晋生　魏　鹏　蒋家彬

经济委员会

主　任：赵　凯

副主任：周晓东　邱家义

农　委

副主任：朱　侠　史晓云　程海伦

王安杰　刘宗方

教育局

局　　长：燕　坤

党组副书记：盛亚武（2015 年 10 月离任）

副　局　长：李　翔（2015 年 12 月离任）

副　局　长：王　森　樊红亮（挂职）

杨文权（2015 年 12 月—）

科技局

局　长：赵书义

副局长：周　鸿　李久斌

党组成员：郭志彬　张　军

公安局

局　长：黄卫国

政　委：高　越

副局长：梁　奇　刘　伟

副政委：陆辑民

李洪锋

纪检组长：陆　席（2015 年 12 月退休）

民政局

局　长：徐　敬

副局长：王俊胜　李　翔（2015 年 12 月任职）

赵协民（2015 年 12 月离任）
党组成员：李洪全 马庆华
程建林 席理军

财政局
局 长：赵 良
副局长：侯言武 徐化飞 李仓玉
李书颂（2015 年 7 月离任）
党组成员：胡德斌
总会计师：刘 建

人力资源和社会保障局
局 长：王 锐（2015 年 7 月）
薛东辉（2015 年 4 月离任）
副局长：莫雪飞 杨艳波
丁震江（2015 年 12 月离任）

国土资源局
局 长：侯敬志
副局长：王正礼 黄兆杰
张 军（2015 年 10 月离任）
纪检组长：方 卫（2015 年 11 月退休）

住建委
主 任：崔 伟（2015 年 2 月任职）
副主任：王保华 李 伟
苏廷全 孔德胜
党组成员：王 震

规划局
局 长：盛亚民
书 记：李永祥（2015 年 2 月任职）
副局长：孙建光 侯耀辉
石亚敏（2015 年 2 月离任）

县房地产管理局
局 长：李 伟
副局长：何华峰
党组成员：王美瑕
党组成员：燕 利

交通运输局
局 长：陈 平
副局长：杨 强 张 锦

水务局
局 长：张本连
副局长：杨文峰
汤学成（2015 年 10 月去世）
魏 鹏（2015 年 11 月—）
党组成员：陈松年
吴 强

商务局
局 长：马广奇
副局长：孙保光（2015 年底—）
罗会增
党组成员：梁 新

卫计委
主 任：刘化云
副主任：朱金岗 胡玉影
陈志刚（2015 年 12 月离任）
张 雷（2015 年 12 月挂职任城西街道办事处副主任）
刘 琴
党组成员：张景跃
委党组成员、县医院党委副书记、纪委书记：
杨洪影
计生协会秘书长：纪广思
计生稽查大队队长：龚保廷
保健所所长：孙红梅
农合中心主任：田 杰

审计局
局 长：马晓东
副局长：张 超 徐化飞 吕秀成
总审计师：孙学超

环保局

局　　长：赵云超（2015年12月离任）
党组副书记：栗奇志
副 局 长：王明志　董　建
党组成员：冯玉才

统计局

局　长：祝　礼
副局长：杨从文　燕化军

安监局

局　　长：蒋建英
党组书记：王　志
副 局 长：余　杰
党组成员：高魁祥

民宗局

副局长：牛　剑（主持工作）

老子文化生态园管理委员会

主　任：周　超
副主任：周　霖　柴阳阳

法院

院　长：梁德友
副院长：凡　华　何允芝　孙浩杰
工会主席：马六一

检察院

检 察 长：信清彬
副检察长：张纯修（2015年4月离任）
　　　　　侯　冰　宗建鹏
　　　　　何　昆（2015年4月—）
政治处主任：王　玲
反贪局局长：陶　宇

政府办事机构、直属事业单位

县政务服务中心

主　任：徐　峰
副主任：贾　松

招管办

主　任：王　瑞
副主任：唐　伟　张晓明　殷化良

机关事务管理局

局　长：张　玮

县地方志办公室

副主任：杨　健（主持工作）

县文化体育旅游局

局　长：李永进（2015年7月离任）
　　　　刘　斌（2015年7月—）
副局长：李　岩（兼体育中心主任，2015年7月离任）
　　　　任晓峰（兼旅游中心主任，2015年7月离任）
　　　　周　伟　江　燕（挂职）
党组成员：王显乐　郭小龙
副科级干部：刘　峰　李晓莉
　　　　　　王亚茹　宋崇来
执法队长：张占伟

广播电视台

台　长：李良书
副台长：蒋红光　张跃进　李　飞

体育事业发展中心

主　任：李　岩
副主任：罗运生

重点局

局　长：苏廷全
副局长：孙　清

城管局

副局长：高　杨（主持工作）
　　　　王　玉　张红印
党组成员：王绍民
经开分局局长：门士威

文明办

主　任：司准忠（2015年8月离任）

副主任：管书彬（2015年8月离任）

徐子勤（2015年8月离任）

李小雨（2015年8月任职,主持工作）

李　永（2015年8月—）

供销社

主　　任：李　刚

党组书记：宗振平

副 主 任：蔡　畦　于　魁　李廷山

招商局

局　长：郅玉洁

副局长：郁双超（2015年11月挂职任西阳镇党委副书记）

徐　永

党组成员：邓书华　李　涛

吴增强　孙建华

果菜办

主　任：邱化义

副主任：李秀龄

杨文志（2015年10月离任）

刘　坤

农经办

主　任：王　宁

副主任：盛家文　李　良

轻工总会

副会长：陈伟元（主持工作）

群众团体

总工会

主　席：雅浩海（2015年12月—）

副主席：武效强（2015年12月）

胡志胜（2015年11月挂职公吉寺镇党委副书记）

杨　辉（2015年11月—）

党组成员：秦虎、张磊

经费审查委员会主任：潘洪杰

团县委

团县委书记：侯其娟

团县委副书记：贾瑞杰

妇　联

主　席：李　侠

副主席：杨冰冰

副主席：江　影

党组成员：胡　艳

科　协

主　席：董华良

副主席：祝　萍

党组成员：孙子宽

工商联

主　席：李文飞

书　记：朱晓晨

副主席：刘　超、李华峰（2015年底任职）

副会长：解　娣

残　联

理事长：席理军（2015年11月调离）

沈祥成（2015年11月任职）

副理事长：李玉彩　张　峰

党组成员：郭向阳

市属及其他单位

国税局

局　长：关　钊

副局长：王　军

耿玉林（2015年6月离任）

刘　祥

代文杰（2015年6月—）
纪检组长：葛　丽（2015年6月离任）
赵　强（2015年6月—）

地税局
局　长：李红伟
副局长：刘洪军　张　亮　邓汉全
纪检组长：李　辉

县市场监督管理局
局　长：邓　华
副局长：朱春年　张华秀　孙保光
李华峰　李　军　潘洪超
党组成员：梁兴武　王　磊　王　磊
张　伟　刘　娟

海事处
处　　长：王保生
支部书记：赵景民
副 处 长：徐　峰　隋　伟　蔡红伟

国家统计局涡阳调查队
队　长：栗广亚
副队长：梅　杰

气象局
局　长：王　辉
副局长：刘国锋　邵玉鹏

住房资金管理办
主　任：朱瑞清
刘　炜

中国农业发展银行涡阳支行
行　长：孙　亚
副行长：张海涛　胡　鹏

中国农业银行涡阳支行
行　长：王显礼
副行长：王明辉　张玉祥　马　飞

中国建设银行涡阳支行
行　长：李　波
副行长：樊鹏飞　刘玉民

中国银行涡阳支行
行　长：李　静
副行长：王　哲　侯鑫伟

农村商业银行
董事长：蒋红岩
行　长：张文辉
副行长：张　宏

邮政储蓄银行涡阳支行
总 经 理：张　林
副总经理：窦　峰

安徽涡阳湖商村镇银行
行　长：吴有年
副行长：江洪夫
行长助理：张继英

涡阳金阳建设投资有限公司
总 经 理：潘松柏
副总经理：杜　峰
财务总监：孙绍钦

兴阳担保
总 经 理：李书颂
副总经理：杜　峰
总 经 理：杜　峰（2015年8月11日—）

华安证券
总经理：潘鹏飞

中国人民银行涡阳支行
副行长：纪海军（主持工作）
胡守超

中国工商银行涡阳支行
行　长：锁　超（2015年10月—）
副行长：司燕飞　倪　利
纪检书记：徐新华

公路局
局　长：史广金

副局长：庞　鑫　于　伟

烟草专卖局

局长、经理、党组书记：王金昌（2005 年 3 月—）

副局长：李　伟（2015 年 2 月离任）

王　涛（2015 年 3 月—）

供电公司

总 经 理：夏春平

副总经理：张思军　唐亚非　张道军

许子亮　甘业平

新华书店

经　理：赵万里

副经理：张　兵

邮政局

总 经 理：张　林

副总经理：窦　峰

中国电信涡阳分公司

总 经 理：赵　斐

副总经理：郑映霞　姜　伟

中国移动涡阳分公司

总 经 理：邓士田

副总经理：李　森

总经理助理：王光辉

中国联通涡阳分公司

总 经 理：梁新锋

副总经理：张磊磊

中国人保财险涡阳支公司

经　理：赵武振

副经理：潘红光　王　峰

办公室主任：李　李

中石化涡阳分公司

经　理：朱清峰

副经理：褚光明

平安保险涡阳支公司

经　理：吕　亮

副经理：李　刚

中国人寿保险涡阳支公司

经　理：马汉东

副经理：周　磊　张　璀　马彩琴

消防大队

教导员：徐恩永

大队员：陈必富

县直学校

涡阳一中

负责人：赵　坦（副校长，主持工作）

副校长：王贵彬　俞　鲲

办公室主任：刘　杰

涡阳二中

副校长：尹　新（主持全面工作）

邵红珍　程　飞　马　魁

涡阳三中

负责人：周广健

副校长：王好泉　宋　莉

副书记：杨亦农

涡阳四中

负责人：赵太民

副校长：姜　浩　马　玲

李梓才　黄艳武

挂职副校长：项　洋（挂职）

涡阳五中

校　长：储　峰

副校长：罗来全　杨洪江　朱　凯

涡阳六中

校　长：杨子超

副校长：侯王健　段玉侠　穆　影

实验中学

校　长：王钦利

涡阳八中

校　长：袁　良

副校长：肖　宏　孙慧丽

东风幼儿园

园　长：张友侠

副园长：杨秀芳（兼办公室主任）

副园长：陈　影　王　秦

特教教育

校　长：宋　丽

副校长：王　飞

涡阳电大

校　长：刘书华

副校长：高　磊　李景泉

工会主席：李兴华

曹市中学

学区中心学校校长：孟晓东

学区中心学校副校长：李　海　杨晓锐
刘　成　刘　钊

楚店中学

学区中心学校校长：杨西阳

学区中心学校副校长：周之栋　李长江
吴　超

龙山中学

学区中心学校负责人：赵成鼎

学区中心学校副校长：焦昌龙

县职业教育中心

负责人：杨文生

副校长：徐　静　韩祥栋

县成人中等职业学校

校　长：付　茵

副校长：侯　泳　张树福

县农机化技术学校

副校长：李玉杰（主持工作）

镇（场）、街道、经开区

义门镇

书　　记：孟凡臣（2015年8月离任）
赵云超

镇　　长：刘　亚（2015年5月兼任高公镇党委副书记、主持全面工作

人大主席：孟凡臣

副 书 记：赵子刚

党委委员：张　成　杨洪卿　陈永峰
孙　庆　杨成武

副 镇 长：王　军　周华文

高炉镇

书　　记：李向前

镇　　长：张新文

人大主席：裴　杰

副 书 记：马乐天

党委委员：王　利　葛　光　史　伟
付洪秀　李振栋

副 镇 长：李　影　高　魏　沈明光

青疃镇

书　　记：刘兴连（2015年9月任职）

镇　　长：

人大主席：于灿泓

副 书 记：朱宗义

党委委员：张景福　陆　良　张兴标
秦　飞　潘书林　张永勤

副 镇 长：张兴标　朱　琳

龙山镇

书　　记：李　锐

镇　　长：

人大主席：

副 书 记：慕宗振（副书记、副镇长，主持政府工作，2015年10月离任）

陶　宇（副书记、副镇长，主持政府工作，2015 年 11 月—）
栗怀忍
党委委员：张立言
夏军良（2015 年 4 月离任）
周　瑞　李　亚　张路华
副 镇 长：张志连　邓　超
高振学（2015 年 4 月任职）
王　静（2015 年 10 月离任）

西阳镇

书　　记：栗　克
镇　　长：牛华山（2015 年 10 月—）
人大主席：赵　侠
副 书 记：牛华山（副书记、副镇长，主持政府工作，2015 年 10 月离任）
郁双超（2015 年 10 月—）
党委委员：李运峰　朱永佳
韩　伟　邓雷鸣
副 镇 长：杨　磊　刘　雷（科技副镇长）
孟亚东

楚店镇

书　　记：胡刘轶（2015 年 2 月离任）
镇　　长：张敬华
人大主席：于　域
副 书 记：赵　耀（2015 年 2 月任职，主持全面工作）
杨冰冰（挂职，2015 年 11 月任职）
党委委员：刘传伟（2015 年 2 月离任）
马中华　侯长玲　张晖鸿
刘　炎　张　建
周　海（2015 年 2 月—）
副 镇 长：王　雷　宁云超

高公镇

书　　记：范光远（2015 年 5 月离任）
镇　　长：纪广思（2015 年 8 月离任）
张心乾（2015 年 8 月—）
人大主席：程修灵
副 书 记：刘　亚（2015 年 5 月任职，副书记、主持全面工作）
刘汉西
党委委员：崔　虎
张　莉（2015 年 4 月离任）
孙　峰　慕宗友
宗　献　韩　林
副 镇 长：李金峰（科技副镇长）
黄　波　刘志远　张　兵

新兴镇

书　　记：宋崇民
镇　　长：
人大主席：司准忠（兼任党委副书记，2015 年 8 月任职）
副 书 记：李良奎
党委委员：张保元　邱广义
崔华金　刘子君
副 镇 长：高广秀　董金平

石弓镇

书　　记：葛新建（2015 年 10 月—）
镇　　长：汪海洋（2015 年 12 月—）
人大主席：罗会安（副主席，主持人大工作）
副 书 记：张爱民
葛新建（主持全面工作，2015 年 10 月离任）
杨　健（副书记、副镇长，主持政府工作，10 月离任）
党委委员：宁文清　张化田　张广柱
于晓虎　相　伟
副 镇 长：杨洪砚　李艳妹

曹市镇

书　　记：

镇　　长：张景富（主持全面工作，2015年8月离任）

人大主席：贾子彪

副书记：冯　飞（主持全面工作，2015年8月—）

　　盛伟峰（副书记、副镇长、主持政府工作）

　　邓海申

党委委员：高兴鹏　刘丙三　刘　瑞

　　高　扬　牛　峰

　　杨文涛（2015年11月离任）

副镇长：戚连华

临湖镇

书　记:李飞(主持党委工作)(2014年5月—)

镇　长：陈志刚（2015年12月—）

副镇长：陆春晓（主持镇政府工作2014年5月至2015年11月）

人大主席：赵　凯

党委副书记：王　侠（2015年2月—）

纪检书记：李　彬

组织委员：马　彪

武装部长：崔　辉

党政办公室主任：魏长杰

副镇长：刘俊英　李夫业　燕　影

丹城镇

书　　记：张作飞（2015年10月—）

镇　　长：李文权

人大主席：王　雷

副书记：王振仁　李晓莉（挂职）

党委委员：张秀峰　黄　影

　　罗　涛　蒋庆喜

副镇长：刘广立　李大海

店集镇

书　　记：冯　飞

镇　　长：张　洋

人大主席：张　涛

副书记：张晓华

　　王丛山（2015年11月挂职）

党委委员：王　军　马燕红

　　龚连俊　高　杰

副镇长：黄维峰　李　真（科技副镇长）

陈大镇

书　　记：张振中

镇　　长：张　坤

人大主席：张心乾（2015年8月离任）

副书记：郭　礼

党委委员：史占领　王　利　韩　良

　　李　魁　刘　坤

副镇长：周　强　戴金莉

　　王　涛（挂职）

马店集镇

书　　记：高　峰

镇　　长：

人大主席：孙上奎

副书记：张泽国

　　汪海洋（副书记、副镇长，主持政府工作,2015年11月离任）

　　徐　斌（副书记、副镇长，主持政府工作,2015年11月任职）

党委委员：尚　军　陆　路　耿仁君

　　张继华　周　建　王亚勇

副镇长：周　建　王昌民

　　刘　明（科技副镇长）

牌坊镇

书　　记：赵　凯（2015年8月离任）

　　张　一（2015年8月—）

镇　　长：沈祥成
人大主席：纪　永
副 书 记：栗　志
党委委员：程修良　张思魁　郑广印
　　　　　刘传伟（2015 年 2 月任职）
　　　　　郑　丽
副 镇 长：曹　鹏　燕　峰　孙　利

花沟镇
书　　记：岳祥金
镇　　长：郑红杰（2015 年 8 月—）
人大主席：葛　胜
副 书 记：岳　云
党委委员：孙　建　史学钦
　　　　　耿玉宽　马俊鹏
　　　　　张　伟（2015 年 10 月离任）
副 镇 长：刘　璆　高　辉
　　　　　孟淑芬（2015 年 10 月离任）

公吉寺镇
书　　记：赵　耀（2015 年 2 月离任）
镇　　长:蒋真源（2015 年 2 月主持全面工作）
人大主席：张建业（副主席，主持人大工作）
副 书 记：刘长庚
党委委员：张长青　王朝明　殷　良
　　　　　杨永立　郅叶茂
副 镇 长：王学喜

涡南镇
书　　记：高洪大
镇　　长：翟保明
人大主席：胡维峰
副 书 记：孙亚玲
党委委员：王体彬　胡　成　曹　伟
副 镇 长：张启程　燕　伟

标里镇
书　　记：赵凤山（2015 年 6 月任职、2015 年 10 月离职）
镇　　长：刘　超（2015 年 10 月起主持全面工作）
人大主席：刘　伟
副 书 记：杜家德
　　　　　贾瑞杰（2015 年 11 月挂职）
党委委员：张　涛（2015 年 10 月离任）
　　　　　徐　涛　刘　卿　李松岭
　　　　　张明华（2015 年 5 月任职）
副 镇 长：张　涛（2015 年 10 月离任）
　　　　　王爱子（2015 年 9 月离任）
　　　　　陆翔翔（2015 年 6 月挂职）

城关街道
书　　记：王惠娟
主　　任：侯晓明（2015 年 11 月离任）
　　　　　邓卜峰（2015 年 11 月任职）
人大工委主任：
副 书 记：刘　顺　邓其飞（挂职）
　　　　　杨艳波（挂职，2015 年 11 月任职）
党工委委员：王自华　李　波　马　兵
　　　　　　赵向阳　秦占先　张绍敬
　　　　　　刘　铮
副 主 任：于　影　张　宇
　　　　　许德兰（2015 年 9 月离任）
　　　　　李　伟

城东街道
书　记：赵劲涛（2015 年 12 月离任）
主　任:苗　彧（2015 年 12 月起主持全面工作）
人大工委主任：王全好（2015 年 11 月离任）
副书记：邓书华（挂职，2015 年 7 月离任）
　　　　裴　力
党工委委员：王　凯（2015 年 12 月离任）
　　　　　　许振兵
　　　　　　单米纳（2015 年 11 月离任）

张　毅
副　主　任：李继芳（2015 年 12 月离任）
刘　影　景中全
姜琳琳（挂职，2015 年 12 月任职）

城西街道

书　记：牛　光
主　任：廉　峰（2015 年 8 月离任）
人大工委主任：郑红杰（2015 年 8 月离任）
副　书　记：陈　旭　何　超（挂职）
党工委委员：何怀贵　王宇三　邓卜亭
刘鑫颖　李永亮　王进科
李　芳
副　主　任：刘玉成　慕　君　董焰明
张建宏　朱　标（挂职）
张　雷（挂职）
邓昌盛（科技副主任）

涡北街道

书　记：赵　良（2015 年 7 月离任）
冯传华（2015 年 11 月任职）
主　任：冯传华（2015 年 7 月起主持全面工作，2015 年 11 月离任）
王全好（2015 年 11 月任职）
人大工委主任：李　伟
副书记：何　峰
李　永（挂职，2015 年 11 月离任）
党工委委员：刘玉秀　任怀超　岳　涛
杨伟星　夏军良
门士威（挂职，2015 年 11 月任职）
副　主　任：武　强
江　浩（2015 年 11 月任职）

单集林场

书　记：郭铁铮（2015 年 7 月离任）
廉　峰（2015 年 8 月任职）
场　长：程　军（2015 年 11 月离任）
人大联络办主任：曹　慧
副书记：张兴杰
党委委员：侯玉超　宋占义　孙自建
副场长：李子白　张继华
王东方（科技副场长）　陈春忠

经开区

管委会主任、党工委书记：方振勇
副书记：牛　光
副主任：苏志杰（2015 年 4 月离任）
蔡　畦（挂职）

荣誉榜　新闻人物

RONGYUBANG XINWENRENWU

涡阳

G
U
O
Y
A
N
G

国家级表彰集体

单位名称	荣誉称号	授奖单位	授奖时间
涡阳县工商局	“光彩”杂志发行先进单位	中国个体劳动者协会	2015 年 7 月
亳州市涡阳县	第三批全国依法治县（市、区）创建活动先进单位	全国普法办	2015 年 4 月 7 日

国家级表彰个人

姓名	单位	荣誉称号	授奖单位	授奖时间
王丽妹	涡阳县国税局	全省国税系统纳税服务之星	安徽省国家税务局	2015 年 12 月

地厅级表彰集体

单位名称	荣誉称号	授奖单位	授奖时间
涡阳县	全市 2015 年安全生产先进单位	亳州市政府	2015 年
涡阳县	安徽省 2014 年度计划生育依法行政工作先进奖	安徽省卫生和计划生育委员会	2015 年 4 月 24 日
涡阳县规划局	全省规划编制先进二等奖	安徽省住建厅	2015 年 12 月
涡阳县交通运输局	全省交通运输行业精神文明建设先进集体	安徽省交通运输厅	2015 年 8 月
涡阳县水政监察大队	2015 年度全省执法卷宗评比第二名	安徽省法制厅 安徽省水利厅	2015 年 9 月 30 日
涡阳县卫计委	亳州市卫生计生监督技能竞赛团体一等奖	亳州市卫生和计划生育委员会	2015 年 9 月 2 日
涡阳县人口计生委	2015 年《人口与计划生育》杂志宣传先进集体	国家卫计委、《人口与计划生育》杂志	2015 年 5 月
涡阳县卫计委	亳州市医疗机构药师执业技能竞赛团体奖二等奖	亳州市卫计委	2015 年
涡阳县卫计委	亳州市卫生计生监督技能竞赛团体一等奖	亳州市总工会 市卫计委	2015 年
涡阳县环保局	全市污染减排先进单位	亳州市委、市政府	2015 年 3 月
涡阳县统计局	第三次全国经济普查先进集体	安徽省第三次全国经济普查领导小组办公室	2015 年
涡阳县安监局	全市新《安全生产法》知识竞赛优秀组织单位	亳州市安监局	2015 年

续表

单位名称	荣誉称号	授奖单位	授奖时间
涡阳法院龙山人民法庭	集体嘉奖	安徽省高院	2015 年 2 月
涡阳法院龙山人民法庭	集体三等功	亳州市中院	2015 年 2 月
涡阳法院民事审判二庭	全市法院先进集体	亳州市中院	2015 年 2 月
涡阳法院刑事审判二庭	全市法院先进集体	亳州市中院	2015 年 2 月
涡阳法院关工委	五好关工委	亳州市关心下一代工作委员会	2015 年 3 月
涡阳县检察院	先进基层检察院	亳州市检察院	2015 年 2 月
涡阳县检察院	全国检察宣传先进单位	高检院、检察日报社	2015 年 9 月
涡阳县检察院公诉科	全市青少年维权岗	亳州市共青团	2015 年 11 月
涡阳县检察院案管办	亳州市巾帼文明岗	亳州市妇联	2015 年 11 月
涡阳县检察院	“感动药都”志愿服务优秀典型	亳州市文明办	2015 年 12 月
涡阳县旅游局	全市文化旅游信息先进单位	亳州市文旅局	2015 年 12 月
涡阳县旅游局	全市旅游安全工作先进单位	亳州市文旅局	2015 年 12 月
涡阳县市容监察大队	2015 年度全省城管行业系统“文明执法先进队伍”	安徽省城市管理协会	2015 年 8 月
涡阳县环卫处	2014 年度亳州市文明窗口单位	亳州市创建文明行业活动指导委员会办公室	2015 年 5 月
涡阳县环卫处	2015 年度亳州市文明窗口单位	亳州市创建文明行业活动指导委员会办公室	2015 年 12 月
涡阳县供销社	先进县级社	安徽省供销合作社	2015 年 3 月 2 日
涡阳县农机校	先进农机校	安徽省农机局	2015 年 1 月 12 日
涡阳县农机局	农机补贴绩效管理优秀单位	安徽省农机局	2015 年 2 月 27 日
共青团涡阳县委	亳州市“吉羊如意”生肖邮票设计大赛优秀组织奖	共青团亳州市委	2015 年 1 月
涡阳县局办税服务厅	亳州市文明窗口	亳州市创建青年文明号活动组织委员会	2015 年 12 月
涡阳县局办税服务厅	亳州市青年文明号	亳州市创建文明行业活动指导委员会	2015 年 12 月
涡阳县消防大队委员会	亳州市五四红旗团委	共青团亳州市委	2015 年 12 月
涡阳县消防大队委员会	青年服务志愿先进集体	共青团亳州市委	2015 年 12 月
涡阳县教育局	2014 年度村小提升工程先进单位	亳州市教育局、督导委员会	2015 年 2 月
涡阳县教育局	市第六届暑期“亲子读书”征文活动优秀组织奖	亳州市教育局	2015 年 4 月
涡阳县教育局	市标准化建设先进单位	亳州市教育局	2015 年 5 月
涡阳县教育局	传承国学、亲近母语知识竞赛小学一等奖	亳州市教育局、市新华书店	2015 年 5 月
涡阳县教育局	传承国学、亲近母语知识竞赛中学一等奖	亳州市教育局、市新华书店	2015 年 5 月

续表

单位名称	荣誉称号	授奖单位	授奖时间
涡阳县教育局	市青少年校园足球联赛优秀组织奖	亳州市教育局、体育局	2015 年 5 月
涡阳县教育局	市普通高中教育教学成果县区优秀三等奖	亳州市教育局	2015 年 5 月
涡阳县教育局	宣传先进单位和先进个人	安徽省新闻办、教育宣传中心	2015 年 11 月
涡阳县教育局	资助信息报送先进单位和优秀信息员	亳州市资助工作研究会	2015 年 11 月
中国人民银行涡阳县支行	2014 年度综合考核优秀单位	人行亳州市中支	2015 年 2 月
中国人民银行涡阳县支行	2015 年度综合考核优秀单位	人行亳州市中支	2015 年 12 月
涡阳供电公司高炉供电所	2014 年度国网安徽省电力公司模范班组	安徽省电力公司	2015 年 1 月
国网涡阳县供电公司	省公司 2014 年度 QC 成果三等奖	安徽省电力公司	2015 年 1 月
国网涡阳县供电公司	农网升级“精品工程”项目	安徽省电力公司	2015 年 2 月
国网涡阳县供电公司	省公司 2015 年度农网改造升级工程管理先进单位	安徽省电力公司	2015 年 2 月
国网涡阳县供电公司	2014 年度亳州市创建文明行业先进单位	安徽省电力公司	2015 年 5 月
涡阳县供电公司电力公司党支部	省公司“电网先锋党支部”	安徽省电力公司党委	2015 年 7 月
涡阳县供电公司离退休党支部	省公司“热爱国网”离退休先进党支部	安徽省电力公司党委	2015 年 7 月
涡阳县农机局	先进单位	亳州市农机局	2015 年 2 月 25 日
涡阳县科协	被命名全省科普示范县	安徽省科协	2015 年 11 月
S202 涡阳超限超载检测站	先进集体	亳州市公路管理局	2015 年 2 月 8 日
涡阳公路分局办公室	先进工会小组	亳州市公路管理局	2015 年 2 月 8 日
涡阳公路分局	工程建设工作先进单位	亳州市公路管理局	2015 年 2 月 8 日
涡阳移动公司	诚信单位	安徽消费者协会	2015 年 1 月
国网涡阳县供电公司	2014 年度亳州市创建文明行业先进单位	亳州市文明委	2015 年 5 月
涡阳供电公司机关分工会	全国模范职工小家	中华全国总工会	2015 年 9 月
国网涡阳县供电公司	安徽省 2015 年度“安全文化建设示范企业”	安徽省安监局	2015 年 11 月
国网涡阳县供电公司	2015 年度亳州市创建文明行业先进单位	亳州市文明委	2015 年 12 月
国网涡阳县供电公司光明驿站	2015 年度优秀青年志愿者项目	共青团亳州市委	2015 年 12 月

续表

单位名称	荣誉称号	授奖单位	授奖时间
国网涡阳县供电公司	全市农民工入会和服务工作先进集体	亳州市总工会	2015 年 12 月
国网涡阳县供电公司	亳州市 2015 年度“五一劳动奖状”	亳州市总工会	2015 年 12 月
国网涡阳县供公司 95598 远程工作站	亳州市 2015 年度“青年文明号标兵”	亳州市文明委	2015 年 12 月
中国邮政储蓄银行涡阳县城南支行	巾帼文明岗	亳州市妇联	2015 年 10 月
中国邮政储蓄银行涡阳县城南支行	青年文明号	亳州市团委	2015 年 10 月
涡阳县联通公司	十快县称号	安徽省联通公司	2015 年
涡阳县联通公司	2015 学习型组织	亳州市联通公司	2015 年
涡阳县联通公司	优秀信息报送单位	亳州市联通公司	2015 年
涡阳县联通公司	优秀最小基层单元（高炉）	亳州市联通公司	2015 年
涡阳海事处	水上交通安全先进集体	亳州市交通运输局	2015 年 2 月
涡阳县机关工委	2015 年度少儿（幼儿）素质教育工作先进集体	安徽省关工委	2015 年
涡阳县民政局	全省 2014 年度福利彩票先进县（市、区）一等奖	安徽省民政厅	2015 年 2 月
涡阳县通联站	先进通联站	安徽通联部	2015 年 10 月 21 日
亳州市涡阳县	安徽省依法治县（市、区）创建活动先进单位	安徽省依法治省领导小组办公室	2015 年 1 月 3 日
亳州市涡阳县	第二批全省社区矫正工作示范县（市、区）	安徽省社区矫正领导小组办公室	2015 年 6 月 3 日
涡北司法所	全国模范司法所	司法部	2015 年 11 月 30 日
青疃司法所	人民满意基层站所队	亳州市机关效能建设领导小组	2015 年 3 月 17 日
涡阳县宣传部	全市思想政治工作调研报告组织工作奖	亳州市委宣传部	2015 年
涡阳县宣传部	全市重点党报党刊发行工作先进单位	亳州市委宣传部	2015 年
涡阳县宣传部	安徽省第七届对外传播奖二等奖	安徽省委宣传部	2015 年
涡阳县人大机关老干部支部	全省离退休干部先进集体	安徽省委组织部、老干局	2015 年 1 月
涡阳县人大办公室	人口和计划生育先进单位	涡阳县委、县政府	2015 年
涡阳县人武部	全面建设标兵单位	安徽省军区	2015 年 12 月
涡阳县人武部党委	全面建设标兵单位先进团党委	安徽省军区	2015 年 7 月

地厅级表彰个人

姓名	单位	荣誉称号	授奖单位	授奖时间
祝 礼	涡阳县统计局	第三次全国经济普查先进个人	安徽省第三次全国经济普查领导小组	2015 年
吴 磊	涡阳县统计局	第三次全国经济普查先进个人	安徽省第三次全国经济普查领导小组	2015 年
刘 洁	涡阳县统计局	第三次全国经济普查先进个人	安徽省第三次全国经济普查领导小组	2015 年
姜媛媛	涡阳县统计局	第三次全国经济普查先进个人	安徽省第三次全国经济普查领导小组	2015 年
梁 凯	涡阳县统计局	第三次全国经济普查先进个人	安徽省第三次全国经济普查领导小组	2015 年
方玉军	涡阳县统计局	第三次全国经济普查先进个人	亳州市第三次全国经济普查领导小组	2015 年
杨从文	涡阳县统计局	第三次全国经济普查先进个人	亳州市第三次全国经济普查领导小组	2015 年
刘斌华	涡阳县统计局	第三次全国经济普查先进个人	亳州市第三次全国经济普查领导小组	2015 年
王金金	涡阳县民宗局	省政府 全省民族团结先进个人	安徽省政府	2015 年 3 月
张 梅	涡阳县法院	个人嘉奖	安徽省高院	2015 年 2 月
刘志刚	涡阳县法院	全省法院综合部门工作先进个人	安徽省高院	2015 年 8 月
方 理	涡阳县法院	全省法院办案能手	安徽省高院	2015 年 9 月
柯 磊	涡阳县法院	“药都百姓心中的好法官”	亳州市中院、亳州晚报	2015 年 2 月
史春萍	涡阳县法院	“药都百姓心中的好法官”提名奖	亳州市中院、亳州晚报	2015 年 2 月
李 敏	涡阳县法院	“药都百姓心中的好法官”提名奖	亳州市中院、亳州晚报	2015 年 2 月
梁 超	涡阳县法院	个人三等功	亳州市中院	2015 年 2 月
杨 莉	涡阳县法院	个人三等功	亳州市中院	2015 年 2 月
范 勇	涡阳县法院	全市法院优秀法官	亳州市中院	2015 年 2 月
程 勇	涡阳县法院	全市法院优秀法官	亳州市中院	2015 年 2 月
徐文凌	涡阳县法院	全市法院办案标兵	亳州市中院	2015 年 2 月
孙维东	涡阳县法院	全市法院办案标兵	亳州市中院	2015 年 2 月
张 梅	涡阳县法院	全市法院调解能手	亳州市中院	2015 年 2 月
张效东	涡阳县法院	全市法院调解能手	亳州市中院	2015 年 2 月
王 群	涡阳县法院	全市法院审判管理工作先进个人	亳州市中院	2015 年 2 月

续表

姓名	单位	荣誉称号	授奖单位	授奖时间
何允芝	涡阳县法院	亳州市第四届敬业奉献道德模范	亳州市文明委	2015 年 4 月
何允芝	涡阳县法院	亳州市第一批岗位学雷锋标兵	亳州市委宣传部	2015 年 4 月
何允芝	涡阳县法院	第六届安徽省人民满意的公务员	中共安徽省委、安徽省政府	2015 年 12 月
张卫群	涡阳县法院	“千名女法官，百场普法行”活动中先进个人	安徽省高院	2015 年 12 月
邱化义	涡阳县菜篮子办、果树办	中华农业科技奖二等奖。	农业部	2015 年
叶　林	涡阳县菜篮子办、果树办	市第二届青年科技奖	亳州市政府	2015 年 6 月
邱化义	涡阳县菜篮子办、果树办	亳州市第五批市级专业技术拔尖人才	亳州市组织部	2015 年 7 月
邱化义	涡阳县菜篮子办、果树办	安徽省第四批战略性新兴产业技术领军人才	安徽省委组织部、人社厅等	2015 年 8 月
祝　侠	涡阳县农机校	先进个人	安徽省农机局	2015 年 1 月 12 日
孙　红	涡阳县农机监理站	先进个人	安徽省农机局	2015 年 1 月 12 日
祝　岭	涡阳县农机监理站	农机补贴绩效管理优秀个人	安徽省农机局	2015 年 2 月 27 日
武效强	涡阳县总工会	亳州市五一劳动奖章荣誉称号	亳州市总工会	2015 年 12 月
姚　峰	涡阳县消防大队	优秀共产党员	亳州市消防支队党委	2015 年 12 月
徐恩永	涡阳县消防大队	优秀党务工作者	亳州市消防支队党委	2015 年 12 月
栗　磊	涡阳县教育局	亳州市义务教育阶段学校标准化建设先进工作者	亳州市教育局	2015 年 5 月
张　勇	涡阳县教育局	亳州市义务教育阶段学校标准化建设先进工作者	亳州市教育局	2015 年 5 月
李　冰	国网涡阳县供电公司	省公司 2014 年度优秀班组长	安徽省电力公司	2015 年 1 月
娄延旭	国网涡阳县供电公司	中国电力报优秀通讯员	中国电力报社	2015 年 2 月
李永健	国网涡阳县供电公司	省公司 2015 年度农网改造升级工程管理先进个人	安徽省电力公司	2015 年 2 月
朱　云	国网涡阳县供电公司	亳州市五一劳动奖章	亳州市总工会	2015 年 5 月
马　艳	国网涡阳县供电公司	2015 年安徽最美青工	共青团安徽省委	2015 年 5 月
张　磊	国网涡阳县供电公司	国家电网公司 2014 — 2015 年度优秀党务工作者	国家电网公司党委	2015 年 7 月
王海燕	国网涡阳县供电公司	省公司 2014 — 2015 年度优秀共产党员	安徽省电力公司党委	2015 年 7 月
娄延旭	国网涡阳县供电公司	亳州市法治文化摄影大赛优秀奖	亳州市委宣传部	2015 年 9 月
张建行	国网涡阳县供电公司	亳州市 2015 年度“五一劳动奖章”	亳州市总工会	2015 年 12 月
唐亚非	国网涡阳县供电公司	省公司 2015 年管理创新成果三等奖	安徽省电力公司	2015 年 12 月

续表

姓名	单位	荣誉称号	授奖单位	授奖时间
唐　磊	国网涡阳县供电公司	省公司 2015 年管理创新成果三等奖	安徽省电力公司	2015 年 12 月
王　琳	国网涡阳县供电公司	省公司 2015 年管理创新成果三等奖	安徽省电力公司	2015 年 12 月
杨　村	国网涡阳县供电公司	亳州市 2015 年度“全市文明职工”	亳州市文明委	2015 年 12 月
孙铁军	涡阳县农机推广站	先进个人	亳州市农机局	2015 年 2 月 25 日
廉成军	涡阳县农机校	先进个人	亳州市农机局	2015 年 2 月 25 日
盛道军	涡阳县涡北农综站	先进农机专管员	亳州市农机局	2015 年 2 月 25 日
孙　旭	涡阳县花沟农综站	先进农机专管员	亳州市农机局	2015 年 2 月 25 日
梁永春	涡阳县城西农综站	先进农机专管员	亳州市农机局	2015 年 2 月 25 日
闫志勇	涡阳县卫生监督所	市卫生计生系统技术能手	亳州市卫计委	2015 年
周升旗	涡阳县卫生监督所	卫生监督技术能手	亳州市卫计委	2015 年
梁　建	亳州市公路管理局涡阳分局	分局优秀中层干部	亳州市公路管理局	2015 年 2 月 8 日
廉　影	亳州市公路管理局涡阳分局	先进生产（工作者）	亳州市公路管理局	2015 年 2 月 8 日
于志远	亳州市公路管理局涡阳分局	先进生产（工作者）	亳州市公路管理局	2015 年 2 月 8 日
胡大中	亳州市公路管理局涡阳分局	先进生产（工作者）	亳州市公路管理局	2015 年 2 月 8 日
张洪芬	亳州市公路管理局涡阳分局	先进生产（工作者）	亳州市公路管理局	2015 年 2 月 8 日
周梦涛	亳州市公路管理局涡阳分局	先进生产（工作者）	亳州市公路管理局	2015 年 2 月 8 日
杨　涛	亳州市公路管理局涡阳分局	工会积极分子	亳州市公路管理局	2015 年 2 月 8 日
胡严莉	亳州市公路管理局涡阳分局	工会积极分子	亳州市公路管理局	2015 年 2 月 8 日
王素勤	亳州市公路管理局涡阳分局	工会积极分子	亳州市公路管理局	2015 年 2 月 8 日
孙自平	亳州市公路管理局涡阳分局	优秀项目经理	亳州市公路管理局	2015 年 2 月 8 日
宋学福	亳州市公路管理局涡阳分局	“十佳”养护人员	亳州市公路管理局	2015 年 2 月 8 日
凡永伟	亳州市公路管理局涡阳分局	“十佳”养护人员	亳州市公路管理局	2015 年 2 月 8 日

续表

姓名	单位	荣誉称号	授奖单位	授奖时间
孙洪胜	亳州市公路管理局涡阳分局	“十佳”养护人员	亳州市公路管理局	2015年2月8日
周　羽	亳州市公路管理局涡阳分局	“十佳”执法人员	亳州市公路管理局	2015年2月8日
耿怀廷	亳州市公路管理局涡阳分局	“十佳”执法人员	亳州市公路管理局	2015年2月8日
张松明	亳州市公路管理局涡阳分局	“十佳”执法人员	亳州市公路管理局	2015年2月8日
张　云	涡阳县行政审批局	全省政务服务系统“最美服务之星”	安徽省政府政务服务中心	2015年9月
孙守龙	中国邮政储蓄银行涡阳县支行	亳州市文明职工	亳州市创建文明行业活动指导委员会办公室	2015年5月
陈　龙	中国邮政储蓄银行涡阳县支行	亳州市文明职工	亳州市创建文明行业活动指导委员会办公室	2015年5月
李　辰	中国邮政储蓄银行涡阳县支行	亳州市文明职工	委员会办公室亳州市创建文明行业活动指导	2015年5月
程　勇	中国邮政储蓄银行涡阳县支行	亳州市文明职工	亳州市创建文明行业活动指导委员会办公室	2015年5月
高　笑	中国邮政储蓄银行涡阳县支行	优秀共青团员	共青团亳州市委	2015年5月
潘　赟	中国邮政储蓄银行涡阳县支行	优秀共青团员	共青团亳州市委	2015年5月
孙守龙	中国邮政储蓄银行涡阳县支行	青年服务志愿者先进个人	共青团亳州市委	2015年4月
高　笑	中国邮政储蓄银行涡阳县支行	青年服务志愿者先进个人	共青团亳州市委	2015年4月
张　飞	中国邮政储蓄银行涡阳县支行	全市青年岗位能手	共青团亳州市委	2015年8月
潘　赟	中国邮政储蓄银行涡阳县支行	全市青年岗位能手	共青团亳州市委	2015年8月
尹　路	涡阳县气象局	2013年度民主测评考核优秀等次	亳州市气象局	2015年
史莎莎等	涡阳县联通公司	vip技能大赛三等奖	亳州联通公司	2015年
郑星星	涡阳县联通公司	优秀团干部	亳州联通公司	2015年
张　倩	涡阳县联通公司	“亳州联通营业员销售技能提升培训”获得“喊麦王”	亳州联通公司	2015年
张　倩	涡阳县联通公司	“巾帼建新功共筑中国梦”获得“三等奖”	亳州联通公司	2015年

续表

姓名	单位	荣誉称号	授奖单位	授奖时间
张 倩	涡阳县联通公司	安徽联通营业线 21 天产能提升行动特训”获得“喊麦王”	阜阳联通公司	2015 年
吴 晋	涡阳县政协	优秀招商引资项目引荐人	亳州市招商引资工作领导小组	2016 年 2 月

县级表彰先进集体

单位名称	荣誉称号	授奖单位	授奖时间
涡阳县住建委	县直单位绩效考核一类单位综合奖三等奖	涡阳县委 涡阳县政府	2015 年
涡阳县住建委	招商引资工作三等奖	涡阳县委 涡阳县政府	2015 年
涡阳县房产局	2015 年 3 月获三八红旗集体称号	涡阳县妇女联合会	2015 年 3 月
涡阳县房产局	2015 年度招商引资工作三等奖	涡阳县委、县政府	2015 年
县交通运输局	全县人大议案建议办理工作先进单位	涡阳县人大常委会 县政府	2015 年 3 月
花沟中心卫生院	涡阳县 2014 年度文明单位	涡阳县精神文明建设指导委员会	2015 年 2 月 10 日
涡南中心卫生院	涡阳县 2014 年度文明单位	涡阳县精神文明建设指导委员会	2015 年 2 月 10 日
新兴中心卫生	涡阳县 2014 年度文明单位	涡阳县精神文明建设指导委员会	2015 年 2 月 10 日
涡阳县妇幼保健站	涡阳县 2014 年度文明单位	涡阳县精神文明建设指导委员会	2015 年 2 月 10 日
涡阳县中医院	涡阳县 2014 年度文明单位	涡阳县精神文明建设指导委员会	2015 年 2 月 10 日
涡阳县人民医院	涡阳县 2014 年度文明单位	涡阳县精神文明建设指导委员会	2015 年 2 月 10 日
城东街道卫生院	涡阳县 2014 年度文明单位	涡阳县精神文明建设指导委员会	2015 年 2 月 10 日
陈大镇卫生院	涡阳县 2014 年度文明单位	涡阳县精神文明建设指导委员会	2015 年 2 月 10 日
义门镇卫生院	涡阳县 2014 年度文明单位	涡阳县精神文明建设指导委员会	2015 年 2 月 10 日
马店集镇卫生院	涡阳县 2014 年度文明单位	涡阳县精神文明建设指导委员会	2015 年 2 月 10 日
石弓中心卫生院	涡阳县 2014 年度文明单位	涡阳县精神文明建设指导委员会	2015 年 2 月 10 日
牌坊镇耿皇卫生院	涡阳县 2014 年度文明单位	涡阳县精神文明建设指导委员会	2015 年 2 月 10 日
牌坊镇卫生院	涡阳县 2014 年度文明单位	涡阳县精神文明建设指导委员会	2015 年 2 月 10 日
城关社区卫生服务中心	涡阳县 2014 年度文明单位	涡阳县精神文明建设指导委员会	2015 年 2 月 10 日
涡阳县卫计委	2015 年全县经济社会发展目标考核一类单位三等奖	涡阳县委、县政府	2015 年 2 月 17 日

续表

单位名称	荣誉称号	授奖单位	授奖时间
涡阳县卫计委	涡阳县 2015 年度招商引资先进单位	涡阳县委、县政府	2015 年 2 月 29 日
涡阳县审计局	2015 年度党风廉政建设工作先进单位	中共涡阳县委	2015 年
涡阳县审计局	2015 年度党建工作优秀单位	中共涡阳县委	2015 年
涡阳法院	“全县人口和计划生育工作先进集体”	涡阳县委	2015 年 2 月
涡阳县检察院	涡阳县 2014 年度文明单位	涡阳县文明委	2015 年 2 月
涡阳县检察院	2014 年度政法信访平安创建先进单位	涡阳县委、县政府	2015 年 4 月
涡阳县检察院反贪局	2014 年度政法信访平安创建先进单位	涡阳县委、县政府	2015 年 4 月
涡阳县检察院研究室	2014 年度政法信访平安创建先进单位	涡阳县委、县政府	2015 年 4 月
涡阳县检察院	2014 年度全县五四红旗团（工）委	涡阳县委组织部	2015 年 4 月
涡阳县检察院公诉科	2014 年度全县五四红旗团（总）支部	涡阳县委组织部	2015 年 4 月
涡阳县检察院执法队	县“调转促”先进集体	涡阳县政府	2015 年 12 月
涡阳县招商局	2015 年度全县党建工作目标管理考核先进单位，二等奖	中共涡阳县委	2015 年 12 月
涡阳供电公司	涡阳县 2014 年先进基层党组织	中共涡阳县委	2015 年 2 月
涡阳县联通公司	青年文明号	共青团涡阳县委	2015
涡阳县文联	2015 年度党建工作综合考评三等奖	涡阳县委、县政府	2015 年
涡阳县国税局办税服务厅	青年文明号	涡阳县创建青年文明号活动领导小组	2015 年 11 月
涡阳县教育局	2014 年度人大议案、建议办理先进单位	涡阳县政办	2015 年 3 月
中国人民银行涡阳支行	2014 年度涡阳县平安创建工作先进单位	涡阳县社会管理综合治理委员会	2015 年 4 月
国网涡阳县供电公司变电检修班	涡阳县 2015 年度“青年文明号”	共青团涡阳县委	2015 年 12 月
涡阳县联通公司	涡阳安全保卫工作先进单位	涡阳县公安局	2015 年
涡阳县供电公司	涡阳县 2014 年先进基层党组织	中共涡阳县委	2015 年 2 月
国网涡阳县供电公司营业业务一班	涡阳县“青年文明号”项目	共青团涡阳县委	2015 年 2 月

续表

单位名称	荣誉称号	授奖单位	授奖时间
青疃司法所	人民满意基层站所队	涡阳县委、县政府	2015 年 4 月 17 日
楚店司法所	人民满意基层站所队	涡阳县委、县政府	2015 年 4 月 17 日
龙山司法所	人民满意基层站所队	涡阳县委、县政府	2015 年 4 月 17 日
店集司法所	人民满意基层站所队	涡阳县委、县政府	2015 年 4 月 17 日
林场司法所	人民满意基层站所队	涡阳县委、县政府	2015 年 4 月 17 日
高公司法所	人民满意基层站所队	涡阳县委、县政府	2015 年 4 月 17 日
马店集司法所	人民满意基层站所队	涡阳县委、县政府	2015 年 4 月 17 日
涡阳县督查中心	2015 年度被评为全县党建工作目标管理考核综合“优秀”奖二等奖	涡阳县委、县政府	2015 年
涡阳县政协办	2015 年度党建工作优秀单位	中共涡阳县委	2016 年 2 月
涡阳县统战部	2015 年全县党建工作目标考核一等奖	中共涡阳县委	2016 年 2 月

县级表彰先进个人

姓名	单位	荣誉称号	授奖单位	授奖时间
时　伟	涡阳县住建委	招商引资工作先进个人	涡阳县委 涡阳县政府	2015 年
充学玲	涡阳县交通运输局	全县人大议案建议办理工作先进个人	涡阳县人大常委会 县政府	2015 年 3 月
张　辉	涡阳县人口计生委	涡阳县 2014 年度计划生育先进个人	涡阳县委、县政府	2015 年 2 月 13 日
李宜胜	涡阳县计生协	涡阳县 2014 年度计划生育先进个人	涡阳县委、县政府	2015 年 2 月 13 日
李　海	涡阳县人口计生委	涡阳县 2014 年度计划生育先进个人	涡阳县委、县政府	2015 年 2 月 13 日
王　涛	涡阳县人口计生委	涡阳县 2014 年度计划生育先进个人	涡阳县委、县政府	2015 年 2 月 13 日
梁红艳	涡阳县人口计生委	涡阳县 2014 年度计划生育先进个人	涡阳县委、县政府	2015 年 2 月 13 日
贾　辉	涡阳县计生服务站	涡阳县 2014 年度计划生育先进个人	涡阳县委、县政府	2015 年 2 月 13 日
宁　宁	涡阳县计生服务站	涡阳县 2014 年度计划生育先进个人	涡阳县委、县政府	2015 年 2 月 13 日
李　军	涡阳县人社局	2014 年度十佳通讯员	涡阳县委宣传部	2015 年 3 月
丁晓艳	涡阳县安监局	2014 年全县十佳新闻通讯员	中共涡阳县委	2015 年
蒋建英 高魁祥	涡阳县安监局	全县 2011–2013 年年度公务员嘉奖	涡阳县政府	2015 年

续表

姓名	单位	荣誉称号	授奖单位	授奖时间
张　萍	涡阳县检察院	涡阳县贤内助荣誉称号	涡阳县妇联	2015 年 3 月
徐向梅	涡阳县检察院	涡阳县好儿女荣誉称号	涡阳县妇联	2015 年 3 月
王阿弟	涡阳县检察院	综治维稳防邪先进个人	涡阳县委、县政府	2015 年 4 月
葛　燕	涡阳县检察院	信访先进个人	涡阳县委、县政府	2015 年 4 月
郝　琳	涡阳县检察院	全县优秀共青团干部	涡阳县委组织部	2015 年 4 月
蒋程光	涡阳县检察院	全县优秀共青团员	涡阳县委组织部	2015 年 4 月
徐子勤	涡阳县文明办	全县十佳通讯员称号	涡阳县委县政府	2015 年
欧停停	涡阳县招商局	涡阳县 2015 年度招商引资工作先进个人	涡阳县委、县政府	2015 年
高　芹	涡阳县招商局	涡阳县 2015 年度招商引资工作先进个人	涡阳县委、县政府	2015 年
刘　坤	涡阳县农机局	三等功	涡阳县政府	2015 年 1 月 28 日
潘洪杰	涡阳县总工会	涡阳县招商引资先进个人	中共涡阳县委	2015 年 2 月
江　影	涡阳县妇联	2015年度荣获"综治工作先进个人"	涡阳县委、县政府	2015 年
贾　莉	亳州市公路管理局涡阳分局	分局优秀班子成员	亳州市公路管理局	2015 年
粟露露	涡阳县联通公司	优秀团员	涡阳县团委	2015 年
孙持廷	涡阳县联通公司	涡阳安全保卫工作先进个人	涡阳县公安局	2015 年
孙　伟	中共涡阳县委办	三等功	涡阳县政府	2015 年 1 月 28 日
谢玲田	中共涡阳县委办	三等功	涡阳县政府	2015 年 1 月 28 日
李良书	中共涡阳县委办	优秀公务员	涡阳县委组织部 县人社局	2015 年 8 月 28 日
张　磊	中共涡阳县委办	优秀公务员	涡阳县委组织部 县人社局	2015 年 8 月 28 日
秦　影	中共涡阳县委办	优秀公务员	涡阳县委组织部 县人社局	2015 年 8 月 28 日
娄延旭	国网涡阳县供电公司	涡阳县"十佳新闻通讯员"	涡阳县委宣传部	2015 年 3 月
段青兰	国网涡阳县供电公司	涡阳县"三八红旗手"	涡阳县妇女联合会	2015 年 3 月
杨　村	国网涡阳县供电公司	涡阳县"三八红旗手"	涡阳县妇女联合会	2015 年 3 月
孙红坤	国网涡阳县供电公司	2014 年度优秀共青团干	共青团涡阳县委	2015 年 5 月
高　阳	国网涡阳县供公司	涡阳县 2014 年度"优秀共青团员"	共青团涡阳县委	2015 年 5 月
姚婷婷	中共涡阳县委统战部	公务员考评优秀等次	中共涡阳县委	2015 年 5 月
蔡　扬	涡阳县人大	三等功	涡阳县委、县政府	2015 年
纪本良	涡阳县人大	三等功	涡阳县委、县政府	2015 年
陈　焕	涡阳县人大	三等功	涡阳县委、县政府	2015 年
李锦钧	涡阳县人大	三等功	涡阳县委、县政府	2015 年

附　录

FU LV

2015 年度县委文件目录

2015 年度县政府文件目录

涡阳县 2015 年国民经济和社会发展统计公报

涡阳县国民经济和社会发展第十三个五年规划纲要

涡阳县“十二五”发展概述

涡阳县 2015 年百岁老人统计表

涡阳

G
U
O
Y
A
N
G

2015年度县委文件目录

2015 NIANDU XIANWEI WENJIAN MULU

通知类

1. 县委关于转发《涡阳县人大常委会2015年工作要点》的通知

涡发〔2015〕2号

2. 县委关于转发《政协涡阳县委员会2015年工作要点》的通知

涡发〔2015〕3号

3. 县委县政府关于进一步加强招商引资工作的通知

涡发〔2015〕7号

4. 县委关于印发《学习贯彻全省加快调结构转方式促升级动员大会和县委十届七次全会精神实施方案》的通知

涡发〔2015〕9号

5. 县委县政府关于印发《关于建立健全城乡文明创建长效工作机制的意见》的通知

涡发〔2015〕13号

6. 县委关于认真学习贯彻党的十八届五中全会精神的通知

涡发〔2015〕14号

7. 县委关于成立涡阳县第十六届人民代表大会第四次会议临时党委的通知

涡〔2015〕1号

8. 县委县政府关于成立涡阳县大建设指挥部的通知

涡〔2015〕5号

9. 县委县政府关于印发《涡阳县人民政府职能转变和机构改革方案》的通知

涡〔2015〕6号

10. 县委印发《关于进一步加强村级党委组织建设的意见》的通知

涡〔2015〕7号

11. 县委印发《关于进一步加强县直机关党组织建设的意见》的通知

涡〔2015〕8号

12. 县委县政府关于成立涡阳县工业经济发展领导小组的通知

涡〔2015〕14号

13. 县委县政府关于成立涡阳县户外广告管理委员会的通知

涡〔2015〕15号

14. 县委县政府关于成立涡阳县道源国家湿地公园管理委员会的通知

涡〔2015〕16号

15. 县委县政府关于印发《涡阳县2015年度人口和计划生育工作管理考评和奖惩办法》的通知

涡〔2015〕20号

16. 县委关于印发《涡阳县党风廉政建设落实“两个责任”实施细则》的通知

涡〔2015〕22号

17. 县委县政府关于印发《涡阳县查处城市规划区内违法建设管理办法》的通知

涡〔2015〕24号

18. 县委县政府关于印发《涡阳县党建工作目标管理与考核奖惩工作意见》和《涡阳县2015年度镇（场、街道）和经开区经济社会发展情况目标考评办法》的通知

涡〔2015〕27号

19. 县委关于县委常委工作分工的通知

涡〔2015〕34号

20. 县委关于成立涡阳县第十六届人民代表大会第五次会议临时党委的通知

涡〔2015〕35 号

意见类

1. 县委关于全面推进依法治县的实施意见

涡发〔2015〕1 号

2. 县委县政府关于进一步加强安全生产工作的意见

涡发〔2015〕4 号

3. 县委县政府关于进一步加强干部作风建设优化政务环境的意见

涡发〔2015〕5 号

4. 县委县政府关于开展全民阅读建设书香涡阳的意见

涡发〔2015〕6 号

5. 县委县政府关于深入推进扶贫开发工作的实施意见

涡发〔2015〕8 号

6. 县委关于加强农村基层党组织建设的实施意见

涡发〔2015〕10 号

7. 县委县政府关于涡阳县调结构转方式促升级的实施意见

涡发〔2015〕12 号

8. 县委关于加强人大工作和建设的意见

涡发〔2015〕15 号

通报类

1. 县委县政府关于全县 2014 年度政法信访平安创建工作奖惩的通报

涡〔2015〕10 号

2. 县委县人武部关于表彰党管武装工作好书记的通报

涡〔2015〕11 号

3. 县委县政府县人武部关于表彰武装工作先进单位先进个人的通报

涡〔2015〕7 号

决定类

1. 县委县政府关于实施农业农村工作十大行动的决定

涡发〔2015〕11 号

2. 县委县政府关于 2014 年度全县人口和计划生育工作的奖惩决定

涡〔2015〕4 号

3. 县委县政府关于表彰 2015 年度民主考评优秀股长、效能与环境评议先进单位和人民满意基层站（所、队）的决定

涡〔2015〕13 号

4. 县委县政府关于 2014 年度计划生育自查样本点的奖惩决定

涡〔2015〕21 号

其　他

1. 县委县政府关于贯彻中央八项规定和省市“三十条”规定情况的报告

涡〔2015〕2 号

2. 县委县政府关于加快建设涡北低热值煤发电项目的请示

涡〔2015〕3 号

3. 县委关于涡阳县 2014 年度落实党风廉政建设责任制情况自查工作报告

涡〔2015〕9 号

4. 县委县政府关于未及时上报文明创建督查情况的报告

涡〔2015〕17 号

5. 关于张松龄等同志工作职务的请示

涡〔2015〕18 号

6. 县委县政府县人武部关于争创全国双拥模

范县的请示

涡〔2015〕19 号

7. 县委关于呈送《涡阳县 2015 年上半年工作总结和下半年工作安排》的报告

涡〔2015〕23 号

8. 县委县政府关于贯彻落实中央省市重大决策部署情况自查报告

涡〔2015〕25 号

9. 县委县政府关于恳请批准涡阳县与合肥高新区合作共建的请示

涡〔2015〕26 号

10. 关于推荐县处级副职后备干部和中长期培养对象初步人选的报告

涡〔2015〕28 号

11. 关于纪侠玲等七位同志晋升工资的请示

涡〔2015〕29 号

12. 关于信清彬同志晋升职务工资的请示

涡〔2015〕30 号

13. 县委关于申报中共涡阳县委党校中专体制规格的请示

涡〔2015〕31 号

14. 关于刘传华等同志工作职务的请示

涡〔2015〕32 号

15. 县委县政府关于涡北低热值煤发电新建工程项目有关事项的请示

涡〔2015〕33 号

2015 年度县政府文件目录

2015 NIANDU XIANZHENGFU WENJIAN KULU

通　知

1. 涡阳县人民政府关于加强综合治税工作的通知

涡政〔2015〕1 号

2. 涡阳县人民政府关于印发《涡阳县城市规划区内征收集体土地建筑物及地面附着物评估补偿价格标准》的通知

涡政〔2015〕2 号

3. 涡阳县人民政府关于实施 2015 年民生工程的通知

涡政〔2015〕2 号

4. 涡阳县人民政府 涡阳县人民武装部关于做好 2015 年民兵组织整顿工作的通知

涡政〔2015〕3 号

5. 涡阳县人民政府关于公布涡阳县县级政府权力清单和责任清单目录的通知

涡政〔2015〕8 号

6. 涡阳县人民政府关于调整县政府负责同志工作分工的通知

涡政〔2015〕18 号

7. 涡阳县人民政府关于印发进一步完善城乡居民基本养老保险制度实施办法的通知

涡政〔2015〕32 号

8. 涡阳县人民政府关于刘仲远张尔庆同志工作分工的通知

涡政〔2015〕46 号

9. 涡阳县人民政府 涡阳县人民武装部关于印发涡阳县 2014 年冬季退役士兵安置工作实施方案的通知

涡政〔2015〕48 号

10. 涡阳县人民政府关于方振勇、陈志刚同志工作分工的通知

涡政〔2015〕53 号

请　示

1. 涡阳县人民政府关于创建全国及全省科普

示范县的请示

涡政〔2015〕10 号

2. 涡阳县人民政府关于对涡阳县东山建筑石料用灰岩矿生态环境治理的请示

涡政〔2015〕11 号

3. 涡阳县人民政府关于恳请解决城市项目建设借款有关问题的请示

涡政〔2015〕12 号

4. 涡阳县人民政府关于申报电子商务进农村综合示范县的请示

涡政〔2015〕16 号

5. 涡阳县人民政府关于恳请解决秸秆禁烧工作经费的请示

涡政〔2015〕21 号

6. 涡阳县人民政府关于将涡阳县第九职业学校改制为亳州现代科技艺术中专学校的请示

涡政〔2015〕23 号

7. 涡阳县人民政府关于恳请调剂归还我县 2014 年度用地计划指标的请示

涡政〔2015〕24 号

8. 涡阳县人民政府关于恳请补登公车改革人员信息的请示

涡政〔2015〕28 号

9. 涡阳县人民政府关于恳请核减我县耕地面积的请示

涡政〔2015〕30 号

10. 涡阳县人民政府关于恳请检查验收涡阳县为安徽省科普示范县的请示

涡政〔2015〕31 号

11. 涡阳县人民政府关于请求增加玉米收获机和四位一体多功能播种机补贴资金的请示

涡政〔2015〕33 号

12. 涡阳县人民政府关于恳请对省安委会挂牌督办保仓农资天然气管道隐患整改验收销号的请示

涡政〔2015〕36 号

13. 涡阳县人民政府关于预借工矿废弃地复垦利用试点工作启动资金的请示

涡政〔2015〕39 号

14. 涡阳县人民政府关于 2015 年第 5 批次工矿废弃地复垦项目的请示

涡政〔2015〕40 号

15. 涡阳县人民政府关于 2015 年第 6 批次工矿废弃地复垦项目的请示

涡政〔2015〕41 号

16. 涡阳县人民政府关于申请市信息局将涡阳县数据接入问题的请示

涡政〔2015〕44 号

17. 涡阳县人民政府关于将涡阳县义门污水处理厂和城东污水处理厂二期工程调整为“十三五”规划项目的请示

涡政〔2015〕45 号

18. 涡阳县人民政府关于请求批准《涡阳县乡镇机关事业单位工作人员实行乡镇工作补贴的实施方案》的请示

涡政〔2015〕47 号

19. 涡阳县人民政府关于审批《涡阳县城市总体规划（2014–2030 年）》的请示

涡政〔2015〕58 号

20. 涡阳县人民政府关于追认李庆一同志为革命烈士的请示

涡政〔2015〕59 号

21. 涡阳县人民政府关于被征土地青苗和房屋等附着物补偿标准的请示

涡政〔2015〕60 号

22. 涡阳县人民政府关于恳请落实安徽源和堂药业股份有限公司“新三板”挂牌及融资奖励奖补资金的请示 涡政〔2015〕77 号

报　告

1. 涡阳县人民政府关于楚王新村违法用地整改工作报告

涡政〔2015〕4 号

2. 涡阳县人民政府关于涡阳县楚王新村违法用地整改工作报告

涡政〔2015〕6 号

3. 涡阳县人民政府关于 2014 年度我县实行最严格水资源管理制度考核工作自查情况的报告

涡政〔2015〕7 号

4. 涡阳县人民政府关于政府债务清理核查结果的报告

涡政〔2015〕9 号

5. 涡阳县人民政府关于涡北污水处理厂建设情况的报告

涡政〔2015〕15 号

6. 涡阳县人民政府关于标里镇危险废物倾倒事件处置情况的报告

涡政〔2015〕16 号

7. 涡阳县人民政府关于涡阳县职教中心教学楼项目的报告

涡政〔2015〕17 号

8. 涡阳县人民政府关于上报涡阳县 2015 年基层农技推广体系改革与建设补助项目实施方案的报告

涡政〔2015〕19 号

9. 涡阳县人民政府关于上报涡阳县“十三五”期间年森林采伐限额编制成果的报告

涡政〔2015〕20 号

10. 涡阳县人民政府关于恳请解决土地资源管理有关事项的报告

涡政〔2015〕21 号

11. 涡阳县人民政府关于曹市镇侯桥村和西阳镇文庙村秸秆焚烧处理情况的报告

涡政〔2015〕22 号

12. 涡阳县人民政府关于恳请将中电电气(涡阳)10MW 农业光伏一体化项目用地作为设施农用地管理的请示

涡政〔2015〕25 号

13. 涡阳县人民政府关于涡阳县 2015 年上半年机构编制管理规定执行情况的报告

涡政〔2015〕26 号

14. 涡阳县人民政府关于呈送涡阳县楚店省级现代农业示范区考核自评报告的报告

涡政〔2015〕30 号

15. 涡阳县人民政府关于报送涡阳县农村承包土地经营权抵押贷款试点申报材料的报告

涡政〔2015〕34 号

16. 涡阳县人民政府关于申请 2015 年创建森林城镇森林村庄活动考核验收的报告

涡政〔2015〕35 号

17. 涡阳县人民政府关于涡阳县农业农村经济发展有关情况的报告

涡政〔2015〕38 号

18. 涡阳县人民政府关于张木连等人有关问题的查处报告

涡政〔2015〕43 号

19. 涡阳县人民政府关于审计署南京特派办审计发现问题的情况报告

涡政〔2015〕50 号

20. 涡阳县人民政府关于全县农机普查核查情况的报告

涡政〔2015〕52 号

21. 涡阳县人民政府关于国家审计署审计问题整改情况的报告

涡政〔2015〕56 号

22. 涡阳县人民政府关于 2014 年高标准基本

农田建设项目决算审计发现问题整改落实情况的报告

涡政〔2015〕57 号

23. 涡阳县人民政府关于涡阳县 2013 年度中央农村环境连片整治项目整改情况的报告

涡政〔2015〕61 号

意　见

1. 涡阳县人民政府关于进一步规范政府系统重大事项决策行为的意见

涡政〔2015〕14 号

2. 涡阳县人民政府关于进一步加强政风行风建设的意见

涡政〔2015〕27 号

3. 涡阳县人民政府关于引江济淮工程移民安置规划方案的意见

涡政〔2015〕44 号

4. 涡阳县人民政府 涡阳县人民法院关于建立诉讼案件工作良性互动机制的若干意见

涡政〔2015〕49 号

决　定

1. 涡阳县人民政府关于给孙伟等 97 名同志记个人三等功及王登峰等 312 名同志嘉奖的决定

涡政〔2015〕5 号

2. 涡阳县人民政府关于收回涡阳县计划生育服务站院内部分划拨国有建设土地使用权的决定

涡政〔2015〕13 号

3. 涡阳县人民政府关于设立亳州涡阳徽银城镇化一号基金（有限合伙）的决定

涡政〔2015〕51 号

公　告

涡阳县人民政府关于注销尹建杰集体土地使用证作废的公告

涡政〔2015〕55 号

涡阳县 2015 年国民经济和社会发展统计公报

2015 年，面对复杂多变的国内外发展环境以及宏观经济下行的压力，在县委、县政府的带领下，全县人民认真贯彻落实党的十八大和十八届三中、四中、五中全会精神，坚持发展定力不动摇，以省、市加快“调转促”行动计划为指导，按照“六个坚持”“六个全力”的总体部署，主动适应经济发展新常态，发展活力不断增强，经济结构继续优化，综合实力再上新水平，实现“十二五”胜利收官。

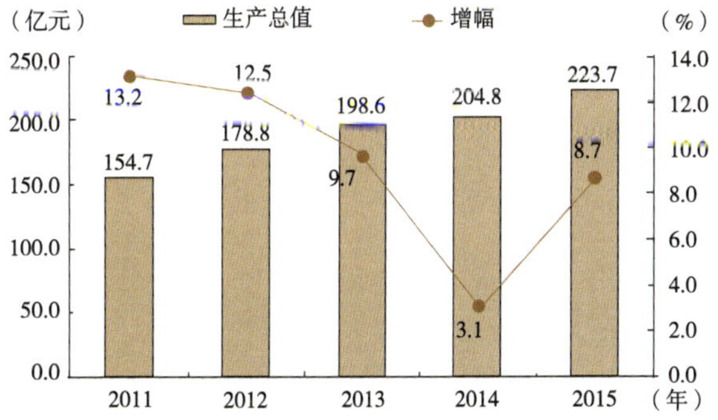

近五年全县生产总值及增长

一、综合

初步核算，全年我县地区生产总值（GDP）223.7 亿元，按可比价格计算，比上年增长 8.7%，居全市并列第 2 位；增速比全市低 0.4 个百分点，较上年同期提升 5.4 个百分点；位次比上年同期前移 2 位。分产业看，第一产业增加值 44.2 亿元，增长 4.4%；第二产业增加值 95.3 亿元，增长 9.9%；第三产业增加值 84.3 亿元，增长 9.4%。三次产业比例由上年的 23.5∶43.5∶33.0 变化为 19.7∶42.6∶37.7，其中工业增加值占 GDP 的比重为 35.4%，居全市第 1 位，比上年提升 2.4 个百分点。

2015 年全县生产总值

单位：亿元

指　标	绝对数	比上年增长 %
生产总值	223.7	8.7
第一产业	44.2	4.4
第二产业	95.3	9.9
第三产业	84.3	9.4

二、农业

全年粮食作物种植面积 249700 公顷，比上年扩大 100 公顷，其中油料种植面积 850 公顷，减少 80 公顷。棉花种植面积 420 公顷，减少 50 公顷。蔬菜种植面积 18660 公顷，扩大 460 公顷；药材种植面积 5160 公顷，减少 160 公顷。

全年粮食产量 136.1 万吨，比上年增加 4.94 万吨，增长 3.76%，连续 12 年创新高。油料产量 0.16 万吨，下降 21.26%；棉花产量 0.05 万吨，下降 5.9%。

2015 年全县主要农产品产量

单位：万吨

产品名称	绝对数	比上年增长 %
粮食	136.1	3.76
油料	0.16	-21.26
# 花生	0.07	-39.10
油菜籽	0.01	-2.67
棉花	0.05	-5.9
药材	2.87	-1.82
蔬菜	48.82	1.78
水果	10.58	1.24

全年共完成育苗面积 0.4 万亩，四旁植树 346 万株，人工造林面积 3.5 万亩，林木绿化率达 19.28%。

年末生猪存栏 30.26 万头，比上年增长 1.24%；全年生猪出栏 65.98 万头，增长 0.72%。肉类总产量 6.72 万吨，增长 1.73%，其中猪牛羊肉产量 6.13 万吨，增长 1.32%。禽蛋产量 1.59 万吨，增长 2.54%。水产品产量 1.38 万吨，增长 1.05%。

全年化肥施用量（折纯）7.62 万吨，增长 0.4%。农村用电量 25846 万千瓦时，增长 8.5%。有效灌溉面积 123460 公顷，新增 2200 公顷；新增节水灌溉面积 130 公顷。

三、工业和建筑业

全年规模以上工业增加值 62.61 亿元，比上年增长 10.2%，其中轻、重工业分别增长 14.5 和 8.0%，轻重工业增加值比例由上年的 32.1∶67.9 变化为 38.6∶61.4。股份制和其他企业生产呈现快速增长，增幅分别比规模工业高了 0.4 个和 8.1 个百分点。

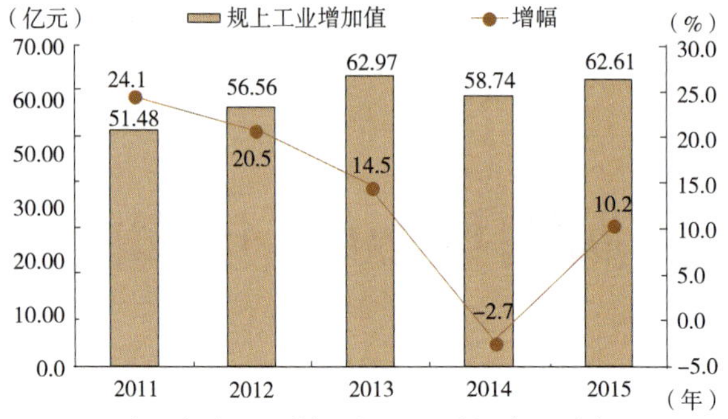

近五年全县规模以上工业增加值及增长

2015 年全县规模以上工业增加值

单位：亿元

指　标	绝对数	比上年增长 %
规模以上工业	62.61	10.2
其中：轻工业	24.14	14.5
重工业	38.47	8.0
其中：国有企业	22.26	8.3
股份制企业	35.27	10.6
其他企业	5.08	18.3
其中：国有及国有控股企业	24.62	5.8
其中：大中型工业企业	29.80	7.6

全县 28 个工业行业大类中，20 个行业增加值实现增长，其中煤炭开采和洗选业增长 9.1%，农副食品加工业增长 9.1%，饮料制造业增长 7.9%，化学原料及化学制品制造业下降 11.8%，医药制造业增长 23.6%。

主要工业产品产量中，原煤下降 16.2%、饲料增长 10.6%、白酒增长 31.4%、小麦粉增长 13.1%。

2015 年全县主要工业产品产量

产品名称	单 位	绝对数	比上年增长 %
原煤	万吨	2719489	-16.2
洗煤	万吨	2995079	23.0
小麦粉	万吨	94.17	13.1
配混合饲料	万吨	2.35	10.6

续表

产品名称	单 位	绝对数	比上年增长 %
白酒	千升	23470	31.4
人造板	立方米	8566	-88.9
精甲醇	万吨	6.88	-6.0
合成氨	万吨	22.57	2.0
氮肥	万吨	15.53	-2.1
塑料制品	吨	8473	138.1
水泥	万吨	135.23	9.9
商品混凝土	万立方米	37.27	16.9
砖	万块	322223	26.9

全县规模以上工业经济效益综合指数297.46%，比上年减少10.46个百分点。企业主营业务收入194.8亿元，增长13.2%；利税13亿元，增长48.2%，其中利润8.58亿元，增长86.2%。

全年房屋建筑施工面积297702平方米，增加55097平方米；房屋竣工面积279381平方米，增加48453平方米。

四、固定资产投资

全年500万元以上项目和房地产开发完成投资143.3亿元，比上年增长18.1%。其中，城镇投资107.7亿元，增长21.9%。

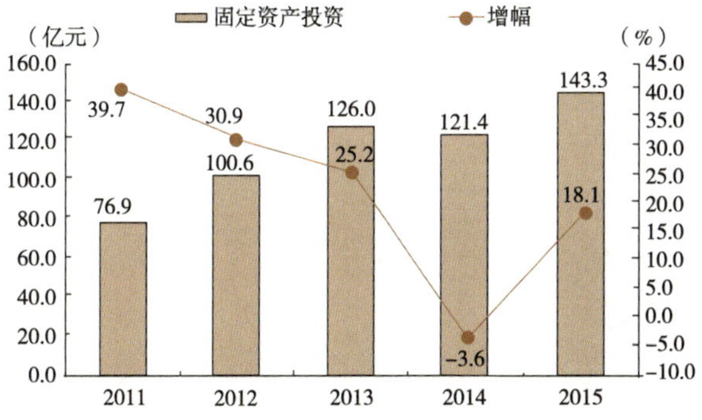

近五年全县固定资产投资及增长

从产业看，第一产业投资增长7.25%，第二产业增长29.87%，其中工业投资增长29.87%，第三产业增长13.2%。全年房地产开发投资35.49亿元，比上年增长13.0%。商品房销售面积27.93万平方米，增长8.6%；商品房销售额9.87亿元，下降21.1%。

五、国内贸易

全年社会消费品零售总额99.86亿元，比上年增长12.4%。按经营单位所在地分，城镇消费品零售额59.99亿元，增长12.5%；乡村消费品零售额39.87亿元，增长12.1%。按消费形态分，商品零售88.63亿元，增长12.9%；餐饮收入11.23亿元，增长7.9%。按企业规模分，限额以上企业零售额26.63亿元，增长21.1%；限额以下企业零售额73.2亿元，增长9.4%。

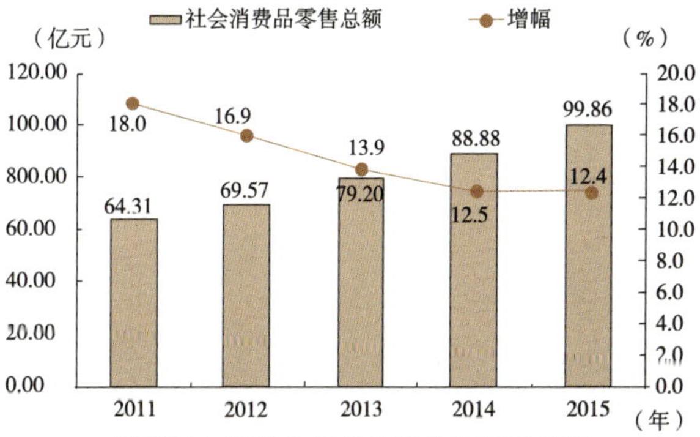

近五年全县社会消费品零售总额及增长

从限额以上企业（单位）商品零售类值看，吃、穿、用商品零售额比上年分别增长4.5%、10.8%和24.4%。其中，粮油类增长3.3%，服装类下降9.6%，化妆品类下降5.7%，金银珠宝类增长9.9%，文化办公用品类增长30.7%，家用电器和音像器材类增长7.4%，汽车类增长37.7%。

六、对外经济和旅游

全年进出口总额10266万美元，比上年增长

59.0%。其中，出口 9288 万美元，增长 73.6%；进口 977 万美元，下降 11.9%。

合同利用外商直接投资 15000 万美元，同比增长 8.7%;实际利用外商直接投资 14023 万美元，增长 9.9%。

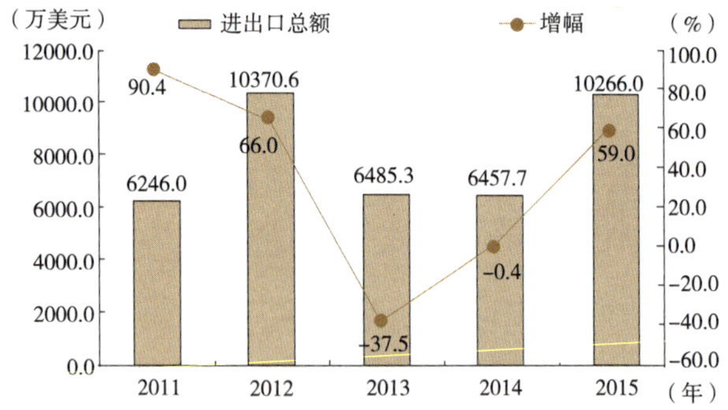

近五年全县进出口总额及增长

2015 年全县出口主要分类

单位：万美元

指　标	绝对数	比上年增长 %
出口额	9288	73.6
其中：一般贸易	8668	103.9
加工贸易	620	-43.5

全年入境旅游人数 3465 人次，比上年减少 38.99%；国内游客 192 万人次，同比增长 19.63%。旅游总收入 9.88 亿元，同比增长 23.56%。其中，旅游外汇收入 170.3 万美元，同比减少 14.85%；国内旅游收入 9.77 亿元，同比增长 24.3 %。年末全县共有 A 级旅游景点（区）6 处，星级酒店 3 个，旅行社 8 家。

七、交通

全年交通运输、仓储和邮政业增加值 12.51 亿元，比上年增长 4.1%。

全年公路旅客运输量为 1945 万人，公路货物运输量 5516 万吨，比上年分别增长 4.6% 和 1.3%；公路旅客运输周转量 13.4 亿人公里，同比增长 1.2%；公路货物运输周转量 255.6 亿吨公里，同比减少 2%。

年末全县民用汽车拥有量 5.78 万辆，比上年增长 28.73%，其中私人汽车 5.39 万辆，同比增长 29.87%。民用轿车拥有量 1.87 万辆，同比增长 34.53%，其中私人轿车 1.83 万辆，同比增长 34.55%。

八、财政和金融

全年完成财政收入 16.7 亿元，同比增长 5.0%，其中地方财政收入 11.83 亿元，同比增长 5.1%。在全部财政收入中，增值税同比增长 16.5%，营业税同比增长 18.5%，企业所得税同比增长 2.9%。财政支出 49.34 亿元，同比增长 8.1%，其中，城乡社区支出同比增长 5.5%，科学技术支出同比减少 33.6%，社会保障与就业支出同比增长 16.8%，一般公共服务支出同比增长 4.1%，文化体育与传媒支出同比增长 6.9%，教育支出同比增长 4.6%。全年 31 项民生工程累计投入 26.59 亿元（其中：省市财政投入资金 13.6 亿元，县财政配套 2.3 亿元，群众筹资 10.69 亿元），惠及 157 万多城乡居民。

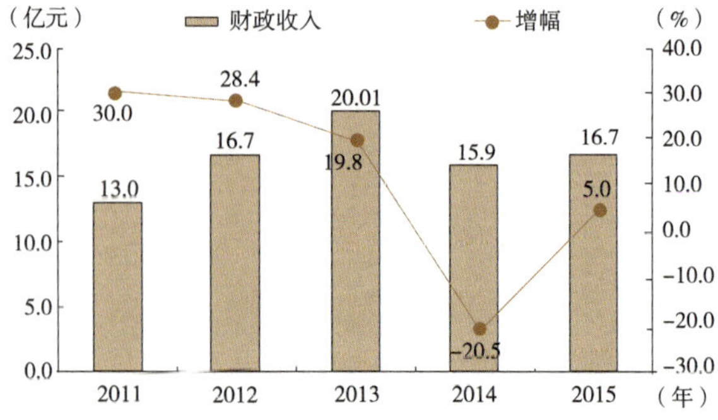

近五年全县财政收入及增长

年末全县金融机构各项存款余额（人民币口

径，下同）245.84亿元，比上年末增加31.83亿元，增长14.88%。其中，住户存款余额201.17亿元，增长13.95%。金融机构各项贷款余额93.1亿元，比上年末减少4.79亿元，下降4.9%。其中，短期贷款51.43亿元，下降19.21%；中长期贷款37.67亿元，增长31.12%。

九、教育和科学技术

年末全县共有各类中等职业教育（不含技工学校）在校生1.5万人。普通高中5所，在校生1.75万人，高中阶段毛入学率89.96%，比上年上升9.68个百分点。普通初中89所，在校生4.53万人，初中阶段适龄人口入学率99.91%。小学302所，在校生11.03万人，小学学龄儿童入学率99.97%。全面实施免费义务教育，受益学生15.5万人。

2015年全县各类教育发展情况

单位：人

指 标	招生数	在校生数	毕业生数
中等职业教育	6285	15556	5733
普通高中	6529	17536	5476
普通初中	15767	44344	13223
小学	21235	110268	15901
特殊教育	127	391	14

年末全县共有各类专业技术人员1.34万人，比上年增长0.85%。科研机构30个，其中大中型工业企业办机构17个。

全年受理专利申请459件，授权专利248件，分别比上年增加2.68%和3.77%。

年末全县共有产品质量检验机构4个，其中系统内1个，有法定计量技术机构1个，全年强制检定计量器具6720台（件）；年末全县有国家地理标志产品2个、安徽名牌产品10个。

十、文化、卫生和体育

年末全县共有文化馆1个，公共图书馆1个，剧场、影剧院4个，博物馆1个，乡镇综合文化站25个，市级以上非物质文化遗产名录15项。广播电台1座，广播人口覆盖率100%。电视台1座，有线电视用户3.29万户，电视人口覆盖率100%。有档案馆1个，馆藏档案资料4.5万卷（件、册），库馆总建筑面积0.68万平方米。

年末全县共有卫生机构429个，其中医院10个、卫生院23个，社区卫生服务中心（站）24个，妇幼保健院（所、站）1个，疾病预防控制中心1个。卫生技术人员4121人，其中执业（助理）医师1740人，注册护士2074人。医院、卫生院床位3427张。全年诊疗193.89万人次。村卫生室367个，乡村医生和卫生员1567人，农村有医疗点的村占总村数的100%。参加新型农村合作医疗的农业人口137.36万人，参合率102.95%。

2015年，我县共举办百人以上群众体育活动15次，现代体育项目群众活动10次，民间传统体育群众活动5次，“全民健身”系列主题活动蓬勃开展。

十一、城镇和新农村建设

强力推进县南部新城建设，修建主干路网2.78公里，配套设施正在完善。全年共投入城市建设维护资金2.66亿元。城区年末公交营运车辆100辆，出租车营运车辆589辆。城市日供水综合能力6万吨，自来水普及率达97.78%。液化气年家庭用量0.48万吨，用气人口19万人，城市气化率达94.44%。年末园林绿地面积935公顷，建成区绿化覆盖率为39.02%，人均公共绿地面积11.04平方米。

全年调整完成小城镇规划2个，小城镇规划区内新铺装道路61公里,新修排水管道22公里，新增供水管道20.8公里，新增住宅面积37万平方米。规划区绿化覆盖率为37%，供水普及率为45%。

全年中心镇完成建设总投入7.2亿元。新增道路面积和住宅面积分别为615和93万平方米，新增排水管道35公里，新铺供水管道61万米，供水普及率为50%。新增公共绿地面积28.1万平方米。

全年完成新农村建设规划7处，面积326.5万平方米，新农村建设竣工面积2.7万平方米，搬迁农户0.12万户。

全年完成土地开发复垦整理项目43个，新增耕地面积1193亩，完成土地增减挂钩项目拆迁复垦1800亩，节约土地100亩。

十二、人民生活和社会保障

全年城乡居民人均可支配收入12754元，比上年增长9.8%。城镇居民人均可支配收入20643元，同比增长9.8%，农村居民人均可支配收入9115元，同比增长8.3 %。

全年城镇新增就业1.18万人，下岗失业人员再就业0.44万人,年末城镇登记失业率3.53%，比上年下降0.29个百分点。

年末全县参加城镇职工基本养老、医疗保险人数分别为3.98万人和4.37万人。城镇居民医疗保险人数为12.3万人。参加失业保险人数为3.64万人，全年为0.4万名失业人员发放了不同期限的失业保险金。全县参加工伤、生育保险人数分别为3.6万人和2.9万人。被征地农民养老保险制度全面推进，年末被征地农民参保人数1.93万人，覆盖率100%。城乡居民养老保险试点工作稳步推进，参保人数84.4万人。农村低保提标扩面全面完成，年末保障人数4.73万人，全年发放低保金0.84亿元；城市低保应保尽保，年末保障人数0.53万人。

年末全县有各类收养性社会福利院床位0.76万张，收养各类人员0.75万人。全年销售社会福利彩票0.56亿元，筹集公益金0.06亿元。

2015年末全县公安户籍人口164.45万人，户数为32.44万户；2015年，全县出生人口3.21万人,人口出生率为19.53‰;死亡人口1.45万人，死亡率为8.81‰；人口自然增长率为10.72‰。

十三、资源、环境和安全生产

年末全县共有环境监测站1个。因空气监测站2015年底建成，尚未与市局联网，暂时不能提供城区空气质量级别标准。全县有1个国家级生态示范区建设试点。

省、市监控的涡河涡阳段义门大桥、岳坊大桥水质情况为：入境义门大桥以CODcr单因子评价为劣Ⅴ类，出境岳坊大桥以CODcr单因子评价为劣Ⅴ类；境内西淝河水质为Ⅳ类，水质较去年基本持平。

全年共发生各类生产安全事故211起，同比增长52.89%，死亡37人，同比增长5.71%，伤243人，同比增长69.93%，造成直接经济损失106.37万元，同比减少19.96%。其中，发生道路交通事故209起，同比增长52.55%，死亡35人，同比增长2.94%，伤240人，同比增长67.83%，造成直接经济损失106.37万元，同比减少 19.96%。发生非矿事故 2 起，死亡 2 人，同比均增长 100%。未发生火灾死亡事故。

说明：

1. 本公报数据为初步预计统计数。

2. 全县生产总值及各产业增加值绝对数按现价计算，增长速度按可比价格计算。

3. 规模以上工业是指年主营业务收入 2000 万元及以上的工业企业；主要工业产品产量增速按可比口径计算。

涡阳县国民经济和社会发展第十三个五年规划纲要

"十三五"时期（2016—2020年），是全面建成小康社会、实现"两个一百年"奋斗目标的第一个百年奋斗目标的决胜阶段。涡阳县国民经济和社会发展第十三个五年规划，主要阐明"十三五"时期的指导思想、发展目标、发展重点和政策取向，明确政府工作重点，引导市场主体行为，是政府依法履行职责的重要依据，是未来五年我县经济社会发展的宏伟蓝图，是全县人民共同的行动指南。

第一章　全面建成小康社会决胜阶段的形势和总体思路

第一节　发展成就

"十二五"以来，全县围绕"全省争先进，皖北创一流"奋斗目标，实施"126"行动计划，主要经济指标稳步增长，城乡统筹推进，生态

专栏1　"十二五"规划完成情况表

指标	单位	"十二五"规划		完成情况评价		
		期末规划数	规划增幅	期末完成数	完成率（%）	完成情况
地区生产总值	亿元	260	>13	223.7	86.1	未完成
第一产业	亿元	41.6	>3	44.2	106	超额完成
第二产业	亿元	130	28	95.2	73.3	未完成
工业增加值	亿元	174	>32	79.2	45.5	未完成
第三产业	亿元	88.4	>16	84.3	95.4	基本完成
财政收入	亿元	>30	>24	16.7	55.7	未完成
累计固定资产投资	亿元	650	>27	568.1	87.4	未完成
社会消费品零售总额	亿元	114	>16	99.9	87.6	未完成
外贸进出口总额	万美元	12000	30	10266	85.5	未完成
实际利用外商直接投资	万美元	14000	25	14023	100.1	完成
粮食产量	万吨	146	4	136.1	93.2	基本完成
人口自然增长率	‰	–	8.5	–	–	完成
城镇登记失业率	%	–	4	–	–	完成

续表

指标	单位	“十二五”规划		完成情况评价		
		期末规划数	规划增幅	期末完成数	完成率（%）	完成情况
单位生产总能耗	‰					完成市控目标
化学需氧量	吨标煤					完成市控目标
二氧化硫排放量	吨					完成市控目标
氨氮排放量	吨					完成市控目标

保持较好，民生持续改善，社会和谐安定。一是支撑经济发展的现代产业格局初步形成，三次产业结构进一步优化。2015 年，全县实现地区生产总值 223.7 亿元，年均增长 9.1%。二是城乡一体化建设迈入新阶段，城乡发展更加协调，到 2015 年，全县城镇化率提高到 36%。三是全面深化改革取得新进展，对外开放水平进一步提高。四是生态环境保持良好，森林覆盖率提高到 18.53%。五是社会事业协调发展，教育、医疗卫生、科技等各项事业进一步巩固，累计财政民生支出 89.2 亿元，全县城镇新增就业 3.92 万人，2015 年，全县城乡居民人均可支配收入达到 12851 元。

从“十二五”规划完成情况来看，我县地区生产总值、第二产业增加值、财政收入等主要经济指标差距较大，工业化、城镇化进展不快，经济结构不优、质量效益不高的问题仍然十分突出，发展不快、发展不优、发展不足仍是基本县情，我县仍处在负重前行、爬坡过坎的艰难阶段。

第二节　指导思想

当前，世界经济在深度调整中曲折复苏，新一轮科技革命和产业变革蓄势待发。国内经济进入新常态，经济长期向好基本面没有改变。长三角城市群一体化加快发展，沿海地区产业继续转移，省委、省政府提出“调结构转方式促升级”行动计划，继续实施皖北地区扶持政策。综合判断，我县仍处于工业化、信息化、城镇化、农业现代化快速发展的重要机遇期。

“十三五”时期，我县发展的指导思想是：高举中国特色社会主义伟大旗帜，全面贯彻党的十八大和十八届三中、四中、五中全会精神，以马克思列宁主义、毛泽东思想、邓小平理论、“三个代表”重要思想、科学发展观为指导，深入贯彻习近平总书记系列重要讲话精神，坚持“四个全面”战略布局，全面落实创新、协调、绿色、开放、共享发展理念，在“六个坚持、六个全力”的总体部署下，以“两区四化”为发展重点，以加快调结构转方式促升级为总引擎和总抓手，坚定不移地实施“工业立县”战略，积极融入长三角，全面追赶、领跑皖北、同步达小康，走出一条结构优化、创新驱动、生态文明、人文提升、社会和谐的跃升发展之路。

第三节　发展战略

1. 全面追赶战略

找准我县对标追赶的参照系，科学制定规划目标，逐年分解目标任务，强化发展路径支撑，确保到 2020 年，我县经济社会各领域发展水平达到全省平均水平，经济总量领跑皖北县域经济。

2. 工业立县战略

实施工业立县战略，是解决涡阳当前突出矛盾和存在问题的主要途径，是推动涡阳全面追赶的强大动力。必须始终坚持把发展工业经济摆在全局工作的重中之重，全面落实工业发展纲要，着力培育主导产业，做大工业经济总量，提高发展质量。

3. 城乡统筹战略

坚持工业反哺农业、城市支持农村，突出推进以人为核心的新型城镇化，加快美好乡村建设，健全城乡发展一体化体制机制，推进城乡要素合理配置，促进城镇公共服务设施向农村延伸，不断增强发展的整体性。

4. 人文提升战略

围绕打造“老子涡阳·生态福地”的城市品牌，弘扬道家经典文化，传承本土文化基因。以“九城同创”为引领，凝聚社会力量，增强城市发展活力。加快建设区域文化名城。

5. 创新驱动战略

加快要素投入向创新驱动转变，着力掀起“大众创业、万众创新”热潮，以创新引领经济发展新常态。统筹谋划、协同推进重点领域和关键环节的改革攻坚，破除体制机制弊端，释放加快发展的正能量，增强发展新动能。

第四节　奋斗目标

按照2020年全面建成小康社会的总要求，综合考虑未来发展趋势和条件，“十三五”时期经济社会发展的目标是：

——经济保持中高速增长。地区生产总值年均增长9%左右。到2020年，经济总量达到370亿元，总量在皖北县域经济中领跑；人均地区生产总值达5000美元左右，与全省平均水平的差距进一步缩小。

——发展方式加快转变。战略性新兴产业增加值占规模工业增加值的比重达到8%，现代服务业增加值占服务业比重力争达到55%以上，农产品加工产值与农业产值之比达到2.5。研究与试验发展经费支出占地区生产总值比重达到1%。

——体制机制不断创新。务实型、法治型、服务型、清廉型政府初步建立，全面依法治县取得明显进展，新型城镇化、医改、司法等改革深入推进，农村综合改革等走在全省前列，改革的红利进一步释放。

专栏2　涡阳县“十三五”经济社会发展主要目标

指标	2015年完成	2020年规划值	年均增速（%）	指标属性
一、经济总量				
地区生产总值（亿元）	223.7	370	9	预期性
第一产业	44.2	57	3.5	预期性
第二产业	95.2	173	11.5	预期性
# 工业	79.2	145	11.7	预期性
# 规上工业	62	120	12.3	预期性
第三产业	84.3	140	9	预期性
人均地区生产总值（元）	17910	28400	9.9	预期性

续表

指标	2015 年完成	2020 年规划值	年均增速（%）	指标属性
财政收入总额（亿元）	16.7	26	9.3	预期性
社会消费品零售总额（亿元）	99.9	167	11	预期性
固定资产投资（亿元）	143.3	230	10	预期性
二、创新发展				
研究与试验发展经费支出占地区生产总值比重（%）	0.2	1	38.0	预期性
战略性新兴产业增加值占规模工业增加值的比重（%）	2.6	8	25.6	预期性
每万人发明专利授权量（件）	0.5	1.3	21.1	预期性
高新技术企业数（个）	2	20	58.5	预期性
五、协调发展				
一、二、三次产业比例	19.7：42.6：37.7	15：47：38		
工业化率（%）	35.4	39.2	2.3	
服务业增加值占地区生产总值比重（%）	37.7	38		
户籍人口城镇化率 (%)	20	30	8.4	
常住人口城镇化率 (%)	36	45	4.6	预期性
四、绿色发展				
耕地保有量（万亩）	189	市下达任务		约束性
万元生产总值能耗（吨标煤）		市下达任务		约束性
单位工业增加值用水量降低（%）		市下达任务		约束性
主要污染物排放量（%）		市下达任务		约束性
工业固体废弃物综合利用率（%）		市下达任务		约束性
非化石能源占一次能源消费比重(%)		市下达任务		约束性
森林覆盖率（%）	18.53	20	1.5	约束性
三、开放发展				
外贸进出口总额（亿美元）	1.03	1.6	10	预期性
经济外向度（%）	2.6	2.6		预期性
实际利用外商直接投资(亿美元)	1.4	2.2	10	预期性
实际利用内资（亿元）	255	410	10	预期性
六、共享发展				
年末总人口（万人）	164.5	172	0.96	约束性
城镇常住居民人均可支配收入（元）	20643	34000	10.5	预期性
农村常住居民人均可支配收入（元）	9115	15360	11	预期性
城镇调查失业率（%）	＜4.2	＜4.2		预期性

续表

指标	2015 年完成	2020 年规划值	年均增速（%）	指标属性
企业职工基本养老保险参保人数(万人）	3.96	4.52	2.7	预期性
企业职工基本医疗保险参保人数（万人）	4.38	4.57	0.9	约束性
新型农村合作医疗参合率（%）	98.5	99.5	0.2	约束性
高中阶段毛入学率（%）	89	95	1.3	约束性
每千人拥有床位数（张）	2.57	6	18.5	约束性

——生态环境明显改善。加强生态环保，提高资源节约集约利用水平，绿色化发展取得明显进步。到 2020 年，工业污染物排放总量基本控制在“十二五”末水平，单位 GDP 能耗继续减少，森林覆盖率达到 20%，重点流域水质优良比例达到 70% 以上。

——幸福指数大幅提高。城乡居民收入增幅高于地区生产总值增幅。财政用于民生的比例达到 70% 以上，社会事业加快发展，社会保障实现全覆盖，保障水平持续提升。城镇调查失业率控制在 4.2% 以内，五年新增城镇就业人口 4 万人以上。

——社会文明程度显著提高。人民文明素质和社会文明程度明显提高，覆盖城乡、标准化均等化的现代公共文化服务体系基本建立。全民法治观念明显增强，法治精神深入人心。

第二章　推动调转促，构建产业新体系

加快传统产业改造提升，培育战略性新兴产业和新业态、新商业模式，大力发展服务业特别是现代服务业，构建现代产业发展新体系。

第一节　推进新型工业化

抓住国家实施《中国制造 2025》，推进工业强基、智能制造工程的机遇，实施我县工业倍增计划，形成龙头企业—产业链—产业集群—产业基地。到 2020 年，力争全县规模以上企业超过 400 家。

1. 农产品加工

以主食、方便休闲食品、副产品综合利用等为方向，发展粮油加工业；以畜禽原料、畜禽产品精深加工、骨副产物综合利用为方向，发展畜产加工业；积极培育中药饮片、养生保健品等特色农产品加工业；发展特色果蔬加工、果蔬功效成分提取、果蔬汁饮料加工等果蔬加工业；以高炉镇为聚集区，以白酒龙头企业为依托，完善配套体系，强化品牌建设，提升白酒制造业质量和档次。加快建设面向“长三角”的优质农产品生产和深加工供应基地。

2. 煤炭煤化工

以提质、增效、稳产为核心，保持现有 3 对经营矿井的生产稳定性，争取略有增长。按照“依托煤炭、延伸煤炭、超越煤炭”的发展思路，进一步延伸产业链，促进产业转型升级；着力抓好涡北煤炭循环经济园建设，强力推进煤炭—煤电—煤化工一体化工程。以化工集中区为依托，以三星化工为龙头，以氨醇、大颗粒尿素、三聚氰胺、复合肥等项目为支撑，把更多的煤炭、煤化工产品转化为深加工品和延伸产品，进一步把资源优势转化为产业优势。

3. 机械制造

紧抓国家政策由鼓励整车制造向大力扶持关键部件制造和研发转变的重大机遇，以优势企业为依托，加快发展刹车片、摩擦材料、减振器、消声器等小型化、精密化汽车零配件，适时开拓电机系统及材料、电动空调、电动转向、电动制动器等新能源汽车电动化附件，形成以制动器为优势，以小型化、精密化零配件为特色的涡阳汽车零配件产业集群。发展石油化工通用设备、设施蔬菜与畜禽水产养殖机械、千吨级内河船舶制造业。

4. 新型建材

充分利用我县丰富的煤矸石、粉煤灰、电石渣等废弃资源，优化提升新型水泥、煤灰加气混凝土砌块、煤矸石烧结砖等优势产品，发展新型节能墙体材料。瞄准绿色建筑发展需求，着力引进相关企业，完善产业链条，发展具有安全、环保、节能、降噪、防渗漏等功能的新型建筑材料及制品。瞄准家居、装潢装饰材料产业方向，做大做强复合板、密度板加工企业，积极发展地板、门窗、家具、卫浴等产品制造业。以经济开发区为主要载体，打造新型建材和装潢装饰材料产业聚集区。

5. 轻工纺织

以发展环保、绿色、精美、轻便化和系列化印刷包装产品为方向，大力发展新型材料包装和精细包装、精美彩色包装印刷、绿色包装印刷、无菌食品包装印刷制造业。紧抓沿海服装家居产业梯度转移重大机遇，加快规划和建设服装家居交易市场等配套设施，形成涵盖纺织服装面料、成品服饰加工、服装辅料配件以及服装设计、仓储、交易、展示、物流等为一体的服装加工产业集群。

专栏 3　主导产业发展重大项目

农产品加工：重点推进顶康富硒黑小麦主食、德霖食品、到家营养葛根粉养生挂面、安欣牧业、正宇面粉、丰润食品、义门苔干、徽酒集团 H9 二期、孙福记食品、丰润食品等项目建设。

煤炭煤化工：重点推进三星化工 3052、信湖煤矿（花沟）、涡北低热值煤发电、热电联产等项目建设。

机械制造：重点推进三志制动器、淮北矿业集团煤矿开采洗选及矿山机械、鹏达汽车制动器、无锡中捷汽车零部件、浙江亚力楼宇自控元件、蓝基自动化设备、汽车关键零部件、轮毂及制动刹车片研发生产基地、财富康达大中型客（货）车气压盘式制动器技改等项目建设。

新型建材：重点推进煤矸石综合利用、淮北矿业集团年处理 100 万吨矿渣、矸石建材加工、创亿新型墙体、华瑞新型建材、森鑫木业、木林森木业以及家居工艺品、多层板、建筑模板等项目建设。

轻工纺织：重点推进金鑫纺织品、冠盛纺织、新城达时装、迪盛织造、鑫磊服饰、力高箱包、富海制衣、华环烟草打叶生产线技改等项目建设。

6. 战略性新兴产业

依托我县主导产业，针对技术含量高、产业链较长、代表未来发展方向、社会需求大的产业分支，大力培育具有我县特色的战略性新兴产业。绿色食品：突出“绿色、安全、健康、养生”，瞄准高端粮油、特色果蔬、生态畜禽等方向，调整优化食品工业结构，提升产业层次，加快建设一批绿色食品生产基地，扶持一批绿色生产企业，培育一批绿色食品品牌，加快形成绿色食品产业体系。现代中药：依托亳州现代中药产业集聚发展基地，推进中药饮片标准化建设，积极以药用及保健品提取物、食品添加剂类提取物为重点方向，大力发展现代中药。电子信息：发展电子元器件、绿色照明、通讯等电子产品制造业。新能源：以光伏应用为重点，实施集中发电、光伏扶贫、农光互补、渔光互补工程，加快光伏产业发展步伐；抓好秸秆收储运，保障原料供应，加快秸秆电厂建设进度，推进垃圾电厂建设，加快生物质能产业发展步伐。新材料：积极发展新型建筑节能材料、高分子材料。

专栏 4　战略性新兴产业发展重点工程

绿色食品：农产品安全工程建设、绿色产品产业园、皖北黑猪生态养殖基地、10 万亩绿色食品原料（苔干）标准生产基地及深加工、年转化小麦 45 万吨生产全谷物健康食品工业园、爱家食品万亩大豆基地等项目。

现代中药：修正健康饮品、源和堂药业、善德堂中药饮片、百禾堂中药饮片等项目。

电子信息：创酷无线技术（深圳）有限公司年组装 600 万件手机及相关配套产品、三鑫电子、LED 电子产品加工、智能航空植保二期生产线、常州亚玛顿有限公司液晶屏光伏玻璃等项目。

新能源：中电电器集团太阳能光伏发电、通威能源光伏发电、凯迪生物质公司秸秆发电、风日光电风能太阳能互补控制器生产、生活垃圾焚烧发电等项目。

新材料：安徽恒明新型包装材料生产等项目。

7. 全力打造工业平台

经济开发区。以涡阳经济开发区建设为突破，打造全县工业化、城镇化的首要引擎。建设食品加工、化工、机械制造、服装加工等特色产业园。坚持“建园”与“建城”相结合，以各类综合性和专业性市场为重点，大力发展第三产业，提升园区产城一体、融合发展水平。突出抓好征迁安置、基础配套、招商引资、项目推进、服务企业、管理创新等关键环节；持续清理闲置低效用地，不断提升承载力。实行扁平化管理，完善政务服务窗口建设，打造“审批环节最少、审批速度最快、服务效率最高”的先行区。实施“双百工程”，到 2020 年，工业总产值达到 100 亿元以上，规上工业企业达到 100 家以上。

乡镇工业园。按照“一区五园、统建统管、产业集聚、镇区共赢”的思路，由经济开发区托管义门、高炉、西阳、楚店、龙马等五个乡镇工业园，进一步完善园区管理和投资体制改革。加强乡镇工业园基础设施建设，完善各类生产、生活设施配套，提高公共服务水平，增强园区对技术、人才、资金等要素的吸附能力。明确各园区的重点产业方向，引导走特色化、专业化发展道路，建设特色工业园区。

专栏 5　新型工业化重点工程

两化融合工程。实施电子商务集成、智能制造培育、信息技术创新等应用专项，促进工业转型升级。促进信息技术应用到企业研发设计、生产制造、经营管理、市场营销等各个环节，推动企业业务创新和管理升级。

名企名牌培育工程。引导扶持企业走“品牌、质量、升级”之路，加大本地产品宣传推介力度，支持以品牌共享为基础，大力培育集体商标、原产地注册、证明标志等区域产业品牌。

上市企业培养工程。组织开展骨干企业、潜力型企业上市准备情况摸排，依据各类企业成长情况和薄弱环节，结合不同上市板块的要求，有针对性地出台帮扶举措，推动一批企业在新三板、创业板、主板等板块上市。

第二节 加快农业现代化

以农业“十大行动”为统领，不断提高物质装备、科技进步、经营管理、支持、产出、可持续发展水平，提高农业综合生产能力，加快农业现代化步伐。

提高粮食综合生产能力。落实藏粮于地、藏粮于技战略，坚持最严格的耕地保护制度。大力开展粮食绿色增产模式攻关示范行动，积极抓好省级粮食绿色增产模式攻关示范片（村、场）建设，通过示范带动，确保小麦、玉米提质增效，开发空中云水资源，将人工培雨保障工作经常化，进一步缓解十年九旱的现象，为粮食安全生产提供保障。粮食总产稳定在 175 万吨左右。

发展特色作物和规模养殖。积极发展以苔干为代表的特色果蔬种植业，到 2020 年，蔬菜、水果总产量达到 80 万吨，苔干种植面积 15 万亩，设施蔬菜种植面积达到 15 万亩，药材种植面积达到 25 万亩。发展健康生态养殖业，力争“十三五”末规模化、标准化养殖场（户）达到 7000 户，肉蛋奶总产达 20 万吨，规模养殖比重达到 85% 以上。

培育现代农业经营主体。培育农机、种植、养殖专业合作社、家庭农场、种粮大户和现代农业产业联合体，通过土地股份合作、订单农业、“公司＋合作社＋农户”等方式，提升农业组织化程度和规模化生产水平。依托各类专业合作社、种粮大户和家庭农场，培育一批从事土地托管、代耕、代种、代管等农业经营性服务组织。培育新型职业农民。

建立健全现代农业服务体系。规范引导农村土地经营权有序流转，加快建成县镇村三级服务和管理网络。加强基层农业科技推广和农机、植保等社会化服务体系建设。实施农业机械化推进工程，优化农业装备结构，完善农机推广服务体系。加强三农网、农业物联网、农业信息中心等建设，建立农产品营销信息服务体系。推进农村金融、农业保险创新，完善现代农业金融服务体系。

打造安全绿色农产品示范基地。加快农业标准化和品牌化建设，鼓励龙头企业争创国家级驰名商标、省级著名商标，创立具有地方特色和市场优势的新品牌。提升绿色小麦、大豆、苔干、无公害蔬菜、无公害中药村、无公害食用菌等示范基地。到 2020 年，全县主要农产品中安全绿色产品比重达到 20%，确保市级以上蔬菜农残抽检合格率和畜产品、水产品兽药残留抽检合格率均稳定在 98% 以上。

专栏 6 农业现代化重点工程

标准化基地建设工程：巩固提升 30 万亩绿色原料（小麦）生产基地、10 万亩绿色原料（高蛋白大豆）生产基地、10 万亩绿色原料（苔干）基地、10 万亩无公害蔬菜基地、2 万亩无公害中药村基地、100 亩无公害食用菌生产基地和 200 亩设施蔬菜示范基地。

农产品质量安全体系建设工程：完善农产品综合质监站建设，加强乡镇站监管能力、检验检测服务能力建设。正宇食品质量安全检测项目，深入开展蔬菜农药残留、畜产品、水产品专项整治。“十三五”期间，每年完成检测样品 4000 个。

农业信息化改造工程：以物联网为抓手，确保质量，积极探索，提升运转水平和效益。进一步推进农村信息化服务，加强投入，配套完善信息化硬件和软件，切实推进农业信息化进程。

农业十大行动：大力实施农业规划、结构调整、培养领头雁和培育新型主体、农业产业化、农田水利、林业“三增”、路网畅通、美丽乡村、扶贫脱贫、涉农资金整合等十大行动。

人工培雨标准化工程：每年建设2—4个标准化作业点，到2020年全县实现标准化作业点乡镇全覆盖。

第三节　发展现代服务业

推动生产性服务业向专业化和价值链高端延伸、生活性服务业向精细化和高品质转变、制造业由生产型向生产服务型转变。

1. 生产性服务业

围绕经济开发区和南部新区的工业化、城镇化主战场，突出发展生产性服务业，增强服务功能。

金融服务业。引导各类金融机构在涡阳设立分支机构或代办处，支持村镇银行发展，鼓励设立各类非银行金融机构。大力发展融资租赁、股权众筹、互联网金融等新型业态，创新保证保险贷款模式。围绕城市化建设、主导产业发展、农村经济规模经营等领域，完善金融服务体系，丰富融资工具和金融产品。

现代物流业。推动龙山、西阳等物流集聚区建设，突出发展商贸物流、工业物流、农产品物流、煤炭物流及应急物流。加快建设开发园区物流园。建设涡阳物流公共信息平台，完善物流信息网络，推进基于物联网的智能物流发展。加强物流标准化建设，协调发展多式联运、集装箱、特种货物等现代运输方式。

中介服务业。推进中介服务载体建设，打造中介服务业集聚区。培育各类中介服务组织，推动信息、咨询、经纪、公证、广告、法律、人力资源中介发展，规范提升会计、审计、税务、评估、检测等服务业。

科技服务业。建设技术转移信息服务平台，促进科技服务进园区，发展技术转移、成果转化服务业，推进先进适用技术嵌入到涡阳制造中。积极发展研发设计、技术转移、科技创业及产业化、科技咨询等科技服务。

2. 强化生活性服务业

围绕建设现代化的中等城市、美丽集镇和新型农村社区，突出生活服务功能，大力发展商贸、家政服务、休闲娱乐等生活性服务业。

商贸服务业。鼓励商贸企业应用信息化技术和电子商务模式改造提升传统商贸业，优化营商环境，规范市场秩序，引导县、乡（镇）、村（社区）三级商贸体系有序、健康发展。“十三五”期间，培育限额以上商贸流通企业200家。

旅游业。以道家文化旅游为龙头，打响老子牌，挖掘历史文化资源，大力推进旅游基础设施建设，积极推动老子文化生态园、道源国家湿地公园、天静宫核心景区、范蠡西施文化园等重点项目建设，发展生态观光游、红色文化游、人文风情游。到2020年，旅游业总收入达到10亿元，年接待游客达到300万人次。

社区服务业。推进城市驿站等服务平台建设，培育房产、文化娱乐、保健、居家、司法、投资咨询等服务业，发展社区养老服务。到“十三五”末，每个社区均拥有5个以上具有本社区特色的各类社区社会组织。

农村服务业。继续实施“万村千乡市场工程”，建设“新农村现代流通网络”，推进农产品直销配送、连锁经营、电子商务交易等现代流通方式向农村延伸。规范提升乡镇商贸交易市场，培育一批集零售、餐饮、文化、生活、配送为一体的多功能商贸中心。结合美好乡村建设，发展农村公共服务和社区服务业。

专栏7　服务业重大项目

物流园：国家级农副产品加工物流园、新城物流园、皖北汽车文化产业园、皖北农特产品、电商物流城、皖北农机博览城、粮食仓储。

市场：中农批涡阳农产品电商物流园、淮中置业新源木材大市场、二手车交易大市场、综合大市场、建材家具家装市场、再生资源利用交易市场、涡阳县会展中心、老子国际商贸博览城。

电子商务：涡阳县电子商务示范园区、淘实惠农村电子商务。

文化旅游：道源旅游休闲文化中心、天静宫遗址公园、石弓国际雕刻文化园、范蠡西施渡假村、老城历史街区改造、老子文化生态园、新兴新四军四师红色旅游、道源国家湿地公园。

3. 积极发展新兴服务业

电子商务。推广网上宣传、网上订购、网上支付等新型商业模式，提升电子商务的带动作用。推进电子商务园建设，发展一批第三方电子商务综合服务平台，争创省级电子商务示范县。推动农业电子商务平台与我县农业生产大户、农业产业化基地等对接，引导各类经营主体开展网上农产品销售。

智能生活服务。支持社区与电信运营商、网站内容服务商等开展合作，集成智能家居中的网络、控制等技术，共同打造融合社区政务、社区管理、社区服务、小区及家庭生活等多方位服务于一体的智能产品应用平台，推动智能生活服务业的发展。

健康养老服务。鼓励社会资本投资健康服务业，发展健康检查、健康咨询、疾病预防、营养保健、运动健身、心理治疗、身体养护、健康文化等健康服务业。推进中医医疗保健服务业发展，鼓励发展药浴、药膳、药茶、保健按摩等传统养生保健服务。

第三章　推进新型城镇化，促进城乡协调发展

以建设宜居宜业的现代化中等城市为目标，加快建设美丽集镇，坚持走以人为本、四化同步、优化布局、生态文明、文化传承的新型城镇化道路，增强发展协调性，打造新型城镇化示范区。

第一节　优化城镇空间格局

优化县域城镇体系结构，构筑以县城为核心、双轴为导向、四组团为支撑的“一核双轴四组团”的城镇体系点轴集聚式空间格局。

1. 提升省级重点开发区域内的城镇

县城。坚定不移向南发展，建设中等规模的中心城区。突出商居与文化功能，优化提升老城区，推进具有老子文化因素的特色街巷建设。到2020年，城市人口规模达35万人，建成区面积达到35平方公里。

高炉镇。以建成新兴小城市为目标，走“突出主导、适度多元”的产业道路，提升白酒产业，积极发展农副产品加工和配套商贸服务业，带动周边农村地区加快转型。到2020年，城镇人口规模达4万人，建成区面积控制在5平方公里之内。

义门镇。以中药和苔干为特色，建设特色新市镇。到2020年，城镇人口规模达5万人，建成区面积控制在6平方公里之内，形成以现代中药、农副产品加工为特色的经济强镇，涡阳西部门户地位进一步提升。

2. 培育县级重点开发区内的城镇

西阳镇。发挥高速公路、省道、涡河的综合

交通优势，加快承接产业转移，以工兴镇、以工强镇。到2020年，城镇人口规模达3万人，建成区面积3.5平方公里，初步建成皖北地区的新兴工贸强镇。

龙山镇。发挥交通、工业基础条件，推进工业功能区和煤矿建设，发展壮大为新兴的工矿大镇。到2020年，城镇人口规模达4万人，建成区面积4.5平方公里。

楚店镇。发挥农产品、服装加工业基础，完善楚店工业园区建设,建设成为新兴的工贸大镇。到2020年，城镇人口规模达3万人，建成区面积4平方公里。

3. 特色发展一般小集镇

发挥利用自身条件，加大基础公共设施建设力度，推动青疃、涡南、曹市、高公等乡镇发展；建设一批农村新社区，强化“三农”服务功能，推进镇域统筹发展。

第二节 统筹城乡建设管理

1. 主攻南部新区

强化南部新区规划，实现控规全覆盖，编制城市水系、绿化系统、地下空间等规划，做美主要路段和重点区块设计，打造涡阳城市亮点。突出现代化新城中心区定位，树立精品意识，统筹城市道路、建筑、绿化、美化、亮化、净化和文化建设，努力塑造城市个性和文化特色。实施教育、卫生双提升工程，增强公共服务能力，完善新区功能。

2. 创建“九城涡阳”

依据“九城同创”的决策部署要求，加大投入，加强管理，提升城市品位，提高全社会文明素质和科学素养，建设“九城涡阳”。按照“九城整体同创，单项逐年达标”的要求，制定实施我县创建方案，对照建设“九城”的国家标准和条件，逐一查找短板，逐一制定措施、抓好各项任务、落实年度目标。

3. 提升管理水平

推进网格化、信息化、责任化管理，提高城乡管理精细化水平。突出市容管理、市政管养、交通秩序规范，深入开展市场经营、违法建设、环境污染等专项治理。严格规范农民建房。深入推进“三线三边”、“三治三增三提升”、农村清洁工程和“增绿增彩增果”，努力打造一批示范镇、示范村、示范带，不断改善城乡人居环境。

4. 推进绿色城镇化

尊重自然格局，保护自然景观，传承历史文化，合理布局各类城镇空间，保持特色风貌。科学确定城镇开发强度，提高城镇土地利用效率、建成区人口密度。统筹省道、河道、城区、集镇和村庄的绿化美化，建设林业生态网络体系和水生态体系。

专栏8 城乡建设管理重点实施工程

九城同创主要任务：实施文明素质提升工程、生态园林绿化工程、公共卫生安全工程、生态环境保护工程、市容市貌整治工程、基础设施建设工程。

市政设施建设工程：加快县城主次干道建设步伐，全面完成老城区小街巷改造工程，加快推进老城区雨污管网、供水管网等改造工程。结合南部新区建设，实施供水管网、路网、城讯管网、燃气管网等市政设施建设。东环路、西环路改造升级。

海绵城市建设工程：加强老城区水环境综合整治，优化南部新区绿地与广场建设，改善新区道路排水，建设建筑与小区海绵体，加快雨污分流改造，构建健康完善的新区水生态系统。

生态文明城市建设工程：实施向阳公园、城南公园、水景公园等景观工程；涡楚河、向阳河景观带水土保持工程；龙山和石弓山水土保持综合治理工程；界洪河、葛沟、包河和淝河、武家河水环境综合治理；涡河生态景观廊道工程。

第三节　推动以人为核心的城镇化

按照尊重自愿、自主选择、因地制宜、分步推进的原则，以农业转移人口为重点，统筹推进户籍制度改革和基本公共服务均等化，提高户籍人口城镇化率。

1. 稳步提高城镇化水平

以促进转移人口就业、提升生活质量为关键，加快户籍制度改革，着力维护进城落户农民土地承包权、宅基地使用权、集体收益分配权，支持引导其依法自愿有偿转让上述权益，努力实现15万左右农业转移人口和其他常住人口在城镇落户。

2. 推进基本公共服务全覆盖

推进城镇基本公共服务由主要对本地户籍人口提供向对常住人口提供转变，依法将农民工纳入城镇职工基本医疗保险，将农民工及其随迁家属纳入社区卫生服务体系，保障随迁子女平等享受教育权利。全面推行流动人口居住证制度，以居住证为载体，努力实现基本公共服务常住人口全覆盖。

3. 完善转移人口社会参与机制

提高各级党代会代表、人大代表、政协委员中农民工的比例，积极引导农民工参加党组织、工会和社团组织，引导农业转移人口有序参政议政和参加社会管理。加强宣传教育，提高农民工科学文化和文明素质，营造农业转移人口参与社区公共活动、建设和管理的氛围。

第四节　科学推进美好乡村建设

促进城乡公共资源均衡配置，健全农村基础设施投入长效机制，推动城镇公共服务向农村延伸。

1. 完善新农村建设布局

加强新农村建设规划与产业、土地、基础设施和公益服务等规划衔接，通过规划引领村镇布局、村庄合并、旧村改造和集中居住区建设。完善中心村的基本公共服务及支农服务功能，服务辐射周边自然村。加大传统村落民居和历史文化名村保护力度。

2. 深入推进村镇建设示范工程

完成县乡道路改造提升和村道网化工程建设。开展农村人居环境整治行动，以“三治三增三提升”为切入点，完善基础设施，强化农村绿化、美化、亮化，加快村镇经济发展、环境综合治理和基础设施建设，全面提升示范村镇带动作用。实施农村环境清洁工程，推进农业集中式饮用水源保护，巩固农村环境治理。

3. 推动农村社区化试点建设

以农村社区化为方向，稳妥推进土地整治和水、电、路、气建设，统筹教育、医疗、商业、文化娱乐等配套服务，打造农民安居乐业的新型农村社区。积极引导鼓励各类工商企业参与村企共建，继续选派优秀年轻干部驻点帮扶，完善村民自治管理制度，推进村务公开和民主管理。

专栏9　美好乡村重点建设工程

农村环境综合整治：在义门、楚店、石弓、马店、龙山、青町、西阳、曹市等乡镇，实施村级道路维修、绿化亮化、污水管网建设项目。

农村沟塘水系综合治理：重点推进全县中小沟疏浚、村庄塘坝扩挖、湖泊防护、沟塘岸坡绿化、美化、亮化等项目建设。

农村饮水安全工程：新建五里靳水厂、耿皇水厂等14座水厂，实施整合水厂及管网延伸等工程，解决33.57万农村人口饮水安全问题。

第四章 加大基础设施建设力度，增强支撑能力

强化基础设施建设，全面提升我县交通、水利、能源、信息等基础设施水平，增强发展支撑力。

第一节 强化交通设施的牵引作用

完善全县区域内公路网建设，加大内河航道及港口建设力度，形成以公路、铁路为主体，水运为补充的交通运输网络。

1. 完善交通网络体系

完善济祁高速高速出入口配套设施建设，积极推进新增国省干线公路改造，提升县城到亳州、蚌埠等区域中心城市的道路，打造县城到高速公路和亳州机场半小时交通圈。实施县级道路畅通工程和乡级道路畅通工程，力争县道基本达到二级标准，乡道基本达到三级标准。继续实施撤并建制村道路硬化和老村道窄路加宽工程。加快推进亳州至蚌埠、阜阳至淮北城际铁路建设。整治涡河航道，提升港口等级，提高航道运输能力。

2. 强化交通安全质量监管

推进治超信息平台建设，加强治超督查力度。落实安全生产“一岗双责”制，深化企业安全生产标准化建设。开展应急管理信息平台建设工作，强化交通运输安全应急保障。进一步规范交通建设市场监管，加强工程质量监督管理。

3. 推进运输法治建设

落实县级交通运输部门行政权力清单和责任清单制度，分解落实权力主体责任。推进执法规范化建设。健全完善道路运输公共服务体系，在城市公交、农村客运等民生领域试点推进政府购买公共服务。建立健全施工标准化督查、路网建设市场监管、养护工程市场化的运行机制。

专栏10 交通设施建设重点工程

快速通道及城际铁路：重点推进涡阳县城至高速出口快速线、县城至亳州机场快速通道等项目。推进亳州至蚌埠、阜阳至淮北城际铁路涡阳段建设。

国省道建设：重点推进S236升级、S443升级、S202路面改善和城区段新建、S202涡河大桥及接线新建、G344涡阳段改建、S404改建等项目建设。

县、乡级升级改造：推进县级道路升级改造，共实施85公里；推进乡道升级改造，共实施200公里。

村级公路网化和生命防护工程：推进村道改建1500公里，改造100座农村公路库外危桥。

航道和桥梁：S307跨青阜铁路立交桥，提高涡河航道等级至四级，提高涡阳城东、高炉、西阳、义门等码头的吞吐能力；推进四桥、五桥、六桥及义门、高炉、西阳涡河大桥等项目建设。

第二节 构建现代能源体系

落实“节能优先、绿色低碳、创新驱动”的发展战略，加快建立安全、清洁、高效、可持续的现代能源体系。

1. 完善能源设施建设

加快煤电联营电源点建设，重点建设涡北4*350MW低热值煤发电项目。鼓励载能企业发展资源综合利用型自备电厂、热电联产或参与大用户直供电的形式消纳电力。加快油气管网、电网工程建设，优化布局加油站、加气站网点建设。

2. 优化能源消费结构

减少散煤燃烧，提高电煤消费比重。因地制宜发展太阳能、生物质能等新能源和可再生能源，合理利用气候资源，提高天然气使用比重，力争到2020年新能源在全县能源消费中占比达10%左右。鼓励利用企业厂房、公共设施、城乡社区等建设分布式光伏发电，支持生物质能源电厂发展。

3. 推进能源节约

推行“一挂双控”措施，将能源消费与经济增长挂钩，对高耗能产业和过剩产业实行能源消费总量控制强约束。抓好重点工程和重点企业节能，推进工业、交通和建筑节能。实施绿色交通和绿色建筑行动计划，推行先进建筑节能标准。落实“新城镇、新能源、新生活”行动计划。

第三节　建立水安全保障体系

着力推进水资源、水生态、水利投融资、水管理和水利工程建设等重要方面的改革创新，构建依法治水的水利发展机制。

1. 推进防洪除涝保障体系建设

修编城市防洪工程规划，加强城区水系治理，实施城市活水工程及城市防洪除涝基础设施建设，完成涡河右岸堤防道路硬化工程。全面完成17条输水河道、85条大沟综合治理以及114座大中小涵闸维修加固任务，使骨干河道防洪能力达到20年一遇，除涝标准达到5年一遇。

2. 推进水资源配置利用体系建设

兴建大沟控制工程，加强涵闸调度，有效利用雨洪资源，拦蓄地表径流，增加蓄水库容，抬高地下水位。合理利用气候资源，特别是空中云水资源的利用，通过人工培雨，增加总体降水量，提升地下水含量。推进“引淮济亳”工程建设。落实取水许可、水功能区管理等制度。到2020年，全县用水总量控制在2.5亿立方米，重要河道水功能区水质达标率提高到80%以上，城镇供水水源地水质安全全面达标。实施农村安全饮水工程，解决32.4万人饮水安全问题。

3. 推进农田水利保障体系建设

大力实施农田水利建设行动、林业‘三增’行动，水利建设五年内实现河灌、井灌全覆盖、农田治理全覆盖。继续实施小型水利改造提升工程，到“十三五”末，全县农田有效灌溉面积达到90%以上。抓好第六批小型农田水利重点县项目建设和小型农田水利项目县实施工作，整合农业综合开发、现代农业、高标准农田等所有涉农水利项目，推进农田成片治理。

4. 推进水利管理体系建设

完善水资源利用、水功能区达标状况监测评价和通报制度，建立水资源开发利用监测预警机制。推进城乡涉水事务统一管理模式改革，成立乡镇管护组织。加快水利标准化建设，提升水利信息采集、传输和处理应用的能力和水平，以水利信息化带动水利现代化。拓宽水利建设基金来源渠道。

专栏11　水利领域重点工程

防洪除涝工程：推进17条输水河道、85条大沟治理项目；实施洼地综合治理区域防洪排涝工程，重点实施涡河、西淝河、北淝河、包河流域防洪排涝治理工程。重点实施亳州市引淮济亳工程涡阳段、涡河航道整治、涡河闸枢纽工程、涡河两岸景观带、大沟蓄水工程、县城防洪排涝工程、重点乡镇防洪排涝工程、抗旱规划、小型水利改造提升、包浍河治理工程、洼地综合治理区域防洪排涝工程、农村饮水安全工程、经开区涡楚河、向阳河东段、界洪河治理工程。

中小河流治理工程：实施包浍河治理工程；实施西淝河、北淝河、芡河、银沟等治理工程；推进大沟蓄水工程建设。

农田水利工程：推进涡河闸枢纽、曹市闸重建，维修加固武家河闸、五道沟闸、青羊沟闸、燕小庙闸、朱楼闸、包河石弓闸等；推进塘坝、涵闸、泵站、机井、河沟、末级渠系等“六小工程”建设。

第四节 提升信息化水平

以信息化先进城市为标杆，落实“网络强国”战略，加快信息资源整合、共享，深化信息应用，将信息化打造为涡阳发展的制高点和重要支撑平台。

1. 加强现代信息网络体系建设

落实“宽带安徽”战略，建设城市光网，开展宽带光纤化，增强互联网流量的承载和疏通能力，本地骨干网络达到省内先进水平，实现居民100M接入。加快4G商用步伐，推动重要公共区域无线局域网覆盖和开放，推动广电、通讯、物联、互联“四网融合”，电视、电脑、手机、车载“四屏互动”。

2. 实施“互联网+”行动计划

大力实施国家和我省“互联网+”行动计划，发展物联网、移动互联网、云计算等新型信息消费业态，实施大数据战略。推动互联网信贷、理财、保险等各种互联网金融发展，发展车联网、互联网等物流平台，实现规模企业农业物联网全覆盖。完善信息消费环境、培育信息消费主体，发展分享经济，推进数据资源开放共享。

3. 推动“智慧涡阳”建设

针对社区、医疗、交通、物流、电网、旅游、农业、城管、等重点领域，推动智慧城市建设。推动信息化公共服务平台建设，为居民提供婚姻生育、户籍护照、学校教育、医疗卫生、劳动就业、社会保障、残疾人康复、土地房产等服务，启动实施数字档案馆建设。利用全省大数据整合开放系统，提升电子政务平台。

第五章 增加公共服务供给，共享发展成果

按照人人参与、人人尽力、人人享有的要求，坚守底线、突出重点、完善制度、引导预期，注重机会公平，保障基本民生，实现全县人民共同迈入全面小康社会。

第一节 突出涡阳文化特色

坚持“两手抓、两手都要硬”，坚持社会主义先进文化前进方向，坚持以人民为中心的工作导向，坚持把社会效益放在首位、社会效益和经济效益相统一，推动物质文明和精神文明协调发展。走出一条具有涡阳特色的文化建设之路，推动涡阳文化旅游事业大发展、大繁荣。

1. 提升道家文化影响力

围绕“老子故里，天下道源”，突出观光、休闲、养生功能，努力把涡阳打造成为国际知名的道家文化中心。加强对涡阳省级历史文化名城的保护和相关省、市、县文保单位的保护力度。抓好文物收集、文物考古论证工作，扩大对外交流。加快国家级道源湿地公园建设步

伐，推进生态文化建设，加大在传统媒体和互联网媒体中的宣传力度，适时举办全国和国际老子文化节，深入挖掘开发道家人文资源，积极促进道家文化旅游线建设。

2. 完善公共文化服务体系

按照长远规划、精心设计、高标准建设的要求，以博物馆、图书馆、文化艺术中心建设为突破口，建好一批重点文化设施。以提标扩面为重点，继续实施文化惠民工程。进一步推进广播电视村村通工程，2020 年力争实现“户户通”。加大对农村地区文化帮扶的力度，加快推进公共文化服务均等化。

3. 大力发展文化旅游产业

推进老子文化生态园、石弓石雕等文化产业示范基地建设，积极申报国家级民间文化艺术之乡。推进民营艺术院团发展，培育规范文化市场，提升文化对经济社会发展的贡献率。以道家文化、酒文化为基础，开发新的产业项目，大力鼓励社会办文化、允许多种所有制成份进入产业领域，积极发展中小文化企业和现代文化产业。加强旅游基础设施建设，围绕乡村旅游、道家文化、红色文化、生态文化、历史人文开发旅游线路，促进旅游业快速健康发展。

4. 广泛开展群众性文化活动

进一步活跃社区文化、乡村文化、广场文化、老年文化。积极组织文化艺术工作者深入基层演出。通过组建协会、举办培训班、知识讲座、学习交流、展演比赛等形式，不断提高人民群众的文化品位。持续开展国学经典诵读活动，扎实开展“书香涡阳”建设，办好“老子文化艺术节”等活动，不断满足人民群众多层次、多样化的文化需求。

5. 推动物质文明与精神文明协调发展

用中国梦和社会主义核心价值观凝聚共识、汇聚力量。加强思想道德建设和社会诚信建设，增强国家意识、法治意识、社会责任意识，倡导科学精神，弘扬中华传统美德，注重向社会传导正确价值取向。牢牢把握正确舆论导向，健全社会舆情引导机制，传播正能量。加强网上思想文化阵地建设，实施网络内容建设工程，发展积极向上的网络文化，净化网络环境。

专栏 12　文化事业重点工程

县城文化基础设施：重点推进县博物馆、县图书馆、县文化馆、规划馆、科技馆、县全民健身中心、县要素发展中心、县文化艺术中心等项目建设。

农村文化基础设施：重点推进乡镇综合文化中心站、乡镇影剧院、文化体育广场、村文化活动室等项目建设。

文物保护工程：清理修复县城历史文物景点，完善现文物库房安全设施，分期分批修复九龙井、尹熹墓、范蠡墓、嵇康墓等一批文物保护单位。

第二节　提高教育质量

全面贯彻党的教育方针，落实立德树人根本任务。突出解决上学难、上好学难的问题，让优质教育资源与人民共享。

1. 深化教育领域综合改革

试点中小学教师“无校籍管理”和校长职级制改革，实行中小学教师资格定期注册改革。鼓励支持行业和企业举办或参与举办职业教育，开展现代新型学徒制试点。建立和完善教师补充机制，完善、落实有利于教育均衡的教育政策及措施。

2. 完善教育设施体系

实施全面改薄工程，改善教学用房、生活用房、运动场地、教学设施设备、校园文化等办学条件。实施第二个学前教育三年行动计划。整合县城教育资源，合理布局农村中小学，不断提升农村办学质量。完善职业教育及特殊教育体系建设。推进基础教育信息化。

3. 打造平安校园

健全完善校园安全制度，强化学校卫生防疫和食品安全管理；集中开展学校及周边治安秩序专项整治行动，持续净化校园及周边环境。规范中小学办学行为，营造良好的教育舆论环境和治理氛围。认真落实普及高中阶段教育政策，提升普通高中教育质量和水平。

专栏 13　教育事业重点工程

全面改薄工程：全面改善 426 所学校的教学用房、生活用房、运动场地、教学设施设备、校园文化等条件；加快改善义务教育薄弱学校办学条件，深入实施义务教育学校现代化建设工程；完善教育信息系统建设。

学前教育发展工程：新建、扩建、调整城市幼儿园布局，形成以县直幼儿园为示范、乡镇中心幼儿园为骨干、村级幼儿园为主体、民办幼儿园为补充的幼儿教育服务网络，争创 2-3 所省级一类幼儿园。

职业教育发展工程：加快职教中心建设，完善职业教育软硬件设施，建设技能型、紧缺人才培训基地。大力发展面向新兴产业和现代服务业的专业，大力推进精品专业、精品课程和教材建设，在县城南部新区新建占地 150 亩左右的现代化职教中心。

农村学校布局调整工程：利用 3 至 5 年的时间，对分布密集、规模小、条件差的村级小学进行撤并，每年每学区至少合并一所小学。办好学区中心学校，对学区内过多的初中进行调整，全县公办初中控制在 50 所左右。

第三节　推进健康涡阳建设

以全面提高城乡居民健康水平为中心，深化医药卫生体制改革，科学合理配置医疗卫生资源，完善城乡服务体系，提升医疗卫生服务能力和水平，切实解决好群众看病难、看病贵问题。

1. 继续深化医药卫生体制改革

推进县级公立医院综合改革，坚持公益属性，破除逐利机制，重点推进财政补偿、用人自主权、绩效考核与人事分配等方面的改革。完善基层医疗卫生机构财政补偿、绩效考核和收入分配机制。大力支持社会力量办医，推进非营利性民营医院和公立医院同等待遇。

2. 科学合理配置医疗卫生资源

促进医疗资源向基层流动，提高全科医生、家庭医生医疗服务能力，提升电子健康档案管理质量。加强村卫生室建设，完善县镇村三级医疗卫生服务体系。到 2020 年，每千名常住人口拥有医院床位数 6 张，医疗机构床位总数达 8000 张。

3. 提升医疗卫生服务能力

加强医务人员执业管理，规范医疗技术临床应用、医疗护理、临床路径、分级诊疗等管理，健全医疗服务质量管理与控制体系，保障医疗质量安全。提高突发公共卫生事件应对处置能力，加强疾病预防控制能力，开展爱国卫生运动。

4. 促进人口均衡发展

认真落实国家人口计生政策，全面实施一对夫妇可生育两个孩子政策。落实人口和计生新“三为主”工作机制，推进公共计生服务城乡全覆盖，提升计划生育服务能力。整合妇幼保健和计划生育服务机构资源，推进婚检全覆盖，有效控制出生缺陷发生率，加大性别比综合治理力度，不断提高出生人口质量。“十三五”期间，全县人口自然增长率控制在9.6‰以内。

专栏14　医疗卫生事业重点工程

医疗服务体系建设工程：重点推进涡阳县人民医院新区、县中医院、二级综合医院建设（三星化工医院和阳光医院）等县级医疗机构建设；扩建高炉、牌坊、公吉寺、楚店、丹城、义门、耿皇、曹市、新兴、临湖卫生院，争创7家二级中心卫生院。建设城关、城西、城东等社区卫生服务中心。

妇幼保健建设工程：进一步完善卫生监督体系，不断提升卫生监督执法能力。扩建妇幼保健医院新区，县妇幼儿童医院，创建妇幼健康优质服务示范县。加强孕产妇和儿童保健系统管理，全面实施产前筛查、新生儿疾病筛查。

人口均衡发展工程：深入开展“关爱女孩行动”和“圆梦女孩志愿行动”、“关爱妇女行动”，落实计划生育特殊困难家庭扶助关怀政策措施，深入实施“新家庭计划”，积极争取计划生育家庭居家养老照护试点，建设涡阳县妇女儿童活动中心。

第四节　完善社会保障制度

坚持广覆盖、保基本、多层次、可持续的方针，实施全民参保计划，基本实现法定人员全覆盖，继续完善社会保障体系，给广大人民群众以稳定、可靠的民生保障预期。

1. 扩大社会保险覆盖面

以非公经济组织从业人员、灵活就业人员、农民工为重点，推动社会保险提标扩面。完善失业保险制度。开展以常见病、多发病为重点的居民医疗保险门诊医疗费用统筹，推进工伤保险全覆盖和工伤预防、工伤康复。开展大病保险工作。“十三五”期间，医疗、工伤、生育“三项”保险参保人数逐年增幅1-5%。

2. 完善社会救助体系

完善城乡低保、五保、孤儿救助体系，扩大农村低保、残疾人救助范围，规范农村五保供养、城乡医疗救助、灾害救助和临时救助等工作。健全城乡低保标准和动态调整机制，逐步提高社会救助水平。到“十三五”末，实现五保集中供养率90%以上，城乡医疗救助全覆盖。

3. 健全社会福利体系

推进保障性公办养老机构建设，推动农村敬老院改造升级为农村养老服务中心，逐年提升城镇社区日间照料中心覆盖率。鼓励养老模式创新，推进医养融合发展，提升服务水平。创新政府购买服务与监督管理机制，提升公办儿童福利院规模和服务水平。到2020年，全县机构养老床位数达到10000张以上。

4. 推进保障性住房建设

引导企业及各类投资机构参与公共租赁房的建设、经营和管理；探索推进拆迁货币化安置和公共租赁住房货币化保障。成立公租房后期管理运营中心，完善政府购买服务，提高公租房管理水平。

第五节　实施脱贫攻坚工程

加大精准扶贫脱贫力度，确保实现贫困人口全面发展，扶贫对象同步实现小康。到2020年，实现全县11.88万贫困人口全部脱贫，全县78个贫困村全部脱贫。

1. 大力实施整村推进

对贫困村继续实施整村推进项目，全面提升村容村貌、基础设施、社会保障、文化教育等条件。以贫困村为单元，以改善生产生活条件为重点，组织实施各类扶贫项目，以点带面，整体推进。积极整合相关部门各类涉农资金，将整村推进与美好乡村建设、农业综合开发结合起来，改善贫困村人居环境。

2. 推动产业扶贫

以“一镇一业、一村一品”为产业目标，着力打造10个扶贫开发示范基地，以扶贫开发示范基地、农民专业合作组织和农业产业化龙头企业为依托，通过“公司 + 农户”的经营路子，努力使80%的贫困户通过参与产业化经营，实现脱贫致富。

3. 强化智力扶贫力度

以实施“雨露计划”为抓手，针对农村“50后”和青壮年劳动力等重点群体，加大贫困人口农村实用技术培训力度，实现“培训一人，就业一人，脱贫一户”的目标。落实国家助学金政策，抓好教育扶贫，按照每人每年不低于1500元的标准资助贫困大学生、中职生完成学业，扭转因学致贫。

4. 完善精准脱贫推进机制

瞄准建档立卡贫困村和贫困户，改“大水漫灌”为“精确滴灌”，找准致贫原因，区分贫困类型，逐村逐户制定帮扶措施，集中力量进行扶持，切实改变贫困村面貌，增加贫困户家庭收入，提高贫困人口自我发展能力。

5. 加大社会扶贫力度

组织好县直单位（企业）定点扶持贫困村、党员干部结对帮扶贫困户，落实“单位包村、干部包户”扶贫责任。加大扶贫开发政策宣传，营造全社会关心、关注和支持扶贫开发的社会氛围，鼓励和引导社会各界、特别是企业积极参与扶贫开发工作。加强与民间慈善组织交流合作，争取社会团体的支持。

加强国防教育、国防动员、民兵预备役、双拥模范、妇女儿童工作。扎实做好税务、审计、物价、保密、气象、烟草、邮政、防震减灾、公安、消防和民族宗教、档案（地方志）、外事侨务、台湾事务等工作。

第六章　强化生态环境保护，促进绿色发展

协同推进生态涡阳和美丽涡阳建设，让老百姓喝上干净水，呼吸上新鲜空气，生活在宜居环境中，形成绿色发展方式和生活方式。

第一节　实施主体功能区划

发挥主体功能区作为国土空间开发保护基础制度的作用，统筹各类空间规划，推进“多规合一”，促进生产空间集约高效、生活空间宜居适度、生态空间水清地绿。

建强重点开发区。做强县城和高炉镇区、义门镇区，改善西阳、龙山、楚店镇区功能，建成经济、人口、要素资源集聚的密集区。

建优农产品主产区。巩固和加强农业基础地位，全面提高农业综合生产能力，促进农民增收、农业增效、农村改貌，建成国家农产品主体功能区。

建美生态功能区。加强对涡河、北淝河、西淝河、武家河、包河、界洪河等主要河流及两岸的综合治理，加强生态保育，修复生态功能，建成县级生态功能区。

建好禁止开发区。加强对自然保护区、风景名胜区等的综合整治，建成传承历史文化、发展文化旅游、弘扬国学和爱国主义精神的核心区。

专栏 15 涡阳县主体功能区划分方案

主体功能区类型	主体功能区层次	区域范围	面积（平方公里）	占全县比重（%）
重点开发区	省级重点开发区	城关街道、城东街道、城西街道、涡北街道（含经开区）、高炉镇区、义门镇区	195	9.25
	县级重点开发区	西阳镇区、龙山镇区、楚店镇区	50	2.37
	合　计	4 个街道、5 个镇区	245	11.62
限制开发区	国家级农产品主产区	全县除以上 9 个街道、镇区、河流、历史古迹以外的区域	1819.05	86.33
	县级生态功能区	沿涡河两岸 200 米内，沿北淝河、西淝河、武家河、包河、界洪河两岸 100 米内	31.46	1.49
	合　计	3 个街道、20 个镇、1 个林场	1850.51	87.83
禁止开发区	国家级	涡阳道源国家湿地公园	8.49	0.41
	省、县级	历史名人古墓 3 处、古迹 13 处，省爱国主义教育基地 2 处	3.00	0.14
	合　计	19 处	11.49	0.55

第二节　加大环境治理力度

以创建国家级生态县为切入点，实施水污染防治和大气污染防治等行动计划，提高环境质量。落实最严格的环境保护制度，建立健全考核机制，形成政府、企业、公众共治的环境治理体系。

1. 进一步加强工业污染防治

建立水污染、大气污染、固废污染和噪声污染防治体系建设。淘汰“十小”企业，整治“十大”企业，促进食品酿造、化工等行业结构调整和清洁化改造，鼓励发展低污染、无污染、节水和资源综合利用项目。加快经济开发区集中污水处理设施建设，支持企业建设污水深度处理设施。鼓励企业建设中水回用设施，提高企业中水回用率。对超标排放、超总量排放及排放有毒有害物质的企业实行强制性清洁生产审核。

2. 加大农业面源污染防治力度

加大种养业特别是规模化畜禽养殖污染防治力度，实施养殖业“三区”划定，实行养殖总量控制；科学施用化肥、农药，净化农产品产地和农村居民生活环境。加强白色污染治理，不断提高农膜回收率。加快推进秸秆综合利用，通过人工培雨等科技手段，增加云体降水量，开发利用空中云水资源，改善城乡空气质量。实行严格土壤保护制度，推广测土配方施肥，强化土壤环境保护和综合治理，严控新增土壤污染。

3. 强化城乡生活污染治理

加快老城区污水管网改造和南部新区、集镇污水管网建设步伐，实行雨污分流，实现县城和重点镇生活污水收集管网全覆盖，污水处理率达到省市要求。建立垃圾转运机制，完善固体废弃物资源化、减量化、无害化管理机制，推进生活垃圾综合利用和无害化处理设施建设。开展控煤、治车、降尘和综合治理工作。加快城市建成区 10 吨以下燃煤锅炉淘汰工作进程，提高清洁能源使用比例，加强对机动车尾气和城镇饮食服务业油烟污染的治理和监督管理。到 2020 年，县城建成区污水收集处理率达到 95% 以上。

专栏 16 环境治理重点工程

经济开发区：重点推进涡阳经济开发区污水处理厂项目建设，处理能力达到 2 万吨 / 日。

城区：推进涡北污水处理厂建设，近期处理能力达 2 万吨 / 日；建设城东污水处理厂二期，处理能力达 2 万吨 / 日；建设城南污水处理厂，处理能力达 2 万吨 / 日。推进 60 公里污水管网和泵站建设。

乡镇:推进楚店、西阳、高公、标里、曹市、龙山、青町、花沟污水处理厂建设，日处理能力 6000 吨；建设义门污水处理厂南区、北区，日处理能力全部达 4000 吨。实施高炉污水处理厂二期工程，处理能力达 8000 吨 / 日。

第三节 构筑生态安全屏障

坚持保护优先、自然恢复为主，实施水林田湖生态保护和修复工程，构建生态廊道和生物多样性保护网络，全面提升河湖、湿地等自然生态系统稳定性和生态服务功能。

1. 森林生态系统

加强对生态功能区的保护和管理，减少各类开发活动对生态系统的干扰和破坏。推进公园、水系、道路、单位小区、绿道、空闲地等城市绿地建设，实施园林景观工程，提升县城生态环境。实施生态林业建设工程和“千万亩森林增长工程”，加快宜林荒地造林。

2. 水生态系统

加强涡河流域水环境保护和修复，依法取缔违法建设项目和活动。制定实施水源地水质达标方案，加快备用水源建设。实行城镇集中式饮用水水源达标公示制度。优化井点布局，合理开发利用地下水资源，严格控制地下水超采，防止形成地下漏斗、地面下沉。加强河道清理，建立并落实“河长制”，做好“水文章”。推进采煤沉陷区综合治理工程，完成 28 个塌陷区村庄搬迁任务，到 2020 年，沉陷区治理率达到 70%。

3. 农田生态系统

严格控制耕地转为非耕地，对基本农田实行特殊保护，到“十三五”末全县耕地保护率达到 90%。推广免（少）耕播种、深松及病虫草害综合控制技术。强化农田生态保育,推广种植绿肥、秸秆还田、增施有机肥等措施。推广节水灌溉，逐步退还生态用水。开展盐碱化、酸化土壤改良培肥，治理和修复污染土地。探索实行耕地轮作休耕制度试点。

专栏 17 生态安全屏障重点工程

成片造林工程：推动土地流转工作，拓宽造林空间，发展大户承包规模造林；积极争取国家项目造林资金，高标准、高质量开展长防林、平原绿化等林业重点生态工程项目造林工作，确保成片造林年净增加 1 万亩左右。

农田林网建设工程:结合农田综合治理工程，推进集中连片的林网建设重点片建设；采取整建制推进、集中新建或补植完善的方式，推进高标准林网建设。“十三五”期间，每年新建和完善高标准农田林网建设 10 万亩以上。

森林长廊建设工程：提升高速公路、省道、铁路、县乡道森林长廊建设质量和标准，每年新建扩建绿色通道 20 公里以上。建设城东及涡北两处“城市生态森林公园”。

水生态保持工程：推进城区饮用水水源地建设，实施河流、湖库水源、小型塘坝水源保护。建设道源国家级湿地公园。实施农村饮用水源环境综合整治。推进涡楚河、向阳河综合整治，实施城市活水工程。

采煤沉陷区综合治理工程：重点推进涡北煤矿塌陷区、袁店二矿塌陷区、信湖矿塌陷区等项目建设，建设塌陷区湿地公园。

第四节 推动资源节约和循环利用

支持绿色清洁生产，推进传统制造业绿色改造，推动建立绿色低碳循环发展产业体系，鼓励企业工艺技术装备更新改造。

1. 大力发展循环经济

实施循环发展引领计划，推行企业循环式生产、产业循环式组合、园区循环式改造。推进企业间废物交换利用、能量梯级利用、废水循环利用，共享资源，共同使用基础设施，形成低消耗、低排放、高效率、能循环的现代产业体系。加强生活垃圾分类回收和再生资源回收的衔接，推进生产系统和生活系统循环链接。到“十三五”末，农作物秸秆综合利用率达到 90%，再生资源主要品种回收率达到 80%，城市生活垃圾资源化利用率达 40%。

2. 倡导低碳生产和生活方式

实行公共交通优先，鼓励绿色出行，实施新能源汽车推广计划，推进交通运输低碳发展。推广绿色建筑和建材，打造低碳小区。倡导理性科学消费，力戒奢侈浪费，制止奢靡之风，鼓励简约生活方式。实施近零碳排放区示范工程，有效控制电力、建材、化工等重点行业碳排放。健全优先使用创新产品、绿色产品的政府采购政策。

3. 节约和高效利用资源

实行能源和水资源消耗、建设用地等总量和强度双控行动，落实用能权、用水权、排污权、碳排放权初始分配制度。实施全民节能行动计划，开展能效领跑者引领行动，推进节能监察和执法能力建设，加强对重点企业的能源审计工作。开展水效领跑者引领行动，实行最严格的水资源管理制度。加大土地资源清理整合力度，完善建设用地出让机制和用地退出机制，盘活存量土地。

第七章 坚持就业优先战略，促进创业创新

实施更加积极的就业政策，创造更多就业岗位，增加经济活力。完善创业扶持政策，鼓励以创业带就业，建立面向人人的创业服务平台。

第一节 推动大众创业、万众创新

1. 拓展创业空间

借鉴创客空间、创新工场等新型孵化模式，充分利用科技企业、高等院校、开发园区、科技服务中心等资源，构建一批低成本、便利化、全要素、开放式的众创、众包、众扶、众筹空间。鼓励科研人员、大学生、大学生村官、返乡农民工等参与众创，推动草根创新、小微创新和创客发展。完善扶持创新创业的优惠政策，鼓励个人以创新带动创业。

2. 扶持中小微企业发展

鼓励大众创业，发展工商户，支持个转企，培育规模企业。完善中小微企业服务平台建设，搭建创新创业的电子商务服务平台，为中小微企业创业提供支持。推行企业股权和分红激励等人才激励政策，支持各类人才创办中小微企业。

3. 培育创客人才

继续做好“SYB”免费创业培训，支持社会力量举办创业沙龙、创业大讲堂等创业培训活动，开展创业创新辅导。实施高层次科技人才团队扶持计划，制定企业家培训计划，按照公共财政预

算收入的一定比例，设立人才基金，重点支持科技人才创业项目，打造经济发展新引擎。

第二节　提升人力资源水平

完善创业就业服务体系，加强职业技能培训，提升就业能力，促进劳动力由数量型向质量型转变。

1. 加强公共就业服务

加快建立统一规范的城乡人力资源市场建设，组织开展针对高校毕业生、就业困难群体、农民工的就业专项活动。完善就业统计工作，加强对就业、失业动态状况监测分析。加大劳动监察和劳动执法力度，清理整顿劳动力市场，努力维护劳动者合法权益。

2. 推行终身职业技能培训制度

实施新生代农民工职业技能提升计划。开展贫困家庭子女、未升学初高中毕业生、农民工、失业人员和转岗职工、退役军人免费接受职业培训行动。推行工学结合、校企合作的技术工人培养模式，推行企业新型学徒制。提高技术工人待遇，完善职称评定制度。

3. 推进就业公共服务体系建设

建设各类职业技能培训基地，支持用人单位建立稳定的劳务培训基地。完善县就业信息网和就业服务管理信息系统建设，落实省“阳光就业”网上办事大厅。完善人力资源服务大厅，建设劳动者技能培训和农民工综合服务等服务场所，提升服务能力。

第三节　推进“凤还巢”工程

实施“凤还巢”工程，开展专项招商，促进涡阳籍“南飞雁”返乡创业。

1. 强化载体建设

加大青年创业园、高校毕业生创业孵化基地和农民工返乡创业园建设力度，引导、支持涡阳籍成功人士回乡投资创业。实施示范性创业基地建设，探索开展创业型乡镇、创业型街区等创建活动，加大对创业的支持力度。对进驻经济开发区和南部新区的返乡项目，优先选址、优先供地、优先提供经营场所（标准厂房）。

2. 优化服务环境

全程实行代办制服务，为返乡创办企业代理办理项目立项、工商登记注册、税务登记、质检机构代码、环评手续等各项服务。按照贷款抵押有关规定，优先支持“凤还巢”企业增信，优先提供贷款支持。各项行政事业性收费，按上级有关规定给予减免。

3. 加大引导力度

制定涡阳县鼓励返乡创业实施办法，在信贷、税收、用地等方面提供优惠政策，积极扶持农民工返乡创业，鼓励农民工就近就地转移就业。加强舆论宣传，返乡创业人员可优先推荐获得返乡创业先进个人、五一劳动奖章、劳动模范等荣誉，并通过多种方式给予宣传。

第八章　深化改革开放，增强发展活力

充分发挥市场在资源配置中的决定性作用，加强供给侧结构性改革，全力推进创业创新，以改革释放新红利，以开放拓展新空间，以创新增强驱动力，打造经济社会发展的新引擎。

第一节　构建发展新体制

坚持问题导向，统筹推进各项改革，打造具有涡阳特色的改革品牌，加快形成有利于加快发

展的体制机制。

深入推进行政体制改革。对接省市机构设置，按照建设好现代化中等城市的要求配置好行政资源。全面落实政府权力清单、责任清单和涉企收费清单和服务清单制度。完善政府核准和备案投资项目管理规定，建立行政审批绩效评估机制和责任追究机制。规范审批中介行为。强化公共资源交易中心运行的监管，实现所有公共项目招投标进中心。规范从政行为，实行亮身份、报行踪、晒承诺“三公开”，完善“做事档案”制度。推进网上办事大厅建设，打造网上办事大厅、政务服务大厅、线上线下、网上自助设备和手机客户端相结合的新型政务服务模式，提升政务服务水平。

推进商事制度改革。深化注册资本登记制度改革，实行资本金认缴制。完成“三证合一、一照一码”改革，实行“先照后证”、“一址多照”、集群注册等改革。推进注册登记全程电子化，建立完善电子营业执照系统。实施商事主体登记与经营项目审批分离，建立商事登记信息共享机制，完善商事登记后续监管机制。开展降低实体经济企业成本行动，限制政府对企业经营决策的干预，减少行政审批事项。清理和规范涉企行政事业性收费，减轻企业负担，完善公平竞争、促进企业健康发展的政策和制度。深入推进“诚信涡阳”建设。

深化农村综合改革。全面高质量完成农村土地承包经营权确权颁证工作，建立县土地流转产权交易中心，完善镇、村土地流转服务平台，加速农村土地流转。探索建立农民土地承包经营权退出补偿机制。制定土地流转经营权证抵押、担保办法，实现农村土地经营权可交易、可抵押。开展农村土地、集体经营性建设用地入市、宅基地制度改革试点，探索建立农村宅基地退出补偿机制。积极推进“人地挂”项目。开展农村集体建设用地确权颁证工作，落实农村集体经济组织产权制度改革。建立和完善普惠金融服务机制，推动农民合作社开展内部资金互助和信用合作。

推进财税投融资改革。完善县镇财税管理体制，实施分类个性化考核办法，支持各镇街场特色化发展。完善全面规范、公开透明的预算管理制度，实施跨年度预算平衡机制和中期财政规划管理。加快融资平台现代企业改制，促进政府投融资平台转型发展。加强政府性债务管理，建立政府债务预警和偿还机制，防控政府债务风险。整合财政支持产业发展专项资金，积极盘活各类存量资金。建立更加有效的银企对接机制，努力扩大信贷投放。鼓励社会资本以 PPP 等方式，参与城镇供水、管道燃气、污水垃圾处理等公用设施投资运营。健全优先使用创新产品、绿色产品的政府采购政策。

加大金融创新力度。积极推动企业通过上市等方式进行融资，推广表外融资、股权投资、债券融资等金融创新产品。支持创新投资基金、创业投资引导基金的发展，深入推进“4321”政银担风险分担机制，推进银保联合，引导银行扩大贷款规模，降低企业融资成本，降低贷款风险。

积极稳妥推进社会领域改革。深入推进事业单位人事制度改革，健全聘用制度和岗位管理制度。建立以能力、业绩为导向的评价机制，健全考核奖惩制度。推进执业资格制度建设，组织好专业技术人员职业资格证书制度的实施。建立政府购买公共服务机制，实行“政府购买、社会提供”方式，形成“政府承担、定向委托、合同管理、评估兑现”的公共服务模式。健全企业职工工资正常增长机制和工资支付保障机制，大力推进工资集体协商制度。

大力发展民营经济。引导优质资源向民营企

业集中，开展“千名干部联系服务千家企业”活动,扶持民营企业做大做强。全面放开投资领域，推动民营资本进入金融、教育、医疗、文化、保障房等领域，切实做到平等准入、公平竞争。鼓励民营资本以出资入股、收购股权、认购可转债、股权置换等多种方式，参与国企改制重组和企业经营管理，实行同股同权，切实维护各类股东合法权益。落实军民融合发展战略。

第二节 实施创新驱动战略

发挥科技创新在经济建设中的引领作用，推动科技成果的产业化，实现经济增长由要素驱动向创新驱动转变。

1. 强化企业创新主体地位

积极调整科技经费投入导向，增加对企业创新的投入。落实企业研发费用加计扣除政策，扩大固定资产加速折旧实施范围，推动设备更新和新技术应用。支持企业承担更多的科技攻关、产业化等专项，不断增强企业的研发能力。鼓励规上企业加大研发投入，争做科技创新型企业。引导企业与高等院校、科研院所加强合作，共同解决关键技术问题。

2. 加强创新服务

支持企业建设企业技术研发中心、工程研究中心等平台。吸引社会资本广泛参与众创，建立健全天使投资、股权投资、创业投资、知识产权质押等创业投融资服务体系。完善和落实税收优惠、小额担保贷款、个转企等创业扶持政策，构建普惠性创新支持政策体系。积极为初创企业提供法律、知识产权、财务、咨询、检验检测认证、技术转移、职业培训等服务。

3. 大力推进科普工作

大力宣传《中华人民共和国科学技术普及法》。大力整合科普资源，形成“政府推动，全民参与，提升素质，促进和谐”的社会化科普工作新格局。推进科普活动场所和设施建设，逐步完善网站、手机、视频等新媒体为主体的大众科技传媒网络。加强和完善镇（场、街道）、村委会（社区）、企事业单位的科普组织建设。加大财政保障力度，逐年增加科普经费投入。

第三节 打造皖北开放新高地

高水平承接国内外产业转移，全面融入长三角，探索合作共建新路径，努力打造皖北地区对外开放新高地。

1. 提高产业承接的质量

围绕我县主导产业，修订产业目录，实行精准招商，强化招大引链。积极开展与央企、省企、大型民营企业、皖粤产业对接等活动，实施有针对性的产业招商。建立专业化招商队伍，推动专业招商。梳理整合招商引资优惠政策，研究制定招商引资新政策,打造“服务高地”“政策洼地”。

2. 强化项目带动作用

科学谋划项目，争取更多项目纳入亳州市重点项目库和省“大新专”项目库，支撑“十三五”规划实施。实施大建设新体制，对政府投资项目实行规划、设计、立项、招标、投资、建设、审计等全过程管理，做到“专业人干专业事”。优化项目服务机制，落实项目建设“六个一批”“四位一体”推进机制。加强对重大项目建设的审核监督，规范建设资金的使用，制定和实施项目建设保障措施。

3. 深化与周边地区的合作

以长江经济带建设为契机，实施东向发展战略，依托济祁高速等交通干线，围绕首位产业、主导产业、战略性新兴产业、旅游开发、现代物流等领域，深化区域合作共建。加强与临近城市在劳动力市场、技术要素市场等方面的对接，开展招商引资等方面的合作。

4. 探索合作共建园区新路径

依托涡阳经济开发区及五个乡镇工业园区，将“一区五园”打造成为涡阳东向发展的桥头堡。积极推进经济开发区与合肥高新区开展合作共建，探索合作共建园区利益共享机制，力争园区合作共建与产业组团承接实现重大突破。加强与沿海城市工业园区、行业协会、商会合作，组团式承接产业转移。

第九章　加强和改善党的领导，为实现“十三五”规划提供坚强保证

“十三五”规划是未来五年统领涡阳经济社会发展的纲领性文件，必须深化对发展规律的认识，提高领导经济社会发展的能力，推进治理能力现代化，为顺利实施规划提供有力支撑。

第一节　推进人才强县

树立人才是第一要素的理念，实施人才优先战略，着力引进和培育各类人才，强化人才激励机制，为经济社会发展提供强大的人才和智力支撑。

加强人才队伍建设。以战略企业家和职业管理人为重点，实施企业经营管理人才素质提升工程、引进工程，强化企业经营管理人才队伍建设。依托创新创业平台，通过项目合作、技术入股、特聘兼职，大力培养造就创新型科技人才。建立高技能人才培养体系，强化高技能人才培养基地建设，多渠道、多形式引进高技能人才。整合各类培训资源和项目工程，加大农村实用人才培训力度，壮大农村实用人才队伍。

加大政策扶持力度。设立县人才发展专项资金，用于人才引进、培养、奖励等。积极引进我县经济社会发展重点领域急需紧缺专门人才和高层次人才。制定创业风险投资的税收、贴息等优惠政策，逐步设立创业风险投资基金、重大科技成果转化基金、中小企业发展基金。加大科技成果转化收益奖励力度，引导高新技术企业和科技型中小企业实施高层次创新人才股权和期权激励。

第二节　创新社会治理

坚持以人为本、服务优先，创新社会治理，完善社会治安综合治理体制机制，健全公共安全体系，打造平安涡阳。

提升社会治理水平。加快构建网格化管理、社会化服务、信息化支撑、责任制保障“四位一体”的社会治理新模式。全面提升城市管理常态化、市场化、精细化水平，完善城管工作机制。推行“阳光信访”，有效化解社会矛盾。加强对宗教活动的管理，创建“无邪教社区”。加大网络安全管理力度，维护网络和信息安全。增强社区服务功能，健全社会心理服务体系和疏导机制、危机干预机制。完善应急管理机制，提升突发事件防范、应对和处置水平。实施全民国防教育，加强国防经济动员。

完善社会治安综合治理。坚持重心下移，加强基层基础工作，动员全员参与，形成群防群治的强大合力，实现预防效果的最大化。落实重大决策社会稳定风险评估制度，完善社会矛盾排查预警和多元化调处化解综合机制，有效预防和化解矛盾纠纷。规范提升镇村“两中心、两站”建设，建设县级综治维稳信访工作中心，实施公安视频防控系统工程，以信息化为支撑加快建设社

会治安立体防控体系。严密防范、依法惩治违法犯罪活动，维护社会秩序。

健全公共安全体系。牢固树立安全发展理念，落实安全生产“党政同责、一岗双责、失职追责”，建立健全县、乡两级安全生产监督管理机构、执法队伍和应急救援体系。强化危险化学品、非煤矿山、道路交通、油气管线、烟花爆竹、民爆器材、消防、建筑施工、特种设备等重点行业和领域监督和专项整治，降低安全事故发生率和事故死亡率。实施食品安全战略，理顺食品、药品监督管理体制，建立食品原产地可追溯制度和质量标志制度。

专栏 18　社会治理重点工程

公共安全：实施天网工程，建设 2167 个监控点，14 个治安卡口；推进智能交通建设，包括交通指挥中心建设、电子警察、出城、出境卡点等；建设数字化城管。

应急体系：重点推进国家突发公共事件预警信息发布机构及平台等项目建设；推进实施城市内涝监测预警工程建设；推进涡阳县救灾救助中心等应急项目建设。

第三节　建设法治涡阳

厉行法治是发展市场经济的内在要求。必须坚持依法行政，加强法治政府建设，促进司法公正，增强全社会尊法学法守法用法观念，在全社会形成良好法治氛围和法治习惯。

加强法治政府建设。依法设定权力、行使权力、制约权力、监督权力，依法调控和治理经济，实现政府活动全面纳入法治轨道。探索建立执法全过程记录制度，实现政务信息公开。进一步整合执法主体和资源，建立健全行政综合执法体制机制。

推进法治市场建设。打破行业垄断和部门分割，构建统一开放、竞争有序、诚信守法、监管有力的现代市场体系，努力提高资源配置效率。严厉打击不法行为，规范市场秩序，营造公平公正的市场环境。推进商标战略工程，保护知识产权，打击非法侵权行为。全面推进“信用涡阳”建设，以政务诚信、商务诚信、社会诚信和司法公信为重点，构建以信用为核心的新型市场监管机制。

加快法治社会建设。弘扬社会主义法治精神，建设社会主义法治文化，推动全社会树立法治意识，增强法治信仰，形成守法光荣、违法可耻的社会氛围。深入开展法治宣传教育，加强领导干部法治教育，完善领导干部学法用法制度，完善法律援助制度。把法治教育纳入精神文明创建内容，开展群众性法治文化活动，深入开展“七五”普法，深化“124”国家宪法宣传日、“江淮普法行”等主题活动。继续创建法治示范县。

第四节　坚持党的领导

强化党对规划实施的领导。坚持党委总揽全局、协调各方，发挥涡阳县委的领导核心作用，完善党领导经济社会发展工作体制机制，提高决策科学化水平。强化基层党组织整体功能，发挥战斗堡垒作用和党员先锋模范作用，更好带领群众全面建成小康社会。优化领导班子知识结构和专业结构，注重培养选拔政治强、懂专业、善治理、敢担当、作风正的领导干部，提高专业化水平。

强化政府的组织协调作用。发挥政府对规划的主导作用，切实强化领导，凝聚政府、社会各方面的力量，形成共同推动规划实施的强大合力。科学分解落实规划目标任务，认真做好年度计划工作。完善考核评价指标体系，增强绩效考评约束力。加强对规划实施的监督检查和跟踪分析，提出预测、预警意见和实施建议，自觉接受人大监督和社会监督。

动员人民群众团结奋斗。充分发扬民主，提高宣传和组织群众能力，依法保障人民各项权益，激发全县人民建设涡阳的主人翁意识。巩固和发展最广泛的爱国统一战线，全面落实党的知识分子、民族、宗教、侨务等政策，充分发挥民主党派、工商联和无党派人士作用，巩固全县各族人民大团结。

“十三五”时期，是我县“全面追赶、领跑皖北、同步达小康”的重要历史阶段，也是涡阳发展的战略机遇期，任务艰巨，前途光明。全县人民要按照国家、省、市整体战略部署，在县委、县政府的坚强领导下，适应新常态，引领新常态，负重前行，凝心聚力，攻坚克难，开拓创新，向着全面建成小康社会目标奋勇前进！

（县发改委供稿）

涡阳县“十二五”发展概述

“十二五”以来，全县围绕“全省争先进，皖北创一流”奋斗目标，实施“126”行动计划，主要经济指标稳步增长，城乡统筹推进，生态保持较好，民生持续改善，社会和谐安定。一是支撑经济发展的现代产业格局初步形成，三次产业结构进一步优化。2015 年，全县实现地区生产总值 223.7 亿元，年均增长 9.1%。二是城乡一体化建设迈入新阶段，城乡发展更加协调，到 2015 年，全县城镇化率提高到 36%。三是全面深化改革取得新进展，对外开放水平进一步提高。四是生态环境保持良好，森林覆盖率提高到 18.53%。五是社会事业协调发展，教育、医疗卫生、科技等各项事业进一步巩固，累计财政民生支出 89.2 亿元，全县城镇新增就业 3.92 万人，2015 年，全县城乡居民人均可支配收入达到 12851 元。

从“十二五”规划完成情况来看，我县地区生产总值、第二产业增加值、财政收入等主要经济指标差距较大，工业化、城镇化进展不快，经济结构不优、质量效益不高的问题仍然十分突出，发展不快、发展不优、发展不足仍是基本县情，我县仍处在负重前行、爬坡过坎的艰难阶段。

（县发改委供稿）

专栏 1 “十二五”规划完成情况表

指标	单位	“十二五”规划		完成情况评价		
		期末规划数	规划增幅	期末完成数	完成率（%）	完成情况
地区生产总值	亿元	260	>13	223.7	86.1	未完成
第一产业	亿元	41.6	>3	44.2	106	超额完成
第二产业	亿元	130	28	95.2	73.3	未完成
工业增加值	亿元	174	>32	79.2	45.5	未完成
第三产业	亿元	88.4	>16	84.3	95.4	基本完成
财政收入	亿元	>30	>24	16.7	55.7	未完成
累计固定资产投资	亿元	650	>27	568.1	87.4	未完成
社会消费品零售总额	亿元	114	>16	99.9	87.6	未完成
外贸进出口总额	万美元	12000	30	10266	85.5	未完成
实际利用外商直接投资	万美元	14000	25	14023	100.1	完成
粮食产量	万吨	146	4	136.1	93.2	基本完成
人口自然增长率	‰		8.5			完成
城镇登记失业率	%		4			完成
单位生产总能耗	‰					完成市控目标

续表

指标	单位	“十二五”规划		完成情况评价		
		期末规划数	规划增幅	期末完成数	完成率（%）	完成情况
化学需氧量	吨标煤					完成市控目标
二氧化硫排放量	吨					完成市控目标
氨氮排放量	吨					完成市控目标

涡阳县2015年百岁老人统计表

制表单位：老龄委办公室　　　　统计制表时间：2015年10月11日

序号	姓名	性别	出生年月	镇名	家庭住址	备注
1	朱井天	男	1911.01	城关镇	城关镇西园西关街南三巷4号	
2	朱王氏	女	1912.02	城关镇	城关镇西园西关街南三巷4号	
3	刘王氏	女	1914.07	城关镇	城关镇师范学校院内	
4	裴玉振	男	1915.06	城关镇	胜利西路7号-5户	
5	杨登山	男	1915.06	城关镇	变电巷	
6	徐宋氏	女	1909.09	楚店镇	楚店镇宋徐村徐大庄	
7	何董氏	女	1910.01	楚店镇	楚店镇赵寨村何庄	
8	刘孙氏	女	1911.10	楚店镇	楚店镇王庄村刘大庄	
9	宋周氏	女	1906.06	楚店镇	楚店镇宋徐村宋大庄	
10	赵徐氏	女	1914.02	楚店镇	楚店镇赵寨村赵西	
11	刘孙氏	女	1913.08	楚店镇	楚店镇王庄村刘大庄005号	
12	何李氏	女	1908.10	楚店镇	楚店镇赵寨村何庄	
13	张王氏	女	1908.02	楚店镇	楚店镇王庄村张楼	
14	彭王氏	女	1912.05	涡北街道	涡北街道洼张：彭渡口	
15	马蒋氏	女	1911.05	涡北街道	马棚	
16	尹张氏	女	1915.03	涡北街道	洼张	
17	李广德	男	1914.10	涡北街道	涡北街道西常楼	
18	赵敏英	女	1914.05	涡北街道	涡北街道鲁庄杨池	
19	魏盛氏	女	1913.06	西阳镇	西阳镇太平村黄庄	
20	郑李氏	女	1910.03	西阳镇	西阳镇王桥村郑庄	
21	李勤加	男	1915.04	西阳镇	大桥	
22	史 恃	女	1914.08	西阳镇	太平罗桥	
23	蒋 氏	女	1912.09	标里镇	标里镇新桥村魏楼	
24	邓朱氏	女	1910.02	标里镇	标里镇邓小庄村40号	

续表

序号	姓名	性别	出生年月	镇名	家庭住址	备注
25	邓孙氏	女	1912.03	标里镇	标里镇河西村 036 号	
26	邓孙氏	女	1906.06	标里镇	标里新街庙后	
27	唐韩氏	女	1915.11	标里镇	唐王村后唐庄	
28	王薛氏	女	1915.07	标里镇	汪庄村王井	
29	张高氏	女	1912.03	丹城镇	丹城镇丹城居委会	
30	张李氏	女	1912.03	丹城镇	丹城镇红旗村二黄	
31	曹陈氏	女	1911.05	丹城镇	丹城镇王阁村大曹村	
32	董郭氏	女	1911.04	丹城镇	丹城镇董各村荆元高庄	
33	梁魁英	女	1913.8	丹城镇	丹城镇徐楼村张庄	
34	张陈氏	女	1914.02	丹城镇	丹城镇张大行政村 093 号	
35	谢李氏	女	1915.06	丹城镇	丹城镇徐楼村谢庄	
36	高段氏	女	1912.02	龙山镇	龙山镇十里邹行政村高俭荒	
37	王刘氏	女	1912.02	龙山镇	龙山镇龙北居委会	
38	邹德仁	男	1912.10	龙山镇	龙山镇十里邹行政村十东	
39	何年氏	女	1914.06	龙山镇	龙山镇何寨行政村 075 号	
40	陈杨氏	女	1914.05	龙山镇	龙山镇皖中 16 号	
41	武芝兰	女	1914.09	龙山镇	龙山镇武楼行政村侯东	
42	何王氏	女	1915.02	龙山镇	龙山镇何寨行政村 085 号	
43	郭任氏	女	1913.06	涡南镇	涡南镇胡碱村郭牌坊	
44	赵孙氏	女	1914.03	涡南镇	涡南镇董楼村赵寨 170 号	
45	杨张氏	女	1914.03	涡南镇	涡南镇杨楼杨小庄	
46	刘石氏	女	1913.01	曹市镇	曹市新村刘瓦房村 046 号	
47	王侯氏	女	1914.02	曹市镇	曹市镇曹中村 127 号	
48	魏立荣	女	1915.08	曹市镇	安徽省涡阳县曹市镇侯桥行政村	
49	王叶氏	女	1914.06	店集镇	洪光村西王寨	
50	宋王氏	女	1907.03	店集镇	店集镇宋牌坊	
51	姚永英	女	1913.01	店集镇	店集镇镇东村柿元	
52	鲍齐氏	女	1913.04	店集镇	店集镇宋牌坊村鲍庄	
53	李王氏	女	1912.03	店集镇	店集镇店集委居会	
54	程张氏	女	1909.01	店集镇	店集镇聂小庙	

续表

序号	姓名	性别	出生年月	镇 名	家庭住址	备注
55	孟孙氏	女	1912.06	店集镇	店集镇宋牌坊	
56	刘兰英	女	1904.05	店集镇	店集镇姜庄村	
57	王程氏	女	1915.03	店集镇	店集镇宋牌坊	
58	王桂海	男	1913.07	店集镇	店集镇程小集	
59	罗吴氏	女	1912.01	马店集镇	马店集镇胜利小罗村	
60	马张氏	女	1911.02	新兴镇	新兴镇雪枫行政村陶梁	
61	赵董氏	女	1909.10	新兴镇	新兴镇东华行政村侯老营	
62	武侯氏	女	1912.08	新兴镇	石冢行政村石冢	
63	赵李氏	女	1915.05	新兴镇	东华村侯老营	
64	曹耿氏	女	1915.04	新兴镇	大曹村后大曹自然村	
65	孙韩氏	女	1915.04	陈大镇	张集村孙小庄	
66	李尹氏	女	1914.02	陈大镇	陈大镇杨楼村杨楼	
67	程王氏	女	1914.06	陈大镇	陈大镇东集村	
68	赵朱氏	女	1907.08	高公镇	高公镇天庙朱黄	
69	高张氏	女	1908.05	高公镇	高公镇高 寨	
70	申杨氏	女	1908.06	高公镇	高公镇三兴村申营	
71	张木氏	女	1911.10	高公镇	高公镇天庙张寨	
72	王李氏	女	1915.01	高公镇	吕湖王庄	新增
73	孙宗氏	女	1915.02	高公镇	五里靳孙庄	新增
74	王秦氏	女	1913.04	牌坊镇	牌坊镇王双楼梁偃村 41 号	
75	李付艳	女	1910.05	牌坊镇	牌坊镇五里郭村王瓦房	
76	梁赵氏	女	1908.03	牌坊镇	牌坊镇大梁村大梁	
77	周继苹	女	1912.02	牌坊镇	牌坊镇燕大村铚楼	
78	周杨氏	女	1906.07	牌坊镇	牌坊镇三周村三周	
79	袁王氏	女	1911.10	牌坊镇	牌坊镇高庄村袁缠庄	
80	陈刘氏	女	1913.02	牌坊镇	牌坊镇姜楼陈洼村 131 号	
81	许燕氏	女	1914.04	牌坊镇	牌坊镇岳寺行政村 15 号	
82	付怀兰	女	1914.08	牌坊镇	牌坊镇营孜村后场 002 号	
83	方夏氏	女	1907.11	义门镇	义门镇杨楼村	
84	刘洪得	男	1912.02	义门镇	义门镇赵屯居赵西	

续表

序号	姓名	性别	出生年月	镇 名	家庭住址	备注
85	陈周氏	女	1909.02	义门镇	义门镇民族居	
86	吴学彬	男	1911.07	义门镇	义门镇李集行政村前营	
87	张效连	女	1909.02	义门镇	义门镇四桥登小街 85	
88	李胡氏	女	1911.05	义门镇	义门镇李集行政村前营	
89	朱黄氏	女	1912.06	义门镇	义门镇程楼村朱庄	
90	刘张氏	女	1912.08	义门镇	义门镇赵屯居赵西 334 号	
91	韩刘氏	女	1914.06	义门镇	真源居	
92	刘邓氏	女	1915.03	义门镇	义门镇滕刘行政村 249 号	
93	何蒋氏	女	1915.08	义门镇	民族居	
94	王玉英	女	1912.04	公吉寺镇	公吉寺镇张楼村邹庄	
95	胡心兰	女	1912.02	公吉寺镇	公吉寺镇马老家村前马张	
96	刘金侠	女	1908.08	公吉寺镇	公吉寺镇洼北村狄庄	
97	胡长山	男	1909.03	公吉寺镇	公吉寺镇马寨村胡老家	
98	龚素英	女	1910.01	公吉寺镇	公吉寺镇马老家村马老家	
99	孙海英	女	1912.01	公吉寺镇	公吉寺镇王准村郝庄	
100	孙兰英	女	1912.01	公吉寺镇	公吉寺镇马老家村马老家	
101	周兰英	女	1912.01	公吉寺镇	公吉寺镇徐竹园自然村	
102	龚文英	女	1912.01	公吉寺镇	公吉寺镇马老家村前马张	
103	王桂兰	女	1910.02	公吉寺镇	公吉寺镇大赵村张土桥	
104	王兰英	女	1914.03	公吉寺镇	马老家村马步口	
105	胡兰英	女	1915.02	公吉寺镇	公吉寺镇犁耙村崔庄	
106	孙化春	女	1910.03	青町镇	青町镇蒋瓦房蒋楼	
107	张全英	女	1906.03	青町镇	青町居委会小段	
108	王史氏	女	1910.06	青町镇	青町镇王小庙村庙东庄	
109	李素英	女	1912.02	青町镇	青町居委会西刘	
110	周张氏	女	1910.03	青町镇	青町居委会西刘	
111	蒋化征	男	1904.03	青町镇	青町镇大蒋村蒋西 029 号	
112	唐魏氏	女	1914.03	青町镇	孙庄村唐圩	
113	张秀兰	女	1915.06	青町镇	大蒋村杨树庄	
114	王高氏	女	1908.01	高炉镇	高炉镇邵桥村王庙庄	

续表

序号	姓名	性别	出生年月	镇 名	家庭住址	备注
115	陈化龙	男	1914.12	高炉镇	邵桥行政村 35 号	
116	张郑氏	女	1914.05	城西镇	城西镇赵瓦房村张楼西村	
117	马兰英	女	1909.08	花沟镇	花沟镇孙小桥行政村李楼自然村	
118	张爱邦	男	1914.07	花沟镇	花沟镇花沟行政村花沟一自然村	
119	信克英	女	1914.03	花沟镇	花沟镇东方行政村前寨自然村	
120	罗姬氏	女	1909.06	石弓镇	石弓镇西关村	
121	王蒋氏	女	1912.06	石弓镇	石弓镇东关陈传南路 051 号	
122	刘郭氏	女	1903.06	石弓镇	石弓镇黄楼	
123	郭王氏	女	1908.06	石弓镇	石弓镇姚湖村郭庄	
124	孙罗氏	女	1911.10	石弓镇	石弓镇孙庄	
125	刘佃坤	男	1910.08	石弓镇	石弓镇敬老院	
126	马文仁	男	1910.05	石弓镇	石弓镇李楼村	
127	刘耿氏	女	1911.07	石弓镇	石羊村刘浅	
128	梁凤英	女	1915.02	石弓镇	山后黄楼	
129	邓姜氏	女	1914.04	临湖镇	邓井邓高元	
130	王邓氏	女	1910.08	临湖镇	临湖镇王庄（李庄村）	
131	程广玉	男	1912.05	临湖镇	临湖镇程老家程后坊	
132	吴崔氏	女	1910.03	临湖镇	临湖镇林庄村大吴营	
133	王桂英	女	1912.08	临湖镇	临湖镇三堂村丁营村 89 号	
134	姚宗氏	女	1911.04	临湖镇	临湖南－姚小湖	
135	马景春	女	1910.01	经济开发区	城西街道五里湾六里庄	
136	马耿氏	女	1909.03	经济开发区	城西镇马腰庄	